金融决策与市场

[美] 约翰·Y. 坎贝尔（John Y. Campbell） 著　　姚忠兵 译

FINANCIAL DECISIONS AND MARKETS

A COURSE IN ASSET PRICING

中信出版集团 | 北京

图书在版编目（CIP）数据

金融决策与市场 /（美）约翰 · Y. 坎贝尔著；姚忠兵译 . -- 北京：中信出版社，2021.7

书名原文：Financial Decisions and Markets: A Course in Asset Pricing

ISBN 978-7-5217-3129-3

Ⅰ. ①金… Ⅱ. ①约… ②姚… Ⅲ. ①金融决策－研究 ②金融市场－研究 Ⅳ. ① F831.2 ② F830.9

中国版本图书馆 CIP 数据核字（2021）第 096857 号

Financial Decisions and Markets: A Course in Asset Pricing by John Y. Campbell.

ISBN：978-0-691-16080-1

金融决策与市场

著　　者：[美] 约翰 · Y. 坎贝尔

译　　者：姚忠兵

出版发行：中信出版集团股份有限公司

（北京市朝阳区惠新东街甲 4 号富盛大厦 2 座　邮编　100029）

承 印 者：北京诚信伟业印刷有限公司

开　　本：787mm×1092mm　1/16　　印　张：36.5　　字　数：486 千字

版　　次：2021 年 7 月第 1 版　　印　次：2021 年 7 月第 1 次印刷

京权图字：01-2019-8054

书　　号：ISBN 978-7-5217-3129-3

定　　价：129.00 元

译者前言

从人类进行物物交易的第一天起，就开始了商品定价的活动。而当实体商品交易进化到无处不在，并对经济影响巨大的金融资产交易时，金融资产的定价研究也就变得重要起来。2013 年诺贝尔经济学奖授予尤金·法马（Eugene Fama）、拉尔斯·汉森（Lars Hansen）、罗伯特·希勒（Robert Shiller）这三位对资产定价实证方面做出重大贡献的学者。这之前被誉为“现代投资组合理论（MPT）之父”的哈里·马科维茨（Harry·M. Markowitz）获得了诺贝尔经济学奖，其研究领域也与金融资产定价相关。

金融资产是投资者在金融市场中进行交易的，那么研究定价问题也就离不开金融市场和金融市场的投资者。《金融决策与市场》这本书就是阐述投资者偏好选择、金融市场、计量经济学、资产定价这个领域理论的前沿读物，作者坎贝尔从市场交易者的偏好理论出发，结合消费、生产理论，系统地阐述了资产定价相关的数学方法和理论体系。

这本书与现代流行的主要关注于金融实证方面的研究方法有所不同，坎贝尔是从建立定价基础理论出发，推出一系列的金融数学模型，然后再用这些数学模型来解释业界中的现象。

与物理学或者其他自然科学相比，金融领域的基础理论研究实际上是很滞后的，这是因为金融市场是由人来驱动的，大多数学者认为对人的行为建立数学模型困难重重。当然，我们也无须像原始社会的人类，由于还没有能力解释某些自然现象，而神化这些现象。千里之行，始于足下，高维的难题往往可以从研究主要因素开始，然后再完善细节和推导变种。金融定价的主要因素是人为因素，这本书抓住了这一主要因素，在人为驱动的金融资产定价领域进行了开创式建模尝试。

《金融决策与市场》一书分为三大部分，共12个章节。

第一部分“静态组合选择和资产定价”，从期望效用理论出发来分析市场参与者的风险偏好，介绍了几个常用的效用函数在分析风险偏好中的作用。有了风险偏好建模，参与者可以进行静态的投资组合选择，最后引出均衡资产定价理论和随机折现因子的概念。

第二部分“跨期组合选择和资产定价”，介绍了更接近现实世界中的跨期或者多期组合选择。跨期需要引入对未来资产折现和现值的概念。接着，坎贝尔从跨期资产的消费和生产两个方面分别进行定价理论建模。最后介绍了固定收益证券和跨期风险及对冲。

第三部分“异质投资者”，对参与定价市场的具有多样性的个体和集合参与者进行了讨论，包括家庭金融、风险分担和投机，以及信息不对称的市场微观结构话题。

我国金融市场快速发展的40年，取得了令人瞩目的成就。在获得巨大成就的同时，应该进一步理解、治理和发展我们的金融系统，也更需要符合我国特色的金融理论。希望通过翻译这本具有开拓性的金融资产定价英文著作，为国内读者提供一个可以参考的理论。

人们在研究复杂系统时，往往能够获得崭新的知识，也正是因为金融系统的复杂性，所以我们相信在这个领域未来会出现更多的成果。我们在此过程中，也必须关注模型的前提、理论的自洽性和边界条件的选取。

最后，我承认翻译这本著作是颇具挑战的，一是因为金融知识的涉及面广，以及数学的复杂程度，从书里近千个数学公式中可见一斑。理解和掌握这本书需要多方面的金融从业经验和比较坚实的统计数学基础，因为这本书是金融博士级别的课程讲义，这一点当然就不足为怪。二是一些专业金融术语和定价理论词汇，可能有不同的译法，我会尽量从金融从业者角度使用行业通用的叫法。在翻译过程中难免存在疏忽与不足，敬请行业专家和读者指正。

姚忠兵

芝加哥大学工商管理硕士，曾任美国大型对冲基金中国区总经理，在金融工程、风险管理与量化投资领域有着近20年的从业经验。

前言

这本书是基于博士二年级课程“资产定价”写成的，这门课程我在哈佛大学教了近25年，在那之前，在普林斯顿大学教了10年。这本书的目的是传播资产定价这一领域的专业知识，采用的写作方法偏重于学术方面而非行业应用，内容成体系而非松散的百科全书，我认为这种方法是给博士生教学的最重要的方法。

这本书根据我的教学大纲写成。第一部分关于静态模型，第1章简要介绍了不确定性条件下选择理论中的关键结果和问题，第2章介绍了将这些结果和问题应用到静态投资组合选择中，包括要承受多大风险的决策和有效率地组合风险资产的问题。基于这一理解，第3章介绍了基本的静态均衡资产定价模型：资本资产定价模型（CAPM）和多因子模型扩展。第4章使用随机折现因子（SDF）的现代范式提出了类似的想法。

第一部分的模型采用给定的资产收益率二阶（或更高阶）矩，并使用它们来确定预期收益率。第二部分关于跨期模型，第5章讨论了预期收益如何影响价格。这使人们可以推导出时变期望收益模型对实际收益行为的影响。这一章涵盖了有关总体股票收益预测的大量经验文献，这些文献使用金融理论建议的预测变量，包括截面资产定价模型。第6章介绍了基于消费的资产定价文献探讨的主要谜题：股权溢价谜题（股权溢价平均较高）、无风险利率谜题（无风险利率随着时间的推移在相对低的水平保持稳定），以及股价波动谜题（股票收益的波动性远大于消费增长的波动性）。这一章讨论了对这些谜题的各种理论回应，包括诸如罕见的宏观经济灾难，爱泼斯坦 - 兹恩（Epstein-Zin）效用、消费中的随机波动、习惯形成以及耐用品等主题。第 7 章探讨了企业如何根据资产价格改变投资决策，以及如何在与生产基本平衡的情况下共同确定消费和资产价格。第 8 章对固定收益证券文献中的术语进行了评述，这些术语的历史发展在某种程度上与股票定价文献中的术语有所不同。这一章探讨了合理的定价模型，该模型限制了 SDF 的时间序列行为以易于对任何到期债券进行定价。这一章还讨论了有关利率和汇率的文献。第 9 章使用固定收益文献中的概念来探讨跨期投资组合选择和资产定价的主题。

第三部分涵盖了投资者群体的异质性这一至关重要的主题。第 10 章总结了有关家庭金融的文献：普通家庭使用金融市场解决其财务问题。这一章讨论了劳动收入对投资组合选择的影响，一些家庭犯了投资错误（例如未能参与风险资产市场或未能分散风险），以及此类错误对资产价格的潜在影响。第 11 章探讨了资产定价模型，其中的摩擦阻止了完美的风险分担，或者由于投资者有不同的信念导致他们相互投机而选择不承担风险。第 12 章讨论了信息不对称和流动性模型以及市场微观结构领域。

我发现这些主题的顺序在教学中的效果很好。主题的选择反映了我强烈持有的下面四种观点。

第一，人们不能仅从宏观经济或总体均衡的角度来理解资产价格，还必须了解个体市场参与者做出的决策，并采用部分均衡时给出的价格。在拥有异类投资者的模型中，这一点尤为重要，因为异类投资者在该领域中越来越重要。因此，我不会像 Cochrane（2005）那样将整本书围绕 SDF 而写。相反，我从第 2 章和第 3 章的微观观点开始，然后在第 9 章和第 10 章回到这种观点。《金融决策与市场》这一书名反映了这一方向。

第二，金融市场既提供定价又提供分配资源功能。后者是市场的最终功能，也是市场运营成本存在的理由。因此，我将在第 10 章和第 11 章中讨论资源分配。

第三，并非所有金融市场参与者都具有充分的理性和金融素养。诚然，一些市场参与者具有这些。在本书中，我从理性投资者的角度出发，同时认识到也可能存在非理性投资者。因此，这本书既不是行为金融学读物，也不是意识形态上的反行为金融学著作。第 10 章和第 11 章指出，即使非理性投资者对资产价格的影响不大，他们也可能改变与这些价格相对应的分配，这在社会福利领域可产生重要影响。

第四，金融经济学具有规范意义。例如，投资组合选择模型可用于指导投资者的决策，而具有异类投资者的均衡资产定价模型在应用福利经济学中提出了许多有趣的问题。第 2 章和第 9 章到第 12 章讨论了其中的一些含义，尽管本书没有足够的篇幅来充分扩展它们。

主题的选择也反映了一个重要的限制：我希望本书中包含的内容可以让一个雄心勃勃的教授在一个学期内教给聪明而勤奋的学生。尽管各章中确实提供了附加内容，但本书的核心内容还是遵循了这一限制。因此，我没有讨论任何连续时间模型，因为我没有时间（在课程中）或篇幅（在书中）来解释使用这些模型所需的随机数学方法。反过来，这排除了对期权定价的任何讨论，因为如果没有从连续时间建模，就无法进行有意义的讨论。出于同样的原因，我很少关注具有较强选择特性的证券，例如公司债券。但是，我确实花时间开发了离散时间近似框架，该框架可以替代跨时间模型，用于研究跨期投资组合选择和资产定价。

在解释这些主题时，我遵循一些核心原则。

现代金融是一个经验领域。模型对于定性的理解是必不可少的，但是资产定价模型是定量的，具有可以校准或估计的参数。学术文献中的许多争论都与参数值有关，而不是模型的性质甚至是功能形式。因此，我强调经验和理论研究的相互促进作用。例如，在关于 CAPM 和多因子模型的第 3 章中，我总结了促使研究人员探索超越 CAPM 模型的异常现象。在第 6 章中，我介绍了股权溢价谜题、无风险利率谜题和股价波动谜题，这些谜题启发了这一章讨论的各种基于消费的资产定价模型。本书包含许多表格和数字，其中一些摘录于已发表的研究成果。

教授给博士生的这些重要模型简单到可以有封闭解。这些解以显式方式将内生变量与外生变量相关联，并显示参数值如何影响内生变量的属性。许多最新的资产定价模型都是复杂的“黑匣子”，只能通过数字方式解决。我在总结最近的一些数值研究时，也非常关注那些已成为文献中常用工具的较旧和更简单的模型。例如，在第 12 章中，我介绍了格洛斯顿 - 米尔诺姆（Glosten-Milgrom，简写为 GM，1985）模型以及凯尔（Kyle，1985）模型，作为建立关于市场微观结构的比较直观的一种方法。

为了简化分析，本书中的模型通常将内在变量（例如意外资产收益和消费）视为外生变量。这是资产定价中的标准做法，并且只要所考虑的模型的基础是投资者的一阶条件成立（变量是否为外生还是由投资者选择不影响模型），这都是合理的。这种资产定价的观点与当前应用微观经济学中强调使用外在随机冲击来确定因果关系形成了鲜明对比。

解决资产定价模型的常见挑战是该模型是非线性的。之所以如此，是因为模型中的某些效应是可以累加的，而另一些则是相乘关系。因此，模型在大小水平和对数上均不是线性的。例如，投资组合结构可以线性地组合总资产收益，但随着时间的推移，收益的累积是乘数增长。同样，消费从财富中减去，但再投资回报则是财富的乘积。本书强调了在风险较小、时间间隔较短或消费财富比率接近恒定时准确的近似值，这些近似值允许模型以线性或对数线性形式编写，然后显性求解。尽管必须谨慎使用这些近似值，但是它们提供的洞察力很难以任何其他方式获得。

博士生需要学习提问和回答与模型相关的问题。在我的课程中，我经常停下来提出问题，既向学生展示他们如何在自己的学习中做到这一点，又引导学生回答提问。将这一过程复制到图书中是一个挑战。为此，我会在章节中提出问题，然后在每章末尾进行解答。

我在本书中尝试使用直观易读的符号，同时尽可能地接近文献中的常用标识。给定涵盖的主题范围，这不可避免地需要在不同章节（或偶而在同一章的不同部分）中使用相同字母来表示不同变量。诸如 x 和 λ 之类的字母特别灵活多样，它们在本书的许多部分中被用作具有不同含义的通配符。

将本书与我之前的以及同行的工作联系起来可能会有所帮助。我的第一本书《金融市场的计量经济学》（*The Econometrics of Financial Markets*，Campbell、Lo 和 MacKinlay，1997）涵盖了与本书相同的大部分内容（特别是本书的第 3 章到第 8 章），但到目前为止已经过时了。此外，《金融市场的计量经济学》比本书更着重于计量经济学方法，而较少强调金融理论。我在本书第 5 章中参考了《金融市场的计量经济学》的第 7 章的内容，在本书第 8 章中参考了《金融市场的计量经济学》的第 10 章和第 11 章的内容。我的第二本书《战略性资产配置》（*Strategic Asset Allocation*，Campbell 和 Viceira，2002）在写作风格上与本书相似，但是更关注跨期投资组合选择。我在本书第 2 章、第 9 章和第 10 章中借鉴了《战略性资产配置》一书中的内容。我还借鉴了过去 15 年间撰写的调查报告，特别是 Campbell（2000）文献中关于资产定价和 SDF 的调查；Campbell（2014）文献是基于 2013 年诺贝尔奖获得者尤金·法马（Eugene Fama）、拉斯·彼得·汉森（Lars Peter Hansen）和罗伯特·希勒（Robert Shiller）的贡献；本书第 5 章借鉴了 Campbell（2008）文献对收益的可预测性；本书第 6 章借鉴了 Campbell（2003）文献对基于消费的模型的介绍；本书第 10 章借鉴了我在美国金融协会上发表的就职演说（Campbell，2006），以及我在美国经济协会举办的理查德 - 伊利系列讲座中发表的关于家庭金融的内容（Campbell，2016）。

在本书之前出版的一些教科书，强调了实证研究方面，包括杰出的 Cochrane（2005）、Singleton（2006）、Bali、Engle 和 Murray（2016），以及 Ilmanen（2011）、Siegel（1994）。还有一些教科书具有很强的理论性，包括 Back（2010）、Duffie（2001）、Gollier（2001）、Huang 和

Litzenberger（1998）、Ingersoll（1987）、Munk（2013）、Pennacchi（2007），以及 Skiadas（2009）。强烈建议读者阅读这些书中严谨的资产定价理论，少关注一些经验现象的讨论。

在过去 5 年中，写作本书花费了我大部分时间，在此过程中，我非常感谢妻子苏珊娜·佩顿（Susanna Peyton）的大力支持。她看着我们的孩子比书稿更快地成熟，并且给我信心这本书终将会出版。

在写作本书的后期阶段，阿吉里斯·席亚瑞斯（Argyris Tsiaras）成为这本书特别重要的合作者。他非常谨慎地校对了书稿，协调了学生的意见，并为第 4 章和第 12 章贡献了大量材料和论述。他还与我合写了《金融决策与市场：问题解决手册》[Campbell 和 Tsiaras（2017）]。

一些同事花费大量时间阅读和评论了书稿的初稿，并做出了书面评论，对问题进行了深思熟虑的回答，特别感谢 Eduardo Dávila、Emmanuel Farhi、Xavier Gabaix、Ben Hébert、David Hirshleifer、Owen Lamont、Matteo Maggiori、Tarun Ramadorai，以及 Jessica Wachter。

我整个职业生涯中感受到的专业互动对本书产生了很大影响，而我无法在这里对所有人表示感谢。但是，我必须在此感谢耶鲁大学的论文导师，已故的 Steve Ross 和 Jim Tobin；还有 Bob Shiller，我与他继续合写了大量论文；感谢普林斯顿大学的同事和合著者：Ben Bernanke、Angus Deaton、Sandy Grossman、Pete Kyle。感谢我的其他合著者：John Ammer、Cristian Badarinza、David Barr、Jason Beeler、Laurent Calvet、George Chacko、Yeung Lewis Chan、Richard Clarida、João Cocco、John Cochrane、Ken Froot、Stefano Giglio、Francisco Gomes、Yasushi Hamao、Ludger Hentschel、Jens Hilscher、Howell Jackson、Hyeng Keun Koo、Martin Lettau、Andrew Lo、Sydney Ludvigson、Craig MacKinlay、Brigitte Madrian、Pascal Maenhout、Burt Malkiel、Greg Mankiw、Jianping Mei、Yves Nosbusch、Parag Pathak、Pierre Perron、Christopher Polk、Tarun Ramadorai、Benjamin Ranish、Kim Schoenholtz、Allie Schwartz、Karine Serfaty-deMedeiros、Paolo Sodini、Adi Sunderam、Jan Szilagyi、Glen Taksler、Sam Thompson、Peter Tufano、Bob Turley、Luis Viceira、Tuomo Vuolteenaho、Jiang Wang、Joshua White、Yexiao Xu、Motohiro Yogo；感谢哈佛大学经济系的同事：Robert Barro、Emmanuel Farhi、Xavier Gabaix、Matteo Maggiori、Greg Mankiw、Neil Shephard、Andrei Shleifer、Jeremy Stein、Jim Stock、Tomasz Strzalecki；感谢我在 Arrowstreet Capital 对冲基金公司的同事，以及合伙人 Peter Rathjens 和 Tuomo Vuolteenaho；感谢在 2013 年夏天担任我的研究助理的 Emily Wu，她制作了书中的许多表格和图形；感谢 Gianluca Rinaldi 认真地校对了问题和答案；感谢多年来帮助我教授博士学位课程的许多才华横溢的学生，包括 Eric Budish、Eduardo Davila、Stefano Giglio、Sam Hanson、Jens Hilscher、Dirk Jenter、Vassil Konstantinov、Borja Larrain、Eben Lazarus、Ian Martin、Tim McQuade、Stephen Shore、Argyris Tsiaras、Luis Viceira、Joshua White、Yao Zeng。他们为这本书做出了巨大的贡献。

目录

第一部分　静态组合选择和资产定价

第二部分 跨期组合选择和资产定价

第三部分 异质投资者

第一部分

静态组合选择和资产定价

第 1 章　不确定情景下的选择

资产定价理论旨在描述金融市场的平衡态。在此金融市场里，各个经济体通过互动来交易不确定的未来收益要求权。正如克里斯蒂安·戈利耶（Christian Gollier）在《风险和时间经济学》（*The Economics of Risk and Time*）一书中指出的，这里面的两个修饰词“不确定”和“未来”都是重要的，但在本章中，我们将回顾“不确定”情形下的基础选择理论，通过假设所有的不确定性都会在未来某个时点得以解决，而暂时忽略时间（即“未来”）对于选择的影响。这一章的探讨将引用 Gollier（2001）和 Ingersoll（1987）的研究。

在第 1.1 节里我们先简单介绍期望效用函数理论的基础原理。第 1.2 节将此期望效用函数理论应用于风险厌恶程度的度量和参与主体在风险厌恶程度的比较上。第 1.3 节讨论一类双曲线绝对风险厌恶（HARA）期望效用函数。由于这一类函数容易处理，人们都喜欢使用这类函数。第 1.4 节讨论对期望效用函数理论的一些批评，包括阿莱（Allais，1953）悖论和拉宾（Rabin，2000）批评。第 1.5 节展示如何比较不同分布函数的风险。

1.1　期望效用

标准微观经济学用序数效用函数来代表偏好。序数效用函数 Y(.)

代表的是：如果 $\Upsilon(x)=\Upsilon(y)$，则参与主体对 x 和 y 的选择偏好一样，而如果 $\Upsilon(x)>\Upsilon(y)$，则 x 与 y 相比，主体更偏好 x。任意一个严格单调函数都有相同的性质，所以用 $\Upsilon(.)$ 表示的偏好函数和用严格单调上升函数 $\Theta(\Upsilon(.))$ 代表的偏好函数是等价的。换句话说，序数效用函数在单调上升变换中具有不变性。它定义了一个等价函数，但是无法用任何有意义的值来标识这个曲线。

一个基数效用函数 $\Psi(.)$ 对于正仿射（线性增加）变换具有不变性，但不对非线性变换具有不变性。用 $\Psi(.)$ 表示的偏好和用 $a+b\Psi(.)$ 表示的偏好函数在 $b>0$ 下是等价的。换句话说，基数效用函数没有天生的单位，但是如果给定一个单位选择，基数效用函数的增长率是有实际意义的。

冯·诺伊曼－摩根斯坦（von Neumann-Morgenstern）的效用理论是资产定价理论的基石。该效用理论认为，在满足一定原理的情形下，参与彩票的选择意味着定义在结果上的基数效用函数期望值的最大化。

1.1.1 冯·诺伊曼－摩根斯坦的效用理论简介

在离散情境下，冯·诺伊曼－摩根斯坦的效用理论非常好理解。定义 $s=1\cdots S$，这里每一个 s 与集合 X 里的一个结果值 x_s 相对应，不同结果的概率 p_s 则定义了一个彩票问题。当 $S=3$，我们可以在二维平面中画出概率（因为 $p_3=1-p_1-p_2$）。我们得到了 Machina 三角［Machina (1982)］，如图 1.1 所示。

我们来定义一个复合彩票问题。这个复合彩票的结果决定了我们将获得哪一个基础彩票。举例来说：一个复合彩票 L 就是以概率 a 的情形下获得彩票 L^a，概率 $(1-a)$ 的情形下获得彩票 L^b。这样 L 的获奖概率等同于 $L^a+(1-a)L^b$。

定义彩票的偏好排序为 $\geqslant$，那么一个人对于 L^a 和 L^b 没有偏好的数学表示：$L^a \sim L^b$，此公式当且仅当 $L^a\geqslant L^b$ 和 $L^b\geqslant L^a$ 时成立。

下面我们将两个原理应用于对彩票的选择问题上。

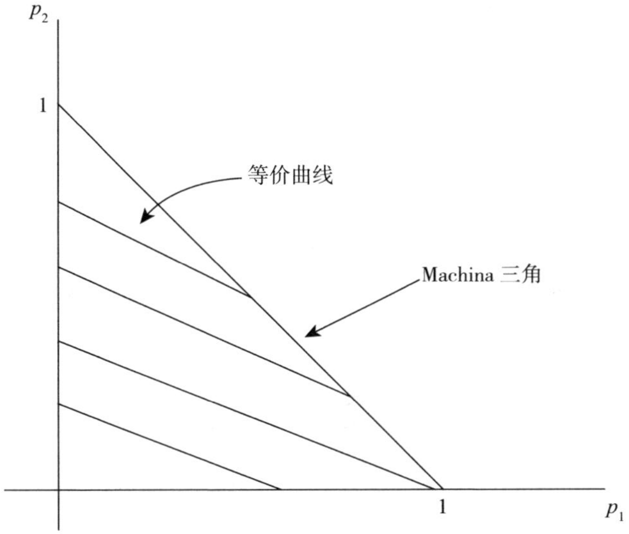

图 1.1　Machina 三角

连续原理

对于所有 L^a、L^b、L^c，使得 $L^a \geqslant L^b \geqslant L^c$，则存在一个标量 $a \in [0, 1]$，使得下式成立：

$$L^b \sim \alpha L^a + (1-\alpha) L^c. \tag{1.1}$$

这个原理表明，如果三个彩票可以根据偏好来（弱）排列，那么总能找到一个由排序最高和最低组合成的复合彩票。这个复合彩票与排序在中间的彩票对于购买人来说是等价的。这个原理意味着存在一个彩票选择偏好函数，也就是一个彩票基数效用函数，这个函数可以让我们在 Machina 三角上画出多个等价曲线。

独立性原理

对于所有可能的彩票 L^c：

$$L^a \geqslant L^b \Rightarrow \alpha L^a + (1-\alpha) L^c \geqslant \alpha L^b + (1-\alpha) L^c. \tag{1.2}$$

这个原理指出如果有两个彩票按选择偏好大小排序，那么存在两个复合彩票具有同样的排序。这两个复合彩票是由其中一个原始彩票和任意第三个彩票按相同权重组成的。

独立性原理意味着偏好函数在概率上是线性的。在 Machina 三角中，等价曲线是直线（见图 1.1）。这就意味着给定一个概率（如 p_1）的提高，需要另一个概率（如 p_3）有相同幅度的提高，才能使得参与者与初始 p_1 和 p_3 概率水平具有相同偏好。

这样我们就可以定义一个标量 u_s，对于每一个结果 x_s，使得下式成立：

$$L^a \geqslant L^b \Rightarrow \sum_{s=1}^{S} p_s^a u_s \geqslant \sum_{s=1}^{S} p_s^b u_s. \tag{1.3}$$

这个标量 u_s 决定了 Machina 三角中线性等价曲线的斜率。因为总概率相加为 1 并且一个常数可以加到 u_s 上而不改变偏好排序，两个标量可以归一化（如把最小值设为 0，最大值设为 1）。

式（1.3）表示一个彩票可以通过与结果相连的标量 u_s 的概率加权平均来估值。我们称这些标量为“效用”。在每一个状态 s 中，概率加权效用 u_s 是随机变量“效用”的数学期望值。这个效用在状态 s 中值为 u_s。所以我们明确地定义了一个基于结果的基数效用函数 u（x_s），而参与者偏好能够获得此函数更高预期效用的彩票。任一个对最小和最大值区间的归一化就对应于定义了基数效用函数的度量单位的两个参数 a 和 b。

这种构造方法可以推广到处理连续状态情况。严格说来，推导出的效用函数必须有上下界限。但是这个要求经常被现代效用理论应用所忽视。

1.2 风险厌恶

现假设存在一个基数效用函数，由这个函数代表的参与主体的偏好是风险厌恶，我们想知道这种表述代表着什么意思。我们也将讨论风险偏好的量化度量。

为了尽可能清楚地展现主要思路，我们假设效用函数的变量是财富值。这就相当于考虑一个单消耗品下的静态双时间周期模型。在第二个周期里，当不确定性变得确定时，所有的财富都将被变卖并且消耗掉。在后面的章节中，我们将讨论更复杂的可以在多周期消耗的模型，有些模型中还考虑有多个可消耗品。

为简单起见，我们在全文中使用弱条件下的非等价和偏好排序情景。而把弱条件下的结论推广到强非等价和偏好排序情形下也是比较容易的。

1.2.1　詹森不等式和风险厌恶

一个重要的数学结果——詹森（Jensen）不等式，可以将风险厌恶概念和效用函数的凹性性质连接起来。我们先来定义一个函数 f 的凹性。

定义　当且仅当是一个凹性函数时 f 对于所有 $\lambda \in [0,1]$ 和值 a、b：

$$\lambda f(a)+(1-\lambda)f(b) \leqslant f(\lambda a+(1-\lambda)b). \tag{1.4}$$

如果 f 是二次可微的，那么凹性表明 $f'' \leqslant 0$ 。图 1.2 展示了一个凹性函数。

需要注意的是因为不等性在上面定义中是弱不等，一个线性函数也是一个凹性函数。强凹性要求强不等式，并不包括线性函数。以下我们使用的是弱凹性概念。

现在考虑一个随机变量 $\tilde{z}$。詹森不等式声明：对于所有可能的 $\tilde{z}$ 值，当且仅当 f 是凹性时：

$$\mathrm{E}f(\tilde{z}) \leqslant f(\mathrm{E}\tilde{z}). \tag{1.5}$$

由丹麦数学家和电话工程师詹森发现的这个理论在金融领域里面非常有用，以至于可以将其命名为“经济学的詹森不等式”。作为这个理论的第一个应用，我们用它来证明风险厌恶和效用函数凹性是等价的。

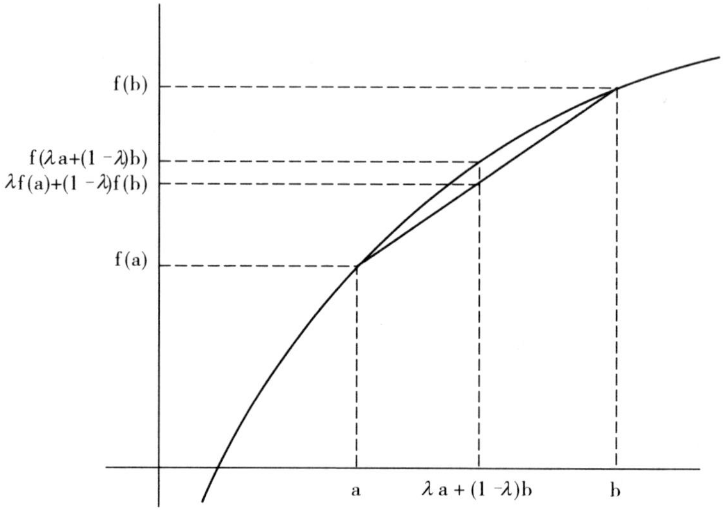

图 1.2　凹函数

定义　如果一个参与者无论自己的财富多少都不喜欢（非严格）所有均值为 0 的风险，那他就是风险厌恶的。也就是说，对于初始财富水平 W_0和 $\mathrm{E}\,\tilde{x}=0$ 的风险 $\tilde{x}$：

$$\mathrm{E}u(W_0+\tilde{x})\leqslant u(W_0). \tag{1.6}$$

为了证明风险厌恶和效用函数的凹性是等价的，我们可以简单地改写一下风险厌恶的定义：

$$\mathrm{E}u(\tilde{z})\leqslant u(\mathrm{E}\tilde{z}). \tag{1.7}$$

其中，$\tilde{z}=W_0+\tilde{x}$，并且应用了詹森不等式。

因为风险厌恶是具有凹性的，而凹性限制了效用函数的二次导数符号（假设导数存在），非常自然地可以用这个二次导数 u''构建一个风险厌恶的可量化的度量函数，这个函数通过调整大小可以避免对于度量效用单位的依赖性。绝对风险厌恶系数 $A(W_0)$ 可以定义为：

$$A(W_0)=\frac{-u''(W_0)}{u'(W_0)}. \tag{1.8}$$

从上式的标注可以明确地知道，一般来说这是一个依赖于初始财富水平变量的函数。

1.2.2　风险厌恶比较

假设两位投资者的效用函数分别是 u_1 和 u_2，他们的初始财富相同。当买彩票会降低期望效用时，即初始财富加上买彩票带来的支出和收入所获得的期望效用低于初始财富的效用时，投资者将不会购买彩票。在这里我们继续使用弱不等式，那么在买彩票带来的期望效用与初始财富的效用水平相当的时候，投资者也会选择不购买彩票。

定义　无论共同的初始财富水平是多少，当 u_1 拒绝购买所有 u_2 不会购买的彩票时，u_1 比 u_2 的风险厌恶水平更高。

很多效用函数无法用这种方式进行排序，因为在给定初始财富水平下，两个投资者很有可能在购买彩票上意见相左：当一个投资者愿意购买某种彩票时，另一个投资者不愿购买，反之亦然。并且，初始财富水平的高低也有可能影响他们的决定，导致在低初始财富水平下，第一个投资者拒绝购买第二个投资者不购买的所有彩票，而在高初始财富水平下，第二个投资者拒绝购买第一个投资者不购买的所有彩票，两人角色互换。

当 u_1 比 u_2 更加风险厌恶时，什么情况还会发生呢？为了回答这个问题，先让我们定义一个函数：

$$\phi(x) = u_1(u_2^{-1}(x)). \tag{1.9}$$

这个函数有三个重要的性质：

(1) $u_1(z) = \phi(u_2(z))$，$\phi(.)$ 将 u_2 变成 u_1。

(2) $u'_1(z) = \phi'(u_2(z))u'_2(z)$，$\phi' = u'_1/u'_2 > 0$。

(3) $u''_1(z) = \phi'(u_2(z))u''_2(z) + \phi''(u_2(z))u'_2(z)^2$，于是：

$$\phi'' = \frac{u''_1 - \phi' u''_2}{u'^2_2} = \frac{u'_1}{u'^2_2}(A_2 - A_1). \tag{1.10}$$

性质（2）由性质（1）求导得到，性质（3）由性质（2）求导得到。在这个领域中，这种方法（通过反复求导得到对导数的限制条件）

经常被使用到。

性质（3）非常重要，通过它我们可以知道，$\phi(x)$ 的凹性（即 $\phi'' \leqslant 0$）与投资者 1 的更高风险厌恶（即 $A_1 \geqslant A_2$）等价。

现在，让我们考虑一个被 u_2 拒绝的风险组合 $\tilde{x}$，即一个满足条件 $\mathrm{E}u_2(W_0+\tilde{x}) \leqslant u_2(W_0)$ 的风险组合。如果 u_1 比 u_2 更加厌恶风险，那么一定有 $\mathrm{E}u_1(W_0+\tilde{x}) \leqslant u_1(W_0)$ 。利用函数 $\phi(.)$ 我们得到：

$$\mathrm{E}u_1(W_0+\tilde{x}) = \mathrm{E}\phi(u_2(W_0+\tilde{x})). \tag{1.11}$$

同时因为 $\phi' > 0$，推出：

$$u_1(W_0) = \phi(u_2(W_0)) \geqslant \phi(\mathrm{E}u_2(W_0+\tilde{x})). \tag{1.12}$$

由此可知，u_1 比 u_2 更加厌恶风险的一个必要条件是，对于所有的 $\tilde{X}$，都有：

$$\mathrm{E}\phi(u_2(W_0+\tilde{x})) \leqslant \phi(\mathrm{E}u_2(W_0+\tilde{x})). \tag{1.13}$$

根据詹森不等式，这等价于函数 $\phi(x)$ 的凹性，即 $\phi'' \leqslant 0$ 。

综上所述，我们证明了如果一个投资者比另一个投资者更加厌恶风险，那么这个投资者的效用函数是另一个投资者效用函数的凹转换，并且在任意初始财富水平下的绝对风险厌恶系数都更高。我们也已经证明了如上命题的逆命题。

这些概念和投资者愿意为规避一个期望值为 0 的风险组合所付出的财富相关。

定义 风险溢价 $\pi(W_0,u,\tilde{x})$ 是指，初始财富为 W_0，效用函数为 u 的投资者为规避风险 $\tilde{x}$（假设期望值为 0）愿意支付的最大财富。

以上定义可以用更简单的公式表达出来，即 π 可以通过求解以下公式得到：

$$\mathrm{E}u(W_0+\tilde{x}) = u(W_0-\pi). \tag{1.14}$$

定义 $z = W_0 - \pi$ 和 $\tilde{y} = \pi + \tilde{x}$，则该公式可改写为：

$$\mathrm{E}u(z+\tilde{y}) = u(z). \tag{1.15}$$

现在定义投资者 2 的风险溢价为 π_2，并相应地定义 z_2 和 $\tilde{y}_2$，我们有：

$$\mathrm{E}u_2(z_2+\tilde{y}_2)=u_2(z_2). \tag{1.16}$$

如果 u_1 比 u_2 更加厌恶风险。那么：

$$\mathrm{E}u_1(z_2+\tilde{y}_2)\leqslant u_1(z_2). \tag{1.17}$$

这意味着 $\pi_1 \geqslant \pi_2$。反过来推导也成立，$\pi_1 \geqslant \pi_2$ 意味着 u_1 比 u_2 更加厌恶风险。

上述分析可以拓展到一个有着非零期望值 μ 的风险。这个风险组合的回报为 $\mu+\tilde{x}$，其中 $\tilde{x}$ 期望为 0。

定义　风险组合的确定性等价 C^e 满足：

$$\mathrm{E}u(W_0+\mu+\tilde{x})=u(W_0+C^e). \tag{1.18}$$

也就是说：

$$C^e(W_0,u,\mu+\tilde{x})=\mu-\pi(W_0+\mu,u,\tilde{x}). \tag{1.19}$$

所以，如果 u_1 比 u_2 更加风险厌恶，那么 $C_1^e \leqslant C_2^e$。同样，其逆命题也成立。

总的来说，以下说法是等价的：

- u_1 比 u_2 更加厌恶风险。
- 在任意初始财富水平下，u_1 是 u_2 的凹转换。
- 在任意初始财富水平下，$A_1 \geqslant A_2$。
- 在任意初始财富水平下，$\pi_1 \geqslant \pi_2$。
- 在任意初始财富水平下，$C_1^e \leqslant C_2^e$。

利用上述思想，我们还可以探究单个投资者的风险厌恶程度是如何随着财富水平的变化而变化的。我们很自然地认为，富人会比穷人更不在意给定的绝对风险，并愿意为规避该风险支付更少的钱；或者说，对任意风险而言，风险溢价会随着初始财富 W_0 的增加而递减。可以证明以下条件是等价的：

- π 随 W_0的增加而递减。
- $A(W_0)$随 W_0 的增加而递减。
- $-u'$是 u 的凹转换，所以 $-u'''/u'' \geqslant -u''/u'$ 处处成立。Kimball（1990）将比率 $-u'''/u'' = P$ 定义为绝对谨慎程度，并应用于预防性储蓄理论中。

绝对风险厌恶递减从直觉上来说比较合理，而绝对风险厌恶递增显然让人难以接受。

1.2.3 阿罗-帕拉特测度

在前一节中，我们通过隐函数定义了风险溢价和确定性等价，即式（1.14）和式（1.18）的解。阿罗（Arrow，1971）和帕拉特（Pratt，1964）分析指出，当风险很小的时候，这些等式可能有近似的封闭解。

考虑一个期望值为0的风险 $\tilde{y} = k\tilde{x}$，其中 k 是比例因子。将风险溢价写为 k 的一个函数，$g(k) = \pi(W_0, u, k\tilde{x})$。通过风险溢价的定义可知：

$$\mathrm{E}u(W_0 + k\tilde{x}) = u(W_0 - g(k)). \tag{1.20}$$

注意，这里 $g(0) = 0$，因为不会有人愿意为规避确定性风险付出成本。

利用前面章节介绍过的反复求导的方法，我们反复对 k 求导。对式（1.20）求导后得到：

$$\mathrm{E}[\tilde{x}u'(W_0 + k\tilde{x})] = -g'(k)u'(W_0 - g(k)). \tag{1.21}$$

当 $k=0$ 时，式（1.21）的左边变为 $\mathrm{E}[\tilde{x}u'(W_0)] = \mathrm{E}[\tilde{x}]u'(W_0)$，能将 $u'(W_0)$ 提到期望值外面来是因为这是一个确定值。鉴于 $E[\tilde{X}] = 0$、$k=0$ 时，式（1.21）的左边为0，所以右边也一定为0，即 $g'(0) = 0$。

现在我们对 k 做第二次差分，得到：

$$\mathrm{E}\tilde{x}^2 u''(w_o + k\tilde{x}) = g'(k)^2 u''(W_0 - g(k)) - g''(k)u'(W_0 - g(k)). \tag{1.22}$$

则：

$$g''(0)=\frac{-u''(W_0)}{u'(W_0)}\mathrm{E}\widetilde{x}^2=A(W_0)\mathrm{E}\widetilde{x}^2. \tag{1.23}$$

现在用泰勒展开对 $g(k)$ 在 $k=0$ 附近求近似：

$$g(k)\approx g(0)+kg'(0)+\frac{1}{2}k^2g''(0). \tag{1.24}$$

将前面推出的值代入其中，得到：

$$\pi\approx\frac{1}{2}A(W_0)k^2\mathrm{E}\left[\widetilde{x}^2\right]=\frac{1}{2}A(W_0)\mathrm{E}\left[\widetilde{y}^2\right]. \tag{1.25}$$

风险溢价与风险的平方成一定比例。可微分效用函数的这种性质被称为二阶风险厌恶。这意味着人们对于很小的风险（并且通常是指与他们面临的其他风险相独立的小风险）是近乎风险中性的。溢价与风险平方间比例系数是绝对风险厌恶系数的一半，所以我们有了将风险溢价与风险规模和风险厌恶程度相联系的定量预测。这一结果是现代量化研究的基础。

对确定性等价也可以应用相似的分析。结果为：

$$C^e\approx k\mu-\frac{1}{2}A(W_0)k^2\mathrm{E}\left[\widetilde{x}^2\right]. \tag{1.26}$$

这表明对小的风险而言，风险回报的均值 μ 对确定性等价有着显著的影响。

在金融领域，风险的效果通常是做乘法而不是做加法。换句话来说，当投资的财富增加时，风险的绝对水平是成倍增加的。我们前面所说的理论通过简单的修改就可以适用于这种情况。定义一个乘法性质的风险 $\widetilde{W}=W_0(1+k\widetilde{x})=W_0(1+\widetilde{y})$。定义 $\widehat{\pi}$ 为一个人为了避免该风险愿意付出的财富比例：

$$\widehat{\pi}=\frac{\pi\,(W_0,u,W_0k\widetilde{x})}{W_0}. \tag{1.27}$$

那么：

$$\widehat{\pi}\approx\frac{1}{2}W_0A(W_0)k^2\mathrm{E}\widetilde{x}^2=\frac{1}{2}R(W_0)\mathrm{E}\widetilde{y}^2. \tag{1.28}$$

其中，$R(W_0) = W_0 A(W_0)$ 被称为相对风险厌恶系数。

1.3 几个易处理的效用函数

几乎所有金融领域的理论应用和实证研究都会用到几种线性风险容忍（LRT）或双曲线绝对风险厌恶（HARA）的函数。在效用函数中继续将财富水平作为一个讨论对象，则 HARA 效用函数族可以写为：

$$u(W) = a + b\left(\eta + \frac{W}{\gamma}\right)^{1-\gamma}. \tag{1.29}$$

根据满足 $\eta + W/\gamma > 0$ 的不同财富水平 W 进行定义。参数 a 和参数 b 的大小不影响投资者的选择，可以根据特殊情况自由选择参数大小以方便代表投资者效用。

对这些效用函数，风险容忍度，即绝对风险厌恶的倒数，定义为：

$$T(W) = \frac{1}{A(W)} = \eta + \frac{W}{\gamma}. \tag{1.30}$$

风险容忍度对 W 线性。绝对风险厌恶自身是 W 的双曲线：

$$A(W) = \left(\eta + \frac{W}{\gamma}\right)^{-1}. \tag{1.31}$$

显然，相对风险厌恶是：

$$R(W) = W\left(\eta + \frac{W}{\gamma}\right)^{-1}. \tag{1.32}$$

HARA 效用有几种重要的特殊形式。

二次效用函数　$\gamma = -1$。这意味着根据式（1.30），风险容忍度随财富递减；根据式（1.31），绝对风险厌恶随财富递增。此外，$u' = 0$ 时二次效用函数有餍足点。这些是重要的缺点，虽然二次效用在具有可加性风险的模型中方便使用，甚至已被使用在具有增长的宏观经济模型中，这些模型使用趋势偏好参数保持餍足点远远高于数据中观察到的财富或消费水平。

指数效用函数或恒定绝对风险厌恶（CARA）效用函数　$\gamma \to -\infty$。为了获得恒定绝对风险厌恶 A，我们需要对所有的 $W>0$ 都有：

$$-u''(W) = Au'(W). \tag{1.33}$$

解这个微分方程，得到：

$$u(W) = \frac{-\exp(-AW)}{A}. \tag{1.34}$$

其中，$A = 1/\eta$。这个效用函数没有餍足点，但有上边界；随着财富的增加，效用趋近于零。指数效用函数通常适用于正态分布的风险，因为效用是对数正态分布的。另外，正如我们将在下一章中看到的，在这种效用函数中，财富对风险资产的需求没有影响，这使得计算均衡相对容易，因为人们不必再跟踪财富分配。

幂效用函数或恒定相对风险厌恶（CRRA）效用函数　$\eta=0$ 及 $\gamma>0$。绝对风险厌恶随财富值递减——这是一个理想的性质——而相对风险厌恶 $R(W)=\gamma$，为常量。对 $\gamma \neq 1$ 而言，可以选择 a 和 b 的值将式（1.29）中的效用写作：

$$u(W) = \frac{W^{1-\gamma}-1}{1-\gamma}. \tag{1.35}$$

对 $\gamma=1$ 而言，我们用洛必达法则（L'Hôpital's rule）对式（1.35）取 γ 趋近于 1 的极限。结果是：

$$u(W) = \log(W). \tag{1.36}$$

幂效用函数具有吸引力，因为它意味着即使有长期经济增长，也存在固定的风险溢价和利率，并且在存在乘法性质的对数正态分布风险的情况下也易于处理。由于这些原因，它是资产定价和宏观经济学文献中的主力模型，我们将在本书中对此进行深入研究。对数效用函数的特殊情况具有更加方便的特性，但相对风险厌恶程度低到难以与金融市场中观察到的实质风险溢价相协调，我们将在第 6 章中讨论这一点。

维持生计水平（subsistence level）。负 η 表示维持生计水平，即定义效用函数所需的最低消费水平。Litzenberger 和 Rubinstein（1976）提出了一个模型，其中对数效用的财富水平高于维持生存水平，我们称之为广义对数效用模型。该模型没能吸引足够的注意，或许部分原因是经济增长使得任何固定的维持生计水平在长期内变得无关紧要。① 第 6 章讨论的习惯养成模型具有随时间变化的维持生计水平，可随经济增长而增长。

1.4 期望效用理论批判

1.4.1 阿莱悖论

阿莱（Allais，1953）提出的著名悖论挑战了冯·诺伊曼－摩根斯坦理论框架。假设有一组彩票，每个彩票都是从包含 100 个标记为 0～99的球的瓮中抽出一个球。表 1.1 显示了在 4 个不同的彩票 L^a、L^b、M^a 和 M^b 中抽中每个球所能获得的奖金。

彩票 L^a 提供50 美元的确定奖金，而彩票 L^b 有 89% 的概率能中 50 美元，10% 的概率能中 250 美元，1% 的概率没有任何奖金。面对这种选择，许多人相较 L^b 更喜欢 L^a，尽管彩票 L^b 的预期奖金更高。彩票 M^a 有 11% 的概率赢得 50 美元，89% 的概率得不到任何收益，而彩票 M^b 有 10% 的概率赢得 250 美元，90% 的概率什么也得不到。面对这种选择，许多人相较于 M^a 更喜欢 M^b。

对效用理论的挑战是选择 L^a 而不是 L^b，同时选择 M^b 而不是 M^a，这违反了独立性公理。通过表 1.1 可以看到，L^a 和 L^b 之间的唯一区别在于标记为 0～10 的球；标记为 11～99 的球在这两个彩票中是相同的；M^a 和 M^b 也是如此。根据独立性公理，绘制球 11～99 的奖励应该与 L^a 和

① 该模型晦涩难懂或许也对其应用前景造成了影响；只是 Deaton 和 Muellbauer（1980）在这方面比较不幸。

表 1.1　阿莱悖论

	0	1 ~10	11 ~99
L^a	50	50	50
L^b	0	250	50
M^a	50	50	0
M^b	0	250	0

L^b，以及 M^b 和 M^a 之间的选择无关。但如果是这种情况，那么两个选择应该相同，因为如果只考虑球 0 ~ 10，则 L^a 具有与 M^a 相同的奖励，并且 L^b 具有与 M^b 相同的奖励。

关于这一悖论，人们争论已久。要么是人们容易被误导（但可以通过教育矫正），要么需要放弃独立性公理。放宽这个公理必须小心谨慎，以避免产生进一步的悖论 [*Chew*（1983），*Dekel*（1986），*Gul*（1991）]。① 最近的动态决策模型，特别是本书第 6.4 节中讨论的爱泼斯坦 – 兹恩偏好（1989，1991），在跨时间的情况下放宽独立性公理，谨慎处理以保持时间一致决策。

1.4.2　拉宾批评

拉宾（2000）批评了效用理论，理由是它不能解释人们对小型赌博表现出明显的厌恶，却对大型赌博没有极其强烈的厌恶情绪。这是因为可微效用具有二阶风险规避。

要理解拉宾批评，可以假设一场赌博，能以 1/2 的概率赢得 11 美元，并以 1/2 的概率输掉 10 美元。随着边际效用递减，胜利的效用至少

① 例如，假设 $L^a > L^b$ 且 $L^a > L^c$，却有违背独立性公理的 $L^d = 0.5L^b + 0.5L^c > L^a$，那么你将会付钱从 L^a 切换到 L^d，但一旦复合彩票 L^d 的不确定性被分解来看，你会再次付钱切换回 L^a。这有时被称为“荷兰赌”问题。可以通过强加 Chew（1983）的“中间性”属性来避免这个问题，即两个彩票的凸组合（上述实施例中的 L^b 和 L^c）不比两者中更优的更优，且两者中较差的不比两者的凸组合更优。

为 $11u'(W_0+11)$。损失的效用成本最多为 $10u'(W_0-10)$。因此，如果一个人拒绝这个赌博，我们必须有 $10u'(W_0-10)>11u'(W_0+11)$，这意味着：

$$\frac{u'(W_0+11)}{u'(W_0-10)}<\frac{10}{11}.$$

现在假设这个人在 W_0+21 的初始财富水平上拒绝同样的赌博。那么：

$$\frac{u'(W_0+21+11)}{u'(W_0+21-10)}=\frac{u'(W_0+32)}{u'(W_0+11)}<\frac{10}{11}.$$

结合这两个不等式：

$$\frac{u'(W_0+32)}{u'(W_0-10)}<\left(\frac{10}{11}\right)^2=\frac{100}{121}.$$

如果进行重复迭代，那么会在高财富水平上得到极小的边际效用，这将导致人们拒绝显然极具吸引力的赌博。

表 1.2 摘自拉宾（2000）的表 I，原注释为“如果对所有财富水平，拒绝在 50 - 50 概率上输 100 美元 / 赢 g 的赌博，也将拒绝在 50 - 50 概率上输 L /赢 G 的赌博；G 的值在表中给出”。g 值为列标题，L 值为行标题，而表格的单元格表示 G。换句话说，每向右移动一列时，一个参与者就会拒绝更多有利可图的小型赌博；每向下移动一行时，都对应一个更大的可能损失；而单元格中是引诱参与者下注所需的奖金。∞ 意味着他将拒绝最高奖励为任何有限数值的赌博，无论奖励有多大。

表 1.2　摘自拉宾（2000）表 I　（单位：美元）

L/g	101	105	110	125
400	400	420	550	1 250
1 000	1 010	1 570	∞	∞
4 000	5 750	∞	∞	∞
10 000	∞	∞	∞	∞

表 1.3　摘自拉宾（2000）表 II　　（单位：美元）

L/g	101	105	110	125
400	400	420	550	1 250
1 000	1 010	1 570	718 190	160×10^{9}
4 000	5 750	635 670	60.5×10^{6}	9.4×10^{12}
10 000	27 780	5.5×10^{6}	160×10^{9}	5.4×10^{21}

第一个显而易见的问题是，参与者如何能够对任意大的奖金没有反应，拒绝承担有限损失的风险。这个问题将作为非正式练习，并将在本章末尾回答。作为提示，表 1.3 摘自拉宾（2000）的表 II。这个表与表 1.2 的唯一区别在于，这里的数字都限定于特定的初始财富水平（290 000美元），而表 1.2 中对 50 – 50 概率损失 100 美元 / 赢得 g 的赌博的厌恶被认为仅适用于高达 300 000 美元的财富水平。

1.4.3　一阶风险厌恶和前景理论

拉宾批评表明，预期效用的标准理论无法解释在很大范围的财富水平上对小型赌博的风险规避。在任意财富水平上，人们可以通过放宽效用是二次可微的假设来增加对标准理论中的小型赌博的厌恶，允许效用函数中的突兀点使式（1.25）中给出的风险溢价的标准公式无效。这种突兀点使得风险厌恶局部无限，并使得小型赌博的风险溢价与其标准差而非其方差成正比；与二次可微效用相应的“二阶”风险厌恶相比［Segal 和 Spivak（1990）］，这被称为“一阶”风险厌恶。然而，这种方法只会在单点上增加小型赌博的厌恶，而如果一个参与者反对一系列财富水平下的小型赌博，拉宾的论证（不假设效用函数的二次可微性）仍然适用。

为此，经济学家和心理学家已经探索了具有参考点的模型，其中效用来自相对于参考点的收益或损失，该参考点通常设定为等于当前财富。这使得效用函数中的突兀点可移动，让它始终发挥作用并且在任意初始财富水平处导致一阶风险厌恶。

最著名的例子是卡尼曼（Kahneman）和特沃斯基（Tversky）在1979年提出的前景理论，它不仅在参考点上存在拐点，而且有两个其他特征符合对风险态度的实证证据：偏好函数在获得收益时为凹，在遭受损失时为凸（风险爱好），以及当概率很小时，主观概率大于客观概率。前景理论偏好函数的标准参数化是：

$$
\begin{aligned}
u(x) &= x^{\beta} \text{ for } x \geqslant 0. \\
u(x) &= -\lambda|x|^{\beta} \text{ for } x \leqslant 0.
\end{aligned}
\tag{1.37}
$$

其中，$x = W - W_{\mathrm{REF}}$，表示财富与参考财富水平之间的差异。我们假设$0 < \beta < 1$来确定遭受损失时的凸度和获得回报时的凹度，并且$\lambda > 1$，以在参考点处产生突兀点。Gul（1991）中令人失望的厌恶偏好也将参考点附近突兀点设置为赌博的内生确定性等价［Backus、Routledge 和 Zin（2004）］。

Barberis、Huang 和 Thaler（2006）指出，即使存在这些偏好也不能对小的延迟赌博产生实质性的厌恶。在决定进行赌博和结果尘埃落定之间的时间段内，参与者将面临其他风险，并将这些与正在进行的赌博合并。如果赌博与其他风险不相关，那就是分散化的。实际上，对于延迟赌博，参与者将具有二阶风险规避。为了解决这个问题，Barberis 等人争辩说人们独立地对待每一个赌博，也就是说，他们“目光狭隘”。

在本书中，我们将继续使用标准效用函数，尽管它们无法解释对小风险的厌恶。这也是我的观点，即该理论对于资产定价问题是有用的，与拉宾（2000）承认它“很可能是极大规模保险选择的有用模型”一致。有人可能会以物理学类比，其中重力在宏观角度上极为重要，尽管在亚原子尺度上其他种类的力变得更为重要，而重力变得可以忽略不计。

最后，值得注意的是，可以扩展预期效用理论，以得到对中等规模和大规模风险的厌恶差异。尤其是，Chetty 和 Szeidl（2007）表明，“消费承诺”（用于调整消费比例的固定成本）相对于大型赌博提高了对中型赌博的风险厌恶，而大型赌博的极端结果被认为支付调整消费所需的成本是值得的。

1.5　风险比较

前述我们讨论了效用函数的比较，特别是两个效用函数可以在其风险厌恶程度上排名的情况，其中一个拒绝了另一个拒绝的所有彩票，而不管风险的分布情况如何。现在我们进行对称分析，比较两种不同分布的风险，而不对效用函数做除了凹度的任何假设。

1.5.1　比较具有相同均值的风险

在本节中，我们考虑两个具有相同均值的分布。通俗地说，有三种自然而然的方法来定义一个概念，即这些分布中的一个比另一个更具风险：

（1）相对于更安全的风险分布而言，所有递增的和凹的效用函数都不喜欢更有风险的分布。

（2）相对于更安全的风险分布而言，风险较高的分布在尾部的权重更大。

（3）通过增加噪声可以从更安全的分布中获得更高风险的分布。

罗思柴尔德（Rothschild）和斯蒂格利茨（Stiglitz）在 1970 年的经典分析表明，这些陈述都是等价的。

考虑随机变量$\widetilde{X}$和$\widetilde{Y}$，它们有相同的期望。

（1）如果相对于 $\widetilde{X}$ 而言，没有具有递增凹效用函数的个体更偏好 $\widetilde{Y}$，则 $\widetilde{X}$ 的风险弱低于 $\widetilde{Y}$：

$$E[u(\widetilde{X})] \geqslant E[u(\widetilde{Y})]. \tag{1.38}$$

对于所有的递增凹效用函数 $u(.)$ 都成立。如果 $\widetilde{X}$ 风险弱低于 $\widetilde{Y}$，并且有一些递增凹函数 $u(.)$ 相对于 $\widetilde{Y}$ 严格偏好于 $\widetilde{X}$，则 $\widetilde{X}$ 的风险低于 $\widetilde{Y}$（无严格限制条件）。

请注意，这是偏序。并不是说对于任何 $\widetilde{X}$ 和 $\widetilde{Y}$，要么 $\widetilde{X}$ 的风险弱低于 $\widetilde{Y}$，要么 $\widetilde{Y}$ 的风险弱低于 $\widetilde{X}$。如果我们将讨论范围限制在比凹效用函数范围还要小的一系列效用函数（例如二次曲线）内，我们就可以得到全序。

（2）如果通过运用一个均值保留展开式（MPS）可以从 $\widetilde{X}$ 的密度函数获得 $\widetilde{Y}$ 的密度函数，则 $\widetilde{X}$ 的风险小于 $\widetilde{Y}$。一个 MPS $s(x)$ 被定义为：

$$s(x)=\begin{pmatrix} \alpha \quad \text{对于 } c<x<c+t \\ -\alpha \quad \text{对于 } c'<x<c'+t \\ -\beta \quad \text{对于 } d<x<d+t \\ \beta \quad \text{对于 } d'<x<d'+t \\ \text{其他情况下 } 0 \end{pmatrix}. \tag{1.39}$$

其中，α，β，$t>0$；$c+t<c'<c'+t<d<d+t<d'$；并且 $\alpha(c'-c)=\beta(d'-d)$；也就是说，“移动的物体质量越大，移动的距离就越小”。如图 1.3 所示。

MPS 是你添加到密度函数 $f(x)$ 的东西。如果 $g(x)=f(x)+s(x)$，则：①$g(x)$ 也是密度函数；②它具有与 $f(x)$ 相同的均值。

①显而易见，因为 $\int s(x)dx$ 是 $s(x)=0$ 以下的面积。

②遵循一个事实，即 $s(x)$ 的“均值”，$\int xs(x)dx=0$，这又可以由 $\alpha(c'-c)=\beta(d'-d)$ 推出。代数过程为：

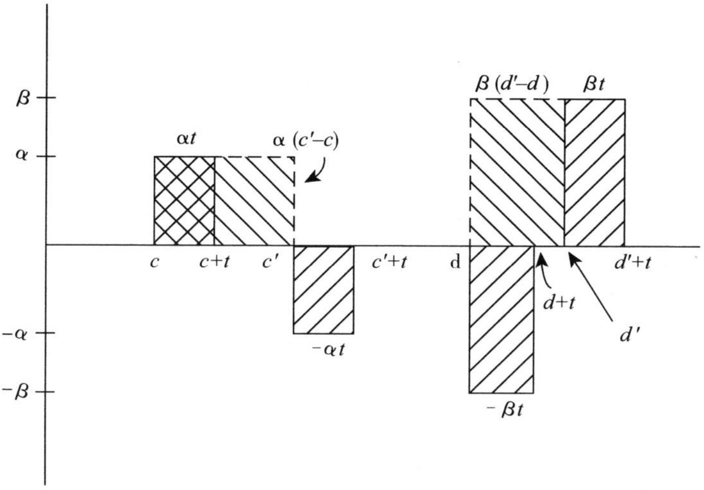

图 1.3　保持均值的差值

$$\int xs(x)\,dx = \int_{c}^{c+t} x\alpha\,dx + \int_{c'}^{c'+t} x(-\alpha)\,dx + \int_{d}^{d+t} x(-\beta)\,dx + \int_{d'}^{d'+t} x\beta\,dx$$
$$= \alpha\left[\frac{x^2}{2}\right]_{c}^{c+t} - \alpha\left[\frac{x^2}{2}\right]_{c'}^{c'+t} - \beta\left[\frac{x^2}{2}\right]_{d}^{d+t} + \beta\left[\frac{x^2}{2}\right]_{d'}^{d'+t}$$
$$= t\big[\beta(d'-d) - \alpha(c'-c)\big] = 0. \tag{1.40}$$

在什么意义上 MPS 是一种差值呢？显然，如果 $f(x)$ 的平均值在 $c'+t$ 和 d 之间，那么 $g(x)$ 在尾部具有更多的权重。在图 1.3 中，当 $f(x)$ 的平均值远离左侧或右侧时，这不是那么明显。然而，我们可以证明，从（1）的角度来说，具有密度 g 的 $\widetilde{Y}$ 比具有密度 f 的 $\widetilde{X}$ 风险更大。在这个意义上，术语“差值”是合适的。

我们计算 $\widetilde{X}$ 和 $\widetilde{Y}$ 之间的预期效用差异为：

$$E[u(\widetilde{X})] - E[u(\widetilde{Y})]$$
$$= \int u(z)[f(z) - g(z)]\,dz = -\int u(z)s(z)\,dz \tag{1.41}$$

$$= -\alpha \int_{c}^{c+t} u(z)\,dz + \alpha \int_{c'}^{c'+t} u(z)\,dz + \beta \int_{d}^{d+t} u(z)\,dz - \beta \int_{d'}^{d'+t} u(z)\,dz$$

$$= -\alpha \int_{c}^{c+t} \left[u(z) - u(z+c'-c) - \frac{\beta}{\alpha}\{u(z+d-c) - u(z+d'-c)\} \right] dz.$$

MPS 的定义意味着 $\beta/\alpha = (c'-c)/(d'-d)$。另外，对于一些在 z 和 $z+h$ 之间的 z^* 而言，$u(z+h) - u(z) = u'(z^*)h$。

因此，对于 z 和 $z+c'-c$ 之间的 z_1^* 而言：

$$u(z) - u(z+c'-c) = -(c'-c)\,u'(z_1^*). \tag{1.42}$$

并且，对于 $z+d-c$ 和 $z+d'-c$ 之间的 z_2^* 而言：

$$u(z+d-c) - u(z+d'-c) = -(d'-d)\,u'(z_2^*). \tag{1.43}$$

替换进式（1.41），我们得到：

$$E[u(\widetilde{X})] - E[u(\widetilde{Y})] = \alpha(c'-c) \int_{c}^{c+t} \left[u'(z_1^*) - u'(z_2^*) \right] dz > 0. \tag{1.44}$$

其中，不等式成立，因为 $z_1^* < z_2^*$ 导致 $u'(z_1^*) > u'(z_2^*)$。

（3）一个正式的关于“增加噪声”的定义是，如果 $\widetilde{Y}$ 具有与 $\widetilde{X}+\widetilde{\varepsilon}$ 相同的分布，其中对于 X 的所有值，$E[\widetilde{\varepsilon} \mid X] = 0$，则 $\widetilde{X}$ 的风险小于 $\widetilde{Y}$。我们说 $\widetilde{\varepsilon}$ 是关于 $\widetilde{X}$ 的“公平游戏”。

公平游戏条件强于零协方差，$\mathrm{Cov}(\widetilde{\varepsilon},\widetilde{X}) = 0$，比对所有函数 f 和 g 都有两函数独立且 $\mathrm{Cov}(f(\widetilde{\varepsilon}),g(\widetilde{X})) = 0$ 的条件要弱。它等价于对所有函数 g 都有 $\mathrm{Cov}(\widetilde{\varepsilon},g(\widetilde{X})) = 0$。为增进对这一点的了解，本章末尾的习题 1.1 要求构建随机变量 $\widetilde{X}$ 和 $\widetilde{\varepsilon}$ 的例子，要求这些变量具有零协方差但不满足公平游戏条件，或满足公平游戏条件但并不独立。

很容易证明增加的噪声足以使凹的效用函数不喜欢得到的分布，即（3）隐含着（1）：

$$\begin{aligned} E[U(\widetilde{X}+\widetilde{\varepsilon})|X] &\le U(E[\widetilde{X}+\widetilde{\varepsilon}|X]) = U(X) \\ &\Rightarrow E[U(\widetilde{X}+\widetilde{\varepsilon})] \le E[U(\widetilde{X})] \\ &\Rightarrow E[U(\widetilde{Y})] \le E[U(\widetilde{X})]. \end{aligned} \tag{1.45}$$

因为 $\tilde{Y}$ 和 $\tilde{X}+\tilde{\varepsilon}$ 有同样的分布。

罗思柴尔德和斯蒂格利茨证明条件（1）、（2）和（3）都是等价的。这是一个很重要的结论，因为在特定应用中，其中一个或另一个条件可能最有用。

这些条件都不等价于 $\tilde{Y}$ 具有比 $\tilde{X}$ 更大的方差。从（3）可以明显看出，如果 $\tilde{Y}$ 比 $\tilde{X}$ 风险更大，则 $\tilde{Y}$ 的方差大于 $\tilde{X}$。问题在于，反过来一般都不正确。更大的方差是增加风险的必要不充分条件。$\tilde{Y}$ 可以具有比 $\tilde{X}$ 更大的方差，但是如果它具有更好的高阶矩特性，则仍然会被一些凹的效用函数所偏好。只有当我们将注意力集中在有限类别的分布（例如正态分布）上，才能消除这种可能性。

1.5.2　比较具有不同均值的风险

罗思柴尔德－斯蒂格利茨条件仅适用于具有相同均值的分布。然而，它们直接拓展到在罗思柴尔德－斯蒂格利茨意义上更有风险的分布向下移动并具有较低均值的情况。一些简短的定义说明了这一点。

定义　如果 $\tilde{Y}=\tilde{X}+\tilde{\xi}$，其中 $\tilde{\xi}\leqslant 0$，则 $\tilde{X}$（一阶）优于 $\tilde{Y}$。在这种情况下，$\tilde{X}$ 的每个结果至少与 $\tilde{Y}$ 的相应结果一样大。

定义　如果 $\tilde{Y}$ 具有 $\tilde{X}+\tilde{\xi}$ 的分布，其中 $\tilde{\xi}\leqslant 0$，则 $\tilde{X}$ 一阶随机优于 $\tilde{Y}$。同样，如果 $F(.)$ 是 $\tilde{X}$ 的累积分布函数，并且 $G(.)$ 是 $\tilde{Y}$ 的累积分布函数，那么假如对于每个 z 都有 $F(z)\leqslant G(z)$，就有 X 一阶随机优于 Y。在这种情况下，$\tilde{X}$ 分布的每个分位数至少与 $\tilde{Y}$ 分布的相应分位数一样大，但是 $\tilde{Y}$ 的特定结果可能超过 $\tilde{X}$ 的相应结果。一阶随机占优意味着每个递增的效用函数都会更偏好分布 $\tilde{X}$。

定义　如果 $\tilde{Y}$ 具有 $\tilde{X}+\tilde{\xi}+\tilde{\varepsilon}$ 的分布，其中 $\tilde{\xi}\leqslant 0$ 并且 $E[\tilde{\varepsilon}\mid X+\xi]=0$，则 $\tilde{X}$ 二阶随机优于 $\tilde{Y}$。二阶随机占优（SOSD）意味着每个递增凹效用函数将更偏好分布 $\tilde{X}$。增加风险是 SOSD 的特殊情况，其中 $\tilde{\xi}=0$。

基于所有风险厌恶决策者对一次赌博而不是其他赌博的一致偏好，

SOSD 提供了无可争议的风险比较。遗憾的是，这也限制了它的适用性：SOSD 只是赌博的偏序。也就是说，许多的两个赌博间不能使用 SOSD 进行排名。具体而言，在罗思柴尔德 - 斯蒂格利茨意义上，当更具有风险的分布向上移动时——即其具有更高的均值——就不能断言任何凹效用函数将更喜欢风险更小的另一个分布。选择将取决于风险的规模和效用函数的形式。这种权衡是投资组合选择理论的主要研究对象，我们将在下一章中探讨。

如果将注意力集中在更具体的一群决策者（定义了其效用函数和财富水平）上，则可以建立全序排名，提供任意两个赌博的排名。全序可用于构建风险指数，即将赌博映射到仅依赖于赌博本身属性的实数的摘要统计。例如，Aumann 和 Serrano（2008）根据具有 CARA 效用的投资人的偏好提出了风险指数 AS 指数，对这些投资人而言，财富并不会影响他们对赌博的态度。AS 指数是使得一个 CARA 投资人对一个赌博感到无所谓参不参与的风险容忍度（风险厌恶的倒数）。习题 1.2 将邀请你探讨这个风险指数，以及 Foster 和 Hart（2009）提出的另一个风险指数 FH 指数。虽然风险指数缺乏 SOSD 的一般性并且取决于所考虑的偏好，但它们仍然可用于描述和调控的目的。

1.5.3 分散化原则

我们在本节展示一下罗思柴尔德 - 斯蒂格利茨分析方法如何在具有相同风险资产的简单投资组合选择问题中证明完美分散化的最优性。

考虑 n 个彩票，收益 $\tilde{x}_1, \tilde{x}_2, \cdots, \tilde{x}_n$ 是独立同分布的。你要选择权重 $\alpha_1, \alpha_2, \cdots, \alpha_n$，且 $\sum_i \alpha_i = 1$。很明显，最优的选择是一个完全多元化且同等加权的投资组合，其中对所有的 i 而言，权重为 $\alpha_i = 1/n$。收益就是：

$$\tilde{z} = \frac{1}{n} \sum_{i=1}^{n} \tilde{x}_i. \tag{1.46}$$

罗思柴尔德 - 斯蒂格利茨分析方法可以很容易证明这个是最优的。

只要注意到其他任何策略中的收益是：

$$\sum_i \alpha_i \widetilde{x}_i = \widetilde{z} + \sum_i \left(\alpha_i - \frac{1}{n}\right) \widetilde{x}_i = \widetilde{z} + \widetilde{\varepsilon}. \tag{1.47}$$

$$\mathrm{E}[\widetilde{\varepsilon}|z] = \sum_i \left(\alpha_i - \frac{1}{n}\right) \mathrm{E}[\widetilde{x}_i|z] = k \sum_i \left(\alpha_i - \frac{1}{n}\right) = 0. \tag{1.48}$$

因此，任何其他策略都具有相等加权投资组合的收益，加上增加的噪声［根据罗思柴尔德－斯蒂格利茨条件（3）］。因此，任何凹效用函数都会偏好相等加权的投资组合［根据罗思柴尔德－斯蒂格利茨条件（1）］。

1.6　延伸练习

本章提出了一项非正式练习，一个投资者如何能够不管可能的奖金有多少，都拒绝 50－50 胜率且损失恒定的赌博，就像在拉宾（2000）表 I 中那样。答案是：如果效用是有上界的，那么即使胜利的奖金规模变得非常大，赢利的效用收益也会收敛到有限的极限。拉宾（2000）表 I 中的假设——具有期望效用的投资者在所有初始财富水平下都拒绝给定的小型赌博——要求绝对风险厌恶是不递减的（因为随着绝对风险厌恶的下降，在某些足够高的财富水平下，投资者会接受小型赌博）。但是具有恒定绝对风险厌恶的效用函数，如指数效用函数，是有上界的，并且所有具有递增绝对风险厌恶的效用函数，例如二次效用函数，也都是如此。这一讨论表明表 II 相对于表 I 可能是对预期效用的更有意义的批评。表 II 对投资者拒绝给定小赌注的财富范围做出了较弱的假设，因此符合递减的绝对风险厌恶。

习题 1.1　公平游戏

判断下列说法的对错。如果正确，请给予证明；如果错误，请举出反例。

（1）如果 $\tilde{X}$ 是关于 $\tilde{Y}$ 的公平游戏，且 $\tilde{Y}$ 是关于 $\tilde{X}$ 的公平游戏，那么 $\tilde{X}$ 和 $\tilde{Y}$ 是相互独立的。

（2）如果 $\tilde{X}$ 和 $\tilde{Y}$ 都有零均值且有零协方差，那么 $\tilde{X}$ 是关于 $\tilde{Y}$ 的公平游戏，且 $\tilde{Y}$ 是关于 $\tilde{X}$ 的公平游戏。

（3）对联合正态分布随机变量，零协方差代表着相互独立。

习题 1.2　风险指数

本练习探讨了前面提出的两个风险指数——AS 指数和 FH 指数——的属性。决策者有初始财富水平 W_0 和以财富值为变量的冯·诺依曼－摩根斯坦效用函数 $u, u' > 0$ 且 $u'' < 0$。赌博由实值随机变量 g 表示，g 代表一旦赌博被决策者接受，给财富带来的可能变化。如果 $E[u(W_0 + g)] \leqslant u(W_0)$，投资者（$W_0$，$u$）将拒绝赌博；如果 $E[u(W_0 + g)] > u(W_0)$，则接受 g。我们只考虑 $E[g] > 0$ 且 $Pr(g < 0) > 0$ 的赌博。为简单起见，我们假设赌博结果的可能性是有限的。设 $Lg \equiv max(-g)$ 和 $Mg \equiv max\ g$ 分别表示 g 的最大损失和最大所得。

对任意赌博 g 而言，AS 风险指数 $R^{AS}(g)$ 是由以下等式的唯一正数解确定的：

$$E\left[\exp\left(-\frac{1}{R^{AS}(g)}g\right)\right] = 1. \tag{1.49}$$

对任意赌博 g，FH 风险指数 $R^{FH}(g)$ 是由以下等式的唯一正数解确定的：

$$\mathrm{E}\left[\log\left(1 + \frac{1}{R^{FH}(g)}g\right)\right] = 0. \tag{1.50}$$

（1）证明 AS 指数等于让一个 CARA 投资者在接受或拒绝赌博之间无差异的风险容忍度。即如果 $A < 1/R^{AS}(g)$ [如果 $A \geqslant 1/R^{AS}(g)$]，一个具有 CARA 效用 $u(w) = -\exp(-Aw)$ 的投资者将接受(拒绝) g。

（2）证明 AS 指数等于让一个对数效用的投资者在接受或拒绝赌博之间无差异的财富水平。即一个具有财富值 $W_0 > R^{FH}(g)[W_0 \leqslant R^{FH}(g)]$ 的对数效用投资者将接受（拒绝）g。

（3）考虑一个有 p_L 概率输掉 L_g 且有 $1-p_L$ 概率赢得 M_g 的二值赌博。在二值赌博有 $L_g = 100$ 美元，$M_g = 105$ 美元且 $p_L = 1/2$ 的情况下［Rabin（2000）］，计算这两种指标。再对 $L_g = 100$ 美元，$M_g = 10\ 100$ 美元且 $p_L = 1/2$ 的情况做一次同样的计算。（对 FH 的计算求解析解，而 AS 的计算求数值解。）

（4）考虑一个收益可以无穷大的二值赌博，即 M_g 可以任意大。求出两个指数的显式公式，写成关于 L_g 和 p_L 的函数趋近极限 $Mg \to +\infty$ 的形式。解释这些公式背后的直觉。为什么在这些指数衡量下，无限期望的赌博风险不为零？$pL \to 0$ 会发生什么？

（5）夏普比率为一个赌博的均值除以其标准差的比值，$SR(g) \equiv \mathrm{E}[g]/\sqrt{\mathrm{Var}(g)}$，[①]被广泛用于衡量风险调整的资产组合回报。我们可以将其倒数视为风险指数。

① 举例证明夏普比率（的倒数）违背了一阶随机占优（因此也违背了二阶随机占优）。也就是说，如果一个赌博 h 一阶随机优于赌博 g，$SR(h) \geqslant SR(g)$ 并不总是成立。

② Aumann 和 Serrano（2008）提出了夏普比率的广义形式 $GSR(g) \equiv \mathrm{E}[g]/R^{AS}(g)$，用于衡量“风险调整后”期望收益。试论证 GSR 符合二阶随机占优（因此也符合一阶随机占优）。

③ 证明当 g 是一个正态分布的赌博时，$GSR(g)$ 通常相当于 $SR(g)$。提示：使用正态分布的概率密度函数来证明 $R^{AS}(g) = \mathrm{Var}(g)/(2\mathrm{E}[g])$。

---

① 资产回报的夏普比率定义将在下一章的式（2.37）中给出。

第 2 章　静态组合选择

本章我们会把不确定性下的理性决策理论，结合上一章介绍的预期效用理论，应用到组合选择问题中。在第 2.1 节中，我们将思考在无风险资产和单一风险资产中的选择，揭示不同的模型如何推导出相同的结果。我们首先用阿罗－帕拉特分析法思考一个风险下的小回报，然后是恒定绝对风险厌恶者面对的正态分布风险，最后是恒定相对风险厌恶者面对的对数正态分布风险。我们还会讨论对数效用投资者选择的最佳成长组合的特殊属性。

在第 2.2 节中，我们会思考加入风险资产的情形。我们会用马科维茨经典的均值－方差理论（1952）思考从两种风险资产到 N 种风险资产的情形。我们会讨论全局最小方差组合的属性，并介绍托宾（Tobin，1958）的共同基金理论。把这两部分结合在一起，我们得到最优组合选择理论。然而把这项理论应用到实践中是非常困难的，这将促使静态均衡模型的开发，我们会在下一章讲到。

我们会在本章继续探讨双期间的情景，组合在第一个区间里被选择，然后在第二个区间所有的不确定性被解决，并且所有的财富被消费。在本书的第二部分我们将介绍非常有趣的不同时点投资机会的动态模型。

2.1 选择风险暴露

2.1.1 参与原则

我们首先思考弱假设情况下风险资产的风险偏好和收益分布，在一项无风险资产和一项风险资产中进行选择。一个初始财富为 W 的投资人可以投资回报为 R_f 的无风险资产或者回报为 $R_f+\tilde{x}$ 的风险资产。重要的是，这里的 $\tilde{x}$，无风险超额收益的均值不能为0。

投资一段时间后投资者的财富为：

$$W(1+R_f)+\theta\tilde{x}=W_0+\theta\tilde{x}. \tag{2.1}$$

其中，θ 是投资到风险资产的金额（不是财富份额），W_0 表示的是如果第二时间段不投资风险资产的财富值。

投资人的最优问题表达为：

$$\max_\theta\ V(\theta)=\mathrm{E}u(W_0+\theta\tilde{x}). \tag{2.2}$$

一阶导数为：

$$V'(\theta^*)=\mathrm{E}\tilde{x}u'(W_0+\theta^*\tilde{x})=0. \tag{2.3}$$

其中，θ^* 是投资到风险资产的最优金额。二阶导数为：

$$V''(\theta^*)=\mathrm{E}\tilde{x}^2u''(W_0+\theta^*\tilde{x})<0. \tag{2.4}$$

这必须是风险厌恶投资者二次可微凹效用下成立。

在不做这个问题显示解的情况下，我们可以得到没有投资于风险资产效用函数的一阶导数为：

$$V'(0)=\mathrm{E}\tilde{x}u'(W_0). \tag{2.5}$$

这个与 $\mathrm{E}\tilde{x}$ 的符号相同。不出意料，没有预期超额回报就表明不应投资风险资产，但无论风险厌恶水平如何，如果有投资风险资产，就有正的预期超额回报。

这项“参与准则”告诉我们风险厌恶本身不能单独解释不参与有正的风险溢价的风险资产投资。如何理性看待不参与这件事情，我们需要引入更多的要素，比如参与的固定成本或者效用函数的突兀点让其不可微分，如第 1.4.3 节讨论过的。

2.1.2　风险带来的小收益

参与准则告诉我们最优投资中风险资产投资的符号，但我们想得出一个明确的大小表达式。第一种方法，我们用阿罗 - 帕拉特方法，并考虑承担风险带来的小收益。

$$\tilde{x} = k\mu + \tilde{y}. \tag{2.6}$$

其中，k 为正并接近于 0，μ 和 $\tilde{y}$ 是均值为 0 的风险构成。注意这里的 $\tilde{x}$ 有固定的大小，所以这里的符号跟第 1.2.3 节是有区别的。

式（2.3）的一阶导数现在变成：

$$\mathrm{E}(k\mu + \tilde{y})u'(W_0 + \theta^*(k)(k\mu + \tilde{y})) = 0. \tag{2.7}$$

对 k 求微分：

$$\mu \mathrm{E}u'(\tilde{W}) + \theta^*(k)\mu \mathrm{E}(k\mu + \tilde{y})u''(\tilde{W}) + \theta^{*\prime}(k)\mathrm{E}(k\mu + \tilde{y})^2 u''(\tilde{W}) = 0. \tag{2.8}$$

在 $k=0$ 时，并使用 $\theta^*(0)=0$ 这一事实，估计这个表达式：

$$\theta^{*\prime}(0) = \frac{\mu}{\mathrm{E}\tilde{y}^2}\frac{1}{A(W_0)}. \tag{2.9}$$

对风险资产投资，使用泰勒展开：

$$\theta^*(k) \approx \theta^*(0) + k\theta^{*\prime}(0) = \frac{\mathrm{E}\tilde{x}}{\mathrm{E}(\tilde{x} - \mathrm{E}\tilde{x})^2}\frac{1}{A(W_0)}. \tag{2.10}$$

用语言描述就是，最优投资金额就是风险超额收益的均值方差比率，除以风险厌恶值。

我们可以用 θ 除以财富来得到投资到风险资产的财富份额。我们把它定义成 α，得到：

$$\alpha^*(k) = \frac{\theta^*(k)}{W_0} \approx \frac{\mathrm{E}\tilde{x}}{\mathrm{E}(\tilde{x} - \mathrm{E}\tilde{x})^2}\frac{1}{R(W_0)}. \tag{2.11}$$

最优投资份额等于风险超额收益的均值 - 方差比率除以相对风险厌恶。

2.1.3 CARA正态分布情形

当风险是正态分布（高斯分布），$\tilde{x} \sim N(\mu,\sigma^2)$，并且效用是CARA分布（指数分布），有一个风险厌恶常数 A 时，以上计算风险资产投资额的公式是准确的。在这种情况下，式（2.2）的问题可表达为：

$$\max_\theta V(\theta) = \mathrm{E}[-\exp(-A(W_0+\theta\tilde{x}))]. \tag{2.12}$$

或同等表达式：

$$\min \mathrm{E}[\exp(-A(W_0+\theta\tilde{x}))]. \tag{2.13}$$

式（2.13）中方括号里的表达式是对数正态分布（如果 $\tilde{x}$ 是正态分布）。然后我们可以应用以下非常有用的结果，这个结果任何学习资产定价的学生都应该记住。

对于任何对数正态分布的随机变量 $\tilde{z}$：

$$\log \mathrm{E}(\tilde{z}) = \mathrm{E}\log(\tilde{z}) + \frac{1}{2}\mathrm{Var}\log(\tilde{z}). \tag{2.14}$$

用语言表述，即“均值的对数等于对数的均值加对数的方差的一半”。这个结果告诉我们，当对数为正态分布的时候，均值的对数和对数的均值之差从詹森不等式得出的是一个正数，而这个正数恰好等于对数的方差的一半。①

对这项结果加以应用，式（2.13）的组合选择等于：

$$\min \log \mathrm{E}[\exp(-A(W_0+\theta\tilde{x}))] = -A(W_0+\theta\mu) + \frac{1}{2}A^2\theta^2\sigma^2. \tag{2.15}$$

这等同于：

$$\max A(W_0+\theta\mu) - \frac{1}{2}A^2\theta^2\sigma^2. \tag{2.16}$$

其解是：

$$\theta^* = \frac{\mu}{A\sigma^2}, \tag{2.17}$$

① 对数分布的此特性和其他特性在Johnson、Kotz和Balakrishnan（1994）里有总结。

独立于初始财富水平。这和式（2.10）是完全相同的，有一个风险厌恶常数 A，但是它并不要求超额收益 μ 的均值相对于风险 σ^2 是足够小的，因此它可以被应用于具有吸引力的风险和与之相匹配的风险资产大额配置。同样地，最优风险份额式（2.11）是具有相对风险厌恶 $R(W)=AW$ 财富的一定比例。

CARA 正态分布被广泛应用，因为它具有许多实操性特征。具体比如：

- **多项资产**可以很容易地被分析。式（2.16）表明，投资人会权衡组合的收益均值和收益方差，因此均值方差分析工具可以被用来解决多项资产的组合选择问题，这一点我们后面会讲到。
- **附加背景风险**，由随机收入或不可交易资产带来的，可以加入模型中。与收益不相关的背景风险不影响可交易风险资产的需求，并且与收益相关的背景风险产生简单的资产对冲需求，这点我们将在第10章第10.1.1节进行讨论。
- **多样动因均衡**可以被简单地计算出来，因为财富不影响对风险资产的需求。因此，风险资产的供需均衡状态可以在不追踪财富分配的情况下被找到。与此相关联的，可以直接在 CARA 正态分布模型中计算交易量。

CARA 正态分布也有许多严重的局限：

- **财富水平与风险投资不相关**。财富水平并不影响对风险资产的投资额。风险资产的投资额式（2.17）中并没有出现投资者财富项。讽刺下这个结论，这意味着比尔·盖茨和一名毕业生应该以相同的金额来投资股票，并且比尔·盖茨应该把所有额外的财富投资到国债中。这正是 CARA 正态分布均衡模型易用性的特征，但这显然是违反常理的。

- **有限制的效用和无限制的回报**。如第 1.4.2 节和第 1.6 节所阐释的，CARA 效用的上限是被限制的，这表明任意的巨大收益并不必要抵销有限的损失。同时，CARA 正态分布模型没有对资产回报下限进行设定（与有限责任原则相违背），所以财富和消耗可以背道而驰，尽管我们可以选择参数来把这种可能性降到很小。
- **趋向性风险溢价**。经济的增长伴随着持续增长的风险（收益率波动），暗示着投资人必须承担绝对风险的增长。如果投资人具有持续的绝对风险厌恶，经济的增长不能增加他们承担绝对风险的意愿，因此在均衡状态下风险溢价必须跟随经济而增长。这种风险溢价向上的趋势并没有历史证据。
- **随意的时间间隔**。正态分布的假设不能支持多个区间。想象一个双区间模型，每个区间的收益是正态分布，并假设收益在每个区间内具有相同的正态分布。那么这个双区间总收益就是两个分布完全相同的正态随机变量的乘积，这个乘积本身不是一个正态分布。问题就在于正态随机变量的加总，而非乘积，是正态分布的；但是多区间的混合收益是乘法运算，不是加法。

2.1.4 CRRA 对数正态分布情形

最后一个难题启示了一组不同的假设，现在我们来详细探讨。如果收益在每个区间都呈现完全相同的有限方差分布，并且如果我们进行长期复合，收益分布会收敛为对数正态分布。这符合中心极限理论和复合收益的对数等于每个区间收益对数之和的事实。复合收益的对数收敛为正态分布，表明复合收益本身是对数正态分布。这项特性使得以下这种假设很吸引人：假设收益在一个非连续时间的独立同分布收益模型中呈对数正态分布，因为收益在多个区间里会呈对数正态分布。

财富的目标函数

假设投资人的财富呈对数正态分布，并且投资人有相对风险厌恶为 γ 的幂效用。这个问题可以用公式表达为：

$$\max\left[\mathrm{E}_t\frac{W_{t+1}^{1-\gamma}}{1-\gamma}\right]. \tag{2.18}$$

目前我们不考虑变量的选择，而只是简单地陈述最大化的目标。[①]

最大化预期等同于最大化对数的预期。如果 $\gamma<1$，那么比例因子 $1/(1-\gamma)>0$，并且由于它不影响结果而可以被省略。如果 $\gamma>1$，那么 $1/(1-\gamma)<0$，并且我们把这个问题变成最小化问题，证明是同样的结果。接着 $\gamma<1$ 的情形，如果下一个区间的财富是对数正态分布，我们仍然可以用对数正态分布随机变量的均值的对数公式（2.14），重新表达为：

$$\max\left[\log\left(\mathrm{E}_t W_{t+1}^{1-\gamma}\right)\right]=\max\left[(1-\gamma)\mathrm{E}_t w_{t+1}+\frac{1}{2}(1-\gamma)^2\sigma_{wt}^2\right]. \tag{2.19}$$

其中，$w_t=\log(W_t)$，并且 σ_{wt}^2 是对数财富的条件方差。

组合收益的目标函数

预算局限是：

$$w_{t+1}=r_{p,t+1}+w_t. \tag{2.20}$$

其中，$r_{p,t+1}=\log(1+R_{p,t+1})$ 是组合的对数回报。所以公式可以重新阐释为：

$$\max\left[\mathrm{E}_t r_{p,t+1}+\frac{1}{2}(1-\gamma)\sigma_{pt}^2\right]. \tag{2.21}$$

---

① 式（1.35）表示的幂效用函数减去 $1/(1-\gamma)$，但这对选择不产生影响，所以可以从上面的目标函数里省略。

其中，σ_{pt}^2 是组合收益对数的条件方差。

乍看之下，这个表达式似乎很奇怪，因为它说给定一个收益组合的对数均值，如果相对风险厌恶系数 $\gamma<1$，投资人偏好更高的对数收益方差，尽管低风险厌恶投资人仍会厌恶风险。为了更好地理解这个结论，再次使用式（2.14），可以看到：

$$E_t r_{p,t+1} + \sigma_{pt}^2/2 = \log E_t(1 + R_{p,t+1}). \tag{2.22}$$

因此我们可以重新改写组合收益目标式（2.21）为：

$$\max\left[\log E_t(1 + R_{p,t+1}) - \frac{\gamma}{2}\sigma_{pt}^2\right]. \tag{2.23}$$

这表明投资人确实权衡组合收益的均值和方差，并且不喜欢所有为正的相关风险厌恶系数的方差。相关平均收益是算术平均收益，投资人在线性平均对数和对数收益方差间权衡。

组合对数收益率和资产对数收益率

现在我们需要把对数组合收益率与底层资产的对数收益率联系起来。组合的简单收益率是风险资产和无风险资产简单收益率的线性组合。组合的对数收益率是这种线性组合的对数，但是跟对数的线性组合不同。这是一个累加效应和乘数效应相互影响的例子，这经常使资产定价模型分析变得复杂。

然而，经过短暂的时间间隔，我们可以用一个非线性函数的泰勒近似把资产对数收益率和组合对数收益率联系起来。我们用 α_t 代表风险资产组合份额，对数收益率为 r_{t+1}，用 $r_{f,t+1}$ 代表无风险资产的对数收益率，我们得到：

$$\begin{aligned} r_{p,t+1} - r_{f,t+1} &= \log(1 + \alpha_t(\exp(r_{t+1} - r_{f,t+1}) - 1)) \\ &\approx \alpha_t(r_{t+1} - r_{f,t+1}) + \frac{1}{2}\alpha_t(1-\alpha_t)\sigma_t^2. \end{aligned} \tag{2.24}$$

其中，约等式来自以下函数的泰勒近似的二阶导数，$f(x) = \log(1 + \alpha(\exp(x) - 1))$ around $x = 0$，应用已证明的对于短暂的时间间隔内的对数正态分布收益率公式，$(r_{t+1}-r_{f,t+1})^2\approx\sigma_t^2$。①

为了理解式（2.24），首先注意组合收益率对数和单项资产收益率对数的线性组合之间的区别来自 $\alpha_t(1-\alpha_t)\sigma_t^2/2$，当 $\alpha_t=0$ 或 1 时，这个表达式等于 0。当 $0<\alpha_t<1$ 时，这个组合是单项资产的加权平均，并且 $\alpha_t(1-\alpha_t)\sigma_t^2/2$ 是正值，因为（再次使用詹森不等式）均值的对数大于对数的均值。

另外一种理解式（2.24）的方法是已知 $\sigma_{pt}^2=\alpha_t^2\sigma_t^2$，将其改写为：

$$r_{p,t+1}-r_{f,t+1}+\frac{\sigma_{pt}^2}{2}\approx\alpha_t\left(r_{t+1}-r_{f,t+1}+\frac{\sigma_t^2}{2}\right). \tag{2.25}$$

用式（2.25）的条件期望，并再次使用对数正态随机变量均值，我们得到：

$$\log\mathrm{E}_t\left[\frac{1+R_{p,t+1}}{1+R_{f,t+1}}\right]\approx\alpha_t\log\mathrm{E}_t\left[\frac{1+R_{t+1}}{1+R_{f,t+1}}\right]. \tag{2.26}$$

以传统的投资时长一年或不到一年来看，期望的简单收益率足够小，$\log(1+\mathrm{E}_tR_{t+1})$ around $\mathrm{E}_tR_{t+1}=0$，$\log(1+\mathrm{E}_tR_{t+1})\approx\mathrm{E}_tR_{t+1}$，是非常精确的。因此式（2.26）左边可以被 $\mathrm{E}_t(R_{p,t+1}-R_{f,t+1})$ 很好地近似，式右边可以被 $\alpha_t\mathrm{E}_t(R_{t+1}-R_{f,t+1})$ 很好地近似。所以式（2.26）复原了这个事实：组合均值的简单超额收益在风险资产均值简单超额收益里是线性的。

式（2.24）是非常有用的，我们在本书里会经常运用它。随着时间间隔的缩小，它变得更加精确，并且在连续时间内，资产价格在连续路径中扩散（此时符合伊藤引理）是完全准确的。因此式（2.24）给出了离散时间资产定价模型一些连续时间资产定价模型的可操作性。

---

① 有对数正态收益率，超额收益平方乘以时间周期 Δ，$(r_{t+1}-r_{f,t+1})^2/(\sigma_t^2\Delta)$，是一个非中央 χ_1^2 分布。所以，超额收益平方的均值 $[(r_{t+1}-r_{f,t+1})^2]=\Delta\sigma_t^2E\chi_1^2$，并且，超额收益的方差为 $\mathrm{Var}[(r_{t+1}-r_{f,t+1})^2]=\Delta^2\sigma_t^4\mathrm{Var}(\chi_1^2)$，它在 Δ 趋近于 0 的时候，相对于均值来说，小到可以忽略。

然而，注意式（2.24）排除了破产的情况，即使有空头头寸（$\alpha_t<0$）或杠杆（$\alpha_t>1$）。破产确实不可能出现连续时间连续价格路径，这种连续状态下的组合是可以被连续再平衡的。在实践中，这个近似可以被谨慎地用于离散或价格会跳跃的情况，尤其是空头头寸或杠杆存在的情况。

解决近似问题

如果我们愿意使用以上近似，解决组合选择问题就变得很直接。两项资产，均值超额组合收益率是 $\mathrm{E}_t r_{p,t+1}-r_{f,t+1}=\alpha_t(\mathrm{E}_t r_{t+1}-r_{f,t+1})+\frac{1}{2}\alpha_t(1-\alpha_t)\sigma_t^2$，组合收益率方差是 $\alpha_t^2\sigma_t^2$，代入目标函数中，我们得到：

$$\max \alpha_t(\mathrm{E}_t r_{t+1}-r_{f,t+1})+\frac{1}{2}\alpha_t(1-\alpha_t)\sigma_t^2+\frac{1}{2}(1-\gamma)\alpha_t^2\sigma_t^2. \quad (2.27)$$

解得：

$$\alpha_t=\frac{\mathrm{E}_t r_{t+1}-r_{f,t+1}+\sigma_t^2/2}{\gamma\sigma_t^2}\approx\frac{\mathrm{E}_t R_{t+1}-R_{f,t+1}}{\gamma\sigma_t^2}. \quad (2.28)$$

这个式子与阿罗－帕拉特测度对小收益风险的求解和投资人面对正态分布风险的持续绝对风险厌恶的求解具有相同的形式。在这种情况下，相对风险厌恶而不是绝对风险厌恶是独立于财富水平的固定参数，并且风险被假设为对数分布。[①]

本章末尾的习题 2.1 和 2.2 会引领你更加深入地发掘最优风险承担。习题 2.1 提问当风险有一个离散的两点分布会发生什么，习题 2.2 运用幂效用进行了组合选择问题的福利分析。

---

① 调整过的詹森不等式对数风险溢价和简单的风险溢价在连续时间极限时是相等的，就如式（2.24）中的近似一样。同时，式（2.28）的分子中对数收益的方差，与阿罗－帕拉特和 CARA－正态公式中的简单收益的方差没有本质区别。因为当在很短时间区间计量收益时，对数正态分布的 $\mathrm{Var}_t(R_{t+1})\approx\mathrm{Var}_t(r_{t+1})$。

2.1.5　最优成长组合

当$\gamma = 1$，投资人有对数效用并选择式（2.21）呈现的最大期望对数收益率的最优成长组合。当$\gamma > 1$，投资人通过惩罚对数收益率方差来追求更安全的组合；当$\gamma < 1$，投资人实际上由于更高的方差而追求更高风险的组合，有相同的均值对数收益率，符合一个更高的均值简单收益率。$\gamma = 1$是这两种相反情形的分界线。

最优成长组合具有这样的特性：随着投资范围增大，它的收益超越其他组合的可能性也在增大。为观察到这一点，注意最优成长组合的对数收益率和其他正均值的正态分布组合对数收益率的区别。我们把这个区别叫作最优成长组合的超额对数收益率。在收益率随着时间推移呈独立同分布的假设下，随着投资范围增大，超额对数收益率的均值和方差都按比例增长。这意味着均值标准差比率、超额对数收益的夏普比率，随范围的平方根增长。正态分布随机变量的均值标准差比率决定了随机变量是正数的可能性，因此超额对数收益是正数的可能性随着投资范围的增加而增加。

马科维茨（1976）应用这个事实论证了长期投资人应该像他们有对数效用那样投资（或者至少应该避免比最优成长组合更激进地投资），但是萨缪尔森（Samuelson，1969）指出这不符合理性的预期效用最大化，因为效用函数必须被看作原始函数而不是从外部考虑得出。①

尽管最优成长组合仅对具有对数效用的投资人最优，但它所具有的特性仍使得它在随机折现系数理论中扮演着重要角色。我们会在第4章第4.1.4节中讨论这些特性。

---

① 萨缪尔森（1979）更进一步地在其文章中得出结论："不需要说太多，我已经表达了我的观点。并且，最后说一句，我是用非单音节词语说出来的。"这篇文章是一篇杰作，但因为很难用有限的词语来表达自己的想法，所以其非常难以理解。这篇文章存在几处错误（两个音节的词）。

2.2 风险资产组合

我们现在运用马科维茨经典的均值－方差分析思考包含多项风险资产的情况，均值－方差分析通过收益率最初两个矩来判断资产组合。尽管更高矩对投资人也很重要，均值－方差分析能更直观地展现风险资产组合构成，尤其是分散投资的重要性。①

在静态双区间模型中，如果投资人有二次效用或收益率分布的最初两个矩有足够的统计数据，均值－方差都可以被证明是合理的。二次效用的优点是不需要收益率分布假设，缺点是它意味着增加绝对风险厌恶（见第1.3节）。允许使用均值－方差分析的收益率分布包含正态分布、多变量 t 分布，或对数分布（使用第2.1.4节讲到的短期近似，因此组合收益率和单项资产收益率都是对数分布）。增加一项任意分布的一般风险在所有资产收益上也是有可能的，既然这项一般风险不影响组合选择。

正如第2.1节所讨论的，我们可以把收益率分布假设和投资人偏好假设（结合CARA偏好正态分布或CRRA偏好对数分布）结合起来得到易用的封闭形式组合规则。但是给定收益率假设，这些偏好假设并不需要证明均值－方差分析。

我们应该假设做空是被允许的。做空限制带来更多的限制，因此毁掉了基础均值－方差分析的简洁性。我们先来思考一下包含两项风险资产的问题，然后讨论一项资产是无风险资产的特殊情形，然后推广到 N 项风险资产，最后思考一项无风险资产和 N 项风险资产的问题。

2.2.1 两项风险资产

两项风险资产，你会得到怎样的均值－方差（或者标准差）组合？包含两项风险资产收益率分别为 R_1 和 R_2 的组合收益率为：

---

① Kraus 和 Litzenberger（1976）扩展均值－方差分析方法使得投资人能在组合的偏度，投资组合收益的三阶矩进行偏好选择。我们将在第4.3.3节和第6.3节中考虑高阶效应。

$$R_p = w_1 R_1 + w_2 R_2 = w_1 R_1 + (1 - w_1) R_2. \tag{2.29}$$

既然组合权重必须加总得 1，均值收益率在组合权重中也是线性的：

$$\overline{R}_p = w_1 \overline{R}_1 + (1 - w_1) \overline{R}_2 \ . \tag{2.30}$$

但是收益率的方差是二次方程式：

$$\begin{aligned}\sigma_p^2 &= \mathrm{Var}(w_1 R_1 + (1 - w_1) R_2)\\ &= w_1^2 \mathrm{Var}(R_1) + (1 - w_1)^2 \mathrm{Var}(R_2) + 2 w_1 (1 - w_1) \mathrm{Cov}(R_1, R_2)\\ &= w_1^2 \sigma_1^2 + (1 - w_1)^2 \sigma_2^2 + 2 w_1 (1 - w_1) \sigma_{12}.\end{aligned} \tag{2.31}$$

w_1（或等同的 $\overline{R}_p$）和 σ_p^2 之间的二次关系表明均值和方差的图示是一条抛物线；均值和标准差的图示是双曲线。

既然 $\sigma_{12} = \sigma_1 \sigma_2 \rho_{12} \leqslant \sigma_1 \sigma_2$，其中，$\rho_{12}$ 是 R_1 和 R_2 的相关系数：

$$\sigma_p^2 \leqslant (w_1 \sigma_1 + (1 - w_1) \sigma_2)^2 \tag{2.32}$$

或者说 $\sigma_p \leqslant w_1 \sigma_1 + (1 - w_1) \sigma_2$，其中，$0 \leqslant w_1 \leqslant 1$ 。这表明了分散投资降低组合风险的力量。图 2.1 描绘了因变量组合标准差和自变量权重 w_1 在一组可能的相关系数 ρ_{12} 内的变化关系。

我们可以根据资产 1 在组合中的比重来计算方差的导数：

$$\begin{aligned}\frac{d\sigma_p^2}{dw_1} &= 2 w_1 \sigma_1^2 - 2(1 - w_1) \sigma_2^2 + 2(1 - 2w_1) \sigma_{12}\\ &= 2 w_1 \left[\sigma_1^2 + \sigma_2^2 - 2\sigma_{12}\right] - 2\left[\sigma_2^2 - \sigma_{12}\right].\end{aligned} \tag{2.33}$$

这个导数随 w_1 增加而增加，表示增加一项资产组合的权重，相应的风险也会增加。

我们可以通过把导数式（2.33）设定为 0 找到全局最小方差组合。组合权重为：

$$w_{G1} = \frac{\sigma_2^2 - \sigma_{12}}{\sigma_1^2 + \sigma_2^2 - 2\sigma_{12}}, \quad w_{G2} = \frac{\sigma_1^2 - \sigma_{12}}{\sigma_1^2 + \sigma_2^2 - 2\sigma_{12}}. \tag{2.34}$$

这些权重在特殊情况下可以被很好地简化。当两种资产完全不相关，$\rho_{12} = 0$，此时全局最小方差的权重便是另一项资产方差和总方差的比例：

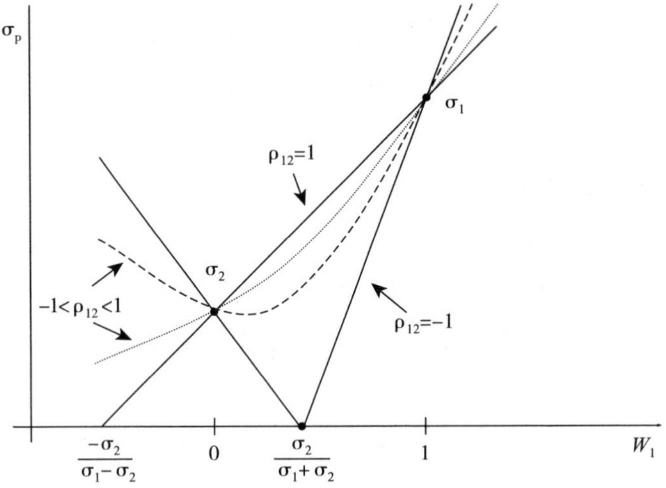

图 2.1　组合标准差和组合权重 w_1 函数

$$w_{G1}=\frac{\sigma_2^2}{\sigma_1^2+\sigma_2^2},\quad w_{G2}=\frac{\sigma_1^2}{\sigma_1^2+\sigma_2^2}. \tag{2.35}$$

当两项资产有相同的方差，$\sigma_1^2=\sigma_2^2$，此时每项资产的全局最小方差是相等的 1/2，无论它们的协方差是多少。在这种情况下，资产的协方差仅仅影响全局最小方差组合的方差，并不影响两项资产的权重。

2.2.2　一项风险资产和一项无风险资产

如果一项资产是无风险资产，以上结果可以被简化。假设 $\sigma_2^2=0$，$R_2=R_f$，R_f 代表无风险收益率，我们可以重新改写均值组合收益率式（2.30）为 $\overline{R}_p-R_f=w_1(\overline{R}_1-R_f)$，并重新改写组合收益率方差式（2.31）为 $\sigma_p^2=w_1^2\sigma_1^2$，表明 $w_1=\sigma_p/\sigma_1$。结合这两个表达式：

$$\overline{R}_p-R_f=\sigma_p\left(\frac{\overline{R}_1-R_f}{\sigma_1}\right). \tag{2.36}$$

这在均值 - 方差图形中定义了一条直线，我们称之为资本配置线（CAL）。斜率：

$$S_1 = \left(\frac{\overline{R}_1 - R_f}{\sigma_1}\right) \tag{2.37}$$

被称为夏普比率或风险资产的风险报酬率。任意一个风险资产和无风险资产的组合都像风险资产本身一样具有相同的夏普比率。

我们在第 2. 1 节得出的追求短期利益的组合选择标准规则，现在运用几组可替代假设和近似可以得到：

$$w_1 = \frac{\overline{R}_1 - R_f}{\gamma \sigma_1^2} = \frac{S_1}{\gamma \sigma_1}. \tag{2.38}$$

其中，γ 是相对风险厌恶（不必是一种连续独立的财富）的协方差。风险资产的最优份额是风险溢价除以相对风险厌恶乘以方差，或者说风险资产的夏普比率除以相对风险厌恶乘以标准差。

既然 $w_1 = \sigma_p / \sigma_1$，我们可以重新改写公式为：

$$\sigma_p = \frac{S_1}{\gamma}. \tag{2.39}$$

组合的最优风险是夏普比率除以相对风险厌恶的协方差。

通篇讨论的第二项资产是无风险资产的假设，当然是一种武断的标准化。一项风险资产可以由两项完全正相关或负相关的风险资产构成，这可以设置 $\sigma_{12} = \sigma_1 \sigma_2$ 或者 $\sigma_{12} = -\sigma_1 \sigma_2$ 来验证，并用式（2. 34）给定的权重解决全局最小方差组合。这个事实用图 2. 1 证明。

2. 2. 3　*N* 项风险资产

当只有两项风险资产的时候，组合的均值收益率限定了一组唯一的组合权重。然而当有 N 项风险资产的时候就不同了。现在我们可以思考在给定均值收益率的情况下寻找最小方差组合的问题。这些最小方差组合落在最小方差前沿线上。

解决这个问题需要向量标记和矩阵运算。我们假设没有无风险资产。定义 $\overline{R}$ 为风险资产均值收益率向量，Σ 为方差 - 协方差收益率矩阵，ω 为组合权重向量，τ 为 1 的向量。我们可以把这个问题表达为：

$$\min_{w} \frac{1}{2} w' \Sigma w \quad \text{s.t.}\ \overline{R}' w = \overline{R}_p, \qquad \iota' w = 1. \tag{2.40}$$

目标函数中的相关系数 1/2 看上去仅仅作为标志便利性，并不改变解的形式。

我们设置拉格朗日函数：

$$\mathcal{L}(w, \lambda_1, \lambda_2) = \frac{1}{2} w' \Sigma w + \lambda_1 (\overline{R}_p - \overline{R}' w) + \lambda_2 (1 - \iota' w). \tag{2.41}$$

其中，λ_1 和 λ_2 为两个限定量的拉格朗日乘数。一阶导数为：

$$\frac{\partial \mathcal{L}}{\partial w} = \Sigma w - \lambda_1 \overline{R} - \lambda_2 \iota = 0. \tag{2.42}$$

式（2.42）左乘 Σ^{-1}，我们得到：

$$w = \lambda_1 \Sigma^{-1} \overline{R} + \lambda_2 \Sigma^{-1} \iota. \tag{2.43}$$

问题来了，我们怎么知道 Σ 是可逆矩阵，使得 Σ^{-1} 存在呢？你会在本章的末尾找到问题的答案。

拉格朗日乘数 λ_1 和 λ_2 可以用这两个限量得到：

$$\overline{R}_p = \overline{R}' w = \lambda_1 \overline{R}' \Sigma^{-1} \overline{R} + \lambda_2 \overline{R}' \Sigma^{-1} \iota = \lambda_1 A + \lambda_2 B \tag{2.44}$$

$$1 = \iota' w = \lambda_1 \iota' \Sigma^{-1} \overline{R} + \lambda_2 \iota' \Sigma^{-1} \iota = \lambda_1 B + \lambda_2 C. \tag{2.45}$$

其中，$A \equiv \overline{R}' \Sigma^{-1} \overline{R}, B \equiv \overline{R}' \Sigma^{-1} l = l' \Sigma^{-1} \overline{R}, C \equiv l' \Sigma_{l}^{-1}$。注意 A 和 C 是在数学上保证其为正值。虽然 B 不是，但是，正如第 2.2.4 节所解释的，从经济学角度讲，我们通常预期它为正值。

解等式，我们得到：

$$\lambda_1 = \frac{C\overline{R}_p - B}{D}, \qquad \lambda_2 = \frac{A - B\overline{R}_p}{D}. \tag{2.46}$$

其中，$D \equiv AC - B^2$。

最小组合方差是：

$$\begin{aligned} \sigma_p^2 &= w' \Sigma w = w' \Sigma (\lambda_1 \Sigma^{-1} \overline{R} + \lambda_2 \Sigma^{-1} \iota) \\ &= \lambda_1 w' \overline{R} + \lambda_2 w' \iota = \lambda_1 \overline{R}_p + \lambda_2 \\ &= \frac{A - 2B\overline{R}_p + C\overline{R}_p^2}{D}. \end{aligned} \tag{2.47}$$

因此 $d\sigma_p^2/d\overline{R}_p = 2\lambda_1$，或相当于 $d((1/2)\sigma_p^2)/d\overline{R}_p = 2\lambda_1$。$\lambda_1$ 衡量了投资人目标更高的均值收益率成本。这个成本随 $\overline{R}_p$ 的增加而增加，因此收益率目标的增加对组合风险具有递增的边际影响。

2.2.4　全局最小方差组合

接下来我们解决全局最小方差问题。第一个限量（均值上的）被从问题中除去。这相当于设置 $\lambda_1 = 0$。用一个下标 G 来标注这个组合，我们得到：

$$w_G = \lambda_2 \Sigma^{-1} \iota. \tag{2.48}$$

剩余的限量，组合权重相加等于 1，意味着：

$$1 = \iota' w_G = \lambda_2 \iota' \Sigma^{-1} \iota. \tag{2.49}$$

因此 $\lambda_2 = 1/(l'\Sigma_l^{-1}) = 1/C$，并且：

$$w_G = \frac{\Sigma^{-1}\iota}{\iota'\Sigma^{-1}\iota}. \tag{2.50}$$

在 2×2 矩阵的情况下：

$$w_{G1} = \frac{\sum^{-1} \text{第一行的和}}{\sum^{-1} \text{所有元素的和}} \tag{2.51}$$

$$w_{G2} = \frac{\sum^{-1} \text{最后一行的和}}{\sum^{-1} \text{所有元素的和}} \tag{2.52}$$

我们可以用标准公式表达 2×2 的可逆矩阵：

$$\Sigma^{-1} = \frac{1}{\sigma_1^2\sigma_2^2 - \sigma_{12}^2}\begin{pmatrix} \sigma_2^2 & -\sigma_{12} \\ -\sigma_{12} & \sigma_1^2 \end{pmatrix}, \tag{2.53}$$

以此来表明全局最小方差组合权重跟式（2.34）是相同的。

全局最小方差组合均值收益率为：

$$w_G'\overline{R} = \left(\frac{\iota'\Sigma^{-1}\overline{R}}{\iota'\Sigma^{-1}\iota}\right) = \frac{B}{C}. \tag{2.54}$$

我们要求全局最小方差组合的均值收益率为正值，因此要求 B 是正值，但这是基于经济合理性参数的要求，而并非数学事实。

在通用模型中给定任意的均值收益率限定，我们可以验证当 $\overline{R}_p > B/C$ 时——即必要组合预期收益率超过全局最小方差组合必要收益率——均值限量的拉格朗日乘数是正值：$\lambda_1 > 0$ 。符合这个条件的最小方差组合集被称为均值－方差有效集。当 $\overline{R}_p < B/C$，此时拉格朗日乘数 $\lambda_1 < 0$，意味着高的均值收益率与低的方差并不矛盾。没有喜欢均值收益而不喜欢方差的参与者会持有这样的组合：给定均值收益的最小方差而不是给定方差的最大均值收益的组合。图 2. 2 揭示了均值－方差有效集是一条实线，而属于最小方差组合集但不是均值－方差有效集的是一条虚线。习题 2. 3 要求对均值－方差有效集的几何图形做更深入的分析。

全局最小方差组合收益率的方差为：

$$w_G' \Sigma w_G = \frac{\iota' \Sigma^{-1} \Sigma \Sigma^{-1} \iota}{(\iota' \Sigma^{-1} \iota)^2} = \frac{1}{(\iota' \Sigma^{-1} \iota)}. \tag{2.55}$$

在所有资产为对称情形时这个问题就被简化了，对称情形即所有资产具有相同的方差和相同的相关系数 ρ 。此时全局最小方差组合具有相同的权重，$w_G = \tau / N$，并且：

$$w_G' \Sigma w_G = \frac{\iota' \Sigma \iota}{N^2} = \rho \sigma^2 + \frac{(1-\rho)\sigma^2}{N}. \tag{2.56}$$

为了理解这个公式，首先注意对称分布情形，全局最小方差组合的方差正好是矩阵所有元素相等权重的加权平均值。这个矩阵有 N^2 个元素，对角线上是 σ^2，非对角线是 $\rho\sigma^2$ 。把对角线项写为 $\sigma^2 = \rho\sigma^2 + (1-\rho)\sigma^2$，有 N^2 个 $\rho\sigma^2$ 其均值为 $\rho\sigma^2$，有 N 个 $(1-\rho)\sigma^2$ 其均值为 $(1-\rho)\sigma^2/N$ 。

相等权重的组合方差不能为负，这限制了 ρ 的可取值。对只有两项资产而言，ρ 可以在 -1 到 1 之间取值，但随着资产数量的增加，ρ 取负值越来越受限，直到无限数量的资产，ρ 本身必须不为负。直观地讲，随着资产数量的增加，将越来越难找到互为负相关的资产。这是方差－协方差矩阵通用准则必须总是正半定的例子。

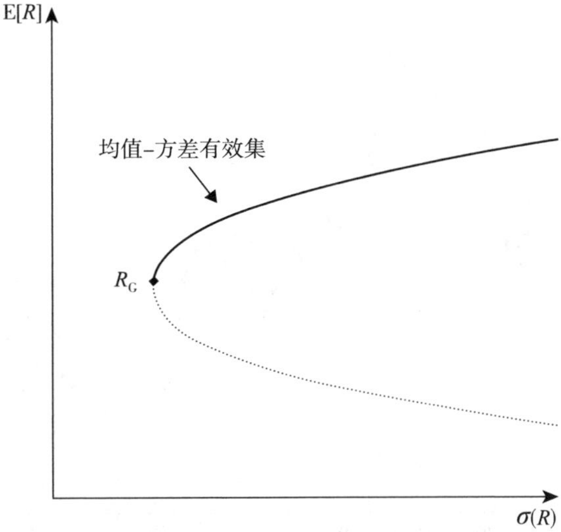

图 2.2　全局最小方差组合和均值 - 方差有效集

当 ρ 为正值时，我们可以认为 $\rho\sigma^2$ 是任意组合必须具有的不可分散风险，而（$1-\rho$）σ^2/N 是与股票数量成反比的可分散风险，并随着 N 的无限增大而消失。在市场上持有任意大量的股票，$\rho\sigma^2$ 是市场指数的方差。

根据 Campbell 等人（CLMX，2001），图 2.3 描述了一个受这个分解式启发的实验分析。通过计算滚动 5 年窗口期，以及每 5 年随机选择 500 只具有连续交易数据的股票，这个图形数据报告了任意两只股票间的横截面月平均相关性。这是 CLMX 过程的简化版，经过更新，包含了其样本里所没有的 1997 年到 2012 年的数据。

图 2.3 展示了 20 世纪 70 年代后期到 90 年代中期平均横截面相关性的剧烈递减，随后有一些反转，直到图中最后 5 年又急剧上升。CLMX 观察到了递减，但是没有观察到最近的上升。市场收益率的波动没有显示相同低频率的相关性变化，这是可能的，因为 ρ 和 σ^2 的变化可以互相抵消来维持 $\rho\sigma^2$ 的乘积，这个高度分散组合的波动率，大体上是一致的（或者跟随一种不同的高频率方式变动）。

图 2.3　单只股票收益率的平均相关性随时间变化

不完全分散的组合包含非系统性风险，超出市场指数不可分散风险的 $(1-\rho)\sigma^2/N$。对任意 N，减小 ρ 和增加 σ^2 都会增加这种超额风险。同样地，必须通过增加股票数量 N 来把这种超额风险保持在一定水平。当 ρ 增加而 σ^2 减小时，相反的情形就会发生，正如近几年发生的。CLMX 通过把 N 个股票组合的平均超额标准差绘制在相同权重指数之上来点明这一点。我们随机选择 N 个股票组合来计算，但是在对称例子中是这样的：

$$\sqrt{\rho\sigma^2 + \frac{(1-\rho)\sigma^2}{N}} - \sqrt{\rho\sigma^2}.$$

图 2.4 展示了这个算式的更新，样本区间为 1960—1975 年、1976—1985 年、1986—1995 年、1996—2005 年、2006—2012 年。最下面的曲线是最早 15 年的样本区间。最上面的两条曲线是 1986—1995 年和 1996—2005 年这两个样本区间。2006—2012 年曲线在这两条曲线下面，但在 1979—1985 年曲线上面。因此最近的发展降低了分散化曲线，但

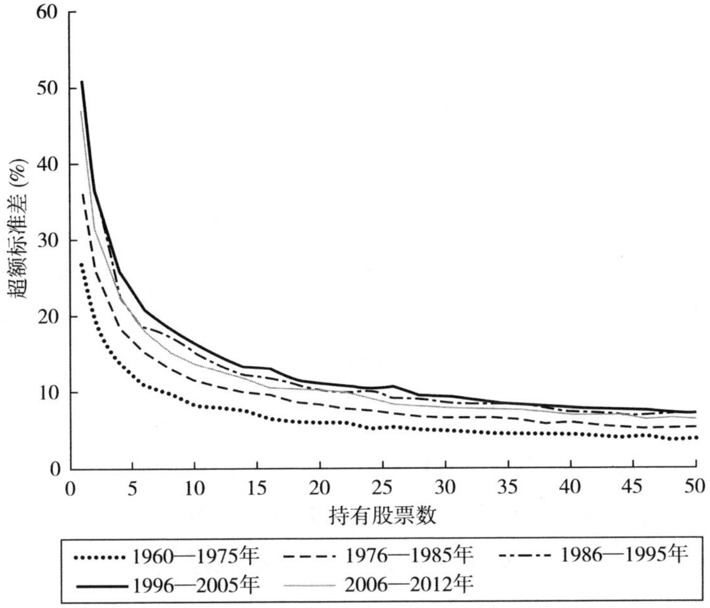

图 2. 4　超额标准差作为变量持有股票数的函数

是没有降到 20 世纪 70 年代晚期到 80 年代早期的水平，这使得 20 世纪 60 年代到 70 年代初的曲线水平独树一帜。这个图形告诉我们组合构建的传统经验法则，比如 25 只股票的组合可以足够分散，可能需要根据市场环境的改变而修正。即使是最近的数据，50 多只股票才能够达到 25 只股票在 20 世纪 60 年代和 70 年代早期达到的低非系统性风险水平。

2. 2. 5　共同基金定律

回到式（2. 40）对主要组合选择问题的分析，托宾（1958）的共同基金理论认为所有的最小方差组合可以通过把两个不同比例的最小方差组合混合得到。因此如果所有投资人持有最小方差组合，所有投资人仅持有两种底层组合即“共同基金”。

改写一下式（2. 43）的组合权重为：

$$\begin{aligned} w &= \lambda_1 \Sigma^{-1}\overline{R} + \lambda_2 \Sigma^{-1}\iota \\ &= \lambda_1 \iota' \Sigma^{-1}\overline{R}\left(\frac{\Sigma^{-1}\overline{R}}{\iota'\Sigma^{-1}\overline{R}}\right) + \lambda_2 \iota' \Sigma^{-1}\iota\left(\frac{\Sigma^{-1}\iota}{\iota'\Sigma^{-1}\iota}\right) \\ &= \lambda_1 B\left(\frac{\Sigma^{-1}\overline{R}}{\iota'\Sigma^{-1}\overline{R}}\right) + \lambda_2 C w_G. \end{aligned} \tag{2.57}$$

注意，根据式（2.45），$\lambda_1 B + \lambda_2 C = 1$。因此，对任意均值收益率目标 $\overline{R}_p$，最优组合是两只共同基金的组合，第二个是全局最小方差组合，并且第一个投资偏重于高均值收益率资产。均值收益率目标决定了这两只基金的权重但不是它们的组成。

式（2.57）因子的精确性在某种程度上是主观的。既然我们知道整个最小方差前沿可以由两只共同基金组成，我们就可以选择前沿上任意两个最小方差组合来代表这两只共同基金的所有其他最小方差组合。然而，我们会很自然地选择全局最小方差组合作为基金之一，另外一只基金的权重必须对单个资产均值收益率敏感。

共同基金理论自然遵循均值－方差分析假设，即投资人会在组合的均值收益率和收益率方差两个属性之间权衡。但是这在投资实践中最初被认为是违反直觉的。① 在金融学术领域中，这是最早的对组合选择问题的降维分析。我们会在下一章展开更多的讨论。

2.2.6 一项无风险资产和 N 项风险资产

共同基金理论问题在一项无风险资产和 N 项风险资产同时存在的情况下显得更加尖锐。为处理这种情况，我们把无风险资产写为 R_f，把式（2.40）重新改写为风险资产权重 ω，组合以利率 R_f 借出或借入无风险资产。

① 彼得·伯恩斯坦（Peter Bernstein）在所著的《投资革命》（*Capital Ideas*）中把前共同基金理论描述为投资践行者的“内部装修谬论”。践行者觉得，就像内部装修一样，他们应该将投资组合根据客户的偏好而进行调整，这就将他们的工作缩减到一个二维空间而感受到了侮辱。

因此我们不再要求 $\tau'\omega = 1$。没有了这个限制，我们可以把问题写为：

$$\min_{w} \frac{1}{2} w' \Sigma w \quad \text{s.t.} \quad \overline{R}_p - R_f = (\overline{R} - R_f \iota)' w. \tag{2.58}$$

跟之前一样，我们建立拉格朗日方程：

$$\mathcal{L}(w_1, w_2, \lambda_1) = \frac{1}{2}(w' \Sigma w) + \lambda_1 [\overline{R}_p - R_f - (\overline{R} - R_f \iota)' w]. \tag{2.59}$$

得到一阶导数：

$$\frac{\partial \mathcal{L}}{\partial w} = \Sigma w - \lambda_1 (\overline{R} - R_f \iota) = 0. \tag{2.60}$$

因此：

$$w = \lambda_1 \Sigma^{-1} (\overline{R} - R_f \iota). \tag{2.61}$$

问题中的限制条件告诉我们：

$$\overline{R}_p - R_f = (\overline{R} - R_f \iota)' w = \lambda_1 (\overline{R} - R_f \iota)' \Sigma^{-1} (\overline{R} - R_f \iota) = \lambda_1 E. \tag{2.62}$$

其中，$E \equiv (\overline{R} - R_f l)' \Sigma^{-1} (\overline{R} - R_f l)$。因此我们可以解拉格朗日乘数为 E 的函数：

$$\lambda_1 = \frac{\overline{R}_p - R_f}{E}. \tag{2.63}$$

最小组合方差的大小取决于拉格朗日乘数和 E：

$$\sigma_p^2 = w' \Sigma w = \lambda_1^2 (\overline{R} - R_f \iota)' \Sigma^{-1} \Sigma \Sigma^{-1} (\overline{R} - R_f \iota) = \lambda_1^2 E. \tag{2.64}$$

如果我们现在把拉格朗日乘数替换掉，我们发现 $\sigma_p^2 = (\overline{R}_p - R_f)^2 / E$，或者：

$$|\overline{R}_p - R_f| = \sqrt{E} \sigma_p. \tag{2.65}$$

这在均值收益率和标准差图形中给出了一条 V 形曲线。曲线的上半部分是纵轴无风险资产到均值 - 方差有效集的切线，均值 - 方差有效集是只持有风险资产的情况。上部分曲线也被称为资本配置线。

资本配置线上有一个只包含风险资产的独特组合，这个组合同样也在均值 - 方差有效集上。这个组合被称为切线组合。资本配置线的斜率 $\sqrt{E}$ 是切线组合的夏普比率。切线组合在所有的风险资产或风险资产组合中具有最高的夏普比率。图 2.5 描绘了这个几何图形。

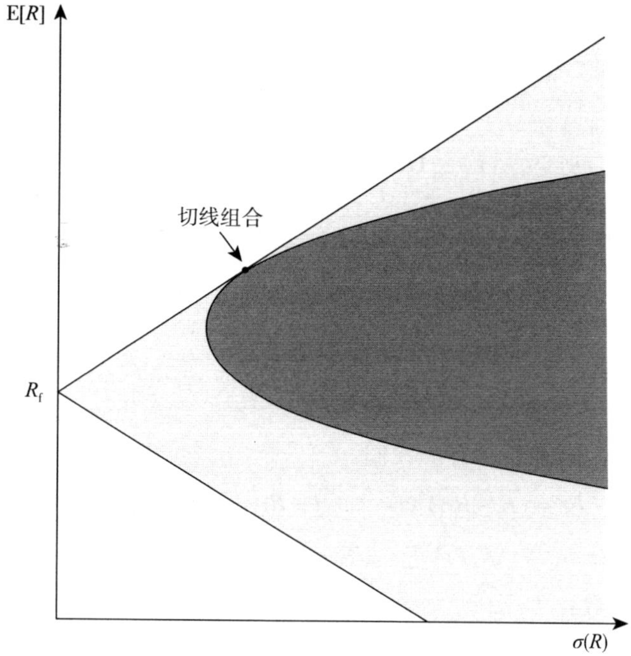

图 2.5　持有和不持有无风险资产的投资机会集

在持有无风险资产的情况下，托宾的共同基金理论因为其中一只基金是无风险资产，并且另外一只基金即切线组合仅包含风险资产而变得简化了。共同基金理论指出所有的投资人，不管他们的风险厌恶程度如何，都应该持有同等份额的风险资产。保守的投资人应该通过持有更多的无风险资产（现金）来稀释他们的风险资产组合，而激进的投资人甚至可以通过借钱来增加收益；但是两组投资人都应该持有风险资产组合，并且任何一组投资人都不应该改变其构成。①

① 也就是说，所有投资人都会选择图 2.5 中 V 的上面分支，而不是通过做空切线组合达到下面分支。这就解释了为什么是 V 的上面分支而不是下面分支和只需持有风险资产得到的最小方差组合相切。如果不是这种情形，则所有投资人都会选择做空风险资产，这就和正风险资产供给的平衡态不一致。

这个主张与传统的投资建议相矛盾，Canner、Mankiw 和 Weil（CMW，1997）强调的一点被称为“资产配置之谜”。摘自 CMW 的表 2.1 揭示了这个谜团。

表 2.1 列示了由四个财务顾问为以下类型投资人推荐的组合配置：“保守型”高风险厌恶投资人，“稳健型”中等风险厌恶投资人，“激进型”低风险厌恶投资人。

分析中包含三种资产：现金、债券和股票。如果我们理解的现金（或等同的货币市场基金和国债）是一种安全的资产，债券和股票是两种可选择的风险资产，那么共同基金理论暗示着债券除以股票的比例在推荐的组合中应该是一个常量，现金除以股票债券之和的比例应该跟风险厌恶成正比。然而表格的最右列显示了债券除以股票的比例跟随风险厌恶而变动：保守的投资人比例最高，激进的投资人比例最低。

CMW 挖掘了几种可能的方法来解这个谜团。例如，他们考虑把现金当作一种风险资产的效果，因为短期固定收益类证券承诺安全垫名义收益率，但是实际收益率受短期通货膨胀的影响。他们发现，经过一个短区间，比如一个季度，通货膨胀的影响是可以被忽略的，并且对债券股票比率并不产生重要改变。

另外一个可能性是投资人或许不能通过融资来组建风险资产组合。一旦被融资限制约束，有增加风险意愿的投资人必须改变风险组合的资产构成（可能是股票）。作为一项非正式练习，请评估一下财务顾问这几条推荐的合理性。

最后，财务顾问推荐的组合或许对长期投资人是最优的，但对在本章讨论的双区间短期投资人就不是这样了。长期债券对短期投资人来讲是风险资产，但对长期投资人来讲就几乎是无风险资产了，而现今对短期投资人来讲是安全的，但是对长期投资人来讲必须以某个未来利率滚动，因此可能是有风险的。我们将在第 9 章讨论资产配置之谜的解决方案。

表 2.1　财务顾问推荐的资产配置（CMW，1997）

投资人类型	组合比例			债券 - 股票比例
	现金	债券	股票	
A. 富达投资				
保守型	50	30	20	1.50
稳健型	20	40	40	1.00
激进型	5	30	65	0.46
B. 美林证券				
保守型	20	35	45	0.78
稳健型	5	40	55	0.73
激进型	5	20	75	0.27
C. Jane Bryant Quinn				
保守型	50	30	20	1.50
稳健型	10	40	50	0.80
激进型	0	0	100	0.00
D. 《纽约时报》				
保守型	20	40	40	1.00
稳健型	10	30	60	0.50
激进型	0	20	80	0.25

2.2.7　实践难题

本章最后我们对均值 - 方差分析的应用提供一条警示。我们已经陈述了最优组合选择公式，以给定的所有资产收益的均值和收益的方差 - 协方差矩阵为向量。现在这种分析是通过均值 - 方差优化软件来从数字上找到最优组合的，考虑到附加的限制，比如做空限制或一项资产最大持仓限制。然而，本章的公式和均值 - 方差优化都依赖对均值收益率和方差 - 协方差收益率矩阵的估计。这制造了数不清的难题。

均值收益率的估计在短期内是不精确的，但均值收益率在长期并不持续。当分析的资产是单个股票时尤其令人担忧，股票的均衡收益率（由公司的属性，投资人对商业风险的态度等决定）非常有可能跟随时间而变化。有两个标准方法来应对这个问题：一是把资产特征写为收益率的函数——因为公司的特征比公司的名字相对预期收益率更加稳定；二是以同样的指导精神，组成同样属性的股票组合，然后估计这些组合的历史平均收益率而不是单只股票的历史平均收益率。

即使得到了估计的均值收益率，估计方差-协方差矩阵仍是个问题。当有 N 项资产的时候，这个矩阵有 $N(N+1)/2$ 个参数。例如，当有2 000只股票的时候，超过200万方差和协方差需要被估计。如果 $N \geq T$，T 为历史样本中收益率的数量，用历史数据来计算样本方差-协方差矩阵的方法明显就失效了。在这种情况下，样本方差-协方差矩阵总是为奇异矩阵，因为一些 $N \geq T$ 的资产组合在每一个 T 历史区间内承载着相同的收益率能够被发现。均值-方差优化程序加上这样一个矩阵将发现一个套利机会（见第4章），即如果由风险资产构成的无风险组合与无风险资产的收益率不同，或者如果由多个风险资产构成的无风险组合具有不同的均值收益率。

方差和协方差随时间而改变有足够的证据，并且一些资产利率只有短期历史，限制了用长期样本估算二阶矩的潜能。另外一种在过去15年里被财务计量学家深入研究的方法，是通过高频率的测量来增加历史观察点的数量。

然而即使有大数 T，数据经常错误地提示 N 项风险资产的组合几乎是无风险的。这会导致均值-方差优化程序挑出一个样本外表现很差的高杠杆组合。DeMiguel、Garlappi 和 Uppal（2009）比较了均值-方差最优组合的样本外表现，这些最优组合是用几种不同方法从历史数据中估计的。他们发现在许多情况下，相同权重的组合（简单分散组合）比样本外估计均值-方差最优组合具有更好的表现。令人沮丧的是，即使组合构建方法意在降低历史方差和协方差的可靠性，通过对方差-协方差矩阵施加先验，表现仍然不好。[①]

为解决这些难题，需要大篇幅的文字来解释组合选择问题的简化方法。我们会在下一章深入讨论。

2.3 延伸练习

本章提出了一项非正式练习：我们是如何知道在 N 项风险资产并且没有无风险资产的情况下，方差－协方差矩阵是可逆的，从而 Σ^{-1} 存在。答案是如果不这样的话，如果 Σ 是奇异矩阵，此时风险资产可以被组合成一个无风险资产，这与不存在无风险资产的假设相矛盾。Σ 的奇点是两项资产之间完全相关的多项资产等价物。

我们也提出是否表 2.1 列示的 CMW（1997）的“资产配置之谜”可以通过约束投资者的融资限制来解决。这个解答明显的反例是融资约束限制意味着零现金持仓。表 2.1 中两个财务顾问（Jane Bryant Quinn 和《纽约时报》）为激进型投资人推荐了零现金，没有人为保守型或稳健型投资人推荐零现金。因此债券－股票比率观察到的变化在保守型和稳健型投资人之间仍然是一个谜。然而，美林证券为稳健型和激进型投资人推荐了一个 5% 现金配置。如果这被理解成一种流动性储备，而流动性储备并没有在均值－方差分析中被捕捉，那么美林证券的组合可以被理解成对稳健型和激进型投资人的融资限制，在这种情况下它们推荐的债券－股票比例可能跟均值－方差分析是一致的。

① 对这篇文章的最新反馈有 Kritzman、Page 和 Turkington（2010），他们争论说使用更长时间的历史样本帮助均值－方差分析，Kirby 和 Ostdiek（2012）指出，DeMiguel、Garlappi 和 Uppal 过程经常导致均值－方差优化结果选择了一个特别高预期收益率的资产。当预期收益率从外部定在合理水平时，均值－方差优化给出更好的结果。参考 Jorion（1986）以及 Ledoit 和 Wolf（2003）的缩减方差矩阵估计方法。

习题 2.1　凯利公式

赛马下注时，对胜率为 5∶1 的场下注 1 美元，如果赢的话得 6 美元，如果输的话不得钱。这个例子的赢率是 5。一个赌徒认为自己有内幕消息，对每 1 美元的赌注有等同于预期收益的优势。例如，如果赌徒认为 5∶1 的赌局会有 1/2 的胜率，1 美元的预期收入是 3 美元，预期利润就是 2 美元，优势就是 2。

凯利公式是一个很有名的公式，告诉赌徒们每一场赛局赌金的分配。公式是：

$$k = \frac{\text{赢率}}{\text{赔率}} \tag{2.66}$$

在上面例子中为 2/5。

（1）运用凯利公式的赌徒会破产吗？解释一下。

（2）找到一个使得凯利公式为最优投机策略的效用函数。（不要使用任何假设低风险的公式，因为凯利公式可能涉及大额赌注，或者假设一个风险呈正态分布或对数正态分布的函数，因为赛马赌注是非连续分布。）

（3）说明在赌徒没有内幕优势的情况下，即下注是公平的情况下，胜率等于 1 美元赌注预期收入的方差。

（4）把你的分析联系到本章探讨的最优组合选择公式。

（5）有时凯利公式是所有赌徒的最优选择这一命题会引起争论，你同意这个看法吗？

习题 2.2　幂效用的福利分析

思考一个投资人选择在下一个区间能够最大化财富预期效用的组合，下一个区间效用函数是 CRRA，相关风险厌恶系数为 γ。假设有两种资产，无风险资产对数收益率 r_f 和风险资产对数收益率 r。假设对数风险收

益率是方差为 σ^2 的正态分布，最优组合的风险资产权重为 α 。用对数组合收益率式（2.24）来分析这个模型。还可以用第 2.1.4 节讨论过的对数收益率矩的夏普比率公式，即把夏普比率写成：$S = (\mathrm{E}[r] - r_f + \sigma^2/2)/\sigma$ 。

（1）得出一个价值函数的表达式（投资人的最大化效用）作为初始财富、无风险利率、相对风险厌恶系数和风险资产的夏普比率的函数。

（2）假设一年的时间区间。对数函数的无风险利率 2%，风险资产预期简单收益率 10%，风险资产收益率标准差 40%。投资人刚开始选择持仓 25% 风险资产。他的风险厌恶是多少？

（3）现在假设对数函数风险资产收益率的标准差降到了 20%，但是无风险利率和风险资产的期望简单收益率不变。（这可能是由于对非系统性风险的分散化改进打包进了单一基金卖给投资人。）如果投资人的风险资产组合权重不改变，说明对价值函数的影响等同于增加无风险利率 a 个点。a 是多少？如果投资人调整他的组合中风险资产的权重到新的最优水平，说明对价值函数的影响等同于增加无风险资产利率 b 个点。b 是多少？b 比 a 大还是小？解释一下。

（4）当风险资产变得更加安全（因为分散化投资的改进或其他原因），是保守型投资人（相对风险厌恶）还是激进型投资人（相对风险容忍）的收益更多？你的回答与投资人调整风险资产持仓的能力有什么关系？解释一下。

习题 2.3　最小方差前沿的几何图形

思考一系列风险资产 N，（1）（2）（3）题中不存在无风险资产。

（1）证明对任意最小方差组合 p，除了全局最小方差组合，与 p 不相关的最小方差组合 z 的预期收益率通过以下方式得到。在均值 - 方差图形上，画一条最小方差前沿的切线，二者相交于点 p。这条切线与纵轴的交点就是零贝塔组合 z 的期望收益率。（这个预期收益率是组合 p 的零贝塔收益率。）这种构建见图 2.6 的左图。

（2）证明每个组合与全局最小方差组合有相同的协方差。给出这个结果的经济学直觉。解释为什么这与（1）的全局最小方差组合的除外情况是一致的。

（3）思考 N 个风险收益率上的一个常量 $c \in \mathbb{R}$ 的线性回归被限制，使得回归系数之和等于 1：[①]

$$c = R' w_c + \varepsilon \qquad \text{s.t. } \iota' w_c = 1. \tag{2.67}$$

证明 w_c 与图 2.6 的右图的最小方差组合 R^c 的权重是一致的，即 R^c 在均值 - 方差图形上离点（0，c）最近。如果改变式（2.67）的常数 c，回归权重在最小方差前沿上追踪组合。直观地解释这个结果。

图 2.6　最小方差前沿图形

① $w_c = \text{argmin}_{w \in \mathbb{R}^N: l'w=1} E[(c - R')^2]$。注意这个回归没有截距，所以 $E(\varepsilon)$ 不一定为 0。在对 T 的无限次抽样中，w_c 可以通过限制的最小二乘法回归 $cl_T = Xw_c + u$ 来估计。限制条件为 $l'_N w_c = 1$，其中 $X = [R'_1, \cdots, R'_T]'$。

（4）现在假设在 N 项风险资产之外存在一项无风险资产。通过图表证明切线组合的权重等于 $w_c/\tau' w_c$，其中 w_c 是在 N 项风险资产收益率上任意一个非零常数 c 的非限定性线性回归的系数向量，$c = (R - R_f l)' w_c + \varepsilon$。

第 3 章　静态均衡资产定价

均值 - 方差分析的实践性难题在上一章的最后总结过，已经激发了人们去寻找最优组合的捷径。一个经典的方法是用均衡论据来识别风险资产的均值 - 方差有效组合。这便是资本资产定价模型（capital Asset pricing model，简写为 CAPM）。另外一个方法是假设一个风险收益率方差 - 协方差矩阵的要素构成，有效地降低组合从 N 到 K 的选择维度，其中 K 是要素的数量。这就是套利定价理论（arbitrage pricing theory，简写为 APT）。

这两个理论除了组合选择，都有许多其他的应用。它们把可测试性限制加到资产收益率上并成为资产定价领域的核心，激发和建设了本书后面会讲到的大量研究工作。它们还对本书没有涉及的资本预算（评估投资项目时折现率的选择）和主动管理型基金经理的业绩评价都有启示作用。

第 3.1 节得出了 CAPM 公式并讨论了它在资产定价和组合选择的应用。第 3.2 节介绍了多因子模型。第 3.3 节涵盖了在测试模型时相关的计量经济学问题，总结其基本论据，并评述了这些论据的其他回应。

3.1　资本资产定价模型

CAPM 的经典起源是假设所有投资人对一系列投资机会的理解是相

同的（见图2.5），并从中挑选出一个均值-方差有效组合。具体来讲，模型假设所有投资人都是价格接受者，他们用单区间收益率的均值和方差评价组合；投资人对收益率均值、方差和协方差具有普遍共识；不存在无法交易的资产、税收，或者交易费用；由夏普（Sharpe，1964）和林特纳（Lintner，1965）提出的模型最初版本中，投资人可以按照一个给定的无风险利率借入或借出现金。

在这些假设下，所有投资人持有一个均值-方差有效组合，并对哪些组合是均值-方差有效的达成共识。但对于无风险资产，共同基金理论指出所有均值-方差有效组合都以风险资产的固定组合形式与无风险资产相结合，即切线组合。因此，所有投资人持有相同比例的风险资产。

在均衡状态下，资产需求必须等于资产供给。这要求均值-方差有效风险组合的权重是市场组合权重或包含所有与其市场价值成比例的风险资产的价值权重指数。因此，市场组合是均值-方差有效组合。

组合选择的含义是只要均值-方差投资人接受其他投资人对于收益率联合分布的评估，他不需要再进行均值-方差分析。投资人可以坐享其他投资人的分析，这种分析已经反映在资产价格中，投资人可以使用市场组合（在实践中，是一个广义指数基金）作为风险资产最优共同基金。最优资本配置线只不过是资本市场线把无风险资产连接到市场组合。

如果我们放宽一下假设，假设投资人可以以一定的无风险利率借入或借出现金，会发生什么呢？给定CAPM其他的假设，所有投资人会选择两个共同基金的组合仍然成立。市场组合必须是这些共同基金的组合，并且必须是均值-方差有效组合。

市场组合是均值-方差有效组合，这一陈述是CAPM的定义内容。以上简洁的语言推导表明这个陈述不要求比前几章更正式的分析。然而，要得到它蕴含的资产收益率，确实需要更深入的研究。

3.1.1　夏普－林特纳 CAPM 的资产定价含义

组合的均值－方差有效性意味着单项资产的均值收益率必须以一种特殊的方式与单项资产收益率的协方差相关联。

增加资产 i 在组合 p 中的权重 w_i，融资降低无风险资产的权重，会影响组合 p 的收益率均值和方差：

$$\frac{d\overline{R}_p}{dw_i} = \overline{R}_i - R_f . \tag{3.1}$$

$$\frac{d\mathrm{Var}(R_p)}{dw_i} = 2\mathrm{Cov}(R_i, R_p). \tag{3.2}$$

为理解式（3.2），写出单项资产的方差和协方差，注意术语中包含 w_i：

$$2w_i w_1 \mathrm{Cov}(R_i, R_1) + \cdots + w_i^2 \mathrm{Var}(R_i) + \cdots + 2w_i w_N \mathrm{Cov}(R_i, R_N) .$$

因此衍生出：

$$\frac{d\mathrm{Var}(R_p)}{dw_i} = 2w_1 \mathrm{Cov}(R_i, R_1) + \cdots + 2w_i \mathrm{Var}(R_i) + \cdots + 2w_N \mathrm{Cov}(R_i, R_N) = 2\mathrm{Cov}(R_i, R_p). \tag{3.3}$$

均值比率的影响［式（3.1）］，除以方差比率的影响［式（3.2）］，为：

$$\frac{d\overline{R}_p / dw_i}{d\mathrm{Var}(R_p) / dw_i} = \frac{\overline{R}_i - R_f}{2\mathrm{Cov}(R_i, R_p)}. \tag{3.4}$$

如果组合 p 是均值－方差有效组合，这个比率对所有单项资产 i 是相同的。为什么？考虑调整两个不同的组合权重，w_i 和 w_j，像之前一样用无风险资产融资。对 R_p 均值和方差的影响是：

$$d\overline{R}_p = (\overline{R}_i - R_f)\, dw_i + (\overline{R}_j - R_f)\, dw_j . \tag{3.5}$$

$$d\mathrm{Var}(R_p) = 2\mathrm{Cov}(R_i, R_p)\, dw_i + 2\mathrm{Cov}(R_j, R_p)\, dw_j. \tag{3.6}$$

现在考虑设置 dw_j，因此均值组合收益率不变，$d\,\overline{R}_p = 0$：

$$dw_j = -\frac{(\overline{R}_i - R_f)}{(\overline{R}_j - R_f)} dw_i. \tag{3.7}$$

此时组合方差必须同样保持不变，因为如果不是这样的话就会以相同的均值得到一个更低的方差，这与组合 p 是均值－方差有效组合的假设相矛盾。我们有：

$$dVar(R_p)=\left[2Cov(R_i,R_p)-2Cov(R_j,R_p)\frac{(\overline{R}_i-R_f)}{(\overline{R}_j-R_f)}\right]dw_i=0. \quad (3.8)$$

这要求：

$$\frac{\overline{R}_i-R_f}{2Cov(R_i,R_p)}=\frac{\overline{R}_j-R_f}{2Cov(R_j,R_p)}. \quad (3.9)$$

这个等式必须对所有资产 j 成立，包括它本身最初的组合。设置 $j=p$，我们得到：

$$\frac{\overline{R}_i-R_f}{2Cov(R_i,R_p)}=\frac{\overline{R}_p-R_f}{2Var(R_p)}, \quad (3.10)$$

或者：

$$\overline{R}_i-R_f=\frac{Cov(R_i,R_p)}{Var(R_p)}(\overline{R}_p-R_f)=\beta_{ip}(\overline{R}_p-R_f). \quad (3.11)$$

其中，$\beta_{ip}\equiv Cov(R_i,R_p)/Var(R_p)$是资产 i 对组合 p 的收益率回归系数。

式（3.11）通过构建均值－方差有效组合成立。为了得到一个可测试的经济模型，我们对 CAPM 限定市场组合 m 是均值－方差有效组合。在这个限定［式（3.11）］下描述市场组合：

$$\overline{R}_i-R_f=\beta_{im}(\overline{R}_m-R_f). \quad (3.12)$$

其中，$\beta_{im}\equiv Cov(R_i,R_m)/Var(R_m)$是资产 i 对市场组合 m 收益率的回归系数。①

因此，如果我们思考超额收益率对市场超额收益率的回归：

---

① β_{im}还可以解释为最接近于资产 i 回报的市场组合和无风险资产组合在市场组合中的权重。

$$R_{it} - R_{ft} = \alpha_i + \beta_{im}(R_{mt} - R_{ft}) + \epsilon_{it}, \tag{3.13}$$

截距 $\alpha_i = \overline{R}_i - R_f - \beta_{im}(\overline{R}_m - R_f)$ 对所有资产而言应该为 0。α_i 被称为詹森阿尔法，并且被用于寻找相对 CAPM 被错误定价的资产。关系：

$$\overline{R}_i = R_f + \beta_{im}(\overline{R}_m - R_f) \tag{3.14}$$

被称为证券市场线，并且 α_i 衡量了从这条直线的偏离度。

为了简化这个标记法，接下来我们将把一项资产对无风险资产的超额收益率 $R_{it} - R_{ft}$ 标记为 R_{it}^e，同样地，对于市场组合，我们把 $R_{mt} - R_{ft}$ 标记为 R_{mt}^e。证券市场线可以被更简洁地写为：

$$\overline{R}_i^e = \beta_{im}\overline{R}_m^e. \tag{3.15}$$

3.1.2　布莱克 CAPM

如果我们放宽一下假设，允许投资人以无风险利率融资，会发生什么呢？此时，更多的保守型投资人可能像夏普 - 林特纳模型那样选择切线组合加现金。他们会持有连接无风险利率和切线组合的资本市场线上的组合。激进型投资人为了在资本市场线上往上移动到超越切线组合，或许倾向于以无风险利率融资。如果对他们加以融资限制，他们会选择持有不同的风险组合来博取更高的预期收益。然而，所有这些组合都将是均值 - 方差有效组合，托宾的共同基金理论（两个风险共同基金组合）仍将描述所有投资人选择的风险组合集。

我们由此断定市场组合必须是这种共同基金的组合，并且必须在风险资产的均值 - 方差前沿上。既然所有投资人都持有切线组合或更高预期收益率的风险组合，那么市场组合就冷落在高于切线组合的均值 - 方差前沿上，此处前沿的斜率更小。

我们对于协方差特性的分析同往常一样，除了把无风险利率 R_f 替换成市场组合的零贝塔率，即与市场组合不相关的均值 - 方差有效组合 z 的预期收益率 $\overline{R}_z$。布莱克（Black，1972）告诉我们有：

$$\overline{R}_i - \overline{R}_z = \beta_{im}(\overline{R}_m - \overline{R}_z). \tag{3.16}$$

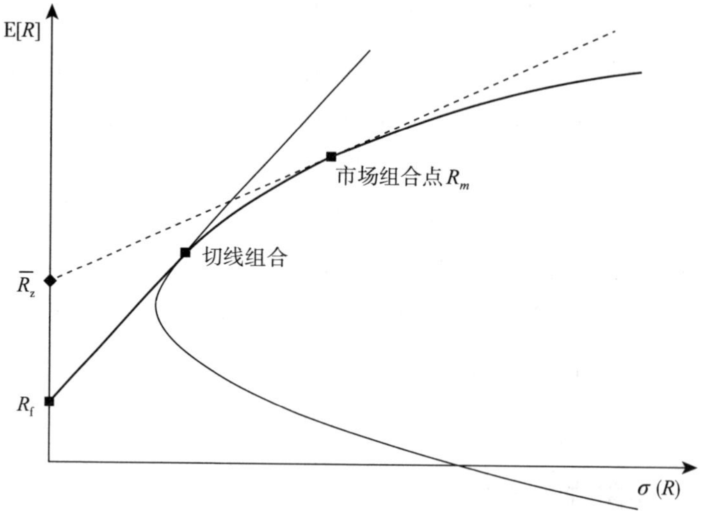

图 3.1　布莱克 CAPM

其中，$\overline{R}_z$ 可以被理解为融资的隐性成本。它必须超过 R_f，这点能够被保证，因为市场组合落在高于切线组合的均值 - 方差前沿上。

布莱克 CAPM 的几何图形如图 3.1 所示。一条相切于有效前沿的直线穿过市场组合点与纵轴相交于一点，这一点就是零贝塔组合的均值收益率 $\overline{R}_z$。零贝塔组合可以通过从这一点画一条平行直线到有效前沿找到，正如习题 2.3 和图 2.6 中的左图所示。

3.1.3　贝塔定价和组合选择

有［式（3.11）］或没有［式（3.16）］无风险资产的贝塔定价，可以被用来评估任意组合的均值 - 方差有效性，而不仅仅是市场组合。这使得贝塔分析在组合构建上是一个很有用的工具。

举一个详实的例子：哈佛大学捐赠基金。哈佛管理公司（HMC）每年代表哈佛大学进行捐赠基金的投资，它们创造了一个包含大约 12 种资产类别的“政策组合”。政策组合权重并不固定实际捐赠权重，但是可以作为一种指引。图 3.2 显示了从 1991 年到 2011 年这 20 年来权重的历史。为简化图形，我们将资产类别归结为三大类：普通资产类（美

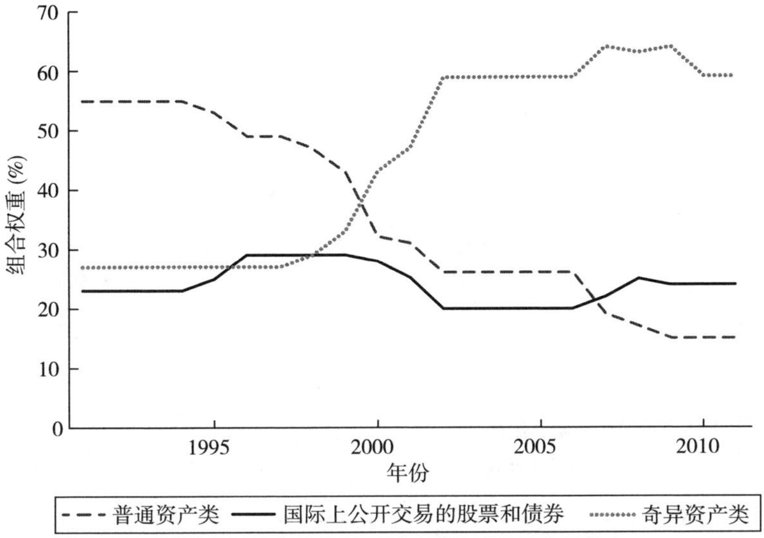

图 3.2　哈佛政策组合权重历史

国公开交易的股票和债券)、国际上公开交易的股票和债券（包含新兴市场)、奇异资产类（所有其他资产类别，包括私募股权、房地产、商品、绝对收益策略)。从图中可以很明显地看出在这期间 HMC 极大地减少了普通资产的权重并扩大了奇异资产的配置。

如何阐释这种组合配置变动的合理性呢？为解答这个问题，图 3.3 和图 3.4 总结了一个 HMC 阶段性行为的均值 - 方差分析。作为分析的一部分，HMC 写下了一个政策组合中资产类别的均值收益率向量和方差 - 协方差矩阵。这些数字不光根据历史数据做出主观判断，也通过投资顾问和 HMC 的员工对未来做出预测。这些图是基于 2004 年的数据绘制，在往后的时间里组合配置越来越向奇异资产类别偏重。

图 3.3 是一个均值 - 标准差图形，以标准差为横轴，超额收益率为纵轴。从原点到每一个资产类别连结线的斜率是这种资产类别的夏普比率。图中画出了一条通过原点到美国国内股票市场资产类别的直线，在这条直线之上的资产类别都有比美国股票市场高的夏普比率。

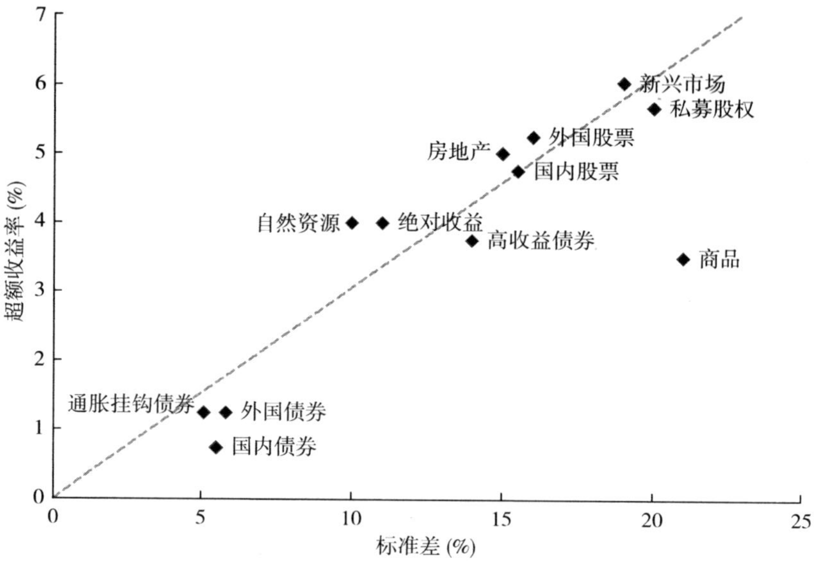

图 3.3　哈佛大学捐赠基金投资概要：均值和标准差

尽管自然资源等少数资产类别具有诱人的高夏普比率，但许多奇异资产的夏普比率并不比美国股票高多少，有些如大宗商品甚至更低。从图 3.3 中，我们很难看出为何 HMC 会把组合重置到远离股票之外的资产。

图 3.3 的难点是它告诉人们单项资产的吸引力如何，但没有提供具有更高夏普比率的混合资产组合的指导方案。为更正这一点，图 3.4 从另一个角度总结了 HMC 的投资信条。图 3.4 的横轴是 60% 国内股票和 40% 国内债券组合的贝塔。一条直线穿越普通组合线。每项资产类别到直线的距离是这项资产相对于普通组合的阿尔法。无论何时，一项资产具有正的阿尔法，人们可以通过增加组合权重改进组合（方差不变时增加收益率，或收益率不变时减小方差）。

图 3.4 中所有奇异资产类别（确实，所有的资产类别，除了国内股票）都有正的阿尔法。因此数据解释了为什么初始投资到普通组合的投资人会开始转移组合到奇异资产类别。当然，随着组合改变它的权重，

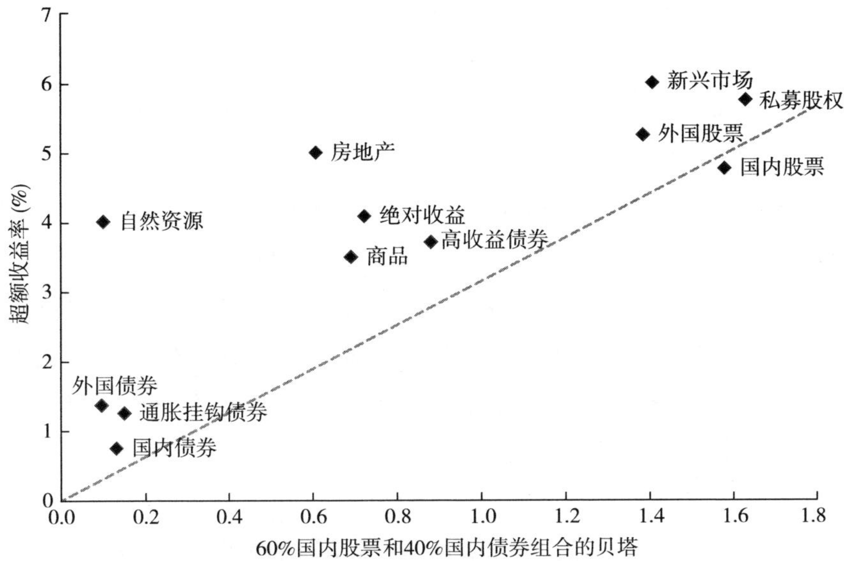

图 3.4 哈佛大学捐赠基金投资概要：均值收益率和贝塔

参照标准也必须改变到当前的权重来决定是否继续进行。作为一项非正式的练习，解释一下随着参照标准的改变，这个数字将如何改变。答案见本章末尾。习题 3.1 和习题 3.2 更深入地探讨了 CAPM 组合含义，以及特雷诺（Treynor）和布莱克（1973）组合构建方法。

3.1.4 布莱克 – 利特曼模型

布莱克和利特曼（Litterman）在 1992 年以不同的方法使用 CAPM 来辅助组合构建。他们的出发点是发现均值 – 方差分析经常产生不合理的组合，有极端的长仓和短仓，即使当输入条件看起来合理并且问题仅包含相对少量的资产类别组成的世界市场组合时。他们考虑了一个例子，这个例子包含 7 个发达国家（包括美国）的股票和债券，还有 6 种非美元货币。

为了产生更加合理的结果，布莱克和利特曼建议了以下方法。如果市场包含 N 项风险资产并且存在一项无风险资产，CAPM 说明的这个期

望超额收益 N 元素列向量 $\overline{R}^e_{CAPM}$ 可以写为：

$$\overline{R}^e_{CAPM} = \delta \Sigma w_m . \tag{3.17}$$

其中，w_m 是市场组合资产类别份额的列向量，加总等于 1。Σ 是资产类别超额收益的 $N \times N$ 方差 - 协方差矩阵，δ 是反应投资人平均风险厌恶的级别因子。这个式子根据式（2.61）反转而来，加上了 CAPM 市场组合是均值 - 方差有效的限制，并用 R^e 来标记超额收益。式（3.17）的第 i 行表示资产 i 的期望超额收益与它对市场组合的协方差成比例。

布莱克和利特曼假设投资人对待收益的看法可能与式（3.17）象征的有所不同。这些观点可以被写成期望超额收益向量 $\overline{R}^e$ 的一组 K 线性限制，这被理解成投资人的主观预期：

$$P'\overline{R}^e = Q . \tag{3.18}$$

其中，P 是一个 $N \times K$ 矩阵，Q 是一个 K 元素列向量。投资人希望以尽量小的背离 CAPM 的方式反映这些观点。相应地，投资人的预期收益最小化了 CAPM 暗含的预期超额收益 π 的平方差，由协方差的逆矩阵赋权（对均值收益率不确定性的一种自然的衡量方式），同时满足式（3.18）的限制条件。换句话说，投资人的期望收益率 $\overline{R}^e$ 解决如下问题：

$$\min \frac{1}{2}(\overline{R}^e - \overline{R}^e_{CAPM})'\Sigma^{-1}(\overline{R}^e - \overline{R}^e_{CAPM}) \quad \text{s.t.} \quad P'\overline{R}^e = Q. \tag{3.19}$$

设置拉格朗日并解决最小化问题，解决方案可以被写为：

$$\overline{R}^e = \overline{R}^e_{CAPM} + \Sigma P(P'\Sigma P)^{-1}(Q - P'\overline{R}^e_{CAPM}). \tag{3.20}$$

投资人的预期收益率 $\overline{R}^e$ 等于 $\overline{R}^e_{CAPM}$，仅当（$Q - P'\overline{R}^e_{CAPM}$）是零向量时，即投资人的观点恰好与 CAPM 相一致。

以这些预期收益率为条件，投资人的风险资产组合权重向量为：

$$w = \theta \Sigma^{-1}\overline{R}^e = \theta\left[\delta w_m + P(P'\Sigma P)^{-1}(Q - P'\overline{R}^e_{CAPM})\right], \tag{3.21}$$

其中，θ 是投资人风险厌恶的级别因子。权重 ω 不需要加总为 1，因为现金是剩余资产。如果投资人的观点与 CAPM 相一致，即如果（$Q - P'\overline{R}^e_{CAPM}$）= 0，当 $\theta\delta = 1$ 时，投资人持有风险资产的市场组合；当

$\theta\delta < 1$ 时，投资人会更加保守地持有风险资产和现金的组合；当 $\theta\delta > 1$ 时，投资人会融资加杠杆来持有市场组合。

总的来说，投资人在式（3.20）中的观点造成了他的组合权重与市场权重的背离，但是仅仅对于矩阵 P 中至少一行是非零元素的资产，也就是说，仅针对投资人有观点的资产。这个属性对权重有效，因为它通常对预期收益率无效：式（3.20）使用收益率方差-协方差矩阵的信息调整了所有资产的预期收益率，因此即使那些没有观点表达的资产，其预期收益率也将通过布莱克-利特曼方法进行调整。

布莱克和利特曼用贝叶斯思想，通过假设投资人默许式（3.18）限制条件的背离概括了以上方法，换句话说，投资人并不完全坚信自己的观点。他们通常的解决方式惩罚了 CAPM 隐含风险超额向量 $\overline{R}^e_{CAPM}$ 的背离和投资人观点［式（3.18）］的背离，衡量前者通过经验性地观察方差-协方差矩阵 Σ 乘以一个常数，衡量后者通过假设一个包含了投资人对式（3.18）限制条件不确定性的方差-协方差矩阵 Ω。布莱克-利特曼方法在量化投资实践者中非常受欢迎，因为它是一个资产配置的结构化方法，它允许投资观点影响组合的同时控制资产类别权重与广泛分散的市场组合的背离。

3.2　套利定价和多因子模型

在这一节我们论述讨论使用渐近线无套利论据来像 CAPM 那样得到贝塔定价关系。这种方法可以直接扩展而得到多风险因子模型。

3.2.1　单因子模型的套利定价

假设我们运行如下回归：

$$R^e_{it} = \alpha_i + \beta_{im} R^e_{mt} + \epsilon_{it}. \tag{3.22}$$

其中，R^e_{it} 表示资产 i 对无风险利率的超额收益。这个关系被称为市场模型。这是一个单因子模型的主导例子。

假设等式中的误差在不同股票间不相关：

$$\mathrm{E}[\epsilon_{it}\epsilon_{jt}] = 0. \tag{3.23}$$

因为 $i \neq j$，此时任意股票的剩余风险是特异的，与任意其他股票的剩余风险不相关。

这些假设表明在均值－方差分析中协方差是容易估算的，因为：

$$\mathrm{Cov}(R^e_{it}, R^e_{jt}) = \beta_{im}\beta_{jm}\sigma^2_m. \tag{3.24}$$

不同于非限制性方差－协方差矩阵中 N（$N+1$）/2 个参数，这里只需要估计 $N+1$ 个参数（N 个贝塔加市场收益率方差）。

这些假设中的一个更加显著的含义是如果有许多资产可选，我们应该预期 α_i 的绝对值非常小。这是罗斯（Ross，1976）的套利定价理论。

为了更好地理解，思考组成一个 N 项资产 i 的组合。组合的超额收益率为：

$$\mathrm{Cov}(R^e_{it}, R^e_{jt}) = \beta_{im}\beta_{jm}\sigma^2_m. \tag{3.25}$$

其中，$\alpha_p = \sum_{j=1}^N w_j\alpha_j$, $\beta_{pm} = \sum_{j=1}^N w_j\beta_{jm}$, $\epsilon_{pt} = \sum_{j=1}^N w_j\epsilon_{jt}$。

ϵ_{pt} 的方差是：

$$\mathrm{Var}(\epsilon_{pt}) = \sum_{j=1}^{N} w_j^2 \mathrm{Var}(\epsilon_{jt}). \tag{3.26}$$

在没有单个权重 w_j 很大的情况下，方差随着 N 的增加而急剧缩小。在组合权重相等（$w_j = 1/N$）的标准情况下，并且所有股票具有相同的特质差异($\mathrm{Var}(\epsilon_{jt}) = \sigma^2$)，我们得到：

$$\mathrm{Var}(\epsilon_{pt}) = \frac{\sigma^2}{N}. \tag{3.27}$$

现在假设组合具有足够多的股票，每个股票的权重都足够小，剩余风险 Var（ϵ_{pt}）可忽略。我们说这个组合具有很好的分散性。对于这样的组合，我们可以忽略 ϵ_{pt}，并把超额收益率写为：

$$R_{pt}^e = \alpha_p + \beta_{pm} R_{mt}^e. \tag{3.28}$$

但此时我们一定有 $\alpha_p = 0$ 。如果不是这样的话，就会有套利机会：做空 β_{pm} 个市场组合，做多一个组合 p，同时以无风险利率融资。这样就得到了一个无风险超额收益 α_p 。

罗斯（1976）开拓了这项洞见，表明 $\alpha_p = 0$ 对所有分散化组合意味着“几乎所有”单项资产都有非常接近于 0 的 α_i 。直观地讲，少量的资产可能被错误定价（有非零的 α_i），但是如果太多的资产被错误定价，那么可以把它们归到一组分散化的组合并创造一个套利机会。从技术性角度讲，结果就是如果单项资产的特质方差被限制，那么：

$$\lim_{N \to \infty} \frac{1}{N} \sum_{i=1}^{N} \alpha_i^2 = 0. \tag{3.29}$$

为得到这个结果，思考通过将 $\dfrac{\alpha_i}{\sqrt{N \sum_{i=1}^{N} \alpha_i^2}}$ 美元投资于每项资产 $i = 1 \cdots N$，组成一个阿尔法权重组合。组合的报酬是：

$$\frac{\sum_{i=1}^{N} \alpha_i R_{it}}{\sqrt{N \sum_{i=1}^{N} \alpha_i^2}} = \frac{\sum_{i=1}^{N} \alpha_i (R_{ft} + \alpha_i + \beta_{im} R_{mt}^e + \epsilon_{it})}{\sqrt{N \sum_{i=1}^{N} \alpha_i^2}}. \tag{3.30}$$

现在思考随着资产数量的增加，这个报酬会如何变化。我们再做两个假设。第一个假设是：

$$\lim_{N \to \infty} \frac{\sum_{i=1}^{N} \alpha_i}{\sqrt{N \sum_{i=1}^{N} \alpha_i^2}} = 0. \tag{3.31}$$

换句话说，随着资产数量增加，阿尔法权重组合接近一个多空仓位相等的套利组合，这个组合的初始投资为 0。第二个假设是：

$$\lim_{N \to \infty} \frac{\sum_{i=1}^{N} \alpha_i \beta_{im}}{\sqrt{N \sum_{i=1}^{N} \alpha_i^2}} = 0. \tag{3.32}$$

换句话说，随着资产数量的增加，阿尔法权重组合有相对市场的零贝塔。接下来我们就会对这些额外的假设进行解释。

在这些假设下，阿尔法权重组合的极限收益只包含两组成分：

$$\lim_{N\to\infty}\frac{\sum_{i=1}^{N}\alpha_i R_{it}}{\sqrt{N\sum_{i=1}^{N}\alpha_i^2}}=\sqrt{\frac{\sum_{i=1}^{N}\alpha_i^2}{N}}+\frac{\sum_{i=1}^{N}\alpha_i\epsilon_{it}}{\sqrt{N\sum_{i=1}^{N}\alpha_i^2}}. \tag{3.33}$$

第一个表达式是期望收益，第二个是特异风险驱动的收益成分。收益的方差是：

$$\frac{\mathrm{Var}(\sum_{i=1}^{N}\alpha_i\epsilon_{it})}{N\sum_{i=1}^{N}\alpha_i^2}=\frac{\sum_{i=1}^{N}\alpha_i^2\sigma_i^2}{N\sum_{i=1}^{N}\alpha_i^2}. \tag{3.34}$$

如果特异方差 σ_i^2 被如上限制，此时收益的方差随着 $N\to\infty$缩小到 0，组合的成本金额同样接近于 0。为了避免渐进套利机会（在一个大截面上以零成本实现确定的正收益的渐进型投资策略），期望收益必须接近于 0，这意味着它的平方必须接近于 0。这是想要得到的结果［式（3.29）］。

我们如何用这两组额外的假设［式（3.31）和式（3.32）］来证明这个结果？式（3.31）来自同等权重组合的平行分析，这个组合投资到每一项资产的等值金额为：

$$\frac{1}{\sqrt{N\sum_{i=1}^{N}\alpha_i^2}}.$$

式（3.32）来自贝塔权重组合的平行分析，这个组合投资到每项资产的金额为：

$$\frac{(\beta_{im}-\overline{\beta}_{im})}{\sqrt{N\sum_{i=1}^{N}\alpha_i^2}}.$$

每个组合都有一个非零的市场贝塔，但是每个组合的超额收益特异成分方差随着 $N\to\infty$缩小为 0，因此每个组合在极限范围内变得分散，并且有极限为 0 的阿尔法，这如我们在式（3.28）中讨论的那样，意味着式（3.31）和式（3.32）在大截面极限是成立的。

直观地讲，如果所有大截面的资产都有正的阿尔法和非相关剩余风险，那么就可以通过持有一个这些资产的同等权重组合并通过一个合适的做空仓位来对冲市场风险暴露，赚取无风险收益。如果截面上的所有资产有负的阿尔法和不相关剩余风险，反向操作也可以获取无风险收益。如果在有着不相关剩余风险的大截面资产的阿尔法和贝塔间有一个系统性关系，比如负相关关系，那么就可以通过买进低贝塔资产，卖出高贝塔资产，并对冲剩余市场风险暴露来获得无风险收益。

在这一节我们在没有用到任何均值 - 方差分析的情况下得出了夏普 - 林特纳 CAPM 的贝塔定价公式。关键的假设是市场模型的剩余风险在股票之间是非相关的。这种方法的优点是模型中的“市场”可以是任意分散的组合，这些组合产生不相关的剩余风险。我们不需要像 CAPM 要求的那样去担心如何衡量所有财富的真实市场组合。然而，结果的准确性要比 CAPM 弱，因为我们仅有一个非零阿尔法很少见的限制性结果，并非很精确的所有阿尔法都是零。习题 3. 3 要求在一个具体的均衡例子中得出一个阿尔法的明确公式。

概括以上单因子模型分析来消除投资人可以以无风险利率借入和借出的假设是非常明确的。就像布莱克（1972）的 CAPM 版本，单因子套利定价理论可以容许一个衡量借贷的影子成本并超过国债利率的零贝塔利率。

目前分析的主要难点是市场模型的非相关剩余风险假设与事实不符。除了市场收益率影响，还有许多其他股票收益变量的来源。有一些来源是宏观经济方面的。例如，周期性股票对工业生产的变化尤其敏感，使用高杠杆的公司对利率变化很敏感。更广泛的讲，从事相同业务的公司，比如相同产业的公司或者相同市值的公司，趋向于同时移动。由于这些原因，没有一个单因子模型可以充分拟合股票收益率截面并带来不相关的剩余收益。

3. 2. 2　多因子模型

为了解决这个问题，我们可以把之前的分析概括到多因子模型中。如果有 K 个“因子组合”抓住了 K 个风险来源的影响，并且如果能够

以无风险利率 R_f 借入和借出，那么我们有：

$$R_{it}^e = \alpha_i + \sum_{k=1}^{K} \beta_{ik} R_{kt}^e + \epsilon_{it}. \tag{3.35}$$

我们假设股票之间的剩余收益是不相关的。模型的预测仍是式（3.29），这可以被非正式地描述为对几乎所有的股票 $\alpha_i = 0$。如果 $K \ll N$，这是被限制的。

在没有无风险借贷的情况下，对 K 因子模型我们可以把式（3.35）中的 R_f 替换为零贝塔利率，现在定义为与所有因子组合不相关的组合的期望收益率。模型再一次说明了式（3.29）。

或者，如果我们没有因子组合而直接衡量因子为均值－零震动（例如，宏观变量的创新），那么我们有：

$$R_{it} = \mu_i + \sum_{k=1}^{K} \beta_{ik} f_{kt} + \epsilon_{it}. \tag{3.36}$$

模型的预测是式（3.29）适用于阿尔法定义：

$$\alpha_i = \mu_i - \lambda_0 - \sum_{k=1}^{K} \beta_{ik} \lambda_k. \tag{3.37}$$

其中，λ_0 是零贝塔利率（如果投资人可以自由借入和借出，等于无风险利率 R_f），并且 λ_k 是第 k 个因子的风险价格。① 用字母 λ 来代表风险价格是文献中的标准表达，注意与第 2 章代表拉格朗日乘数的字母相区分。

这一节的分析对组合选择具有重要作用。第一，考虑有 K 个交易因子组合的情况，在这个 K 因子模型中，$\alpha_i = 0$ 对于所有的 i 成立。此时整

① 在以交易资产组合为因子的模型式（3.35）中，风险价格已经反映了交易组合的平均收益，这就是为什么我们没有显性看到它们。在替代版本式（3.36）中，风险价格是通过对平均收益的回归而得到常数项和贝塔的横截面来隐式定义的，如式（3.48）。根据回归的性质，α 值必须均值为零，并且与贝塔系数不相关，这是我们在讨论单因子模型时做出的另外两个假设。Ingersoll（1987）使用此框架，并仔细推导了式（3.37）。

个均值 – 方差 – 有效前沿可以用这个 K 因子和零贝塔组合（无风险资产）构建，因此均值 – 方差投资人应该总是持有某种组合的搭配。均值 – 方差分析的维度被大大地降低了。

第二，如果这些因子像式（3.36）那样被衡量，那么我们可以构建"因子模拟组合"，这个组合对于给定的因子具有最高的相关性，我们还可以仅仅使用因子模拟组合和零贝塔组合构建均值 – 方差 – 有效前沿。

第三，任意预测收益率的股票层面属性必须与某种共同风险因子相关联，如果不这样的话，拥有这种属性的股票组合便会有一个高平均收益率但是没有共同变异性，意味着渐进套利机会。这意味着一个使用均值 – 方差优化的主动投资经理应该总是以允许风险模型估计与投资经理认为的能够预测收益率的股票属性相关的共同变量的方式，建模收益率方差 – 协方差矩阵［（MacKinlay（1995），Campbell、Lo 和 MacKinlay（1997）］。

套利定价理论的大部分内容是吸引人的，但是也有几个缺点。其一，正如前文讨论的，模型预测非零阿尔法在大截面极限内是非常罕见的，并且这个预测在有限的资产收益率截面会被如何篡改是不清楚的。其二，根据历史数据，我们知道一些组合总是均值 – 方差有效的。因此我们知道依据历史数据，总能得到一个单因子模型来匹配数据，如果我们恰好选择了历史均值 – 方差有效组合作为单因子。此时必然会更加容易得到 K 因子模型来匹配数据。这并没有告诉我们任何事情，除非我们能对 K 因子模型预测经济趋势和匹配经济历史数据有一些信心。换句话说，我们需要理论上的解释来相信 K 因子模型是结构性的。

第四，套利定价理论并不能决定风险价格的正负或量级。共同因子是成为帮助决定平均资产收益率截面的定价因子的必要非充分条件。近年来大量对于均衡资产定价的研究致力于从理论出发，更精确地限定风险价格。

3.2.3 作为多因子模型的条件 CAPM

得到无条件多因子模型的一个重要路径来自 CAPM 的条件版本［Hansen 和 Richard（1987）］。假设 CAPM 有条件地成立。对于资产 i，条件期望超额收益率由下式给出：

$$\mathrm{E}_t R_{i,t+1}^e = \beta_{imt} \mathrm{E}_t R_{m,t+1}^e. \tag{3.38}$$

使用无条件期望，并使用乘积的均值是均值加协方差的乘积这一事实：

$$\begin{aligned} \mathrm{E}R_{i,t+1}^e &= (\mathrm{E}\beta_{imt})\left(\mathrm{E}R_{m,t+1}^e\right) + \mathrm{Cov}\left(\beta_{imt}, \mathrm{E}_t R_{m,t+1}^e\right) \\ &= \beta_{im}\left(\mathrm{E}R_{m,t+1}^e\right) + \left(\mathrm{E}\beta_{imt} - \beta_{im}\right)\left(\mathrm{E}R_{m,t+1}^e\right) + \mathrm{Cov}\left(\beta_{imt}, \mathrm{E}_t R_{m,t+1}^e\right). \end{aligned} \tag{3.39}$$

其中，$\beta_{im} = \mathrm{Cov}(R_{i,t+1}, R_{m,t+1}) / \mathrm{Var}(R_{m,t+1})$是资产的无条件贝塔。式（3.39）中的第二个等式加和减无条件贝塔乘以无条件权益溢价，即无条件 CAPM 对于资产无条件期望超额收益率的预测。等式右边的第二个表达式和第三个表达式表示条件 CAPM 与影响非条件平均资产收益率的非条件 CAPM 的偏差。

如果资产条件贝塔均值的时间序列比无条件贝塔高，那么第二个表达式是正值。如果市场收益率有连续方差，那么这个表达式等于 0，但是如果市场收益率是异方差，那么这个表达式不等于 0。Lewellen 和 Nagel（2006）以及 Boguth 等人（2011）证明（$E\beta_{imt} - \beta_{im}$）可以约等于条件贝塔和条件市场波动之间协方差的负数，除以无条件市场波动率。

$$(\mathrm{E}\beta_{imt} - \beta_{im}) \approx -\frac{\mathrm{Cov}(\beta_{imt}, \sigma_{mt}^2)}{\sigma_m^2}. \tag{3.40}$$

直观地讲，无条件贝塔是一个时间序列回归系数，它给已大量实现的市场收益区间以高权重，无论收益为正或负。如果一项资产在市场波动率低的时候趋向于存在一个高的条件贝塔，它的条件贝塔时间序列均值将会比无条件贝塔更高。这样一项资产将会有一个比无条件 CAPM 预测更高的无条件平均收益率。Boguth 等人（2011）将之称为“波动率择时”效应。

如果资产的贝塔与权益溢价同向变动，那么第三个表达式是正值。资产可以有比无条件 CAPM 预测更高的无条件平均收益率，如果市场风险溢价高，它的贝塔也趋向于高。直观地讲，当市场风险被很好地回馈时，这样一项资产会带来市场风险暴露，这增加了它的无条件平均收益率。这或许可以被称为“权益溢价择时”效应。

测试一个条件模型的一个简单的方式就是用参数表示随时间变化的贝塔变量。例如，我们可以写：

$$\beta_{imt} = \beta_{i0} + \beta_{i1} z_t . \tag{3.41}$$

其中，Z_t 是状态变量。条件模型可以写为：

$$\mathrm{E}_t R^e_{i,t+1} = \beta_{i0} \mathrm{E}_t R^e_{m,t+1} + \beta_{i1} \mathrm{E}_t z_t R^e_{m,t+1} . \tag{3.42}$$

现在我们可以使用无条件预期来得到：

$$\mathrm{E} R^e_{i,t+1} = \beta_{i0} \mathrm{E} R^e_{m,t+1} + \beta_{i1} \mathrm{E} z_t R^e_{m,t+1} . \tag{3.43}$$

这是一个多因子模型，其中的因子是超额市场收益率，超额市场收益率由状态变量 Z_t 衡量。这个被衡量的市场超额收益率可以被理解为主动投资策略收益率，主动投资策略当 Z_t 高的时候投资更加激进。多因子模型，主动投资策略作为第二个因子，包含了以上提到的波动性择时效应和权益溢价择时效应。

3.3 实证证据

3.3.1 测试方法

即使 CAPM 是一个正确的模型，它也不能完全准确地描述有限样本的样本矩。我们需要一个统计测试来告诉我们是否样本与模型的偏差（市场组合的均值－方差不有效，或者非零阿尔法）是统计显著的。

两种主流的方法是时间序列法和截面法。这两种方法从深层次讲是相同的。

时间序列法

时间序列法从回归方程［式（3.13）］开始，我们可以更简洁地写为：

$$R_{it}^{e}=\alpha_{i}+\beta_{im}R_{mt}^{e}+\epsilon_{it}. \tag{3.44}$$

其中，$R_{it}^{e}=R_{it}-R_{ft}$，$R_{mt}^{e}=R_{mt}-R_{ft}$。零值假说为 $\alpha_{i}=0$。对任意一项资产这是一个简单的参数限定；挑战是与一系列 N 项资产一同测试。

我们将在式（3.44）中的残差 ϵ_{it} 是独立同分布并且独立于市场溢价收益这一假设下进行探讨。换句话说，我们不被允许在条件资产定价模型所表明的投资机会集中做任何改变。独立同分布残差的假设可以放宽，我们下章讨论广义矩估计时会证明。

渐进测试如下所述。定义 α 为截距 α_{i} 的第 N 个向量，Ω 是回归残差 ϵ_{it} 的方差－协方差矩阵（这与矩阵 Σ 不同，矩阵 Σ 是原始收益率而非残差的方差－协方差矩阵）。然后随着样本规模 T 渐进地增加：

$$T\left[1+\left(\frac{\overline{R}_{m}^{e}}{\widehat{\sigma}\left(R_{mt}^{e}\right)}\right)^{2}\right]^{-1}\widehat{\alpha}'\widehat{\Omega}^{-1}\widehat{\alpha}\sim\chi_{N}^{2}. \tag{3.45}$$

其中，变量头上的帽子符号代表样本估计，变量头上的横线代表样本均值，并非真实的总平均数（在之前的章节中解释资产定价理论时，我们曾使用横线来表示总平均数）。

为了直观地理解，假设模型中没有市场收益率。此时向量 $\widehat{\alpha}$ 是样本均值超额收益的向量，方差－协方差矩阵 $(1/T)\Omega$［或相当于 $(1/T)\sum$，因为在这种情况下回归方差等于贬损的原始收益］。因此二次形式 $T\widehat{\alpha}'\widehat{\Omega}^{-1}\widehat{\alpha}$是截距平方和除以估计方差－协方差矩阵，这个矩阵有渐进 χ_{N}^{2} 分布。平方括弧里的表达式是模型中市场收益率的修正因子。当市场有比相对它的方差高的预期收益率时，贝塔的不确定性影响阿尔法更多。

有限样本测试对方差 - 协方差矩阵 Ω 必须被估计的事实做了更深入的修正。在 ϵ_{it} 是正态分布的附加假设下，我们有：

$$\left(\frac{T-N-1}{N}\right)\left[1+\left(\frac{\overline{R}_m^e}{\widehat{\sigma}(R_{mt}^e)}\right)^2\right]^{-1}\widehat{\alpha}'\widehat{\Omega}^{-1}\widehat{\alpha} \sim F_{N,T-N-1}. \quad (3.46)$$

Gibbons、Ross 和 Shanken（GRS，1989）提供了一个把“GRS 统计”与均值 - 方差分析联系起来的几何学解释。定义 $\widehat{S}_m^2$ 为估计的市场夏普比率平方，定义 $\widehat{S}_q^2$ 为估计的切线组合的夏普比率平方（可以从测试资产集和市场中得到最高夏普比率平方）。GRS 统计等于：

$$\left(\frac{T-N-1}{N}\right)\left(\frac{\hat{S}_q^2-\hat{S}_m^2}{1+\hat{S}_m^2}\right). \quad (3.47)$$

因此 GRS 统计衡量了在均值 - 标准差图形中市场离历史数据的切线组合有多远。

截面法

截面法首先从时间序列回归方程中估计了贝塔，然后运行截面回归：

$$\overline{R}_i^e = \lambda\widehat{\beta}_{im} + a_i . \quad (3.48)$$

其中，回归方程没有截距，并且 λ 是对承担市场风险的截面奖励。[①] 随着样本规模的增大，$T \to \infty$, $\overline{R}_i^e \to \mathrm{E}[R_{it}^e]$, $\widehat{\beta}_{im} \to \beta_{im}$；式（3.44）和式（3.48）无条件预期，我们看到$\lambda \to \mathrm{E}[R_{mt}^e]$并且 $a_i \to \alpha_i$，因此截面残差是真实阿尔法的一致估计。我们因此处于一个想要测试残差的回归接近于 0 的奇怪位置，即回归有一个近乎完美的匹配。我们能做到这点仅仅因为回归因子，贝塔是由告诉我们相关定价误差规模的时

① 我们可以选择在回归中包含一个截距并测试其为零，或者在布莱克 CAPM 中允许其为 0。

间序列回归得到的。

虽然我们假设时间序列回归式（3.44）中的残差随时间推移是不相关的，这是 CAPM 的直接含义，但式（3.48）中的截面残差协方差结构是不受限制的。在实践中，对于一个给定的时点，资产趋向于互相高度相关，即使在控制多项因子之后。[1] 因此为了得到渐进有效估计（最低样本方差估计），我们可以运行广义最小二乘法：

$$\widehat{\lambda}_{GLS} = (\widehat{\beta}_m' \widehat{\Omega}^{-1} \widehat{\beta}_m)^{-1} \widehat{\beta}_m' \widehat{\Omega}^{-1} \overline{R}^e. \tag{3.49}$$

$$\widehat{a}_{GLS} = \overline{R}^e - \widehat{\lambda}_{GLS} \widehat{\beta}_m. \tag{3.50}$$

其中，$\widehat{\beta}_m = [\widehat{\beta}_{1m} \ldots \widehat{\beta}_{Nm}]'$。渐进测试统计基于 GLS 截面回归，并且修正了贝塔是未知的但是可以从过往的时间序列回归估计的事实，表达式为：

$$T\left[1+\left(\frac{\widehat{\lambda}_{GLS}}{\widehat{\sigma}(R_{mt}^e)}\right)^2\right]^{-1} \widehat{a}_{GLS}' \widehat{\Omega}^{-1} \widehat{a}_{GLS} \sim \chi_{N-1}^2. \tag{3.51}$$

这几乎与渐进时间序列测试统计是完全一样的，但是我们失去了一层从截面中而非从样本平均超额市场收益中估计贝塔收益的自由度。我们可以通过在截面 GLS 回归资产集中加入市场来恢复这个自由度。此时回归把所有权重放在市场上来估计市场风险收益。（既然所有其他资产都是市场价格加噪声，GLS 回归明白它们对这个参数有更少的信息。）因此 $\widehat{\lambda}_{GLS} = \overline{R}_m^e$。结果是与时间序列完全相同的测试统计，因为$\widehat{a}_{GLS} = \overline{R}^e - \overline{R}_m^e \widehat{\beta}_m = \widehat{\alpha}$。

截面法具有即使因子不是交易组合的收益率也可以运行的优点。在这种情况下，我们需要使用截面来估计承担因子风险的收益，正如第 3.2.2 节中式（3.36）和式（3.37）所描述的。

---

① 这就难以解释样本平均收益率相对于贝塔或预测值平均收益的横截面图，就像本章中的图 3.4 到图 3.6，因为表示高度相关的资产的许多点势必会被画在一起。

法马 – 麦克贝思法

截面法的一个变体是法马 – 麦克贝思（Fama-MacBeth，1973）检验法。它首先估计了股票层面的贝塔，然后运行了一系列逐期的估计贝塔超额收益率截面回归：

$$R_{it}^{e}=\lambda_{t}\widehat{\beta}_{im}+a_{it}. \tag{3.52}$$

这里每个回归的观察值运行从 $i=1\cdots N$，并且回归独立运行从 $t=1\cdots T$。

将系数 $\widehat{\lambda}_{t}$ 和残差 $\widehat{a}_{it}$ 随时间变化取均值来估计贝塔暴露 $\widehat{\lambda}_{FM}\equiv(1/T)\sum\widehat{\lambda}_{t}$ 和残差均值 $\widehat{a}_{i,FM}\equiv(1/T)\sum\widehat{a}_{it}$ 的平均收益。法马和麦克贝思使用系数和残差随时间的变化性来估计这些均值（在不同假设样本间估计的变化性）的标准误差，并且构建模型的测试统计。例如，在标准假设下，所有收益率随时间变化呈独立同分布：

$$\widehat{\sigma}^{2}(\widehat{a}_{i,FM})=\frac{1}{T}\widehat{\sigma}^{2}(\widehat{a}_{it})=\frac{1}{T^{2}}\sum_{t=1}^{T}(\widehat{a}_{it}-\widehat{a}_{i,FM})^{2}. \tag{3.53}$$

对 $\widehat{\lambda}_{FM}$ 也是同样的。

法马 – 麦克贝思法计算标准误差并未调整股票贝塔未知的事实，但是必须从时间序列回归做估计。然而，它确实轻易地允许贝塔随时间而改变［$\widehat{\beta}_{imt}$ 代替 $\widehat{\beta}_{im}$ 作为式（3.52）的解释变量］。因此它更适合作为一种估计公司可见特征收益的方法（可以包含滞后的历史贝塔），而不是测试 CAPM 的方法。

收益率和特征

估计股票层面属性 X_{it} 收益率的法马 – 麦克贝思法是运行一系列这个属性超额收益的截面回归，每天一个：

$$R_{it}^{e}=\theta_{t}+\lambda_{t}X_{it}+a_{it}. \tag{3.54}$$

其中，θ_{t} 是截距，λ_{t} 是斜率，a_{it} 是资产 i 在 t 日的剩余收益。

法马 – 麦克贝思回归的一个吸引人的特征是截面斜率 $\widehat{\lambda}_{t}$ 可以被理

解为零初始投资的长短仓组合报酬。这从简单的 *OLS* 回归系数公式中可以容易地看出来。在这种情况下，特征 X_{it} 在时点 t 有一个零截面均值：

$$\widehat{\lambda}_t = \frac{\sum_{i=1}^{N} X_{it} R_{it}^e}{\sum_{i=1}^{N} X_{it}^2} = \frac{\sum_{i=1}^{N} X_{it} R_{it}}{\sum_{i=1}^{N} X_{it}^2}. \tag{3.55}$$

这是投资到每一只股票与其特征 X_{it} 成比例的长短仓组合在时点 t 的报酬。用短仓融资，并用特征的平方和扩大规模，因此组合的特征只有一个。同样地，估计的截距 $\widehat{\theta}_t$ 是所有资产相同权重组合的超额收益，特征价值为零。在这种情况下，特征 X_{it} 有非零截面均值，斜率是长短仓组合的报酬，截距是特征价值为零的组合超额收益（但在这种情况下不再是一个相同权重的组合）。

这些结果直接总结了多因子法马 - 麦克贝思回归。在那种情况下，每个特征的截面回归系数是那种特征有单位价值的长短仓组合在时点 t 的报酬，并且所有其他的特征价值都为零，截距是任意一个特征的零暴露组合超额收益。习题 3.4 要求探索法马 - 麦克贝思回归的组合属性。

另外一种估计可见特征的收益的方法就是估计面板回归。这要求在某一时点调整资产收益率截面相关性回归的标准误差，使用面板回归软件包的群标准误差命令使得调整变得简单。当回归中的解释性变量不随时间而变化时，面板回归和截面回归式（3.48）中的法马 - 麦克贝思估计和标准误差是相同的［Cochrane（2005）］。[①] 当解释性变量随时间而变化时，法马 - 麦克贝思是不同的，因为它给每个区间相同的权重，即使解释性变量在某个区间比另外一个区间更加分散。[②]

由法马 - 麦克贝思或面板方法估计的线性回归，在特征和收益率之

---

① 该陈述假设，对于残差的异方差或序列相关性，在这些方法中均未进行任何校正，这与我们以上关于残差收益随时间变化是独立同分布的假设相一致。

② 这种区别与式（3.40）中所述的有条件 β 和无条件 β 的时间序列平均值之间的差异有关。法马 - 麦克贝思估计与前者类似，面板回归估计与后者类似。

间施加了线性关系。现代金融文献经常担心真实的关系可能是非线性的。为探究这个可能性，通常使用由一个或多个特征归类的组合平均收益率（或阿尔法）表格来表达。这种表格将揭示其非线性。在实践中，特征和平均收益率之间的关系如果足够的非线性而非单调，是非常值得怀疑的。这种组合分类法是发现非线性的非常好的解释性工具，但是当多于两个特征在同一时点被考虑的时候就变得不方便了。回归法是理解多特征如何影响股票收益的较好的方法，并且它在需要的地方可以通过使用原始特征的非线性转换作为解释性变量来调节非线性。Lewellen（2015）揭示了这种方法。

选择检验资产

CAPM 的不同检验法具有重要的共同特征。观察多项资产（增加 N）将趋向于从模型中找到更大的偏离。然而，增加 N 也增加了需要偏离的规模来从统计上排斥 CAPM。因此，为得到一个有用的检验，可以选择几项之前被认为错误定价的资产。然而，一个有效的检验不能使用检验模型的样本区间的平均收益率来选择资产。这个过程有时被称作"数据窥探"，导致了模型的虚假排斥［Lo 和 MacKinlay（1990a）］。许多关于 CAPM 实验有效性的辩论围绕此展开。

另一个问题是关于把检验资产按照相关特征归类成组合。这个步骤通常被使用因为组合特异性风险的分散增加了因子载荷可以被估计的准确性，并且因为与单个股票的大截面相比，它对于少量组合而言更容易表达组合的统计摘要。然而，组合构建丢弃了某些单个股票收益率截面信息，并且减小了因子风险价格估计的准确性［Ang、Liu 和 Schwarz（2016）］。在线性回归背景下，使用个股是很自然的，就像 Brennan、Chordia 和 Subrahmanyam（1998）以及其他研究所做的那样。

3.3.2　CAPM 和股票收益率截面

在这一节我简单总结了有关股票收益率截面的大量实证文献，尤其注意到那些不能被 CAPM 解释，看起来能够预测收益率的股票的特征。大部分文献集中研究 1926 年以来美国股票的收益率，1926 年是证券价格研究中心（CRSP）月数据库的起始年份。

贝塔。最早的 CAPM 实验研究把股票按照历史市场贝塔归类，并且发现一个在组合贝塔和平均收益率之间正的而且接近线性的关系［Black、Jensen 和 Scholes（1972），Fama 和 MacBeth（1973）］。此时，这被看作 CAPM 的胜利。贝塔对收益率的作用非常小，比国债市场超额收益率还小，国债超额收益率意味着高于国债收益率的零贝塔收益率。然而，如果股票市场投资人不能借贷或只能以高于国债的利率借贷，这可以被布莱克（1972）版的 CAPM 所解释。接下来贝塔收益率关系的研究发现了自从 20 世纪 60 年代早期以来贝塔和收益率之间更为微弱的关系，60 年代是比 CRSP 早期样本区间更具挑战性的 CAPM 测试。

规模。Banz（1981）发现低市值公司往往拥有高于贝塔值的平均收益率。第二次世界大战以来，以规模分类的组合平均收益率和市场贝塔之间的关系是向上的，接近于直线，但是对于贝塔分类的组合而言太陡了，而非太平了。图 3.5 用 1963 年到 2012 年的数据揭示了这个事实。①

当规模继续被视为实验资产定价相关股票层面特征，规模效应因为以下几个原因不再被如此关注。第一，在 20 世纪 90 年代和 21 世纪初的部分区间，大股票的业绩胜过小股票，这相对于市场指数减小了小股票的平均超额收益率。第二，Keim（1983）和 Reinganum（1983）指出小股票胜出集中于一月份，一种季节性异常，这种异常再被传播后很短

① 所报告的 5 个投资组合是按肯尼斯·弗伦奇（Kenneth French）网站上给出的规模和价值的 5×5 进行汇总的，投资组合 1 中的股票市值最小，投资组合 5 中的股票市值最大。因为是等权汇总，所以投资组合加总不会等于市场组合，进而显示的所有投资组合均具有正的阿尔法。

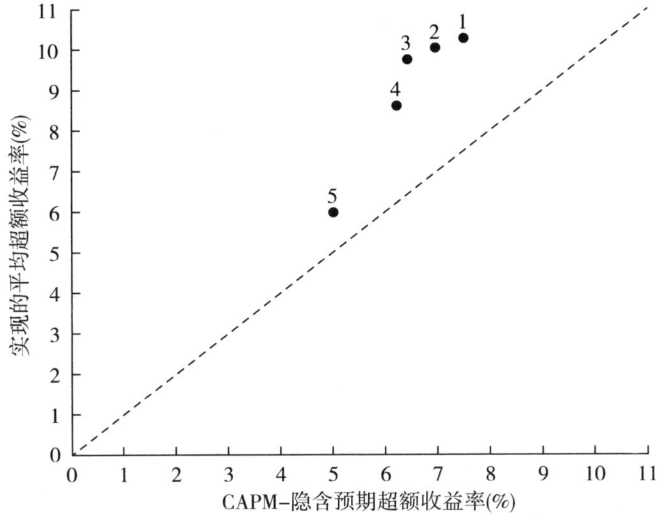

图 3.5　CAPM 和规模效应

时间内就消失了。[①] 第三，为了隔离与平均收益率相关的规模成分，业界目前更加倾向于通过其他方式衡量公司规模来标准化市值。

价值。价值投资者寻求购买相对于会计衡量价值更低的低市值股票，相信这种股票会胜出。这种投资方法被格雷厄姆（Graham）、多德（Dodd）、科特尔（Cottle）在几十年前所普及，早于 CAPM 的成型。学术研究已经考虑了几种其他衡量价值的方法，包括股息 - 价格比率或股息率［Litzenberger 和 Ramaswamy（1982），Miller 和 Scholes（1982）］、收益 - 价格比率［Basu（1977，1983）］、市净率［Stattman（1980），Rosenberg、Reid 和 Lanstein（1985）］。由于法马和弗伦奇（1992，1993）所做的具有

① 一月份规模效应的一个合理解释是，它与年底出售小股票以获得税收损失以及随后在一月份购买小股票有关。虽然大型股票中也应该发生这种减税出售，但鉴于小股票的相对流动性较弱，这可能会对小型股票价格产生更大的影响。Kang 等人（2015）指出，名义利率和资本利得税税率较高时，出售税损的动机更大。自 20 世纪 80 年代以来，这两个变量水平的下降都可能导致一月份小库存效应的下降。最近学者对单只股票和因子组合的更普遍的季节性效应进行了测算［Heston 和 Sadka（2008），Keloharju、Linnainmaa 和 Nyberg（2016）］。

影响力的研究，目前公众把注意力主要放在市净率上。

在过去的 50 年里，高市净率的“价值股”比低市净率的“成长股”有更低的市场贝塔，但是更高的平均收益率。因此价值组合的平均收益率和贝塔之间的斜率是负值，如图 3. 6 所示。[①]

价值股收益率在 CRSP 样本区间早期是比较规则的。在大萧条期间和第二次世界大战后早期，价值股的表现仍然胜过成长股，但是在此期间价值股比成长股有更高的贝塔，因此平均收益率模式与 CAPM 是一致的。习题 3. 5 要求估计规模和价值的收益率，并且测试 1963 年年底样本区间的 CAPM。

动量。预测股票收益率的一种非常简单的方法就是用股票的历史收益率，这种方法将在第 5 章详细讨论。当收益率的自相关性对任何股票

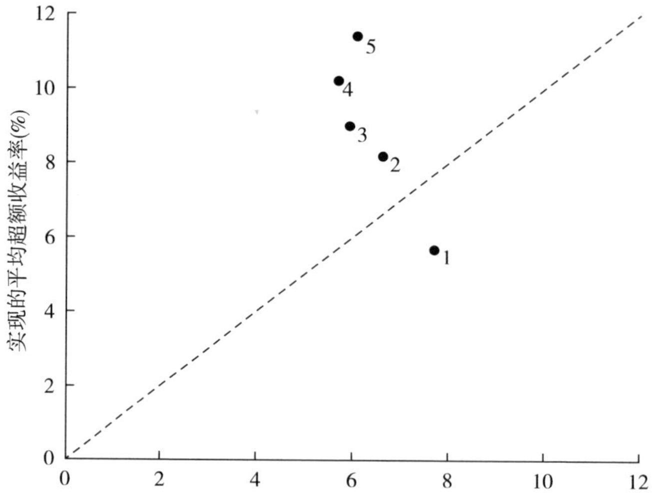

图 3. 6　CAPM 和价值效应

① 所示的 5 个投资组合以与上一幅图相同的方式进行汇总，但是在价值因子上，而不是规模因子上，其中投资组合 1 中极端成长股的账面市值比最低，投资组合 5 中极端价值股的帐面市值比最高。

而言都微不足道时，这对以历史收益率归类的股票组合意味着优胜。收益率自相关性在开始的1～2个月看起来为负值（很可能反映了贸易摩擦），然后在3～12个月为正值，然后很可能在几年内又为负值。DeBondt和Thaler（1985）记录了长期负自相关性（“长期反转”），但是今天它变得不为人所注意，是因为此效应看起来与价值异常密切相关。Jegadeesh和Titman（1993）发现了中期正自相关性或“动量”，并且看起来是一个非常稳健的现象。

图3.7通过绘制4个长短仓组合的累计收益率，总结了所有股票收益率的规模、价值和动量异常。“市场”（MKT）是买多整个市场并卖空国债，“小减大”（SMB）是买多小股票并卖空大股票，“高减低”（HML）是买多价值（高市净率）股并卖空成长（低市净率）股，“动量”（MOM）是买多去年表现优异的股票（除去最后一个月来消除高频反转）并卖空表现差的股票。这些组合在法马和弗伦奇（1993）以及卡哈特（Carhart，1997）的文献中有所介绍。文献中使用的收益率数据从肯尼思·弗伦奇网站上得来，该网站是学术金融研究的标准数据来源。[①] 在图3.7中，SMB、HML和MOM的收益率都被测量来拥有与MKT相同的标准差，因此每条线的高度都与每个组合的全样本夏普比率成比例。此图展示了MOM比整个市场有更高的夏普比率，而HML与

---

① 更精确资产组合构建描述如下。在每年的6月底将股票分配给投资组合时，如果股票的市值小于在投资组合构建日的纽约证券交易所股票中位数，则分类为小市值股票；否则将股票分类为大市值股票；并按其账面价格比率大于纽约证券交易所的70分位数将其分类为成长股（使用上一个日历年末的上一个会计年度末的账面资产除以该日历年12月的市场资产来定义账面价格比率）；如果该比率小于纽约证券交易所的30分位数，则为价值值；如果该比率介于30%和70%之间，则为中性。然后，SMB是三个小市值投资组合的平均加权收益减去三个大市值投资组合的收益，而HML是两个价值投资组合的平均加权收益减去两个增长投资组合的平均收益率。构建动量因子与构建HML因子相似，不同的是，过去一年（不包括最近一个月）的滞后收益代替了账面价格比率。完整的详细信息和数据访问以下网址：http：//mba. tuck. dartmouth. edu/pages/faculty/ken. french/data_ library. html。

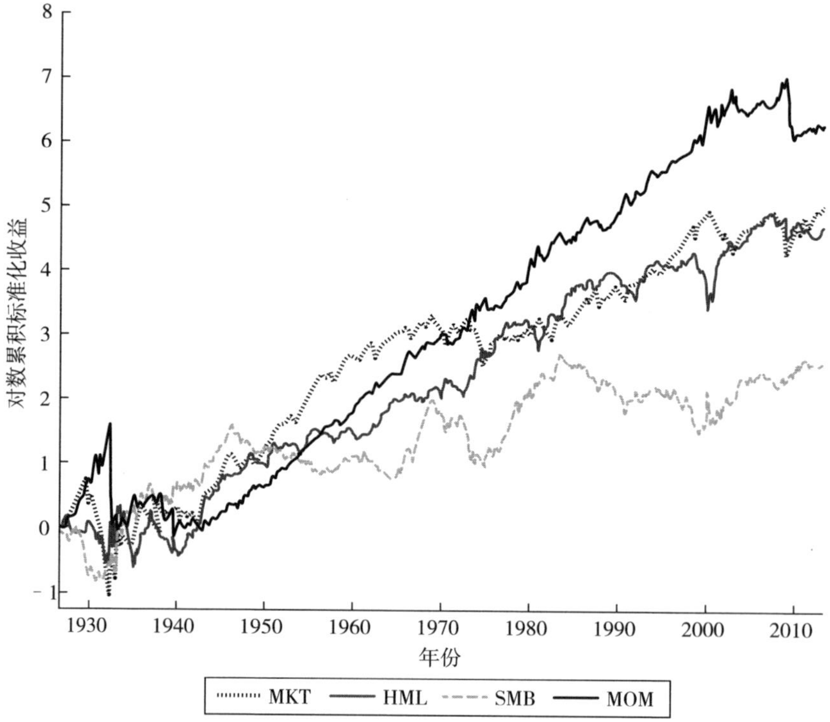

图 3.7 法马 - 弗伦奇 - 卡哈特对数累计标准因子收益率（1926—2013 年）

市场有相同的夏普比率，SMB 有相当低的夏普比率。如上所说，自从学术文献在 20 世纪 80 年代早期首先指出了规模效应，SMB 有相对差的业绩表现。

图 3.8 是一个相同的绘制，只不过样本区间缩短到从 1990 年开始。这幅图指出了在最近的数据中，价值和动量收益率逐渐负相关的事实；这尤其清楚地展示了在 20 世纪 90 年代末科技繁荣时期和 21 世纪初科技泡沫破裂时期，以及 2007—2009 年全球金融危机时期的情形。因为这个原因，现代股票市场的量化投资策略经常试着结合价值和动量。

从图 3.7 和图 3.8 中可以看出关于这些组合风险的其他两点。第一，波动率加强阶段例如大萧条时期，科技繁荣和泡沫破裂，或者全球金融危机不仅影响了市场收益率，也影响了长短仓组合的收益率。第

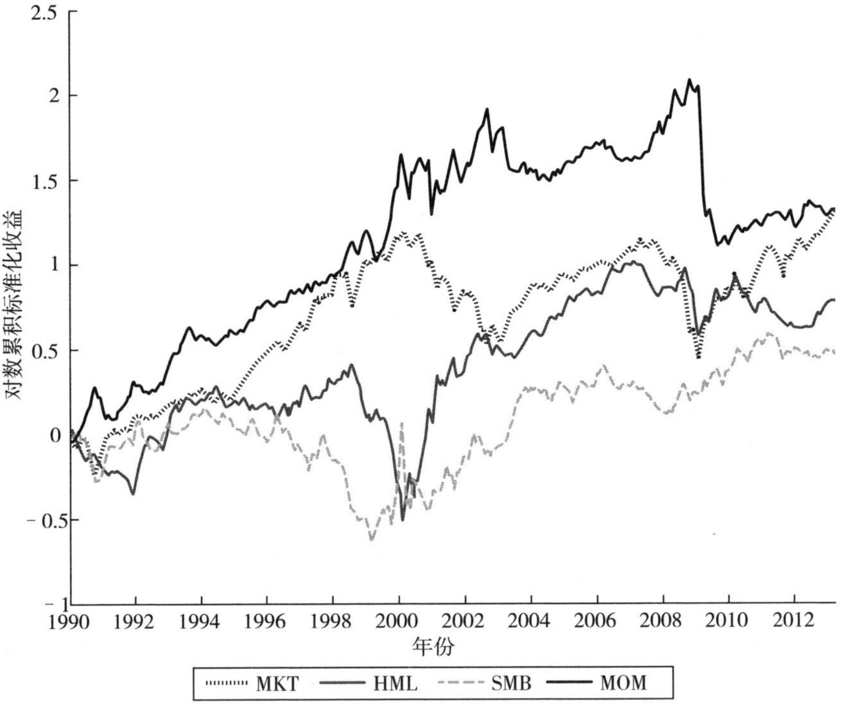

图 3.8　法马－弗伦奇－卡哈特对数累计标准因子收益率（1990—2013 年）

二，累计动量收益率受到偶然的，尤其是大缩水（从之前的顶峰下跌）的影响，这从 20 世纪 30 年代的大萧条伊始和 2009 年全球金融危机复苏期间可以看到。

尽管贝塔、价值、规模和动量是股票收益率截面文献讨论的核心现象，但许多其他变量也已经被发现，用来预测截面收益率。一些比较突出的现象简要总结如下。

事后漂移。大量的论文认同公司事件或股票分析师的公开观点的变化会造成即刻的股票价格同向漂移反应。在高初始收益率与高后继收益率相关的情况下，这种事后漂移同价格动量是相同的，但是在初始收益率以事件发生为条件衡量下是不同的。

经典例子是事后收益宣布漂移，公司宣布超过预期收益时向上，公司宣布低于预期收益时向下［Ball 和 Brown（1968），Foster、Olsen 和 Shevlin（1984），Bernard 和 Thomas（1989）］。分析师收益预测修正［Gleason 和 Lee（2003）］、分析师推荐［Womack（1996）］、股票派息［Michaely，Thaler，Womack（1995）］、股份回购［Ikenberry、Lakonishok 和 Vermaelen（1995）］、股票分割［Desai 和 Jain（1997），Ikenberry、Rankine 和 Stice（1996）］、资产剥离［Cusatis、Miles 和 Woolridge（1993）］已经报告过对比结果。也有一些有趣的证据表明，仅仅是发布收益公告，而无论其内容如何，都会影响股票价格。Frazzini 和 Lamont（2006）指出股票价格趋向于在宣布公司收益的月份上涨，在正负宣布之间取平均。

换手率和波动性。换手率和特质波动率看起来与 3～12 个月之间的收益率都是负相关［Lee 和 Swaminathan（2000），Ang 等人（2006）］，尽管换手率可能有一个短期的正影响。根据 Diether、Malloy 和 Scherbina（2002）的文献分析，这些现象或许跟股票分析师之间的异见负作用相关，因为不认同公司前景的投资人更可能激进交易并且可能因此创造了波动性。

内幕交易。有证据表明公司的内幕交易买卖预示了将来的股票收益率［Seyhun（1988）］，对于买入［Jeng、Metrick 和 Zeckhauser（2003）］和非常规卖出程序的卖出［Cohen、Malloy 和 Pomorski（2012）］有更强有力的证据。

公司成长性。抓住公司资产成长的变量，例如资本支出和总资产增长［Titman、Wei 和 Xie（2004），Cooper、Gulen 和 Schill（2008）］，与后继收益率负相关。这对于抓住公司负债增长的变量同样适用，包括权益和借债的发行［Spiess 和 Affleck-Graves（1995，1999）］，以及股份变动百分比［Daniel 和 Titman（2006）］。IPO 后的差收益率可能是一个相关联的现象［Carter、Dark 和 Singh（1998），Ritter 和 Welch（2002）］。

收益质量。大量的会计文献主张当前收益的不同成分与将来收益有不同程度的关联，并且因此可以预测收益率，如果投资人不能完全鉴别这些区别的话。一个经典的例子是应计提部分（粗略地说，非现金性流动资产的增长不考虑流动负债的增长）比收益的现金成分更不持续，并且预测股票收益率不佳［Sloan（1996）］。Dechow、Sloan 和 Sweeney（1995）主张公司管理层可以通过操纵应计提部分来操纵利润，例如，通过记录未到账的销售收入，投资人并不能完全注意这些。Hirshleifer 等人（2004）使用净经营性资产作为总资产的分数来预测股票收益率。这是资产负债表积累了以往应计和以往投资的衡量，因此与收益质量和公司成长性都有关系。

收益性。Novy-Marx（2013）指出毛利与账面资产比率更高的公司有更高的后续收益率。毛利与会计利润不同，因为毛利加回了一些公司费用，这或许会提高公司的长期前景，这些费用包括广告费、销售佣金、研发费用。[①] 因此，虽然应计文献主张对于某些增加当前利润但从长期来看并不经济的行为，市场给了公司太多的加分，但是目前的争论是市场并没有给对长期收益有利但对短期收益没有贡献的做法以足够的加分。

成功的收益率预测指标引出了一个重要的问题，即这些预测指标之间如何相互影响。一些最新报道的预测指标可能简单地被转换成已知效应，这些效应在其他效应被控制时会消失。然而，相反的情况同样有可能发生。例如，盈利性衡量或收益质量本身可能没有预测效力，但是可能与账面 - 市值比率共同预测收益率，如果能提供一种更加可靠的衡量公司账面价值的手段。

另外，对于有较高或较低的特征价值的股票，一些预测可能更加准确。例如，很多预测效应看起来在小股票中更重要。这类相互作用在双组合分类中更容易被发现，并且可以在法马 - 麦克贝思中呈现，或者在

① 毛利润率可以写成 EBITDA（未计利息，税项，折旧和摊销前的收益）加上 SGA（销售，一般和管理费用）。Eisfeldt 和 Papanikolaou（2013）发现具有高累积 SGA 的公司会获得高收益，这与 Novy-Marx 的研究结果一致。

包含两个回归预测的向量积和原始预测的面板回归中呈现。①

3.3.3 看待证据的不同观点

用特征预测股票收益率的证据，虽然不能成比例预测市场指数中的股票贝塔，但对 CAPM 是一种挑战。这种证据产生了多种观点。

数据挖掘。最保守的反应是已经从许多候选解释性变量的实验过程中找到了证据。每考虑 100 个变量，5 个将会在 5% 的显著性水平上纯随机地预测收益率。任意一篇文献可能只考虑几个变量，而金融行业作为一个整体已经考虑了几千个，公布和宣传的通过传统显著性检测的只有几个。前一节总结的证据或许，至少是一部分，是这个数据挖掘程序的错误结果。

这个主张的变体在于，测试组合是基于在样本区间被发现的预测收益率的特征选择出来的。虽然预测性可能不会在资产的完整截面上产生一种对 CAPM 的统计显著性否决，但一旦一些组合通过特征归类组建，或许会出现以上否决。这个过程被 Lo 和 MacKinlay（1990a）称为“数据窥探”。

异象消除。即使收益率预测性是投资人行为的真正结果，公布这个结果也可能会导致投资人转换他们的行为来弱化或甚至消除这种现象。在这种情况下，一旦偏离模型引起投资人的注意，CAPM 仍然是对市场长期行为的很好的描述。异象消除与机构投资人和异常交易相一致的证据吻合［例如，Cohen、Gompers 和 Vuolteenaho（2002）］，并且随着

---

① 关于此方法的两个警告。首先，预测变量的叉积经常带有粗尾，当小样本属性包含它们的时候可能会导致问题的出现。其次，一些预测指标，特别是价值和动量，具有自然的规模量度（分别是账面市价比率和过去的收益）。投资组合分类通常会忽略这些衡量指标的水平，而仅使用其横截面属性排名对股票进行分类。如果度量的结果在第二个预测变量较高或较低时（例如，在小股票之间）规模度量的分散程度更高，则即使在回归中规模度量具有固定系数的情况下，投资组合排序方法也可以检测到相互作用［Bandarchuk 和 Hilscher（2013）］。

“聪明贝塔”基金的日益流行，允许不成熟的投资人以相对低的成本发掘异常。

一月份规模效应，即一月份小公司的超额收益，提供了一个异象消除的好例子。图 3.9 报告了一月份及所有其他月份小市值股票对整个市场的超额收益率，以 5 年平均来平滑年度变动。图 3.10 对小微市值股票做了同样的研究。之前的分类包含市值中间的 40% 的股票，后面的分类包含底部 30% 的股票（数据来自肯尼思·弗伦奇网站）。图形包含了一条在 1984 年的垂直的虚线，紧随 Keim（1983）和 Reinganum（1983）发表的关于一月份规模效应之后的学术文章。中小市值股票季节性异常的消失和小微市值股票的骤减，在图形里非常明显。

McLean 和 Pontiff（2016）通过在 3 个样本区间比较收益率预测力度：被用于最早期学术研究的区间，公布研究结果后的区间，研究样本之后和公布研究结果日期之间的区间，评估了数据挖掘和异象消失效应

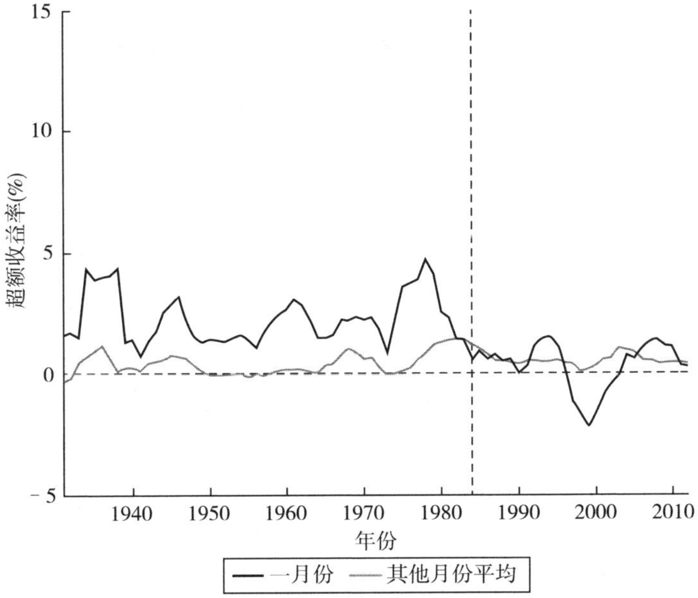

图 3.9　小市值股票 5 年移动平均超额收益率

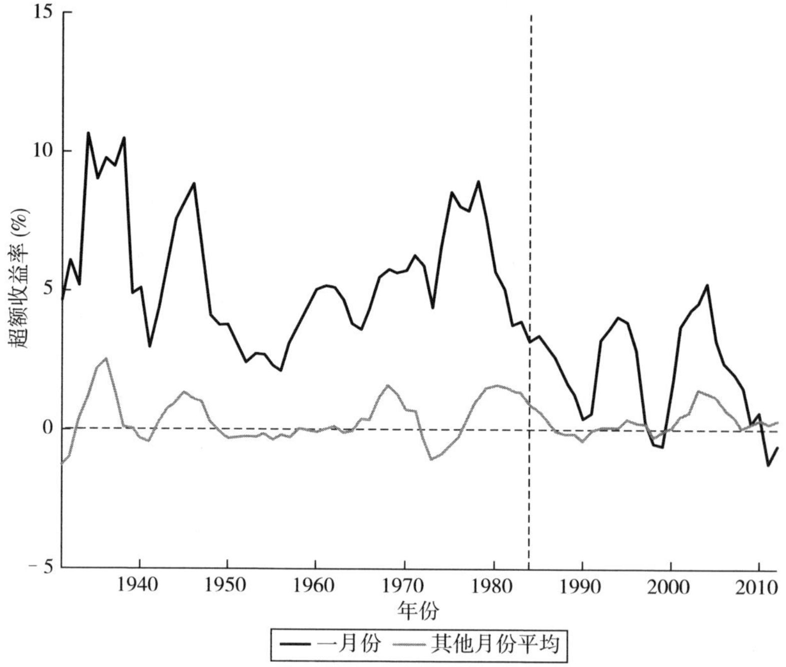

图 3.10　小微市值股票 5 年移动平均超额收益率

的重要性，系统性地横跨许多异象。这个系统的方法很重要，因为任意一个异象的力度，例如一月份规模效应，可能被特殊因素影响，例如 Kang 等人（2015）讨论的资本收益税率和名义利率的降低。McLean 和 Pontiff（2016）发现收益率预测能力在研究样本之后和公布研究结果日期之前的区间里以 10% 的统计显著性降低，并且在公布之后以 35% 的统计显著性降低。另外，在公布之后，学术研究所喜爱的股票有更高的交易量和波动性，并且与其他学术研究喜爱的股票的联动性更高。这些结果使得 McLean 和 Pontiff（2016）强调数据挖掘的异象消除。

罗尔批评。罗尔（Roll，1977）认为 CAPM 检验是有瑕疵的，因为我们不知道真实市场组合的构成，因此我们用一个广义的股票指数作为不完美的代替。对 CAPM 的否定仅仅告诉我们这种代替是不够的。“罗尔批评”可以被看作 CAPM 的有力防御（和对贬低者的批评)，但是它也可以被看作一个对模型本身可怕的批评，因为如果市场组合是不能被观察的，CAPM 就不能被测试，并且不能被认为是一个科学的模型。

经验金融经济学家以几种方式回应了罗尔批评。第一种是思考其他的市场组合代替，并且观察不同代替的结果是如何不同的。把债券加入市场组合看起来没有什么影响［Stambaugh（1982）］，但将人力资本加入市场组合或许会产生更重要的影响，因为相对于资本收入，劳动收入的规模和波动性更大。法马和弗伦奇（1996）非正式地提出了价值效应可以由价值股收益率和人力资本价值之间高的协方差来解释，如果价值股的财政变得困难，并且公司的困境与公司员工的人力资本崩坏有关。① 我们将在第 10 章讨论这项研究。

第二种回应是 Kandel 和 Stambaugh（1987）以及 Shanken（1987）提出的计算真实市场组合和 CAPM 测试统计得出的替代物之间的相关性上限。如果这个上限远远小于 1，那么只有对市场指数收益率极端的错误计量可以用经验测试统计调节 CAPM。

非流动性。一些经济学家接受了 CAPM 的偏离但是贬低其重要性，基于它们集中于流动性差的小股票。从 CAPM 的角度来看，当组合的权重平均分配而非按照价值分配，许多组合有特异性收益是当然的。另外，非流动性本身可能影响股票的必要收益率，要求在 CAPM 这种基于风险的模型可以被测试之前进行非流动性调整。我们将在第 12 章进行更详细地阐述。

条件 CAPM。CAPM 的标准测试假设股票的贝塔和市场风险溢价是持续的。如果这种情况不成立，那么像第 3.2.3 节讨论的，CAPM 会在

---

① Campbell、Hilscher 和 Szilagyi（2008）提出反对意见，指出财务困境的公司相对于 CAPM 具有异常低的收益，而不是异常高的收益。但是，这些公司可能具有很高的特质失败风险，而其他公司则有最高的总体失败风险，因此具有与忽略了市场组合的组成部分的最高贝塔值［George 和 Hwang（2010）］。

每个时间点有条件的成立而不会无条件成立［Hansen 和 Richard（1987）］。模型可以通过使用式（3.41）到式（3.43）的时间序列或者截面回归的常规检测。如果使用截面回归，包含市场本身和状态变量 z_t 测量的市场很重要。这保证了模型能够定价一个随状态变量变换市场暴露的管理组合；同样地，给定市场收益率的时间序列行为，它保证了因子风险价格的截面估计是合理的。

Lettau 和 Ludvigson（2001b）提出了条件资产定价模型作为截面解释，这与第 6 章研究的条件消费 CAPM 种类一起使用特别成功。在 CAPM 背景下，有证据表明当市场风险溢价高的时候，价值股有更高的贝塔，但是这种效应看起来并不足以权威地解释价值溢价［Lewellen 和 Nagel（2006）］。Cederburg 和 O'Doherty（2016）主张特异性的低收益率对高贝塔股票或许可以通过当市场波动性高并且权益溢价低时，高低贝塔股票之间的贝塔差趋向于增加的事实来解释；这产生了波动性择时和权益溢价择时效应，给了高贝塔股票比无条件 CAPM 暗示的更低的收益率，即使它们被条件 CAPM 很好的解释了。

非理论多因子风险模型。在非常弱的条件下，我们应该期望能够找到一种多因子风险模型来描述股票收益率截面。大量文献设法通过经验性的，不添加任何在风险价格上的理论约束来达到这一点。第一个因子几乎总是广义市场指数收益率，因此多因子模型嵌套了 CAPM。问题然后变成了怎样选择更多的充分描述截面的因子。

一种方法是将资产收益率协方差矩阵做成模型。在 20 世纪 80 年代，大量论文使用统计方法（协方差矩阵的因子分析和主成分分析）来找到最重要的共同因子。这种方法已经不受欢迎了，因为它没有提供经济视野，并且趋向于随着测试资产的增加找到越来越多的因子。或者人们可以选择看起来对股票价格有重要共同影响的因子，例如通胀、利率、工业产值的变化［Chen、Roll 和 Ross（1986）］。

法马和弗伦奇（1993）创建了一种有影响力的方法。不同于直接把收益率协方差矩阵做成模型，他们创建了有共同特征的股票组合，这些共同属性被认为与平均收益率相关。套利定价理论的逻辑暗示这种组合对股票收益率协方差矩阵必须是重要的风险因子。最初的法马和弗伦奇（1993）模型有三个因子：整体股票市场对国债的超额收益率（MKT）、小股票对大股票的超额收益率（SMB）、高账面 - 市值比率的价值股对低账面 - 市值比率的成长股超额收益（HML）。接下来加上了其他因子，比如最近表现较好的股票相对于最近表现较差的股票收益率［Carhart（1997），MOM 因子］。这四个因子组合的累计历史收益率绘制如图 3.7 所示。法马 - 弗伦奇 - 卡哈特四因子模型声称所有超额股票收益率被这些组合的贝塔所解释。

如果有与资产一样多的观察因子，具有观察因子和无风险价格的多因子模型勉强适合平均资产收益率截面。当大量测试资产被使用的时候，它们也可能适用，如果这些测试资产有低维因子结构，换句话说，如果它们由少量共震驱使。作为一个特别的相关例子，MKT、SMB 和 HML 的已实现收益，对以规模和账面 - 市值比归类的 25 个组合的已实现收益有高解释力。这意味着任何因子相关，甚至弱相关的多因子模型，连同市场收益率、SMB 和 HML，可以为这 25 个组合的平均收益率提供一个好的界面匹配，即使这个模型不能解释关于法马 - 弗伦奇三因子模型组合的阿尔法。Lewellen、Nagel 和 Shanken（2010）以及 Daniel 和 Titman（2012）强调了这一点，并且主张人们应该使用特征分类和估计公司层面因子暴露分类组合的结合体来测试多因子模型。另外一种回应是对因子风险价格施加理论限制，这是我们现在讨论的方法。

均衡多因子风险模型。即使一个非理论多因子风险模型能够像法马 - 弗伦奇模型或法马 - 弗伦奇 - 卡哈特模型一样提供一个好的股票收益率截面的经验描述，它也不能提供任何股票定价的经济学解释。从更深层次的均衡考量，一个令人满意的经济学解释应该至少得出多因子的风险价格，例如投资人偏好和经济生产可能性。条件 CAPM 是一个多因子模型均衡建立的例子。在本书后面章节我们会讨论最近通过其他方式挑战的研究，通过使用基于消费的方法（第 6 章）、基于生产的方法

（第 7 章），或者跨期的方法（第 9 章）。

另外，人们可能希望从公司的生产技术特征中得到股票的因子载荷。最近，一个关于公司结构模型的研究正试图做这件事。这里面的许多研究跨越了资产定价和公司金融的界限，我们将在第 7 章做一些讨论。

行为金融学。行为金融经济学家相信拥有非理性信念（以及/或者高非标准偏好）的投资人对市场均衡有重要的影响。当理性投资人与非理性投资人交易时，并且当人们可以从理性投资人角度给资产定价时，在行为模型中理性投资人不会购买并持有市场组合，因此没有一个理性购买－持有投资人模型可以定价资产。因此，从行为金融学角度看，CAPM 的逻辑有无可救药的瑕疵。

行为金融学模型并不单纯强调信念的异质性，可能与投资人追随的交易策略限制相结合。我们将在第 10 章和第 11 章讨论这种模型。资产定价可以使用理性投资人的一阶导数，如果人们可以为他们的边际效用找到不需要假设购买并持有的市场组合的经验代理。我们会在第 12 章末尾讨论这种方法。法马（1998）强调，这篇文献面临的一个挑战是调整中期股票价格对基本面的滞后反应证据，正如动量现象和事后漂移所暗示的，和价值效应所暗示的长期对基本面的过度反应证据。

3.4　延伸练习

本章提出了一项非正式练习：解释一下随着基准组合加入更多的正阿尔法外部资产，图 3.4 会产生怎样的变化？明显的答案是资产上更大的基准权重增加了它们基准组合的贝塔，移动到了图 3.4 的右面。这个过程应该继续，直到所有资产落在证券市场线并且没有资产有正的阿尔法。如果投资人能够移动价格，或者如果一个规模化的投资机构追求相同的策略，增加外部资产的权重或许会提高他们的价格并且降低投资人的预期收益率，在这种情况下代表外部资产的点应该也往下移动。

习题 3.1　CAPM 的一些含义

假设夏普 – 林特纳 CAPM 成立，均值 – 方差有效前沿包括国债和市场组合的结合。虽然如此，还是有一些家庭犯了持有包含仅一只或很少股票的非分散组合的错误（这些行为的经验证据将在第 10 章讨论）。

（1）说明任意组合的夏普比率除以市场组合的夏普比率等于这个组合与市场组合的相关性系数。

（2）假设市场是由相同的股票组成的，每只股票具有相同的市值，以及相同的均值和收益率方差，个股间具有相同的相关性系数 $\rho > 0$。思考随着市场上股票数量增加的极限。包含 N 只股票的同等权重组合的夏普比率除以市场组合的夏普比率是什么？说明一下。

习题 3.2　评价比率

思考一个具有多项风险资产和一项无风险资产收益率为 R_f 的无摩擦单区间经济体。用 R_p 标注权衡均值和整个组合收益率方差的参与者的风险组合的收益率，$\theta R_p + (1-\theta) R_f$，其中 θ 表示投资与风险资产的初始财富份额。

假设投资人正在构建他的最优组合，并且有一个在现存资产中是最优的收益率为 R_b 的风险资产组合为备选基准。但是他开始注意一个新的收益率为 R_n 的投资机会（资产），并且希望调整他的组合来利用这个新的机会。

（1）直观地解释为什么使用现存组合的夏普比率的组合调整政策，$SR_b = \mathrm{E}[R_b - R_f]/\sigma_b$，和新投资的夏普比率，$SR_n = \mathrm{E}[R_n -$

$R_f]/\sigma_n$，作为调整工作的充分统计数据并不最优。其中 $\sigma_b^2 = \mathrm{Var}(R_b)$，$\sigma_n^2 = \mathrm{Var}(R_n)$。

（2）w 表示新资产风险组合的最优权重，那么 $R_p - wR_n + (1-w)R_b$。解释为什么参与者选择 w 来最大化风险组合的夏普比率，其中夏普比率 $SR_p = \mathrm{E}[R_p - R_f]/\sigma_p$，$\sigma_p^2 = \mathrm{Var}(R_p)$。证明：

$$w = \frac{\mathrm{E}[R_n - R_f]\sigma_b^2 - \mathrm{E}[R_b - R_f]\sigma_{nb}}{\mathrm{E}[R_n - R_f]\sigma_b^2 + \mathrm{E}[R_b - R_f]\sigma_n^2 - (\mathrm{E}[R_n - R_f] + \mathrm{E}[R_b - R_f])\sigma_{nb}} \tag{3.56}$$

其中，$\sigma_{nb} = \mathrm{Cov}(R_n, R_b)$。

（3）假设投资人相信新投资的收益率由下式给定：

$$R_n - R_f = \alpha + \beta(R_b - R_f) + \varepsilon. \tag{3.57}$$

其中，α 和 β 是常数，ε 有均值为0和方差 σ_ε^2，并且 $\mathrm{E}[\varepsilon R_b] = 0$。

① 证明：

$$w = \frac{\overline{w}}{1 + (1-\beta)\overline{w}}, \quad 其中，\overline{w} \equiv \frac{\alpha/\sigma_\varepsilon^2}{\mathrm{E}[R_b - R_f]/\sigma_b^2}. \tag{3.58}$$

直观地解释为什么 w 与 α 成正比，与 σ_ε^2 成反比。假设 $\alpha > 0$，为什么与 β 成正比？

② 证明：

$$SR_p^2 = SR_b^2 + AR_n^2. \tag{3.59}$$

其中，$AR_n \equiv \alpha/\sigma_\varepsilon$ 是新资产的评估比率［Treynor 和 Black (1973)］。

评估比率与夏普比率的不同点和相同点是什么？为什么之前的业绩衡量抓住了组合因为新的投资而带来的效率改进？为什么公式涉及评估比率的平方？AR_n^2 的公式会使你想起一个统计测试吗？解释一下。

（4）特雷诺和布莱克（1973）模型是一个主动管理组合的经典模型。我们主张组合构建应该由被动基准（市场组合）开始，并且对某种资产（非零阿尔法）有优势信息的投资人应该基于在第（2）题讨论的简单算法总结，调整他们对这些资产（他们组合的主动管理部分）的暴露。这种方法是如何与布莱克和利特曼（1992）组合构建模型相同的？

习题 3.3　套利定价理论

思考一个静止无摩擦经济体，一项无风险资产为净零供给，收益率为 R_f，n 项风险资产收益率为 $R_i, i = 1 \cdots n$。假设风险收益率遵守线性 K 因子模型：

$$R_i = \overline{R}_i + \sum_{k=1}^{K} b_{ik} f_k + \epsilon_i . \tag{3.60}$$

其中，因子和残值是正态分布的，$\overline{R}_i$ 和 b_{ik} 是常数，$\mathrm{Var}(\epsilon_i) = \sigma_i^2$，$\mathrm{Var}(f_i) = 1$，$\mathrm{E}[\epsilon_i] = \mathrm{E}[f_k] = \mathrm{Cov}(\epsilon_i, \epsilon_k) = \mathrm{Cov}(\epsilon_i, f_i) = \mathrm{Cov}(\epsilon_i, f_k) = \mathrm{Cov}(f_i, f_k) = 0$，对所有 i 和 k，$k \neq i$。一个有代表性的投资人为指数效用函数，绝对风险厌恶的相关系数为 A。假设这个投资人的财富 $W = 1$。

对每项资产 i，定义 α_i 到套利定价模型暗示的平均超额收益率的偏离值为：

$$\alpha_i \equiv \overline{R}_i - R_f - \sum_{k=1}^{K} b_{ik} \lambda_k . \tag{3.61}$$

其中，λ_k 是因子 k 的风险价格。证明：

$$\alpha_i = A w_i \sigma_i^2 . \tag{3.62}$$

其中，w_i 是资产 i 在市场组合中的份额。解释一下这个结果。

习题 3.4　截面回归

（1）思考一个股票收益率在常数上的截面回归。证明回归系数是一个组合的收益率。什么组合？

(2) 假设对每一只股票，我们都有一个股票对市场的历史贝塔的衡量。我们在常数上运行一个收益率的截面回归和历史贝塔。证明截距和斜率都是组合收益率。通过陈述组合权重之和，以及组合与市场的历史贝塔来描述每个组合的特征。把这两个组合与第（1）题中的组合联系起来。

(3) 假设 CAPM 有条件成立，并且与市场真实的贝塔是常数。第（2）题中的截距组合的平均超额收益率是多少？我们怎样根据法马－麦克贝思方法计算它的标准误差？

(4) 假设我们发现在截距组合上的历史平均超额收益率比第（3）题的答案高很多。

① 如果与市场的真实贝塔随时间改变，这会构成反对条件 CAPM 的证据吗？解释一下。

② 假设我们相信历史贝塔的衡量是当前和未来贝塔测试的良好指标，并且把以上的发现理解为反对 CAPM 的证据。我们想要建立一个量化对冲基金来挖掘这种错误定价，但是一个潜在的客户反对说我们的利润会被交易成本吃掉。解释为什么这个反对可能是有道理的，我们应该如何使我们的交易策略避免这种顾虑。

习题 3.5　法马－弗伦奇组合

在这个练习中，你被要求从股票市场收益的经验主义文献中发掘一些经典问题。这一练习的数据可以从本书网站[①]的 Excel 表格中找到。为了演示这个分析，我们建议使用 MATLAB 或者类似的允许你自由写代码的软件。

① http://press.princeton.edu/titles/11177.html.

我们思考6种资产：4个法马－弗伦奇组合（小－低，小－高，大－低，大－高）、市场组合，以及30天国债。4个法马－弗伦奇组合是在肯尼思·弗伦奇网站上发现的2×3规模/价值组合的拐角。市场组合是NYSE、AMEX，以及纳斯达克上市的股票的价值权重组合。数据集从1926年7月到2016年6月。

（1）从网站上下载数据。对整个样本和两个子样本：1926年7月到1963年12月和1964年1月到2016年6月做以下练习。

①对每个样本估计样本均值超额收益率矢量和超额收益率协方差矩阵。使用这些估计来计算两个事后估计均值－方差有效集：一个不包含无风险资产的组合，一个包含风险资产的组合。把这两组数据绘制在超额收益率标准差图形的横轴，均值超额收益率在纵轴，并表示4个法马－弗伦奇组合和市场组合各落在哪里。计算切线组合和市场组合的夏普比率。

②绘制每个组合相对贝塔的预期收益率。计算阿尔法并讨论你的结果。

③通过计算GRS测试统计来测试市场组合是均值－方差有效假说。解释你的结果。

（2）最近几年有关于对价值投资的宣传和量化投资策略可能改变价值收益属性的顾虑。这种顾虑的一个变量是价值的超额收益可能会永远消失，因为量化投资人把价值股的价格炒高到有效水平。另外一个变量是价值的超额收益可能变得不稳定，因为资本从价值股中流进流出是对投资人量化价值策略情绪变化的反应。一些人甚至指出这种情绪变化可能造成价值的超额收益显示短期正自相关（“风格动量”）和长期负自相关（“风格转换”）。

①绘制一个小市值股票对小市值成长股（小－高减去小－低，或“小HML”）在1964年1月到2016年6月间一年期移动

平均超额收益率。比较两个子样本的图的行为：1964 年 1 月到 1993 年 12 月和 1994 年 1 月到 2016 年 6 月。

② 对两个子样本的每个样本计算均值、标准差、市场组合超额收益率对国债的夏普比率，以及小 HML 的收益率。

③ 把小 HML 收益率加到季度数据集并在每一个子样本中描绘出它 12 个季度（3 年）的自相关函数。

④ 对于最近几年价值收益的变化，你的研究结果揭示了什么？它们支持以上任何描述的顾虑吗？

第4章 随机折现因子

在本章中，我们用另一种范式重新回顾上一章讨论的许多想法。在 Ross（1978）、Harrison 和 Kreps（1979）、Hansen 和 Richard（1987），以及 Hansen 和 Jagannathan（1991，1997）的文献基础上，和随机折现因子（SDF）相关的现代文献重新修订了基于套利和均衡资产定价理论。这是当代有关课题的学术研究的主流方法。

本章第4.1节在最简单的背景下提出了主要思想，即完全市场的离散状态模型。第4.2节将方法扩展到不完全市场，第4.3节说明如何使用资产收益的属性来推断 SDF 的属性。第4.4节讨论了 Hansen（1982b）的广义矩方法，这是一种广泛用于金融的计量经济学方法，因为它与 SDF 范式密切相关。这些章节假定交易是无成本的，允许逐利的投资者利用和消除套利机会，但第4.5节考虑了限制这种交易的一些成本和实际挑战。本书的最后一章更详细地探讨了交易成本的决定因素。

4.1 完全市场

4.1.1 完全市场下的随机折现因子

考虑一个 S 个状态的简单离散状态模型，$s=1\cdots S$，它们都有严格的正概率 $\pi(s)$。我们假设市场是完全的，也就是说，对于每个状态 s

来说，存在一个或有债权，在状态 s 下支付 1 美元，而在其他状态下不支付任何费用。这种状态或然的主张也被称为阿罗－德布鲁（Arrow-Debreu）证券。我们把状态 s 的或有债权的价格写成 $q(s)$。

我们假设所有或有债权价格都是严格正的。如果情况不是这样，即某些状态的或有债权价格为零或负值，那么就会出现套利机会。因为投资者可以购买该或有债权，不付任何费用，或者甚至在今天获得正的回报，如果明天状态 s 发生，则有一定的可能性获得正的回报，并且在任何未来状态中不可能有小于零的回报。这样的机会对于那些喜欢更多财富的投资者来说是无限的吸引力，因此自然而然地假定这是不存在的。

任何资产，不管它是否是或有债权，都是由在状态 $s=1\cdots S$ 下的依赖于状态的收益 $X(s)$ 决定的。一价定律表明，在每个状态下具有相同收益的两个资产必须具有相同的价格，否则就会有套利机会，即投资者可以买入低价资产并卖出高价资产，在当下获得正的回报，同时在未来的所有状态下保证零回报。一价定律意味着我们有：

$$P(X)=\sum_{s=1}^{S}q(s)X(s). \tag{4.1}$$

我们现在用式（4.1）同时乘以和除以每个状态的概率 $\pi(s)$：

$$P(X)=\sum_{s=1}^{S}\pi(s)\frac{q(s)}{\pi(s)}X(s)=\sum_{s=1}^{S}\pi(s)M(s)X(s)=\mathrm{E}[MX]. \tag{4.2}$$

其中，$M(s)=q(s)/\pi(s)$ 是状态 s 的状态价格与概率的比率，即状态 s 下的 *SDF*。我们关于状态价格为正的假设意味着 $M(s)>0$，所以 SDF 是严格正的。

式（4.2）中最后的等式使用期望的定义作为随机变量的概率加权平均值，将资产价格写为预期的资产收益和 SDF 的乘积。这个等式有时被称为最重要的资产定价基本方程。

为了理解这个等式的重要性，我们现在探索一下它的一系列应用。

4.1.2　无风险资产和风险中性概率

考虑一项在每个状态下收益都为 $X(s)=1$ 的无风险资产。它的价格是：

$$P_f = \sum_{s=1}^{S} q(s) = \mathrm{E}[M]. \tag{4.3}$$

因此无风险利率为：

$$1 + R_f = \frac{1}{P_f} = \frac{1}{\mathrm{E}[M]}. \tag{4.4}$$

这告诉我们平均随机折现因子必须相当接近 1。例如，2% 的实际无风险利率意味着平均随机折现因子为 1 / 1.02≈0.98。

现在定义风险中性概率或伪概率为：

$$\pi^*(s) = (1 + R_f)q(s) = \frac{M(s)}{\mathrm{E}[M]}\pi(s). \tag{4.5}$$

我们有 $\pi^*(s)>0$ 以及 $\sum_s \pi^*(s)=1$，因此 $\pi^*(s)$ 可以被认为是概率。我们可以将资产定价方程式（4.1）或式（4.2）改写为：

$$P(X) = \left(\frac{1}{1+R_f}\right)\sum_{s=1}^{S}\pi^*(s)X(s) = \left(\frac{1}{1+R_f}\right)\mathrm{E}^*[X]. \tag{4.6}$$

任何资产的价格都是对其收益以无风险利率折现的伪预期。

在具有连续状态的模型中，从客观概率到风险中性概率的转换被称为测度变化。使用风险中性概率对资产进行估值是衍生定价模型和连续时间下的金融模型中的标准方法，这两者都不在本书的讨论范围之内。

4.1.3　效用最大化和随机折现因子

现在思考一个初始财富为 W_0，进行最大化时间可分的消费效用的投资者。假设投资者对于状态的主观概率与客观概率 $\pi(s)$ 一致。投资者的最大化问题是：

$$\max u(C_0) + \sum_{s=1}^{S} \beta\pi(s) u(C(s)) \tag{4.7}$$

满足：

$$C_0 + \sum_{s=1}^{S} q(s) C(s) = W_0. \tag{4.8}$$

其中，初始财富 W_0包括未来随机收入的现值，以或有债权价格进行相应估价。

这个问题的一阶条件可以写成：

$$\beta\pi(s) u'(C(s)) = q(s) u'(C_0) \text{ for } s = 1 \ldots S. \tag{4.9}$$

这个式子的左侧是期望效用的边际增加，这是通过在状态 s 下购买多个单位的或然债权而引起的，而右侧是由在零时刻减少 $q(s)$ 单位消费所引起的效用的边际减少，即零时刻或有债权的成本。在最佳状态下，对状态 s 的或有债权进行调整所引起的这两个边际影响必须完全相互抵销。

这些一阶条件意味着：

$$M(s) = \frac{q(s)}{\pi(s)} = \frac{\beta u'(C(s))}{u'(C_0)}. \tag{4.10}$$

SDF 就是明天的边际效用折现到今天的折现比率。SDF 的这种表述是大量基于消费的资产定价文献的引子，我们将在第 6 章中讨论。

4.1.4　增长最优化投资组合和随机折现因子

上述分析在投资者具有对数效用的情况下给出了特别有趣的结果。在这种情况下，$u'(C) = 1 / C$，所以式（4.10）变成：

$$M(s) = \frac{\beta C_0}{C(s)}. \tag{4.11}$$

我们把对数效用投资者所持有的“增长最优化”投资组合在状态 s 的回报写成 $R_{GO}(s)$。对于增长最优组合，像任何其他满足投资者预算约束的投资组合一样，有：

$$1+R_{GO}(s)=\frac{C(s)}{W_0-C_0}. \tag{4.12}$$

因为投资者的或然债权的投资组合在状态 s 下的回报在该状态下被完全消耗，因此投资组合的总成本为 W_0-C_0。

对数效用的投资者的一阶条件［式（4.9）］意味着 $\beta\pi(s)\ C_0\ =q(s)C(s)$。通过状态之间的相加并利用状态概率之和等于 1：

$$\beta C_0=\sum_{s=1}^{S}q(s)C(s)=W_0-C_0. \tag{4.13}$$

其中，第二个等式来自预算约束式（4.8），代入式（4.12），我们有：

$$1+R_{GO}(s)=\frac{C(s)}{\beta C_0}. \tag{4.14}$$

从而式（4.11）可以改写为：

$$M(s)=\frac{1}{1+R_{GO}(s)}. \tag{4.15}$$

式（4.15）表明，在完全市场中，SDF 是增长最优投资组合的总收益的倒数。正如我们将在第 4.2.2 节中讨论的，这种结论可以扩展到不完全市场。

4.1.5　解决投资组合选择问题

完全市场下 SDF 和效用最大化的逻辑也可用于解决投资组合选择问题。重新组合式（4.10），将状态 s 下消费的边际效用放在左侧：

$$u'(C(s))=\frac{M(s)u'(C_0)}{\beta}. \tag{4.16}$$

将该边际效用函数的逆函数应用于该表达式的两侧：

$$C(s)=u'^{-1}\left(\frac{M(s)u'(C_0)}{\beta}\right). \tag{4.17}$$

状态 s 下的消费 C（s）等于状态 s 下投资者购买或有债权的数量。因此，考虑到 SDF 和投资者在 0 时刻的边际效用，可以计算出投资者的资产购买量。然后可以使用预算约束来找出满足可负担的消费和资产购买计划的初始消费水平 C_0。

4.1.6 风险分担最优化

思考两个投资者 j 和 k，假设他们对每个状态出现的概率的看法是相同的。为了简化表示法，我们还假定他们具有相同的时间折现因子 β。那么式（4.10）就意味着：

$$\frac{M(s)}{\beta}=\frac{u_j'(C_j(s))}{u_j'(C_{j0})}=\frac{u_k'(C_k(s))}{u_k'(C_{k0})}. \tag{4.18}$$

下标 j 和 k 分别表示投资者 j 和 k 的效用函数和消费水平。由于这个等式适用于任何状态 s，使得对于任何两个状态 s 和 s^*，有：

$$\frac{u_j'(C_j(s))}{u_j'(C_j(s^*))}=\frac{u_k'(C_k(s))}{u_k'(C_k(s^*))}. \tag{4.19}$$

这些条件描述了最优风险分担的特征，在具有同质信念的完全市场经济中可以满足。最优风险分担要求不同投资者的边际效用完全相关，这是关于个体参与者消费的非常严格的陈述。

在最优风险分担下，经济中消费的分配是帕累托最优的，因为社会规划者将总消费 $\overline{C}(s)$ 分配给两个投资者的最优化问题可以写为：

$$\max \lambda_j \sum_s \pi(s) u_j(C_j(s)) + \lambda_k \sum_s \pi(s) u_k(C_k(s)) \tag{4.20}$$

满足 $C_j(s)+C_k(s)=\overline{C}(s)$，其中 $\boldsymbol{\lambda}_j$ 和 $\boldsymbol{\lambda}_k$ 是投资者 j 和 k 的效用的帕累托权重。社会规划者的一阶条件：

$$\lambda_j u_j'(C_j(s))=\lambda_k u_k'(C_k(s)) \tag{4.21}$$

意味着所有消费者的各个状态之间的边际效用比相同。

实证检验

最优风险分担的初步实证检验假定所有投资者都有一个共同的效用函数（例如，具有相同风险厌恶系数的幂函数效用），使用关于消费的微观经济调查数据计算边际效用，然后检验零假设，即这些投资者的边际效用完全相关。这样的检验将不可避免地拒绝零假设，因为从个体层面的数据计算的相关性总是不完美的。

Cochrane（1991a）和 Mace（1991）提出了最优风险分担的有价值的测试，这些测试允许测量误差和在个人消费中产生噪声的特殊偏好的冲击。在测量误差和特殊偏好冲击与影响家庭收入的特质事件不相关的假设下，零假设是由测量消费计算出的个体边际效用的增长率在横截面层面上与这些事件不相关。利用收入动态的面板研究（PSID）的数据，Cochrane 不能拒绝某些事件的零假设，但是拒绝了关于长期疾病和非自愿失业的假设。

Townsend（1994）的一项著名研究使用了类似的方法来研究印度几个村庄的风险分担，并发现特殊事件对消费只有有限的影响。在这个研究的基础上，Ogaki 和 Zhang（2001）认为，贫困农村家庭的相对风险厌恶程度正在下降，他们使用具有正的最低生活水平的幂效用函数进行建模，并且假定村庄内风险分担接近完美。当然，在少数本地人群中的风险分担可能比大型经济体中的风险分担更容易实现。

证据表明风险分担是不完美的，这激发了大量文献对风险分担的障碍进行建模，我们将在第 11 章进行回顾。

4.1.7　代表性主体的存在

最优风险分担的条件，式（4.19）确保所有参与者在各个状态之间具有相同的边际效用排序。随着边际效用下降，这意味着它们在各状态之间的消费顺序都相同。在不失一般性的情况下，我们可以对所有参与者 j 给状态编号如下：

$$C_j(1) \leqslant C_j(2) \leqslant \ \dots \leqslant C_j(S). \tag{4.22}$$

定义在状态 s 下的累计消费，$\overline{C}(s) = \sum_j C_j(s)$，从而有：

$$\overline{C}(1) \leqslant \overline{C}(2) \leqslant \ldots \leqslant \overline{C}(S) \ . \tag{4.23}$$

同时，有：

$$M(1) \geqslant M(2) \geqslant \ldots \geqslant M(S) \; . \tag{4.24}$$

现在我们找到一个函数 $g(\overline{C}(s))$ 在任意状态 s 和 s^* 下满足：

$$\frac{g(\overline{C}(s))}{g(\overline{C}(s^*))} = \frac{M(s)}{M(s^*)}. \tag{4.25}$$

上述的排序条件确保上式在 $g > 0$ 和 $g' \leqslant 0$ 的条件下总是可能的。因为各个状态间 $g(\overline{C}(s))$ 的比率等于状态间 SDF 的比率，$g(\overline{C}(s))$ 可以理解为“综合消费者”或“代表性主体”的边际效用，它们消费了总消费并拥有市场组合的所有财富。

最后，我们整合得出函数 $v(\overline{C}(s))$，从而：

$$v'(\overline{C}(s)) = g(\overline{C}(s)). \tag{4.26}$$

函数 $v(.)$ 是代表性主体的效用函数。

这种观点表明，在完全市场下，市场组合是有效的（均值 - 方差有效性概念的概括）。也就是说，存在一些凹的效用函数，会诱导参与者持有市场投资组合。在一般情况下，在不完全市场下不成立［Ingersoll (1987)］。

上述结论在几个重要方面受到限制［Constantinides (1982)，Guvenen (2011)］。它没有告诉我们代表性主体的效用函数的形式。一般来说，这种效用函数不会与单个参与者的效用函数具有相同的形式，所以它有时被称为“混血种”，因为混血种（杂交）狗与它们的父母并不相似。只有在易于处理的特殊情况下（例如，具有名义风险的 CARA），我们才能得到与单个参与者效用函数同类的代表性主体的效用函数。

此外，具有完全市场的经济体通常不满足“需求加总”的条件。任意参与者之间的财富再分配都会改变综合消费者的效用函数，消费总需求和资产一般取决于财富在经济中的的整体分配，而不仅仅是财富的总体水平。即使在固定的财富分配下，代表性主体的需求也只能等于均衡价格下的总需求；他的需求计划表不需要与总需求函数相一致。因此，完全市场本身并不意味着存在 Mas-Colell、Whinston 和 Green (1995) 所定义的具有代表性的消费者。

4.1.8　异质信念

到目前为止，我们假设所有投资者都对各个状态概率的分配是一致的。如果情况并非如此，会发生什么？

回想一下投资者 j 的最大化问题：

$$\max u(C_{j0}) + \sum_{s=1}^{S} \beta \pi_j(s) u(C_j(s)) \tag{4.27}$$

满足：

$$C_{j0} + \sum_{s=1}^{S} q(s) C_j(s) = W_{j0}. \tag{4.28}$$

我们允许投资者之间的主观概率 $\pi_j(s)$ 不同，但状态价格 $q(s)$ 由市场给出。为简单起见，突出不同信念的影响，在本节的其余部分，我们假设所有投资者都有相同的效用函数。

这个优化问题的一阶条件是：

$$\beta \pi_j(s) u'(C_j(s)) = q(s) u'(C_{j0}) \text{ for } s = 1 \ldots S. \tag{4.29}$$

因此，对任意状态 s 和投资者 j：

$$q(s) = \frac{\beta \pi_j(s) u'(C_j(s))}{u'(C_{j0})}. \tag{4.30}$$

状态价格与投资者的状态的主观概率和投资者在该状态下的边际效用的乘积有关。换句话说，使用萨缪尔森（1969）文献中的术语，它是一个复合“实用概率”。

类似的观察也应用于 SDF，即状态价格与客观概率的比率为：

$$M(s) = \frac{q(s)}{\pi(s)} = \left(\frac{\pi_j(s)}{\pi(s)}\right)\left(\frac{\beta u'(C_j(s))}{u'(C_{j0})}\right). \tag{4.31}$$

SDF 在各个状态下的波动可能与投资者 j 的主观概率从客观概率偏差的波动或各个状态间边际效用的波动相对应。通常的假设是，投资者具有的相同信念排除了第一种可能性。

对任意两个状态 s、s^*，以及两个投资者 j、k：

$$\frac{q(s)}{q(s^*)}=\frac{\pi_j(s)u'(C_j(s))}{\pi_j(s^*)u'(C_j(s^*))}=\frac{\pi_k(s)u'(C_k(s))}{\pi_k(s^*)u'(C_k(s^*))}. \tag{4.32}$$

这个等式告诉我们，在一个状态下边际效用特别低的投资者是给这个状态分配最高可能性的投资者。这些投资者认为该状态的财富相对便宜，并购买了大量财富。因此，富有（高消费）的人是那些认为这种状态发生概率较大的人。有人可能会把这个结果形容为“如果你很富有，你必须很聪明”（从为可能发生的状态分配高概率的意义上说），尽管也有可能“如果你是富有的，你一定是幸运的”（对发生的状态分配的概率很高，即使这不太可能）。

按照本节的假设，即所有投资者都有相同的效用函数，对上述结果做了简化。如果情况并非如此，则边际效用以及主观概率和消费水平在式（4.32）中必须具有投资者特定的下标。在一般情况下，投资者在总消费低的状态下可能会有相对较高的消费，因为他们的风险厌恶程度高于平均水平，并且已经从更多的风险容忍型的投资者那里购买保险。我们将在第 11 章回过头来谈金融市场交易的风险分担函数。

4.2 不完全市场

如果是不完全市场呢？SDF 不再是唯一的，但在非常微弱的情况下，存在一个正的 SDF 可以对所有金融资产进行定价。依据 Duffie（2001）和 Cochrane（2005）的论述，我们提出了这些论点。为了简单起见，我们继续假设离散状态空间，尽管参数可以扩展到连续状态空间。我们分两步进行，首先展示如何构建满足资产定价基本公式的资产收益的线性组合，但可能是正的，也可能不是正的，其次讨论正的 SDF 存在的条件。

4.2.1　在收益空间构建 SDF

我们继续观察一组资产收益 X 和价格 P。我们将所有观察到的（交易）收益，即“收益空间”的集合写为Ξ。我们做两个假设。

假设 1（组合构建）　对任意实数 a、b，满足 $X_1, X_2 \in \Xi \Longrightarrow aX_1 + bX_2 \in \Xi$。这就是说，通过持有适当的资产组合可以实现资产收益在收益空间中的任何线性组合。由于 a 和 b 可能是负数，所以我们允许卖空资产。

假设 2（一价定律）　$P(aX_1 + bX_2) = aP(X_1) + bP(X_2)$。这就是说，资产线性组合的价格必须等于这些资产的价格的相同线性组合。正如第 4.1.1 节中关于完全市场的特例所讨论的，如果不是这样，那么将会有两种投资策略具有相同的收益但有不同的价格。这将使投资者能够以便宜的策略买入，并以昂贵的策略卖出，在当日获得成本差，同时在未来所有状态和时间的现金流量为零。

在这两个假设下，可以证明，对收益空间中的所有 X 都具有唯一的收益 X^*，满足 $P(X) = E(X^*X)$。因此，收益 X^* 满足式（4.2），这就是资产定价基本方程，它是 SDF 的两个关键属性之一。我们将在下一节讨论其他资产，以及 SDF 大于零的条件。根据文献，在略微宽泛的使用术语的情况下，我们可以将任何满足资产定价基本方程的随机变量都称为 SDF，无论它是否为正。

证明过程如下。存在 S 个离散状态和 N 个基准收益 $X_1 \cdots X_N$，其中 $N < S$，因此市场是不完全市场。我们可以将这组基准收益表示为随机变量 X_1 到 X_N 的列向量 $\mathbb{X}$，即 $\mathbb{X} = [X_1 \cdots X_N]'$。令 $\mathbb{P} = [P(X_1) \cdots P(X_N)]' \in \mathbb{R}^N$ 表示基准收益价格的列向量。利用假设 1，我们可以写出一组可交易的收益为$\Xi = \{\mathbb{X}'c : c \in \mathbb{R}^N\}$。我们想要构造一个可交易的收益 $X^* = \mathbb{X}'c^* \in \Xi$，它可以作为一个有效的随机折现因子。按照一价定律，当且仅当 X^* 价格为基准收益时，这才是有效的。也就是说，我们需要：

$$\mathbb{P} = \mathrm{E}[\mathbb{X}X^*] = \mathrm{E}[\mathbb{X}\mathbb{X}'c^*]. \tag{4.33}$$

从而有：

$$c^* = \mathrm{E}[\mathbb{X}\mathbb{X}']^{-1}\mathbb{P} \tag{4.34}$$

$$X^* = \mathbb{X}'\mathrm{E}[\mathbb{X}\mathbb{X}']^{-1}\mathbb{P}. \tag{4.35}$$

X^* 存在且是唯一的，前提是 $\mathrm{E}[\mathbb{X}\mathbb{X}']$ 是非奇异矩阵。这样我们可以根据给定一组资产的收益和价格得出相应的 SDF。尽管这是利用非中心化的二次矩阵的收益，但直接减去平均值并除以协方差矩阵来重写上述方程是很直观的。当我们讨论 Hansen-Jagannathan 的 SDF 的波动率界限时，我们采用下面的替代方法。

理解只有资产收益线性组合的 SDF 是唯一的是很重要的。可能存在许多其他形式的 SDF，$M = X^* + \epsilon$，其中$\mathrm{E}[\mathbb{X}\epsilon] = \mathrm{E}[\mathbb{X}(M - X^*)] = 0$。无风险资产交易时，一定有比 X^* 更高的方差，正如下文对 SDF 的波动范围内进一步的讨论。同样，X^* 是每个 SDF 在可交易收益空间上的映射。因此，它可以被认为是最好的拟合每个 SDF 行为的可用资产的组合。

4.2.2 正的 SDF 的存在条件

式（4.35）得出了一个 SDF，但它不能确保这个 SDF 是正的。我们现在证明，在略强（但仍然非常弱）的条件下，在不完全市场中存在一个正的 SDF。

定义：无套利。如果对所有 $X \in \Xi$ 且 $X \geqslant 0$ 都有 $P(X) \geqslant 0$，以及对所有 $X \in \Xi$ 且 $X \geqslant 0$ 都有 $P(X) > 0$，同时 $X > 0$ 的概率为正，则支付空间和定价函数 $P(X)$ 不存在套利。①

这是一个比前文给出的假设 2 中的一价定律更强的条件。为了弄清楚为什么，思考一个具有（完全或不完全）或然状态债权或阿罗 - 德布鲁证券的经济体，其中一个价格为负。这个经济体并没有违反一价定律，但

① 这个定义遵循 Duffie（2001）。Cochrane（2005）用了一个稍微较弱的定义，不满足一价定律。

它违反了无套利假设，因为通过购买负的阿罗－德布鲁证券，投资者得到的回报永远是非负的，并且具有正的概率是大于零的，然而在今天投资者支付的价格为负。所有偏好更多财富的投资者对这样的投资机会都有无限需求。因此现实世界的经济没有套利的假设是很自然的。

可以证明，对于一些随机折现因子 M，无套利等价于条件 $P = E(MX)$ 和 $M(s) > 0$。这依赖于以下两个定理。

定理1：$P = E(MX), M(s) > 0 \Rightarrow$ 无套利。

证明：考虑任意满足 $X \in \Xi$ 且 $X \geqslant 0$ 的 X。那么 $P(X) = \sum_s \pi(s) M(s) X(s) \geqslant 0$，因为式子中的所有项都是非负的。现在考虑任意满足 $X \in \Xi$ 且 $X \geqslant 0$ 的 X，同时 $X > 0$ 的概率为正。那么 $P(X) > 0$，因为所有状态下 $\pi(s)$ 和 $M(s)$ 都是严格大于零的，并且至少存在一个状态使得 $X(s) > 0$。这意味着不存在套利空间。

定理2：无套利 $\Rightarrow \exists M$，使得 $P = E(MX), M(s) > 0$。

证明：在离散状态的框架下，证明存在一个严格正的SDF等价于证明存在一个严格正的状态价格向量，即向量 $q \in \mathbb{R}^s_{++}$ 使得对所有 $X \in \Xi$ 有 $P(X) = q'X$。由上文可知 $q(s) = \pi(s)M(s)$，且对所有 s，$\pi(s)$ 严格为正。

定义 $Z \equiv \{(-P(X), X): X \in \Xi\}$ 为 $\mathbb{R} \times \mathbb{R}^s$ 的一个线性子空间。定义 $C \equiv \mathbb{R}_+ \times \mathbb{R}^s_+$ 为 $\mathbb{R} \times \mathbb{R}^s$ 中的非负向量的子集。然后，我们可以将无套利的要求转换为子空间 Z 和 C 的交集仅包含零向量：$Z \cap C = \{\overrightarrow{0}\}$。通过应用分离超平面定理，利用 Z 和 C 是 $\mathbb{R} \times \mathbb{R}^s$ 的封闭凸子集，以及 Z 是线性子空间的条件，我们知道存在非零线性函数 $F: \mathbb{R} \times \mathbb{R}^s \to \mathbb{R}$，对任意 $(a, b) \in Z$，满足 $F(a, b) = 0$；对任意 $(a, b) \in C \setminus \{\overrightarrow{0}\}$，满足 $F(a, b) > 0$。非负向量的子集排除了零向量。由于任何线性函数可以表示为向量的内积，函数 F 意味着存在一个严格正的列向量 $q \in \mathbb{R}^s_{++}$ 使得 $F(a, b) = a +$

$q'b$。最后，由于对所有 $X \in \Xi$，$F(-P(X),X)=0$，我们有对所有 $X \in \Xi$，$P(X)=q'X$，证毕。

证明中的关键步骤是构造一个线性函数 F，用一个严格正向量 $(1,q)$ 表示，它可以通过 $F(-P(X),X)=0$ 或者 $P(X)=q'X$ 给 $\mathbb{R}^s$ 中的任何收益 X 定价，而不仅仅是集合中可交易的收益。换句话说，这个定理告诉我们，只要观察到的（交易的）资产的集合中没有套利，我们总能找到可以产生我们观察到的资产价格的无套利的完全市场经济（一般来说，许多这样的经济体，每一个对应于每个可能的严格正的状态价格向量）。

理解这个定理的另一种方法是回想一下这样的结果，即增长最优投资组合的总收益的倒数等于完全市场环境中的唯一的 SDF。即使在不完全市场环境下，SDF 不再是唯一的，这种回报的倒数也满足资产定价基本方程 $P=E(MX)$。如果没有套利，并且至少有一种资产的可能最低总收益是严格正值，那么对数效用的投资组合选择问题就有一个明确的解决方案——增长最优投资组合——有严格正的总回报，并且其倒数满足定理中 SDF 的条件。①

一个重要的警告是，在市场不完善的情况下，还存在许多满足资产定价基本方程的 SDF，但并不总是正的。特别是在式（4.35）中构造的收益空间的唯一的 SDF，X^* 不需要是正数。当市场不完全时，增长最优组合的总收益的倒数一般不能写成资产收益的线性函数。

4.3 SDF 的性质

4.3.1 风险溢价和 SDF

在这一节中，我们调整了两期离散状态模型的符号，以便朝着金融

① Long（1990）用增长最优投资组合中的“计价投资组合”发展了这个论点，他强调，如果这些回报以计价投资组合为单位计算，则所有资产的预期净回报为零。

实证研究的方向发展。我们使用下标 t 来确定资产价格的初始日期，下标 $t+1$ 用于实现资产回报的下一个时期。这可以很容易地嵌入多期模型中，在这种情况下，回报就是下一期的价格加上股息。我们添加下标 i 来表示资产。那么资产定价基本方程可写为：

$$P_{it} = \mathrm{E}_t[M_{t+1}X_{i,t+1}] = \mathrm{E}_t[M_{t+1}]\mathrm{E}_t[X_{i,t+1}] + \mathrm{Cov}_t(M_{t+1}, X_{i,t+1}). \tag{4.36}$$

其中，均值和协方差上的下标 t 表示这些是在时间 t 的概率计算的条件矩。资产在时间 t 的价格包含在时间 t 的信息集中，因此不需要对这个变量进行条件期望。由于 SDF 的条件均值是式（4.4）中总的无风险利率的倒数，因此式（4.36）表示任何资产的价格都是其预期收益以无风险利率折现，再加上 SDF 和收益的协方差的修正。

对于价格为正的资产，我们可以在等式两边除以 P_{it}，并利用 $(1+R_{i,t+1}) = X_{i,t+1}/P_{it}$ 得到：

$$\begin{aligned} 1 &= \mathrm{E}_t[M_{t+1}(1+R_{i,t+1})] \\ &= \mathrm{E}_t[M_{t+1}]\mathrm{E}_t[1+R_{i,t+1}] + \mathrm{Cov}_t(M_{t+1}, R_{i,t+1}). \end{aligned} \tag{4.37}$$

重新整理并利用无风险利率和 SDF 条件均值之间的关系：

$$\mathrm{E}_t[1+R_{i,t+1}] = (1+R_{f,t+1})(1-\mathrm{Cov}_t(M_{t+1}, R_{i,t+1})). \tag{4.38}$$

这就是说，任何资产的预期收益都是无风险收益乘以 SDF 和收益的协方差的调整因子。

两边同时减去总的无风险利率，风险溢价就是总的无风险利率乘以 SDF 与超额收益的协方差：

$$\mathrm{E}_t[R_{i,t+1} - R_{f,t+1}] = -(1+R_{f,t+1})\mathrm{Cov}_t(M_{t+1}, R_{i,t+1} - R_{f,t+1}). \tag{4.39}$$

我们可以将这个等式改写为：

$$\mathrm{E}_t[R_{i,t+1} - R_{f,t+1}] = \beta_{iMt}\lambda_{Mt}. \tag{4.40}$$

其中，$\beta_{iMt} \equiv \mathrm{Cov}_t(M_{t+1}, R_{i,t+1})/\mathrm{Var}_t(M_{t+1})$ 是资产 i 的回报在 SDF 上的回归系数，$\lambda_{Mt} \equiv -(1+R_{f,t+1})\mathrm{Var}_t(M_{t+1})$。因此，回报总是服从以 SDF 作为单一要素的线性要素定价模型。λ_{Mt}，即第 3.2.2 节中所述风险或 SDF 的要素风险溢价的价格，等于 SDF 的条件方差乘以总的无风险利率。

有时使用这些方程的对数形式较为方便，假设资产收益率和 SDF 联合对数正态分布［Hansen 和 Singleton（1983）］。取式（4.37）的对数，并使用对数正态随机变量的条件均值公式，我们有：

$$0=\mathrm{E}_t m_{t+1}+\mathrm{E}_t r_{i,t+1}+\frac{\sigma_{mt}^2}{2}+\frac{\sigma_{it}^2}{2}+\sigma_{imt}. \tag{4.41}$$

其中，$m_{t+1}\equiv\log(M_{t+1})$，$r_{i,t+1}\equiv\log(1+R_{i,t+1})$，$\sigma_{mt}^2\equiv\mathrm{Var}_t(m_{t+1})$，$\sigma_{it}^2\equiv\mathrm{Var}_t(r_{i,t+1})$，$\sigma_{imt}\equiv\mathrm{Cov}_t(r_{i,t+1},m_{t+1})$。为了简单起见，我们省略期望运算符后面的括号，但这不会导致符号中的含糊不清。

无风险资产的回报的方差以及其与对数 SDF 的协方差为零，因此无风险利率满足：

$$r_{f,t+1}=-\mathrm{E}_t m_{t+1}-\sigma_{mt}^2/2. \tag{4.42}$$

其他资产的对数风险溢价，根据詹森不等式加上 1.5 倍资产对数回报的方差调整为：

$$\mathrm{E}_t r_{i,t+1}-r_{f,t+1}+\sigma_i^2/2=-\sigma_{imt}. \tag{4.43}$$

负的资产对数回报与对数 SDF 之间协方差。在这个等式中，我们不再需要像式（4.39）中那样除以 SDF 的均值（乘以总的无风险利率），因为这里的协方差与对数 SDF 有关，所以它是一个比例而非绝对协方差。在跨期均衡模型中，例如幂效用的代表性主体模型，这些对数方程通常更容易处理。

4.3.2 波动范围

资产定价模型对 SDF 的行为有可检验的约束。然而，在考虑特定模型之前，可以使用观察到的资产收益的特性来表征 SDF。一种常用的方法是从资产市场观察到的风险溢价中推导 SDF 波动的下限。在本节中，我们考虑一系列这样的下界。

风险资产和无风险资产的简单波动范围

我们可以使用 SDF 和任何超额收益之间的相关系数必须大于 -1 的关系来获得 SDF 波动率的下限。我们有：

$$
\begin{aligned}
\mathrm{E}_t[R_{i,t+1}-R_{f,t+1}] &= \frac{-\mathrm{Cov}_t(M_{t+1},R_{i,t+1}-R_{f,t+1})}{\mathrm{E}_t[M_{t+1}]} \\
&= \frac{-\mathrm{Corr}_t(M_{t+1},R_{i,t+1}-R_{f,t+1})\sigma_t(M_{t+1})\sigma_t(R_{i,t+1}-R_{f,t+1})}{\mathrm{E}_t[M_{t+1}]} \\
&\leqslant \frac{\sigma_t(M_{t+1})\sigma_t(R_{i,t+1}-R_{f,t+1})}{\mathrm{E}_t[M_{t+1}]}.
\end{aligned} \tag{4.44}
$$

重组上式，可得：

$$
\frac{\sigma_t(M_{t+1})}{\mathrm{E}_t[M_{t+1}]} \geqslant \frac{\mathrm{E}_t[R_{i,t+1}-R_{f,t+1}]}{\sigma_t(R_{i,t+1}-R_{f,t+1})}. \tag{4.45}
$$

资产 i 的夏普比率约束了随机折现因子相对于平均值的波动率的下界。通过找到夏普比率最高的风险资产或资产组合来得到最严格的下限。这种一般类型的界限（尽管不是这里所述的确切界限）首先由 Shiller（1982）和 Hansen（1982a）推导得来。习题 4.2 要求在资产定价模型中的候选 SDF 给单一风险资产错误的定价的情况下，推导出相关的波动率界限。

风险资产和无风险资产的对数波动范围

在对数正态分布下，对数的波动率界限更加简单。因为 $\sigma_{imt} \leqslant \sigma_{it}\sigma_{mt}$，式（4.43）表明：

$$
\sigma_{mt} \geqslant \frac{\mathrm{E}_t r_{i,t+1} - r_{f,t+1} + \sigma_i^2/2}{\sigma_{it}}. \tag{4.46}
$$

对于 20 世纪的美国股市来说，右边的比率在 0.33～0.5 范围内，这意味着 SDF 的标准差很大。回想一下，SDF 的平均值必须接近于 1 且 SDF 总是正数，因此波动率为 0.33～0.5 意味着零的下限仅比平均值低 2 或 3 个标准差。令人惊讶的是，边际效用一年内变化如此之大，这意味着人们对于额外消费几乎没有价值的国家具有相当大的概率权重。这是理解 Mehra 和 Prescott（1985）著名的股权溢价之谜的最普遍的方法，我们将在第 6 章做进一步讨论。

风险资产的简单波动范围

Hansen 和 Jagannathan（HJ，1991）在即使没有无风险资产确定 SDF 平均值的情况下，根据观察到的资产收益推导出任何有效 SDF 的前两阶矩的警戒线。他们在 SDF 均值 - 标准差空间中推导了一个前沿，与风险资产收益率的均值 - 标准差前沿密切相关。

我们回到第 4. 2. 1 节的双期框架。基准收益向量 X 中有 N 项风险资产，没有无风险资产。HJ 分析的出发点是将 SDF 的均值 $\overline{M}$ 作为未知参数，对于每个可能的 $\overline{M}$ 值，在基础资产的集合中加入假设的无风险回报，其回报等于 $1/\overline{M}$。每一个这些"扩张的"经济体都有基本收益向量 $\mathbb{X}_{\overline{M}} = [1/\overline{M}, \mathbb{X}']'$ 和相应的价格 $\mathbb{P}_{\overline{M}} = [1, \mathbb{P}']'$。

位于扩张的收益空间 $M^*(\overline{M})$ 的 SDF 是常数（无风险收益）和风险收益的线性组合。既然它必须有均值 $\overline{M}$，我们可以把它写成：

$$M^*(\overline{M}) = \overline{M} + (\mathbb{X} - \mathrm{E}[\mathbb{X}])'\beta_{\overline{M}}. \tag{4.47}$$

为了尽可能地简化符号以免混淆，我们将 SDF 简写为 M^*。请注意，因为 M^* 可以正确给这些资产定价，它是仅有风险资产的原始经济体的有效 SDF。还要注意，这里的 M^* 与式（4. 35）中的 X^* 不同，式（4. 35）中的 SDF 位于原始经济的收益空间。

由于 M^* 必须正确给风险收益定价，我们有：

$$\mathbb{P} = \mathrm{E}[\mathbb{X}M^*] = \mathrm{E}[\mathbb{X}]\overline{M} + \mathrm{Cov}(\mathbb{X}, M^*) = \mathrm{E}[\mathbb{X}]\overline{M} + \Sigma\beta_{\overline{M}}. \tag{4.48}$$

其中，$\Sigma \equiv Var$（X）。我们可以用它求解系数向量 $\beta_{\overline{M}}$ 和 M^* 的方差：

$$\beta_{\overline{M}} = \Sigma^{-1}(\mathbb{P} - \mathrm{E}[\mathbb{X}]\overline{M}). \tag{4.49}$$

$$\sigma^2(M^*) = \beta'_{\overline{M}}\Sigma\beta_{\overline{M}} = (\mathbb{P} - \mathrm{E}[\mathbb{X}]\overline{M})'\Sigma^{-1}(\mathbb{P} - \mathrm{E}[\mathbb{X}]\overline{M}). \tag{4.50}$$

M^* 的方差给出了具有相同均值的任何其他 SDF 的方差的下限。要看到这一点，请注意任何这样的 SDF，$M(\overline{M})$ 都可以写成：

$$M(\overline{M}) = M^*(\overline{M}) + \varepsilon. \tag{4.51}$$

其中，$E[\varepsilon]=0$，因此 $M(\overline{M})$ 有相同的均值 $\overline{M}$；$E[\mathbb{X}_\varepsilon]=0$，从而 $M(\overline{M})$ 满足资产定价基本方程。这意味着 $\mathrm{Cov}(\mathbb{X},\varepsilon)=0$，从而 $\mathrm{Cov}(M^*(\overline{M}),\varepsilon)=0$。所以：

$$\begin{aligned}\sigma^2(M(\overline{M}))&=\sigma^2(M^*(\overline{M}))+\sigma^2(\varepsilon)\\&\geqslant\sigma^2(M^*(\overline{M})).\end{aligned}\tag{4.52}$$

同样：

$$\frac{\sigma(M(\overline{M}))}{E[M(\overline{M})]}\geqslant\frac{\sigma(M^*(\overline{M}))}{\overline{M}}.\tag{4.53}$$

$\overline{M}$ 的所有可能值组成的 $(\overline{M},\sigma(M^*(\overline{M})))$ 构成了 HJ 前沿，即 SDF 均值和相应的最小 SDF 波动率的组合的集合。

HJ 前沿的几何特征

为了理解 SDF 前沿与资产收益率均值－标准差前沿之间的联系，我们可以使用式（4.53）和资产收益率的均值－标准差图的几何特征来重新得到波动率界限式（4.45）。图 4.1 的上图绘制了对于特定的 $\overline{M}$ 值，风险资产收益前沿以及扩张的收益空间的回报前沿。回顾第2章，无风险资产的经济体的前沿由两条与水平轴平行的轴对称的直线组成。其中一条线与风险资产前沿在某一点处相切，切点处投资组合回报为 $1+R_q$。

将扩张的经济的基准收益定义为 M^* 的回报，SDF 也是一个回报：

$$1+R^*(\overline{M})\equiv\frac{M^*(\overline{M})}{P(M^*(\overline{M}))}=\frac{M^*(\overline{M})}{E[(M^*(\overline{M}))^2]}.\tag{4.54}$$

这一定义意味着：

$$\frac{\sigma(1+R^*(\overline{M}))}{E[1+R^*(\overline{M})]}=\frac{\sigma(M^*(\overline{M}))}{\overline{M}}.\tag{4.55}$$

习题 4.3 要求推导 Hansen 和 Richard（1987）的收益正交分解，这意味着基准收益是具有最小（非中心）二阶矩的交易收益。由于 $E[(1+R)^2]=\sigma^2(1+R)+(E[1+R])^2$（使用毕达哥拉斯定理），所以回报的均值－标准差空间中，回报的二阶矩由距离原点的距离的平方给出。因此，$1+R^*$ 位于以原点为中心的圆与扩张的收益空间的下前沿的切点，如图4.1的上图所示。由此可见，连接原点与基准收益的直线与前沿的下半部分垂直。利用两条相互垂直的线的斜率的乘积等于－1并且前沿的下半部分的斜率等于负的切点投资组合的夏普比率的绝对值，这是在有无风险资产的扩张的经济中可获得的最大夏普比率，我们有：

$$\frac{\sigma(1+R^*(\overline{M}))}{\mathrm{E}[1+R^*(\overline{M})]}=\left|\frac{\mathrm{E}[1+R_q-1/\overline{M}]}{\sigma(1+R_q)}\right|. \tag{4.56}$$

结合式（4.55）和式（4.56），并利用式（4.53），我们对给定的 $\overline{M}$ 重新推导出式（4.45）。

在图4.1下图所示的以SDF均值为x轴和以SDF标准差为y轴的均值－标准差图（HJ波动率界限分析使用的坐标）中，连接原点与SDF前沿上 $\overline{M}$ 的直线的斜率等于回报前沿上半部分的夏普比率。随着 $\overline{M}$ 沿风险资产前沿的双曲线下降（即 $1/\overline{M}$ 增加），夏普比率下降。当无风险利率等于全局最小方差风险资产组合的平均收益率时，有最小的夏普比率，所以HJ前沿在这个收益附近达到最小值。当 $1/\overline{M}$ 超过全局最小方差组合的平均收益时，切点组合位于风险资产前沿的较低部分。然而，扩张的收益空间中最大可达到的夏普比率仍然由V形前沿上半部分的斜率给出，式（4.56）仍然成立。因此，$1/\overline{M}$ 增加到超过最小方差风险组合的平均收益时，相应的夏普比率又开始增加。这就是为什么具有给定斜率的SDF图形的原点的线与SDF前沿线有两个交点。

我们可以用代数的方法来证明风险资产收益前沿与SDF前沿的对偶性。假设收益以回报形式给出，$\mathbb{X}=\iota+R,\mathbb{P}=\iota$。然后式（4.50）可以写成：

$$\sigma^2(M^*) = (\iota - (\iota + \overline{R})\overline{M})'\Sigma^{-1}(\iota - (\iota + \overline{R})\overline{M})$$
$$= \overline{M}^2(\iota + \overline{R})'\Sigma^{-1}(\iota + \overline{R}) - 2\overline{M}\iota'\Sigma^{-1}(\iota + \overline{R}) + \iota'\Sigma^{-1}\iota$$
$$= A\overline{M}^2 - 2B\overline{M} + C. \tag{4.57}$$

其中，$A = (\iota + \overline{R})'\Sigma^{-1}(\iota + \overline{R})$，$B = \iota'\Sigma^{-1}(\iota + \overline{R})$，$C = \iota'\Sigma_{\iota}^{-1}$。比较式（4.57）和第 2 章中给出的位于风险资产收益前沿的任何收益 p 的均值和方差之间的代数关系式（2.47）：

$$D\sigma_p^2 = A - 2B\overline{R}_p + C\overline{R}_p^2.$$

其中，常数 A、B 和 C 与式（4.57）中相同，且 $D = AC - B^2$。[①]

HJ 前沿通常用于快速检查资产定价的参数模型适合资产收益属性的能力。可以根据模型的不同参数值计算 SDF 的平均值和波动率，如果它们不能满足 SDF 波动率界限，也就是说，如果它们超出图 4.1 下图的阴影区域，则表明该模型不能对资产定价。例如，HJ 使用国债和股票综合指数的回报数据计算 SDF 波动率界限，并且表明我们在第 6.1 节中讨论的那种具有幂效用的简单的基于消费的资产定价模型只能在风险厌恶系数非常高的情况下满足这些界限。这提供了一个简单的方法来了解股权溢价之谜。HJ 使用各种到期日国债的数据重复此实验，并获得更高的波动界限。作为一项非正式练习，直观地解释一下这是怎么发生的，以及如何解释这个结果。

上文给出的波动率界限如图 4.1 所示，仅由条件 $1 = E[M(1 + R)]$ 得出。它们不强制 SDF 为正。HJ 展示了如何使用正的 SDF 来缩小波动率的范围；然而，这使得分析非常复杂，并且在实践中很少使用。经验主义者通常使用 SDF 波动率界限作为总结资产定价属性的数据集，为此，一个较为简单的过程是比较合适的。出于同样的原因，该方法的应用大多使用点估计，而不是正式的统计检验。

---

① 在第 2 章中，我们根据净收益率来定义这些常数，但它们也可以用毛收益率来表示，就像我们在这里所做的，得出完全相同的公式。

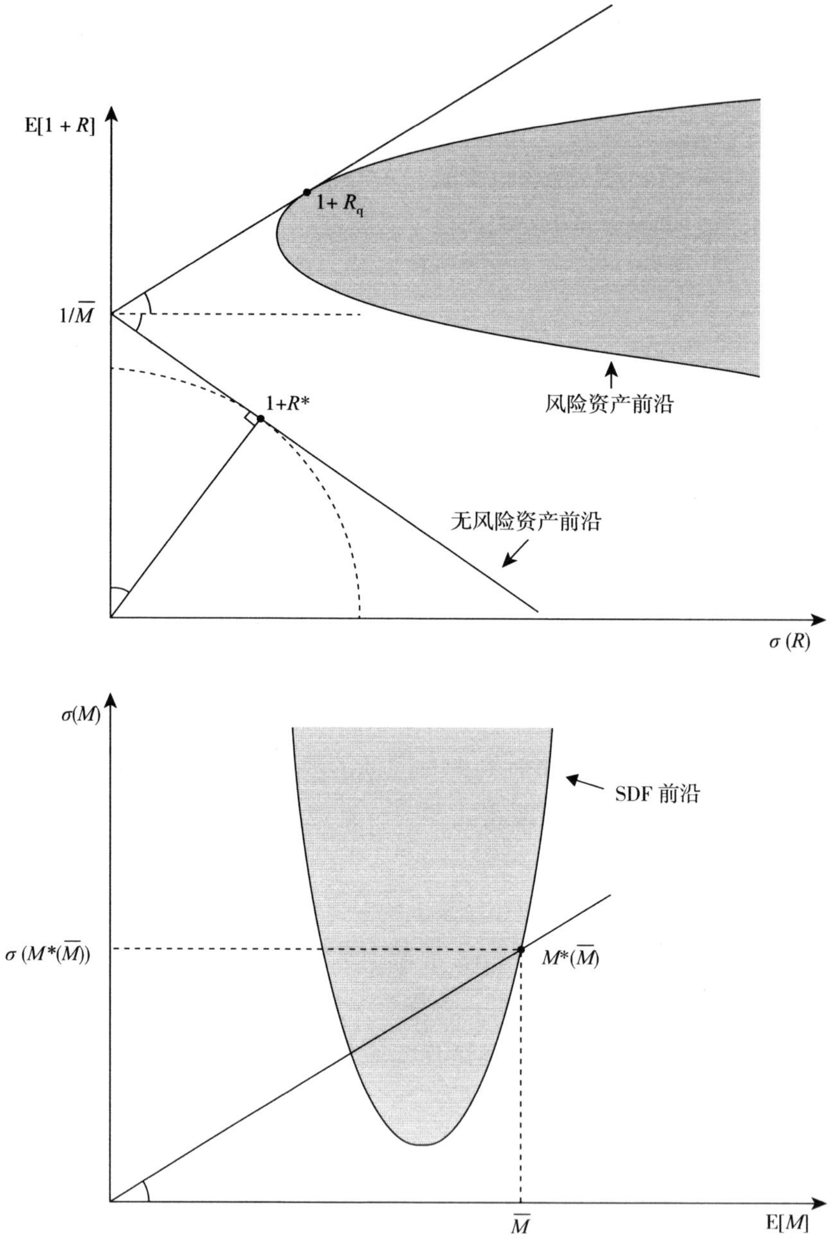

图 4. 1　HJ（1991）SDF 波动率前沿几何构造

4.3.3　熵范围

Stutzer（1995）、Bansal 和 Lehmann（1997）、Alvarez 和 Jermann（2005），以及 Backus、Chernov 和 Martin（2011）推广了上文讨论的对数方法来放宽对数正态性的假设。

熵和累积量

严格正随机变量 $\tilde{X}$ 的熵是其随机性的度量。我们将其定义为：

$$L(\tilde{X}) = \log \mathrm{E}\tilde{X} - \mathrm{E}\log(\tilde{X}) \geqslant 0. \tag{4.58}$$

詹森不等式意味着当 $\tilde{X}$ 是随机变量时，熵总是非负的并且是严格正的。熵与规模无关，因为对任意常数 a，$L(a\tilde{X}) = L(\tilde{X})$。

对于对数正态随机变量，熵等于其对数方差的一半，即 $L(\tilde{X}) = \sigma_x^2/2$，但总的来说，正如我们现在使用累积量生成函数的概念所展示的，它还取决于更高的矩。

任意随机变量 z 的累积量生成函数定义如下：

$$\mathbf{c}(\theta, z) = \log \mathrm{E}\exp(\theta z). \tag{4.59}$$

该函数具有如下属性：

$$\mathbf{c}(\theta, z) = \sum_{n=1}^{\infty} \frac{\kappa_n(z)\theta^n}{n!}. \tag{4.60}$$

其中，$k_n(z)$ 是 z 的四阶累积量。$k_1(z)$ 是 z 的均值，k_2 是方差 σ^2，k_3/σ^3 是偏度，k_4/σ^4 是超额峰度，以此类推。当随机变量 z 是正态分布的时候，所有超过二阶的累积量都为零。

熵和累积量的联系如下所示。如果我们令 $x = \log(\tilde{X})$，$z = x$，则有：

$$L(\tilde{X}) = \log \mathrm{E}\exp(x) - \mathrm{E}x = \mathbf{c}(1, x) - \kappa_1(x) = \sum_{n=2}^{\infty} \frac{\kappa_n(x)}{n!}. \tag{4.61}$$

奇数阶累积量可以是负的，但偶数阶是非负的，式（4.61）右边的所有累积量的无限加权和也是非负的。式（4.61）右边的第一项是对数方差的一半，但随后的项仅在 $\tilde{X}$ 呈对数正态分布时为零。

SDF 的熵

现在思考一个严格为正的 SDF。我们从第 4.2 节可知，无套利时这样的 SDF 总是存在的。为了解释 SDF 的熵，思考一个两阶段的离散状态经济，可以交易无风险资产，从第 4.1.2 节可知：

$$M(s) = P_f \frac{\pi^*(s)}{\pi(s)}. \tag{4.62}$$

其中，$\pi^*(s)$ 是状态 s 的风险中性概率。由于第 1 期 P_f 是已知的，它与熵的公式无关，因此：

$$L(M) = L\left(\frac{\pi^*}{\pi}\right) = \log \mathrm{E}\left(\frac{\pi^*}{\pi}\right) - \mathrm{E}\log\left(\frac{\pi^*}{\pi}\right) = -\mathrm{E}\log\left(\frac{\pi^*}{\pi}\right). \tag{4.63}$$

由于 $\mathrm{E}(\pi^*/\pi)=1$，因此第三个等式成立，从而有 $\log(\mathrm{E}(\pi^*/\pi))=0$。式（4.63）允许我们将 SDF 的熵解释为衡量风险中性概率 π^* 与客观概率 π 之间的偏差。

Alvarez 和 Jermann（2005）考虑了一个多期的经济体，从而得出了对任意资产 j 的 SDF 条件熵的下界：

$$L_t(M_{t+1}) \geqslant \mathrm{E}_t[r_{j,t+1} - r_{f,t+1}]. \tag{4.64}$$

根据 Bansal 和 Lehmann（1997）的观点，证明这种不等式的第一步是注意乘积 $M_{t+1}(1+R_{j,t+1})$ 是一个带有非负条件熵和单位非条件均值的随机变量。因此：

$$\begin{aligned} L_t(M_{t+1}(1+R_{j,t+1})) &= \log \mathrm{E}_t[M_{t+1}(1+R_{j,t+1})] - \mathrm{E}_t m_{t+1} - \mathrm{E}_t r_{j,t+1} \\ &= -\mathrm{E}_t m_{t+1} - \mathrm{E}_t r_{j,t+1} \geqslant 0. \end{aligned} \tag{4.65}$$

这意味着：

$$\mathrm{E}_t r_{j,t+1} \leqslant -\mathrm{E}_t m_{t+1}. \tag{4.66}$$

对于增长最优投资组合来说，弱不等式取等，投资者根据对数效用选择投资组合。如上所述，增长最优组合的总收益的倒数总是可以作为 SDF。

接下来我们计算 SDF 的条件熵，并使用式（4.66）的结果：

$$\begin{aligned} L_t(M_{t+1}) &= \log \mathrm{E}_t M_{t+1} - \mathrm{E}_t m_{t+1} = -r_{f,t+1} - \mathrm{E}_t m_{t+1} \\ &\geqslant \mathrm{E}_t r_{j,t+1} - r_{f,t+1}. \end{aligned} \quad (4.67)$$

这个结果的意义在于，高的条件对数风险溢价意味着 SDF 的高条件熵，但是如果 SDF 具有非对数正态分布，这并不要求 SDF 的对数具有高的条件方差。SDF 的条件熵最严格的下限由增长最优投资组合超额对数回报的条件期望给出。

为了将条件熵的边界变为非条件熵的边界，Alvarez 和 Jermann（2005）使用这样一个事实，就像方差一样，非条件熵等于条件熵的平均值加上条件平均值的平均值。也就是说，对任意随机变量 $\widetilde{X}_{t+1}$：

$$L(\widetilde{X}_{t+1}) = \mathrm{E}L_t(\widetilde{X}_{t+1}) + L(\mathrm{E}_t\widetilde{X}_{t+1}) \ . \quad (4.68)$$

由于 SDF 的条件均值就是无风险资产的价格 $P_{ft} = 1/(1+R_{f,t+1})$，将式（4.68）代入式（4.67）可得：

$$L(M_{t+1}) \geqslant \mathrm{E}[r_{j,t+1} - r_{f,t+1}] + L\left(\frac{1}{1+R_{f,t+1}}\right). \quad (4.69)$$

这个结果表明，如果平均增长最优收益相对于无风险利率较高，或者无风险利率本身随着时间的推移具有较高的熵，那么 SDF 可以有较高的非条件熵。Alvarez 和 Jermann（2005）将这种分析应用于利率期限结构，我们将在第 8 章讨论这个话题。

4.3.4　因子结构

SDF 的这种方法提供了另一种方法来理解第 3.2.2 节中介绍的多因子模型。假设 SDF 是 K 个公共因子 $f_{k,t+1}$，$k=1\cdots K$ 的线性组合。为了简单起见，假设这些因子条件均值为零并且彼此正交。如果：

$$M_{t+1} = a_t - \sum_{k=1}^{K} b_{kt} f_{k,t+1}, \quad (4.70)$$

则有：

$$\mathrm{E}_t[R_{i,t+1}-R_{f,t+1}]=-\left(\frac{1}{a_t}\right)\mathrm{Cov}_t(M_{t+1},R_{i,t+1}-R_{f,t+1})=\left(\frac{1}{a_t}\right)\sum_{k=1}^{K}b_{kt}\sigma_{ikt}$$
$$=\left(\frac{1}{a_t}\right)\sum_{k=1}^{K}(b_{kt}\sigma_{kt}^2)\left(\frac{\sigma_{ikt}}{\sigma_{kt}^2}\right)=\sum_{k=1}^{K}\lambda_{kt}\beta_{ikt}. \tag{4.71}$$

其中，σ_{ikt} 是资产回报 i 与第 k 个因子的条件协方差，σ_{kt}^2 是第 k 个因子的条件方差，$\lambda_{kt}\equiv b_{kt}\sigma_{kt}^2/a_t$ 是第 k 个因子的风险价格，$\beta_{ikt}\equiv\sigma_{ikt}/\sigma_{kt}^2$ 是该因子的资产回报 i 的 β 或回归系数。换句话说，以回归 - β 形式的线性因子模型和具有相同 K 个因子的 SDF 的线性因子模型之间是等价的。

作为一项非正式练习，思考这个结果如何与第 3 章中介绍的关于 CAPM 和套利定价理论的讨论相一致。本章最后给出了答案。

正如 Hansen 和 Richard（1987）所强调的，条件信息在这里很重要。条件多因子模型通常不意味着具有相同形式的非条件多因子模型。非条件模型的相关的协方差是非条件协方差 $-\mathrm{Cov}(M_{t+1},R_{i,t+1}-R_{f,t+1})=-\mathrm{Cov}(a_t-\sum_{k=1}^{K}b_{kt}f_{k,t+1},R_{i,t+1}-R_{f,t+1})$，这包含了系数 a_t 和 b_{kt} 与回报的协方差，以及因子 $f_{k,t+1}$ 与回报的协方差。如第 3.2.3 节所述，处理这个问题的一种方法是将系数本身建模为可观察状态变量的线性函数。即 $a_t=a'z_t$ 和 $b_{kt}=b'_kz_t$，其中，z_t 是包含常量的状态变量的向量。在这种情况下，我们得到一个非条件的多因子模型，其中的因子包括最初的 $f_{k,t+1}$、状态变量 z_t 以及 $f_{k,t+1}$ 和 z_t 的所有叉积。在初始因子是投资组合收益的情况下，叉积可以被解释为管理投资组合的收益，它们随着状态变量的值成比例地改变其对原始投资组合的风险。

4.3.5 时间序列特性

资产收益的可预测性要求 SDF 的可预测性。为了获得无风险实际利率变化的时间序列，我们需要 SDF 随时间变化的条件均值。为了获得风险溢价变化的时间序列，我们需要随时间变化的资产收益与 SDF 的协方差。为了获得与 SDF 完全相关并具有恒定回报方差的资产的风险溢价变化的时间序列，我们需要随时间变化的 SDF 的方差。

因此，动态资产定价模型通常包括对 SDF 的第一个和第二个条件矩进行建模，同时利用线性时间序列分析和条件波动的非线性模型。在第 6 章、第 8 章和第 9 章中，我们将讨论 SDF 的动态行为的许多其他参数，试图捕捉实际利率和风险溢价的动态变化。

4.4　广义矩方法

Hansen（1982b）的广义矩方法（GMM）是一种计量经济学方法，特别适用于估计和测试 SDF 模型。在本节中，我们将介绍 Cochrane（2005）和 Hall（2005）对 GMM 的应用。与其他计量经济学方法相比，如最大似然模型要求遵循时间序列的随机过程的所有参数，而 GMM 允许计量经济学家根据研究人员提供的矩条件的特定特征或预测来估计和评估模型：

$$\mathrm{E}[u(v_t, b_0)] = 0. \tag{4.72}$$

其中，u 是随机变量 v_t 的 N 维函数，b_0 是待估计的 K 维参数向量。

统计学文献中的矩方法回溯到 19 世纪 90 年代卡尔·皮尔逊（Karl Pearson）的工作，通过将式（4.72）相应的样本矩设置为零来估计参数向量。也就是说，估计量 $\widehat{b}_{MM}$ 是通过设置 $g_T(\widehat{b}_{MM}) = 0$ 来获得的，其中 g_T 是矩条件对应的样本。

$$g_T(b) \equiv \frac{1}{T}\sum_{t=1}^{T} u(v_t, b). \tag{4.73}$$

在本节中，下标 T 表示该对象可能依赖于特定样本。

只有当 $N = K$ 时，这种结构才是可行的，也就是说，条件数与参数个数一样多。广义矩方法将该方法扩展到存在比参数更多矩条件约束的设置，即 $N \geqslant K$。通过将 N 个样本矩的 K 个线性组合设置为零来构造 GMM 估计：

$$A_T g_T(\widehat{b}) = 0 . \tag{4.74}$$

其中，A_T是 $K \times N$ 选择矩阵，其以概率收敛于满秩的常数矩阵 A。正如我们将看到的，估计中未使用的信息（预测为零的其余 $N-K$ 个矩的线性组合）可用于通过过度识别测试来评估模型。式（4.74）定义了广泛的 GMM 估计量，其中包括许多常用的计量经济学过程，特别是在第 3.4 节中讨论的。[①]

GMM 框架的一个重要优势是它可以很容易地适应资产定价研究的非线性动态模型［Hansen 和 Singleton（1982）］。SDF 模型就是一个例子。我们可以很容易地从式（4.37）的条件版本中生成任何阶数的矩约束：

$$\mathrm{E}[(\iota + R_{t+1}) M_{t+1}(b_0) | I_t] = \iota . \tag{4.75}$$

其中，I_t表示在时间 t 的信息，ι 是一个 J 维单位向量，而 R_{t+1}是估计和测试将基于的 J 个资产收益的向量。请注意，M_{t+1} 很可能是 b_0 的非线性函数。为了将式（4.75）变成一组形式为式（4.72）的无条件矩，我们可以使用 $z_t \in I_t$。对每个 z_t，有：

$$\mathrm{E}[z_t(\iota + R_{t+1}) M_{t+1}(b_0) - z_t] = \mathrm{E}[z_t \mathrm{E}[(\iota + R_{t+1}) M_{t+1}(b_0) | I_t] - z_t] = 0 . \tag{4.76}$$

第一个等式遵循迭代期望法则。将 $N \times J$ 维随机变量矩阵 $z_t \in I_t$ 进行求和，矩的约束为：

$$\mathrm{E}[u(v_{t+1}, b_0)] = \mathrm{E}[Z_t((\iota + R_{t+1}) M_{t+1}(b_0) - \iota)] = 0. \tag{4.77}$$

---

① 实际上，由于后面的所有结果都是渐近的，所以 GMM 估计量条件式（4.74）只需在极限处成立。形式上，任何估计量 $\widehat{b}$ 使得 $\sqrt{T} A_T g_T(\widehat{b})$ 以概率收敛到零都是 GMM 估计量。

4.4.1　渐近理论

GMM 理论的一个核心目标是样本矩的协方差矩阵 $g_T(b_0)$，以样本量进行归一化：

$$S \equiv \lim_{T\to\infty} \mathrm{Var}\left(\sqrt{T}g_T(b_0)\right)$$

$$= \lim_{T\to\infty} \frac{1}{T}[T\mathrm{E}[u_t(b_0)u_t'(b_0)] + (T-1)(\mathrm{E}[u_t(b_0)u_{t+1}'(b_0)] + \mathrm{E}[u_t(b_0)u_{t-1}'(b_0)]) + \ldots]$$

$$= \sum_{s=-\infty}^{\infty} \mathrm{E}[u_t(b_0)u_{t-s}(b_0)]. \tag{4.78}$$

其中，$u_t(b_0) = u(v_t, b_0)$。式（4.78）是 S 被称为 u_t 的长期协方差矩阵的原因。它也被称为时间序列理论中频率为零的 u_t 的频谱密度矩阵。

渐近测试和参数置信区间的构造基于以下估计量的渐近分布，以及式（4.72）给出的模型是正确的这一零假设下估计的样本矩：当 T→∞ 时：

$$\hat{b} \sim \mathcal{N}\left(b_0, \frac{1}{T}(AD)^{-1}ASA'(AD)^{-1\prime}\right). \tag{4.79}$$

$$g_T(\hat{b}) \sim \mathcal{N}\left(0, \frac{1}{T}[I_N - D(AD)^{-1}A]S[I_N - D(AD)^{-1}A]'\right). \tag{4.80}$$

其中：

$$D \equiv \mathrm{E}\left[\frac{\partial u(v_t, b_0)}{\partial b'}\right]. \tag{4.81}$$

为了理解式（4.80），注意在真实参数向量 $g_T(b_0)$ 处估计的样本矩渐近分布于 $N(0,(1/T)S)$，与式（4.78）中 S 的定义一致。然而，在任何给定的样本中，通过构建 GMM 估计，将 GMM 估计中的 K 个样本矩的线性组合设为零。因此，$g_T(\hat{b})$ 处样本的变化将低于 $g_T(b_0)$ 的样本变化，并且奇异矩阵 $[I_N - D(AD)^{-1}A]$ 捕捉到了在参数估计中没有使用的，导致 $g_T(\hat{b})$ 样本变化的 $N-K$ 个样本矩的线性组合。

这 $N-K$ 个估计中未使用的线性组合可以用于在过拟合约束的 χ^2 检验中检验模型的总体拟合：渐近地，

$$g_T(\widehat{b})[\mathrm{Cov}(g_T(\widehat{b}))]^+ g_T(\widehat{b}) \sim \chi^2_{N-K}. \tag{4.82}$$

其中，$[\mathrm{Cov}(g_T(\widehat{b}))]^+$ 表示式（4.80）给出的 $g_T(\widehat{b})$ 的渐近协方差矩阵的伪逆。$\mathrm{Cov}(g_T(\widehat{b}))$ 的奇异性是需要伪逆的原因，并且 χ^2 分布只有 $N-K$ 个自由度。为了在给定的样本中做这个测试，我们需要 D 和 S 的一致估计量。对于 D 的一致估计量就是 $\widehat{D}_T \equiv \partial g_T(\widehat{b})/\partial b'$。然而，长期协方差矩阵的估计并不是一件微不足道的事情，我们在本节末尾会更详细地讨论它。

这些渐近结果要求模型（4.72）满足几个正则性条件，包括确保先前定义的所有对象存在且有限。第一个关键条件是由 v_t 捕获的时间序列是平稳和遍历的。对于资产定价模型，这要求我们根据式（4.77）中的收益率，价格－股息比或相关的标准化收益来制定定价误差。$\mathrm{E}[M_{t+1}X_{t+1}-P_t]=0$ 不能用是因为价格和股息水平随着时间的推移并不平稳。

第二个正则性条件是参数向量被全局识别：对于所有的 $\overline{b} \neq b_0$，$\mathrm{E}[u(v_t,\overline{b})] \neq 0$。这种情况在非线性模型中很难检验。更容易检验的全局识别的一个必要条件是局部识别：矩阵 D 的秩必须等于参数矢量的维数 K。[①] 在线性模型中，全局和局部识别是等价的。

4.4.2 重要的 GMM 参数

一类重要的 GMM 估计量可以通过解决最小化问题来定义：

① 当 $N<K$ 时，参数向量明显不明确，但即使当 $N>K$ 时，识别也会失败。例如，假设我们想要基于一组超额收益来测试 SDF 的线性模型，因此我们的矩条件是 $\mathrm{E}[u_{t+1}(b_0)]=\mathrm{E}[Z_t R^e_{t+1} M_{t+1}(b_0)]=0$，其中 $M_{t+1}(b_0)=b_0[1,f_{1,t+1},\cdots,f_{K,t+1}]'$，$b_0=[a,b_1,\cdots,b_K]$。请注意，对任意 b_0 的倍数 $\overline{b}$，$\mathrm{E}[u_t(\overline{b})]=0$。换句话说，当测试资产收益为超额收益时，SDF 的均值 a 不能与 b 分开识别。因此，必须通过将 a 设置为任意值来对参数向量进行归一化，以便进行估计。

$$\min_b g_T(b)' W_T g_T(b). \tag{4.83}$$

其中，权重矩阵 W_T 是一个 $N \times N$ 正半定矩阵，渐近收敛于正定的常数矩阵 W，最小值可以解释为样本距离满足所有矩条件有多远的度量。这个最小化问题的一阶条件是：

$$\frac{\partial g_T(\widehat{b})'}{\partial b} W_T g_T(\widehat{b}) = \widehat{D}'_T W_T g_T(\widehat{b}) = 0. \tag{4.84}$$

与式（4.74）相比，我们可以看到基于式（4.83）的估计量是 GMM 估计量，其选择矩阵为 $A_T = \widehat{D}'_T W_T$。因此，基于式（4.79）和式（4.80）的所有渐近结果仍然适用于 $A = D'W$。通过选择权重矩阵 W_T，研究者规定了匹配不同矩的相对重要性，但是通过 $\widehat{D}'_T$ 的选择矩阵的依赖性，估计量的构造也考虑了参数的不同矩的统计信息。$\partial g_{T,n}(\widehat{b}) / \partial b'$ 接近零意味着第 n 阶矩条件对于参数很大程度上没有约束。①

Hansen（1982b）表明，权重矩阵 W 的一个特定选择是统计上最优的，意味着所得到的估计量在由长期协方差矩阵的逆矩阵［式(4.74)：$W = S^{-1}$］给出的所有可能的 GMM 估计量中具有最低的渐近协方差矩阵。直观地说，统计学上有效的 GMM 估计量在样本方差最小的样本矩权重最大。在式（4.79）和式（4.80）中代入 $A = D' S^{-1}$，我们看到这些公式基本上简化了：当 $T \to \infty$ 时，

$$\widehat{b} \sim \mathcal{N}\left(b_0, \frac{1}{T} D' S^{-1} D\right). \tag{4.85}$$

$$g_T(\widehat{b}) \sim \mathcal{N}\left(0, \frac{1}{T}[S - D(D'S^{-1}D)^{-1}D']\right). \tag{4.86}$$

$g_{T,n}(\widehat{b})$ 的协方差矩阵仍然是奇异矩阵，但在这种特殊情况下，过度识别约束的卡方检验（4.82）等同于如下检验：

---

① 大多数显式 GMM 的应用使用了最小化公式，而不是直接用选择矩阵 A^T。但是，当我们希望研究嵌套在 GMM 下的许多标准计量经济学方法的特性时，式（4.74）给出的 GMM 估计量的最一般表示法特别有用。我们将在下一节中精确地遵循这种方法。

$$Tg_T(\widehat{b})S^{-1}g_T(\widehat{b}) \sim \chi^2_{N-K}. \tag{4.87}$$

注意统计量是 T 乘以式（4.83）中的最小值。

由于长期协方差矩阵 $\widehat{S}_T(\widehat{b})$ 的任何估计量都依赖于估计值 $\widehat{b}$ 本身，所以构造统计有效的 GMM 估计量变得复杂。Hansen 和 Singleton（1982）的两阶段算法是处理这一实际问题最常用的算法。首先，用任意权重矩阵求解式（4.83）得到参数估计 $\widehat{b}_1$，即 b_0 的第一阶段估计。其次，使用第一阶段参数估计来构建 S 的估计。最后，计算第二阶段的估算值：

$$\widehat{b}_2 = \text{argmin}_b : g_T(b)'\widehat{S}(\widehat{b}_1)g_T(b). \tag{4.88}$$

其他获得统计有效的 GMM 估计的算法也具有式（4.85）和式（4.86）给出的相同的渐近性质，但是模拟实验证明这些算法在关于哪一个渐进理论在它们有限的样本上是沉默的具有不同表现。一个这样的算法是迭代的 GMM 估计器，其使用第二阶段的估计来重新估计 S 以及第三阶段的参数，并重复该过程数次。这个过程减少了对第一阶段采用的固定权重矩阵的依赖。由 Hansen、Heaton 和 Yaron（1996）提出的另一个算法是不断更新的 GMM 估计器（CUE），该算法对每个考虑的参数向量使用不同的权重矩阵：

$$\widehat{b}_{CUE} = \text{argmin}_b : g_T(b)'(\widehat{S}_T(b))^{-1}g_T(b). \tag{4.89}$$

这个估计量对于矩条件（$\text{E}[C(b_0)u(v_t, b_0)] = 0$，其中 $C(b_0)$ 是任意非奇异常数矩阵，在给定样本中得出的估计量与 $\text{E}[u(v_t, b_0)] = 0$ 得出的估计量相同）的依赖参数的变换是不变的，并被认为在有限样本下具有更好的性质［Newey 和 Smith（2004）］。[①]

① 然而，基于 CUE 的估计已经显示出对数值最小化程序的初始值非常敏感，其经常偏离到具有更大 $\widehat{S}_T(b)$ 而不是更小的 $g_T(b)$ 的参数空间的区域。特别注意需要确保程序已经找到了全局最小值。

4.4.3　GMM 框架的传统式检验

在第 3.3.1 节中，我们讨论了使用时间序列和横截面回归来检验单因素和多因素资产定价模型的传统计量经济学方法。结果要求满足潜在的约束假设，定价误差随时间是独立同分布的，并且与这些因素无关。我们现在表明，这些方法嵌套在 GMM 下，并且可以使用 GMM 框架的灵活性在更一般的假设下对误差分布推导渐近性检验。我们将看到，不同的分布假设导致长期协方差矩阵 S 不同的形式。为简单起见，我们将重点讨论市场模型，但结果以直接的方式扩展到多因素模型。

时间序列方法

回顾市场模型式（3.44）的时间序列回归，并将其写成具有 N 项资产的向量：

$$R_t^e = \alpha + \beta_m R_{mt}^e + \epsilon_t . \tag{4.90}$$

其中，R_t^e 表示检验的 N 项资产的超额回报向量，α 和 β_m 是 N 维向量。CAPM 假设所有的 α 为零，即 $\alpha = 0$。

式（4.90）的 OLS 回归系数解决了最小化误差平方的问题，其一阶条件是 α_i 和 β_{im} 满足 $\mathrm{E}[R_{it}^e - \alpha_i - \beta_{im} R_{mt}^e] = 0$ 和 $\mathrm{E}[(R_{it}^e - \alpha_i - \beta_{im} R_{mt}^e) R_{mt}^e] = 0$。因此，OLS 估计很容易映射到含矩条件的 GMM 框架：

$$\mathrm{E}\left[u_t\left(\begin{bmatrix}\alpha\\ \beta_m\end{bmatrix}\right)\right] = \mathrm{E}\begin{bmatrix}R_t^e - \alpha - \beta_m R_{mt}^e\\ \left(R_t^e - \alpha - \beta_m R_{mt}^e\right) R_{mt}^e\end{bmatrix} = \mathrm{E}\begin{bmatrix}\epsilon_t\\ \epsilon_t R_{mt}^e\end{bmatrix} = 0. \tag{4.91}$$

这是在含 $2N$ 个参数的 $2N$ 个约束下的精确识别系统。选择矩阵在这种情况下是无关紧要的，因为 GMM 简化为（唯一的）矩估计方法，$g_T(\widehat{\alpha}, \widehat{\beta}_m) = 0$。

现在，我们可以推出式（4.79）和式（4.80）中的矩阵：

$$A = I_N \qquad D = -\begin{bmatrix} I_N & I_N \mathrm{E}[R_{mt}^e] \\ I_N \mathrm{E}[R_{mt}^e] & I_N \mathrm{E}[(R_{mt}^e)^2] \end{bmatrix} \tag{4.92}$$

以及：

$$S=\sum_{-\infty}^{\infty}\begin{bmatrix}\mathrm{E}[\epsilon_t\epsilon_{t-s}'] & \mathrm{E}[\epsilon_t\epsilon_{t-s}'R_{m,t-s}^e]\\ \mathrm{E}\left[\epsilon_t\epsilon_{t-s}'R_{mt}^e\right] & \mathrm{E}\left[\epsilon_t\epsilon_{t-s}'R_{mt}^eR_{m,t-s}^e\right]\end{bmatrix}. \tag{4.93}$$

长期协方差矩阵在标准假设下显著简化，即在已知过去的误差以及当前和过去的因素的条件下，误差条件均值为零，并且有相同的条件方差：

$$\mathrm{E}[\epsilon_t|x_t,\epsilon_{t-1},x_{t-1},\epsilon_{t-2},x_{t-2}\ldots]=0. \tag{4.94}$$

$$\mathrm{E}[\epsilon_t\epsilon_t'|x_t,\epsilon_{t-1},x_{t-1},\epsilon_{t-2},x_{t-2}\ldots]=\Omega. \tag{4.95}$$

（这些只比误差随时间独立同分布，并与因子无关的假设稍微弱一些。）假设式（4.94）意味着 $j\neq 0$ 时式子的所有项为零，并且假设式（4.95）进一步简化了 $j=0$ 的项：

$$S=\begin{bmatrix}\Omega & \Omega\mathrm{E}[R_{mt}^e]\\ \Omega\mathrm{E}[R_{mt}^e] & \Omega\mathrm{E}[(R_{mt}^e)^2]\end{bmatrix}. \tag{4.96}$$

习题 4.4 要求证明，用 S 的这个表达式，式（4.79）中的参数向量的渐近方差的公式可以得出：

$$\mathrm{Var}(\widehat{\alpha})=\frac{1}{T}\Omega\left[1+\left(\frac{\mathrm{E}[R_{mt}^e]}{\sigma(R_{mt}^e)}\right)^2\right]. \tag{4.97}$$

我们可以看到，式（3.45）中的卡方检验统计量是 GRS 统计量的渐近对应，即检验 α 向量的所有元素都等于零：

$$(\widehat{\alpha}-0)'[\widehat{\mathrm{Var}}(\widehat{\alpha})]^{-1}(\widehat{\alpha}-0)\sim\chi_N^2. \tag{4.98}$$

当我们考虑到误差是序列相关的（例如，如果我们做具有重叠范围的回归预测，或者如果我们怀疑这些误差是序列相关的）可能性或存在异方差的可能性时，我们会用适当的（和简化的）S 的形式按照相同的步骤检验式（4.98）。

横截面法

我们现在考虑计量经济学的横截面回归方法，同样以 CAPM 为例。

基于回归（3.48）将推理复杂化的一个问题是，β 是未知的，是估计出来的。通过将连续估计的所有步骤映射到式（4.72），可以在 GMM 框架中处理生成回归因子的回归。[①]

考虑（$1+2N$）个参数（标量 λ，α 和 β）的 $3N$ 个矩约束：

$$\mathrm{E}\left[u_t\left(\begin{bmatrix}\lambda\\ \alpha\\ \beta_m\end{bmatrix}\right)\right]=\mathrm{E}\begin{bmatrix}R_t^e-\beta_m\lambda\\ R_t^e-\alpha-\beta_m R_{mt}^e\\ (R_t^e-\alpha-\beta_m R_{mt}^e)R_{mt}^e\end{bmatrix}=0. \tag{4.99}$$

以及选择矩阵：

$$A=\begin{bmatrix}\beta_m'\Omega^{-1} & 0_{(1\times N)} & 0_{(1\times N)}\\ 0_{(N\times N)} & I_N & 0_{(N\times N)}\\ 0_{(N\times N)} & 0_{(N\times N)} & I_N\end{bmatrix}. \tag{4.100}$$

为理解这与式（3.49）和式（3.50）给出的 GLS 横截面估计量相对应，注意 $A_T g_T([\widehat{\lambda}\ \widehat{\alpha}'\ \widehat{\beta}'_m])=0$ 意味着 $\widehat{\alpha}$ 和 $\widehat{\beta}$ 恰好是时间序列回归的 OLS 回归系数，并且最优线性组合为 $\widehat{\beta}'_m\widehat{\Omega}^{-1}(\overline{R}^e-\widehat{\beta}_m\widehat{\lambda})=0$，从而得出 $\widehat{\lambda}=[\widehat{\beta}'_m\widehat{\Omega}^{-1}\widehat{\beta}_m]^{-1}\widehat{\beta}'_m\widehat{\Omega}^{-1}\overline{R}^e=\widehat{\lambda}_{GLS}$。那么横截面回归的残差的估计就是 $\widehat{\alpha}=\overline{R}^e-\widehat{\beta}_m\widehat{\lambda}_{GLS}=\widehat{\alpha}_{GLS}$。[②]

CAPM 的零假设是 $\mathrm{E}[R^e]=\beta_m\lambda$，即式（4.99）中的前 N 阶矩确实为零。[③] 由于构建的剩余 $2N$ 个对应于 α 和 β 的 OLS 估计的样本矩为零，检验零假设相当于过度识别约束（4.82）的卡方检验。我们可以证明，当误差序列不相关且同方差时，$\mathrm{Cov}(g_T(\widehat{b}))$ 的伪逆矩阵由 $T(1+\lambda^2/\sigma^2(R_{mt}^e))^{-1}\Omega^{-1}$ 给出。因此，式（4.82）降至式（3.51）中的检验统计量。

---

① 在其他情况下，这也是一种有用的方法。例如，Campbell（1987）和 Harvey（1989）用它将一个与股权溢价相关的模型中的累计股票市场收益的方差替换为市场收益的条件方差。

② OLS 横截面估计量可以通过完全相同的步骤推导出来，除了矩阵 A 的左上块应该设置为 β'_m 而不是 $\beta'_m\Omega^{-1}$。

③ 回想一下，横截面回归可用于因子不是超额收益的因子模型，因为它不要求时间序列回归的截距 α 为零（参见第 3.2.2 节）。

4.4.4 GMM的实际应用

在GMM的实际应用中，研究人员面临着一系列困难的选择，缺乏好的理论指导。这些挑战主要来源于GMM理论的渐近特征。一些计量经济学研究发现，渐近理论通常对有限样本的GMM估计量和检验统计量的分布提供了一个很差的近似。因此，作为一种部分补救措施，通过模拟或引导程序来估计有限样本的估计量的分布，并检查结果与渐近理论的预测没有太大差异，是一种很好的做法。另外，正如我们现在讨论的，有限样本的局限性通常会导致采用最具统计效率的选择和研究人员试图检验经济模型的经济相关的预测之间的权衡。

大量计量经济学文献提出，使用适当的矩选择步骤和权重策略是否可以改善GMM理论对有限样本行为的不良近似。研究人员面临的一个重要决定涉及哪些模型预测要检验。式（4.72）中的矩约束向量中通常会有无数个可能的矩条件［例如，在时间t的信息集中的任何变量z_t可以作为式（4.76）中的元素］。最好的建议是在给定模型中选择最经济相关的预测。在动态经济模型中，帮助选择统计上最优的一组矩（或元素）的集合在计量经济学中通常是不可行的，因为它们需要知道确切的数据生成过程。①

式（4.83）中的权重矩阵W_T［或式（4.74）中的选择矩阵A_T］的选择等同于在参数向量的估计中将使用哪些线性组合样本矩。渐近有效矩阵$W_T = \widehat{S}_T^{-1}$是不二选择。然而，由于S估计值的样本方差，其有效样本的效率可能会受到影响，并且这可能会导致比使用固定权重矩阵得到的估计值效率低。

当矩条件的数量相对于样本量较大时，长期协方差矩阵可能估计得

---

① 使用信息标准进行矩选择的基于数据的方法［例如Andrews（1999）］更具有前景，可能有助于改进某些设置中的有限样本行为。

不好。即使情况并非如此，在资产定价应用中，由于存在明显的类似套利的机会，估计的 S 往往几乎是奇异的。也就是说，矩的某些线性组合（基础资产）几乎是无风险的，并且有效的 GMM 估计量会将更多的权重精确地放在这些组合上，因为它们似乎具有最小的样本方差。通常情况下，这些资产的组合涉及杠杆和卖空，因此研究人员可以在模型中明确引入杠杆和短期空头约束（用 SDF 理论表述，就是排除可交易空间中基础资产的线性组合），但在不专门研究这些约束条件的模型中可能太麻烦了。在这些情况下，使用固定权重矩阵可以让研究人员基于经济相关的预测估计模型。

这种效率（假设零假设成立）和对“轻度”的模型误设的稳健性之间的权衡，与在 OLS 回归估计（或外部指定权重的 WLS 估计）和 GLS 估计之间选择是一样的。建立和检验第一阶段和第二阶段 GMM 估计值，并尝试理解两者之间存在显著差异的原因，是一个很好的练习。使用固定的权重矩阵也有助于比较不同模型的表现。

选择 GMM 的固定权重矩阵时必须仔细。一个简单的选择是单位矩阵，它给每个矩条件赋予相同的权重。在 SDF 模型下，HJ（1997）提出使用收益率二阶矩矩阵的逆矩阵 $W = \mathrm{E}[(\iota + R_{t+1})(\iota + R_{t+1})']^{-1}$。他们通过最小化所得到的二次型，相当于在最小二乘意义上最小化距离（的平方），来激励在模型的 SDF 与最接近的正确定价测试资产的 SDF 之间做这种选择。这种选择的一个潜在缺点是二阶矩矩阵像前面讨论的有效权重矩阵一样，在实际中几乎是奇异的。

无论估计中使用的加权矩阵如何，基于 GMM 理论的模型评估都需要估计长期协方差矩阵，根据式（4.78）中的无穷和求解通常是一项具有挑战性的任务。幸运的是，在大多数资产定价模型中，矩条件中对应于定价误差的 u_t，在模型的零假设下序列不相关［所需条件由式（4.94）正式给出］。在所有的满足 $\{u_t\}$ 是一个相对于过去的信息集的鞅差序列的模型中，即对于 $s = 0,1,2,\cdots,\mathrm{E}[u_{t+1} \mid I_{t-s}] = 0$。在这种情

况下，S 等于 u_t 的同时期协方差矩阵，S 的一致估计量就是：[①]

$$\widehat{S}_T(\widehat{b}) = \frac{1}{T}\sum_{t=1}^{T}\left(u_t(\widehat{b}) - \overline{u}(\widehat{b})\right)\left(u_t(\widehat{b}) - \overline{u}(\widehat{b})\right)'. \tag{4.101}$$

如果理论没有预测 u_t 是连续不相关的，或者如果我们想构建存在序列相关的稳健性检验，我们可以进行参数化或非参数化。参数方法是估计 u_t 的向量自回归移动平均（VARMA）模型，这将使 S 成为含有限个 VARMA 参数的函数。或者，我们可以通过异方差和自相关一致（HAC）协方差矩阵估计对 S 进行非参数估计。HAC 估计采用这种形式：

$$\widehat{S}_{T,HAC}(\widehat{b}) = \widehat{\Gamma}_0 + \sum_{i=1}^{T-1}\omega_{i,T}(\widehat{\Gamma}_i + \widehat{\Gamma}_i'). \tag{4.102}$$

其中：

$$\widehat{\Gamma}_i = \frac{1}{T}\sum_{t=i+1}^{T}(u_t(\widehat{b}) - \overline{u}(\widehat{b}))(u_{t-i}(\widehat{b}) - \overline{u}(\widehat{b}))' \tag{4.103}$$

表示第 i 个样本自协方差矩阵，ω_i, T 是核或权重。为了确保估计在每个样本中是渐近一致的并且也是半正定的，那么高阶自协方差就需要由核心向下加权。一个常见的核是 Newey 和 West（1987）使用的巴特利特（Bartlett）内核：

$$\omega_{i,T} = \begin{cases} 1 - \dfrac{i}{m+1} & \text{for } i \leq m+1 \\ 0 & \text{for } i \geq m+1 \end{cases}. \tag{4.104}$$

被称为内核带宽的非负整数 m 控制估计中包含的自协方差的个数，并且是其有限样本表现的最重要决定因素。由于在任何有限样本中都没有对 m 的选择的直接理论指导，因此应该尝试不同的候选值，以确保添

① 请注意，对于一致性，由于零假设下 $E[u_t] = 0$，使用样本二阶矩或样本协方差来估计 $E[u_t u_t']$ 都是可以的。但是，减去样本均值是一种好的做法，因为这有助于缓解 S 估计值的奇异性问题。

加更多的自协方差不会显著影响估计。虽然 HAC 估计量在一些更弱的条件下比参数估计更渐近一致，但它们可能非常低效并倾向于表现出大的样本方差。如何估计长期协方差矩阵的选择是效率和稳健性之间折中的另一个实例。

4.5　套利的限制条件

本章的分析基于不存在套利机会的假设。这个假设似乎是合理的，因为如果它是假的——如果存在套利机会——那么投资者会利用这些机会建立无限大的资产头寸。

这种推理的一个挑战是，金融市场中常常出现明显的套利机会。思考几个例子以及是什么让这些情况出现的，极富启发意义。我们先在本节中初步讨论这一点，然后在第 11 章和第 12 章中再回到这个问题。

第一个例子是，高质量发行人的免税债券通常以比美国国债更高的收益（更高的价格）进行交易，尽管承诺的付款可能相同，并且可能几乎没有违约风险。出现这种情况主要是因为美国政府不对免税债券征税，而是对美国国债的利息征税。[①] 此外，大学等非税收实体为了投资应税债券而发行免税债券是违法的，因此利用收益率差异所需的“税收套利”是不可行的。

第二个例子是，Lamont 和 Thaler（2003）提出的当一家上市公司在二级市场拥有另一家上市公司的股份。母公司的一个部门分两个阶段分拆时，首先发行少量公开交易的股份以形成市场价值，然后将部门的剩余股份分配给母公司的股东，这是很自然的。在某些情况下，母公司分拆部分每股的市场价值超过了母公司每股的市场价值，这意味着母公司业务其余部分存在负的“自有价值”。由于母公司的股票是有限责任

① 其他因素也会影响免税债券与国债的相对价格，包括州税法，违约风险小和流动性。

的，这代表存在套利机会。一个特别有名的例子发生在2000年春天，当时3Com公司剥离了Palm公司，后者是“热门”技术股票，其股价导致3Com长达8个星期的负的“自有价值”。

利用负的“自有价值”需要持有母公司的股份，同时做空分拆部分的股份，这在实践中很难实现并且成本较大。由于股权借贷市场的分散结构，分拆的股东（通常是个人投资者）可能不会借出他们的股份，即使给他们有吸引力的费用。较高的空头成本可以消除负的“自有价值”导致的明显的套利收益。

另外，套利者必须考虑两种风险。第一，母公司可以将其分拆的股份作为抵押品进行贷款，并且如果母公司违约，那么套利策略的多头则不再拥有分拆股份的权利要求，以冲销公开市场分拆的空头头寸。Mitchell、Pulvino和Stafford（2002）表明，这种情况在他们考虑的负的“自有价值”存在的情况下意外发生的概率约30%。第二，即使没有发生这种情况，套利者也必须有足够的资金来承受自有价值变得更负期间所造成的损失。这种损失会产生保证金要求，如果套利者无法满足这些保证金要求，他们的头寸将在亏损时关闭。第一类风险是基本风险，第二类风险则来自交易过程的性质，通常称为噪声交易者风险［De Long等人（1990a）］。

噪声交易者风险在套利机会的第三个例子中更为重要。“联体双胎股”是对同一现金流量有不同的要求的两种股票，它们在不同的地点以不同的价格进行交易［Froot和Dabora（1999）］。最著名的案例是荷兰皇家壳牌集团，2005年分为在荷兰交易的荷兰皇家股票，以及在英国交易的壳牌股票。在20世纪80年代初期，荷兰皇家股票与壳牌的价值相比，交易价格低了30%，在20世纪90年代中期高出15%。在这种情况下，目前还不知道哪天这两股股票必须达到平价，并且套利者面临在纠正之前无限期地偏离平价的风险。

Shleifer和Vishny（1997）强调了一种放大机制，通过这种机制，异常严重的错误定价（偏离平价）可能与套利者资本的限制相互作用，迫使套利者平仓，进一步恶化定价并迫使更多套利者退出市场。许多观察人士认为，这一机制在套利公司长期资本管理公司 1998 年的失败以及 2008—2009 年全球金融危机期间都很重要。

这些例子与本章讨论的 SDF 的理论文献相关。排除套利机会可以保证一个正的 SDF 的存在，因为状态价格与概率的差异越大，波动性就越大。近似套利的机会意味着一个非常波动的 SDF，这反过来意味着对理性预期的投资者的极端波动的边际效用。在应用这些观点时，经验金融经济学家必须牢记以下考虑因素。

收益的测量。许多明显的套利机会涉及收益的非标准组成部分、例如税收、交易成本、卖空费用或某些资产提供的流动性服务。如果这些没有适当的衡量，则套利机会可能会错误地出现。然而，并非所有投资者都可能会承担所有这些成本或收益。举例来说，在 Palm / 3Com 案例中，购买 Palm 股票的个人投资者可以购买 3Com 的股票，而无需支付空头成本，或者通过借出他们的 Palm 股份获得高额费用。因此，即使空头费用能够解释套利者的有限响应，也无法解释这些投资者的行为。

风险。隐蔽的风险（如母公司在剥离中违约）把明显的套利机会转化为具有非常高但有限夏普比率的近似套利机会。那么难题在于如此高的夏普比率或“划算的交易”是怎么存在于均衡中的［Cochrane 和 Saá Requejo（2000）］。资产定价文献的主要焦点是风险资产（如股票）隐含的夏普比率，但通常回报波动较低的资产的小的回报差异（如美国国债和其他货币市场工具）意味着更高的夏普比率［Hansen 和 Jagannathan（1991）］。

套利头寸的限制。在具有异质投资者的模型中，套利者的头寸会被其他投资者向其提供资本的意愿限制。低风险资产的近似套利机会需要较高的总持仓量来提供较高的绝对回报率，并且获得建立这些头寸所需的资金的成本可能是昂贵的。有关基于边际的资产定价的文献，如 Gârleanu 和 Pedersen（2011）强调了这一点，我们将在第 12 章中更详细地探讨。当然，有一个问题需要解释，为什么资金不能廉价地提供给有吸引力且几乎肯定是有利可图的机会。还有一个问题，为什么所有投资者都没有建立小仓位来利用这个机会，换句话说，为什么专门的套利者需要筹集昂贵的资金才能这样做。

有限的参与。对于上述问题的一个答案是参与某些有风险的市场需要投资者支付固定成本，并且可能需要一定的时间来配置［Allen 和 Gale（1994），Duffie（2010）］。这样的专业化市场可能会允许定期发生近似套利机会。有限的参与也是本书第 10 章中回顾的家庭金融文献的主题。

异质信念。最后，具有异质信念的模型（如第 4.1.8 节中讨论的完全市场）意味着对于没有察觉到机会的投资者，即主观概率偏离符合状态价格的客观概率的投资者来说，由接近套利机会形成的 SDF 不需要对应波动的边际效用。最近有大量文献探讨了异质信念对资产市场的影响，我们将在第 11 章对此进行深入探讨。

4.6 延伸练习

在第 4.3.2 节提出的非正式练习中，直观地解释 HJ（1991）如何使用一系列不同到期日的国债，而不是使用单一国债和总股票指数来获得更高的 SDF 波动率约束。答案是，HJ 波动率界限取决于将风险资产与假设的无风险资产结合在一起可以获得的最大夏普比率。由于国债的回报率波动非常低，平均回报的微小差异可能意味着债券组合的最大夏普比率。然而，如果由于市场微观结构的影响，或者如果投资者无法获得这些投资组合的有吸引力的回报所需的杠杆，那么国债收益率会轻微误测，这一结果可能并不具有经济意义。

在第 4.3.4 节提出的非正式练习中，解释 SDF 的因子结构和第 4.3.4 节中介绍的多因子资产定价模型之间的关系，如何与第 3 章中讨论的 CAPM 和套利定价理论的见解一致。二次效用的静态模型意味着消费等于财富，边际效用是线性的。因此，未来财富的 SDF 必须是线性的，或者等同于市场投资组合回报。这又意味着我们在第 3 章中使用均值－方差分析得出的静态 CAPM，在第 2 章中指出，二次效用是使用这种方法的一个可能的理由。在具有 K 个共同冲击和完全可分散的非系统性风险的两期模型中，边际效用和 SDF 可以仅依赖于共同冲击，从而我们可以理解多因子套利定价方法。

习题 4.1　二次效用的鞅方法[①]

第 4.1.5 节介绍的投资组合选择的鞅方法，使用 SDF 框架来描述给定财富和资产价格（后者可以通过 SDF 求和得到），参与者通过金融市场可以获得的最优状态或然收益。

思考一个具有两个日期的经济，$t=0$，1。在日期 0，具有财富 W 的参与者在他的日期 1 回报上解决以下优化问题：

$$\max_{X \in \Xi} \mathrm{E}[u(X)] \quad \text{s.t.} W = P(X) = \mathrm{E}[MX]. \tag{4.105}$$

假设存在可交易的无风险资产，$1 \in \Xi$。[②]

(1) λ 表示参与者预算约束的拉格朗日乘子，$\widehat{X}$ 表示最大回报。证明参与者的一阶条件是 $\widehat{X} = u'^{-1}(\lambda M)$ 。

证明效用为 $u(X) = X^{1-\gamma}/(1-\gamma)$ 的幂效用投资者的最大回报为：

$$\hat{X} = W\left(\frac{M^{-\frac{1}{\gamma}}}{\mathrm{E}[M^{1-\frac{1}{\gamma}}]}\right). \tag{4.106}$$

证明效用为 $u(X) = -(1/2)(X^b - X)^2$ 的二次效用投资者的最大回报为：

① 本题基于 Cochrane (2014) 提出。

② 这里 1 表示在每个自然状态下价值为 1 的随机变量。

$$\hat{X} = X^b - \left(\frac{\mathrm{E}[MX^b] - W}{\mathrm{E}[M^2]}\right) M. \tag{4.107}$$

其中，$X^b > 0$ 是一个与投资者的福利最大值相对应的常数。[①]

（2）鞅方法传统上是在完全市场的假设下应用的。在这种情况下，第 4.2.1 节定义的 X^* 是唯一的 SDF，（1）部分最大回报的公式总是得出一个可行的（交易的）回报。但是，当市场是不完全市场时，存在许多有效的 SDF。对于一般的效用函数，如幂效用，$u^{-1}(\lambda M)$ 仅当有与 X^* 不同的特定 M 时才属于，因此难以确定。因此，鞅方法在不完全市场环境下通常很少使用。

二次效用是一个例外。证明在二次效用下，对 $M = X^*$，$u^{-1}(\lambda M) \in \Xi$。

（3）将二次效用投资者的最大回报表示为：

$$\hat{X} = X^b - [X^b/(1 + R_f) - W](1 + R^*). \tag{4.108}$$

其中，$1 + R^* \equiv X^*/P(X^*)$ 是基准总回报。解释这种情况背后的直觉。

（4）证明二次效用投资者的最大回报的收益率，$\widehat{R} = \widehat{X}/P(\widehat{X}) - 1$ 由下式给出：

$$\hat{R} = R_f + \frac{1}{\gamma}(R_f - R^*). \tag{4.109}$$

其中，$\gamma = \gamma((1 + R_f)W)$ 是通过将所有财富投资于无风险收益而获得的消费评估的相对风险厌恶系数。

（5）总结得出无论收益分配如何，二次效用投资者都持有均值－方差有效投资组合。

① 在整个过程中，假定二次效用参与者的财富足够低，以至于他无法承受与他的福利最大点相等的消费量。

习题 4.2　错误的 SDF[①]

假设一组资产按随机折现因子 M 正确定价。经济学家使用错误的资产定价模型，其中随机折现因子是随机变量 Y。M 和 Y 具有相同的均值。

（1）证明错误的模型正确地为无风险资产定价。

（2）一般而言，错误的模型会给风险资产错误定价。但是，如果 Y 与 M 紧密相关，则定价误差不会很大。将风险资产 i 的“詹森阿尔法”定义为真实期望收益 $\mathrm{E}[R_i]$ 与错误模型 $\mathrm{E}_Y[R_i]$ 隐含的预期收益之间的差异。证明每单位标准差的詹森阿尔法必须满足不等式：

$$\frac{\mathrm{E}[R_i]-\mathrm{E}_Y[R_i]}{\sigma(R_i)} \leqslant \frac{\sigma(Y-M)}{\mathrm{E}[M]}. \tag{4.110}$$

（3）你发现了使得这个不等式成立的资产。这意味着这项资产的回报是什么？

（4）如何使用（2）部分中的公式来回应第 3.3.3 节讨论的罗尔批评？

习题 4.3　Hansen-Richard 分解

Hansen 和 Richard（1987）证明任意总收益 $1+R_i$ 可以被分解为：

$$1+R_i = 1+R^* + w_i Z^* + \varepsilon_i . \tag{4.111}$$

其中，R^*、Z^* 和 ε_i 是随机变量，ω_i 是一个标量。这个分解在 $\mathrm{E}[(1+R^*)Z^*] = \mathrm{E}[\varepsilon_i(1+R^*)] = \mathrm{E}[\varepsilon_i Z^*] = 0$ 时是正交的。基准收益 $1+R^* \equiv X^*/P(X^*)$ 是 X^* 的总收益率，当收益空间是有限维时，由式（4.35）给出的 SDF 也是收益率。$Z^* \equiv \mathrm{proj}(1 \mid \underline{Z})$ 是向量 1（其回报等于 1 的随机

① 本题基于 Shanken（1987）、Hansen 和 Jagannathan（1997）提出。

变量）在超额收益空间中的投影，$\underline{Z}=\{X\in\Xi$，满足 $P(X)=0\}$。[1] ε_i 是一个均值为零的残差。

（1）证明基准收益是具有最小二阶矩（非中心化）的总收益。从这个结果得出的结论是，在均值－标准差偏离的空间中，$1+R^*$ 是均值－标准差前沿上最接近原点的回报率。

（2）使用 Z^* 的定义证明在其具有超额回报的二阶矩（非中心化）得出回报的均值的意义上来说，Z^* 是"均值生成"超额收益，对所有 $Z\in\underline{Z}$，$\mathrm{E}[Z]=\mathrm{E}[Z^*Z]$。接着证明 Z^* 是夏普比率绝对值最大的超额收益。

（3）证明均值－方差前沿由一组对一些 ω_i 满足 $1+R_i=1+R^*+\omega_i Z^*$ 的回报产生。使用这个结果来提供第 2.2.5 节的共同基金定理的另一个证明：任何两个前沿上的投资组合可以产生任何均值－方差有效收益。

（4）用分解来证明除了全局最小方差回报的任何均值－方差有效回报 R_{mv} 可以用作单因子 β 定价模型中的因子：

$$\mathrm{E}[R_i]-\mathrm{E}[R_{mv,z}]=\beta_{i,mv}(\mathrm{E}[R_{mv}]-\mathrm{E}[R_{mv,z}]).\qquad(4.112)$$

其中，$\mathrm{E}[R_{mv,z}]$ 是第 3.1.2 节定义的 R_{mv} 的 β 为零时的收益率（其中，$R_{mv}=R_m$，市场回报）。

习题 4.4　GMM 和时间序列回归

本习题要求你完成标准渐近时间序列检验统计量式（3.45）在第 4.4.3 节中的 GMM 推导。使用克罗内克积特别有用。⊗表示的克罗内克积是一个矩阵运算，定义如下：如果 A 和 B 分别是 $I\times J$ 和 $K\times L$ 矩

---

[1] 当超额收益空间是有限维，变量 Y 在超额收益空间的投影是：

$$\mathrm{proi}\ (Y\mid\underline{Z})=E\ [YB]'E\ [BB]^{-1}B.$$

其中，B 是 $\underline{Z}$ 基础收益的列向量。它是在最小二乘意义上最优复制变量 Y 的超额收益。

阵，它们的克罗内克积是 $IK \times JL$ 矩阵：

$$A \otimes B = \begin{bmatrix} a_{11}B & \cdots & a_{1J}B \\ \vdots & \ddots & \vdots \\ a_{I1}B & \cdots & a_{IJ}B \end{bmatrix}. \tag{4.113}$$

其中，a_{ij} 是 A 的第（i，j）个元素。[①]

将式（4.92）和式（4.96）写为：

$$\begin{aligned} A &= I_N \\ D &= -U \otimes I_N \\ S &= U \otimes \Omega. \end{aligned} \tag{4.114}$$

其中：

$$U \equiv \begin{bmatrix} 1 & E[R_{mt}^e] \\ E[R_{mt}^e] & E\left[(R_{mt}^e)^2\right] \end{bmatrix}. \tag{4.115}$$

推导出市场模型中截距的渐近方差的公式（4.97）。

---

① 克罗内克积有如下性质：

$$A \otimes (B + C) = A \otimes B + A \otimes C$$

$$(A + B) \otimes C = A \otimes C + B \otimes C$$

$$(cA) \otimes B = A \otimes (cB) = c(A \otimes B)$$

$$(A \otimes B) \otimes C = A \otimes (B \otimes C)$$

$$(A \otimes B)(C \otimes D) = (AC) \otimes (BD)$$

$$(A \otimes B)^{-1} = A^{-1} \otimes B^{-1}$$

$$(A \otimes B)' = A' \otimes B'.$$

其中，A、B、C 和 D 是任意（在适用的情况下适用）矩阵，c 是标量。

第二部分

跨期组合选择和资产定价

第5章　现值关系

本书的第一部分考虑了具有外生二阶和更高阶矩特性的收益率的静态资产定价模型。这个收益率的最终收益是由随机分布限制的，投资者通过设定初始资产价格来决定一阶矩。然而，在多期背景下，投资者在金融市场中确定每个日期的资产价格，从而影响未来价格以及初始价格水平随机分布。处理这种情况需要更加谨慎地关注预期收益和要求收益费率的过程。实际上，必须从“预期收益”理论转向“资产定价”理论。

在本章中，我们将讨论使用折现方法将现金流量和折现率映射到价格上。我们先在第5.1节中讨论一个重要概念：市场有效性。我们认为一旦确定了所需收益的模型，市场有效性与理性预期是等价的。这个部分还总结了关于个股和指数收益自相关的文献。

第5.2节讨论了具有不变折现率的现值模型，第5.3节展示了如何推广这些模型以适应随时间变化的折现率，还回顾了通过股息率和其他估值比率来预测股票短期和长期收益率的文献。第5.4节审视通过回归来预测股票收益的计量经济学问题。第5.5节引入了另一类“漂移稳态”模型。这个模型在估值比率保持高度一致性时可能是有用的。第5.6节讨论了关于从某个时间点的股票横截面价格得到股票总体收益率预测的一些最近的研究。

5.1 市场有效性

市场有效性的直观理解是金融市场具有竞争力，因此不存在通过交易金融资产获利的简单方法。难点在于把这种不可抗拒的直觉转换成可检验的假设。

法马（1970）定义了市场是有效的，如果“价格‘完全反映’所有可获得的信息”。然而我们并不能清楚理解这些词语的含义，法马对“完全反映”一词加引号，表明他意识到这是个问题。

马尔基尔（Malkiel，1989）在为《新帕尔格雷夫货币金融大词典》所写的一篇文章中有效地扩展了这个定义：

> 如果资本市场完全正确地揭示了所有决定证券价格的信息，那么它就是有效的。正式定义是：对于某些信息集 ϕ，如果向所有参与者透露这些信息时，证券价格也不受影响，市场就是有效的。而且，如果相对于信息集 ϕ 是有效的，则表示不可能通过知晓 ϕ 的基础上交易而获得经济利润。

第二句话暗示了一个原则上可以进行的但在实践中很难进行的实验（尽管可以通过新闻公告对市场反应的事件研究来作为此类信息对市场有效性的测试）。第三句话描述了实证资产定价相关的巨量文献。该类文献试图测试下式是否成立：

$$R_{i,t+1} = \Theta_{it} + U_{i,t+1}. \tag{5.1}$$

其中，Θ_{it}是由某种经济模型产生的资产均衡收益率；$U_{i,t+1}$是关于在 t 处设置的信息的公平猜测（即给定信息集下的条件期望为零）。在给定经济模型下，市场效率是相当于理性预期的。拒绝式（5.1）意味着在 t 处设置的信息可用于在资产交易中获得利润，从而比 Θ_{it} 中的经济模型所捕获的获得更高的收益。

这个联合假设问题是除了和预期收益的模型结合，市场有效性是不可测试的。反之则不成立。因为通过将预期收益与调查数据相结合，也可以测试预期收益模型，或对非理性信念的特殊假设测试。

即使我们有一个预期收益模型，我们也需要指定包含在 t 的信息集中的变量。法马（1970）定义了三种形式的有效市场假说：弱形式有效包括历史收益到信息集中去；半强式有效市场包括公开信息，如股票送转股信息、股息或收入；强势有效市场形式包括一些市场参与者而不是所有参与者可获得的信息。这类有效性可以通过测量可能更为知情的代理商行为，如交易和基金成分，因为这些可以预测收益。

市场有效性文献包含两个主要分支。横截面文献计算时间 t 内的平均收益率，并考虑各种资产 i。Θ_{it}的经济模型则是一种横截面资产定价模型。对 CAPM 测试可以使用平均实现的收益率，例如，可以被认为是 CAPM 和市场的联合测试。

时间序列文献保持 i 和模型收益率不变。这个最简单的经济模型在 Θ_{it}是 $\Theta_{it}=\Theta$，一个常数，早期的文献集中于此模型。然而，具有时变预期收益的均衡模型是当代研究的重点。此外，早期的工作主要关注股票指数这个指标，但最近的工作考虑了多个资产类别或转移到一个面板结构，从而试图大胆结合这两个分支。

要设计有意义的时间序列测试并解释结果，提出另一个假设是有帮助的。例如：

高频噪声。市场价格受到测量误差或非流动性（买卖反弹）导致的短期噪声污染。这会产生短期的逆转。

不完善的信息处理。市场对信息的反应迟缓。这个导致在信息发布后仍产生短期的连续收益。在另外一些情况下，市场可能对某些显著类型的信息反应过度而产生逆转。

持续的错误定价。市场价格可能会大幅偏离有效水平，这些偏差难以套利，因为它们持续很长时间。这会产生基于价格水平的长期逆转和可预测性，但可能很难在短期内检测到。

处置效应。与出售其拥有的价值下降的股票（输家）相比，个人投资者更愿意出售他们拥有的价值增加的股票（赢家），除非损失巨大。也就是说，它们显示出来处置效应［Shefrin 和 Statman（1985）］以及投降效应。这个意味着好消息和极端坏消息导致交易量增加和高的预期未来收益。

短期收益可预测性如果存在，则很容易被发现并且难以使用基于风险的资产定价模型解释。但是，它对价格影响有限，并且在套利者发现可预测性或交易成本下降使套利成本降低时，这种影响可以迅速消失。长期收益的可预测性可以对价格产生很大影响，但很难在没有很长时间序列的情况下检测出来，长期收益也许可以用更复杂的风险和收益模型来解释。

迈克尔·詹森（1978）写道：

> 经济学中没有其他命题比有效市场假说具有更坚实的实检证据支持它。

罗伯特·希勒（1984）以同样的强势态度回应说：

> 投机性资产的收益几乎无法预测；这个事实是传统反对大众心理学在投机市场中起作用的最重要的论点。这种观点的一个论点声称，因为真正的收益几乎是不可预测的，股票的实际价格非常接近内在价值，也就是以最优预测未来实际股息并用常数折现率进行折现值。这个论点……是经济理论历史上最显著的错误之一。

保罗·萨缪尔森在私人通信［Jung 和 Shiller（2005）］中写道：

> 现代市场显示出相当大的微观有效性（因为发现微观有效偏差的少数人可以从这些事件中赚钱，并且在这样做时消除了任何持续的无效性）。与前一句话没有矛盾，我假设宏观无效性，基于证券价格综合指数的长时间序列低于或高于各种定义的基本面价值。

辩论一直持续到今天，尽管大多数经济学家都同意，市场有效性是一个有用的基准，但并不完全成立。换句话说，它是半满（或半空）的玻璃杯。

5.1.1　股票收益中的自相关测试

市场效率最基本的时间序列检验（一直与测试预期收益率模型做共同检验）是为了测试过去的模型隐含的收益偏离是否能预测未来的收益偏差。在法马的术语中，这是对弱式市场效率的考验。为简单起见，我们来讨论预期收益是一个未知的常数预期收益模型。然后，我们检验是否过去的收益能预测未来的收益。

领先的方法着眼于股票收益的自相关。在股票收益率为独立同分布的零假设下，任何单个样本自相关的标准误差渐近地由 $1/\sqrt{T}$ 给出，其中 T 是样本大小。遗憾的是，由于当 $T=100$ 时标准误差为 0.1，当 $T=2\,500$ 时仍为 0.02，很难检测到小的自相关。

在股票收益为独立同分布的零假设下，不同的自相关是彼此不相关的。这表明我们可以通过组合不同自相关是可能有帮助的。例如，Box 和 Pierce（1970）的 Q 统计量计算 K 平方样本自相关总和：

$$Q_K = T\sum_{j=1}^{K}\widehat{\rho}_j^2. \tag{5.2}$$

其中，$\widehat{\rho}_j = \widehat{\mathrm{Corr}}(r_t, r_{t-j})$，这是渐近分布的自由度为 K 的卡方分布。

Q 统计量不使用自相关的符号。许多合理的常数预期收益的零假设的替代理论都隐含指出每个自相关都很小，但都有相同的符号。为了获得对抗其他理论的力量，我们对样本的自相关的水平求平均，而不是它们的平方。一种方法是方差比统计，K 周期对数的方差返回除以 K 乘以一个周期对数收益率的方差。Lo 和 MacKinlay（1988）以及 Poterba 和 Summers（1988）在金融文献中引入了这一统计数据，Cochrane（1988a）将之在宏观经济学文献中提出。当返回是串行不相关的，方差比为 1，因为那时 K 周期的日志返回是 K 个连续收益的总和，它们彼此不相关，其方差为 K 乘以每个加总项的方差。推广来说，方差比率统计与样本收益自相关关系如下所示：

$$\widehat{V}(K)=\frac{\widehat{\operatorname{Var}}(r_{t+1}+\cdots+r_{t+K})}{K\widehat{\operatorname{Var}}(r_{t+1})}=1+2\sum_{j=1}^{K-1}\left(1-\frac{j}{K}\right)\widehat{\rho}_j. \tag{5.3}$$

换句话说，它是 1 加上前 $K-1$ 个样本自相关的权重呈线性下降的加权平均值。方差比统计值大于 1 表示自相关主要是正的，而小于 1 的比率表示它们主要是负相关的。

方差比统计量的渐近方差，在独立同分布收益零假设下：

$$\operatorname{Var}(\widehat{V}(K))=\frac{4}{T}\sum_{j=1}^{K-1}\left(1-\frac{j}{K}\right)^2=\frac{2(2K-1)(K-1)}{3KT}. \tag{5.4}$$

随着 K 增加，这接近 $4K/3T$。

这个结果当 $K\to\infty$、$T\to\infty$、$K/T\to\infty$ 时仍然有效［Priestley（1981）］。在这种情况下，真实的收益过程可以是序列相关的，并且是异方差的，我们仍然有：

$$\operatorname{Var}(\widehat{V}(K))=\frac{4KV(K)^2}{3T}. \tag{5.5}$$

注意，当真 V（K）很大时，这个更大。计量经济学的一个缺陷就是使用渐近假设 $K/T\to 0$ 在实践中很危险。因为与样本大小相比，K 通常很大。Richardson 和 Stock（1989）提出了替代 $K/T\to\delta$ 的渐近假设，其中 $\delta>0$。法马和弗伦奇（1988b）实施的另一个相关的方法是对 K 期收益和延迟的 K 期进行回归。此 K 期间的回归系数 β（K）与方差比统计关系是：

$$\beta(K)=\frac{V(2K)}{V(K)}-1, \tag{5.6}$$

并且 R^2 统计量只是回归系数的平方，因为因变量和自变量具有相同的方差。

5.1.2　股票收益自相关的实证证据

自相关测试的结果可总结如下。在每天、每周，甚至是月度数据中，个股的负自相关性很小。Nagel（2012）的研究指明了这一点，他记录了短期逆转策略可以获利，即做多最近几天表现落后于市场的股票和做空表现优于市场的股票。这种高频逆转奖励通过购买（出售）个股来提供流动性以适应外部卖出（购入）股票的压力。作为市场微观结构文献的一部分，我们将在第12章进一步讨论这一点。

相比之下，更宽基的股票指数主要是正向的高频自相关。这是由于个股之间存在正的交叉自相关，特别是在大市值和流动性好的股票收益与随后的小市值和流动性差的股票收益之间［Lo和MacKinlay（1988，1990b）］。指数的正的自相关性近几十年来已经下降，如图5.1所示。Froot和Perold（1995）更新的图中报告了相对于CRSP市值加权超额收益的一阶自相关性。这些是从1926年到2012年每年独立估计的。作为一项非正式的练习，请思考一下是什么经济力量可能推动了20世纪七八十年代的指数自相关性的下降，我们将在本章末尾回答这个问题。

股票收益的自相关性在几个月或者几年内看起来完全不同。个股和股票指数前12个月（可能不包括第一个月）都具有正的自相关性，然后在更长时间内是负的自相关性。个股的正自相关性是第3章讨论的动量效应的基础，而DeBondt和Thaler（1985）对个别股票记录了负的长期自相关性。

在指数层面，Poterba和Summers（1988）用方差比率统计来记录指数收益的长期均值回归。表5.1包含了他们分析的1926年7月至2013年4月期间的更新结果。这里再次使用CRSP价值加权指数。

用于构建此表的是每月数据，因此原始数据1年的方差比为1.177，列在第二列的顶部，可以看到主要是一个月到一年之间的正自相关性。原始方差比率下降期超过一年，在8年的时间内达到0.621，反映出的主要是多年负自相关性。Poterba 和 Summers 将他们的方差比率在 1 年内归一化 1，突出了一年以后的下降（如表 5.1 的第一列所示）。8 年时，归一化方差比率为 0.443，表明 8 年收益的方差仅为 8×0.443，或大约是一年收益的 3.5 倍。这些渐近标准误差方差比很大（如表 5.1 的最后一行所述），所以这些测试虽然提供了明显的均值回归的点估计，但它们没有提供强有力的反驳连续不相关收益的零假设的统计证据。另外当大萧条被排除在数据之外时，比率更接近 1。即使在 Poterba 和 Summers 数据集以外的最近一段时间里，它们仍然低于 1。①

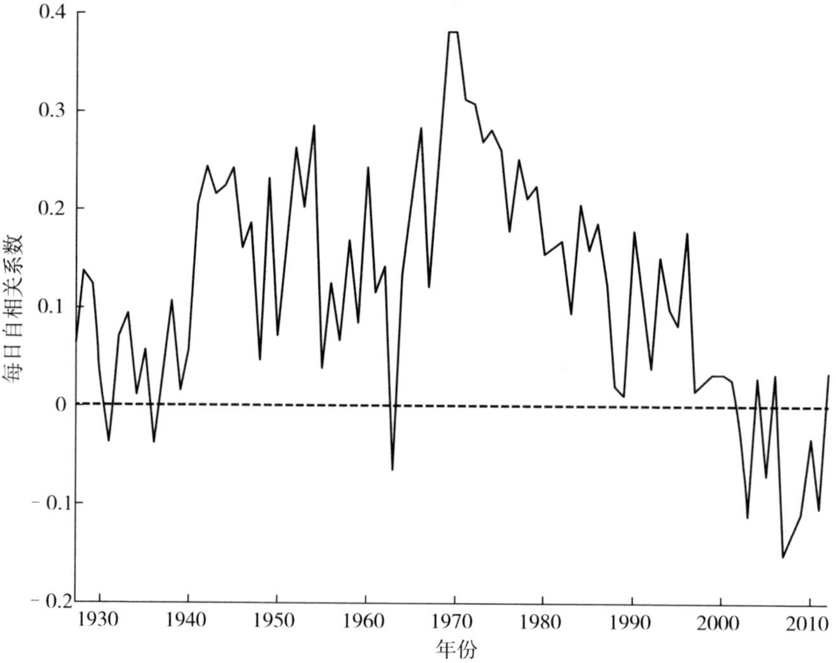

图 5.1　市场超额收益的每日自相关系数（1926—2012 年）

① β（K）有相应的变负的趋势，在 3～5 年时最大 R^2（K）为 25%～45%［Fama 和 French（1988b）］。

表 5. 1　方差比率统计（1926—2013 年）

范围	标准方差	初始方差	渐近平方误差
1 年	1. 000	1. 177	0. 116
2 年	0. 949	1. 126	0. 170
3 年	0. 822	0. 999	0. 210
4 年	0. 718	0. 896	0. 244
5 年	0. 620	0. 798	0. 274
6 年	0. 508	0. 685	0. 300
7 年	0. 455	0. 632	0. 325
8 年	0. 443	0. 621	0. 348

为了解释这些结果，我们希望更好地了解替代方案时变预期收益模型隐含的自相关模型。这需要在给定预期收益的替代流程后，使用能够确定价格的现值模型，然后实现的收益率。我们这将在接下来的两个部分中讨论这类模型。

5. 2　具有不变折现率的现值折现模型

最简单的现值折现模型假设资产是通过一段时间不变的折现收益率来定价的。尽管存在大量证据证明时变的折现率，这些模型对于许多目的仍然有用，并且仍然是向更复杂理论发展的一个自然起点。我们先介绍一个模型，这个模型中股息支付对投资者来说是外生的，然后讨论从企业的利润和支付政策中推导出股票利息的模型。

5. 2. 1　基于股息的模型

非常简单的股票的收益是下式给出的：

$$1 + R_{t+1} = \frac{P_{t+1} + D_{t+1}}{P_t}. \tag{5.7}$$

如果股票的预期收益是不变的，$E_t R_{t+1} = R$，那么：

$$P_t = E_t\left[\frac{P_{t+1} + D_{t+1}}{1+R}\right]. \tag{5.8}$$

对 K 时期向前求解，我们得到：

$$P_t = E_t\left[\sum_{k=1}^{K}\left(\frac{1}{1+R}\right)^k D_{t+k}\right] + E_t\left[\left(\frac{1}{1+R}\right)^K P_{t+K}\right]. \tag{5.9}$$

股息折现模型

使 K 趋向于无穷，并假设右边的最后一项趋于零，我们得到：

$$\lim_{K\to\infty} E_t\left[\left(\frac{1}{1+R}\right)^K P_{t+K}\right] = 0, \tag{5.10}$$

我们得到了股价的股息折现模型：

$$P_t = E_t\left[\sum_{k=1}^{\infty}\left(\frac{1}{1+R}\right)^k D_{t+k}\right]. \tag{5.11}$$

该模型具有恒定预期股票收益，因此有时被称为股票价格的随机游走或鞅模型。但事实上，该模型中的股票价格并不是鞅过程，因为：

$$E_t P_{t+1} = (1+R)P_t - E_t D_{t+1}, \tag{5.12}$$

而鞅过程应该有属性 $E_t\ P_{t+1} = P_t$。

但是，我们可以在此模型中获得如下的鞅过程。如果投资者把所有股息用于购买更多股票，则其拥有的股票数量为：

$$N_{t+1} = N_t\left(1 + \frac{D_{t+1}}{P_{t+1}}\right). \tag{5.13}$$

产生的投资组合的折现值也被称为折现增益过程，是一个鞅过程。

$$V_t = \frac{N_t P_t}{(1+R)^t}, \tag{5.14}$$

方差界限检验

Shiller（1981）观察到，如果式（5.11）成立，未来股息的折现值应等于股票价格加上不可预测的噪声，因此应该具有比股票价格更大的方差。他使用终端条件来计算尚未支付的股息，计算了总体股票指数股息折现值的大致值，并发现该值的方差比指数价格的方差低很多，这与模型的预测相反。LeRoy 和 Porter（1981）做了类似的观察，Shiller（1979）对长期债券收益率也进行了类似的分析。

Shiller（1979）的发现引发了一场重大争议。Kleidon（1986）、Marsh 和 Merton（1986）强调，股息和股票价格都遵循高度持续的单位根过程，在这种情况下，价格和折现股息的总体方差是不确定的。可以在任何样本中计算样本方差，但随着样本量的增加，样本方差会不受限制地增加。

为此，Campbell 和 Shiller（1987）研究了如何修改单位根过程的方差计算。在一个线性时间序列模型中，股息过程具有单位根说明价格和股息是协整的［Engle 和 Granger（1987）］，并具有一个取决于式（5.11）中折现率 R 的协整系数。明确来讲，股息折现模型可以写成：

$$P_t - \frac{D_t}{R} = \left(\frac{1}{R}\right) \mathrm{E}_t \left[\sum_{i=0}^{\infty} \left(\frac{1}{1+R} \right)^i \Delta D_{t+1+i} \right], \qquad (5.15)$$

所以即使股票价格和股息都遵循单位根过程，股票价格和股息的线性组合 $P_t - D_t/R$ 是固定的。然而，Campbell 和 Shiller（1987）测试并否决了这种形式的股息折现模型，他们发现此时价格与当前股息，而不是价格水平之间的价差仍然存在过度波动。

线性生成过程

加贝克斯（Gabaix，2009）提出了一个更广泛的模型，其中通过当前基本面（通常是当前股息）的一些衡量标准进行正态化的价格水平与随时间变化的因素，如同期现金流增长率和同期折现率等线性相关。

为了得出最简单的线性生成过程，我们假设存在一个恒定的折现率并将股息建模为：

$$\mathrm{E}_t D_{t+1} = (1 + G_t) D_t. \tag{5.16}$$

其中，G_t 是股息的增长率。我们假设对这种增长率的冲击和对股息水平的冲击是相互独立的。将式（5.16）向前推一期，并取期望值，我们得到：

$$\mathrm{E}_t D_{t+2} = \mathrm{E}_t (1 + G_{t+1}) D_{t+1} = \mathrm{E}_t (1 + G_{t+1}) \mathrm{E}_t D_{t+1}. \tag{5.17}$$

第二个等式由对增长率的冲击和对股息水平的冲击是相互独立的得到。

股息增长率的线性生成过程采用特定的非线性形式：

$$\mathrm{E}_t G_{t+1} = \frac{\rho G_t}{1 + G_t}. \tag{5.18}$$

这里除以（$1+G_t$）是“线性生成扭曲”，它将股息增长的线性 AR（1）过程转换为具有正确形式的非线性过程，以使股价与股息的比率在股息增长中呈线性关系。

我们已经将预期的两期预付股息代入表达式并进行简化，得到：

$$\mathrm{E}_t D_{t+2} = (1 + G_t(1 + \rho)) D_t. \tag{5.19}$$

因此，股息增长率的非线性模型是股息水平的线性模型，或者相当于股息变化的线性模型，预期变化以几何速率 ρ 衰减：

$$\mathrm{E}_t \Delta D_{t+2} = \rho \mathrm{E}_t \Delta D_{t+1}. \tag{5.20}$$

这是股息折现模型的一个特例，我们可以使用式（5.15）来验证股价与股息之比和股息增长率的线性关系：

$$\frac{P_t}{D_t} = \left(\frac{1}{R}\right)\left[1 + \left(\frac{1+R}{1+R-\rho}\right) G_t\right]. \tag{5.21}$$

加贝克斯的贡献是表明类似的技巧可以更普遍地使用，即使在具有随时间变化的折现率的模型中也是如此。习题 5.1 要求在具有随时间变化折现率的示例中利用该方法进行讨论，并且在 6.3.1 节中介绍了具有灾害风险的基于消费的资产定价模型的应用。

戈登增长模型

股息折现模型有一个有用的特例，假设预期的股息增长率为常数 G，因此有 $E_tD_{t+k}=(1+G)^{k-1}E_tD_{t+1}$，然后我们得到了戈登增长模型［Gordon 和 Shapiro（1956），Williams（1938）］：

$$P_t=\frac{\mathrm{E}_tD_{t+1}}{R-G}. \tag{5.22}$$

通常我们会省略时间下标将其简化，得到：

$$\frac{D}{P}=R-G. \tag{5.23}$$

其中，D 是下一期的股息，调整一下顺序，我们得到：

$$R=\frac{D}{P}+G. \tag{5.24}$$

这表明收益来自收入和资本收益（相当于稳定状态下的股息增长）。

从字面上看，戈登增长模型意味着式（5.24）中的所有变量随时间变化保持恒定。显然这是与事实不相符的，现实中要么会取 D/P 的时间点值和 R 与 G 的同期估计值，要么会取这些变量的长期历史样本估计的样本平均值。

西格尔（Siegel，2007）报告的汇总统计数据说明了后一种方法的有用性。西格尔计算了美国股票指数的统计数据，使用 1925 年以前的考尔斯（Cowles）指数以及自 1926 年以来芝加哥大学安全价格研究中心（CRSP）的数据。在 1871—2006 年，美国股票实际收益率的几何平均为 6.7%，平均股息价格比率为 4.5%，实际资本增值的几何平均比率为 2.1%。[①] 因此，总收益的 2/3 来自收入，而 1/3 来自资本收益。实际股息增长的平均增长率（应该等于稳定状态下的实际资本增值率）略低于 1.3%，反映了股票价格在此期间增长快于股息的趋势。在本章的后面部分我们将讨论几种修改戈登增长模型的方法，以明确地将时间

① 在这种情况下使用几何平均值很重要，第 5.5.2 节对其进行了更详细的说明。

变化纳入 R 和 G 中。

5.2.2 基于收益的模型

到目前为止，我们都将股息及其增长率视为外生的。与此相对，我们可能会考虑股息是如何由公司的支付政策和盈利能力决定的情况。

我们将收益记为 X_t，将公司的账面权益记为 B_t。我们假设再投资收益 $X_t - B_t$ 使得账面权益同等增加：

$$B_t = B_{t-1} + X_t - D_t. \tag{5.25}$$

这在所谓的净盈余会计中是完全正确的，而在现实会计中则大致正确。

我们将公司的会计净资产收益率（ROE）定义为收益除以滞后账面权益：

$$ROE_t = X_t / B_{t-1}. \tag{5.26}$$

我们将保留率或回收率 λ_t 定义为保留用于再投资的收益的比例，因此有：

$$D_t = (1 - \lambda_t) X_t. \tag{5.27}$$

在戈登增长模型的稳定状态下，账面净值、收益和股息均以共同速率 G 增长。因此，我们有：

$$G = \frac{B_t - B_{t-1}}{B_{t-1}} = \frac{X_t - D_t}{B_{t-1}} = \lambda \frac{X_t}{B_{t-1}} = \lambda ROE. \tag{5.28}$$

将这些表达式代入戈登增长模型，我们有：

$$P_t = \frac{(1 - \lambda) \mathrm{E}_t X_{t+1}}{R - \lambda ROE}. \tag{5.29}$$

或者去掉时间下标，得到：

$$\frac{X}{P} = \frac{R - \lambda ROE}{1 - \lambda}. \tag{5.30}$$

其中，X 表示下一期收益。这表明当 $ROE > R$ 时，股票价格随着留存率的增加而增加，从那时起公司的投资就超过了它们的资本成本。然而，当 $ROE < R$ 时，股票价格随留存率上升而下降。净资产收益率低于 R 的公司无法进行充足的盈利投资，应向股东分配现金，而不是保留收益用于再投资。

重新整理式（5.30），我们可以得到：

$$R = (1-\lambda)\frac{X}{P} + \lambda ROE. \tag{5.31}$$

因此收益可以写成收益率和盈利能力的加权平均值。只有在公司将收益再投资以促进增长的情况下，盈利能力才是重要的。

从长远来看，我们可能预计投资将持续到 ROE 与 R 相等为止。在这种情况下，无论支付政策如何，收益价格比率等于折现率：

$$\frac{X}{P} = R. \tag{5.32}$$

西格尔（2007）报告称，1871—2006 年期间美国股票的平均市盈率为 14.45。这相当于 6.9% 的收益 - 价格比率，接近 6.7% 的几何平均实际收益率，这表明从长远来看，企业盈利能力确实可能接近平均资本成本。

该框架还可用于解释公司账面 - 市值比率的决定因素，这是股票收益横截面分析中最常用的价值衡量标准。我们有：

$$\frac{B}{P} = \frac{R-\lambda ROE}{(1-\lambda)ROE} = 1 + \left(\frac{R/ROE-1}{1-\lambda}\right). \tag{5.33}$$

因此，当 $ROE < R$ 时，账面 - 市值比率高于 1 且留存率增加，当 $ROE > R$ 时，留存率下降，这与之前的结论一致，即 $ROE > R$ 时股票价格随着保留率的增加而增加，反之则下降。在 $ROE = R$ 的长期稳定状态下，任何支付政策的账面 - 市值比率等于 1。

5.2.3 理性泡沫

理性泡沫模型去掉了股票折现价格等于零的假设，同时保留了预期股票收益率不变的假设。然后我们得到了无数种可能的解决方案：

$$P_t = P_{Dt} + Q_t. \tag{5.34}$$

其中，P_{Dt} 是股利折现模型式（5.11）中的价格，理性泡沫 Q_t 是满足下列条件的任一随机过程：

$$Q_t = \mathrm{E}_t\left[\frac{Q_{t+1}}{1+R}\right]. \tag{5.35}$$

例如，Blanchard 和 Watson（1982）提出了如下泡沫过程：$Q_{t+1} = ((1+R)/\pi)Q_t + \zeta_{t+1}$，概率为$\pi$，$Q_{t+1} = \zeta_{t+1}$，概率为$1-\pi$，其中，$E_t\ \xi_{t+1} = 0$。这一泡沫过程或者缓慢增长，或者破裂，并且破裂的可能性越高，其在破裂前的增长速度就越快，从而满足式（5.35）。

理性泡沫的存在条件是有限制的。其中一些限制可以在部分均衡中说明。例如，理性泡沫不能存在于有限期资产上，因为在最终日期 T，资产价值由其终端支付给出，终端泡沫 Q_T 必须为零。使用式（5.35）向前推，泡沫在所有早期阶段也必须为零。类似的逻辑告诉我们，如果资产价格存在下限（例如对于有限责任资产为零），则不存在负理性泡沫；如果资产价格存在上限（例如在完全弹性供给中的高价替代品），则不存在正理性泡沫。此外，在可以存在正理性泡沫但不存在负理性泡沫的情况下，泡沫永远不能开始，因为从式（5.35）中我们可以得出，$Q_t = 0$ 和 $Q_{t+1} \geqslant 0$ 意味着 $Q_{t+1} = 0$。在这种情况下，任何泡沫从资产首次开始交易的那一刻起就必定存在［Diba 和 Grossman（1987）］。

其他限制来自一般均衡的性质。首先，理性泡沫不能存在于具有无限代理的代理经济中，因为参与者对泡沫的投资违反了横向条件，因此泡沫不能与无限期理性预期均衡同时存在。其次，Tirole（1985）表明，在利率超过经济增长率的确定性重叠世代（OLG）经济中，理性泡沫不可能存在，因为在这样的经济中，以利率增长的泡沫最终会耗尽必须从老一代处购买资产的年轻一代的财富。在确定性经济中，低于经济增长率的利率意味着经济是动态低效的，换句话说，社会规划者可以通过重新分配资源来实现帕累托改进。Tirole 的结果意味着理性泡沫不能存在于动态有效的经济中。

OLG 模型中的问题变得更加复杂，同时存在对输出和资产收益的随机冲击。在这里，泡沫的增长率将取决于标的资产的基本风险和泡沫本身的随机性质，动态有效性的条件不能降低到单一利率与经济增长率的比较。Farhi 和 Tirole（2012）表明，由于市场不完整和风险分担不完善，OLG 经济可以拥有很低的无风险利率（因为预防性储蓄），即使它是动态有效的。Abel 等人（1989）为随机经济中的动态效率提供了充分条件，即资本收益总是超过投资。他们认为这种情况在实证经验上是令人满意的，但是 Geerolf（2013）对这一发现提出质疑。这些考量和 21 世纪初的低实际利率水平使宏观经济学家和货币经济学家重新燃起对泡沫的兴趣。

对理性泡沫的实证检验通常比较同一资产的价格和股息的时间序列行为，寻找价格以非平稳（爆炸性）方式偏离股息的证据。这些测试结果不一，因为在现有数据样本中难以区分平稳但高度持续的过程与非平稳过程［Diba 和 Grossman（1988），Evans（1991），Phillips、Wu 和 Yu（2011）］。Giglio、Maggiori 和 Stroebel（2016）比较了两个相关资产的价格，发现在特定资产类别——住宅房地产中不存在理性泡沫。这是可能的，因为在英国和新加坡，非常长的房地产租赁（租赁权）与直接所有权索赔（免税）一起交易。一些租赁期限已超过 7 个世纪。Giglio 等人表明他们的价格与可比的永久产权无法区分，这意味着未来 700 年的折现房地产价值是当今房地产价值的微不足道的组成部分。

即使人们不相信理性泡沫存在于现实中，理性泡沫文献也会给我们提供一些信息，因为它告诉我们在非理性泡沫世界中我们可能观察到的现象。正如我们将在下一节中看到的，如果价格变动（以及预期收益的相应变动）持续存在，资产价格相对于基本面的大幅波动只能产生少量的收益可预测性。一个理性泡沫，其固定预期增长率等于标的资产的固定折现率，是极端的情况，其中价格偏离基本面是如此持续（实际上是爆炸性的），它意味着根本没有收益可预测性。关于泡沫的讨论似乎通常指的是确实会产生少量的收益可预测性的非理性泡沫。

5.3 具有随时间变化折现率的现值模型

5.3.1 坎贝尔 - 希勒近似

上一节中讨论的模型具有不变的预期收益，但为了说明股票收益可预测性的证据，我们需要考虑随时间变化的预期收益。在这种情况下，精确的现值模型变得非线性并且难以使用。这是资产定价模型中同时存在加法和乘法项引起问题的另一个例子。

收益近似

Campbell 和 Shiller（1988a）通过建立近似对数线性现值模型来解决这个问题。他们的方法从定义对数股票收益开始：

$$\begin{aligned} r_{t+1} &= \log(1+R_{t+1}) = \log(P_{t+1}+D_{t+1}) - \log(P_t) \\ &= p_{t+1} - p_t + \log(1+\exp(d_{t+1}-p_{t+1})). \end{aligned} \tag{5.36}$$

其中，p_{t+1} 和 d_{t+1} 代表指数价格和股息。

该非线性方程的一阶泰勒展式为：

$$\begin{aligned} \log(1+\exp(d_{t+1}-p_{t+1})) &= f(d_{t+1}-p_{t+1}) \\ &\approx f(\overline{d-p}) + f'(\overline{d-p})(d_{t+1}-p_{t+1}-(\overline{d-p})). \end{aligned} \tag{5.37}$$

其中，$f(z)=\log(1+\exp(z))$，$f'(z)=\exp(z)/(1+\exp(z))$。

因此对数收益的近似结果为：

$$r_{t+1} \approx k + \rho p_{t+1} + (1-\rho)d_{t+1} - p_t. \tag{5.38}$$

其中：

$$\rho = \frac{1}{1+\exp(\overline{d-p})}. \tag{5.39}$$

$$k = -\log(\rho) - (1-\rho)\log(1/\rho - 1). \tag{5.40}$$

此近似值将和的对数替换为对数的平均值，其中相对权重取决于股息和价格的平均相对大小。鉴于长期历史平均股息价格比率介于 4% 和 5% 之间，如果时间段为一年，则对数线性化参数 ρ 的合理值在 0.95 ~

0. 96 范围内。如果周期长度较短，则必须相应地调整 ρ，例如，从 0. 96 调整至每季度 $0.96^{1/4} = 0.990$ 。

坎贝尔 – 希勒近似值的准确性取决于对数股息 – 价格比围绕其均值的变化，因此与第 2. 1. 4 节中讨论的对数投资组合收益的对数线性近似不同，随着周期长度变短，它不会变得更准确。Campbell 和 Shiller（1988a）提供的证据表明，美国历史股票市场数据的准确性较好。一般来说，这种近似提供了适用于资产定价模型的数值解决方案，包括第 6 章中讨论的几种基于消费的模型。

价格分解

对数股票收益的近似表达式是价格对数、股息和收益的差分方差，向前求解并加入终端条件：

$$\lim_{j\to\infty} \rho^j p_{t+j} = 0. \tag{5.41}$$

我们得到：

$$p_t = \frac{k}{1-\rho} + \sum_{j=0}^{\infty} \rho^j [(1-\rho) d_{t+1+j} - r_{t+1+j}]. \tag{5.42}$$

这个方程在事后作为会计恒等式存在。因此，它应该预先考虑，不仅是对理性预期，而且是对尊重个体的非理性预期。采用式（5. 42）的条件期望值，并利用 $E_t p_t = p_t$ 这一事实（因为当前价格在信息集中），我们有：

$$p_t = \frac{k}{1-\rho} + p_{CF,t} + p_{DR,t}. \tag{5.43}$$

其中：

$$p_{CF,t} = \mathrm{E}_t \sum_{j=0}^{\infty} \rho^j (1-\rho) d_{t+1+j} \tag{5.44}$$

$$p_{DR,t} = -\mathrm{E}_t \sum_{j=0}^{\infty} \rho^j r_{t+1+j} \tag{5.45}$$

是由现金流（股息）预期和折现率（收益）预期分别驱动的对数股票价格的组成部分。

股息－价格比率分解

如果对数股息遵循单位根过程，那么对数股息和对数价格是用已知的协整向量进行协整的。对数股息－价格比率是固定的，与已实现的未来股息增长和收益呈线性关系。从当前对数股息中减去式（5.42），我们得到：

$$d_t - p_t = \frac{-k}{1-\rho} + \sum_{j=0}^{\infty} \rho^j [-\Delta d_{t+1+j} + r_{t+1+j}]. \tag{5.46}$$

我们再一次取期望，得到：

$$d_t - p_t = \frac{-k}{1-\rho} + dp_{CF,t} + dp_{DR,t}. \tag{5.47}$$

其中：

$$dp_{CF,t} = d_t - p_{CF,t} = -\mathrm{E}_t \sum_{j=0}^{\infty} \rho^j \Delta d_{t+1+j} \tag{5.48}$$

$$dp_{DR,t} = -p_{DR,t} = \mathrm{E}_t \sum_{j=0}^{\infty} \rho^j r_{t+1+j} \tag{5.49}$$

是对数股息－价格比率的现金流和折现率组成部分。

这种分解说明了为什么对数股息－价格比率是预测股票收益的自然选择。如果股票收益有任何可预测的变化，它将在组成部分 $dp_{DR,t}$ 中体现出来。而对数股息－价格比率也反映了组成部分 $dp_{CF,t}$ 中股息增长的预期，美国总股息支付相对平稳，至少从第二次世界大战开始［Lintner (1956)］接近于随机游走过程。因此，对未来股息增长率的预测不会太不稳定，从而使收益预测成为对 $d_t - p_t$ 比率的主要影响。

由于分解式（5.47）适用于尊重个体的非理性预期和理性预期，它显示了不同的现金流预测如何引导不同的投资者对股市估值进行不同的解读。如果投资者的长期现金流预测值高于合理值，那么考虑到对数股

息 - 价格比率的水平，投资者的长期收益预测值也必须高于合理值。因此，对现金流的非理性乐观使乐观的投资者愿意以对理性投资者不具吸引力的价格持有股票。

账面 - 市值比率分解

上述模型是戈登增长模型［式（5.23）］的动态版本。Vuolteenaho（2002）使用类似的对数线性近似来推导基于盈利能力的账面 - 市值比率式（5.33）的动态版本：

$$b_t - v_t = \mu + \mathrm{E}_t \sum_{j=0}^{\infty} \rho^j [-roe_{t+1+j} + r_{t+1+j}]. \tag{5.50}$$

其中，b_t 是公司的对数账面价值，v_t 是其对数市场价值，$roe_t = log(1 + ROE_t)$。在个别公司的研究中使用这个公式是很自然的，因为随着时间的推移，公司级别的股息政策可能不稳定，而且一些公司根本不支付历史数据中的股息。

收益分解

Campbell（1991）使用坎贝尔 - 希勒对数线性化来分解股票收益，而不是价格的变化，以修订股息增长和未来收益的预期：

$$r_{t+1} - \mathrm{E}_t r_{t+1} = N_{CF,t+1} - N_{DR,t+1}. \tag{5.51}$$

其中：

$$N_{CF,t+1} = (\mathrm{E}_{t+1} - \mathrm{E}_t) \sum_{j=0}^{\infty} \rho^j \Delta d_{t+1+j} \tag{5.52}$$

$$N_{DR,t+1} = (\mathrm{E}_{t+1} - \mathrm{E}_t) \sum_{j=1}^{\infty} \rho^j r_{t+1+j} \tag{5.53}$$

是对现金流（股息）和折现率（预期未来收益）的预期或“新闻”的修订。折现率新闻 $N_{DR,t+1}$ 在预期未来收益增加时被定义为正数，因此它对当前收益产生负面影响。

在式（5.51）中，现金流总和中的时间下标从零开始，而折现率总和中的时间下标从1开始。如果有人将折现率新闻带到等式的左侧，那么可以说包括当前期间和所有未来期间，折现率新闻必须与现金流新闻完全相同。

收益分解式（5.51）意味着有关未来股息的更好信息会降低收益的波动性。原因是关于股息的新闻必须在某个时刻进入价格；它越早，效果就越大。West（1988）强调了这一点，而这一点经常被误解。

这种收益分解并不要求研究人员表明立场，哪种估值比率（股息-价格比率、收益-价格比率、账面-市场比率，或其他一些总支出与市场价值的比率）最能说明股票市场的特征。这些比率中的任何一个都可以用于预测分析，构建收益组成部分 $N_{CF,t+1}$ 和 $N_{DR,t+1}$ 的实证替代。这些收益成分也与第9章讨论的跨期资产定价理论相关。

5.3.2 长短期收益可预测性

上一节中的公式意味着，相对于收益的整体变化而言，短期内收益的可预测变化可以忽略不计，但可能是资产价格水平和收益波动性的重要决定因素。这个想法在尤金·法马，尤其是罗伯特·希勒的工作中非常重要，为他们获得2013年的诺贝尔奖做出了巨大贡献［Campbell（2014）］。

AR（1）折现率下的价格和收益分解

为了理解这一点，我们遵循Campbell、Lo和MacKinlay（1997）的考量，并考虑随时间变化的预期收益的具体模型，其中预期收益遵循AR（1）过程：

$$r_{t+1} = \overline{r} + x_t + u_{t+1}. \tag{5.54}$$

$$x_{t+1} = \phi x_t + \xi_{t+1}. \tag{5.55}$$

其中，$\overline{r}$ 是无条件均值收益。条件均值收益是 $\overline{r} + x_t$，其中，x_t 是零均值AR（1）过程（与本书前面的字母 x 的使用无关）。预期外收益是

u_{t+1}，预期收益的创新是 ξ_{t+1}。分析的目标是推导出可归因于预期收益变化的价格和收益变化，并最终了解决定预期外收益 u_{t+1} 的方差及其与 ξ_{t+1} 的协方差。

x_t 的过程意味着式（5.49）中由未来预期收益 $dp_{DR,t}$ 的变化驱动的对数股息－价格比率的组成部分是：

$$dp_{DR,t} = \frac{\bar{r}}{1-\rho} + \frac{x_t}{1-\rho\phi}. \tag{5.56}$$

该组成部分的方差为：

$$\mathrm{Var}(dp_{DR,t}) = \frac{\sigma_x^2}{(1-\rho\phi)^2}. \tag{5.57}$$

因此预期收益可能具有非常小的波动性，但如果它具有高度持续性，就仍然可能对对数股息－价格比率（或等价股票价格）产生非常大的影响。这是 Shiller（1984）的观点，他写道："由于实际收益几乎无法预测，股票的实际价格接近内在价值……这是经济思想史上最显著的错误之一。"

如果我们计算股票收益的成分，会得到类似的见解，这些成分是由式（5.33）中关于未来折现率 $N_{DR,t+1}$ 的新闻驱动的：

$$N_{DR,t+1} = \frac{\rho\xi_{t+1}}{1-\rho\phi} \approx \frac{\xi_{t+1}}{1-\phi}. \tag{5.58}$$

今天预期收益增加1%与AR系数为0.5时的资本损失约为2%相关，如果AR系数为0.75，则损失约4%，如果AR系数为0.9，则损失约10%。因此，对于预期收益创新 ξ_{t+1} 的给定方差，折现率新闻的方差随着预期收益的持续而增加。

AR（1）折现率与收益自协方差

这个例子也可以用于计算实现收益的自协方差：

$$\mathrm{Cov}(r_{t+1}, r_{t+1+i}) = \phi^{i-1}\left[\mathrm{Cov}(\xi_{t+1}, N_{CF,t+1}) + \left(\frac{\phi}{1-\phi^2} - \frac{\rho}{1-\rho\phi}\right)\sigma_\xi^2\right]. \tag{5.59}$$

其中，ξ_{t+1} 是收益预测中的创新，现金流新闻 $N_{CF,t+1}$ 在式（5.52）中定义。[①] 该表达式具有几个有趣的属性。在预期收益持续（$\phi>0$）的假设下，所有自协方差具有相同的符号，并且它们以速率 ϕ 逐渐减少至0。这表明它们可以使用第5.1.2节和表5.1的方差比统计来检测，特别是当 ϕ 相对较大时。

自协方差的符号取决于三个因素：股息新闻与预期收益修正之间的共同正面影响（$\text{Cov}(\xi_{t+1}, N_{CF,t+1})$），自相关预期收益的直接正效应（$\phi\sigma_{\xi}^2/(1-\phi^2)$），当预期收益意外增加时发生的资本损失的负面影响（$-\rho\sigma_{\xi}^2/(1-\rho\phi)$）。如果这三项相互抵销，可以使得即使预期收益随时间变化，所有自协方也能为零。这说明了一个一般的观点，即即使价格不是半强有效的，价格也可能是弱有效的：过去的收益数据并不能充分提供投资者可以用来预测收益的信息。然而，该模型中合理的参数值（预期收益创新和现金流量新闻之间没有强正协方差，ϕ 为正但不太大）倾向于产生与表5.1中报告的实证结果一致的负自协方差。

AR（1）折现率下长短期视角中的预测回归

AR（1）的例子还向我们展示了如果将对股票收益和预测变量 x_t 进行回归会发生什么。（为了解决这个问题，AR（1）示例中，如果股息增长是不可预测的，我们可以假设对数股息－价格比率是 x_t 的一个很好的替代。）

为简单起见，假设折现率新闻和现金流量新闻不相关：$\text{Cov}(\xi_{t+1}, N_{CF,t+1})=0$。那么股票收益的无条件方差是：

$$\text{Var}(r_{t+1})=\sigma_{CF}^2+\sigma_x^2\left(\frac{1+\rho^2-2\rho\phi}{(1-\rho\phi)^2}\right)\approx\sigma_{CF}^2+\frac{2\sigma_x^2}{1-\phi}. \qquad (5.60)$$

---

① 如果需要，可以将式（5.58）代入式（5.59）中的现金流和折现率新闻 N_{CF} 和 N_{DR}。但是这不会带来新的见解。

其中，$\sigma_{CF}^2 = \text{Var}(N_{CF,t+1})$，当$\rho$接近于 1，而$\phi$不太接近于 1 时约等于成立。

单期收益回归的 R^2 为：

$$R^2(1) = \frac{\text{Var}(\text{E}_t r_{t+1})}{\text{Var}(r_{t+1})} \approx \frac{\sigma_x^2}{\sigma_{CF}^2 + 2\sigma_x^2/(1-\phi)} = \left(\frac{\sigma_{CF}^2}{\sigma_x^2} + \frac{2}{1-\phi}\right)^{-1} \leq \frac{1-\phi}{2}. \tag{5.61}$$

当 x_t 非常平稳时，即使根本没有现金流新闻，单期收益回归也一定具有较低的 R^2 。要理解这一点，请考虑如果资产是具有恒定现金流的通胀指数永续年金，将会发生什么。持续的利率变动将是永续年金价格的唯一影响因素，但其单期收益在很大程度上是不可预测的，因为其大部分变化都是由于利率的不可预测的创新，而不是缓慢随时间变化的要求的收益。

现在考虑长期回归：K 期的收益对预测变量 x_t 进行回归：

$$r_{t+1} + \cdots + r_{t+K} = \beta(K)x_t. \tag{5.62}$$

其中：

$$\beta(K) = 1 + \phi + \cdots + \phi^{K-1} = \frac{1-\phi^K}{1-\phi}. \tag{5.63}$$

K 期的 R^2 与 1 期的 R^2 的比率为：

$$\frac{R^2(K)}{R^2(1)} = \left[\frac{\text{Var}(\text{E}_t r_{t+1} + \cdots + \text{E}_t r_{t+K})}{\text{Var}(r_{t+1} + \cdots + r_{t+K})}\right] \Big/ \left[\frac{\text{Var}(\text{E}_t r_{t+1})}{\text{Var}(r_{t+1})}\right] \tag{5.64}$$

$$= \frac{\beta(K)^2}{\beta(1)^2}\frac{1}{KV(K)} = \left(\frac{1-\phi^K}{1-\phi}\right)^2 \frac{1}{KV(K)}.$$

如果ϕ很大，则先是随着 K 增长，然后最终降低为零。在 R^2 统计量中，这种驼峰形态的原因是多个未来日期的预期收益彼此正相关，因此其总和的方差增长快于其差异的总和，而在未来多个日期实现的收益有较小的自相关（如上所述），甚至很可能是负的，因此它们的和的方差比它们的方差之和增长得慢。然而，从长期来看，遥远未来的预期收益差异会减小到零，从而降低极端长期的 R^2 统计数据。

法马和弗伦奇（1988a）使用的长期收益回归吸引了后来者的兴趣，因为根据经验，如上例所示，他们的 R^2 统计数据比短期回归高得多，而且通常的渐近 t 统计量（允许 Hansen-Hodrick 或 Newey-West 的残差重叠）产生更强的拒绝。然而，当重叠相对于样本大小较大时，这些 t 统计量倾向于具有水平扭曲，因此长期回归证据在统计上是微弱的。

Pástor 和 Stambaugh（2009）主张使用“预测系统”，其中预期收益的 AR（1）模型与收益预测因子的向量相结合，用于提供不可观察的预期收益的过滤估计值。因此，AR（1）示例具有超出此处报告的简单计算的应用。

5.3.3 解释美国股票市场历史

以上章节中的公式可以被用于解释美国股票市场中的历史波动。

股息 - 价格比率

图 5.2 使用罗伯特·希勒网站的数据绘制了 1871—2013 年间标普 500 指数的股息 - 价格比率历史数据情况。按照财务文献中的标准惯例，每年总计红利从而消除季节性，然后除以年末股票价格。该比率的长期历史平均值为 4.4%，但自 20 世纪 80 年代初以来，股息 - 价格比率已经低于这个平均水平近 30 年，并且在 2013 年年初接近 2%。

在戈登增长模型的稳态中［式（5.23）］，股息 - 价格比率下降 2.4 个百分点意味着折现率和股息增长率之间的差距下降了 2.4 个百分点。如果折现率没有变化，股息增长率必须提高 2.4 个百分点；或者如果股息增长率没有变化，折现率必须下降 2.4 个百分点。在折现率和股息增长率随时间变化的动态模型中，坎贝尔 - 希勒公式（5.47）暗示逐期折现率和股息增长率的折现值必须以可比较的方式变动。

大量实证文献发现，在美国股票市场的历史数据中，股息 - 价格比率几乎没有预测股息增长的能力。自第二次世界大战以来，企业开始以 Lintner（1956）记录的方式平稳分红时尤其如此。但即使在希勒样本期

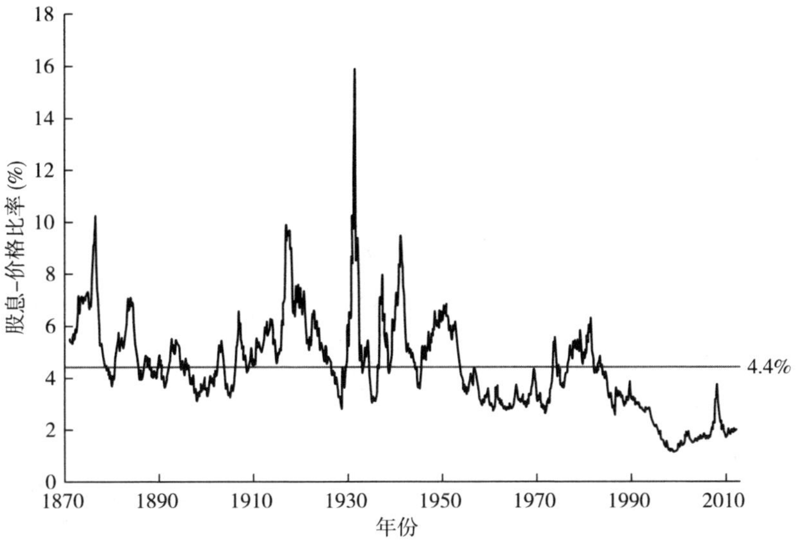

图5.2　标普500指数的股息-价格比率（1871—2013年）

的早期阶段，股息增长也只能预测一年或两年。几乎没有证据表明股息增长率出现长期波动可以解释图5.2所示的股息-价格比率的长期波动是合理的。然而，股息-价格比率确实预测了美国历史数据的收益。这表明该系列的大部分变化应该归因于折现率的变化，而不是改变股息增长的预期——至少如果我们采取理性投资者的观点。

需要注意的是，改变公司支付政策可能会扭曲股息-价格比率的行为。戈登增长模型或坎贝尔-希勒公式可以以两种不同的方式应用。股息可以解释为公司向投资者支付的总现金，价格可以解释为公司的总市值；或者股息可以解释为每股股息，价格可以解释为每股价格。在前一种情况下，股息应包括股票回购。在后一种情况下，股息不必包括股票回购，但必须记住，永久回购计划通过稳步缩减股票数量来增加每股股息的增长率。由于图5.2中绘制的数据不包括回购，后一种解释适用于该图。20世纪80年代向回购的转变可能会持续增加每股预期股息的增长率，而历史回归分析并不容易这样做。然而，这种影响不会使得图5.2的股息-价格比率下降超过1个百分点［Liang

和 Sharpe（1999）]①。

价格与平滑收益比率

如果股票回购是重要且可变的，那么衡量与股息相关的股票价格水平就变得不那么有吸引力了。两种替代方法是查看与其账面价值相关的股票总市值［Kothari 和 Shanken（1997），Pontiff 和 Schall（1998）］，这是在时间序列中衡量横截面价值的标准程序，或者衡量与收益相关的股票价格。由于收益即使在年度频率下也会受到短期周期性波动的影响，Campbell 和 Shiller（1988b）提出了多年的平稳收益［格雷厄姆和多德早些时候提出过这种方法，近年来投资从业者也以循环调整后的市盈率（CAPE）的名义采用该指标］。图 5.3 描绘了 10 年平均价格与平滑收益

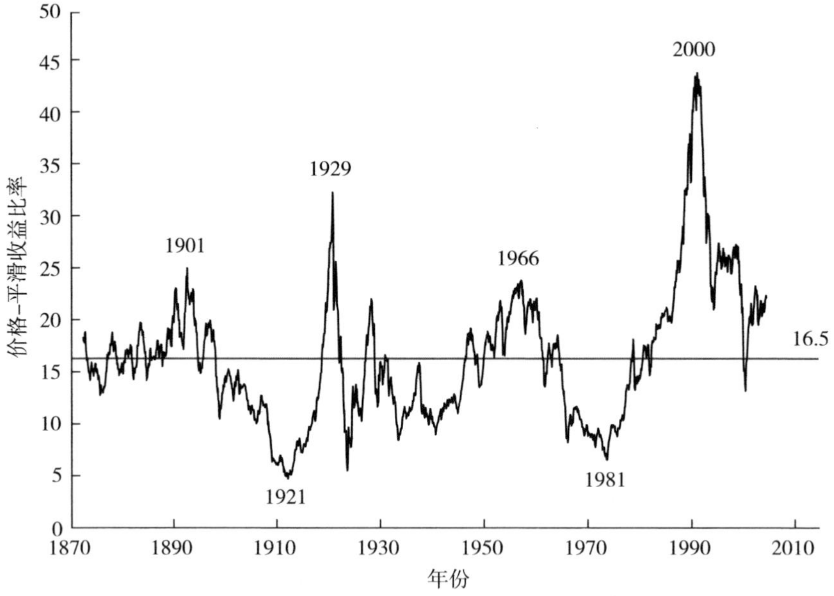

图 5.3　标普 500 指数的价格 – 平滑收益比率（1881—2013 年）

① Robertson 和 Wright（2006）提出了一个相关观点，在总体水平下，现金或债务融资收购将现金分配给股东，在计算支付给股东的款项时应将其考虑在内。

之比的历史数据情况。这一数字的峰值与股市的顶峰相对应，如1929年和2000年出现了极端情况。图5.3与图5.2一样，表明20世纪后期的大牛市在21世纪初没有完全逆转，因此在2013年年初，价格平滑的市盈率远高于16.5的历史平均水平。

历史回归分析显示，价格与平滑收益比率对预测未来收益增长几乎没有什么作用，但其预测长期收益的能力要大得多。Campbell和Shiller（2005）对该问题做了详细总结。① 典型回归使用价格-平滑收益率的对数作为预测变量（取对数使得该值较高时最不稳定的趋势有所下降），将至少10年的长期实际收益作为因变量。预测变量和因变量的时间序列图如图5.4所示。显而易见，至少从20世纪初开始，对数价格-平滑收益率与未来10年实际收益之间存在很强的负相关性，但当然必须记住，即使在一个世纪的数据中，也只有10个对10年收益率的独立观察，因此有效样本量很小。

5.3.4 收益的VAR分析

直接进行长期收益回归的替代方法是使用时间序列模型并计算其对长期收益行为的影响。最明显的是，如果你愿意假设数据遵循向量自回归（VAR）过程，则可以直接根据VAR系数计算收益的新闻成分［Campbell和Shiller（1988a），Campbell（1991）］。

定义 z_t 是状态变量的向量，并假设：

$$z_{t+1} = Az_t + \epsilon_{t+1}. \tag{5.65}$$

z_t 遵循一阶VAR的假设不是限制性的，因为人们总是可以将高阶

① Campbell和Shiller（2005）是对其1996年12月提交给联邦储备委员会的早期分析的更新，恰好在美联储主席格林斯潘发表其著名演讲，创造“非理性繁荣”这一词语之前。在20世纪90年代后期，这一分析认为未来股票收益率较低，这是一个悲观的预测，最初存在较大的预测误差。希勒在2000年3月，市场几乎处于顶峰时出版了《非理性繁荣》一书。

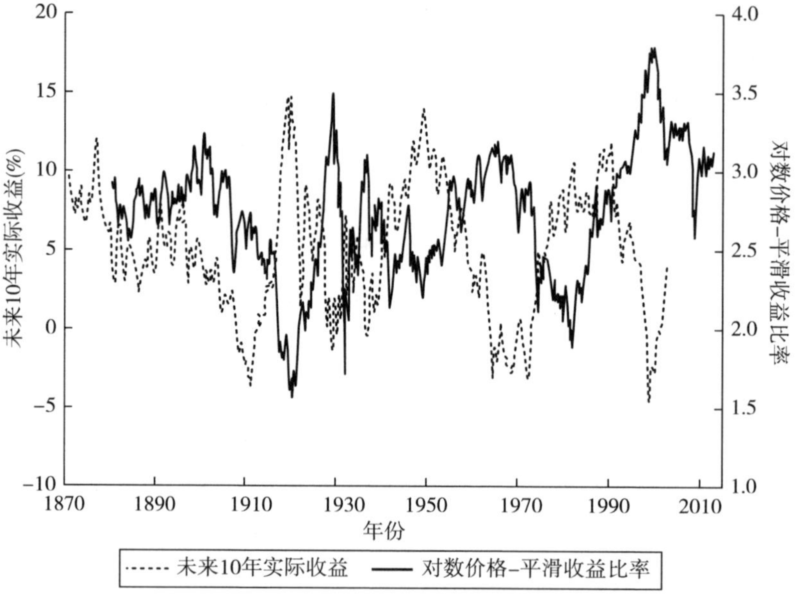

图 5.4　对数价格 - 平滑收益比率和 10 年标普 500 指数期货实际收益（1881—2013 年）

VAR 重写为具有扩展状态向量和创新的奇异方差协方差矩阵的一阶 VAR。这个模型意味着：

$$E_t z_{t+1+j} = A^{j+1} z_t. \tag{5.66}$$

假设股票收益是 VAR 的第一个元素，而其他变量用于预测收益，则有：

$$r_{t+1} - E_t r_{t+1} = e1' \epsilon_{t+1}. \tag{5.67}$$

其中，$e1' = [1 \quad 0 \cdots 0]$，折现率新闻为：

$$N_{DR,t+1} = e1' \sum_{j=1}^{\infty} \rho^j A^j \epsilon_{t+1} = e1' \rho A (I - \rho A)^{-1} \epsilon_{t+1}. \tag{5.68}$$

而现金流新闻为：

$$N_{CF,t+1} = r_{t+1} - E_t r_{t+1} + N_{DR,t+1} = e1'(I + \rho A(I - \rho A)^{-1}) \epsilon_{t+1}. \tag{5.69}$$

上述方法预测了收益，然后将现金流预测构建为残差值。但是如果系统中包含对数股息 - 价格比率，则结果对此选择不敏感，因为对数股息、收益和对数股息－价格比率通过式（5.38）相关联，这意味着：

$$r_{t+1} \approx k + (d_t - p_t) - \rho(d_{t+1} - p_{t+1}) + \Delta d_{t+1}. \tag{5.70}$$

因此，对收益或股息增长的预测和对对数股息－价格比率的预测意味着对缺失变量的预测；并且收益和股息增长不应该与对数股息－价格比率一起包含在系统中，因为结果系统将具有完全的共线性（除了式（5.38）中的小近似误差）。即使在用另一个持续估值比率（如价格－平滑收益率）取代股息－价格比率的系统中，当预测收益或股息增长时，结果也是相似的。Engsted、Pedersen 和 Tanggaard（2012）对这些观点进行了清晰的解释。

虽然 VAR 方法对于决定预测收益或股息增长具有鲁棒性，但结果对解释变量的选择很敏感，Chen 和 Zhao（2009）强调了这一点。

从 Campbell（1991）开始的实证研究通常发现，对于大盘股票指数，折现率新闻的标准差大约是现金流新闻标准差的两倍。之前讨论过，这一发现与估值比率无法预测股息或盈利增长有关。如 Vuolteenaho（2002），以及 Cohen、Polk 和 Vuolteenaho（2009）所示，个股的结果差异很大。尽管个股收益具有可预测性，与第3章讨论的股票水平特征相关，但即使在长期中，个股特征收益的时间序列回归的解释力也非常小，这意味着大多数股票水平收益变化是源于现金流新闻。对于个股的这一发现并不与总体股票指数的证据相矛盾，因为大部分股票现金流新闻都是特殊的，因此它在总体水平上是多元化的；而股票水平的折现率新闻有一个重要的不会分散的总体成分，且占总股票收益变化的很大一部分。

5.4　预测收益回归

上一节提出，可以使用诸如对数股息－价格比率之类的估值比率来预测总股票收益率。然而，当预测因子平稳且与收益同时相关时，此类预测性回归会遇到棘手的计量经济学问题，比如对标准估值比率来说。

5.4.1 斯坦博偏差

肯德尔（Kendall，1954）表明，一阶自回归的自相关系数估计存在向下的有限样本偏差。具体来说，在自回归中：

$$x_{t+1} = (1-\phi)\overline{x} + \phi x_t + \xi_{t+1}. \tag{5.71}$$

偏差为：

$$\mathrm{E}[\widehat{\phi} - \phi] = -\left(\frac{1+3\phi}{T}\right) + o\left(\frac{1}{T^2}\right). \tag{5.72}$$

其中，$o\left(\frac{1}{T^2}\right)$ 表示残差均值随着样本大小的平方或更高幂而降低。x_t 的平稳性估计中的这种向下偏差都是因为回归量是预先确定的而不是外生的（即 x_t 与 ξ_{t+1} 及其前期项不相关，但与 ξ_t 及其滞后项相关），并且因为 x_t 的均值是未知的，必须估计。在一个小样本中，对 x_t 的观察可能远离其真实均值，并且该过程可能永远不会经过其真实均值；但是通过构造，它必须至少经过一次样本均值，这表明一个过渡性过程倾向于经过其均值。

斯坦博（Stambaugh，1999）表明，只要收益创新与预测变量的创新相关，肯德尔偏差就会在单周期预测回归的系数中产生有限样本偏差。考虑回归：

$$r_{t+1} = \alpha + \beta x_t + u_{t+1}. \tag{5.73}$$

假设预测变量遵循式（5.71），则斯坦博偏差公式为：

$$\mathrm{E}[\widehat{\beta} - \beta] = \gamma\,\mathrm{E}[\widehat{\phi} - \phi]. \tag{5.74}$$

其中，$\gamma = \sigma_{u\xi}/\sigma_{\xi}^2$ 是收益创新对预测变量的创新的回归系数。

当收益创新与预测变量的创新负相关时，如股票收益率对股息收益率回归的情况，我们有 $\gamma < 0$，因此 $\widehat{\phi}$ 的向下偏差会产生 $\widehat{\beta}$ 的向上偏差：

$$\mathrm{E}[\widehat{\beta} - \beta] = -\gamma\left(\frac{1+3\phi}{T}\right) > 0. \tag{5.75}$$

当 ϕ 接近 1 时，t 统计量的分布存在类似问题［Cavanagh、Elliott 和

Stock（1995）]。

在其他金融应用中，斯坦博偏差不是一个问题。对平稳的预测变量，若其创新与股票收益弱相关，如通货膨胀和利率，它们的偏差系数非常小。此外，债券收益率对第 8 章讨论的期限结构中收益率差异回归时，债券收益率和收益率差异创新之间的相关性是正的而不是负的，因此预测系数偏于向下而不是向上。在这种情况下，标准测试结果是保守的，而且债券收益可预测性的证据比表现得更强。

5.4.2　金融理论下的最近改进方法

许多论文通过使用来自金融理论的其他信息来回应斯坦博（1999）发现的计量经济学问题。该文献的一个主题是，理论允许人们改进 OLS 预测回归的标准程序来对收益和预定的预测变量进行回归。用 Shiller（2014）的话来说，“通过超额收益对信息变量回归来测试市场效率并没有使用终端条件，后者要求所有价格变动都需要用有关基本面的后续变动的信息来进行调整”。

卢埃林方法

卢埃林（Lewellen，2004）首先通过估计平稳性 $\widehat{\phi}$ 和真实持久性 ϕ 调整了斯坦博偏差公式：

$$\mathrm{E}[\widehat{\beta}-\beta \mid \widehat{\phi}, \phi]=\gamma\,[\widehat{\phi}-\phi]. \tag{5.76}$$

乍一看，这个公式似乎并不特别有用，因为我们不知道真正的平稳系数。然而，卢埃林在理论的基础上认为 ϕ 不能大于 1——股息价格比率不是爆炸性的——因此当 $\phi=1$ 时出现最大的偏差。他提出了使用这种最差情况下的偏差调整估计系数的保守方法：

$$\widehat{\beta}_{adj}=\widehat{\beta}-\gamma\,(\widehat{\phi}-1). \tag{5.77}$$

他表明偏差调整后的系数方差为 $\sigma_v^2/(T\widehat{\sigma}_x^2)$，不用考虑 ϕ 的真实值，T 是样本大小，$\widehat{\sigma_x^2}=\sum_T(x_t-\widehat{\bar{x}})^2/T$ 是 x_t 的（偏差）样本方差，而 v

是 u 对 ξ 回归得到的残差：$u = \gamma\xi + v$。

根据实证结果，卢埃林发现在美国历史数据中，估计的自回归系数 ϕ 接近1，因此偏差调整系数 $\widehat{\beta}_{adj}$ 不会远低于未调整系数。然而，偏差调整后的系数具有低得多的方差，因此卢埃林的检验强烈反对股票收益率不可预测的假设。换句话说，股票收益出现虚假高预测系数的样本是股息－价格比率虚假平稳的样本。由于股息－价格比率的平稳性接近美国历史数据中的上限，因此这不能成为具有大量虚假收益可预测性的样本。

科克伦方法

科克伦（Cochrane，2008）对斯坦博做出了回应，指出对数股息－价格比率无法预测股息增长。[①] 乍一看，这种回应似乎与卢埃林的回应并不相关，但实际上是密切相关的。坎贝尔－希勒对数线性化［式（5.38）］显示 r_{t+1}、$d_t - p_t$、Δd_{t+1} 和 $d_{t+1} - p_{t+1}$ 通过下式关联：

$$r_{t+1} \approx k + (d_t - p_t) + \Delta d_{t+1} - \rho(d_{t+1} - p_{t+1}).$$

那么我们分别使 r_{t+1}、Δd_{t+1} 和 $d_{t+1} - p_{t+1}$ 对 $d_t - p_t$ 回归，可以得到它们的系数 β、β_d 和 ϕ 的关系如下：

$$\beta = 1 + \beta_d - \rho\phi. \tag{5.78}$$

如果我们有关于 ϕ 的先验知识，那么 β 和 β_d 是相关的。例如，如果 $\rho = 0.96$，我们可以知道 $\phi \leqslant 1$，并且 $\beta - 0.04 \geqslant \beta_d$。如果 $\beta = 0$，则 β_d 必须为负且小于 -0.04。因此，β_d 的回归估计接近于零是 $\beta > 0$ 的间接证据，换言之，股票收益是可预测的——根据我们的先验知识，基于理论，对数股息－价格比率不是爆炸性的。

另一种表达科克伦观点的方法是，如果股息－价格比率无法预测

---

① 科克伦的文章标题很有趣，叫《不叫的狗》，指的是夏洛克·福尔摩斯的故事“巴斯克维尔的猎犬”。其中福尔摩斯通过专注于不会发生的事情而不是已经发生的事情来解开谜团。

股票收益率，除非它预测了股息增长，否则它将具有爆炸性。由于股息－价格比率不具爆炸性，较不可预测的股息增长情况加强了可预测收益的证据。

坎贝尔和约戈方法

坎贝尔和约戈（Yogo）对斯坦博提出了第三个回应。他们指出，如果我们知道平稳性 ϕ，我们可以通过将预测变量的创新添加到预测回归中来减少噪声，估计：

$$r_{t+1} = \alpha + \beta x_t + \gamma (x_{t+1} - \phi x_t) + v_{t+1}. \tag{5.79}$$

附加的回归量（$x_{t+1} - \phi x_t$）是一个常数加上 x_{t+1} 的创新；因此它与原始回归量 x_t 不相关，但通常与因变量 r_{t+1} 相关。因此，我们仍然可以得到原始预测系数 β 的一致估计值，但精度提高了，因为我们控制了意外股票收益中的一些噪声。

当然，在实践中我们不知道平稳系数 ϕ，但坎贝尔和约戈认为我们可以通过反转单位根检验统计量来构建它的置信区间。由此可以降低收益中的噪声并提供更强大的测试。如果我们排除先前背景上的平稳系数 $\phi > 1$，则可预测性的证据更为强烈。Polk、Thompson 和 Vuolteenaho（2006）使用 Jansson 和 Moreira（2006）的结果实现了相关的方法。

其他方法

其他几篇论文也使用了金融理论的限制来改善股票收益的预测。Welch 和 Goyal（2008）基于包含不随时间变化和随时间变化的解释变量（如股息－价格比率）的回归，直接关注收益预测的不良样本外表现。这些回归的困难部分在于他们必须使用有噪声的历史数据来估计股票收益的无条件均值。作为回应，Campbell 和 Thompson（2008）表明，通过对回归系数和拟合值施加理论动机的符号限制来改善样本外的表现，并通过使用漂移的稳态估值模型进一步改进（在第5.5.2节中讨论），以避免直接估计股票收益的无条件均值。习题5.2要求根据实证实施此方法。

法马和弗伦奇（2002）估计了无条件平均股票收益率，而不是我们讨论过的其他论文观测的预测系数。他们认为，通过修正估值比率历史变化的历史平均收益，可以更好地估计无条件均值股票收益率，因为金融理论暗示这种变化不可能继续下去。Avdis 和 Wachter（2017）在最大似然框架中进行了类似的修正。

5.4.3 其他预测变量

到目前为止的讨论主要集中在根据平稳估值比率预测股票收益上，例如股息－价格比率、价格－平滑收益率或账面－市值比率。然而，实证文献也考虑了许多其他潜在的预测因素。

债券市场。一类预测指标来自债券市场，包括短期和长期国债的收益率［Campbell（1987），Fama 和 French（1989），Hodrick（1992）］，以及评级较低公司债券的收益率利差或低评级公司相对于高评级公司债券或国债的超额收益［Keim 和 Stambaugh（1986），Fama 和 French（1989）］。短期利率似乎对市场收益有负向影响，而长期国债超过短期国债的收益率利差，以及较低评级相对较高评级债券的信用利差，对市场收益的影响为正向。①

宏观经济。还有一些其他预测变量反映了宏观经济的状况，包括通货膨胀率［Fama 和 Schwert（1977）］，以及投资与资本存量比率表示的总投资率［Cochrane（1991b）］，其动机是第 7 章讨论的 q 投资理论。这两个变量都对市场收益有负向影响。

证券发行。公司的证券发行量对股票收益率产生负向影响，与股票和债务的总发行量［Baker 和 Wurgler（2000）］或股票的市场价值

① 由于国债收益率差异也可以预测超额债券收益率，正如第 8 章所讨论的，这些预测变量意味着债券和股票的预期超额收益存在一些共同变化［Fama 和 French（1989）］。我们将在第 9.4.2 节讨论债券和股票市场的联合建模。

［Boudoukh、Michaely、Richardson 和 Roberts（2007）］有关。投资和股票发行都是变量的汇总版本，已经被证明可以预测横截面收益，如第3章所述。[①]

消费和财富。Lettau 和 Ludvigson（2001a）提出了一个基于总消费、家庭金融财富总值和劳动收入之间估计的协整关系的收益预测。这种协整关系反映了家庭的跨期预算约束，它们将消费支出与可用于支持它的财政和人力财富联系起来。Lettau 和 Ludvigson 将消费、金融财富和劳动收入的固定线性组合称为 cay。协整意味着 cay 的一个不寻常的高值——相对于金融财富和劳动收入而言消费水平很高——必然预示着缓慢的消费增长，高收益所带来的金融财富快速增长，或劳动收入的快速增长。Lettau 和 Ludvigson 发现，大多数可预测性实际上都是金融财富，相当于 cay 能够积极预测总体股票收益。

期权市场。最近的几篇论文使用股票指数期权的价格来预测未来指数实现的收益。标准预测因子是方差风险溢价，定义为期权隐含波动率与滞后实现波动率之间的差异［Bollerslev、Tauchen 和 Zhou（2009）］或实际波动率的理性预测［Drechsler 和 Yaron（2011）］。期权隐含波动率使用无模型期权定价方法计算，该方法不强加布莱克－斯克尔斯模型或任何其他参数模型。这个预测的局限性在于，它仅适用于从1990年开始的相对较短的采样周期。习题5.3要求思考 Martin（2017）提出的备选的基于期权的收益预测。

股票收益的横截面。还可以使用不同类型股票的相对定价信息来预测总股票市场。例如，Eleswarapu 和 Reinganum（2004）使用与滞后三年的市场收益正交的等权重成长股组成的指数的滞后三年期收益；而 Campbell 和 Vuolteenaho（2004）使用小型价值股和小型成长股的对数账

---

① 然而，并非所有横截面预测因子在总体水平上都朝同一方向发挥作用。Hirshleifer、Hou 和 Teoh（2009）发现，即使公司层面的应计项目在横截面中对收益率影响为负，总计应计额也能正向影响市场收益率。

面 - 市值比率的差异；Polk、Thompson 和 Vuolteenaho（2006）使用高低 β 股票的相对定价。我们在第 5.6.2 节讨论后一篇论文，以及 Kelly 和 Pruitt（2013）的最新研究。

其他预测变量和对数股息价格比率

将这些替代预测变量与对数股息 - 价格比率等估值比率结合起来是很自然的。当完成这项工作后，对数股息 - 价格比率和未来收益以及股息增长联系起来会限制替代预测变量可以进入的方式。回忆一下式（5.46），对数股息 - 价格比率近似等于未来实现收益的无限折现总和，减去未来实现的股息增长的无限折现总和。将未来实现收益的无限折现总和减去股息增长对对数股息 - 价格比率进行回归，一定会使得回归系数为 1，为完美拟合（忽略近似误差）。没有其他变量可以进入此回归，因为没有要解释的残差。如果现在运行两个单独的回归，首先将未来实现的无限折扣总和对对数股息 - 价格比率进行回归获得系数 β_1，然后将未来实现的股息增长的无限折现总和对对数股息 - 价格比率进行回归获得系数 β_2，则 $\beta_1 - \beta_2$ 一定等于 1。将其他变量添加到这两个单独的回归中，它们只能输入具有相同符号的两个回归，以使回归中的系数差异为零。在存在对数股息 - 价格比率的情况下，任何预测无限期收益的变量也必须预测具有相同系数的无限期现金流增长。

虽然这种限制是有意义的，但它在两个方面受到限制。第一，它没有告诉我们替代预测变量如何与股息增长部分或对数股息 - 价格比率的收益部分相关联。例如，仅与股息增长成分相关的预测因子仍然可以通过控制由预期股息增长驱动的对数股息 - 价格比率的变化来预测收益与对数股息 - 价格比率。第二，该限制仅适用于其因变量是已实现收益和折现增长到无限期的股息增长之和的回归。如果它们预测近期收益或股息增长与长期收益或股息增长不同，那么替代预测变量可以在不遵守限制的情况下进入短期回归。例如，Cochrane（2011）认为，Lettau 和 Ludvigson 的 cay 预测短期收益为正，长期收益为负，因此它对无限折现的收益总和或无限折扣的股息增长总和没有影响。

5.5　漂移稳态模型

上一节讨论了估值比率高度平稳时出现的计量经济学问题。我们现在进一步考虑估值比率永久变化的可能性。

5.5.1　波动率和估值

Pástor 和 Veronesi（2003）指出，增长率的不确定性会增加公司价值。理解这一点的一种方法是放大戈登增长模型，其中预期股息的增长率是已知且不变的，具有有限的不确定性。假设今天的增长率是随机的，但在下一个瞬间，所有关于它的不确定性将永远地得到解决（这是增长率永久性变化的极端特殊情况），那么戈登增长模型就变成了：

$$\frac{P}{D}=\mathrm{E}\left[\frac{1}{R-G}\right]>\frac{1}{R-\mathrm{E}[G]}. \tag{5.80}$$

式（5.80）中的不等式遵循詹森不等式，假设倒数是凸函数。

另一种理解 Pástor 和 Veronesi 观点的方法是，坎贝尔 - 希勒股息增长公式（5.43）或 Vuolteenaho ROE 公式（5.50）中出现的收益是对数收益。不确定性会降低与任何算术平均收益相对应的平均对数收益或几何平均收益。（回想一下，当对数收益率是正态分布时，这两个平均值之间的差异是对数收益率方差的一半。）因此，如果不确定性不会增加所需的算术平均收益太多（例如，如果不确定性是非系统性的，情况就是这样），则较高的不确定性会降低资产所需的平均对数收益并提高其今天的价格。

Pástor 和 Veronesi 在一家年轻公司的结构模型中发展了这一理念，其中不确定性异常高。他们认为一家公司在 0 时刻出生，账面资产为

B_0。公司以恒定的比率 g 增长直到时间 T，此时账面净值为 $B_T = B_0\exp(gT)$。在时间 T，公司成熟并且竞争消除了异常利润，因此在那一天市值－账面比率被推至 1：$\frac{M_T}{B_T} = 1$。在较早的日期，公司的市场价值是最终账面价值按照要求的收益率 r 进行折现的折现值。

在最简单的 Pástor-Veronesi 模型中，增长率 g 在 0 时刻是未知的，并且以均值 $\overline{g}$ 和方差 σ^2 呈正态分布。这些假设意味着：

$$\frac{M_0}{B_0} = \mathrm{E}\{\exp(g-r)T\} = \exp[(\overline{g}+\sigma^2/2-r)T]. \tag{5.81}$$

这个公式说明，在增长率均值 $\overline{g}$ 和折现率 r 确定时，高的不确定性增加了公司的市值－账面比率。

Pástor 和 Veronesi 通过许多其他功能丰富了他们的模型。具体而言，他们假设投资者可以观察每个时期的实现盈利能力，这相当于真正的平均盈利能力加上连续相关的噪声。投资者使用观察到的盈利能力来更新他们关于真正平均盈利能力的先验，如第 9.5 节中讨论的贝叶斯学习模型。此外，公司在盈利能力方面同时具有系统性和非系统性风险，可以选择支付更高或更低的股息。

在 Pástor-Veronesi 模型中，年轻公司的市值－账面比率往往随着年龄的增长而下降，因为真实平均盈利能力的不确定性会随着时间的推移而减少。出于同样的原因，收益波动率随着年龄的增长而下降。对于不支付股息的公司，市值－账面比率和收益波动率都较高，因为当收益再投资时，盈利能力对公司价值的影响大于向股东支付的公司价值。所有这些属性与首次上市后前 10 年的股票数据一致。

Pástor 和 Veronesi（2006）认为，波动效应有助于证明 20 世纪 90 年代末科技股的高价格。在互联网繁荣时期，不仅年轻科技公司的盈利能力存在不同寻常的不确定性，而且当时的折现率也低得可观。低折现率增加了 $\exp(-rT)$ 项乘以式（5.81）中的波动率项 $\exp(\sigma^2 T/2)$，从而放大了市值－账面比率的波动率效应。

5.5.2　漂移稳态估值模型

另一种理解估值不确定性重要性的方法是考虑当对数股息–价格比率随机行走时会发生什么。在这种情况下，估值始终处于稳定状态，并且不会恢复到固定均值，但稳态本身会随着时间的推移而漂移。通过分析这种情况，我们可以对戈登增长模型进行修改，该模型适用于股息–价格比率随时间变化的情况。这也为构建股票收益的预测回归提供了另一种方法。

假设股息是提前一个时期知道的，则有：

$$\frac{D_{t+1}}{P_t} = \exp(x_t). \tag{5.82}$$

其中，x_t 现在表示使用未来或隐含股息而非历史股息的对数股息–价格比率。假设 x_t 遵循随机游走：

$$x_t = x_{t-1} + \varepsilon_t. \tag{5.83}$$

因为股息增长率提前一期可知，我们有：

$$\frac{D_{t+1}}{D_t} = 1 + G_t = \exp(g_t). \tag{5.84}$$

最后，假设 x_{t+1} 和 g_{t+1} 具有条件方差 σ_x^2 和 σ_g^2 以及条件协方差 σ_{gx}，给定时间 t 的信息，则它们是条件正态和同方差的。

股票收益的定义意味着：

$$\begin{aligned} 1 + R_{t+1} - \frac{P_{t+1} + D_{t+1}}{P_t} - \frac{D_{t+1}}{P_t} + \frac{D_{t+2}}{D_{t+1}} \frac{D_{t+1}}{P_t} \left(\frac{D_{t+2}}{P_{t+1}}\right)^{-1} \\ = \exp(x_t)[1 + \exp(g_{t+1} - x_{t+1})]. \end{aligned} \tag{5.85}$$

股票收益的条件期望可以使用对数正态分布随机变量的条件期望公式和 $\mathrm{E}_t\, x_{t+1} = x_t$ 的鞅属性来计算：

$$\begin{aligned} \mathrm{E}_t(1 + R_{t+1}) &= \exp(x_t)[1 + \mathrm{E}_t \exp(g_{t+1} - x_{t+1})] \\ &= \exp(x_t)\left[1 + \exp\left(\mathrm{E}_t g_{t+1} - x_t + \sigma_g^2/2 + \sigma_x^2/2 - \sigma_{gx}\right)\right] \\ &= \frac{D_{t+1}}{P_t} + \exp(\mathrm{E}_t g_{t+1}) \exp(\mathrm{Var}_t(p_{t+1} - p_t)/2). \end{aligned} \tag{5.86}$$

最后，鉴于在 y 较小时，$\exp(y) \approx 1+y$，等式右侧可以进行近似，并且在短时间间隔内，未预期到的对数股票收益大约等于未预期到的对数股票价格。[1] 结果为：

$$\mathrm{E}_t(1+R_{t+1}) \approx \frac{D_{t+1}}{P_t} + \exp(\mathrm{E}_t g_{t+1}) + \frac{1}{2}\mathrm{Var}_t(r_{t+1}). \qquad (5.87)$$

该等式是戈登增长模型的一种修改，将股票收益期望（算术平均收益）表示为股息收益率的水平，加上几何平均股息增长和股票收益方差的一半。如果我们从每一侧减去股票收益的一半方差，使用收益的近似条件对数正态性，并重新排列，我们发现股息－价格比率的水平等于几何平均股票收益减去几何平均股息增长率：

$$\frac{D_{t+1}}{P_t} \approx \exp(\mathrm{E}_t r_{t+1}) - \exp(\mathrm{E}_t g_{t+1}). \qquad (5.88)$$

这与西格尔（2007）在第 5.2.1 节末尾的计算完全一致，将历史平均股息－价格比率与历史几何平均收益率和股息增长率相关联。

在戈登增长模型中，股息－价格比率随时间变化是恒定的，因此股票收益率的方差等于股息增长的方差。在这种假设下，西格尔模型的几何平均实现将等同于算术平均实现，因为股票收益和股息增长将具有相同的方差，因此它们的几何和算术平均值将相同。然而，在数据中，股息价格比率随着时间的推移而变化，使得股票收益率比股息增长率更具波动性，因此几何实现和算术实现是不同的。这里的分析表明几何实现是正确的。

漂移稳态估值模型是进行长期股票收益预测回归的有吸引力的替代方案。如果这样的均值回归存在，则收益回归可以捕获均值回归对估值的影响，但是它们要求预测者估计股票收益的无条件均值，这可能是具有挑战性的，因为收益具有波动性。式（5.87）仅需要输入当前的股

---

① 当时间间隔足够短，$D_{t+1}/P_t \approx 0$，因此 $\mathrm{Var}_t(\log(1+R_{t+1})) \approx \mathrm{Var}_t(\log(P_{t+1}/P_t))$。在连续时间限制下，条件方差的约等于变为等于。

息 - 价格比率，股息增长的条件均值和收益的条件方差。Campbell 和 Thompson（2008）表明，用这种方法的变形预测美国股票指数的收益率很适合，而 Welch 和 Goyal（2008）发现标准收益回归的样本结果很差。

5.5.3　通货膨胀和 Fed 模型

戈登增长模型可以写成 $\frac{D}{P} = R - G$［式（5.23）］，或者 $\frac{X}{P} = (R - \lambda ROE)/(1 - \lambda)$，其中 λ 是再投资比率［式（5.30）］。所谓的 Fed 模型是声称这些估值比率应与长期国债收益率一对一地转移，用作 R 的代理。

这种模型从未得到美联储的认可，尽管在 20 世纪 90 年代美联储工作人员的报告中包括估值比率和债券收益率的时间序列图表。这些图表有时被华尔街公司用来证明在名义债券收益率下降期间股价上涨的合理性。

Fed 模型符合 20 世纪 60 年代到 80 年代初期名义债券收益率上升时，股息收益率也在上升，并且从 20 世纪 80 年代初期到 21 世纪初期，名义债券收益率下降时，股息收益率也在下降。但该模型并未解释 20 世纪 30 年代大萧条期间股息收益率很高，而当时的国债收益率非常低。然而，Asness（2003）表明，如果根据股票收益的波动率相对于债券收益率的波动率（在 20 世纪 30 年代特别高）来调整折现率 R，那么 Fed 模型也可以扩展到适合这个时期。

Fed 模型的实证成功令人费解。一方面，如果名义利率被用作式（5.23）中 R 的代理，那么为了保持一致性，还必须使用名义增长率 G。虽然实际增长率随着时间的推移似乎相当稳定，但名义增长率与通货膨胀一样随着名义债券收益率而变化，因此通胀驱动的名义增长率 G 的变化应该抵销通货膨胀导致的名义利率 R 的变化对股票价格的影响。另一方面，人们应该预期股息 - 价格比率会以实际利率而非名义利率而变动。虽然实际利率和名义利率在 21 世纪初同时发生变化——如此低的实际利率有助于解释近年来的高股价——这在20世纪并非普遍存在。

Fed模型的实证成功有几种可能的解释。高通胀有可能预测低实际增长或高股权风险溢价（尽管通胀创新与股票收益创新并不紧密相关，而且这种相关性似乎随着时间的推移而变化，正如我们在第9章中所讨论的）。另外，Modigliani和Cohn（1979）提出了一个激进的建议，即投资者有通货膨胀错觉。也就是说，他们混淆了实际利率和名义利率，并错误地以名义利率折现实际现金流。

5.6 现值逻辑和股票收益横截面

最近的几篇论文研究利用现值关系调查股票收益横截面。在本节中，我简要总结了该文献的一些有趣发现。这些发现并非都成立，但它们确实说明了现值逻辑如何指导研究。

5.6.1 质量作为风险因子

Asness、Frazzini和Pedersen（AFP，2013）使用基于盈利能力的戈登增长模型，列出了投资者所重视的特征，有助于证明高股价的合理性。他们从下面所示的关系开始：

$$\frac{P}{B}=\frac{ROE(1-\lambda)}{R-G}. \tag{5.89}$$

其中，λ是第5.2.2节中的再投资比率，因此（$1-\lambda$）是支付比率。在这个表达式中，高盈利性ROE、高增长G、低风险和高支付率的低折现率R都意味着高的市净率。请注意，AFP将增长视为外生而不是盈利和再投资的内生结果。

AFP使用横截面z分数（各个公司的特征值与横截面平均值的偏差除以横截面的标准差），对上式所有数值都使用了实证代替。他们度量个体盈利能力（股本收益率、资产收益率等），对总和进行z分数打分来创建盈利能力度量指标。他们用类似的方式，根据个体5年盈利增长率构建增长指标；将低折现率、低波动率，低贝塔等作为安全指标；使用股权和债务发行以及净利润构建支付指标。最后，他们对所有上述内容的总和进行了 z 分数打分，并将得出的指标称为“质量”。

AFP发现，高质量的公司确实有更高的价格，但估值噪声很多。因此，购买高质量公司，做空低质量（“垃圾”）公司有超额收益。换句话说，质量可以被视为与更高的平均收益相关联的特征。遵循法马和弗伦奇的方法，AFP构建了QMJ（“质量”减去“垃圾”）收益因子并将其添加到法马－弗伦奇的因子列表中。他们发现QMJ的收益率平均为正值，但随着质量的平均价格下降，正如HML价值因子的收益随着价值股变得更加昂贵，即价值差异缩小时下降。AFP还发现，与QMJ收益的协方差有助于解释个股的平均收益。这些结果与第3章讨论的几种现象有关，例如高毛利率公司的高收益率［Novy-Marx（2013）］，以及Campbell、Hilscher和Szilagyi（2008）记录的困境反转型股票的低收益率。

5.6.2 股权溢价的横截面度量

Polk、Thompson和Vuolteenaho（PTV，2006）考虑了戈登增长模型的横截面影响，其中企业的增长率和折现率可能不同。如果CAPM成立，公司在任何时间点的折现率应该是无风险利率加上公司的贝塔乘以股权溢价。如果如本章前面总结的文献所示，股权溢价是高度平稳的，且如果公司有高度平稳的贝塔，那么决定股票价格的长期折现率也大约等于公司目前的贝塔乘以股权溢价。然后在股息－价格比率与贝塔和预期增长率的横截面回归中，

$$\left(\frac{D}{P}\right)_{it} = \lambda_{0t} + \lambda_{1t}\beta_i + \lambda_{2t}\mathrm{E}_t(g_{it}), \tag{5.90}$$

公司贝塔的系数 λ_{1t} 应该等于时间 t 的股权溢价。PTV运行了该回归的一个版本，并研究了横截面系数的时间序列预测总体股票市场的后续收益

的能力。

PTV 在实施这一想法时遇到了一些挑战。在研究个别公司时，使用股息－价格比率可能会有问题，因为有些公司不支付股息，而更普遍的估值比率可能会在横截面上产生极端异常值。因此，PTV 用基于股息－价格比率、账面－市值比率、收益－价格比率，以及现金流－价格比率的综合价值度量替换股息－价格比率。他们用百分位排名，而不是复合值度量，并计算排名相关性，而不是回归系数。PTV 使用几个实证替代来确定公司层面的支出政策和盈利能力来控制预期增长率。

PTV 发现他们对股权溢价的估计随着时间的推移而下降。这反映了价值股（廉价股票）在大萧条期间具有较高的贝塔值，而在过去的几十年里，他们的贝塔值低于成长股（昂贵的股票）。同样，高贝塔股票过去比现在便宜，这意味着股权溢价下降。股权溢价的横截面估计与股票市场的总估值比率非常接近，例如股息－价格比率或平滑收益－价格比率，除了在 20 世纪 70 年代末和 80 年代初期，横截面估计很低而这些估值比率很高。

PTV 对资产定价理论的使用具有吸引力，尽管近几十年来针对 CAPM 的强有力的经验证据表明可能需要更丰富的资产定价模型。在第 9 章中，我们讨论了使用跨期资产定价理论研究股票收益横截面的后续工作。

Cohen、Polk 和 Vuolteenaho（2005）对于 20 世纪 70 年代末和 80 年代初的总体估值比率对横截面股权溢价估计的偏差提出了一个有趣的解释。他们认为，这是由 Modigliani 和 Cohn（1979）假设的投资者之间的通货膨胀幻觉造成的。由于存在通货膨胀幻觉，投资者错误地以名义利率折现实际现金流，因此在通货膨胀率较高时低估了股票价值。从理性观察者的角度来看，低估意味着高股息－价格比率和平滑收益－价格比率以及高股权溢价，但投资者使用较低的主观股权溢价来定价与低贝塔股票相关的高贝塔股票，从而产生 PTV 在美国通胀特别高的时期观察到的模式。CPV 故事的另一个含义是，当通胀率较高时，高贝塔股票的价格会相对过高，事后，它们相对于 CAPM 而言将会表现不佳。与此相一致，CPV 发现当通胀率很高时，CAPM 证券市场线特别平稳。

Kelly 和 Pruitt（2013）也使用股票收益的横截面来预测股权溢价，但他们的方法却截然不同。他们不是依赖 CAPM 这样的资产定价模型，而是让数据告诉他们哪些公司的估值比率在历史上预测了市场上的高收益或快速的现金流增长。这要求这种关系反映一些随时间稳定的潜在经济结构。

Kelly 和 Pruitt 分三步进行。第一，对于每只股票或投资组合，用其估值比率分别对未来总市场收益和现金流增长进行时间序列回归，以估算负荷。第二，对于每个时间段，他们用估值比率对两个负荷进行横截面回归，来估计当前市场收益和现金流增长。第三，为了验证该方法，他们用未来市场收益或现金流增长对第二步回归预测的结果进行回归。

Kelly 和 Pruitt 主要用法马 - 弗伦奇的规模和价值投资组合进行研究。他们建议处理个别股票最好不要使用会计数据（使用相对于历史移动平均线的股票价格水平，而不是诸如账面 - 市值比率等传统估值比率）。他们报告了良好的样本内和样本外预测能力，尽管尚不清楚哪种经济结构能对这一预测的成功起到作用。

5.7　延伸练习

本章提出了一项非正式练习，思考哪种经济力量可能导致股票指数的第一次自相关，如图 5.1 所示的指数，在 20 世纪 70 年代和 80 年代期间下降。各种因素都是相关的。信息技术的进步降低了交易和金融创新的成本，导致 20 世纪 70 年代中期固定佣金被取消，并使套利者更容易实现短期市场效率。此外，1982 年引入股指期货合约使得有可能交易整个指数而不是成分股，同时为套利者创造激励，使期货价格和现货市场价格保持一致。

整体股票市场的非流动性以及波动的总体冲击也可能导致每日指数收益的逆转，如20世纪30年代和21世纪前10年，首先是在21世纪前10年早期的技术衰退，然后是21世纪前10年后期的全球范围内的金融危机。这种影响是第12.2.1节中讨论的“买卖反弹”的指数级版本。

习题5.1 线性生成过程①

假设一个经济体的总体股票市场的股息预期将以恒定的速度增长：

$$\frac{D_{t+1}}{D_t}=1+G+\eta_{t+1}. \tag{5.91}$$

其中，η_{t+1} 均值为0，方差为 σ^2 。

这个经济中的随机折现因子（SDF）为：

$$M_{t+1}=k\left(1-\frac{\pi_t}{\sigma^2}\eta_{t+1}\right). \tag{5.92}$$

其中，参数 k 满足 $\frac{1}{k}>1+G$ 。

状态变量 π_t 决定股权溢价，它遵循过程：

$$\pi_{t+1}=\frac{\phi}{1+G-\pi_t}\pi_t+\varepsilon_{t+1}. \tag{5.93}$$

其中，冲击 ε_{t+1} 与股权增长率冲击 η_{t+1} 独立。

（1）将 k 写成无风险利率的函数，解释 k 的限制 $\frac{1}{k}>1+G$ 。

（2）写一个表达式，将价格－股息比率 $\frac{P_t}{D_t}$ 与 $t+1$ 时刻的SDF、价格－股息比率和股息增长率联系起来。

（3）猜测 $\frac{P_t}{D_t}=\alpha+\beta\pi_t$ 中价格－股息比率的一个解，求解该关系中截距 α 和斜率 β 。

① 本题基于Gabaix（2009）提出。

（4）解释你在（3）中得到的截距。

（5）解释你在（3）中得到的斜率，它的符号是什么？它的大小如何取决于 π_t 的平稳性？请解释。

（6）这个例子中的哪个假设使得即使风险溢价是随时间变化的，价格股息比率在状态变量 π_t 中是线性的？你怎么概括这个例子？

习题 5.2　预测样本外股票收益[①]

在本习题中，我们通过对预测回归实施简单的理论限制来进行实证研究，样本外股票市场收益是否可以改善已知估值比率的可预测性。这个问题的数据可以在本书网站[②]上的 Excel 表格中找到，同时还有一个附带的解释文件，提供有关预测回归建议实施的更多细节。

考虑回归：

$$R_{t+1} - R_{f,t+1} = \alpha + \beta x_t + u_{t+1}. \tag{5.94}$$

其中，R_{t+1} 表示标普 500 指数前四分之一的收益，x_t 是一个预测变量。依据 Welch 和 Goyal（2008），历史平均股票超额收益相较于将超额收益对预测变量进行回归，可以更好地预测未来样本外股票超额收益，我们基于预测变量 x_t，利用下式样本外 R^2 统计量来衡量样本外预测表现：

$$R_{OS}^2 = 1 - \frac{\sum_{t=0}^{T-1}(R_{t+1} - \widehat{R}_{t+1})^2}{\sum_{t=0}^{T-1}(R_{t+1} - \overline{R}_{t+1})^2}. \tag{5.95}$$

其中，$\widehat{R}_{t+1}$ 是从初始估计样本的起始日期 T_{IE} 到日期 t 的回归（5.94）的拟合值，$\overline{R}_{t+1}$ 是从 T_{IE} 到 t 估计的历史算术平均收益。这里 T_{IE} 是初始估计周期的长度，T 是样本外预测评估周期的长度。R_{OS}^2 的值为正意味着预测回归相较历史平均收益具有较低的平均均方预测误差。

---

① 本题基于 Campbell 和 Thompson（2008）提出。

② http：//press. princeton. edu/titles/11177. html.

（1）当回归（5.94）是运用1872年到2016年的完整样本通过标准普通最小二乘法（OLS）估算时，计算样本内R^2统计量，股息收益率$x_t = D_t/P_t$和平滑收益率$x_t = X_t/P_t$。

（2）当回归（5.94）是运用1872年到1926年作为初始期间，1927年到2016年作为样本外预测期间，通过OLS估算时，计算两个估值比率的样本外R^2统计量。

比较你获得的样本内和样本外R^2的统计值。你的结果是否符合Welch和Goyal（2008）的声明？

（3）对于样本外的R^2统计数据重复前一部分的计算，但现在加入（相当弱的）的理论限制，即预测回归中的斜率β和超额收益的预测都是非负的。也就是说，将收益预测计算为：

$$\widehat{R}_{t+1} = R_{f,t+1} + \max\{0, \widehat{\alpha}_{t+1} + \max\{0, \widehat{\beta}_{t+1}\}\overline{x}_{t+1}\}. \tag{5.96}$$

其中，$\widehat{\alpha}_{t+1}$和$\widehat{\beta}_{t+1}$是标准OLS回归得到的估计的截距和斜率，$\overline{x}_{t+1}$是x的历史算术平均值，这些值都是在t时期估计的。

两个估值比率的样本外解释力是否有显著改善？

在本习题的其余部分，我们将研究一旦我们对第5.5.2节的漂移稳态估值模型施加理论限制，股息收益率的预测性能是否会提高。按照式（5.87），我们使用根据股息增长率和实际利率调整的股息收益率作为我们的预测变量：

$$x_t = \frac{D_t}{P_t}(1 + G_t) + \exp(\mathrm{E}_t[g_{t+1}]) + \frac{1}{2}\mathrm{Var}_t(r_{t+1}). \tag{5.97}$$

其中，$\mathrm{E}_t[g_{t+1}]$和$\mathrm{Var}_t(r_{t+1})$代表市场参与者对未来对数股息增长率的条件期望和对数收益率的条件方差。

（4）使用股息增长的历史样本均值和至第t期为止的对数股票收益的历史样本方差构建式（5.97）的估计。尽管该模型假设市场参与者知道t时期的D_{t+1}的值，但为了避免任何超前偏差构造x_t的实时估计，假设D_{t+1}不在计量经济学家t时期的信息集内。

讨论可用于构建 $E_t[g_{t+1}]$ 和 $Var_t(r_{t+1})$ 的实时估计的替代程序。

（5）重复式（5.97）中（2）和（3）部分有关 x_t 的计算。将调整后的股息收益率与未经调整的股息收益率的预测表现进行比较。

（6）最后，通过计算预期收益如下式①，将式（5.97）的所有理论限制都加上。

$$\widehat{R}_{t+1} = R_{f,t+1} + x_t. \tag{5.98}$$

其中，x_t 由式（5.97）给出，样本外 R^2 统计量现在为多少？讨论你在这个练习中的结论。

习题 5.3　市场收益预测：SVIX

在这个习题中，我们探讨并得出了 Martin（2017）推导出的前瞻性预期股权溢价下限的理论和实证含义。下限是股票收益的风险中性条件方差除以总无风险利率。

Martin（2017）引入了波动率指数 $SVIX_{i,t,T}$，根据具有不同的执行价格和相同的到期日 T 的标的资产或投资组合 i（通常是市场指数）的看跌期权和看涨期权在 t 时刻的价格定义。结果证明，SVIX 的平方等于（正态化的）标的资产 i 的总简单收益 $R_{i,t,T}$ 的风险中性条件方差。

$$SVIX_{i,t,T}^2 = \frac{1}{T-t} Var_t^* \left(\frac{R_{i,t,T}}{R_{f,t,T}} \right). \tag{5.99}$$

星号表示风险中性收益分布的时刻。SVIX 在 t 时刻的期权价格横截面可被直接观察到，这一事实意味着我们将在下面得出的股权溢价的下限是可直接观察到的。一般而言，资产收益的风险中性（条件）分布的时刻可以从期权价格中得出。

① 同样，在预测回归（5.94）中加入零截距和单位斜率限制。

（1）证明：

$$\frac{\mathrm{Var}_t^*(R_{i,t+1})}{R_{f,t+1}} = \mathrm{E}_t R_{i,t+1} - R_{f,t+1} + \mathrm{Cov}_t(M_{t+1}R_{i,t+1}, R_{i,t+1}). \quad (5.100)$$

其中，M_{t+1}代表随机折现因子。

说明 $\mathrm{Var}_t^*(R_{i,t+1})/R_{f,t+1} = R_{f,t+1}\mathrm{SVIX}_{i,t+1}^2$ 是股权溢价的下限，$\mathrm{E}_t R_{i,t+1} - R_{f,t+1}$提供负的相关条件成立[①]：

$$\mathrm{Cov}_t(M_{t+1}R_{i,t+1}, R_{i,t+1}) \leqslant 0. \quad (5.101)$$

（2）虽然 SVIX 尚未投入实际使用，但与 SVIX 密切相关的众所周知的波动率指数是 VIX。事实证明，VIX 满足：

$$\mathrm{VIX}_{i,t,T}^2 = \frac{2}{T-t} L_t^* \left(\frac{R_{i,t,T}}{R_{f,t,T}} \right). \quad (5.102)$$

其中，$L^*(.)$代表风险中性下收益的熵。

① 收益的风险中性分布大致等于 VIX 和 SVIX（短期到期日 T）？

② 假设收益和随机折现因子为条件联合对数正态分布（鉴于客观概率测量）。证明：

$$\mathrm{SVIX}_{i,t+1}^2 = \exp(\sigma_{it}^2) - 1. \quad (5.103)$$

$$\mathrm{VIX}_{i,t+1}^2 = \sigma_{it}^2. \quad (5.104)$$

其中，$\sigma_{i,t}^2$ 是$\mathrm{Cov}(h(X), Y) = \mathrm{E}[h'(X)]\mathrm{Cov}(X, Y)$的条件方差，要得出 VIX 的表达式你需要利用 Stein 引理：如果 X 和 Y 是联合正态分布变量，则对任意 $\mathrm{E}[h'(X)]$ 和 $\mathrm{Cov}(h(X), Y)$ 存在的微分方程 $h(.)$，有：$\mathrm{Cov}(h(X), Y) = \mathrm{E}[h'(X)]\mathrm{Cov}(X, Y)$。

③在近期的数据中，VIX 总是比 SVIX 大，这告诉了我们有关于条件对数正态收益的什么通常假设呢？

---

① 为了便于说明，在显然的情况下省略了表示初始时期 t 的下标。例如，$\mathrm{SVIX}_{i,t+1}$ 代表 $\mathrm{SVIX}_{i,t,t+1}$。

（3）我们现在研究负相关条件的理论相关性。以资产 i 为风险资产的市场组合。证明（NCC）是否在以下每个情况中都有效，或者是否需要设置其他假设：

①一个存在无约束风险中性投资者的经济体。

②一个有仅在 t 和 $t+1$ 时期存在且控制市场的 CRRA 投资者的经济体。

③一个随机折现因子和市场收益呈条件联合对数正态分布，且市场条件夏普比率 $\log \mathrm{E}_t[R_{m,t+1}/R_{f,t+1}]/\sigma_t(\log R_{m,t+1})$ 比市场条件波动率 $\sigma_t(\log R_{m,t+1})$ 大。

根据这些结果，你认为（NCC）对偏好加上了较强还是较弱的限制？

（4）线性因子模型中 $\mathrm{Cov}_t(M_{t+1}R_{m,t+1}, R_{m,t+1})$ 的实证估计值为负且接近于零。事实上，近期数据下限的时间序列平均值约为5%，非常接近无条件股本溢价的典型估计。如果下限大致相等，这说明了持有市场的边际投资者的相对风险厌恶如何？例如，考虑第（3）题第②题部分的设定。

（5）风险中性方差（SVIX）方法为设法通过本章讨论的基于估值比率的预测回归来估计股权溢价的大量文献提供了另一种选择。比较并讨论每种方法的优缺点。

（6）在20世纪90年代后期，风险中性方差法和估值比率法之间出现了显著的预测差异。从1998年年底到1999年年底，SVIX界限的月度和季度预测都很高，与此期间随后实现的高股权溢价一致。相比之下，估值比率非常低，因此预测回归得到了负的股权溢价。是否有可能中和这些相反的预测？

提示：使用坎贝尔－希勒对股息收益率的近似来考虑股息收益率预测。

第 6 章　基于消费的资产定价

本章旨在探讨基于消费的资产定价。第 6. 1 节首先介绍最简单的消费模型，该模型基于以下两项传统假设：（1）代表性主体有指数效用；（2）消费有条件地服从对数正态分布。第 6. 2 节阐述了该模型引出的三大谜题：股权溢价之谜（为什么股票的平均收益会大大高于无风险实际利率水平），无风险利率之谜（为什么无风险实际利率在时间和不同经济体之间能够保持相对稳定的水平），股价波动之谜（为什么股票价格波动远远大于总消费的增长水平）。

本章后面部分讨论了能够解释以上三个谜题的其他模型。第 6. 3 节说明了在消费增长不服从对数正态分布而出现肥尾现象时可能产生的后果，这种现象在极端经济环境下尤为可能发生。第 6. 4 节描述了爱泼斯坦 – 兹恩偏好——广义指数效用理论，它解释了由于跨期替代的弹性所引出的相对风险厌恶系数。第 6. 5 节讨论了长期风险模型。这是一个近期流行的关于代表性主体模型的课题，针对那些拥有较高跨期替代弹性的爱泼斯坦 – 兹恩偏好，同时消费增长和消费波动率相对稳定的投资者。第 6. 6 节总结了关于不确定性厌恶，该理论描述的是投资者出于对经济模型的不确定而导致了过于保守的行为。此节内容通过一个不确定性厌恶的特殊公式，展示了爱泼斯坦 – 兹恩偏好的另一微观基础。第 6. 7 节展示了习惯形成模型如何产生随时间变化的风险厌恶，它有助于解释为何在消费增长服从对数正态分布且波动很小的前提下，股价依然会有较大的波动。第6.8节讨论了同时适用于耐用品和消费品的不可分效用模型的最新发展。

本章所介绍的模型将消费的随机过程视作外生变量，但如果投资者选择消费以应对不断变化的产品机会，他限制资产价格的一阶变量是同样有效的。我们将在第7章讨论无差别产品选择的模型。

本章我们讨论了基于消费的模型在股票收益横截面以及股票市场行为中的应用。本章的主要局限在于我们是站在代表性主体的角度考虑，针对特异性主体的模型我们将在本书第三部分做进一步介绍。

6.1 指数效用的对数正态分布

首先，我们假设代表性主体的指数效用是可时间分割的，时间折扣系数为δ，相对风险厌恶为常数γ，总消费为G_t。以时间为变量，消费效用函数可表示为：

$$U(C_t)=\frac{C_t^{1-\gamma}-1}{1-\gamma}. \tag{6.1}$$

该效用函数有几个非常理想的性质，使它在宏观金融模型中十分流行。首先，它规模不变，因此在收益分布不变的前提下，风险溢价不会随着总财富的变化而变化。其次，由于规模不变，财富水平不同而风险厌恶系数相同的投资者将拥有相同的组合收益。该效用函数的限制条件是：跨期替代的弹性（或EIS，ψ）是CRRAγ的倒数。第6.4节中所讨论的爱泼斯坦－兹恩偏好将放宽此限制条件。

指数效用的边际效用：

$$U'(C_t)=C_t^{-\gamma} \tag{6.2}$$

及随机折扣因子：

$$M_{t+1}=\delta(C_{t+1}/C_t)^{-\gamma}. \tag{6.3}$$

若消费服从有条件的对数正态分布，则此偏微分方程将会服从有条件的对数正态分布。我们将在式6.3中放宽此限制条件。我们首先假设方程服从对数正态分布，将方程取对数：

$$m_{t+1} = \log(\delta) - \gamma\, \Delta c_{t+1}. \tag{6.4}$$

其中，$c_t = \log\ (C_t)$。

现在，我们假设消费和资产收益具有有条件的同方差性。将第4章中资产定价的基本公式（4.41）代入式（6.4），得到：

$$0 = \mathrm{E}_t r_{i,t+1} + \log\delta - \gamma\, \mathrm{E}_t \Delta c_{t+1} + \left(\frac{1}{2}\right)\left[\sigma_i^2 + \gamma^2\sigma_c^2 - 2\gamma\,\sigma_{ic}\right]. \tag{6.5}$$

基于有条件的同方差性假设，这里的条件二阶矩没有时间坐标。σ_c^2 代表消费增长的条件方差，在同方差假设下等于消费的对数增量的无条件方差 Var（$c_{t+1} - \mathrm{E}_t\, c_{t+1}$）。同样，$\sigma_c^2$ 代表资产的对数收益率和消费增量之间的条件协方差。在同方差性的假设下，条件协方差等于增量的无条件协方差 Cov（$r_{i,t+1} - \mathrm{E}_t r_{i,t+1}$，$c_{t+1} - \mathrm{E}_t c_{t+1}$）。

无风险利率可从式（6.5）中得到，或将式（4.42）代入式（6.4）：

$$r_{f,t+1} = -\log\delta + \gamma\, \mathrm{E}_t \Delta c_{t+1} - \frac{\gamma^2\sigma_c^2}{2}. \tag{6.6}$$

式（6.6）表示期望消费增长是线性的，它的斜率等于相对风险厌恶系数。消费增长的条件方差对无风险利率有反作用，这可以解释为预防性储蓄效应。

由式（6.5）或将式（4.43）代入式（6.4），可得到资产的风险溢价：

$$\mathrm{E}_t[r_{i,t+1} - r_{f,t+1}] + \frac{\sigma_i^2}{2} = \gamma\,\sigma_{ic}. \tag{6.7}$$

若一项资产与消费有很高的协方差，当消费水平较低的时候也会趋向于拥有较低的收益，这时消费拥有较高的边际效用。这样的资产属于高风险资产，拥有较高的风险溢价。

6.2 三大谜题

我们总结在拟合方程（6.7）中的实证证据。为了更新 Campbell（2003）中的一项实证分析，我们选取美国 1947—2011 年间的数据，并结合了一些发展中国家的数据。在这个阶段，我们将协方差 σ_{ic} 视作外生变量，利用 Hansen 和 Singleton（1983）的方法计算得到。对 σ_{ic} 在模型中作为内生变量的讨论，发表于 Mehra 和 Prescott（1985）。

在表 6.1 中，r_e 代表股票每季度的对数收益率，r_f 代表短期对数利率，Δc 代表每单位的对数消费增长，所有变量按照实际单位计算并作年化处理。对于每一个变量，表中都列出了它的均值、百分比标准差和一阶自相关系数 ρ。如表 6.1 所示，股票收益率具有高均值、高波动率、低自相关性的特性；相反，事后实际利率则具有低均值、低波动率、高自相关性的特性；消费增长的均值和波动率都处于较低的水平，而自相关系数则随着国家的变化而变化。

表 6.1　国际市场股票和短期国债收益和消费增长

国家	样本时期	$\overline{r_e}$	$\sigma(r_e)$	$\rho(r_e)$	$\overline{r_f}$	$\sigma(r_f)$	$\rho(r_f)$	$\overline{\Delta c}$	$\sigma(\Delta c)$	$\rho(\Delta c)$
美国	1947Q2—2011Q2	6.85	15.98	0.10	0.72	1.78	0.36	1.74	1.64	0.04
澳大利亚	1970Q1—2011Q2	3.84	20.75	0.03	2.00	2.18	0.55	1.82	1.77	-0.09
加拿大	1970Q1—2011Q2	5.47	17.85	0.15	2.07	1.64	0.66	1.69	1.93	0.07
法国	1973Q2—2011Q2	7.06	23.10	0.08	2.08	1.53	0.74	1.38	1.80	-0.13
德国	1978Q4—2011Q2	7.54	23.85	0.04	2.38	1.09	0.40	1.74	4.19	-0.07
意大利	1971Q2—2011Q2	1.51	25.74	0.07	1.86	2.06	0.77	2.18	2.23	0.47
日本	1970Q2—2011Q2	2.70	21.41	0.09	1.03	1.91	0.29	1.72	2.92	-0.10
荷兰	1977Q2—2011Q2	8.57	19.76	0.09	2.29	1.42	0.45	1.05	2.21	-0.11
瑞典	1970Q1—2011Q2	8.93	25.16	0.12	1.68	2.23	0.40	1.23	1.81	-0.15
瑞士	1982Q2—2011Q2	8.14	20.05	0.01	0.87	1.32	0.03	0.75	1.30	-0.22
英国	1970Q1—2011Q2	6.33	19.85	0.10	1.34	2.60	0.46	2.14	2.68	-0.03

如表6.1所示，短期名义债务事后实际收益率的标准差，高于事前实际收益率的标准差，这告诉我们每个季度的通货膨胀率是不可预期的。因此，通过资产定价模型计算得到的实际利率的波动率，不应跟表6.1中的数字一样，而应该低于表6.1中的波动率。这是非常重要的，因为用于拟合股权溢价的资产定价模型也暗示了该超额波动率。

股权溢价之谜

我们利用式（6.7）和表6.1中所示样本的矩，计算出内含风险厌恶系数（如表6.2所示）。Mehra和Prescott（1985）提出的股权溢价之谜中，暗示了风险厌恶处于极端的高水平。

表6.2中第3列（$\overline{aer_e}$）表示算术超额股票收益，由式（6.7）左边的平均对数超额收益加上1/2的对数超额收益的方差得出。平均对数超额收益是表6.1中第3列和第6列之差，其方差校正可通过表6.2中第4列［对数超额收益的标准差$\sigma(er_e)$］计算得到。表中第5列代表第4.3.2节式（4.46）中对数随机折扣因子的内含标准差的下限。此下限等于表6.2中第3列除以第4列，再乘以100，表示该参数的单位是年化的百分比。在大多数国家，该下限将大于每年30%，这是一个出乎意料的高数值，我们已经在第4章中进行了讨论。

表6.2展示了风险厌恶的另两种计算方法。第一种方法将股权溢价［式（6.7）中左边部分］除以消费协方差σ_{ic}，得到内含相对风险厌恶系数RRA（1），如表中第8列所示。在这一系数为正的国家（大多数国家），会出现一个极端高的值；在一小部分国家，消费协方差则为负。

第二种方法有意地忽略了股票收益和消费之间的相关性，仅利用它们的相对波动率。

表6.2 股权溢价谜题

国家	样本时期	$\overline{aer_e}$	$\sigma(er_e)$	$\sigma(m)$	$\sigma(\Delta c)$	$\rho(er_e,\Delta c)$	RRA(1)	RRA(2)
美国	1947Q2—2011Q2	7.39	15.86	46.57	1.64	0.18	154.98	28.42
澳大利亚	1970Q1—2011Q2	3.95	20.58	19.21	1.77	-0.11	<0	10.89
加拿大	1970Q1—2011Q2	5.01	17.93	27.94	1.93	0.09	166.97	14.51
法国	1973Q2—2011Q2	7.68	23.22	33.06	1.80	0.00	<0	18.34
德国	1978Q4—2011Q2	8.03	23.94	33.54	4.19	-0.01	<0	8.01
意大利	1971Q2—2011Q2	2.96	25.71	11.51	2.23	0.08	66.96	5.15
日本	1970Q2—2011Q2	3.95	21.33	18.49	2.92	0.05	118.09	6.32
荷兰	1977Q2—2011Q2	8.22	19.70	41.72	2.21	0.13	141.29	18.90
瑞典	1970Q1—2011Q2	10.44	25.28	41.32	1.81	0.07	314.53	22.87
瑞士	1982Q2—2011Q2	9.27	20.01	46.33	1.30	0.07	483.74	35.60
英国	1970Q1—2011Q2	6.99	19.96	35.00	2.68	-0.04	<0	13.07

我们将任一资产 i 与消费协方差记为 $\sigma_{ic}=\sigma_i\sigma_c\ \rho_{ic}$，$\rho_{ic}$是资产的超额收益和消费之前的相关系数。样本的对数超额收益和消费增长列于表中第4列和第6列。总股票收益和消费增量之间的相关系数（表6.2中的第7列）很小；如果我们把它设为1，则资产与消费的协方差为$\sigma_i\sigma_c$。第9列(RRA(2))代表风险厌恶系数，即股权溢价的算术平均除以$\sigma_i\sigma_c$。同样，RRA(2)是RRA(1)乘以第7列中的相关系数。与RRA(1)一样，在大多数国家，RRA(2)系数会出现一个极端高的正值，这暗示了股权溢价之谜的另一原因是平缓的消费增长，而不仅仅由于股票收益和消费增长之间的相关性。

我们已通过时间序列计算出股票收益的二阶矩，但我们也可以从股票分红中计算出相同的股票收益。这种传统的方法可追溯到 Mehra 和 Prescott（1985）提出的模型，该模型将股票视作消费索赔。在这种假设下，若消费增长零自相关，则股票的意外收益将等于消费的意外增长，这暗示了股票收益和消费增长具有相同的标准差且它们的相关系数为1。此方法所计算得出的风险厌恶系数与表6.2中RRA(1)的数量级相同。Mehra 和 Prescott（1985）利用消费的持续增长、股票收益的递增波动率和相对风险厌恶的递减（接近于 RRA(2)）来校准模型。其他相同课题的论文有消费的杠杆索赔［Campell（1986），Abel（1992）］、股票分红与消费的不完全相关而引起的索赔。

无风险利率之谜

应对股权溢价之谜的其中一种方式，是承认投资者比我们想象中更加厌恶风险。然而，高风险厌恶对等式中的无风险实际利率有重大的意义，在 Weil（1989）发表的无风险利率之谜中有详细的描述。式（6.6）是风险厌恶的二次方程，用风险厌恶和平均消费增长乘积（线性项），减去风险厌恶的平方与1/2 消费增长的方差的积（负项）。由于消费增长的方差很小，线性项主导了小微风险厌恶水平。这暗示了高风险厌恶的系数在固定的时间偏好率下会提高平均实际利率。直观地说，风险厌恶消费者倾向于平滑的跨期消费以达到消费平稳增长的目的。因此，他们借用并推动实际利率的均衡发展来应对经济的增长。然而，如果风险厌恶增大到一定的水平，负项将起主导性作用。极端风险厌恶的消费者会使用积极的预防性储蓄行为来应对未来消费微小的不确定性，这将在固定的时间偏好率下降低平均实际利率。

表 6.3 列出了利用表 6.2 中的风险厌恶系统做出的对冲效应。指数效用模型有一个自由变量——时间折扣因子 δ，可用于拟合平均无风险利率。时间偏好率 $-\log\delta$，是可从一个没有增长和不确定性的经济体中观察得到的无风险实际利率水平。表 6.3 显示，当风险厌恶系数在 RRA（2）范围内时，时间偏好率为负；当风险厌恶系数在 RRA(1）范围内时，时间偏好率是一个相当大的正值。

即使有人能接受表 6.3 中所示的时间偏好率，实际利率也会对期望消费增长（消费波动）非常敏感。在高风险厌恶的指数效用模型中，实际利率的理性表现是一把双刃剑。它将对冲跨期替代和预防性储蓄所引起的效果。

表 6.3　无风险利率谜题

国家	样本时期	$\overline{r_f}$	$\overline{\Delta c}$	$\sigma(\Delta c)$	RRA(1)	TPR(1)	RRA(2)	TPR(2)
美国	1947Q2—2011Q2	0.72	1.74	1.64	154.98	53.08	28.42	-37.97
澳大利亚	1970Q1—2011Q2	2.00	1.82	1.77	<0	N/A	10.89	-15.93
加拿大	1970Q1—2011Q2	2.07	1.69	1.93	166.97	236.67	14.51	-18.55
法国	1973Q2—2011Q2	2.08	1.38	1.80	<0	N/A	18.34	-17.80
德国	1978Q4—2011Q2	2.38	1.74	4.19	<0	N/A	8.01	-5.97
意大利	1971Q2—2011Q2	1.86	2.18	2.23	66.96	-32.42	5.15	-8.73
日本	1970Q2—2011Q2	1.03	1.72	2.92	118.09	394.17	6.32	-8.15
荷兰	1977Q2—2011Q2	2.29	1.05	2.21	141.29	340.11	18.90	-8.86
瑞典	1970Q1—2011Q2	1.68	1.23	1.81	314.53	1230.28	22.87	-17.84
瑞士	1982Q2—2011Q2	0.87	0.75	1.30	483.74	1617.47	35.60	-15.24
英国	1970Q1—2011Q2	1.34	2.14	2.68	<0	N/A	13.07	-20.48

股价波动之谜

表 6.1 显示了股票收益的波动率远比消费增长大。若将股票视作对总消费的索赔，这将是个未解之谜。消费增长是独立同分布的，且投资者拥有指数效用，则消费－财富比应为常数，股票收益和消费增长有相同的波动率。Campell（2003）把这称为股价波动之谜，并论证了它是基于消费的资产定价模型的一个最基本的挑战。若股票分红或消费增长是长期可预测的，则波动率可以在长期利率模型中进行解释［Bansal 和 Yaron（2004）］，或是偏好促使了风险溢价的持续波动［Campell 和 Cochrane（1999）中的习惯形成模型］。具有这样性质的模型需解释相对稳定的无风险利率水平，换言之，偏微分方程在拥有随时间不断变化的条件波动率的同时，应拥有相对稳定的条件均值。

6.2.1　三大谜题的应对

大量关于资产定价的文献提供了解决三大谜题的不同途径。我们在此做个简要的总结，并将在后文中进行详细阐述。

抽样误差：表6.2中所示的风险厌恶系数没有标准误差。在某些情况下，我们选用适度的置信区间以更好地符合直觉。

样本选取：我们研究了一个从股票收益的事前分布的右尾中选取的非典型样本。Dimson、Marsh 和 Staunton（2002）曾表明20世纪末是经济发展和资产长期投资的黄金期。Fara 和 French（2002）、McGrattan 和 Prescott（2005）表示这一时期预期的实际股票收益呈下降趋势，这驱使股票价格上涨，与事前估计不符。

收益的误测：McGrattan 和 Prescott（2003）强调了所得税降低了投资者的平均税后收益，因此也降低了收益的波动率。

消费的误测：消费是变化的，但基于消费的资产定价模型的基本假设是在某个时间点，消费是静止的。由此可构造离散时间间隔之间的消费增长曲线［Breeden、Gibbons 和 Litzenberger（1989）］。再者，我们会过滤掉国民收入和产品账户（NIPA）消费，以减少测量误差和季节性调整。这也会扭曲股票收益和消费之间的协方差。Savov（2011）通过研究垃圾量，一个未经过滤和季节性调整的消费副作用，得到更低的风险厌恶估计。Kroencke（2017）用未经过滤的 NIPA 消费得到相同的结论。

长期消费协方差：股票的市场风险或许应该通过股票收益和长期消费增长之间的协方差进行估计，而不是短期消费增长［Daniel 和 Marshall（1997），Parker 和 Julliard（2005）］。这可能是因为对于长期来说，测量误差并没有那么重要，或是因为获取信息的成本降低了调整消费的频率［Gabaix 和 Laibson（2001）］。Jagannathan 和 Wang（2007）指出，第四季度测算得到的年化的消费增长更好地解释了不同行业的股票收益。第四季度既是假期又是年尾，所以对于投资者来说，这是一个做出消费和组合决策的合理时间。

罕见的灾难：消费增长不服从对数正态分布，但服从一个厚尾分布。标准偏好暗示了在相同方差下，期望收益将高于服从对数正态分布的消费增长水平。消费增长的厚尾性可能来自小概率的灾难［Rietz（1988），Barro（2006）］，或是不确定性因子［Weitzman（2007）］。

爱泼斯坦－兹恩偏好：指数效用模型可能不足以解释偏好。另一个流行的模型是爱泼斯坦－兹恩效用［Epstein 和 Zin（1989）］，它保留了指数效用的基本规模独立，但放松了对跨期替代弹性的限制——指数效用模型要求跨期替代弹性为相对风险厌恶系数的倒数。至少它允许消费者提高风险厌恶水平而不会陷入无风险利率的困境。

不确定性厌恶：许多关于自动优化控制的工程文献提出解决模型不确定性的方案——即使使用一个不利的模型也能得出令人满意的优化结果。在经济学中，这种方法可以用于在真实模型不确定的情况下，优化投资者行为。Maenhout（2004）以及 Hansen 和 Sargent（2008）表明了这一方法如何作为爱泼斯坦－兹恩偏好的另一宏观基础，以提高该模型中的风险厌恶参数。

长期风险：即使消费是不停调整的，若投资者具有爱泼斯坦－兹恩偏好及较高的跨期替代弹性，他们依然会对长期消费增长的协方差进行规避［Restoy 和 Weil（2011），Bansal 和 Yaron（2004），Bansal、Kiku 和 Yaron（2012）］。具有该偏好及持续消费波动的模型被称为长期风险模型。

习惯形成：若在模型中，投资者从消费中获得效用，并随消费行为调整习惯，则该模型用于生成成消费的持续调整［Constantinides（1990）］和随时间变化的风险厌恶［Campell 和 Cochrane（1999）］。随时间变化的风险厌恶给股价波动之谜提供了一种解释。

不可分效用：在标准假设下，从消耗品和服务中获得的边际效用不取决于娱乐性消费和非消耗品消费。如果这项假设不成立——也就是说，效用在消耗品、非消耗品、服务和娱乐之间不可分割——那么标准假设下的测试就是错误的［Dunn 和 Singleton（1996），Eichenbaum 和 Hansen（1990），Yogo（2006）］。

以上所有应对途径可在代表性主题模型中进行讨论，本章将有所涉及。其他应对途径会利用投资者的特异性，我们将在第 10 章和第 11 章中阐述。

不可保的特质风险：Constantinides 和 Duffie（1996）表明，总体来说，无论不可保风险服从何种分布，投资者的风险厌恶系数有多大，股权溢价就有多大。

组合限制：如果投资者的投资组合受到限制，特异性的效果可被放大。例如投资者不被允许持有股票，资本国际流通受到限制等。

6.3　对数正态分布范围之外

在本节中，我们将探索“罕见的灾难”如何解释股权溢价之谜［由 Rietz（1988）提出，Barro 和他的合作者（2006，2009）做了进一步探讨］。我们将使用 Martin（2013）提出的方法，来计算消费增长服从任一分布时，消费索赔所引出的风险溢价。其中唯一的假设是消费增长是独立同分布的，且代表性主体拥有指数效用。①

假设一项资产的股息 $D_t = C_t^{\lambda}$。参数 λ 用来衡量股息的波动率，也可将它视作杠杆［Campell（1986），Abel（1990）］。当 $\lambda = 0$，该资产则为无风险资产。当 $\lambda = 1$，该资产则为总消费的索赔，即总财富组合。

在指数效用中，资产价值公式的现值为：

$$P_t = \mathrm{E}_t \sum_{j=1}^{\infty} \delta^j \left(\frac{C_{t+j}}{C_t} \right)^{-\gamma} C_{t+j}^{\lambda}$$

① Martin（2013）介绍了更广义的爱泼斯坦 - 兹恩偏好规范下的公式，我们将在下一节进行讨论。

$$= D_t \mathrm{E}_t \sum_{j=1}^{\infty} \delta^j \left(\frac{C_{t+j}}{C_t} \right)^{\lambda-\gamma} . \tag{6.8}$$

现在，定义 $\delta = \exp(-r^*)$，则 r^* 是时间偏好的纯利率；定义 g 为服从分布 $c_{t+1} - c_t$ 的随机变量。g 中没有时间因子，因为我们假设消费增长是独立同分布的。因此，我们得到：

$$P_t = D_t \sum_{j=1}^{\infty} \exp(-r^* j) \{ \mathrm{E}[(\exp(\lambda - \gamma) g)] \}^j , \tag{6.9}$$

在这里，出于消费增长是独立同分布的假设，我们使用了一个无条件期望，并将指数 j 放在期望因子外。

在第 4 章中，我们曾提到对随机变量 x_i 的累积量生成函数为：

$$\begin{aligned} \mathbf{c}(\theta) &= \log \mathrm{E} \exp(\theta x) \\ &= \sum_{n=1}^{\infty} \frac{\kappa_n \theta^n}{n!} . \end{aligned} \tag{6.10}$$

其中，k_n 是 x 的 n 阶累积量。我们将 $x = g$ 且将消费增长取对数，则 k_1 为对数消费增长的均值，k_2 为方差 σ^2，k_3/σ^3 为偏度，k_4/σ^4 为峰度。当消费增长服从对数正态分布时，二阶以上的所有累计量皆为零。同样，$c(0) = 0$ 和 $c(1)$ 是消费增长均值的对数。

Martin（2013）指出了如何将资产价值和消费累计量生成函数的收益关联起来，并且通过累计量总结了消费风险的分布。我们将式（6.9）写为：

$$\begin{aligned} P_t &= D_t \sum_{j=1}^{\infty} \exp[-(r^* - \mathbf{c}(\lambda - \gamma)) j] \\ &= D_t \frac{\exp[-(r^* - \mathbf{c}(\lambda - \gamma))]}{1 - \exp[-(r^* - \mathbf{c}(\lambda - \gamma))]} , \end{aligned} \tag{6.11}$$

其中，第二个等式对无限几何总和进行了估计。从式（6.11）中可以看到，价格－股息比率是常数，这也暗示了独立同分布的假设。

为了将等式进一步简化，我们定义 $dp = \log(1 + D_t/P_t)$，对数股息收益率。并用 $dp(\lambda)$ 表示基于杠杆参数 λ 的对数股息收益率。式（6.11）可表示为：

$$dp(\lambda) = r^* - \mathbf{c}(\lambda - \gamma). \tag{6.12}$$

资产的总收益为：

$$\begin{aligned} 1 + R_{t+1} &= \frac{P_{t+1}}{P_t}\left(1 + \frac{D_{t+1}}{P_{t+1}}\right) \\ &= \frac{D_{t+1}}{D_t}\exp(r^* - \mathbf{c}(\lambda - \gamma)). \end{aligned} \tag{6.13}$$

因此，期望总收益为：

$$\begin{aligned} 1 + \mathrm{E}R_{t+1} &= \mathrm{E}\exp(g\lambda)\exp(r^* - \mathbf{c}(\lambda - \gamma)) \\ &= \exp(r^* - \mathbf{c}(\lambda - \gamma) + \mathbf{c}(\lambda)). \end{aligned} \tag{6.14}$$

我们通过定义对数期望总收益 $er = \log(1 + \mathrm{E}R_{t+1})$，来进一步简化表达式：

$$er(\lambda) = r^* - \mathbf{c}(\lambda - \gamma) + \mathbf{c}(\lambda). \tag{6.15}$$

将这些结果放在一起，我们得到一个对数的戈登增长模型，该模型曾在第5章中提及。对于任一杠杆参数 λ：

$$dp(\lambda) = er(\lambda) - \mathbf{c}(\lambda). \tag{6.16}$$

该等式说明，对数总股息收益等于对数期望总收益减去对数期望总股息增长率。该戈登增长模型是稳态下的模型，股息增长是独立同分布的，且折现率为一个常数。

现在我们考虑两种特别的情形：$\lambda = 0$，即无风险资产；$\lambda = 1$，即消费索赔，或总财富组合。对于无风险资产，有 $er(0) = dp(0) = r_f$。将该属性代入式（6.12），得到：

$$r_f = r^* - \mathbf{c}(-\gamma) = r^* - \sum_{n=1}^{\infty}\frac{\kappa_n(-\gamma)^n}{n!}. \tag{6.17}$$

对于消费索赔，对数总股息收益率为：

$$dp(1) = \log\left(1 + \frac{C}{W}\right) \equiv cw. \tag{6.18}$$

由于总财富是总消费的索赔，消费索赔的股息-价格比率等于总消费-财富比率。我们用 cw 来表示对数总消费-财富比。令式（6.12）中的 $\boldsymbol{\lambda}=1$，我们得到：

$$dp(1)=cw=r^*-\mathbf{c}(1-\gamma)=r^*-\sum_{n=1}^{\infty}\frac{\kappa_n(1-\gamma)^n}{n!}. \tag{6.19}$$

股权溢价 eqp 被定义为对数期望总收益，消费索赔减去无风险利率，由式（6.15）和式（6.17）给出：

$$\begin{aligned}eqp&=er(1)-r_f=\mathbf{c}(1)+\mathbf{c}(-\gamma)-\mathbf{c}(1-\gamma)\\&=\sum_{n=2}^{\infty}\frac{\kappa_n}{n!}\{1+(-\gamma)^n-(1-\gamma)^n\}.\end{aligned} \tag{6.20}$$

这个结果概括了基于消费的资产定价模型的方程式，其基本假设为消费增长是独立同分布的且服从对数正态分布，$eqp=\gamma\sigma^2$，允许高阶项的影响。c(1) 是总消费增长算术平均数的对数，它的值非常小。另两项为累计量生成函数在点（$1-\gamma$）和 $-\gamma$ 之间的变化量。由于累计量生成函数为凸函数，在点 γ 函数的变化是递增的。这一属性使得在已知点 γ，股权溢价也是递增的，因此需要使用较低的 γ 值来拟合已知的股权溢价。

式（6.20）考虑了消费增长的均值、方差、偏度和峰度，忽略了所有高于四阶的高阶项。遗憾的是，Martin（2013）展示了在实际样本中，无限的累积项的和收敛速度异常缓慢。因此，这一方法应该需要更多的高阶项，这些高阶项在没有参数的条件下不可能被有效估计。

在 Barro（2006，2009）提出的个例中，累积量生成函数拥有一个容易处理的封闭公式。这一个例假设对数消费是持续跳跃扩散的，其中扩散的均值为 μ，方差为 σ^2，跳跃遵循抵达率为 ω 的泊松过程——如果跳跃发生，对数消费将下降一个随机的数值 x。在这种情况下：

$$\begin{aligned}\mathbf{c}(\theta)&=\mu\theta+\frac{1}{2}\sigma^2\theta^2+\omega(\mathrm{E}[\exp(-\theta x)]-1)\\&=\mu\theta+\frac{1}{2}\sigma^2\theta^2+\omega\left(\exp\left(-\theta m+\frac{1}{2}\theta^2s^2\right)-1\right).\end{aligned} \tag{6.21}$$

其中，第二行遵循另一特殊假设：x 服从正态分布，均值为 m，方差为 S^2。这是一个偶然“灾难”的模型，大部分消费未考虑在内。

将股权溢价公式（6.20）应用于这一特例，我们得到：

$$\begin{aligned} eqp &= \gamma\sigma^2 + \omega\left\{\mathrm{E}[\exp(-x)] + \mathrm{E}[\exp(\gamma x)] - \mathrm{E}[\exp((\gamma-1)x)] - 1\right\} \\ &= \gamma\sigma^2 + \omega\mathrm{E}[(1-B)(B^{-\gamma}-1)]. \end{aligned} \tag{6.22}$$

其中，随机变量 $B \equiv \exp(-x)$ 是为渡过灾难而消费的部分。式（6.22）的第二行由 Barro（2009）得出，显示了股权溢价的增长由灾难的风险等于灾难发生率 ω 乘以灾难损失（$1-B$）造成，消费的边际效用成比例增加由灾难（$B^{-\gamma}-1$）所致。

这一模型列举了小概率发生的大灾难可能很大地提高股权溢价水平。Martin（2013）校准了扩散的均值 $\mu=2.5\%$、标准差 $\sigma=2.0\%$，跳跃的抵达率 $\omega=1.7\%$，发生跳跃时变量下降的均值 $m=39\%$、标准差 $s=25\%$。其中，时间折扣率为 3%，风险厌恶系数为 4，这些变量暗示了 1% 的无风险利率水平和 5.7% 的股权溢价水平。

拥有这些参数的累计量生成函数见图 6.1［Martin（2013）］。左上角给出了两种分布的累积量生成函数，一种是有跳跃的（实线），一种是没有跳跃的（虚线）。当相对风险厌恶系数等于 4，图中给出了如何识别无风险利率水平 $r^*-c(-\gamma)$ 和对数消费/财富比率 $r^*-c(1-\gamma)$。该图展示了在净时间偏好率为 3% 时，跳跃帮助该模型演算出了一个合理的无风险利率水平和消费/财富比率。若不考虑跳跃，累积量生成函数会有较小的凸性，因此需要一个较高的风险厌恶值来表示右上图中所示的性质，右上图是将左上图的横轴拉长所得。

左下图展示了如何在典型的跳跃样本中识别股权溢价。将式（6.20）重新整合，使 $c(0)=0$，则股权溢价为 $c(1)+c(-\gamma)-c(1-\gamma)=2\{(c(1)+c(-\gamma))/2-(c(0)+c(1-\gamma))/2\}$，由于累积量函数的凸性，两项均值之差是递增的。

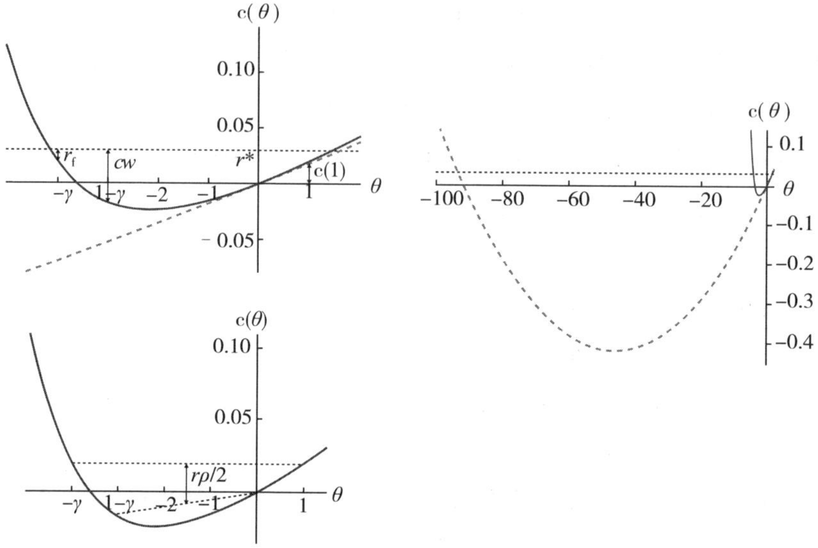

图 6. 1　消费累计量生成函数和资产价格

资料来源：Martin，Ian W. R.，2013，"Consumption-Based Asset Pricing With Higher Cumulants，" *Review of Economic Studies* 80，745－773；获牛津大学出版社授权。

在罕见的灾难下，资产价值的指数效用是一把双刃剑。参数的微小变动即可能对无风险利率和股权溢价造成巨大影响。例如，若将灾难抵达率 ω 提高到 2. 2%，无风险利率则为 2. 4%，而股权溢价则等于 7. 4%；若将抵达率降低至 1. 2%，则无风险利率为 4. 5%，股权溢价为 4. 1%。m 或 s 的5%的变动也有相似的戏剧性的效果。这说明我们难以找到足够的外部证据，来准确计量灾难的规模和概率对于资产价值的影响。事实上，灾难风险必须从已知的资产价格中反推出来；该模型有几项附加的自由变量来衡量这一风险。①

① 这就是我在2008 年普林斯顿金融学教案中，将"罕见的灾难"表示为"经济学中的暗物质"的原因。这一比喻源自宇宙学中的暗物质，它只能通过与普通物质之间的相互引力检测出来。

6.3.1　时变灾难风险

目前，灾难模型讨论了消费增长独立同分布的情形，因此它暗示了无风险利率、消费索赔的价格－股息比率、股权溢价都是常数，且消费索赔收益的波动率等于消费增长的波动率。因此，这些模型没有对股价波动之谜进行解释。灾难模型框架的一个延伸是允许发生灾难的概率或是灾难对资产报酬的影响，是随着时间而变化的。随时间变化的灾难风险可生成随时间变化的风险溢价，并提高风险资产收益的波动率。

加贝克斯（2012）为研究随时间变化的灾难风险提出了一个特别易于处理的框架，该框架利用了第 5.2.1 节中所讨论的线性生成过程。在加贝克斯模型中，总消费增长是是确定的，除非灾难发生。没有灾难发生的概率为（$1-p_t$），此时消费增长为：

$$\frac{C_{t+1}}{C_t}=\exp(\mu). \tag{6.23}$$

灾难发生的概率为 p_t，此时消费增长为：

$$\frac{C_{t+1}}{C_t}=\exp(\mu)B_{t+1}. \tag{6.24}$$

其中，随机变量 $B_t+1>0$ 为宏观经济恢复率，为渡过灾难所产生的消费部分。

加贝克斯假设指数效用拥有时间偏好率 r^* 和相对风险厌恶 γ，因此若无灾难发生，这个经济体的随机折扣因子为 $M_t+1=\exp(-r)$；若灾难发生，则为 $M_{t+1}=\exp(-r)B_{t+1}^{-\gamma}$，其中 $r=r^*+\gamma\mu$ 是灾难发生的概率为零时可得到的对数无风险利率。

加贝克斯考虑了那些股息暴露于灾难风险的资产。对于资产 i，股息增长由下式给出：

$$\frac{D_{i,t+1}}{D_{it}}=\exp(g_i). \tag{6.25}$$

若无灾难发生，且：

$$\frac{D_{i,t+1}}{D_{it}}=\exp(g_i)F_{i,t+1}. \tag{6.26}$$

若灾难发生，$F_{i,t+1}>0$ 为特定资产的回收率，是为渡过灾难而产生的股息。①

加贝克斯模型中的主要参数总结了一项资产保护投资者以应对灾难的能力。资产 i 的“复原力”定义为：

$$H_{it}=p_t\mathrm{E}_t^*\left[B_{t+1}^{-\gamma}F_{i,t+1}-1\right]. \tag{6.27}$$

其中，E_t^* 表示灾难发生的条件期望。资产的复原力相对于资产回收率 $F_{i,t+1}$是递增的，它可能是正的，也可能是负的，并且当灾难越严重时，它的变动越大。

为了得到资产价格和收益的封闭解，加贝克斯假设每项资产的复原力遵循线性生成过程：

$$H_{it}=\overline{H}_i+\widehat{H}_{it}. \tag{6.28}$$

其中，$\overline{H}_i$ 为 H_{it} 的无条件均值，$\widehat{H}_{it}$ 为该均值的偏差，该过程可表示为：

$$\widehat{H}_{i,t+1}=\frac{1+\overline{H}_i}{1+H_{it}}\exp(-\phi_H)\widehat{H}_{it}+\eta_{i,t+1}. \tag{6.29}$$

如式（5.18）所示，这是一个具有“线性生成扭曲”的 AR(1）过程，它提供了一个易处理的资产定价公式。假设震动 $\eta_{i,t+1}$ 与灾难时间之间零相关。②

当时间间隔很短时，这一模型得出的资产价值具有一个十分简单的表达式。在这里，我们直接给出结论，令 $\overline{\mathrm{h}}_i=\log(1+\overline{H}_i)$，则当时间

① 股息增长的表达式中可加入与灾难零相关的随机震动，但它们不会影响消费风险的确定性假设下所得出的风险溢价。

② $\eta_{i,t+1}$ 的分布不会影响资产价格，因此它不需要被特殊定义。但为了稳定过程（6.29）和保证 $F_{i,t+1}>0$，它必须具有异方差性。

间隔很短时：

$$P_{it} \approx \frac{D_{it}}{r-\bar{h}_i-g_i}\left(1+\frac{\widehat{H}_{it}}{r-\bar{h}_i-g_i+\phi_H}\right). \tag{6.30}$$

这可以理解为对戈登增长模型的一次修正，使需求弹性 $\widehat{H}_{it}$ 作为资产价值的线性参数。这暗示了当灾难发生时，已知 $\widehat{H}_{it}$ 可忽略不计，则资产价格与股息比将下降。因此，灾难发生时资产的总收益即为该项资产的回收率 $F_{i,t+1}$。

资产的期望收益在无灾难发生时可表示为：

$$\mathrm{E}_t^{\prime} R_{i,t+1}=r-p_t \mathrm{E}_t^*\left[B_{t+1}^{-\gamma}\left(1+R_{i,t+1}\right)-1\right]=r-H_{it}. \tag{6.31}$$

其中，等式的第二项遵循在灾难发生时资产的总收益与回收率 $F_{i,t+1}$ 相等的假设及弹性的定义［见式（6.27）］。这一等式的直观结论：较高弹性的资产具有较低的预期收益，因为较高弹性的资产可以在灾难发生时更好地保护投资者。

资产的无条件期望收益还应减去灾难发生时的损失与灾难发生概率的乘积：

$$\mathrm{E}_t R_{i,t+1}=r-H_{it}-p_t \mathrm{E}_t^*\left(1-F_{i,t+1}\right). \tag{6.32}$$

正如 Barro（2006）所强调的，当灾难很大且投资者风险厌恶系数中等大小时，相关系数 $p_t E_t^*(1-F_{i,t+1})$ 相对于弹性 H_{it} 来说非常小。灾难风险对股权溢价产生的影响远远大于对平均收益造成的扭曲。

一个非常重要的问题：是哪些因素主导了弹性中的时间变量呢？正如 Gourio（2012）和 Wachter（2013）所强调的，最可能的是灾难发生的概率 p_t，它随着时间不断地变化。这导致了弹性的协同变动，因此也导致了所有风险资产的价格 - 股息比率和风险溢价的协同变动。宏观经济恢复率 B_{t+1} 分布的变化也会造成相似的后果。此项研究的一大难点在于，如果将灾难理解为战争（这是历史上最大的灾难），那么资产价值的变动将不会很好地拟合不断变化的全球冲突的概率。[①]我们将灾难的定义扩大到金融危机，这无疑将提高它与股票价格的相关性，但同时也降低了灾难的平均规模，这一规模可能太小而无法解释股权溢价。在一个有限参与者的模型中可能会有较大的影响［Lettau 和 Ludvigson（2013）］。在这一模型中，股东被非股东所征用，会视作灾难，即使该经济体的总消费并没有崩溃。这一方法也可以用于规范灾难概率建模中政治数据的应用。

另一种观点由加贝克斯（2012）提出，弹性由消费者不断变化的关于资产回收率 $F_{i,t+1}$ 的观点所驱动。这一观点允许在不同类别的风险资产中，价格 - 股息比率和风险溢价有不同的波动。这是一个更为灵活的模型，但也更难以规范外部数据。我们并不知道该如何验证这一假设，资产的内含回收率是很难被反推出来的。

罕见的灾难模型对于股票指数期权有一个十分有趣的意义［Backus、Chernov 和 Martin(2011)，Gabaix(2012)，Seo 和 Wachter（2016)］。这一意义的解释并不在本书的范围内，习题 6.1 提出了一个关于消费增长恢复过程和偏好系数的问题［Ross（2015)，Borovička、Hansen 和 Scheinkman (2016)］。

此节所讨论的灾难是消费的瞬间下跌，但这一假设是可以被放宽的。Nakamura 等人（2013）允许灾难持续很多年而不是突然发生，且允许灾难发生后消费有所恢复。他们还考虑到灾难发生时消费增长的不确定性，且在全球数据库［Barro 和 Ursúa（2008）提供］中区分了全球灾难和特定国家的灾难。他们的模型具有长期风险模型（将在第 6.5 节中详述）的某些特征。Tsai 和 Wachter（2015）通过连续时间模型对这一文献进行了验证。

① 这种概率很难估计［Russett 和 Slemrod（1993)］，但一种可能的估计是核时钟上面距午夜的分钟数，由原子科学家公报提出。这一估计表明了灾难在 20 世纪 70 年代相对低的发生率，而在 80 年代中期相对高的发生率，这与股票的走势相反。核扩散增加了灾难在 20 世纪 90 年代发生的概率，同样，这与 90 年代股市的繁荣相悖。

6.4　爱泼斯坦 – 兹恩偏好

第 6.1 节中讨论的简单指数效用模型假设规模不变，这暗示了利率和风险溢价保持在一个相对稳定的水平。然而，它也要求风险厌恶和跨期替代弹性（EIS）需互为倒数。在指数效用框架内，在不降低 EIS 的前提下，不能用提高风险厌恶来解决股权溢价之谜。Weil（1999）在他的无风险利率之谜中提出，非常小的 EIS 值意味着不可信的无风险利率。

这一偏好由爱泼斯坦和兹恩（1989，1991）提出，基于 Kreps 和 Porteus（1978）的研究，通过将相对风险厌恶系数和 EIS 分离来摆脱困境。爱泼斯坦 – 兹恩的目标函数是一系列递归定义的偏好：

$$U_t = f(C_t, \mu(U_{t+1})). \tag{6.33}$$

其中，$f(.)$是用来权衡现在和未来的聚合函数，$\mu(.)$是确定性等价函数，用以衡量对待风险的态度。爱泼斯坦 – 兹恩的目标函数对$f(.)$给出一个 CES 形态，对$\mu(.)$给出一个指数形态来得到独立于规模的指数效用：

$$\begin{aligned} U_t &= \left\{(1-\delta) C_t^{1-\frac{1}{\psi}} + \delta\left(\mathrm{E}_t\, U_{t+1}^{1-\gamma}\right)^{\frac{1-\frac{1}{\psi}}{1-\gamma}}\right\}^{\frac{1}{1-\frac{1}{\psi}}} \\ &= \left\{(1-\delta) C_t^{\frac{1-\gamma}{\theta}} + \delta\left(\mathrm{E}_t\, U_{t+1}^{1-\gamma}\right)^{\frac{1}{\theta}}\right\}^{\frac{\theta}{1-\gamma}}. \end{aligned} \tag{6.34}$$

其中，γ 是风险厌恶，ψ 是跨期替代弹性，组合参数 $\theta \equiv (1-\gamma)/(1-1/\psi)$。[①]当 $\gamma = 1/\psi$，$\theta = 1$，递归为线性的；此时可以直观地解成我们熟悉的时间分割的指数效用模型。

---

① 通常我们将 γ 视为风险厌恶，ψ 视为跨期弹性。我们将看到这些参数直观不变地影响资产定价。然而，Garcia、Renault 和 Semenov（2006）以及 Hansen 等人（2007）指出当 γ 和 ψ 不互为倒数时，这一解释可能不是完全正确的。

当 $\psi=1$ 时，方程最容易解。当 $\psi\to 1$、$\theta\to\infty$ 时，爱泼斯坦－兹恩函数可写成：

$$U_t = C_t^{1-\delta}\left(\mathrm{E}_t U_{t+1}^{1-\gamma}\right)^{\frac{\delta}{1-\gamma}}. \tag{6.35}$$

定义 $V_t=(\log U_t)/(1-\delta)$，我们得到：

$$V_t = c_t - \delta\lambda \log \mathrm{E}_t \exp\left(\frac{-V_{t+1}}{\lambda}\right). \tag{6.36}$$

其中，$\lambda\equiv -1/((1-\delta)(1-\gamma))$，与 $(\gamma-1)$ 正负相同。Hansen 和 Sargent（2008）把这称为“风险敏感递归”，原因我们在第 6.5 节中详述。现在，如果我们让 γ 趋近于 1，$\lambda\to\infty$，则递归为线性的：$V_t=c_t+\delta E_t V_{t+1}$，这与对数效用相似。

图 6.2 列出了爱泼斯坦－兹恩的参数空间。横轴为跨期替代品的弹性 ψ，纵轴为相对风险厌恶系数。$\gamma=1/\psi$ 的双曲线即为指数效用。$\psi=1$ 和 $\gamma=1$ 时即为竖直和水平的直线。当 $\psi=1$，消费－财富比率为常数；当 $\gamma=1$ 则投资水平对组合选择没有影响（在第 9 章中讨论）。在对数效用下，$\psi=\gamma=1$，所有的线在该点交叉。

爱泼斯坦－兹恩偏好违背了第 1 章所讨论的冯·诺伊曼－摩根斯坦效用中的独立性公理。拥有爱泼斯坦－兹恩偏好的参与主体对待独立性公理中提出的解决不确定性的时间不是毫不关心的。然而，这种偏好的确暗示了动态一致的决策行为［Backus、Routledge 和 Zin（2004）］。

当 $\gamma>1/\psi$（图 6.2 中双曲线的右上方），参与主体会更多地考虑不确定性，而不是可预测的消费波动。因此，他们倾向于提前解决未来消费的不确定性，因为这样可以将不确定性转化为可预测的消费波动。Epstein、Farhi 和 Strzalecki（2014）表明图中双曲线上方的点［$\psi=1$ 或 1.5，$\gamma=7.5$ 或 10，由 Bansal 和 Yaron（2004）提出］显示了投资者对提前解决不确定性有着非常高的期望，且愿意为此付出代价。

相反，若 $\gamma<1/\psi$（图 6.2 中双曲线的左下方），参与主体则倾向于更晚解决不确定性。然而，实证文献目前只关注 $\gamma>1/\psi$ 的情形。

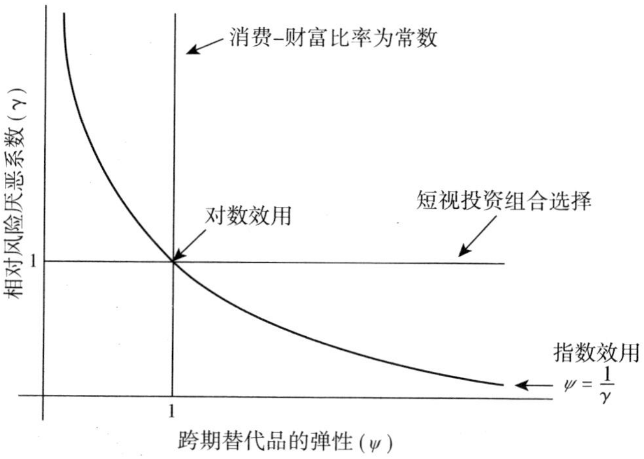

图 6.2　爱泼斯坦－兹恩参数空间

6.4.1　爱泼斯坦－兹恩偏好的随机折现因子推导

因为爱泼斯坦－兹恩偏好是时间不可分的，我们需要将它跨期选择的一阶条件写成一个更为广泛的形式。在一个离散状态的局部索赔模型中（见第 4 章），能够在状态 s 下用价格 q（s）自由地进行局部索赔交易的投资者（s 为已知时间 t 时的状态条件下时间 $t+1$ 时的状态），其一阶条件为：

$$q(s)\frac{\partial U_t}{\partial C_t}=\frac{\partial U_t}{\partial C_{t+1}(s)},\tag{6.37}$$

因为投资者今天的消费边际效用等于多花 1 美元时状态 s 下的局部索赔的边际效用。

在爱泼斯坦－兹恩偏好［式（6.34）］下，利用 $q(s)=\pi(s)M_{t+1}(s)$，这一条件转化为：

$$M_{t+1}=\delta\left(\frac{C_{t+1}}{C_t}\right)^{-\frac{1}{\psi}}\left(\frac{U_{t+1}}{\mathrm{E}_t\left(U_{t+1}^{1-\gamma}\right)^{\frac{1}{1-\gamma}}}\right)^{-\left(\gamma-\frac{1}{\psi}\right)}$$

$$=\delta\Gamma_t\left(\frac{C_{t+1}}{C_t}\right)^{-\gamma}\left(\frac{U_{t+1}}{C_{t+1}}\right)^{-\left(\gamma-\frac{1}{\psi}\right)}.\tag{6.38}$$

其中：

$$\Gamma_t \equiv \mathrm{E}_t\left[\left(\frac{C_{t+1}}{C_t}\right)^{1-\gamma}\left(\frac{U_{t+1}}{C_{t+1}}\right)^{1-\gamma}\right]^{\frac{1-\theta}{\theta}}. \tag{6.39}$$

式（6.38）中的第一个等式表明，时间 $t+1$ 时的边际效用不仅受消费 C_{t+1} 的影响，同时也受其期望而产生的延续效用 U_{t+1} 的影响。第二个等式将所有时间 t 时已知的时变量写入一个变量 Γ_t，且重新归纳了由消费 C_{t+1} 所引起的延续效用。当 $\gamma = 1/\Psi$，或者说 $\theta = 1$ 时，有关延续效用的剩余项将消失。

式（6.38）为对数随机微分方程的创新提供了一个直观的应用（决定了在一个对数正态模型中的风险溢价）。我们将式（6.38）取对数，并用波浪号表示增量的提前预期，则 $\widetilde{x}_{t+1} \equiv x_{t+1} - \mathrm{E}_t x_{t+1}$，得到：

$$\widetilde{m}_{t+1} = -\gamma\,\widetilde{c}_{t+1} - \left(\gamma - \frac{1}{\psi}\right)(\widetilde{u}_{t+1} - \widetilde{c}_{t+1}). \tag{6.40}$$

使用跨期预算限制条件

式（6.38）和式（6.40）所示的 SDF 在实证中无法应用，原因是延续效用无法被观测。但是，爱泼斯坦和兹恩（1989，1991）表明可以利用跨期预算限制条件和动态变成的方法来推演延续效用，用实际消费增长和实际总财富收益来表示，这两项则都是可观测的。具体来说，代表主体的跨期预算限制可写为：

$$W_{t+1} = (1 + R_{w,t+1})(W_t - C_t). \tag{6.41}$$

其中，W_{t+1}是代表性主体的财富，（$1 + R_{\omega,t+1}$）是所有投资者财富的组合收益。预算限制的这种形式对于一个有效市场模型来说是恰当的，有效市场中的财富包括了人力资本和金融资产。

基于这一预算限制，爱泼斯坦和兹恩将 SDF 写为：

$$M_{t+1} = \left(\delta\left(\frac{C_{t+1}}{C_t}\right)^{-\frac{1}{\psi}}\right)^{\theta}\left(\frac{1}{1 + R_{w,t+1}}\right)^{1-\theta}. \tag{6.42}$$

用对数的形式，且同样使用波浪号来表示增量，则：

$$\widetilde{m}_{t+1} = -\theta\left(\frac{\widetilde{c}_{t+1}}{\psi}\right) - (1-\theta)\widetilde{r}_{w,t+1}. \tag{6.43}$$

对数 SDF 与消费增长和总财富收益负相关。用权重 θ 将这两项加权平均。在指数效用中，当 $\gamma = 1/\psi$，$\theta = 1$，则我们得到指数效用下标准消费的 CAPM。当 $\gamma = 1$，$\psi \neq 1$，$\theta = 0$，SDF 给于财富收益的权重为 1，为静态 CAPM。

式（6.43）不能分析当 $\psi - 1$、$\gamma \neq 1$ 时的情形，因为这代表权重 θ 无穷大。这一情形必须用式（6.36）或式（6.49）、式（6.53）来分析。

如果资产收益和消费是同方差的，且联合分布为对数正态分布（本节后面内容我们也做出如此假设），式（6.42）表明无风险利率为：

$$r_{f,t+1} = -\log\delta + \frac{1}{\psi}\mathrm{E}_t[\Delta c_{t+1}] - \frac{\theta}{2\psi^2}\sigma_c^2 + \frac{\theta-1}{2}\sigma_w^2. \tag{6.44}$$

其中，σ_c^2 是对数消费增量的方差，σ_w^2 是对数财富收益的增量。

当 $\psi = 1$，得到：

$$r_{f,t+1} = -\log\delta + \mathrm{E}_t[\Delta c_{t+1}] - \left(\gamma - \frac{1}{2}\right)\sigma_c^2. \tag{6.45}$$

这一等式只线性地取决于风险厌恶系数 γ，且是在已知实证检验中给出的一个合理的形式（见表 6.1）。它表明通过提高风险厌恶，同时统一 EIS 来规避无风险利率之谜，有可能可以利用爱泼斯坦 - 兹恩偏好来解释股权溢价之谜。令 $\gamma > 1/\psi$，从而引入偏好以尽早解决不确定性。

风险资产的溢价，包括财富组合本身，通过式（6.43）可写为：

$$\mathrm{E}_t[r_{i,t+1}] - r_{f,t+1} + \frac{\sigma_i^2}{2} = \theta\frac{\sigma_{ic}}{\psi} + (1-\theta)\sigma_{iw}. \tag{6.46}$$

其中，σ_{ic} 和 σ_{iw} 代表资产 i 对数收益的增量和对数消费增长、对数财富收益之间的协方差。这又将爱泼斯坦 - 兹恩模型写为指数效用（$\theta = 1$）和静态 CAPM（$\theta = 0$）下消费 CAPM 的嵌套。

扩大消费的 CAPM 模型

这不是最终的结论，因为预算条件限制了财富组合收益而引起的消费行为。因此，新增消费与财富的增长有关，且消费的协方差 σ_{ic} 与财富调和协方差 σ_{iw} 有关。考虑到这些，我们可以推导出对数 SDF 的表达式，以及用风险溢价传递一个新的视角。这个视角与式（6.46）不同，它在 $\psi=1$ 且 $\gamma \neq 1$，也就是 θ 是无穷的情况下，也可以有很好的表现。

具体来说，在第 5.3.1 节中展示的对数线性收益的近似方法，可以用于财富组合的非预期对数收益：

$$\begin{aligned}\tilde{r}_{w,t+1} &= (\mathrm{E}_{t+1}-\mathrm{E}_t)\sum_{j=0}^{\infty}\rho^j \Delta d_{w,t+1+j} - (\mathrm{E}_{t+1}-\mathrm{E}_t)\sum_{j=1}^{\infty}\rho^j r_{w,t+1+j} \\ &= \tilde{c}_{t+1} + \left(1-\frac{1}{\psi}\right)\tilde{g}_{t+1}.\end{aligned} \tag{6.47}$$

其中，$\tilde{g}_{t+1}$ 是针对未来消费增长的信息：

$$\tilde{g}_{t+1} = (\mathrm{E}_{t+1}-\mathrm{E}_t)\sum_{j=1}^{\infty}\rho^j \Delta c_{t+1+j}. \tag{6.48}$$

式（6.47）中第一个等式将式（5.51）应用于财富组合收益。第二个等式基于总消费是财富组合的分红，且应用了式（6.44）和式（6.46）中财富组合的期望对数收益是恒定的，最后加上（$1/\psi$）乘以期望消费增长。

式（6.47）的经济意义是，假设未来消费增长是固定的，那么现有的消费，即现有财富组合的分红，一比一地影响了财富的价值。关于未来消费增长的新闻对于财富的价值具有相反的作用。它一比一地提高了分红的增长，但也会提高折现率（财富的期望对数收益）——（$1/\psi$）比 1。当（$1/\psi$）<1，也就是 EIS $\psi>1$ 时，分红的增长起主要作用，因此预期消费增长的向上调整会提高财富价值。相反，当 EIS $\psi<1$ 时，则对折现率的影响起主导作用。当 $\psi=1$ 时，两项作用相互抵销，此时，财富－消费比为常数。

将等式代入式（6.43），且利用参数 θ、γ 和 ψ 之间的关系，得到：

$$\widetilde{m}_{t+1} = -\gamma\,\widetilde{c}_{t+1} - \left(\gamma - \frac{1}{\psi}\right)\widetilde{g}_{t+1}. \tag{6.49}$$

该式的经济意义就是爱泼斯坦－兹恩效用。边际效用不仅随着现有消费增长变动，也随着长期期望的未来消费增长而变动。当 $\gamma > 1/\psi$，预期未来消费的增长会降低边际效用。

式（6.49）暗示了在一个条件对数正态模型中，任一资产的风险溢价可写为：

$$\mathrm{E}_t[r_{i,t+1}] - r_{f,t+1} + \frac{\sigma_i^2}{2} = \gamma\,\sigma_{ic} + \left(\gamma - \frac{1}{\psi}\right)\sigma_{ig}. \tag{6.50}$$

其中，σ_{ig} 是资产 i 的非期望收益和期望消费增长之间的协方差。这可以称为"扩大消费的 CAPM 模型"，因为它将消费 CAPM 模型与指数效用相结合，并加入了用来反映长期增长的风险因子。Restoy 和 Weil（2011）首先推导出这一公式。Bansal 和 Yaron（2004）基于 Kandel 和 Stambaugh（1991）的观点，提出这一模型的雏形并加入方差变量（第 6.5 节中所讨论的"长期风险"模型）之后，该模型吸引到了很大的关注。

跨期 CAPM

Campbell（1993）用不同的方式应用这一关系。他没有将爱泼斯坦－兹恩模型代入财富收益，而是代入了消费，从而得到一个离散时间条件下的 Merton（1973）跨期 CAPM 模型。消费的增长可写为：

$$\widetilde{c}_{t+1} = \widetilde{r}_{w,t+1} + (1-\psi)\widetilde{h}_{t+1}. \tag{6.51}$$

其中，$\widetilde{h}_{t+1}$ 是预期财富收益的增长，财富组合的折现率新闻为：

$$\widetilde{h}_{t+1} = (\mathrm{E}_{t+1} - \mathrm{E}_t)\sum_{j=1}^{\infty}\rho^j r_{w,t+1+j}. \tag{6.52}$$

这一模型的经济意义在于现有财富收益对于期望消费有一比一的影响，在拥有固定的未来收益的前提下，这遵循了爱泼斯坦－兹恩效用方程的独立缩放性质。当期望财富收益分别等于 1 和 $-\psi$ 时，具有对冲收入和替代期望消费的作用。当 $\psi=1$，消费/财富比为常数时，这两项作用将消失。在这里，字母 h 被用于对冲需求的助记符，这是一个在金融文献中常用来表达资产需求的符号，资产需求是投资者对于投资机会变化所做出的反应。

将式（6.51）代入式（6.43），对数 SDF 的增量可写为：

$$\widetilde{m}_{t+1}=-\gamma\,\widetilde{r}_{w,t+1}-(\gamma-1)\widetilde{h}_{t+1}. \tag{6.53}$$

因此，任一资产的的风险溢价可写为：

$$\mathrm{E}_t[r_{i,t+1}]-r_{f,t+1}+\frac{\sigma_i^2}{2}=\gamma\sigma_{iw}+(\gamma-1)\sigma_{ih}. \tag{6.54}$$

这是 Merton（1973）所示的跨期 CAPM，它将传统的 CAPM 和反映投资机会变化的协方差相结合。任一资产的风险溢价为风险厌恶系数 γ 乘以该资产和财富组合收益的协方差，再加上（$\gamma-1$）乘以资产和预期财富收益变化的协方差。当 $\gamma=1$ 时，第二项为零；在这种情况下，对需求的跨期对冲为零，资产无法被合理定价。我们将会在第 9 章讨论这一课题。

6.5 长期风险模型

Bansal 和 Yaron（2004）曾表示，假设代表性主体有爱泼斯坦－兹恩偏好，高风险厌恶，EIS 大于 1，总消费增长是一贯的且有条件异方差性，扩展消费 CAPM 模型（见第 6.4.1 节）可解决股权溢价、无风险利率和股价波动三大谜题。拥有这些性质的模型被叫作“长期风险模型”。关于长期风险的文献非常丰富，最早有 Kandel 和 Stambaugh（1991），其他著名的文献包括 Hansen、Heaton 和 Li（2008），以及 Bansal、Kiku 和 Yaron（2012）等。为了更好地理解长期风险的含义，我们首先在同方差模型中讨论可预测的消费增长，接着讨论消费波动的变化对资产定价的影响，最后讨论基于可预测消费增长和消费的条件异方差假设下的实证研究。

6.5.1　可预测的消费增长

回到扩展消费 CAPM 模型（见第 6.4.1 节），假设预期未来消费增长受到冲击，则将预期消费的折现率进行调整，式（6.48）中的 $\tilde{g}_{t+1}$，波动率是非零的。为简便起见，我们假设对预期未来消费增长的冲击独立于对现在消费的冲击。因此，根据式（6.47）和式（6.50），总财富组合的风险溢价为：

$$\mathrm{E}_t[r_{w,t+1}] - r_{f,t+1} + \frac{\sigma_w^2}{2} = \gamma\sigma_c^2 + \left(\gamma - \frac{1}{\psi}\right)\left(1 - \frac{1}{\psi}\right)\sigma_g^2. \qquad (6.55)$$

已知总消费增长的波动率很低，第一项的值在风险厌恶值小的情况下非常小。然而，当预期消费增长有一个较大的方差 σ_g^2 时，第二项的值也会很大。已知对任一未来消费增长率期望的调整不能比增长率本身波动更大，则对未来消费增长率的调整必须是同向的，也就是说，需对消费增长进行持续的冲击。

为使冲击提高财富组合的风险溢价，我们需要 $\gamma > 1/\psi$，也就是说，投资者倾向于规避那些收益与预期未来消费增长正相关的资产；且 $1-1/\psi>0$（或 EIS$\psi>1$），则总财富收益与预期消费增长正相关。[①]

第二个条件也是必要的，正如我们在解释式（6.47）时所说的，未来消费增长的快速增加会抵销财富的价值。一方面，消费是总财富组合的分红，因此，未来消费的快速增长将会提高未来分红，并提高财富的当前价值。另一方面，消费的快速增长将会提高利率水平（该模型的所有的折现利率具有同方差性，则风险溢价为常数）。这一折线率效应与 EIS 成反比。当 EIS 等于 1，这两种效应相互抵销；财富 - 消费比为常

---

① 相反的一对假设 $\gamma<1/\psi$ 和 $\psi<1$ 也会起作用，但是除非 EIS 很小，否则这些假设会迫使风险规避度很低。

数，且在当前消费革新与消费增长不相关的假设下，财富组合与预期消费增长的协方差为零。当 EIS 小于 1 时，折线率效应占主导，因此当预期消费增长率上升时，财富 - 消费比下降。只有当 EIS 大于 1 时，预期消费的繁荣会提升财富的当前价值。

以上结论可以进一步概括为这样的索赔：股息的对数不等于消费的对数，而是消费对数的一部分，包括支付固定分红对数的债券。习题 6.3 要求针对该索赔的定价进行分析——这有时也被称为杠杆股权。

Campbell（2003）、Beeler 和 Campbell（2012）讨论了在消费增长震动及 EIS 大于 1 下同方差的模型面临的两大实证难题。第一，模型的隐含假设是财富 - 消费的对数比，或总财富组合价格 - 股息的对数比，满足：

$$w_t - c_t = \left(1 - \frac{1}{\psi}\right) \mathrm{E}_t \sum_{j=0}^{\infty} \rho^j \Delta c_{t+1+j}. \tag{6.56}$$

为简便起见，我们将常数省略。这一等式将坎贝尔 - 希勒公式（5.47）应用于财富组合，该财富组合的分红即为消费，预期收益为常数（$1/\psi$）乘以预期消费增长。

遗憾的是，几乎没有直接的证据（股市中的股息 - 价格比，或是消费 - 财富比）证明该模型能够预测长期消费增长。例如，Beeler 和 Campbell（2012）利用 5 年的消费增长和美国 1930—2008 年价格 - 股息对数比进行回归，最终得出 0.0% 的 R^2 统计量。Bansel 和 Yaron（2004）提出的对校准模型的模拟有一个中等的 R^2 统计量 28.5%，但只有模拟数据量的 0.1% 具有解释意义。

第二，基于消费的同方差模型中，高 EIS 值代表了实际利率与预期消费增长的相关性必须为 1，且有较小的波动率。Hansen 和 Singleton（1983）、Hall（1988）、Campbell 和 Mankiw（1989）及其他文献，利用一个工具变量（IV）回归近似来估计同方差欧拉公式中跨期替代的弹性。回归的其中一个方法为：

$$r_{i,t+1} = \mu_i + \left(\frac{1}{\psi}\right)\Delta c_{t+1} + \eta_{i,t+1}. \tag{6.57}$$

总的来说，误差项 $\eta_{i,t+1}$ 与实际消费增长相关，因此 OLS 并不是一个合适的估计方法。然而，$\eta_{i,t+1}$ 在时间 t 时与任何变量都不相关。因此，与资产收益相关的滞后变量可用作工具变量来估计（$1/\psi$）。

或者，我们也可以将回归和估计逆转：

$$\Delta c_{t+1} = \tau_i + \psi r_{i,t+1} + \zeta_{i,t+1}. \tag{6.58}$$

如果正交的假设成立，那么式（6.58）中对于 ψ 的估计将会趋近于式（6.57）中（$1/\psi$）的倒数。在有限的样本中，Staiger 和 Stock（1997）曾表明若等式右侧的变量难以预测，那么 IV 估计量将表现不佳。若欧拉公式成立且 ψ 值很小，几乎没有可预测的消费增长变量使它与可预测的实际利率变量相关。因此，最好能够对式（6.58）进行估计。但是，如果 ψ 值很大，则反之成立，最好对式（6.57）进行估计。

Hall（1988）曾用这一方法得出一个极小的 ψ 值。Campbell 和 Mankiw（1989）发现消费增长的可预测性与收入增长的可预测性相关，而不是与利率增长的可预测性相关，这也是 ψ 很小的原因。Campbell（2003）将这些结论进行总结并发现了具有相同模式的数据。

所有这些问题都有一个相关的根源：没有强有力的证据来证明消费增长的变化是持续可预测的，这是令爱泼斯坦－兹恩股权溢价提高到标准指数效用模型中所隐含的价值之上的必要条件。

6.5.2　消费的异方差性

Bansal 和 Yaron（2004）的模型允许在消费中有条件的异方差性，这对于模型的经验性表现是极其重要的。在之后的工作中，例如 Lettau、Ludvigson 和 Wachter（2008），以及 Bansal、Kiku 和 Yaron（2012），加入了持续的消费波动以进一步增加其对资产价格的影响。

为了了解改变消费风险的重要性，在本节中，我们将研究消费波动性的一次变化和全部永久性变化对资产价格的影响。这种相对静态分析提供了对文献报告的条件异方差性消费模型的数值的观测结果。

我们考虑一个简单的情形，c_t为带漂移的随机游走：

$$\Delta c_t = g + \varepsilon_t. \tag{6.59}$$

由此，我们推导出前文所提到的消费持续增长中的震荡。消费震荡的方差写为 σ^2。

基于爱泼斯坦－兹恩效用和消费是随机游走的假设，总财富组合的预期收益为：

$$\mathrm{E}_t r_{w,t+1} = -\log\delta + \frac{g}{\psi} - \frac{\sigma^2}{2}\left(1 - \frac{1}{\psi}\right)(1-\gamma). \tag{6.60}$$

我们再次将坎贝尔－希勒公式（5.47）应用于财富组合，其股息为消费，其预期收益在式（6.60）中给出。将与消费增长过程无关的项压缩成符号，我们有：

$$p_{wt} - d_{wt} = w_t - c_t = \left(\frac{1}{1-\rho}\right)\left(1 - \frac{1}{\psi}\right)\left(g + \frac{\sigma^2}{2}(1-\gamma)\right). \tag{6.61}$$

如果我们增加方差 σ^2，而保持 g 为常数，则当（$1-1/\psi$）和（$1-\gamma$）的符号相同时，财富/消费比将增加，这在指数效用下也同样适用。要使消费索赔的价格随着方差增加而下降，我们需要（$1-1/\psi$）和（$1-\gamma$）的符号相反，即当 $\gamma>1$ 时，$\psi>1$；当 $\gamma<1$ 时，$\psi<1$。

这个条件说明了什么？如果波动率增加，保持消费增长的几何平均为常数，则算术平均增长率将会增加。正如第 2.1.4 节所讨论的，当 $\gamma<1$（因为算术平均增长大于风险的增加）或出现 $\gamma>1$ 的恶化情形时，代表性主体会察觉到投资机会的增加。如果 $\psi>1$，参与主体会有强烈的跨期替代以应对投资机会的改善，降低消费，提高财富水平。如果 $\psi<1$，跨期替代效应较弱，投资机会增加的收益效应占主导地位；参与主体会增加消费，降低财富水平。结合这些考虑，我们需要 ψ 和 γ 在效用函数的同侧，以实现当波动率增加时，财富水平下降的效果。

如果我们修正消费增长的算术平均，这一分析可简化为 $g+\sigma^2/2$，而不是消费增长的几何平均 g。在这种情况下，当（$1-1/\psi$）是负数时，股价的波动率上升，如果是正数，则股价的波动率下降。当消费增长的算术平均为常数时，波动率的增加表明了投资机会的恶化，因此我们只需要考虑 ψ 的效果。然而，这种效应在风险厌恶的环境中将会被进一步放大。

当 EIS $\psi>1$ 时，消费的波动会降低财富价值，这可能是这一参数选择中最强有力的因素。最近全球金融危机的经验就助长了这种偏好规范的流行：当消费波动增加而总财富下降时。然而，金融资产可能并不直接对应于总体财富，但可能更好地被建模为对总消费的杠杆索赔。习题 6.4 要求考虑杠杆在一个简单的指数效用模型中，如何改变了波动率对金融资产价格的影响。对数股息是对数消费的一部分，而不是等于对数消费。

6.5.3　经验规范

由 Bansal 和 Yaron（BY，2004）以及 Bansal、Kiku 和 Yaron（BKY，2012）校准的经验模型可以写为：

$$
\begin{aligned}
\Delta c_{t+1} &= \mu_c + x_t + \sigma_t \eta_{t+1}, \\
x_{t+1} &= \rho_x x_t + \varphi_e \sigma_t e_{t+1}, \\
\sigma_{t+1}^2 &= \overline{\sigma}^2 + \nu\left(\sigma_t^2 - \overline{\sigma}^2\right) + \sigma_w w_{t+1}, \\
\Delta d_{t+1} &= \mu_d + \phi x_t + \varphi \sigma_t u_{t+1} + \pi \sigma_t \eta_{t+1}.
\end{aligned}
\tag{6.62}
$$

其中，震荡 w_{t+1}、e_{t+1}、u_{t+1}、η_{t+1}是独立同分布且服从标准正态分布的随机变量。消费和股息的增长分别由 Δc_{t+1} 和 Δd_{t+1} 表示。x_t是预期消费增长率的一个持续变化的组成部分。σ_t^2 是消费的条件方差，也是持续时变的，其无条件均值为 $\overline{\sigma}^2$。方差过程可以取负值，但这发生的概率极小，只有在均值与方差波动的相关性足够高时才会发生。股息与消费不完全相关，但其增长率 Δd_{t+1}与可持续预测的部分 x_t共享参数 ϕ，且股息增长的条件波动与消费增长的条件波动成正比。[①]代表投资者被假定有爱泼斯坦 – 兹恩偏好，且风险厌恶系数为 10，EIS 为 1.5。

在本章和前几章中的其他地方使用的对数线性分析近似的方法解决了模型。这些近似意味着消费索赔中财富与消费的对数比，以及股息索赔中价格与股息的对数比是线性的，在条件平均值和消费增长的方差这两个模型变量稳定的条件下。在可根据模型的其他参数对对数线性参数进行数值求解的前提下，可以求解出这些线性关系的未知参数。可以通过不停地迭代，最终得到收敛的近似解。

模型（6.62）的两个关键参数是预期消费增长的持续性 ρx 和消费方差的持续性 ν。第一个参数被校准为每月约 0.98（BY 和 BKY），这意味着半个预期消费增长的周期在 2 ~ 3 年之间。第二个参数在 BY 模型中是为每月约 0.99，这意味着半个周期为 4 年左右，在 BKY 模型中是每月 0.999，这意味着半个周期近 60 年。BKY 的波动性更大，使得条件异方差性对该模型中的资产价格更为重要。这改进了 BKY 模型与数据之间的匹配。

第一，不断变化的波动率影响了股权溢价以及价格 – 股息比率。这就削弱了同方差模型中的价格股息比率和预期消费增长之间的相关性，如式（6.56）所示。Beeler 和 Campbell（2012）报告了 BKY 模型的模拟，在将 5 年消费增长与价格 – 股息比率进行回归时的 R^2 统计量为 8.5%，而只有 1.5% 的模拟具有解释能力（与数据的解释能力相似）。这些结果优于 BY 模型。

第二，同样的机制有助于解释价格 – 股息比率对超额股票回报率的预测能力，我们在第 5 章讨论了这一点。将 5 年超额股票回报率与对数价格 – 股息比率进行回归，它的 R^2 统计量为 26.9%，而在 BKY 模型中 R^2 统计量的中间值是 4.3%，4.4% 的模拟有比数据更好的解释能力。

① 这个过程并不会增加消费和股息之间的协整性。一些近期的研究，Bansel、Dittmar 和 Kiku（2009），以及 Hansen、Heaton 和 Li（2008）强调了协整性。

因此，在 BKY 模型中，超额收益的长期可预测性相当有限。

第三，有直接的证据表明，价格 - 股息比不能很好地预测消费波动率。Beeler 和 Campbell 将 5 年实际消费波动与对数价格 - 股息比率进行回归，其 R^2 统计量为 20.4%，BKY 模型中 R^2 统计量的中间值为 13.2%。34.7% 的模拟具有比数据更好的解释能力，这表明 BKY 模型能很好地捕捉数据的这一特征。然而，一个谜题是，价格 - 股息比率是否不能很好地预测股票收益的波动，在 BKY 模型的模拟中确实如此。

第四，条件异方差性无效地用于 IV 回归来估计 EIS，如式（6.58）和式（6.57）。在有条件异方差性的前提下，这些方程的截距是时变的，这反映了对预防性储蓄的时变欲望。这可能导致对 EIS 的估计中的向下偏倚，虽然 Beeler 和 Campbell 认为该向下偏倚在 BY 模型中可以忽略不计，且即便在 BKY 模型中也很微小。

BY 模型和 BKY 模型的最终属性是，它们隐含了向下倾斜的实际利率的期限结构，因为预期未来消费增长的减少会降低利率水平，并增加债券价格；因此，债券是对未来消费增长的变坏的良好对冲。我们将在第 8.3.2 节进一步讨论这一点。

长期风险的文献越来越多地关注一个更广泛的资产截面，不仅限于股票市场和实际债券的期限结构。例如，Parker 和 Julliard（2005）观察到，股票收益与当前和未来消费增长的协方差随着消费增长的度量区间而增加，而价值股比成长股更为陡峭。这意味着，当 $\gamma > 1/\psi$（这种情况下，我们不需要 $\psi > 1$）时，价值股的风险溢价比在指数效用模型中高。Hansen、Heaton 和 Li（2008）同样分析了长期消费与各种股票投资组合的协方差。

6.6　不确定性厌恶

关于不确定性厌恶的文献，基于 Knight（1921）的观点和 Ellsberg

（1961）的实验证据表明，投资者对不确定性的处理与模型中不确定性导致结果不同。在一个模型中，结果可以用概率分布来描述，但投资者的行为不能用一个主观概率分布来描述，因此他们对不确定性或者说“不确定性”的反应不能描述为贝叶斯统计，相反，Gilboa 和 Schmeidler（1989）、Klibanoff、Marinacci 和 Mukerji（2005）认为，投资者对含糊不清的现象表现得非常保守，似乎认定最坏的情况将会发生。汉森和萨金特（Schneider，2010）提供了最新的评论。

在最近的一本书中，我们总结了一系列相关论文。其中，汉森 - 萨金特（Hansen-Sargent，2008）已经改编了一篇关于稳定最优控制的工程文献，以提升这一论文的主要范式。Strzalecki（2011）论述了其方法的公理化基础。汉森 - 萨金特的不确定性厌恶的范式为爱泼斯坦 - 兹恩偏好（EIS 等于 1，风险厌恶大于 1）提供了一个替代的微观基础。

在汉森 - 萨金特框架中，投资者有经济的参考模型，但选择在“最坏的情况”模型中最大化预期效用的行动，在一组不偏离参考模型太远的模型中提供最低的预期效用。这可以解释为一个假设的游戏的结果，其中投资者选择一个决策规则，然后恶意的对手选择一个模型（对不合理的模型进行惩罚），使投资者从该决策规则中所取得的预期效用最小化。在这样的游戏中，投资者选择的使预期效用最大化的决策规则将面临恶意对手选择的模型。

汉森 - 萨金特的方法也可以直观地证明是一种找到选择的方法，这一选择将在一组模型中表现良好。Cagetti 等人（2002）曾说过：“为了探索候选人的决策规则最脆弱的情况，决策者应考虑提供最坏效用的模型。我们并不是说，他认为真实模型是最坏的，但通过对其最佳应对方法的规划，他可以得到一个稳定的规则。”

一个关键问题是如何约束替代模型。汉森和萨金特使用相对熵来测量模型与参考模型之间的偏差。在两时期离散状态设置中，如果参考模型具有状态概率 π_s，替代模型有概率$\hat{\pi}_s$，替代模型的相对熵为：

$$\sum_{s=1}^{S}\widehat{\pi}_s\log\left(\frac{\widehat{\pi}_s}{\pi_s}\right)=\widehat{\mathrm{E}}\left[\log\left(\frac{\widehat{\pi}}{\pi}\right)\right]=\mathrm{E}\left[\left(\frac{\widehat{\pi}}{\pi}\right)\log\left(\frac{\widehat{\pi}}{\pi}\right)\right]. \quad (6.63)$$

该变量值为正，并随着两个模型的状态概率偏差的增加而增加。汉森和萨金特对在相对熵中增加的恶意玩家处以惩罚，从而使恶意玩家在参考模型的附近选择模型。

为了理解这个框架的含义，首先思考一个由风险资产和安全资产组成的静态的部分均衡的投资组合选择问题，其中引用的模型为风险资产分配了一个正的风险溢价。如果投资者选择在风险资产上持有很大的头寸，恶意参与主体将选择一个非常低甚至负风险溢价的模型，这意味着预期效用将会非常低。然而，风险资产的小头寸降低了恶意代理对风险溢价的扭曲（在零风险资产头寸的极端情况下，不会有收益）。因此，考虑到恶意代理的熵罚，该解决方案的特点是对风险资产有小幅的积极投资，就像投资者更规避风险一样。①

为了将其框架应用于基于消费的通用均衡资产定价模型，汉森和萨金特假设有代表性的主体有一个指定的参考模型，并使用它来生成期望。它们定义了非负鞅 $d_{t+1}=d_{t+1}D_t$，其中，$\mathrm{E}_t d_{t+1}=1$ 且 $d_{t+1}\geqslant 0$（我们在这里使用字母 d 作为“扭曲”的助记符）。他们假设代表性主体对给定的消费路径 $\{c_t\}$ 进行计算，即在参考模型下使用对数效用和一个关于冲击 d_{t+1} 的“最坏情况”假设，并对冲击的熵进行惩罚：

$$V_0(\{c_t\})=\min_{\{d_{t+1}\}}\mathrm{E}_0\sum_{t=0}^{\infty}\delta^t D_t[c_t+\delta\lambda\mathrm{E}_t(d_{t+1}\log d_{t+1})]. \quad (6.64)$$

其中，期望在参考模型中表示。这个问题的约束是 d_{t+1} 的性质：$\mathrm{E}_t d_{t+1}=1$ 且 $d_{t+1}\geqslant 0$。

① 据 Gilboa 和 Schmridler（1989）、Epstein 和 Wang（1994），不确定性厌恶的另一个应用，甚至可以生成一个“最坏情况”模型，模型中的股权溢价为零，这意味着投资者不会参与风险资产市场——也就是要求标准模型中的投资者具有无限大的风险厌恶。我们将在第 10.2 节中讨论市场的不参与行为。

要理解这个表达式，首先要注意的是，它是一个最小化问题，因为假定一个恶意的玩家会选择冲击以尽量减少代表性主体的效用。其次，随机变量 ε_{t+1}乘以 d_{t+1}可以解释为改变每个可能实现的 ε_{t+1}的条件概率以得到其失真的伪概率。这在限制条件 $E_t d_{t+1}=1$ 和 $d_{t+1}\geqslant 0$ 下是真实存在的。[在两个时段，式（6.63）的离散状态设置中，$d(s)=\hat{\pi}_s/\pi_s$。]

根据我们在第 4.3.3 节中讨论的随机变量的熵定义，d_{t+1}的熵是 $\log E_t d_{t+1} - E_t \log d_{t+1} = -E_t \log d_{t+1}$，给定 $E_t d_{t+1}=1$。这里我们使用式（6.63）介绍的熵的版本，$\hat{E}_t \log d_{t+1} = E_t d_{t+1} \log d_{t+1}$。其中，$\hat{E}_t$ 表示用失真概率计算所得的伪期望。这两个版本的熵都是正数：作为一项非正式练习，构造一个简单的论据，显示这一点。目标函数通过将它乘以一个惩罚系数 λ 来惩罚熵，λ 可被解释为熵约束的拉格朗日乘数。

为简单起见，假定参考模型假设对数消费是带漂移的随机游走：

$$c_{t+1} = c_t + \mu + \sigma\varepsilon_{t+1}. \tag{6.65}$$

其中，ε_{t+1}是标准正态随机变量。

在这个假设下，问题唯一的状态变量是 c_t，所以我们可以将贝尔曼方程写为：

$$V(c_t) = c_t + \delta \min_{\{d_{t+1}\}} E_t[d_{t+1}V(c_t+\mu+\sigma\varepsilon_{t+1}) + \lambda d_{t+1}\log d_{t+1}], \tag{6.66}$$

或：

$$V_t = c_t + \delta \min_{\{d_{t+1}\}} E_t[d_{t+1}V_{t+1} + \lambda d_{t+1}\log d_{t+1}]. \tag{6.67}$$

现在我们将拉格朗日公式的约束极小化问题重写为：

$$\min_{\{d_{t+1}\}} E_t[d_{t+1}V_{t+1} + \lambda d_{t+1}\log d_{t+1} + \kappa(d_{t+1}-1)]. \tag{6.68}$$

其中，κ 是拉格朗日乘数在 $E_t d_{t+1}=1$ 时的约束条件。这个最小化问题的一阶条件是：

$$E_t[V_{t+1} + \lambda\log d_{t+1} + (\lambda+\kappa)] = 0. \tag{6.69}$$

这意味着：

$$\log d_{t+1} = \frac{-V_{t+1}}{\lambda} - \frac{(\lambda+\kappa)}{\lambda}. \tag{6.70}$$

取幂，我们有：

$$d_{t+1}=\frac{\exp(-V_{t+1}/\lambda)}{E_t\exp(-V_{t+1}/\lambda)}. \tag{6.71}$$

其中，分母有 $E_t d_{t+1}=1$ 的约束条件。

我们可将 d_{t+1}代入贝尔曼方程，并简化，得到：

$$V_t=c_t-\delta\lambda\log E_t\exp\left(\frac{-V_{t+1}}{\lambda}\right). \tag{6.72}$$

这个公式与爱泼斯坦－兹恩偏好［EIS＝1，式（6.36）］完全相同。当 $\lambda>0$ 时，不确定性规避模型表明爱泼斯坦－兹恩模型中的相对风险厌恶系数大于1。Maenhout（2004）提出了一个类似的观点，汉森和萨金特（2008）展示了如何将这个论点概括为任意的对数线性消费过程。

如果我们猜测 V_t是线性的，$V_t=A+Bc_t$，我们可以解决上述递归，令 A 和 $B=1/(1-\delta)$。因此：

$$V_{t+1}=A+\frac{c_t+\mu+\sigma\varepsilon_{t+1}}{1-\delta}, \tag{6.73}$$

且：

$$d_{t+1}=K\exp\left(\frac{-\sigma\varepsilon_{t+1}}{(1-\delta)\lambda}\right). \tag{6.74}$$

其中，K 是常数。

回想一下，ε_{t+1}乘以 d_{t+1}等同于改变了不同的 ε_{t+1}的概率。ε_{t+1}的概率密度是标准正态密度 $\pi(\varepsilon_{t+1})$，它是 $\exp(-\varepsilon_{t+1}^2/2)$ 的一部分，即畸变概率密度 $\widehat{\pi}(\varepsilon_{t+1})$ 满足：

$$\widehat{\pi}(\varepsilon_{t+1})\propto\exp\left(\frac{-\varepsilon_{t+1}^2}{2}\right)\exp\left(\frac{-\sigma\varepsilon_{t+1}}{(1-\delta)\lambda}\right)\propto\exp\left(\frac{-\left(\varepsilon_{t+1}+\frac{\sigma}{(1-\delta)\lambda}\right)^2}{2}\right). \tag{6.75}$$

因此，被扭曲的信念降低了标准正常随机变量 ε_{t+1}的平均值，使其均值在“最坏情况”模型中位于0到 $-\sigma/(1-\delta)\lambda$ 之间。（乘以 d_{t+1}

不会改变 ε_{t+1} 的方差，因为我们假设 ε_{t+1} 是线性的。在连续时间扩散模型中也能得到相似的结果，其中测量的变动只影响漂移而不影响扩散系数。）“最坏情况”模型在消费波动较大时更为悲观，则熵罚参数 λ 更小。这一结果说明了第 4 章中的观点，随机折现因子同时反映了偏好和信念，因此不确定性厌恶可以被认为是提高有效的风险规避，或作为一个悲观的转变信仰过程生成消费量。

在上面的例子中，不确定性厌恶改变了投资者对平均消费增长的假设，但并不影响消费增长假设的串行关联。Bidder 和 Dew-Becker（2016）为具有爱泼斯坦－兹恩偏好的投资者提出了一个可供选择的框架，该投资者的参考模型具有不可预知的消费增长，并使用了与 Bansal 和 Yaron（2004）的长期风险模型类似的“最坏情况”模型，对消费增长的冲击是持久的。

关于不确定性厌恶的文献模糊了实证经济学和规范经济学的区别，以及理性与非理性决策之间的差异。保守的悲观情绪可以被视为对投资者行为的一个积极预测，但一些作者认为这是对模型不确定性的规范（“稳健”）反应。这与行为金融学的文献形成了鲜明对比，其中一些投资者被认为具有对其利益造成客观损害的信念或行为。

与此相关的是，汉森和萨金特认为，一种统计方法可以被用来在其框架内选择熵罚的大小。“最坏情况”模型可以选择拒绝一些关键值，比方说 5%，给定一个固定大小的样本生成的参考模型。这样，考虑到投资者可获得的数据，从参考模型中投资者的信念偏差就可以保持在规范的防御水平。这一点，以及在动态模型中，保守主义随时间变化的相关问题，是当前研究的活跃领域。

6.7　习惯的形成

我们现在思考习惯形成模型，即消费的边际效用不取决于消费的绝对水平，而取决于消费历史中形成的相对随机的“习惯”过程。

首先有几个建模问题。将周期效用函数写为 u（C_t，x_t），其中 X_t 是时变的习惯或生存水平，第一个问题是 u（.）的功能形式。Abel（1990，1999）提议 u（.）应该是比率 C_t/X_t 的指数函数，而 Constantinides（1990）、Campbell 和 Cochrane（1999）及其他学者提议使用 $C_t - X_t$ 的指数方程。第二个问题是由参与主体自己决定未来的习惯水平。在标准的“内部习惯”模型中，如 Constantinides（1990），习惯依赖于参与主体自身的消费，而参与主体在选择消费量时会考虑到这一点。在“外部习惯”模型中，如 Abel（1990，1999）、Campbell 和 Cochrane（1999），习惯依赖于总消费，不受任一参与主体偏好的影响。Abel 称这是“追赶琼斯”。第三个问题是应对个体消费或总消费时习惯形成的速度。如果习惯相对于单一的消费滞后，则对其的分析会相对容易；但是缓慢的调整使得习惯形成模型能够更好地适应业务周期和较低频率的资产价格波动。

6.7.1　习惯的比率模型

比率模型和习惯差异模型之间的选择是很重要的，因为比率模型具有不变的风险厌恶，而差异模型具有时变的风险厌恶。看到这一点，考虑 Abel（1990）所述，其中单个参与主体的效用可以写为比率 C_t/X_t 的指数函数：

$$U_t = \sum_{j=0}^{\infty} \delta^j \frac{(C_{t+j}/X_{t+j})^{1-\gamma} - 1}{1-\gamma}. \tag{6.76}$$

其中，X_t 总结了过去消费水平对今天效用的影响。为简便起见，并保持模型的条件对数，令 X_t 为外在习惯，它对于总消耗量有一个滞后：

$$X_t = \overline{C}_{t-1}^{\kappa}. \tag{6.77}$$

其中，C_{t-1} 是累计的过去消费，参数 κ 为时间非离散性的控制变量。由于有代表性的主体，在平衡状态下，总消费等于参与主体自己的消费，所以：

$$X_t = C_{t-1}^{\kappa}. \tag{6.78}$$

利用上述公式，在平衡状态下，随机折现因子是：

$$M_{t+1} = \delta\left(\frac{C_t}{C_{t-1}}\right)^{\kappa(\gamma-1)}\left(\frac{C_{t+1}}{C_t}\right)^{-\gamma}. \tag{6.79}$$

假设资产收益和消费增长具有异方差性，且联合分布为对数正态分布，则无风险实际利率为：

$$r_{f,t+1} = -\log\delta - \gamma^2\sigma_c^2/2 + \gamma \mathrm{E}_t\Delta c_{t+1} - \kappa(\gamma-1)\Delta c_t. \tag{6.80}$$

式（6.80）表示，无风险实际利率等于其在指数效用下的价值减去 κ（γ -1）Δc_t。假设今天的消费和预期明天的消费不变，当风险厌恶 $\gamma>1$时，昨天消费的增长增加了今天消费的边际效用。这使得代表性主体倾向于从未来借用消费，提升实际利率。

虽然习惯的比率模型改变了无风险的实际利率，但它不会改变风险溢价，因为式（6.79）表示的对数 SDF 的创新非常常见：

$$\widetilde{m}_{t+1} = -\gamma\,\Delta\widetilde{c}_{t+1}. \tag{6.81}$$

这意味着风险资产的预期超额收益大于无风险利率。调整詹森不等式，满足指数效用的标准风险溢价公式：$\mathrm{E}_t[r_{i,t+1} - r_{f,t+1}] + \sigma_i^2/2 = \gamma\sigma_{ic}$。外部习惯简单地在 SDF（6.79）中加上一项，该项在时间 t 时已知，这不影响给定消费协方差的资产的风险溢价。

无风险实际利率的波动性（6.80）实现了 Abel（1999）指出的习惯形成模型的挑战。时间非离散的偏好引起了边际效用的波动，即使消费的路径是平滑的。这是因为消费者的效用是从近期消费中获得的，而不是从绝对消费水平中获得。但是，除非消费和习惯形成采取特定的模式，否则时间的非离散性会在连续的日期里对预期边际效用造成大幅波动，这也会引起实际利率的大幅波动。现在，我提出了另一个方法来解决这个问题，且风险厌恶是时变的。

6.7.2　Campbell-Cochrane 模型

Campbell 和 Cochrane（CC，1999）认为，股票市场的许多行为可以利用消费与时变的习惯水平的差异所产生的效用，用代表性主体的模型来解释。为了简化边际效用的计算，他们假设习惯是外生的，并强调习惯形成对资产价格的影响。他们认为在消费增长中没有可预测的变化或异方差性，因此在指数效用模型中，消费/财富比是恒定的。消费增长过程是：

$$\Delta c_{t+1} = g + \epsilon_{c,t+1}. \tag{6.82}$$

其中，$\epsilon_{c,t+1}$是一个正态的同方差增量，它的方差为σ_c^2。

代表性主体的效用函数为：

$$\mathrm{E}_t \sum_{j=0}^{\infty} \delta^j \frac{(C_{t+j} - X_{t+j})^{1-\gamma} - 1}{1-\gamma}. \tag{6.83}$$

其中，X_t是习惯水平，δ是主观的折现因子，γ是效用曲率参数。效用为消费和习惯之差的幂函数；只有在消费超过习惯的时候才被定义。

利用盈余消费比率的S_t来捕捉消费与习惯之间的关系是很方便的：

$$S_t \equiv \frac{C_t - X_t}{C_t}. \tag{6.84}$$

盈余消费比率是超过习惯的消费比例，因此可在式（6.83）中产生效用。

如果习惯X_t随消费C_t的变化是固定的，则相对风险厌恶的系数是：

$$\frac{-Cu_{CC}}{u_C} = \frac{\gamma}{S_t}. \tag{6.85}$$

其中，u_C和u_{CC}是消费的周期效用的一阶导和二阶导。随着盈余消费比率S_t的下降，风险厌恶上升——消费接近习惯水平时，给定的消费比例波动对盈余消费的影响较大，因此在盈余消费率较低的情况下效用更大。重要的是，效用曲率参数γ不再是该模型的相对风险厌恶系数。

为使对模型偏好的描述更为完整，我们必须指定习惯X_t是如何随着时间的推移而应对总消费的变化的。CC 为对数盈余消费率 $s_t \equiv \log(S_t)$ 提出了一个 AR(1) 模型：

$$s_{t+1} = (1-\varphi)\bar{s} + \varphi s_t + \lambda(s_t)\epsilon_{c,t+1}. \tag{6.86}$$

参数 s 定义了稳定状态下对数盈余消费率的值。参数 ϕ 控制对数盈余消费率的持续性，而"灵敏度函数" $\lambda(s_t)$ 控制 s_{t+1} 的敏感度，以此来控制对数习惯 x_{t+1} 的敏感性以及新增消费 $\epsilon_{c,t+1}$。

模型的线性逼近

式（6.86）指定今天的习惯是一个复杂的非线性函数，它取决于现在和过去的消费。线性近似可能有助于理解它。如果我们将 $s_t \equiv \log(1-\exp(x_t - c_t))$ 代入式（6.86），并在稳定状态附近做线性近似，我们发现式（6.86）近似地符合一个对数习惯缓慢而线性地随着对数消费变动的习惯形成模型。

$$x_{t+1} \approx (1-\varphi)\alpha + \varphi x_t + (1-\varphi)c_t = \alpha + (1-\varphi)\sum_{j=0}^{\infty}\varphi^j c_{t-j}. \tag{6.87}$$

线性模型（6.87）存在两个严重的问题。第一，当消费遵循一个外生过程，如式（6.82），没有什么可以阻止消费低于习惯，在这种情况下，效用是未定义的。当指定 s_t 的进程时，不会出现此问题，因为 s_t 的任何实数值都对应于正的 s_t，因此 $C_t > X_t$。第二，线性模型通常意味着高波动的无风险实际利率。在过程（6.86）中，敏感度函数 $\lambda(s_t)$ 不是恒定的，则它允许模型控制甚至消除无风险利率的变化。

随机折现因子与无风险实际利率

在 CC 模型中，消费的边际效用是：

$$u'(C_t) = (C_t - X_t)^{-\gamma} = S_t^{-\gamma} C_t^{-\gamma}. \tag{6.88}$$

随机折现系数为：

$$M_{t+1} = \left(\frac{S_{t+1}}{S_t}\right)^{-\gamma}\left(\frac{C_{t+1}}{C_t}\right)^{-\gamma}. \tag{6.89}$$

在盈余消费率随着时间的推移而不断变化的前提下，即使消费增长是平稳的，这一 SDF 很可能会波动且产生重大风险溢价。对数 SDF 的增量为：

$$\widetilde{m}_{t+1} = -\gamma\,(\widetilde{s}_{t+1} + \widetilde{c}_{t+1}) = -\gamma\,(1 + \lambda(s_t))\epsilon_{c,t+1}. \tag{6.90}$$

其中，第二个等式使用式（6.82）和式（6.86）。

对对数无风险实际利率求解，我们有：

$$r_{f,t+1} = -\log(\delta) + \gamma g - \gamma\,(1-\varphi)(s_t - \bar{s}) - \frac{\gamma^2\sigma_c^2}{2}(1 + \lambda(s_t))^2. \tag{6.91}$$

式（6.91）右边的前两项与指数效用模型相似。而后两项是新的。第三项（线性的 $s_t - \overline{s}$）反映了跨期替代。作为一项非正式练习，尝试解释以下命题：在 CC 模型中，由于对数消费增长是不可预知的，因此对无风险利率可以有跨期替代效应。答案在本章末尾给出。

第四项［线性的$(1 + \lambda(s_t))^2$］反映了预防性储蓄。随着不确定性的增加，消费者变得更愿意储蓄，这就降低了均衡下的无风险利率水平。需要注意的是，决定预防性储蓄的因素是边际效用的不确定性，而不是消费本身的不确定性。在这个模型中，消费过程具有同方差性，因此消费的不确定性不会随时间而变化；但是，习惯的形成使消费习惯所引起的边际效用更为重要。

式（6.91）可以用两种方法来匹配实际利率的稳定性。第一，我们令习惯持久性参数 ϕ 接近 1，这限制了时变假设下替换效应的强度［式（6.91）中的第三项］。第二，如果 λ（s_t）随 s_t的下降而降低，则会抵销预防性储蓄效应［式（6.91）中的第四项］。事实上，CC 将 λ（s_t）函数参数化，这使得这两个影响完全抵销，这意味着一个恒定的无风险实际利率和退化期限结构的利率。[1]在这种情况下，当盈余消费率偏低

① Campbell 和 Cochrane（1995）展示了如何使该模型中的对数实际利率对 s_t线性。Wachter（2006）和 Verdelhan（2010）进一步发展这个想法。我们将在第 8 章中讨论 Verdelhan 的模型，也可参见 Menzly、Santos 和 Veronesi（2004）。

及 λ 偏高时，给定的消费不确定性对边际效用的影响更大；反之，这意味着在盈余消费低的情况下，SDF 的波动率和风险溢价都更高。

敏感性函数规范

敏感性函数 λ（s_t）不完全由一个恒定的无风险利率决定。CC 的方程满足两个附加条件：（1）习惯是预先确定的，它在无穷小的消耗冲击下具有稳定的状态，即在 $s_t=\overline{s}$ 时，$dx/dc=0$；（2）习惯在稳定状态附近受到冲击时，是预先确定的，即在 $s_t=\overline{s}$ 时，d（dx/dc）$/ds=0$。这两个条件也保证，对消费的无穷小正冲击可能增加习惯，但永远不会减少，即 $dx/dc\geqslant 0$ 无处不在，因为 d^2（dx/dc）$/ds^2>0$，所以 dx/dc 是 s_t 的 U 形函数，与水平轴相切在稳态 $s_t=\overline{s}$。

为了更直观地理解这些条件，让我们回想一下传统的习惯观念使它成为一个可预先确定的变量。然而，习惯不能在任何地方被预先确定，或者一个足够低的实现消费增长会使消费低于习惯。为了使习惯“尽可能地可以被预先确定”，CC 假设这种习惯在接近稳定的状态下是可以被预先确定的。这也保证了正无穷小冲击总是会增加福利，且永远不会导致习惯下降。

CC 使用这些条件表明稳定状态下的盈余消费率必须是模型其他参数的函数：

$$\overline{S}=\sigma_c\sqrt{\frac{\gamma}{1-\phi}}. \tag{6.92}$$

敏感性函数 $\lambda(s_t)$ 必须采取特定形式：

$$\lambda(s_t)=\frac{1}{\overline{S}}\sqrt{1-2(s_t-\overline{s})}-1. \tag{6.93}$$

其中，$\lambda(s_t)\geqslant 0$，或 $\lambda(s_t)=0$。盈余消费比率的下限为零，上限为式（6.93）右边的表达式。

敏感性函数的校准如图 6.3 所示。敏感性函数随着盈余消费率的增加而下降，当盈余消费率达到其上界时，敏感性函数的值为零；而当盈

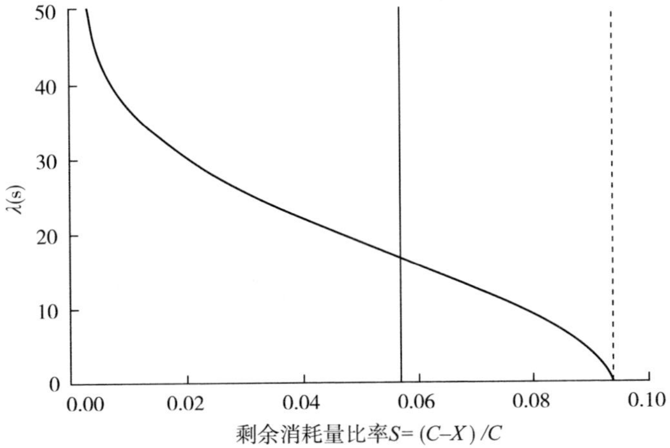

图6.3　敏感性函数

资料来源：Campbell，John Y.，John H. Cochrane，1999，“By Force of Habit：A Consumption-Based Explanation of Aggregate Stock Market Behavior，” *Journal of Political Economy* 107，205－251；获芝加哥大学出版社授权。

余消费率接近其下限时，敏感性函数的值接近无穷大。稳定状态下盈余消费率为图中的直线。与同期消费冲击有关的习惯衍生物 dx/dc，在稳态下为零，在其两侧增加，在下限和上界时为1。这意味着，当消费变得过于接近习惯或离它太远时，习惯对于消费冲击更加敏感，因此消费不会低于习惯或高于盈余消费率的上界。

Ljungqvist 和 Uhlig（2015）指出，CC 模型的良好性能仅适用于无穷小的消费冲击。一个社会规划者有能力通过离散的捐赠来创造大量暂时性的消费，部分原因是当捐赠下降但又恢复后，消费习惯可能因此下降。Campbell 和 Cochrane（2015）通过显示如何在连续的时间重写模型以避免此类问题。

拟合资产价格

有上述敏感性函数的范例，式（6.90）、式（6.92）和式（6.93）显示，消费创新的标准差对对数 SDF 是：

$$\sigma_m = \gamma\,\sigma_c(1+\lambda(s_t)) = \frac{\gamma\,\sigma_c}{\bar{S}}\sqrt{1-2(s_t-\bar{s})}. \tag{6.94}$$

在稳定状态下，这等同于 $\gamma\sigma_c/\overline{S} = \sqrt{\gamma\ (1-\phi)}$，盈余消费率的上限下降为 $\gamma\sigma_c$，这是在指数效用下的相对风险厌恶 γ。当盈余消费率接近零时，式（6.94）右侧增加到无穷大。因此，任何资产的夏普比率上限都随盈余消费率而变化，并可高于其在指数效用下的值。

CC 用第二次世界大战后美国的季度数据来校准模型。他们选择消费增长率的年化均值 $g\ =1.89\%$ 和年化标准差 $\sigma_c=1.50\%$ 。在分析中，他们假设股票市场支付的股息等于消费，他们也考虑了一个与现实更为相近的模型，其中股息是随机游走，创新与消费增长不完全相关。结果表明，由于股利增长隐含的回归系数与消费增长接近，产生了相似的资产价格行为，因此该模型的研究成果非常相似。他们用数值方法来寻找股票市场的价格－股息比率，作为状态变量 S_t的函数。它们将状态变量的持久性设置为 ϕ，等于每年 0.87，以匹配对数价格－股息比率的持续性。他们选择 $\gamma\ =2$，以匹配美国股票收益率的无条件均值与无条件标准差的比率。这些参数值意味着在稳态下，盈余消费率 $\overline{S}=0.057$（如图6.3 所示），所以习惯大约是消费的94%。最后，CC 选择了折现系数 $\delta\ =0.89$，给出了一个无风险的实际利率，每年仅低于1%。

具有这些参数值的模型使用高平均风险厌恶来拟合高无条件股权溢价。稳定状态下的风险厌恶是 $\gamma/\overline{S}=2.00/0.057=35$，这对应了稳定状态夏普比率 $\sqrt{2\ (1-0.87)}=0.51$。在这方面，模型类似于一个具有非常高的风险厌恶系数的指数效用模型，并没有“解决”股权溢价之谜。

然而，CC 的习惯形成模型与高风险厌恶的指数效用模型之间存在两个重要的区别。第一，习惯形成模型避免了无风险利率之谜。评估式（6.91）在稳定状态下的盈余消费率和对敏感性函数 $\lambda(S_t)$ 的限制，CC 模型中的恒定的无风险利率为：

$$r^f_{t+1} = -\log(\delta) + \gamma\,g - \left(\frac{\gamma}{\bar{S}}\right)^2\frac{\sigma_c^2}{2}. \tag{6.95}$$

在指数效用模型中，同样大的系数 γ 会出现在消费增项和消费波动项中［式（6.6）］；在 CC 模型中，曲率参数 γ 出现在消费增长项，这远远低于在消费波动项出现的稳态风险厌恶系数 $\gamma/\overline{S}$。因此，折扣因子 δ 的价值要低得多，这与无风险利率的平均水平是一致的，而模型也显示了平均消费增长率和利率之间没有很强的相关性。模型的这一性质类似于爱泼斯坦－兹恩模型，其跨期替代 ψ 的弹性高于风险厌恶的倒数。

第二，CC 模型中的风险厌恶随消费水平而变化，而指数效用模型却存在着恒定的风险厌恶。风险厌恶的时变性产生了大量股票超额收益的可预测的波动，如第 5 章所讨论的股票收益率。这使模型即使在一个平稳的消费水平和恒定的无风险利息率下，也能够反映股票价格的波动性。当一系列的负面消费冲击降低习惯消费时，风险溢价升高，股票价格降低，因此该模型也显示了反周期风险溢价。这与法马和弗伦奇（1989）所展示的周期性股票价格的实证结论一致。同样，该模型即使在消费同方差的假设下，也会产生时变的和反周期的股票收益波动。

6.7.3　时变风险厌恶的替代模型

比较 CC 模型和 Constantinides 模型会给我们以启发。这两种模型都采用了习惯形成的差异规范，但对经济环境的假设却有所不同。CC 模型假设消费增长是不可预测的外生变量，暗示了其与股票收益的负相关性。相反，Constantinides 模型假设资产收益是不可预测的外生变量，并暗示了其与消费增长的正相关性。这两种习惯形成模型都增加了与股票收益相关的消费增长的自相关系数，但在 CC 模型中，两组自相关系数都低于 Constantinides 模型。这一实证结论的区别是区别这两种模型的最重要的依据。CC 模型假设捐赠经济体中，消费和习惯是外生的；Constantinides 模型假设储蓄经济体中，资产收益和习惯是外生的。这些假设不是最根本的，因为生产经济体可以生成任何类型的经济模式，正如我们在第 7 章讨论的。因为外部和内部习惯模型通常有类似的实证应用。

在任何非平稳但协整的财富和消费模式中，财富和消费增长率的长期波动率是相等的。从经验上来说，财富回报率的短期波动远远高于消费增长的短期波动，如表6.1所示。任何模型都必须对如何调和这些波动提出方案。CC模型假设，消费增长的低短期波动性是经济中真正长期风险的准确表示，因为消费增长是独立同分布的，但财富意味着均值逆转，因此其长期风险低于短期风险（我们将在第9章中进一步讨论）。Constantinides模型假设财富的高短期波动是经济中真正长期风险的准确表示，因为财富回报是独立同分布的，而习惯形成人为地使消费平滑，因此其短期风险低于其长期风险。高长期风险的Constantinides假设使模型能够适应低风险厌恶的股权溢价，但它以一个正串行相关的消费过程以实现这一假设，这与实证结果相矛盾［Cochrane（1994），Lettau和Ludvigson（2001a）］。

CC模型和Constantinides模型都将时变风险厌恶与其最近历史的消费水平紧密地联系在一起。一些研究人员提出可以放宽这一假设，即风险厌恶的移动可以独立于消费。Bekaert、Engstrom和Grenadier（2010）以及Dew-Becher（2012）是两个值得注意的例子。

最近的行为金融研究也探讨了类似的主题。Barberis、Huang和Santos（2001）将标准指数效用函数与卡尼曼和特沃斯基（1979）的前景理论结合起来。Thaler和Johnson（1990）的实验证据表明，对损失的厌恶随过去的结果而变化；过去的成功减少了风险厌恶，因为投资者认为他们是“用私房钱赌博”。这就造成了一个时变的风险价格，它解释了类似CC模型的股票市场波动。Barberis模型对消费风险的厌恶程度低于CC模型，因为它产生的风险厌恶行为是对财富波动的厌恶，以及对消费波动标准厌恶。

最后，一些研究人员指出，与CC模型相似的随机折现系数可以出现在具有异方差的代表性主题的模型中。Chan和Kogan（2002）考虑到风险厌恶的差异，发现积极的冲击将资源转移给低风险厌恶的投资者，降低了参与主体的有效风险厌恶。他们还假设习惯形成于微观经济层面，在投资者具有指数效用和风险厌恶异方差的假设下（见第2.1.5节），防止使用对数效用的参与主体从长远的角度来看经济。Guvenen（2009）考虑了一种模型，该模型中一些参与主体不参与风险资产市场，并有预先确定的消费。在这种模型中，必须从总消耗量中减去不参与风险市场的消费量，以获得参与主体的实际消费。如果参与主体有指数效用，由此产生的均衡状态类似于CC模型，其中不参与风险市场的消费等同于习惯。我们将在第10.2.2节进一步讨论这一点。

6.8　耐用品

到目前为止，我们讨论的所有模型都假设一个代表性投资者的边际效用可以从非耐用品和服务的消费量来衡量。在没有耐用品或者效用在耐用品和非耐用品的消费上是可分割的，这种情况是成立的。然而，有了不可分割的效用，我们还必须衡量耐用品库存并计算其对边际效用的影响，正如Dunn和Singleton（1986）以及Eichenbaum和Hansen（1990）所指出的。

约戈在2006年研发了一个不可分离的模型，并展示了把耐用品合并到基于消费的资产定价模型中提高了其适合股票收益率横截面的能力。Lustig和Verdelhan（2007）将这个模型用于外汇收益率，Dhume（2010）将这个模型用于适合商品期货的回报。

在约戈模型中，一个代表性投资者对非耐用消费 C_t 和耐用品 D_t 的存量具有常数替代弹性（CES）期间效用，在耐用品上具有权重 α，在非耐用品和耐用品之间具有颞间弹性替代 η：

$$u(C_t, D_t) = \left[(1-\alpha)C_t^{1-1/\eta} + \alpha D_t^{1-1/\eta}\right]^{1/(1-1/\eta)}. \tag{6.96}$$

在 $\eta = 1$ 的情况下，这成为具有柯布－道格拉斯（Cobb-Douglas）周期效用的模型。

约戈假设跨期偏好采用爱泼斯坦－兹恩形式［式（6.34）］：

$$U_t = \left\{(1-\delta)\, u(C_t, D_t)^{(1-\gamma)/\theta} + \delta(\mathrm{E}_t[U_{t+1}^{1-\gamma}])^{1/\theta}\right\}^{\theta/(1-\gamma)}. \quad (6.97)$$

其中，参数 $\theta \equiv (1-\gamma)/(1-1/\psi)$，$\gamma$ 是相对风险厌恶系数，ψ 是跨期替代弹性。

约戈得出了非耐用品边际效用以耐用品库存和非耐用品消费的比率递减的条件。他表明，如果 EIS $\psi<1$ 且相对风险厌恶系数 $\gamma>1$，他发现在经验相关的情况下，如果 $\psi<\eta$，那么比率 D_t/C_t 与边际效用成反比。在这种情况下，颞间替代弹性耐用品和非耐用品足够大，高库存耐用品可以替代非耐用消费。另一方面，如果 $\psi>\eta$，则耐用品和非耐用品是帕累托－埃奇沃思（Pareto-Edgeworth）意义上的补充，即高耐用品库存增加非耐用消费的边际效用。

图 6.4 绘制了非耐用消费的增长率，以及 1951 年 1 月 1 日至 2001 年 4 月期间美国季度数据中的耐用品库存［Yogo（2006）］。阴影区域是 NBER 衰退。很明显，非耐用消费和耐用品的存量都是顺周期性的，但后者比前者更为如此，因此比率 D_t/C_t 是顺周期的。此外，非耐用消费往往在经济开始衰退时下降并在经济开始繁荣时上升，而耐用品的库存移动缓慢，因此其低谷和高峰在经济衰退和繁荣后期出现。这种行为意味着不可分割的效用可以增加非耐用品边际效用的波动性并改变其相对于 NBER 衰退的变化时间。

为了分析约戈模型的资产定价影响，约戈得出了一个近似线性因子表示：

$$\begin{aligned}\mathrm{E}[R_{it}-R_{ft}] &= b_1 \mathrm{Cov}(\Delta c_t, R_{it}-R_{ft}) + b_2 \mathrm{Cov}(\Delta d_t, R_{it}-R_{ft}) \\ &\quad + b_3 \mathrm{Cov}(r_{wt}, R_{it}-R_{ft}).\end{aligned} \quad (6.98)$$

其中，$d_t=\log(D_t)$，r_{wt} 是总财富组合的对数收益，风险价格与偏好参数有关：

$$\begin{aligned} b_1 &= \theta[1/\psi + \alpha(1/\eta - 1/\psi)], \\ b_2 &= \theta\alpha(1/\psi - 1/\eta), \\ b_3 &= 1-\theta. \end{aligned} \quad (6.99)$$

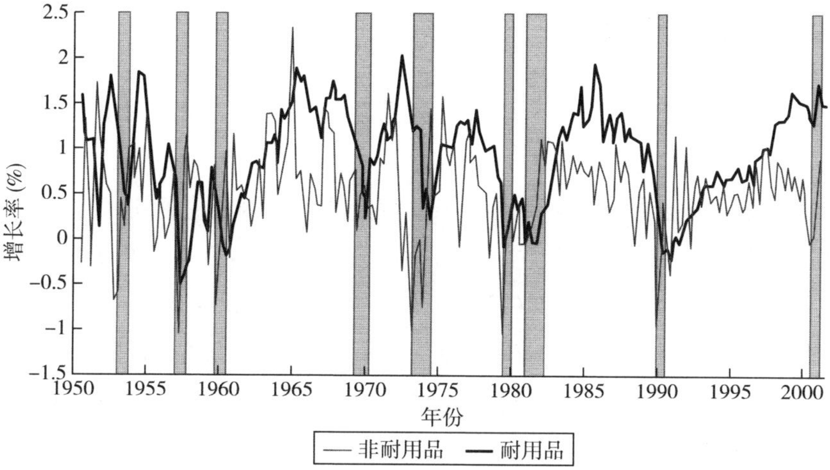

图6.4　非耐用消费增长率和耐用品库存量（1951—2001年）

资料来源：Yogo，Motohiro，2006，"A Consumption-Based Explanation of Expected Stock Return，" *Journal of Finance* 61，539－580；获 John Wiley & Sons，Inc. 授权。

约戈使用25个法马－弗伦奇投资组合（按市值和账面－市值比率分类的股票投资组合）估计限制因子模型。他发现了一个财富回报 b_3 的风险价格约为2/3，暗示 θ≈1/ 3。他找到了一个风险价格的大正值对耐用品 b_2 的增长率。b_2 为正值意味着 $\psi < \eta$，因此耐用品库存量高时，非耐用品的边际效用低。b_2 的高数值意味着 EISψ 非常低。为了拟合 θ 的估计值，风险规避必须非常高。约戈的估计是 $\psi = 0.002$，$\gamma = 189$，$a = 0.907$。

这些参数值显然不会"解决"股权溢价之谜，因为它们暗示着极度的风险规避并且EIS接近于零。这些参数确实表明了股票价格的横截面模式可以使用类似于那些符合爱泼斯坦－兹恩模型的总库存收益的扩展到包括耐用品和非耐用品消费的参数值拟合。Lustig 和 Verdelhan（2007）以及 Dhume（2010）的研究结果表明该模型也可以适和其他资产类别的收益率。基于消费的资产定价文献，与其他经验资产定价分支一样，越来越能够适应股权横截面和非股权测试资产作为成功模型的标准。

6.9 延伸练习

在第6.5节中提出了一个非正式问题：要求说明熵的两个定义，给定 $E_t d_{t+1}=1$，则 $-E_t \log d_{t+1}$ 和 $E_t d_{t+1} \log d_{t+1}$ 都是正数。说明这一点的简单方法是注意函数 $-\log d$ 和 $d \log d$ 都是凸的，因此它们都位于函数切线上方的任意一点。一个方便的选择点是 $d=1$。然后对于凸函数 $f(d)$，我们知道 $f(d) \geqslant f(1)+f'(1)(d-1)$。将其应用到函数 $f(d)=-\log d$，我们发现 $-\log d \geqslant 1-d$。期待并使用 $Ed=1$ 得到所需的结果。将其应用于函数 $f(d)=d \log d$，我们发现 $d \log d \geqslant d-1$。期待并再次使用 $Ed=1$ 给出期望的结果。

在第6.7.2节中提出了一个非正式问题：解释为什么给定假设不可预测对数消费增长模型，对CC习惯形成模型中无风险实际利率有跨期替代影响。答案就是当剩余消费比率低时，消费的边际效用虽然很高，但预计将来会恢复到稳态值。这一点不会通过可预测的消费增长实现，而是通过可预测的习惯调整来适应新的消费水平。随着时间的推移，消费者习惯于减少的情况，习惯水平下降。预计这种调整，消费者希望借用未来在习惯水平高的区间增加消费；为了防止这种情况，均衡实际利率上升。

习题6.1 恢复定理[①]

在这个习题中，我们将探讨从阿罗－德布鲁状态价格中可以恢复有关基础经济的何种信息。[②] 假设存在一个参与主体，参与主体的时间可分离效用U(.)比上消费和时间折扣因子δ，其欧拉方程式为资产定价。

① 本题基于Ross（2015）以及Borovička、Hansen和Scheinkman（2016）提出。

② 在一般情况下和假定完整市场的情况下，可以使用资产价格来推导阿罗－德布鲁状态价格。这通常是借助于期权的价格完成的［Breeden和Litzenberger（1978）］。

（1）首先考虑一个没有增长的稳定经济体。假设有两种消费状态 C_H 和 C_L。两种状态之间的过渡遵循马尔可夫对于 i，$j\in\{H, L\}$，由 $f_{ij}>0$ 给出的转移概率的过程。这4个阿罗－德布鲁证券用对于 $i,j\in\{H,L\}$，$p_{ij}>0$ 表示。请注意，p_{ij} 是给定今天状态 i 的明天状态 j 的一个消费单位的索赔价格。写下参与主体的4个最优性（一阶）条件。然后解决边际效用率，时间折现因子和过渡概率作为状态价格的函数。

（2）现在假设有3种消费状态。假设 $p_{13}=0, p_{21}=0, p_{32}=0$。对于相关的自然概率，零状态价格的含义是什么？重复第（1）题的分析。不需要明确解决 δ 的等式。

（3）在第（1）题和第（2）题中，时间折扣因子与状态价格矩阵之间的关系是什么？

（4）我们现在介绍消费增长。假设给定当前水平，消费以 g_H 或 g_L 的速率增长。随后是消费增长率一个马尔可夫过程，其转移概率由 $f_{ij}>0$ 给出，其中 $i,j\in\{H,L\}$。此外，假设参与主体具有相对风险厌恶系数为 γ 的幂效用。

①证明4个阿罗－德布鲁价格与当前消费水平无关。解出风险厌恶系数、时间折扣因子，以及作为状态价格函数的转移概率和增长率 g_H 和 g_L。

②假设 $p_{LH}=p_{HH}$ 且 $p_{LL}=p_{HL}$。证明恢复中断。

该结果说明了一般性观点。在具有增长的模型中，阿罗－德布鲁价格的状态依赖性对经济基本面的复苏至关重要。

（5）最后，继续假设两种可能的增长率 g_H 或 g_L，但允许一个任意效用函数。状态价格现在将取决于目前一般的消费水平。证明给定状态价格 $p_{ij}(C)$，其中 C 是当前的消费，我们可以恢复自然概率以及 $\delta U'(g_jC)/U'(C)$ 对于 $j\in\{H,L\}$。换句话说，我们可以恢复转换概率，但我们不能独立地恢复边际效用率和时间折扣因子。

习题 6.2　长期风险模型中的时间偏差[①]

长期风险模型通过假设存在爱泼斯坦－兹恩中等高风险规避偏好、高区间替代弹性和总消费增长是持久的有条件的异方差的代理来解决主要资产定价难题。在这个问题上我们探讨这种设置（偏好和禀赋规范）的含义对参与主体对时间分辨不确定性的态度。

考虑无限期的禀赋经济。参与主体有爱泼斯坦－兹恩效用，在式（6.34）和式（6.35）中递归定义。消费遵循以下给定的外生过程：

$$\Delta c_{t+1} = \mu_c + x_t + \sigma \eta_{t+1}. \tag{6.100}$$

$$x_{t+1} = \rho_x x_t + \varphi_e \sigma e_{t+1}. \tag{6.101}$$

其中，$c_t \equiv \log C_t$，η_t 和 e_t 是标准正态变量，相互独立，随着时间推移独立同分布。[②]

（1）直观地解释为什么 $\gamma - 1/\psi > 0$ 意味着偏好早期解决不确定。

（2）回顾第 1.2 节中关于风险溢价的讨论。择时溢价 π^* 可以类似地定义为一系列消费的（最大）一部分，这部分个人会在第 0 天放弃，以便在第 1 天解决所有风险。也就是说，参与主体在风险逐步消失而消费（6.100）和（6.101）给出的 $C = \{C_t\}_{t=0}^{\infty}$，与在第 1 天得知 C_1，C_2，C_3…是肯定会实现的情况下消费（$1-\pi^*$）$C = \{(1-\pi*)C_t\}_{t=0}^{\infty}$ 是无差异的。

设 U_0 表示在消耗 C 的情况下从日期 0 开始逐渐消除风险的效用，U_0^* 表示消耗 C 且已解决风险的日期为 1 的效用。证明对于爱泼斯坦－兹恩偏好，时间溢价可写为：

$$\pi^* = 1 - \frac{U_0}{U_0^*}. \tag{6.102}$$

① 本题基于 Epstein、Farhi 和 Strzalecki（2014）提出。

② 应该注意的是，出于可处理性的原因，虽然我们的规范［在 Bansal 和 Yaron（2004）中称为案例 1］从消费增长的随机波动中抽象出来，但结果与一般情况非常相似。

对于其余部分假设 $\psi=1$，一个允许封闭解的情形。

（3）猜测并验证 U_0 是由以下得出

$$\log U_0 = c_0 + \frac{\delta}{1-\delta\rho_x}x_0 + \frac{\delta}{1-\delta}\mu_c + \frac{1-\gamma}{2}\frac{\delta\sigma^2}{1-\delta}\left(1+\frac{\varphi_e^2\delta^2}{(1-\delta\rho_x)^2}\right). \tag{6.103}$$

（4）计算 U_0^*，首先要求解 U_1^*，来自确定性消费流的效用，$\log U_1^* = c_0 + \sum_{t=1}^{\infty}\delta^{t-1}\Delta c_t$，然后给定日期0条件分布 U_1^*，求解 U_0^*。证明时间溢价（6.102）等于：

$$\pi^* = 1-\exp\left[\frac{1-\gamma}{2}\frac{\delta^2\sigma^2}{1-\delta^2}\left(1+\frac{\varphi_e^2\delta^2}{(1-\delta\rho_x)^2}\right)\right]. \tag{6.104}$$

解释为什么对于 $\gamma>1$，时间溢价在 γ、δ、σ、φ_e 和 ρ_x 中增加。

（5）给定以下参数的时间溢价的数值估计［Bansal 和 Yaron（2004）］：$\sigma=0.0078$，$\varphi_e=0.044$，$\rho_x=0.979$，$\delta=0.998$，$\gamma=7.5$。重复 $\gamma=10$。通过内省评估这些估计：你会愿意为了在人生早期确定地了解你的消费流而从你的整个消费流中抽取这么一小部分吗？请注意，这个问题是关于消费风险，而不是关于收入或回报风险；也就是说，提前了解你的消费没有重要价值。

（6）最后，高 EIS 是否必然意味着非常高的定时溢价，或第（5）题中的结果是否归因于偏好的特定组合和长期风险文献中经常假设的禀赋过程。在独立同分布消费增长过程的假设下重复第（5）题，即通过设置 $\rho_x=\varphi_e=0$。这些估计值与第（5）题的那些估值相比如何？给定假设偏好（高 γ 和 $\gamma>1/\psi$），直观地解释为什么一个持续的消费增长过程与高定时溢价相关联。

习题6.3　利用扩展消费 CAPM 定价杠杆权益

考虑无限期代表性参与主体经济。代表性参与者有爱泼斯坦－兹恩效用。消费、预期未来消费和所有资产的回报联合对数正态分布和同方差。

（1）证明任何资产 i 的预期对数收益率可以写成：

$$\mathrm{E}_t[r_{i,t+1}] = \mu_i + \frac{1}{\psi}\mathrm{E}_t[\Delta c_{t+1}]. \tag{6.105}$$

其中，μ_i 随时间恒定，c_{t+1} 表示对数消耗。

（2）我们将杠杆股权定义为无限期资产，股息等于 $D_t = C_t^\lambda$，其中 λ 可以解释为杠杆的度量。使用坎贝尔－希勒收益率分解［式（5.51）］以显示杠杆权益的意外收益率可写成：

$$\tilde{r}_{le,t+1} = \lambda\tilde{c}_{t+1} + \left(\lambda - \frac{1}{\psi}\right)\tilde{g}_{t+1}. \tag{6.106}$$

其中，$\tilde{x}_{t+1} \equiv (\mathrm{E}_{t+1} - \mathrm{E}_t)\, x_{t+1}$ 对于任何变量 x 和 $\tilde{g}_{t+1}$，在式（6.48）中定义，捕获预期未来消费增长的修订。

（3）使用前面的结果导出一个通货膨胀指数永续性（实际合并债券）的意外收益率表达式，每个时期具有固定实际股息的资产。

对于其余部分，假设总消费遵循一个由以下给出的外生因素过程：

$$\Delta c_{t+1} = \mu_c + x_t + \varepsilon_{c,t+1}. \tag{6.107}$$

$$x_{t+1} = \varphi_x x_t + \varepsilon_{x,t+1}. \tag{6.108}$$

其中，$\varepsilon_{c,t+1}$、$\varepsilon_{x,t+1}$ 是均值为零，方差为 σ_c^2 和 σ_x^2 的独立同分布，协方差为 σ_{cx}。

（4）证明杠杆权益超过无风险利率的风险溢价由下式给出：

$$\mathrm{E}_t[r_{le,t+1}] - r_{f,t+1} + \frac{\sigma_{le}^2}{2} = \gamma\left[\lambda\sigma_c^2 + \left(\lambda - \frac{1}{\psi}\right)\frac{\rho}{1-\rho\varphi_x}\sigma_{cx}\right]$$
$$\left(\gamma - \frac{1}{\psi}\right)\left[\frac{\lambda\rho}{1-\rho\varphi_x}\sigma_{cx}\right] + \left(\gamma - \frac{1}{\psi}\right)\left(\lambda - \frac{1}{\psi}\right)\left(\frac{\rho}{1-\rho\varphi_x}\right)^2\sigma_x^2. \tag{6.109}$$

（5）使用前面的结果来获得永久性债券超过无风险利率的风险溢价的表达式，以及杠杆权益超过实际永久债券风险溢价的表达式。理解出现在两个表达式中的每个术语，并对它们的符号给出你的经济直觉。什么决定了溢价和股权溢价术语的符号？

（6）如果 σ_c^2 和 σ_{cx} 很小，正如观察到的消费增长的平滑路径表示的，对偏好参数 γ 和 ψ 的什么限制同时意味着大的股权溢价和小的实际期限溢价（正还是负）？

习题 6.4　杠杆权益和消费波动

禀赋经济中的典型参与者具有折现因子 δ 和相对风险厌恶系数 γ 的幂效用。禀赋对数 c_t 跟随随机散步漂移：

$$\Delta c_t = g + \varepsilon_t. \tag{6.110}$$

禀赋增长率的波动是随时间呈独立同分布，均值为零和方差为 σ^2 的正态分布。

（1）解决对数无风险利率问题。解释决定它的力量。

（2）考虑一个无限期资产，其每个期间的对数股息为 λc_t。λ 系数可以被宽泛地视为杠杆的衡量标准，资产可以被称为“杠杆权益”。解决杠杆权益的算术风险溢价和杠杆权益的股息算术平均增长率。

（3）现在假设禀赋增长的波动性增加，而参数 g 改变以保持禀赋的算术平均增长率。对无风险利率有什么影响？对杠杆权益的算术风险溢价有什么影响？对杠杆权益股息率的算术平均增长有什么影响？

（4）在幂效用下，禀赋波动性更高，只有当 $\gamma < 1$ 时，不变的算术平均禀赋增长率才会降低无杠杆权益的价格。证明一下只有当 $\lambda - 1 < \gamma < \lambda$ 时才会降低杠杆资产的价格。解释一下当风险

规避低于 $\lambda-1$ 或大于 λ 时，导致禀赋波动提高杠杆权益的价格的经济力量。

（5）将你的答案与区间替代弹性的重要性、爱泼斯坦－兹恩效用的相对优点以及投资者偏好描述的幂效用讨论联系起来。

第7章　基于生产的资产定价

在本章中，我们将讨论基于生产的资产定价，即研究公司生产决策相关的资产价格。我们先从研究托宾q理论（1969）开始，该理论将公司的投资与其股票价格联系了起来。然后研究Cochrane（1991b，1996）的相关观察，即公司实物投资的收益应该等于对公司所有权的财务投资的收益。第7.1节提出了这些想法，强调需要用投资中的调整成本来解释股票收益的波动。我们回顾了最近的实证文献，这些文献估计了企业生产和调整成本函数的参数，这些函数最能匹配这两种类型的收益。我们还讨论了从公司生产技术的基本面特征中得出刻画公司股价的因子载荷的模型。

在第7.2节中，我们研究了动态随机一般均衡（DSGE）模型，它明确地模拟了技术冲击下的生产。之前讨论的偏好模型与经济体的生产可能性相互作用，以确定消费过程，从而确定随机折现因子，使资产价格降低。DSGE模型包括可变的劳动力供给，这会影响经济中的风险厌恶的有效程度，正如Swanson（2012）所强调的。

对称地对待消费和生产是值得考虑的。如果资产价格揭示了消费者在各经济体的边际替代率，那么它们不也揭示了生产者在各州的边际转化率吗？为了使这种方法富有成效，企业必须具备一定的能力，可以在各州之间转移产出。在第7.3节中，我们讨论了由Belo（2010）提出的具有此特征的最新模型。

7.1 有调整成本的实物投资

q 投资理论［Tobin（1969），Hayashi（1982）］将公司投资实物资本的决策与实物投资的凸调整成本和金融市场已安装资本的估值联系起来。在此框架的基础上，Cochrane（1991b，1996）引入了投资收益的概念，定义为公司投资决策产生的收益。他表明，这些收益必须等于公司所有者的财务收益。因此，应该可以将股票收益的变化与投资收益的决定因素联系起来，包括销售资本比率、投资资本比率和投资调整成本。

7.1.1 投资中的 q 理论

为了解释这些观点，我们首先建立一个标准的 q 理论模型，该模型的详细阐述见 Kogan 和 Papanikolaou（2012）。考虑一家生产产品 X_t 的公司，该公司采用柯布－道格拉斯生产技术，同时有生产冲击 Z_t：

$$X_t = Z_t K_t^{\alpha} L_t^{1-\alpha}. \tag{7.1}$$

其中，K_t 是公司的资产资本，L_t 是公司的员工。

我们假设，这里以及本章后面的内容中，公司都以当期工资雇用最优数量的劳动力以最大化利润。鉴于我们考虑投资和资本可变，我们总是将人力供给的最优调整设为固定值。这一操作在基于生产的资产定价文献中是标准的。公司对劳动力供给最优化选择的一阶条件要求工资 ω_t 等于劳动力的边际产出，即 $\omega_t = \partial X_t / \partial L_t$，这表明最优的劳动力供给 L_t^* 可表示为：

$$L_t^* = \left(\frac{(1-\alpha) Z_t}{\omega_t}\right)^{\frac{1}{\alpha}} K_t. \tag{7.2}$$

将这个表达式代入式（7.1）的生产函数，用 Y_t 来表示公司在最优劳动力输入下的产出，我们有：

$$Y_t = \left(Z_t^{\frac{1}{\alpha}} \left(\frac{1-\alpha}{\omega_t}\right)^{\frac{1}{\alpha}-1}\right) K_t, \tag{7.3}$$

与股本成比例。从而我们可以求得公司资本所有者获得的总利润，$\Pi_t = Y_t - \omega_t L_t^*$，满足如下条件：

$$\Pi_t = \alpha Y_t. \tag{7.4}$$

我们得到的标准结果是资本指数 α 为股本。

股本符合下述表达式：

$$K_{t+1} = I_t + (1-\delta)K_t. \tag{7.5}$$

其中，I_t为投资，δ 为折现率。投资成本 Φ_t 正如 Lucas（1967）所述的，是从利润中推导出来的，表明公司每个周期可以付出分红：

$$D_t = \Pi_t - \Phi_t. \tag{7.6}$$

投资成本包含调整成本，并且经过了规模调整，所以总的投资成本与股本的比率只取决于投资与股本的比率。因此，调整成本规模报酬不变。我们将它写作：

$$\Phi_t = \phi\left(\frac{I_t}{K_t}\right)K_t. \tag{7.7}$$

其中，$\phi(.)$ 是一个凸函数，在投资为正的情况下递增，因此 $I_t > 0$ 时 $\phi'(I_t/K_t) > 0$，且 $\phi''(I_t/K_t) \geqslant 0$ 处处成立。一个没有调整成本的模型有 $\phi(I_t/K_t) = I_t/K_t$，$\phi'(I_t/K_t) = 1$，且 $\phi''(I_t/K_t) = 0$ 。

公司最优化表征

公司选择投资水平以最大化公司价值 V_t，即用随机折现因子的期限结构进行风险调整后的现在和未来分红的现值：

$$V_t = \max \mathrm{E}_t \sum_{s=0}^{\infty} M_{t,t+s} D_{t+s}. \tag{7.8}$$

其中，$M_{t,t+s}$是从时间 t 到时间 $t+s$ 的多期随机折现因子（在第8章中将会更详细地讨论），并且 $M_{t,t}=1$。注意是从0开始累加，因为现在的分红包含在公司价值当中；也就是说，V_t是 t 时刻公司累积分红价值。这一重要的背景消除了公司的最大化问题，但在资产定价的实证中与标准情况有所不同，实证中将估值写为分红前的，即不包括现在的分红。

公司最优化问题的解满足贝尔曼方程：

$$V_t = \max_{I_t}\{D_t + \mathrm{E}_t[M_{t+1}V_{t+1}]\}. \tag{7.9}$$

像通常那样，假设公司在每一期都雇用最优数量的劳动力，进而影响其股本和生产率。

在最优投资水平下，价值函数关于投资的导数是0。因此，根据式(7.9)，由投资成本造成的现期的分红边际减少必须与由投资造成的额外未来资本导致的公司未来价值的边际期望折现增加相等：

$$\phi'\left(\frac{I_t}{K_t}\right) = \mathrm{E}_t\left[M_{t+1}\frac{\partial V_{t+1}}{\partial K_{t+1}}\right]. \tag{7.10}$$

换句话说，投资的边际成本必须与期望折现边际收益相等，用 SDF 进行风险调整。

我们可以通过对式（7.9）应用包络定理获得更深刻的理解。将式（7.9）的左边和右边同时对资本 K_t求导，并推后一个周期，得到：

$$\begin{aligned}\frac{\partial V_{t+1}}{\partial K_{t+1}} &= \frac{\partial D_{t+1}}{\partial K_{t+1}} + \mathrm{E}_{t+1}\left[M_{t+2}\frac{\partial V_{t+2}}{\partial K_{t+1}}\right]\\ &= \alpha\frac{\partial Y_{t+1}}{\partial K_{t+1}} - \frac{\partial \Phi_{t+1}}{\partial K_{t+1}} + (1-\delta)\mathrm{E}_{t+1}\left[M_{t+2}\frac{\partial V_{t+2}}{\partial K_{t+2}}\right]\\ &= \alpha\frac{\partial Y_{t+1}}{\partial K_{t+1}} - \frac{\partial \Phi_{t+1}}{\partial K_{t+1}} + (1-\delta)\phi'\left(\frac{I_{t+1}}{K_{t+1}}\right).\end{aligned} \tag{7.11}$$

其中，第二个等式用到了公司对分红支出的预算限制［式(7.6)］，以及在投资恒定的情况下 $t+1$ 时间的 1 单位额外资本折旧到 $t+2$ 时间的 $(1-\delta)$ 单位额外资本这一事实。第三个等式使用了式(7.10)，推后一个周期。对式（7.11）的解释是，公司额外 1 单位资本实现的边际收益就是利润份额乘以产出的边际效应，减去投资调整成本的边际效应，加上将要进入下一周期的未折旧资本的价值，该价值可以由投资的边际成本计算得到。实现的边际收益是随机的，所以投资决策要基于未来状态的平均水平做出。

式（7.11）中的导数是在劳动力供给的最优调整条件下计算得到

的。需要特别注意的是，$\partial Y_{t+1}/\partial K_{t+1} \neq \partial X_{t+1}/\partial K_{t+1}$，即劳动力输入给定时的边际资本产出。[①] 规模效益不变的生产函数［式（7.3）］表明，只要公司在工资给定情况下调整雇佣水平为最优，则产出与资本比率并不依赖于股本。因此，导数 $\partial Y_{t+1}/\partial K_{t+1} = Y_{t+1}/K_{t+1}$，式(7.11)中右边第一项可写作 $\alpha Y_{t+1}/K_{t+1}$。

规模效益不变的表征

Hayashi（1982）证明了生产和调整成本都有固定规模报酬，即式（7.1）和式（7.7），表明 1 单位额外的资本对公司价值的边际影响等于公司的价值对其股本的平均比率：

$$\frac{\partial V_t}{\partial K_t} = \frac{V_t}{K_t}. \tag{7.12}$$

式（7.12）的左边有时被称为“边际 q”，而右边是“平均 q”或“托宾 q”的一个度量。

将式（7.12）代入式（7.10），并利用式（7.9）以及 K_{t+1} 在 t 时刻已知这一事实，我们有：

$$\phi'\left(\frac{I_t}{K_t}\right) = \mathrm{E}_t\left[M_{t+1}\frac{V_{t+1}}{K_{t+1}}\right] = \frac{V_t - D_t}{K_{t+1}}. \tag{7.13}$$

左边是投资的边际成本，右边是公司的除息值与下一期股本的比率，是平均 q 或托宾 q 的替代指标。

式（7.13）右侧的实证计量指标在不同企业之间以及随着时间的推移变化很大（正如前面章节中讨论的市值－账面比高度可变），因此为了拟合数据，这种关系需要结合可变的投资率 I_t/K_t 和使得调整成本对投资水平极为敏感的高阶导数 ϕ'。关于总投资和公司层面投资的早期研究发现，很难用式（7.13）中的合理参数来解释投资行为［例如

---

① 这与资本的边际收益产品、在雇佣水平优化选择下资本对利润的边际效应 $\partial \Pi_{t+1}/\partial K_{t+1} = a\partial Y_{t+1}/\partial K_{t+1}$，以及资本边际产出 $\partial X_{t+1}/\partial K_{t+1}$ 之间的区别有关。

Chirinko（1993）]。这可能部分归结于金融摩擦、固定投资成本、被具有凸调整成本的简单新古典投资模型忽略的决策延迟［Fazzari、Hubbard 和 Petersen（1988），Abel 和 Eberly（1994），Lamont（2000）]，或者影响平均而非边际资本价值的超边际固定资产、平均 q 的测量误差［Erickson 和 Whited（2000）]。Merz 和 Yashiv（2007）发现，在劳动力和资本投入方面都具有调整成本，且调整成本大于二次凸性的模型，远远比这一章中讨论的经典模型更加适合美国非金融企业部门的总投资。

我们可以利用式（7.13）中的关系做更多的事情，如果我们注意到：

$$\frac{V_t - D_t}{K_{t+1}} = \frac{D_t}{K_{t+1}} \frac{V_t - D_t}{D_t}. \tag{7.14}$$

式（7.14）右边的第一项是股息除以资本存量，可以看作衡量当前盈利能力的指标。第二项是公司除息后价值与股息的比率，换句话说，就是通常定义的公司的价格 - 股息比。对式（7.13）两边取对数，并使用式（7.14）和坎贝尔 - 希勒公式计算对数价格 - 股息比［式（5.47）]，我们得到：

$$\log\left(\phi'\left(\frac{I_t}{K_t}\right)\right) = (d_t - k_{t+1}) + \mathrm{E}_t \sum_{j=0}^{\infty} \rho^j \Delta d_{t+1+j} - \mathrm{E}_t \sum_{j=0}^{\infty} \rho^j r_{t+1+j}. \tag{7.15}$$

这个等式表明，投资巨大并因此投资成本高的公司，必须要么相对于现在的资本有着高额支出，要么支出快速增长（在任何一种情况下都由投资的潜在盈利能力支持），否则它将会带来低收益。在盈利相同的情况下，投资高的公司平均未来收益更低，而在投资相同的情况下，盈利多的公司平均未来收益更高。当然，这只是一种简化形式的关系，它与各种结构性的解释是相符的。例如，一家公司可能具有较低的资本成本——相应地，预期收益也低——因为市场高估其股票价值，或者因为其投资项目基本面风险较低。在任何一种情况下，公司经理都应该通过对任何给定的盈利水平进行更多投资来做出回应，从而实现式（7.15）中的均等关系。

这一分析为第3章讨论的实证结果提供了理论动机，即资产快速增长的公司往往具有较低的平均股票收益率［Titman、Wei 和 Xie（2004），Cooper、Gulen 和 Schill（2008）］，而毛利润高的公司具有较高的平均收益率［Novy-Marx（2013）］。Hou、Xue 和 Zhang（HXZ，2015）用这些观点，在法马和弗伦奇（1993）的基础上提出了一个"q 因子"模型，但是除去了价值因子并增加了两个由投资延伸的因子。除了法马－弗伦奇市场因子和市值因子，HXZ 还使用低投资公司的收益减去高投资公司的收益，以及高盈利公司减去低盈利公司的收益，其中投资以资产增长率衡量，盈利能力按会计股本收益率（ROE）衡量。该模型降低了许多横截面异常的幅度，因为长短异常投资组合在该模型中的阿尔法比在法马－弗伦奇模型中的更小。值得注意的是，HXZ 模型甚至比卡哈特四因子模型更好地适应各种异常，其中包括显性动量因子。需要注意的是，HXZ 将其模型与价值加权的异常投资组合对峙，因此不需要它适合小股票的横截面收益情况，而这些情况通常更为极端。

法马和弗伦奇（2015）同样扩展了法马－弗伦奇三因子模型，保留了价值因子，并增加了投资因子和盈利因子。它们提供了另一种动机，可以通过参考式（5.50）来理解。作为一项非正式的练习，解释这个等式如何证明在多因子模型中同时包含价值因子和盈利因子是合理的。答案在本章末尾给出。

7.1.2　投资收益

我们可以调整式（7.12）和式（7.13）来证明公司债权的总市场收益：

$$(1+R_{t+1})=\frac{V_{t+1}}{V_t-D_t}, \tag{7.16}$$

等于定义如下的投资收益：

$$(1+R_{t+1}^{I})=\frac{\frac{\partial V_{t+1}}{\partial K_{t+1}}}{\phi'\left(\frac{I_t}{K_t}\right)}, \tag{7.17}$$

即投资的边际收益与其边际成本。也就是说：

$$(1+R_{t+1})=(1+R_{t+1}^{I}). \tag{7.18}$$

这个关系在事后和任何实现了的阶段也成立，并不仅仅是事前成立。自然地，投资收益，比如财务收益，满足资产定价的基本等式：

$$1=\mathrm{E}_t[M_{t+1}(1+R_{t+1}^{I})]. \tag{7.19}$$

Cochrane（1991b，1996）利用财务收益和投资收益之间的关系来测试 q 理论，该方式对投资和股票收益的高频变化更敏感，对受到测量误差或超边际固定资产的影响造成的 q 的低频变化不太敏感。这种方法不是测试投资水平与股票价格水平之间的关系［式（7.13）］，而是有效地区分数据，以观察投资收益（与投资增长密切相关）与财务收益（与股价增长密切相关）之间的关系。

每种状态下的财务和投资收益的事后均等对于数据的要求太多，因此不同的论文着眼于这种平等的不同含义。例如，Cochrane（1991b）研究了从总投资中获得的单一投资收益。他证明，需要高调整成本来匹配股票收益的波动性（以计算托宾 q 变量），并且预期的投资收益似乎随着预期的股票收益而变化（因为当股票价格下跌时总投资很低）。Cochrane（1996）使用了来自总住宅投资和非住宅投资的两个投资收益，并将它们用作 SDF 的多因子表示中的因子，探究它们是否解释了股票收益的规模效应。

最近的实证文献使用这种方法来估计企业生产函数的参数，并将股票收益的横截面与企业的投资决策联系起来。一个著名的例子是 Liu、Whited 和 Zhang（LWZ，2009）。LWZ 假设了一个调整成本的具体函数形式，写为：

$$\phi\left(\frac{I_t}{K_t}\right)=\frac{I_t}{K_t}+\frac{a}{2}\left(\frac{I_t}{K_t}\right)^2. \tag{7.20}$$

另外，他们允许加入税收和公司债，以拓展上述框架。抛开这些因素仅看简化模式，LWZ 得到投资的边际成本为：

$$\phi'\left(\frac{I_t}{K_t}\right)=1+a\left(\frac{I_t}{K_t}\right), \tag{7.21}$$

且由式（7.11）得来的投资边际收益为：

$$\frac{\partial V_{t+1}}{\partial K_{t+1}}=\alpha\frac{Y_{t+1}}{K_{t+1}}+\frac{a}{2}\left(\frac{I_{t+1}}{K_{t+1}}\right)^2+(1-\delta)\left[1+a\left(\frac{I_{t+1}}{K_{t+1}}\right)\right]. \tag{7.22}$$

和式（7.11）一样，式（7.22）右边的三项分别表示：第一，更高的下一期输出；第二，对于给定的未来投资水平，下一期调整成本会降低；第三，未贬值资本的影子价值从下一期间转入后续期间。未折旧资本的影子价值与下一期投资的边际成本相同。

从字面上看，式（7.17）、式（7.18）、式（7.21）和式（7.22）意味着公司的实现收益与当前和未来的销售 - 资本比率及投资 - 资本比率之间存在非常紧密的关系：

$$(1+R_{t+1})=\frac{\alpha\frac{Y_{t+1}}{K_{t+1}}+\frac{a}{2}\left(\frac{I_{t+1}}{K_{t+1}}\right)^2+(1-\delta)\left[1+a\left(\frac{I_{t+1}}{K_{t+1}}\right)\right]}{1+a\left(\frac{I_t}{K_t}\right)}. \tag{7.23}$$

这样的关系肯定不会描述数据，因此 LWZ 测试仍然可能提供信息的该等价关系的较弱含义。

LWZ 考虑股票投资组合并使用 GMM 估计模型的参数，以最小化股票收益和杠杆投资收益的均值和方差之间（而不是每一期收益水平之间的平均差异）的加权平均差异。该模型非常简约，因为它只有两个参数，即资本份额 α 和调整成本 a。测试资产是指按资本投资（实证发现高投资公司通常有着低财务收益）、意外所得（根据研究盈余公告后价格漂移的文献，意外所得高的公司通常有着高财务收益）和价值（实证发现高账面/市值比公司通常有着高额财务收益）分类的股票投资组合。

LWZ 获得的合理资本份额估计值在 0.2 ~ 0.5 之间。他们的调整成本估计值对于投资分类的投资组合来说很低，对于意外所得分类的投资组合来说适中，而对于价值分类的投资组合则是非常高的。这一方面是因为高投资组合今天投资极高，明天投资要低得多，如果调整成本高，这就意味着巨大的负投资收益。另一方面，成长型投资组合在今天和明天都有很高的投资，而且销售资本比率很高，因此需要更大的调整成本来解释其低收益。这种问题，即需要不同的参数来拟合每个异常，在 q 理论资产定价文献中是普遍存在的。

7.1.3 解释公司的贝塔

另一种基于生产的文献继续将 SDF 当作外生的，但试图去解释为什么特定种类的公司相较于其他公司会表现出更强的随 SDF 变化而变化的趋势。这些文献中的很多都寻求解释价值型公司和成长型公司的相对定价。

一个著名的例子来自 Zhang（2005）。Zhang 假设了异方差单因子 SDF。用对数形式表示：

$$m_{t+1} = \log \beta - \gamma_t (x_{t+1} - x_t). \tag{7.24}$$

$$\gamma_t = \gamma_0 + \gamma_1 (x_t - \overline{x}). \tag{7.25}$$

其中，x_t是一个总的生产冲击，满足 AR(1) 过程。这些假设表明，正如第 3.2.3 节所说，有条件的 CAPM 成立，因为 SDF 有着单因子结构和随时间变化的波动率。当 $\gamma_1 < 0$ 时，风险溢价在生产低时增长。

该模型对每家公司 j 设置了独特的生产冲击 z_{jt}，满足一个常见存续度的 AR(1) 过程。价值型公司是指那些现阶段有着低 z_{jt} 并因此有着低生产率、投资和利润的公司，而成长型公司是指那些现阶段有着高 z_{jt} 的公司。

正如第 7.1.2 节中 LWZ 文献所讨论的，公司支付二次型的投资调整成本，将这一部分从类似于式（7.20）描述的利润中扣除：

$$\phi_{jt} = \frac{I_{jt}}{K_{jt}} + \frac{a_{jt}}{2} \left(\frac{I_{jt}}{K_{jt}} \right)^2. \tag{7.26}$$

然而，在Zhang的模型中，调整成本取决于公司是否投资或者撤资。如果公司 j 的投资为正，则参数 a_{jt} 等于 a^{+}，如果公司 j 的投资为负，则参数 a_{jt} 等于 a^{-}，这里 $a^{-} > a^{+}$。

Zhang修正了他的模型以致价值型公司和成长型公司都在好的时机投资，但成长型公司投资得更多。然而，在不好的时机，成长型公司继续有少量的投资而价值型公司则会撤资。这表明在好的情况下成长型公司的调整成本更高，而在不好的情况下价值型公司的调整成本更高。

低调整成本的公司应对整体生产冲击的策略是在同一个方向上调整他们的投资，这不仅增加了未来分红的期望值，而且降低了波动率。高调整成本的公司运用这种平滑分红、降低风险的机制的可能性更小。因此，在好的情况下成长型公司更有风险，而在不好的情况下价值型公司更有风险。价值型公司的无条件收益更高，因为SDF的具体形式（7.24）表明在不好的情况下价值型公司的风险比成长型公司在好的情况下的风险更有价值。

在Zhang（2005）的模型中，价值型公司可以产生可观的超额收益，但它的假设意味着有条件的CAPM模型，并且只是对无条件的CAPM有些许偏离。所以该模型并不符合现实情况，正如第3章所讨论的，现实情况是近几十年来价值型公司比成长型公司在CAPM模型中拥有对应更低的贝塔。另一些更新的论文，如Bazdresch、Belo和Lin（2013），Kogan和Papanikolaou（2014），以及McQuade（2013），则使用了与CAPM更为不同的外生SDF形式。Bazdresch等人考虑了对投资调整成本的冲击，Kogan和Papanikolaou考虑了针对投资的技术冲击，这种冲击比投资产品成本要低。尽管投资机会在提高，这些冲击仍被假设为边际效用递增。类似地，McQuade假设正的股价波动率会增加边际效用。投资期权的成长型公司对冲击格外敏感，因此为它们提供保险。对该文献的完整解释超出了本书的范围，因为增长期权的估值需要衍生定价方法。

7.2 生产的一般均衡

我们现在完全在生产一般均衡下考虑资产定价。我们的目标是理解代表性消费者动态随机一般均衡（DSGE）模型所需的因素，以便得到更符合实际的资产价格和宏观经济总量表现。第6章讨论的基于消费的研究文献已经考虑了资产价格和总体消费的联合模型。以生产为基础的文献增加了总产出和投资，并将技术冲击作为宏观经济不确定性的主要驱动原因。一些模型也允许劳动力供应可变，并且最近的工作考虑了更广范围的经济冲击类型。

正如第6章中人们所期望的，人们至少需要适度的风险规避来得到实际的风险收益。如第7.1节所述，人们需要调整投资成本以匹配资产价格波动。余下的问题涉及跨期替代的弹性，该弹性未必等于具有爱泼斯坦－兹恩偏好的模型中的风险规避的倒数，以及风险厌恶随时间变化的可能性，这可能是由于效用中的习惯形成引起的。我们首先跟随 Kaltenbrunner 和 Lochstoer（2010）探索具有爱泼斯坦－兹恩偏好的模型，然后讨论具有习惯形成的模型［Jermann（1998），Dew-Becker（2012）］。

7.2.1 一般均衡中的长期消费风险

Kaltenbrunner 和 Lochstoer（KL，2010）表明，当资本积累是内生的时，消费增长的持续变化自然而然地出现。他们在研究中使用一般均衡模型，其中总产出 Y_t 伴随资本 K_t 产生。生产函数是柯布－道格拉斯函数，具有乘数性质的技术 Z_t 和式（7.1）中的资本指数 α，但现在描述的是整个经济体而不是单个公司的产出。

技术受限于随机的冲击，冲击的持续时间可能长，也可能短。我们有：

$$Z_t = \exp(\mu t + z_t). \tag{7.27}$$

其中：

$$z_t = \rho_z z_{t-1} + \varepsilon_t. \tag{7.28}$$

KL 考虑了 $\rho_z = 1$（技术的随机游走）和 $\rho_z = 0.95$（稳定但持久的技术过程，半衰期为 13.5 个季度或 3.4 年）。

KL 模型将投资调整成本设置为从积累物质资本中扣除，而不是像第 7.1 节那样从利润中扣除。换句话说，他们将投资定义为投资支出，调整成本总额，而不是资本积累。因此资本积累表示为：

$$K_{t+1} = (1-\delta)K_t + \phi\left(\frac{I_t}{K_t}\right)K_t, \tag{7.29}$$

并且产出在消费和投资支出之间分配，调整成本没有造成任何损失：

$$Y_t = C_t + I_t. \tag{7.30}$$

KL 将调整成本的函数形式表示为：

$$\phi(X) = a_1 + a_2 \frac{X^{1-1/\xi}}{1-1/\xi}. \tag{7.31}$$

其中，ξ 是投资对托宾 q 的弹性，并且参数 a_1 和 a_2 被设定好以保证在非随机稳定状态下调整成本为 0。

这些假设允许 KL 写出投资收益，而投资收益总是满足 $E_t[M_{t+1}(1+R^I_{t+1})] = 1$［参见式（7.19）］：

$$1 + R^I_{t+1} = \phi'\left(\frac{I_t}{K_t}\right)\alpha\left(\frac{Z_{t+1}}{K_{t+1}}\right)^{1-\alpha} + \phi'\left(\frac{I_t}{K_t}\right)\frac{1-\delta+\phi(I_{t+1}/K_{t+1})-\phi'(I_{t+1}/K_{t+1})I_{t+1}/K_{t+1}}{\phi'(I_{t+1}/K_{t+1})}. \tag{7.32}$$

这反映了下一期的产出效应和结转的资本价值。这个公式与式（7.17）和式（7.23）不同，因为这里 I_t 表示投资支出，而不是资本积累。

为了使模型闭合，KL 假设代表性消费者具有相对风险厌恶 γ 和跨期替代弹性 ψ 的爱泼斯坦－兹恩偏好，如第 6 章中的式（6.34）所示。给定同方差对数正态技术过程和近似对数线性解（下面将讨论），其模型中的所有变量都是对数正态和同方差的，因此具有爱泼斯坦 - 兹恩偏好的 SDF 的对数线性公式，式（6.40）和式（6.49），可用于资产定价。

模型解

为了求解这个模型，KL 使用了由 King、Plosser 和 Rebelo（1987）提出并广泛应用于实际商业领域的方法。其思想是在模型稳态的邻域，使用对数线性近似的方法，将模型转换为一个对关键变量的对数线性差分方程。这种方法与支付股息的资产收益的坎贝尔 - 希勒近似密切相关，该近似我们在第 5 章中介绍过，并在第 6 章中应用于基于消费的资产定价模型。因为模型解是稳态邻域的一阶，风险厌恶的系数不会影响任何变量的动态；然而，风险厌恶并不影响期望资产收益和标准形式的对数正态资产定价模型中的资产定价。[①]。

在对数线性解中，效用、消费和下一期的资本的对数，即 u_t、c_t 和 k_{t+1} 都是关于当期资本和技术的对数。k_t 和 z_t 在这个模型中是两个状态变量：

$$u_t = A_1 k_t + A_2 z_t,$$

$$c_t = B_1 k_t + B_2 z_t,$$

$$k_{t+1} = D_1 k_t + D_2 z_t. \tag{7.33}$$

这些等式中未知的参数可以通过待定系数法［Campbell（1994），Uhlig（1999）］来分析解出。习题 7.1 要求在一个简单的例子中练习这一解法。

理解模型的动态

模型的动态可以通过参考爱泼斯坦 - 兹恩效用模型中将实际利率与

---

① Tallarini（2000）研究了这个模型的一个特殊情况，假设在这个模型中存在一个单位弹性跨期替代品和无资本调整成本。在这种情况下，而不是一阶近似下，风险厌恶不会影响模型的动态特性。

预期消费增长联系起来的一阶条件来理解，即第 6 章中的式（6.44）。该公式可以写成：

$$E_t \Delta c_{t+1} = \mu_c + \psi r_{f,t+1}. \tag{7.34}$$

其中，常数 μ_c 包含时间偏好和预防性储蓄效应，这些效应在同方差模型中是恒定的。式（7.34）表示参与主体愿意调整他的计划消费路径以响应无风险利率（或资本的期望边际产出，这在同方差模型中等于无风险利率加上一个常数）。这样做的意愿与跨期替代的弹性成比例。

图 7.1 显示了在没有调整投资成本的情况下，同一模型中消费对两种不同的技术冲击的响应。第一个冲击，即顶部的短虚线，是短时间内的 AR（1）过程，半衰期为 13 个季度；第二个冲击，即底部的短虚线，是随机游走过程。每幅图中的长虚线对应于低 EIS 为 0.1 的消费路径，而实线是高得多的 EIS 为 1.5 的消费路径。在每种情况下，虚线比实线更平坦，因为具有低 EIS 的消费者仅愿意在其计划的消费路径中允许非常小的调整，以响应由技术冲击产生的资本的边际产品的变化。这种消费者的消费接近于随机游走，这是消费者永久收入理论的一般均衡版本。

在图 7.1 中，遇到技术冲击时，实线最初上升幅度小于虚线。这是因为具有高 EIS 的消费者愿意推迟消费并增加储蓄以利用正的技术冲击所带来的高收益率。长期变化则取决于冲击的性质。如果是短暂的冲击，经济首先会在资本具有生产性时积累，然后在生产力恶化时衰退；因此，消费有一个驼峰，当 EIS 高时更为明显。如果是永久性的冲击，经济趋向于资本和技术更高的新的稳态，且当 EIS 高时这种趋同更加迅速。

宏观经济数据的一个重要的典型事实是，消费增长的不稳定性大约是产出增长的一半。为了匹配这种行为，可以将调整成本重新纳入模型中；这些抑制了投资的变化，使消费动态与产出动态更加相似。KL 发现，在具有低 EIS 和短暂技术冲击的模型中，高资本调整成本会产生类似于弱化版图 7.1 顶部技术冲击（短虚线）的消费路径，先是飙升，然后逐渐下降。在具有高 EIS 和永久技术冲击的模型中，低资本调整成

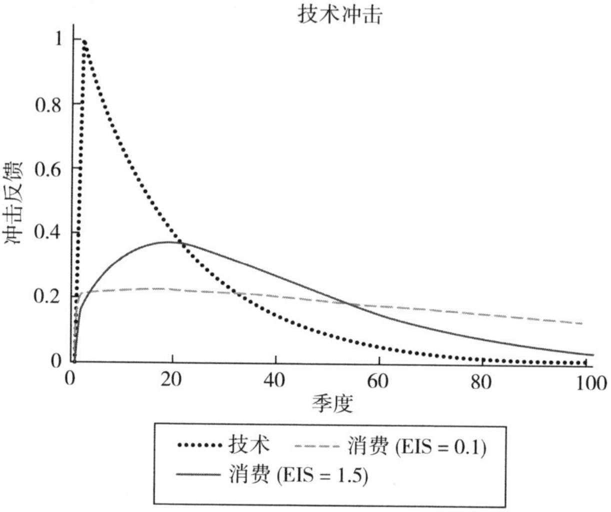

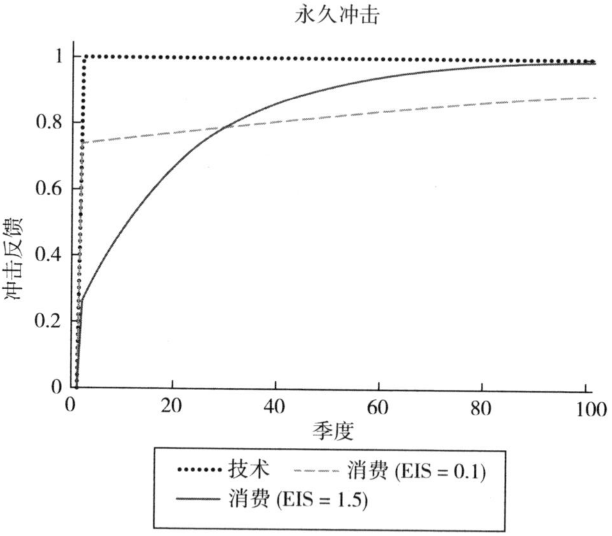

图 7.1　一般均衡中的消费动态

资料来源：Kaltenbrunner，Georg，Lars A. Lochstoer，2010，“Long-Run Risk through Consumption Smoothing，” *Review of Financial Studies* 23，3190－3224；获牛津大学出版社授权。

本产生的消费路径类似于图7.1底部所示的消费路径（实线），骤升，然后继续上升。在这两种情况下，模型都与消费和输出的相对波动率相匹配，产生的真实最大夏普比率在0.3和0.4之间。

然而，产生风险溢价的机制在这两次校准中是不同的。在第一次校准中，消费增长的更新与期望未来消费增长的变化负相关。从式（6.49）中可以看出，这增加了SDF在 $\gamma<1/\psi$ 时的波动率，$\gamma=5$ 和 $\psi=0.1$ 就是一个例子。在第二次校准中，消费增长的更新与预期消费增长的变化正相关。如果 $\gamma>1/\psi$，这增加了SDF的波动，比如 $\gamma=5$ 且 $\psi=1.5$。第二次校准是Bansal和Yaron（2004）的长期风险模型的一般均衡版本。

虽然这两次校准反映了相似的最大夏普比率，但它们在其他方面有所不同。第一次校准具有高度波动的无风险利率，反映了代表性消费者对短暂的技术冲击和限制消费平滑的投资调整成本所带来的期望消费增长变化的厌恶。

第二次校准具有相对稳定的无风险利率，但也具有非常稳定的风险资产收益，例如消费索求或实物资本存量的所有权。（在生产型模型中，消费索求或实物资本存量的所有权是不同的，因为一部分产出是支付给劳动力的，即支付给人力资本所有者而不是物质资本的所有者。）第二次校准中的这两个属性是相关的，因为同质性一般均衡模型通过修正预期未来股息增长（在给定平稳消费和资本的现实校准中是适度的）或修正无风险利率来得到资产价格变化。风险溢价在此模型中是不变的，因此它们无助于资产价格变化。因此，需要波动的长期实际利率来产生长期风险索赔的波动价格。在对第7.1节进行分析之后，由于投资调整成本低，我们可以理解第二次校准中资本收益的稳定性。

其他冲击

KL考虑的生产冲击并不是唯一可以在生产的一般均衡模型中考虑的冲击类型。Campbell（1994）展示了一个对当期生产水平没有影响的生产率增长的预期持续变化，可以模拟为永久性生产冲击和一个相反的短暂冲击部分抵销的组合（有效地将图 7.1 的顶部与底部相抵销，或是反过来的情况）。Beaudry 和 Portier（2006）论证了这种“预期冲击”的实证显著性。也有可能考虑到对生产率增长的理性学习或非理性预期，例如，Hirshleifer、Li 和 Yu（2015）假设人们在预测未来的生产率增长时，会基于过去的生产率增长进行判断。

Papanikolaou（2011）研究了对投资商品的相对成本的冲击，正如 Justiniano、Primiceri 和 Tambalotti（2010）所研究的。降低这种相对成本的正的“投资冲击”导致经济体减少消费品的生产并增加投资品的生产。当前消费减少，但投资机会良好，未来消费增加。在这种情况下，边际效用可能较低或较高，但当跨期替代的弹性小于风险厌恶的倒数（与长期风险研究中的假设相反）时，若效用函数为爱泼斯坦 - 兹恩效用，则边际效用较高。Bazdresch、Belo 和 Lin（2013）以及 Kogan 和 Papanikolaou（2014）使用该模型来开启他们对股票收益横截面的实证研究（见第 7.1.3 节）。

最后，第 6 章讨论的长期风险模型的实证文献有力地表明，对波动性的冲击有助于有爱泼斯坦 - 兹恩偏好的模型与资产价格和消费的动态相匹配。Christiano、Motto 和 Rostagno（2014）介绍了对不完全市场的宏观经济模型中个体企业的特殊波动性的冲击。

7.2.2 可变的劳动供给

上文考虑的一般均衡模型假设家庭提供固定的劳动力供给，因此模型中唯一的决策变量是消费（或投资）。许多 DSGE 模型允许家庭根据时间禀赋和劳动的负效用来改变他们的劳动力供应，从而引入第二个决策变量。灵活的劳动力供给为家庭提供额外的保证金，他们可以依靠这些保证金来适应负向的冲击。对于给定的工资，财富的下降将促使家庭增加劳动力供应，从而增加劳动收入，部分抵销冲击对消费的影响。因此，不出所料，具有灵活劳动力供应的模型往往有着更平滑的消费，并且对于效用函数的给定曲率而言，会降低风险溢价。Lettau 和 Uhlig（2000）以及 Rudebusch 和 Swanson（2008）提供了数值结果，在具有习惯形成的 DSGE 模型中证实了这一点。

Swanson（2012）提出了一个具有可变的劳动力供给的 DSGE 模型中风险规避的解析性刻画。他表明，如果存在非随机稳态（或更一般地说，非随机平衡增长路径），则可以使用代表性消费者的一阶条件来刻画稳态时的风险规避。

Swanson 的结果表述如下。他假设效用是时间可分离的，折现因子为β，二次可微的凹的周期效用函数为 $U(C_t, L_t)$，其中 C_t是消费，L_t是劳动供给。他假设存在价值函数 $V(A_t, Z_t)$，其中 A_t是当期的初始财富，Z_t是状态变量组成的向量。价值函数满足一般的贝尔曼方程。绝对风险厌恶系数为：

$$ARA(A_t, Z_t) = -\frac{V_{11}}{V_1}. \tag{7.35}$$

其中，V_1和 V_{11}是价值函数关于财富值的一阶和二阶导数，这是第一个话题。Swanson 表明，经典的阿罗－帕拉特测度是由第 1 章讨论的不确定条件下的静态选择理论得出的，它在动态模型中保留了绝对风险厌恶的定义。

最优选择下有：

$$V_1 = (1 + R_{ft})U_1, \tag{7.36}$$

因为对当期初始财富的边际增量可以按照无风险利率投资，然后在当期结束时消费，而在最优状态下这种财富的使用方式有和其他方式同样的边际价值。分别在式（7.36）的两边对财富值 A_t求导，我们有：

$$V_{11} = (1 + R_{ft})\left(U_{11}\frac{\partial C_t}{\partial A_t} + U_{12}\frac{\partial L_t}{\partial A_t}\right). \tag{7.37}$$

最优劳动力供给的同一时间段内部一阶条件意味着：

$$-U_2 = W_t U_1, \tag{7.38}$$

因为劳动供给的边际增加会带来负效用 $-U_2$，但提供了 W_t单位的消费，

其中 W_t 表示工资，而每一单位的消费能带来边际效用 U_1。在式（7.38）的左右两边分别对 A_t 求导，整理结果并用式（7.38）替代工资，得到：

$$\frac{\partial L_t}{\partial A_t} = -\left(\frac{U_1 U_{12} - U_2 U_{11}}{U_1 U_{22} - U_2 U_{12}}\right)\frac{\partial C_t}{\partial A_t} = -\lambda \frac{\partial C_t}{\partial A_t}. \tag{7.39}$$

其中，系数 λ 是由该式定义的。

最后，跨期欧拉公式和预算约束共同表明，在非随机稳态下：

$$\frac{\partial C_t}{\partial A_t} = \frac{R_f}{1 + W\lambda}. \tag{7.40}$$

当财富在稳态下增加时，消费者永久地向上调整消费，向下调整劳动力供给。在劳动力供给调整缺失的情况下，消费者可以永久消费额外财富的利率。因子 $1/(1+W\lambda)$ 可按式（7.39）给出的劳动力供给减少所引起的劳动收入减少的比例进行调整。

结合这些等式，可以得到主要的结果，即稳态的风险厌恶满足：

$$ARA = \frac{-U_{11} + \lambda U_{12}}{U_1}\frac{R_f}{1 + W\lambda}. \tag{7.41}$$

Swanson 证明了该表达式的右侧始终小于 $-U_{11}R_f/U_1$，即固定劳动力供给模型（$\lambda=0$）中绝对风险厌恶的等价表达式。此外，绝对风险厌恶可以任意小，因为 $U_{11}U_{22}-U_{12}^2$ 接近于零，意味着风险厌恶取决于效用在消费和劳动供给维度的凹度，而不仅仅是消费维度的效用凹度。在具有消费和休闲可分离效用的模型中，例如在 $U_{12}=0$ 的情况下，当 $U_{22}=0$ 时，也就是无论消费凹度多大，消费者对劳动力供给都处于风险中性时，风险厌恶为零。

Swanson 也讨论了 DSGE 模型中相对风险厌恶的测度。如果财富被定义为消费的折现值，其在稳态时一定等于 C/R_f，那么，根据式（7.41）：

$$RRA = \frac{C}{R_f}ARA = \frac{-U_{11} + \lambda U_{12}}{U_1}\frac{C}{1 + W\lambda}. \tag{7.42}$$

理解这些结果的含义很重要。在具有可变劳动力供给的模型中，关于财富冲击的风险厌恶（由价值函数的曲率给出）低于具有固定劳动力供给和相同的对消费和闲暇的偏好的模型。然而，这并不一定意味着在这样的模型中更难解释风险溢价。相反，人们可能希望考虑效用函数 $U(C_t, L_t)$ 具有的更大曲率，这种曲率可以对应于具有可变劳动力供应的模型中的合理风险厌恶。

然而，具有灵活劳动力供应和高凹度的消费效用的 DSGE 模型面临一个挑战。回想一下，最优劳动力供给的同一时间段内部一阶条件，式(7.38)，令劳动的负边际效应等于工资与消费边际效用的乘积。当经济出现正向冲击时，工资趋于上升，但消费的边际效用趋于下降。如果工资效应占主导地位，劳动力供给将是符合现实的顺周期；如果边际效用效应占主导地位，劳动力供给将是不切实际的逆周期。如果消费效用的凹度大，则冲击对消费的边际效用具有非常强烈的影响，这将导致逆周期的劳动力供给。

7.2.3　一般均衡中的习惯形成

许多作者在生产模型中嵌入了习惯形成偏好。Jermann（1998）使用固定劳动 DSGE 模型，如 Kaltenbrunner 和 Lochstoer（2010）的模型，以及 $C_t - \theta C_{t-1}$（一期习惯形成）的幂效用函数。这可以解释股权溢价和消费相对于产出的平稳性，但代价是无风险利率过于波动。Boldrin、Christiano 和 Fisher（2001）继续假设一期习惯形成，但引入可变的劳动力供给。他们证明，Jermann 模型意味着逆周期的劳动力供给，并提出了一个两部门模型，在各部门的资本重新分配中存在一期滞后。这种短期的刚性使劳动力供应顺周期，同时保留了该模型的其他好的性质。

Melino 和 Yang（2003）以及 Dew-Becker（2012）提出了一种模拟习惯形成的替代方法。他们将爱泼斯坦－兹恩偏好一般化，以允许曲率参数在下一周期的值随时间变化。也就是说，式（6.34）中的固定风险厌恶系数 γ 变为时变系数 γ_t。Dew-Becker 基于下一期价值习惯形成提出了这个假设，但这并不影响当前消费的估值。在经济不景气时期，下一期的价值接近于习惯，而且消费者对此价值的波动非常厌恶，但仍然能够容忍消费的短期波动。这种效用形式导致了时变风险厌恶，对消费索求的估值产生了重要影响，并且没有出现标准 DSGE 模型中无风险利率的不切实际的变化或消费增长的不切实际的自相关性。

7.3 边际转换率与 SDF

Belo（2010）实施了 Cochrane（1988b）提出的建议，即如果生产者有能力在各州之间转移产出，那么生产者的决策就能揭示各州之间的边际转化率，从而显示 SDF 的边际转化率。这需要与通常的聚合生产函数不同的技术规范。

$$Y_{t+1}(s) = \varepsilon_{t+1}(s)F(K_{t+1}). \tag{7.43}$$

其中，公司先以在 t 时刻投资的方式选择 K_{t+1}，但之后会受限于外生的州决定的技术冲击 $\varepsilon_{t+1}(s)$，作为产出的乘数，并且无法被公司影响。

在 Belo 的模型中，公司选择 ε_{t+1}，使得：

$$\mathrm{E}_t\left[\left(\frac{\varepsilon_{t+1}}{\Theta_{t+1}}\right)^{\alpha}\right]^{1/\alpha} \leq 1. \tag{7.44}$$

其中，参数 α 要大于 1。标准模型中 $\alpha \to \infty$，因为这样的话，ε_{t+1} 必须总是等于 Θ_{t+1}，一个在 t 时刻随机的外生变量。即使在 α 是有限数值的情况下，ε_{t+1} 的选择也仍然与 Θ_{t+1} 在 $t+1$ 时期的实现值有关；也就是说，从 t 时期看，ε_{t+1} 仍然是一个随机变量。

图 7.2 取自 Belo（2010）的图 1，说明了传统技术形式与 Belo 和 Cochrane 所倡导的形式之间的差异。该图的每个小块都描绘了可能在下一个时期实现的两种自然状态的生产可能性前沿。每一组中有两个这样的前沿，对应于两个不同级别的资本存量。在第一组中的是标准模型，生产产品的技术是跨越自然状态的列昂剔夫（Leontief）技术（实际上在两种状态下产出相等，尽管这不是必需的）。资本存量的增加使前沿向外移动，但公司没有办法将产出在两种状态下互相转移。在第二幅图

中，生产是可变的，因此生产可能性前沿是可微的并且是凹的。公司可以选择前沿上的一个点以及前沿的任意位置，最优性意味着平衡点前沿的斜率（边际转换率）应该等于状态间的边际替代率，因此应该能推算出 SDF。

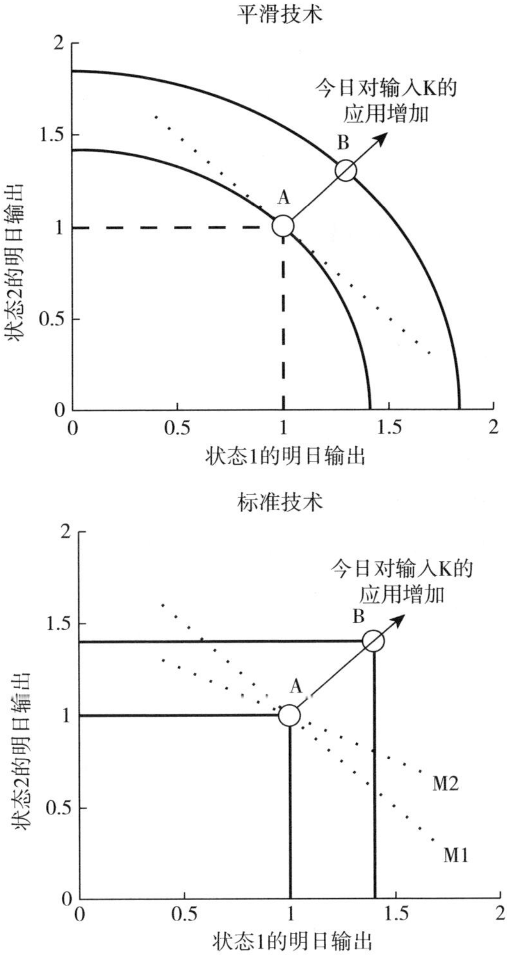

图 7.2　两种生产可能性前沿

资料来源：Belo, Frederico, 2010, "Production-Based Measures of Risk for Asset Pricing," *Journal of Monetary Economics* 57, 146－163；获 Elsevier 授权。

Belo 考虑了给定 SDF 的竞争性生产者 j 的优化问题。M_t 以计价商品计价，以及其自身产出 P_{jt} 的相对价格。生产者选择投资 I_{jt} 和技术冲击 $\varepsilon_{j,t+1}$ 贝尔曼方程是：

$$V(x_{jt}) = \max\{D_{jt} + \mathrm{E}_t M_{t+1} V(x_{j,t+1})\}. \tag{7.45}$$

其中，$x_{jt} = (K_{jt}, \varepsilon_{jt}, P_{jt}, Z_{jt})$，并且 Z_{jt} 是预测变量的向量形式。

这个最大化问题有四个约束条件：

$$D_{jt} = P_{jt} Y_{jt} - I_{jt}. \tag{7.46}$$

$$Y_{jt} = \varepsilon_{jt} F^j (K_{jt}). \tag{7.47}$$

$$\mathrm{E}_t \left[\left(\frac{\varepsilon_{j,t+1}}{\Theta_{j,t+1}} \right)^{\alpha} \right]^{1/\alpha} \leqslant 1. \tag{7.48}$$

$$K_{jt+1} = (1 - \delta_j) K_{jt} + I_{jt}. \tag{7.49}$$

式（7.46）将分红写为以计价物为单位的产出价值减去投资成本（从其他输入变量中提取的模型）。式（7.47）和式（7.48）将产出与资本和技术联系起来，两者都是选择变量。决定技术灵活性的参数 α 被假定为对任何企业、时间和自然状态都保持不变。式（7.49）显示了投资如何增加资本存量（从投资的调整成本中提取的模型）。

选择 $\varepsilon_{j,t+1}$ 一阶条件是：

$$\frac{\varepsilon_{j,t+1}}{\varepsilon_{jt}} = \phi_{jt}^{\frac{1}{1-\alpha}} \left(\frac{M_{t+1} P_{j,t+1}}{P_{jt}} \right)^{\frac{1}{\alpha-1}} \left(\frac{\Theta_{j,t+1}}{\Theta_{jt}} \right)^{\frac{\alpha}{\alpha-1}}. \tag{7.50}$$

这里 ϕ_{jt} 包含了在后续分析没有关系的其他项。换句话说，在三种状态下，技术被选择提高生产力：高的边际效应的分母产品，相对高的生产商价格，或者高基准的技术。A 值越高，基准技术水平就越高，公司也就越难以把产能在国家之间调整。

一阶条件可以整理成如下形式来表示 SDF：

$$\begin{aligned} M_{t+1} &= \phi_{jt} \left(\frac{P_{j,t+1}}{P_{jt}} \right)^{-1} \left(\frac{\varepsilon_{j,t+1}}{\varepsilon_{jt}} \right)^{\alpha-1} \left(\frac{\Theta_{j,t+1}}{\Theta_{jt}} \right)^{-\alpha} \\ &= \bar{\phi}_{jt} \left(\frac{P_{j,t+1}}{P_{jt}} \right)^{-1} \left(\frac{Y_{j,t+1}}{Y_{jt}} \right)^{\alpha-1} \left(\frac{\Theta_{j,t+1}}{\Theta_{jt}} \right)^{-\alpha}. \end{aligned} \tag{7.51}$$

其中，第二个等式成立（在 t 时刻有一个已知的不同的因子 $\bar{\phi}_{jt}$），因为 $\varepsilon_{j,t+1}$ 是唯一在 t 时期未知的 $Y_{j,t+1}$ 的组成成分。

接下来，Belo 假设 $\Theta_{j,t+1}$ 具有单因子结构。将 $\Theta_{j,t+1}$ 的对数形式写为 $\theta_{j,t+1}$：

$$\alpha \Delta\theta_{j,t+1} = \lambda_j f_{t+1}. \tag{7.52}$$

因子 f_{t+1} 描述商业周期的状态。一些具有高 λ_j 系数的公司或部门本身具有比其他公司更高的周期性生产率。部门 1 生产计价商品，其因子载荷标准化为 1：$\lambda_1 = 1$。

这个假设意味着对于任何两家公司或两个部门，即计价部门和另一个部门 $\lambda_2 = \lambda$，都有：

$$\widetilde{f}_{t+1} = \frac{1}{1-\lambda}\Delta\widetilde{p}_{2,t+1} - \frac{\alpha-1}{1-\lambda}(\Delta\widetilde{y}_{2,t+1} - \Delta\widetilde{y}_{1,t+1}), \tag{7.53}$$

并且：

$$\begin{aligned}\widetilde{m}_{t+1} = &-\frac{1}{1-\lambda}\Delta\widetilde{p}_{2,t+1} + \frac{\alpha-1}{1-\lambda}(\Delta\widetilde{y}_{2,t+1} - \Delta\widetilde{y}_{1,t+1}) \\ &+ (\alpha-1)\Delta\widetilde{y}_{1,t+1}.\end{aligned} \tag{7.54}$$

其中，小写字母表示相关大写字母变量的对数形式，并且波浪号表示在时间 $t+1$ 时相对于时间 t 时可用的信息的更新。

Belo 对这种关系进行了测试，假设部门 1 是耐用品生产商，部门 2 是非耐用品生产商。该测试包括使用各种股票类测试资产超额收益的 GMM 估计（例如，按大小和账面 - 市场比分类的股票组合，或者是对耐用品和非耐用品的相对价格和产出增长的估计贝塔），以及两个工具（常数和总股息 - 价格比）。计算在 1930 年至 2007 年期间的年收益率。所考虑的任何测试资产组都没有拒绝该模型（尽管需要注意 CAPM 在此样本周期的早期阶段表现相对较好）。

Belo 估计 α 仅略大于 1（意味着生产者可以选择技术以适应外部冲击）和 λ 略小于 1 来刻画非耐用品生产的周期较小的性质。有了这些参数，非耐用品相对于耐用品的低价格，非耐用品的高产量增长以及耐用品的低产量增长意味着高 SDF（高边际效用，或经济状况不佳）。该模型在实证上是成功的，其原因与 Yogo（2006）成功使用耐用品的消费（而不是生产）来定价资产是相同的，如第 6 章所述。当经济表现不佳时，耐用品的生产减少，价格上涨（所以非耐用品变得相对便宜）。这些结果也与 Gomes、Kogan 和 Yogo（2009）的结论一致，即耐用品生产商的库存具有较高的系统风险，因此平均收益高于非耐用商品或服务商家的库存。

7.4 延伸练习

本章提出了一个非正式练习，要求解释式（5.50）如何证明法马和弗伦奇（2015）在多因子模型中同时包含价值因子和盈利因子是合理的。该等式表明，具有较高账面 - 市场比率的股票必须具有较低 ROE 或在不限长度的未来获得高收益。因此，ROE 应该预测价值限制下的收益，反之亦然。式（5.50）是关于单个公司特征的描述，因此为了证明一个因子模型的合理性，必须是有盈利能力的公司倾向于与其他有盈利能力的公司一起行动的情况，就像价值型股票倾向于与其他价值型股票一起移动一样。需要注意的是，式（5.50）与第 7.1.1 节中提出的 q 理论模型不同，并不能解释投资因子的作用。此外，法马和弗伦奇发现，一旦模型中包含投资因子和盈利因子，价值因子对于解释股票横截面收益就变得相对不重要了。

习题 7.1 探究此机制①

考虑一个具有固定的劳动力供给和劳动力增强的技术冲击的随机增

① 本题基于 Campbell（1994）提出。

长模型。产出 Y_t 为：

$$Y_t = A_t^{1-\alpha} K_t^{\alpha}. \tag{7.55}$$

其中，A_t 为技术，K_t 为资本存量。

资本是由积累除去调整成本得到的：

$$K_{t+1} = (1-\delta) K_t + Y_t - C_t. \tag{7.56}$$

其中，δ 是资本折旧率，C_t 是消费。消费是由代表性消费者经过最大化幂效用而选择的，折现因子为 β，相对风险厌恶系数为 γ，跨期替代弹性为 $\psi = 1/\gamma$。

（1）写一个表达式，将一期资本投资总收益 $1+R_{t+1}$ 与生产中的资本边际产出和折旧率联系起来。

（2）考虑模型的稳态（即非随机均衡增长路径），模型中技术以常数速率 G 增长：

$$\frac{A_{t+1}}{A_t} = 1 + G. \tag{7.57}$$

①使用产出与资本积累的方程，以及代表性消费者的一阶条件，来求解稳态时的比率 A/K、Y/K，以及 C/Y，并写成对数技术增长率 $g = \log(1+G)$、对数实际资本收益率 $r = \log(1+R)$，产出的资本份额 α，以及资本折旧率 δ 的函数形式。你可以假设 $g \approx G$ 和 $r \approx R$。在这个练习中，关于 β 与 γ 的隐含假设是什么？

②在一个 $g = 0.02$，$r = 0.06$，$\alpha = 0.333$，且 $\delta = 0.10$ 的校准过的年化模型中，Y/K 和 C/Y 的值应该是多少？

（3）现在考虑在稳态附近的波动，小写字母表示对稳态的对数偏离。有：

$$y_t = (1-\alpha) a_t + \alpha k_t \tag{7.58}$$

从生产函数得来，并且可以对数线性化资本积累方程为：

$$k_{t+1} = \lambda_1 k_t + \lambda_2 a_t + (1-\lambda_1-\lambda_2) c_t, \tag{7.59}$$

$$r_{t+1} = \lambda_3 (a_{t+1} - k_{t+1}). \tag{7.60}$$

其中，$\lambda_1=(1+r)/(1+g)$，$\lambda_2=(1-\alpha)(r+\delta)/(\alpha(1+g))$，$\lambda_3=(1-\alpha)(r+\delta)/(1+r)$。

①在如上校准模型的例子中，λ_1，λ_2，λ_3的值为多少？直观解释一下$1-\lambda_1-\lambda_2$和λ_3大小的含义。

②证明代表性消费者的一阶条件使得$E_t\Delta c_{t+1}$与$E_t(a_{t+1}-k_{t+1})$成比例。这个比例是多少？请解释。

（4）我们通过假设对数技术偏离为 AR（1）过程来封闭这个模型：

$$a_t=\phi a_{t-1}+\varepsilon_t. \tag{7.61}$$

①我们推测解的一个形式为：

$$c_t=\eta_{ck}k_t+\eta_{ca}a_t. \tag{7.62}$$

证明这意味着资本存量具有相似的解：

$$k_{t+1}=\eta_{kk}k_t+\eta_{ka}a_t. \tag{7.63}$$

将η_{kk}和η_{ka}写为η_{ck}、η_{ca}、λ_1和λ_2的函数。

②在以上推测的条件下，得到一个η_{ck}一定满足的二次方程，和给定η_{ck}后η_{ca}的线性方程。

（5）参数有如下性质。对每种情况进行直观解释：

①η_{ck}和η_{kk}分别关于跨期替代弹性ψ递增和递减。当ψ增加到趋近其极限时，η_{kk}接近于0。

②在ψ比较小时η_{ca}关于ϕ持续递增，但ψ比较大时，η_{ca}关于ϕ递减。

③当$\phi=1$时，$\eta_{ck}+\eta_{ca}=1$且$\eta_{kk}+\eta_{ka}=1$。

④当一个短暂的技术冲击来临时，ψ值较大会放大产出的短期变化，削弱产出的长期变化

⑤当一个永久的技术冲击来临时，ψ值较大会导致产出更快地调整至新的稳态。

第 8 章　固定收益证券

本章探讨固定收益证券的定价，固定收益证券是指在未来一个或多个日期会给出确定性收益的证券（我们不考虑风险债务工具，因为它将期权嵌入违约，因此需要使用衍生工具定价方法进行更高级的分析）。固定收益证券只是我们在之前章节中分析的普通高风险证券的一种特殊的情况，为什么要将固定收益证券单独分析呢？原因如下：首先，从学术金融的角度来看，一组固定收益证券在未来的每一个日期都揭示了随机折现因子的时间序列过程的信息；其次，从金融实践的角度看，固定收益证券有自己的术语和市场分析惯例。

如果债券持有到期，债券的收益则是债券持有期间的平均收益率。固定收益证券重点分析了到期收益率，并且探讨了单期持有债券的收益率与预期收益的关系。债券可以是名义的，使固定的美元支付；也可以是实际的，使通货膨胀指数调整的美元支付。以关于名义债券的两个简单事实为基础，本章探讨了多种情形：第一，收益随着到期日的接近而上升；第二，异常高的到期收益率预示了在到期时，单期收益率也会异常的高。

第 8.1 节回顾了基本的固定收益概念，包括到期收益率、持有期收益率、远期利率和久期等。我们将讨论零息票债券和附息债券，零息票债券是指仅在到期日当天付款，而附息债券是指债券会在未来进行一系列的支付。本节指出，名义收益率会随期限变长而增加。

第8.2节检验了关于固定收益证券的常数期望收益的证据。这种“期限结构的期望假说”已经多次被不同的实证检验方式否定了，但它仍然是一个有用的基本模型，正如CAPM仍然是横截面股权分析的起点。本节总结道，与期望假说不同的是，不同到期结构债券的收益率之间的息差预示了超额债券收益。

第8.3节介绍了仿射期限结构模型，这是一类具有外部时间序列过程的探讨随机折现因子的债券定价模型，随机折现因子是非常灵活的，并且非常易于处理。为了建立直觉，我们先探讨简单的特殊情况，其中债券价格由单一因素驱动，具有恒定的方差或具有适当指定的随机波动性，然后我们讨论一般的多元仿射框架。我们讨论了SDF在仿射模型中必须具备的性质，以解释债券收益的主要事实。本节最后讨论了某些特定因素可能是“隐藏的”，这与预测未来债券价格有关，但对当前期限结构没有任何影响。

第8.4节将仿射模型与第6章中讨论的基于消费的均衡资产定价模型联系起来。在基于消费的模型中，消费增长的持久性决定了实际（通胀指数化）债券的风险溢价的方向和大小。这促使Alvarez和Jermann（2005）将随机折现因子分解成永久和暂时的两部分。本节还突出了实际债券与名义债券之间的区别，以及通胀对名义债券风险溢价的影响。

第8.5节回顾了以不同货币计价的债券定价的文献。在这篇文献中，实证观察指出某一货币下的高利率与以该货币计价的短期债券的高超额收益相关。这一研究使研究者们使用了按利率分类的货币组合作为测试数据，来检验资产均衡定价模型。

固定收益分析中使用的概念不仅适用于固定收益证券，而且适用于其他金融工具。最近的几篇论文将零息票债券的收益率期限结构应用于股票和房地产市场。我们将在第9章讨论这篇文献。

本章基于Campbell、Lo和MacKinlay（1997）的文献，更新了过去20年的数据和研究进展，并参考了Piazzesi（2010）、Gürkaynak和Wright（2012）、Duffee（2013）等文献的调查研究。与本书的其余部分相一致，我们仍然在离散的时间框架下进行讨论，即使许多文献是在连续的时间设置下进行探讨的。

8.1　基本概念

8.1.1　收益率和持有期收益率

我们首先定义单位，分别为当前美元（名义单位）、通货膨胀调整美元（实际单位）。名义单位适用于承诺固定名义支付的常规政府债券；而实际单位适用于通货膨胀指数债券，例如美国国债通胀保护证券（TIPS），承诺进行调整通货膨胀后的固定支付。本节中要讨论的基本概念适用于任何一种单位定义，我们将在其中一种定义下进行探讨。

在时间 t 时，期限为 n 的零息票债券在时间 $t+n$ 支付一个单位，则我们在时间 t 将其价格写为 P_{nt}。

债券的到期收益率定义为：

$$P_{nt}=\frac{1}{(1+Y_{nt})^{n}}. \tag{8.1}$$

到期收益率是使价格等于最终收益的现值的折现率，如果债券持有到期，收益率就是年化收益。

对等式两边求对数得到：

$$p_{nt}=-ny_{nt}, \tag{8.2}$$

或是：

$$y_{nt}=-\left(\frac{1}{n}\right)p_{nt}. \tag{8.3}$$

图 8.1 描绘了 1961 年 6 月至 2013 年 6 月期间两个名义零息票美国国债的对数收益率。实线代表 3 个月期收益率的对数，虚线代表 10 年期收益率的对数。很显然，10 年期的收益率通常高于 3 个月期的收益率，并且短期波动较少。

收益率曲线通过在特定日期绘制到期收益率来总结收益率在一个时间点的行为。如图 8.1 所示，名义美国国债的收益率曲线通常是向上倾斜的（即收益率 y_{nt} 通常随 n 增加而变大），但也有收益曲线反转的时期（收益率曲线向下倾斜，y_{nt} 随 n 增加而变小）。偶尔还会出现其他形状，包括驼峰形状的曲线，首先向上倾斜，然后向下倾斜；很少会出现反向驼峰形状的曲线，即收益率曲线首先向下倾斜，然后上升。

收益率差价或期限差价是指长期收益与短期收益的差额。用对数形式表示为：

$$s_{nt} = y_{nt} - y_{1t}. \tag{8.4}$$

当收益率曲线向上倾斜时，收益率价差是正的。

表 8.1 中最后一行是 1961 年 6 月到 2013 年 6 月间，2、3、4、8、20 和 40 个季度到期的美国国债与一季度（3 个月）美国国债的平均对数收益率价差。这些平均对数收益率差价都是正的，从两个季度的 0.05%（5 个基点）增加到 40 个季度或 10 年的 1.26%（126 个基点）。这证实了这一时期名义收益率曲线是斜向上的。

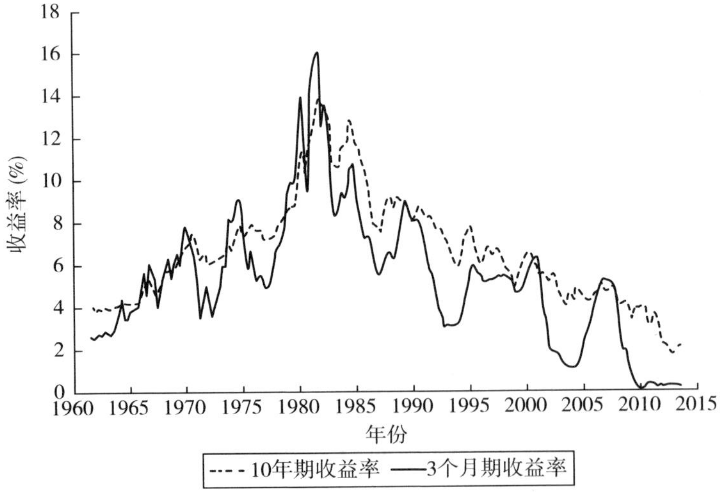

图 8.1　美国 3 个月和 10 年国债零息收益率（1961—2013 年）

表8.1　期限结构的平均值和标准差（1961—2013年）

变量	长债券到期日（n），季度间隔					
	2	3	4	8	20	40
超额收益	0.117	0.283	0.426	0.865	1.650	2.173
$r_{n,t+1}-y_{1t}$	(0.878)	(1.591)	(2.284)	(4.696)	(10.030)	(17.052)
收益率变化	−0.012	−0.013	−0.013	−0.015	−0.014	−0.009
$y_{n,t+1}-y_{nt}$	(0.737)	(0.714)	(0.694)	(0.626)	(0.502)	(0.422)
收益率变化	−0.064	−0.081	−0.079	−0.065	−0.042	−0.024
$y_{n-1,t+1}-y_{nt}$	(0.802)	(0.748)	(0.723)	(0.645)	(0.512)	(0.426)
收益率价差	0.052	0.121	0.187	0.410	0.846	1.259
$y_{nt}-y_{1t}$	(0.253)	(0.368)	(0.458)	(0.713)	(1.119)	(1.456)

尽管收益率是债券到期时的平均年收益，但它不能用来比较不同期限的债券收益，因为只有在共同的持有期中比较才是有效的。任何期限的债券持有期收益率是指在此期限内持有并在到期之前卖出获得的收益。持有期收益为：

$$1+R_{n,t+1}=\frac{P_{n-1,t+1}}{P_{nt}}=\frac{(1+Y_{nt})^{n}}{(1+Y_{n-1,t+1})^{n-1}}. \tag{8.5}$$

第一个等式表示，零息票债券的收益完全来自资本增值，因为零息祟债券仅在到期日有现金支付（此时价格必须等于单位支付）。由于一期后，债券的剩余期限从 n 期缩短到 $n-1$ 期，债券在 $t+1$ 时刻的价格是 $P_{n-1,t+1}$，而不是 $P_{n,t+1}$。第二个等式使用式（8.1）将债券价格转换为收益率。

式（8.5）在取对数后更容易处理：

$$\begin{aligned} r_{n,t+1} &= p_{n-1,t+1}-p_{nt} \\ &= ny_{nt}-(n-1)y_{n-1,t+1} \\ &= y_{nt}-(n-1)(y_{n-1,t+1}-y_{nt}). \end{aligned} \tag{8.6}$$

此处第一个等式将对数收益与对数价格联系起来，第二个等式将对数价格与对数债券收益联系起来，第三个等式通过重新排列化简将对数持有期收益表达为初始收益减去对数债券收益在持有期间的变化。为了获得高收益，债券持有者在购买时要求高收益，但在持有期内收益率下降。

这种关系也可以从几何上理解。在图 8.2 中，横轴代表从当前日期 t 开始的时间，竖轴代表对数债券价格。由于债券收益率为正时，债券价格低于 1，对数债券价格为负值。对数债券收益率 y_{nt} 是从点（0，p_{nt}）到点（n，0）的线的斜率。对数持有期收益率 $r_{n,t+1}$ 是从点（0，p_{nt}）到点（1，$p_{n-1,t+1}$）的线的斜率。如果 $r_{n,t+1}$ 超过 y_{nt}，那么因为在最终日期的对数债券价格必须为零，从点（1，$p_{n-1,t+1}$）到点（n，0）的线的斜率，即收益率 $y_{n-1,t+1}$，必须低于 y_{nt}。

如果我们在式（8.6）的右边加上和减去（$n-1$）乘以 $y_{n,t+1}$，就可以进一步分析这个问题。

$$r_{n,t+1} = y_{nt} - (n-1)(y_{n,t+1} - y_{nt}) + (n-1)(y_{n,t+1} - y_{n-1,t+1}). \quad (8.7)$$

这个等式将对数债券收益率在持仓期内的变化分为一个固定到期收益率随着时间的推移的变化和在一个时间点随着期限缩短的变化。前者代表收益曲线中转变的效应，后者表示沿收益曲线的运动。

债券的超额对数持有期收益率是从式（8.6）的两侧都减去当前的短期利率得到的，同时使用式（8.4）得到：

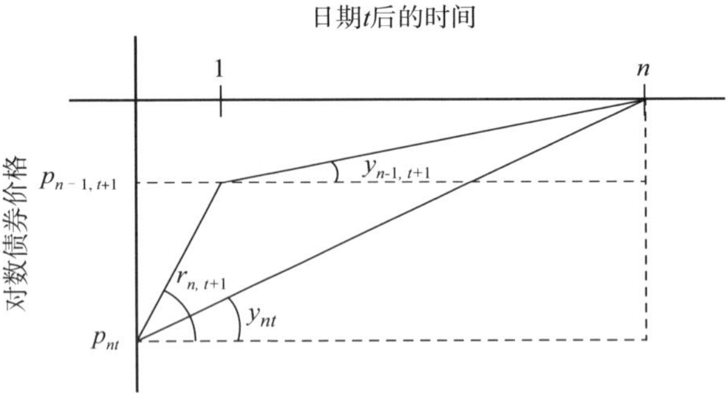

图 8.2　对数债券价格、收益率和持有期收益率

$$r_{n,t+1}-y_{1t}=s_{nt}-(n-1)(y_{n-1,t+1}-y_{nt}). \tag{8.8}$$

虽然对数持有期收益率可以由对数债券收益率线性表示，但投资者往往对简单收益感兴趣。为了将平均对数收益率转换为平均简单收益，我们必须考虑詹森不等式的影响。如果债券收益是对数正态的，那么债券的对数平均简单超额收益可以由式（8.8）加上债券收益的条件方差的一半得到。长期债券收益比短期债券收益更易波动，这意味着当收益率沿着收益曲线移动时，修正会变得更大。

为了理解这些概念之间的关系，我们讨论表 8.1 中 1961 年 6 月至 2013 年 6 月期间名义美国国债的数据。

第一行列出了长期美国国债平均持有期超出 3 个月期的国债收益水平，这个平均超出水平是正的，并且随着期限增长而增加。6 个月期美国国债对数持有期收益率超过 3 个月期美国国债对数持有期为 0.12%，10 年期零息债券的对数持有期收益率超过 3 个月期美国国债的对数持有期为 2.17%。这些数字大于表中最后一行的平均对数收益率价差，并且这两行之间的差异随着持有期变长而增加。

平均对数超额收益和平均收益价差之间的差异是通过持仓期内的对数债券收益率的变化来计算的，这由表格第三行中的数字乘以（$n-1$）表示。表中第三行的数字全部为负值。它们通常随着期限增长而下降（除了收益曲线的短尾），但是乘数会随着持有期变长快速增加，这解释了为什么表中的第一行和最后一行之间的差距会随着期限的增加而增加。债券收益率的微小变化对长期债券的价格有很大的影响，并且在这个样本期内，这些效应在平均水平上是正的。

表的第二行提供了有关债券收益率变化的更多信息。该行数据报告了表中每个恒定期限债券的平均收益率变化。这行数字是负数，反映出 2013 年 6 月的债券收益率比 1961 年 6 月开始时的略低。但它们都非常小，每季度 1 至 1.5 个基点对应于 52 年内收益率约 2% 的下降。第二行中较小的负数与第三行中较大的负数之间的差异，反映了减小的期限对收益率的额外影响，从而导致了对于对数持有周期收益的影响。由于收益率曲线是典型的向上倾斜，到期日减少通常会降低固定到期日收益率之外的收益率。这种“骑乘收益率曲线”效应进一步提高了长期债券相对于短期债券的平均收益率。

表中每一行下面的括号中显示的数字是相应数字的标准差。对数收益率的标准差随着期限的增加而下降，但收益率的变化对收益的影响与（$n-1$）呈正比，因此收益的标准差从 6 个月期的 0.88% 到 10 年期的 17.05% 表现出快速的增长。这些标准差意味着詹森不等式对于平均对数超额收益相对于对数平均简单收益的校正是可忽略的（少于半基点），但对于 10 年期的超额收益则是不可忽略的（1.45% 或 145 基点）。

8.1.2 远期汇率

我们可以将不同期限的债券组合起来，以保证未来的固定收益投资的利率；这项投资的利率被称为远期利率。为了在 t 时期保证在 $t+n$ 时期进行的一期投资的利率，投资者进行如下操作。首先，投资者购买一只（$n+1$）期债券，这项购买会在 $t+n$ 时收到 1 美元，并且需要在期花掉成本 $P_{n+1,t}$元。为了抵销成本，投资者需要在当期卖掉（$P_{n+1,t}/P_{nt}$）份 n 期债券。这笔交易需要在债券到期的 $t+n$ 时花费（$P_{n+1,t}/P_{nt}$）元成本。图 8.3 说明了这一操作的现金流情况。

这表明远期利率为：

$$1+F_{nt}=\frac{1}{(P_{n+1,t}/P_{nt})}=\frac{(1+Y_{n+1,t})^{n+1}}{(1+Y_{nt})^{n}}. \tag{8.9}$$

用对数形式表示为：

$$\begin{aligned} f_{nt} &= p_{nt}-p_{n+1,t} \\ &= (n+1)y_{n+1,t}-ny_{nt} \\ &= y_{nt}+(n+1)(y_{n+1,t}-y_{nt}). \end{aligned} \tag{8.10}$$

式（8.10）中的第一个等式表示，随着债券期限增长，对数远期利率随着零息票债券的价格成比例下降。第二个等式和第三个等式表明，如果到期收益率随着期限变长而增加，期限为 n 的远期利率会超

	t	$t+n$	$t+n+1$
买入1份 $(n+1)$期债券	$-P_{n+1,t}$		1
卖掉$\frac{P_{n+1,t}}{P_{nt}}$份 n期债券	$\frac{P_{n+1,t}}{P_{nt}}P_{nt}$	$\frac{-P_{n+1,t}}{P_{nt}}$	
净现金流	0	$\frac{-P_{n+1,t}}{P_{nt}}$	1

图 8.3　现金流和远期投资策略

过同期限的到期收益率。换句话说，当收益率曲线上升时，远期利率曲线位于收益率曲线上方，当收益率曲线下降时，远期利率曲线位于收益率曲线下方。当收益率曲线平坦时，两条曲线相交。这些正是微观经济学中边际成本和平均成本曲线的基本性质；我们可以把到期收益率看成是在特定期限内借款的平均成本，而远期利率则是延长贷款期限的边际成本。

远期利率也与债券收益有关。从收益的定义来看：

$$
\begin{aligned}
r_{n,t+1} &= p_{n-1,t+1} - p_{nt} \\
&= (p_{n-1,t+1} - p_{n,t+1}) + (p_{n,t+1} - p_{nt}) \\
&= f_{n-1,t+1} - n\Delta y_{n,t+1}.
\end{aligned}
\tag{8.11}
$$

由于对数债券收益率的变化必须保持为 0 的无条件均值，以避免利率向上或向下的趋势，这一等式意味着，在没有利率趋势的情况下，期限为 n 的无条件平均对数收益等于（$n-1$）期时的无条件平均对数远期利率。

为了理解这一结果的含义，我们考虑一个程式化的模型，其中平均简单债券收益在到期期限内相等，而简单的债券收益的分布呈对数正态分布。在这种模型中，期限 n 的平均对数债券收益和从式（8.11）推导出的期限（n － 1）的平均对数远期利率都是常数，这个常数不足期限

n时对数债券收益方差的一半。正如数据所示，当长期债券收益率比短期债券收益率波动更大时，无条件平均远期利率随期限增加而下降。即使在一个模型中，期限不同的平均简单债券收益也不同，这种效应往往会降低较长期限的远期利率。它可以被理解为詹森不等式对债券定价的另一个影响。

8.1.3 息票债券

许多债券在到期日之前和到期日支付一连串利率为 c 的息票，并且在到期日支付一单位本金。这类息票债券可以被看作一系列零息债券，其价值等于其组成部分的价值之和，但是我们可以直接对它们建模。

n 期息票债券的到期收益率 Y_{cnt}，是由债券的价格 P_{cnt} 表达式隐式定义的：

$$P_{cnt} = \sum_{i=1}^{n} \frac{C}{(1+Y_{cnt})^i} + \frac{1}{(1+Y_{cnt})^n}. \qquad (8.12)$$

收益率是使得债券现金流的现值与其价格相等的折现率。这个公式有唯一解，因为债券只收到正数付款，一般情况下必须得到数值。但是，它可以简化成两种特殊情况。如果 $P_{cnt}=1$，债券被看作按面值出售，收益率等于付息率 $Y_{cnt}=C$。如果期限是无限的，债券是永久的，我们有 $Y_{c\infty t}=C/P_{c\infty t}$，这一公式可以理解为戈登增长模型的特例，其中现金流量的增长率为零。

麦考利久期是衡量在息票债券上投资的平均时间长度的量度，而每笔付款的现值都使用附息债券的收益率折现。该公式是：

$$D_{cnt} = \frac{\sum_{i=1}^{n} \frac{iC}{(1+Y_{cnt})^i} + \frac{n}{(1+Y_{cnt})^n}}{P_{cnt}}. \qquad (8.13)$$

式（8.13）中的分子是偿还的次数（1，2，以此类推，直至到期日 n），到期日前的现金流现值权重为 $C/(1+Y_{cnt})^i$，而到期的现金流现值权重为 $(1+C)/(1+Y_{cnt})^n$。分母 P_{cnt} 为分子中权重的和，分子分母相除从而获得加权平均值。

麦考利久期等于零息债券的期限，但总是小于附息债券的到期期限。久期随着附息债券收益率的增加而下降。久期通常随着期限变长而增加，但对于高收益率和低息票的债券，久期债券期限之间的关系可能不再单调。这种违背常理的情况出现的原因是，变长的期限有抵销效应：增加一个遥远的未来支付并且将大额本金支付推迟支付会使得久期变大，但它通过减少附加在最后本金支付上的权重会使得久期变小。当债券的收益率相对于它的息票足够高时，后者的效应可能占据主导地位。

在上述两种特殊情况下，麦考利持续时间的公式简化了。对于一个平价债券：

$$D_{cnt} = \frac{1-(1+Y_{cnt})^{-n}}{1-(1+Y_{cnt})^{-1}}. \tag{8.14}$$

对于一个无限期债券：

$$D_{c\infty t} = (1+Y_{c\infty t})/Y_{c\infty t} = 1 + P_{c\infty t}/C. \tag{8.15}$$

麦考利久期具有重要的性质：它是债券价格相对总收益率弹性的负值。相应地，它是负的对数价格对对数收益率的导数。因此，如果我们用久期替代期限，那么持有期收益、远期利率和零息债券收益率之间的关系可以一般化为息票债券的近似关系［Shiller、Campbell 和 Schoenholtz（1983）］。例如：

$$r_{c,n,t+1} \approx D_{cnt}y_{cnt} - (D_{cnt}-1)y_{c,n-1,t+1}. \tag{8.16}$$

我们通常使用修正久期：

$$D^{*}_{cnt} = \frac{D_{cnt}}{(1+Y_{cnt})}. \tag{8.17}$$

修正久期是对数价格的导数除以收益水平的负值。相应地，修正久期代表了债券的价格相对于给定无限的收益率变化的成比例变化，或者代表收益率小的改动引起的债券实现的对数收益 $r_{c,n,t+1}$ 的改变。

修正久期随着所有债券的收益率上升下降，即使是零息票债券，它的麦考利久期也是恒定的。因此，随着久期的下降，收益率的大幅增加对债券收益的影响会下降，而收益率的大幅下降则会对债券收益产生更大的影响。因此，债券收益率与债券收益之间的关系是凸的。这种凸性意味着，在债券收益率的给定水平上，长期债券的平均简单收益率在其收益率波动时变化更大。如果投资者理解凸性，不要求更高的平均简单收益率作为对波动性的补偿，债券价格上升，债券收益率会根据波动大小而下降。这是理解詹森不等式效应的另一种方法，它压低了远期利率随波动的变化。

8.2 期限结构的期望假说

期望假说（EH）表明，预期长期债券相对于短期债券的超额收益不随着时间变化，是一个常数，因此没有特别好的时间点适合持有长期或短期债券。纯期望假说（PEH）表示，预期长期债券相对于短期债券的超额收益是零，但这较缺乏实证检验。

这两种假说都必须明确衡量超额收益的持有期，以及超额收益是简单形式的还是对数形式的。如果一个人关注简单收益，问题就在于，由于詹森不等式，特定持有期的 PEH 与任何其他持有期的 PEH 不一致。例如，一期和两期零息票债券的收益与预期一期持有收益相等，要求：

$$1 + Y_{1t} = \mathrm{E}_t[1 + R_{2,t+1}] = (1 + Y_{2t})^2 \mathrm{E}_t\left[\frac{1}{1 + Y_{1,t+1}}\right]. \qquad (8.18)$$

而一期和两期零息票债券的收益与预期两期债券收益相等，则要求：

$$(1 + Y_{2t})^2 = (1 + Y_{1t})\mathrm{E}_t[1 + Y_{1,t+1}]. \qquad (8.19)$$

当利率是随机的时，式（8.18）和式（8.19）彼此不一致，因为其倒数是非线性函数，因此：

$$\frac{1}{\mathrm{E}_t[1+Y_{1,t+1}]} \neq \mathrm{E}_t\left[\frac{1}{1+Y_{1,t+1}}\right]. \tag{8.20}$$

大多数实证工作研究记录超额收益，其优势为如果对数 EH 或 PEH 对于所有期限的一期持有成立，它也适用于所有其他持有期限。一期对数 EH 可以写为：

$$\mathrm{E}_t[r_{n,t+1} - y_{1t}] = \mu_n. \tag{8.21}$$

其中，μ_n 是一个不受限制的常数，它可以取决于久期 n 而非时间 t。或者，n 期对数 EH 可以写为：

$$\mathrm{E}_t\left[y_{nt} - \left(\frac{1}{n}\right)\sum_{i=0}^{n-1} y_{1,t+i}\right] = \theta_n. \tag{8.22}$$

式（8.22）左侧第一项是 n 期债券持有到期收益，第二项是一系列单期债券滚动 n 期的收益。这两个收益之间的预期差异是一个不受限制的常数 θ_n，它可以取决于久期，而不是时间。如果式（8.21）对所有期限成立，则式（8.22）对所有期限 n 成立，反之亦然。

对数 EH 可以使用通常的方法来测试超额收益的不可预知性，其方法是将已实现的对数超额收益对 t 时间已知变量进行回归，并检验原假设，即所有变量的系数均为零。回归因子的一个自然的选择便是收益差 $s_{nt} = y_{nt} - y_{1t}$。

8.2.1　对利率动态的限制

对数 EH 对利率的动态调整有很有趣的影响，模型的测试可以解释为对这些影响的测试。其影响可以用三种不同的方式说明。第一，如果用式（8.8）中超额收益和收益之间的关系替代式（8.21）中的，同时为表示方便去掉常数项，对数 EH 意味着：

$$s_{nt} = (n-1)\mathrm{E}_t[y_{n-1,t+1} - y_{nt}]. \tag{8.23}$$

对数 EH 表示，当收益率差异异常高时，长期债券的收益率提高较少，以产生资本损失，从而抵销债券较高的初始收益率。这可以通过长期债券收益率的单期变化对收益差异的回归来检验：

$$(n-1)(y_{n-1,t+1}-y_{nt})=\alpha+\beta s_{nt}+u_{t+1}. \tag{8.24}$$

其中，原假说是指 $\beta=1$ 并且截距 α 是无限制的。这个对数 EH 的含义起初似乎是违反常理的，因为它似乎意味着当收益率差异异常高时，长期收益率的增长将进一步增大差异，防止差异回到正常水平。

当然，实际情况并非如此。作为一项非正式的练习，请解释为什么不是这样。答案在本章末尾给出。

第二，式（8.22）可以重新排列，再次去掉常量以简化表达：

$$s_{nt}=\mathrm{E}_t\left(\frac{1}{n}\right)\sum_{i=0}^{n-1}(y_{1,t+i}-y_{1t})=\mathrm{E}_t\sum_{i=0}^{n-1}\left(1-\frac{i}{n}\right)\Delta y_{1,t+i}. \tag{8.25}$$

对数 EH 表明，当收益率差异异常高时，长期债券期间的平均短期利率必须大大高于当前的短期利率。式（8.25）中的第二个等式在预期的单期短期收益率变化中重申了这一点。这可以通过回归来测试：

$$\sum_{i=0}^{n-1}\left(1-\frac{i}{n}\right)\Delta y_{1,t+i}=\alpha+\beta s_{nt}+v_{t+n}. \tag{8.26}$$

其中，EH 意味着 $\beta=1$ 并且截距是无限制的。这种回归有重叠误差，因为残差 v_{t+n} 直到时间（$t+n-1$）才是已知的，因此估计系数的标准误必须用标准方法进行纠正。

第三，回顾式（8.10）中的 n 期的远期利率，$f_{nt}=(n+1)y_{n+1,t}-ny_{nt}$。将此与式（8.22）中的 n 期形式的对数 EH 结合，我们得到：

$$f_{nt}=\phi_n+\mathrm{E}_t y_{1,t+n}. \tag{8.27}$$

对数 EH 表明，对数远期利率等于一个常数再加上预期的未来短期利率，所以远期利率曲线可以用来读取修正了恒定的风险溢价后的市场预期的未来短期利率。从式（8.27）两边减去当前的短期利率，这可以通过回归测试：

$$y_{1,t+n}-y_{1t}=\alpha+\beta(f_{nt}-y_{1t})+\varepsilon_{t+n}. \tag{8.28}$$

其中，EH 意味着 $\beta=1$ 并且截距是无限制的。这种回归有重叠误差，因此估计系数的标准误必须将其纳入考虑。

8.2.2　实证证据

Campbell 和 Shiller（1991）实现了上文的前两个回归测试，并对比了这些测试的结果。在这里，我们更新了 Campbell 和 Shiller（1991）的发现。表 8.2 展示了回归（8.24）估计的斜率系数（第一行），以及回归（8.26）估计的斜率系数（第二行），这使用了 1961 年第 3 季度到 2013 年第 2 季度期间美国国债零息票债券收益率的季度数据。

表中的这两行呈现出显著的对比。回归（8.24）中关于收益率差与长期收益率短期变化之间关系强烈地拒绝了 EH，估计的斜率系数不仅不等于 1，而且实际上是负值。这个回归的标准误差小到不能拒绝 EH 斜率系数是 1 的原假设，甚至斜率系数为零的原假设也无法拒绝。换言之，异常高的收益率差异预示着长期债券收益率的下降，而不是增加。

着眼于短期利率长期变化的回归（8.26）也拒绝了 EH，但对于大多数期限，系数在统计学上显著为正。异常高的收益率差异预示着短期利率的增长，尽管增幅比 EH 所预示的要小。Fama 和 Bliss（1987）用回归（8.28）报告了相似的结果，强调使用远期利率预测短期利率变化的能力在一年后的期限上是最强的。

表 8.2　单期和多期对数预期假设下的回归检验（1961—2013 年）

变量	长债券到期日（n），季度间隔					
	2	3	4	8	20	40
长期收益率变化	−1.277	−1.082	−1.170	−1.505	−2.283	−3.133
	(0.319)	(0.432)	(0.489)	(0.619)	(0.736)	(0.895)
短期收益率变化	0.252	0.232	0.253	0.427	0.835	0.554
	(0.137)	(0.143)	(0.132)	(0.142)	(0.117)	(0.126)

Campbell 和 Shiller（1991）辩称，表 8.2 中系数的模式可以用任何导致长期债券收益率暂时变化的影响来解释，与预期未来短期利率无关。这一影响可能是一个时变的理性风险溢价，它可以改变投资者的情绪和行为模式，甚至可以是长期债券收益率的测量误差（鉴于国债的高流动性市场这部分影响是最小的）。长期收益率的任何临时变化都会使得式（8.26）中的系数偏向于零，由于它使得解释性变量更加波动，但不影响依赖变量，衰减了回归系数。但是，长期收益率的相同的临时变化会影响式（8.24）中的解释变量和相关变量，使它们移向相反的方向，从而导致估计系数为负数，如表 8.2 所示。

最近关于债券定价模型的研究也通过对长期收益率的驱动力建模来充实了这个想法。例如，Gabaix（2012）假设，当发生罕见的消费灾难时，通胀率会上升，而且这种突然上升的幅度会随时间而变化。在发生灾难，预期通胀率大幅上升的时期，长期名义债券表现极差，因此被视为异常危险的投资产品。同时，在这种时期，收益率和风险溢价异常地高。但随后通胀的预期会逐渐恢复正常，产生由 Fama 和 Bliss（1987）以及 Campbell 和 Shiller（1991）提出的模式。

我们在本节中提到过的 EH 的所有检验都独立地处理不同期限的债券，例如当预测 n 期债券相对于 1 期债券超额收益时，我们只使用这些特定期限的债券收益率。另一种预测债券超额收益的方法是使用整个收益率曲线。Cochrane 和 Piazzesi（2005）使用 2 到 5 年期债券的年收益率，并将每个期限债券的超额收益对当前的 1 年期利率和 2～5 年期的远期利率进行回归。他们发现在所有期限的拟合值之间有很高的相关性，并且无法拒绝所有期限债券的超额收益率与单一预测值成正比，即与远期利率的线性组合成正比的假设。

Cochrane 和 Piazzesi（2005）还提出了另外两个关于收益预测的有趣结果。第一，收益预测呈帐篷的形状，赋予 3 年期远期利率正的权重，但随着期限从 3 年变为 1 年或 5 年，权重会逐渐下降。同样，预测会测量期限为 1～5 年的收益率曲线的凹度。这激发了我们对均衡模型的兴趣：尽管在延长的采样周期中，帐篷形状比单个返回预测中的结果更不稳健，但它们的收益率曲线在风险溢价高的时候呈现凹的状态。第二，回归预测是周期性的，当美联储降低短期利率并且使得收益率曲线在期限 1 ~ 5 年间是陡峭的时，它在经济衰退期间倾向于增加。这一发现表明，债券收益可预测性可以与其他资产的周期性预测相联系，如法马和弗伦奇（1989）的早期实证工作和风险周期性变化或风险规避的均衡资产定价模型所指出的。

8.3　仿射期限结构模型

零息票债券的定价模型表明，收益是由连续价格的比率决定的。对于 n 期零息票债券，收益 $(1+R_{n,t+1})=P_{n-1,t+1}/P_{nt}$，所以标准定价方程（4.37），$1=\mathrm{E}_t[(1+R_{n,t+1})M_{t+1}]$，意味着：

$$P_{nt}=\mathrm{E}_t[P_{n-1,t+1}M_{t+1}]. \tag{8.29}$$

求解该方程并使用终端条件 $P_{0t}=1$，我们得到：

$$P_{nt}=\mathrm{E}_t[M_{t+1}M_{t+2}\ldots M_{t+n}]=\mathrm{E}_t[M_{t,t+n}]. \tag{8.30}$$

由于一期无风险债券价格正如我们在第 4 章讨论的单期 SDF 期望的，n 期无风险债券价格是 n 期连续 SDF 产品的期望，或者说，是 n 期 SDF 的期望（在上述方程中写作 $M_{t,t+n}$）。

式（8.30）表明，期限结构模型实际上是一个 SDF 的时间序列模型。对 SDF 进行动态建模，并推断为保证债券市场不会有套利机会的债券价格，而债券收益率的简化形式计量模型可能无意中允许了套利机会的出现。习题 8.1 要求解 Nelson 和 Siegel（1987）提出的特殊简化形式下的这种可能性。

考虑到式（8.29）和式（8.30）的乘法性质，我们自然对其取对数。如果我们假设 SDF 和债券价格是联合条件对数正态的，我们可以直接进行上述处理。然后式（8.29）变为：

$$p_{nt} = \mathrm{E}_t[m_{t+1} + p_{n-1,t+1}] + \frac{1}{2}\mathrm{Var}_t[m_{t+1} + p_{n-1,t+1}]$$

$$= p_{1t} + \mathrm{E}_t p_{n-1,t+1} + \frac{1}{2}\mathrm{Var}_t p_{n-1,t+1} + \mathrm{Cov}_t(p_{n-1,t+1}, m_{t+1}). \quad (8.31)$$

其中，第二个等式使用了式（4.42）的结论：$p_{1t} = -y_{1t} = \mathrm{E}_t m_{t+1} + (1/2)\mathrm{Var}_t m_{t+1}$。

仿射期限结构模型如下假设，以确保所有对数债券价格（对数债券收益率也是一样的）是状态变量的线性函数：它们本身是一个线性时间序列。完全仿射模型要求对数债券收益和对数 SDF 的条件期望和方差－协方差矩阵都是状态变量的线性函数。基础仿射模型［Duffee（2002）］允许 SDF 不是状态变量的线性函数，但同样要求对数债券价格是状态变量的线性函数。

我们列出了一系列单因素模型来建立直觉，然后讨论比较一般的多变量仿射期限结构模型。

8.3.1 完全仿射同方差单因子模型

最简单的仿射模型中的单个状态变量是同方差 AR（1）的过程，它最初是由 Vasicek（1977）在连续时间内定义的：

$$x_{t+1} = \mu + \phi x_t + \sigma \varepsilon_{t+1}. \quad (8.32)$$

其中，ε_{t+1}是标准正态随机变量。我们假设对数 SDF 的随机过程可以被写为：

$$m_{t+1} = -x_t - \frac{1}{2}\left(\frac{\lambda}{\sigma}\right)^2 - \left(\frac{\lambda}{\sigma}\right)\varepsilon_{t+1}. \quad (8.33)$$

要理解这个表达式，我们首先考虑式（8.33）右侧的最后一项。它表明对状态变量 x_{t+1}的冲击随对数 SDF 移动。同时，对于对数 SDF，可能会有与 ε_{t+1}无关的其他冲击，但给定式（8.32）描述的过程，这种冲击不会影响债券价格。因此，为了简单起见，我们忽略所有其他的冲击。

接下来我们考虑式（8.33）右侧的第一项。它表明状态变量捕捉了期望对数 SDF 的移动，因此也描绘了利率的变动。

最后，式（8.33）右侧的第二项是詹森不等式调整，这项调整消除了 SDF 波动对利率水平的影响。为了看到这一项的影响，我们求解式（8.32）和式（8.33）得到一期实际债券的价格：

$$p_{1t} = \mathrm{E}_t m_{t+1} + \frac{1}{2}\mathrm{Var}_t m_{t+1} = -x_t - \frac{1}{2}\left(\frac{\lambda}{\sigma}\right)^2 + \frac{1}{2}\left(\frac{\lambda}{\sigma}\right)^2 = -x_t. \quad (8.34)$$

这意味着一期对数利率 $y_{1t} = -p_{1t}$，完全等于状态变量 x_t：

$$y_{1t} = x_t. \quad (8.35)$$

考虑到模型的线性性质，我们可以自然地猜测所有长期债券的对数价格（或收益率）是一个线性函数：

$$p_{nt} = -ny_{nt} = A_n + B_n x_t. \quad (8.36)$$

其中，A_n 和 B_n 是需要根据模型的平衡条件决定的未知系数。在这个猜想下，定价方程（8.31）可以重写为：

$$A_n + B_n x_t = -x_t + [A_{n-1} + B_{n-1}(\mu + \phi x_t)] + \frac{B_{n-1}^2\sigma^2}{2} - B_{n-1}\lambda. \quad (8.37)$$

为求解未知系数 A_n 和 B_n 并验证对数债券价格的线性性质，我们首先令式（8.37）中状态变量 x_t 的系数相等并求解 B_n：

$$B_n = -1 + \phi B_{n-1} = -\left(\frac{1-\phi^n}{1-\phi}\right). \quad (8.38)$$

其中，第二个不等式使用了初始条件 $B_1 = -1$。随着期限 n 的增加，系数 B_n 逐步接近 $-1/(1-\phi)$。

接下来，我们令式（8.37）中剩余的系数（常数项）相等，并获得一个 A_n 的递归解：

$$A_n = A_{n-1} + B_{n-1}\mu + \frac{B_{n-1}^2\sigma^2}{2} - B_{n-1}\lambda. \quad (8.39)$$

这个等式可以重新排列，将第二项和第四项合并起来得到：

$$A_n = A_{n-1} + B_{n-1}(\mu - \lambda) + \frac{B_{n-1}^2\sigma^2}{2}. \quad (8.40)$$

式（8.40）表明，这个模型中风险（SDF 表达式中的非零系数 λ）对债券价格的影响方式，与短期利率过程中的截距 μ 的变化对债券价格的影响方式相同。风险存在时的债券价格，与模型中没有风险但其平均短期利率为（$\mu-\lambda$）/（$1-\phi$）而不是μ/（$1-\phi$）的债券价格相同。这是第4章和第6章中讨论的一般命题的一个例子，即风险规避和扭曲的信念对SDF和资产价格具有同样的影响。

为了更深入地了解这一模式的经济因素，我们接下来求解债券的风险溢价和远期利率。

债券风险溢价

n期债券相对于一期债券的风险溢价（期限溢价）是恒定的：

$$\mathrm{E}_t r_{n,t+1}-y_{1t}+\frac{\mathrm{Var}_t r_{n,t+1}}{2}=E_t p_{n-1,t+1}-p_{nt}+\frac{\mathrm{Var}_t p_{n-1,t+1}}{2}+p_{1t}$$
$$=-\mathrm{Cov}_t(p_{n-1,t+1},m_{t+1})=B_{n-1}\lambda\ . \tag{8.41}$$

由于B_{n-1}为负，这与描述随机折现因子的式（8.33）中的系数λ符号相反。n期债券的夏普比率S_n也是常量：

$$S_n=\frac{B_{n-1}\lambda}{-B_{n-1}\sigma}=-\frac{\lambda}{\sigma}. \tag{8.42}$$

当$\lambda>0$时，正向冲击ε_{t+1}，推动利率上升并使债券价格下跌，同时使SDF（投资者的边际效用）下跌。在这种情况下，债券在市场环境好时表现欠佳，但在市场环境不好时表现较好；它们能够对冲负向风险溢价。然而，当$\lambda<0$时，高利率和低债券价格与高边际效用同时出现，并且在这种情况下，债券由于具有正向风险溢价而成为风险资产。

由于债券风险溢价在这个模型中是常数，期限结构的期望假设成立。由系数B_n给定的债券价格对利率变动的反应，可以通过期望假说来理解。当短期利率x_t增加ε_t，i期后的期望未来短期利率将增加$\phi^i\varepsilon_t$。对n期债券价格的影响是这些短期利率影响的总和的负值，$-[1+\phi+\phi^2+\cdots+\phi^{n-1}]=-(1-\phi^n)/(1-\phi)=B_n$。对$n$期对数债券收益率的影响如预期假设所示，是这些短期利率影响的平均值，$[1+\phi+\phi^2+\cdots+\phi^{n-1}]/n=-B_n/n$。

远期利率

n 期远期利率为：

$$\begin{aligned} f_{nt} &= p_{nt} - p_{n+1,t} = -(A_{n+1} - A_n) - (B_{n+1} - B_n)x_t \\ &= \frac{\mu - \lambda}{1-\phi} - \left(\frac{1-\phi^n}{1-\phi}\right)^2 \frac{\sigma^2}{2} + \phi^n \left(x_t - \frac{\mu - \lambda}{1-\phi}\right). \end{aligned} \tag{8.43}$$

这里第一个等式是定义的，第二个等式在任意仿射模型下成立，第三个等式在将系数 B_n 和 A_n 替换成式（8.38）和式（8.39）的解的特别模型下成立。

式（8.43）再次表明，风险的影响可以由短期利率长期平均水平从 $\mu/(1-\phi)$ 到 $(\mu-\lambda)/(1-\phi)$ 的改变替代。远期利率的表达式包括三项：风险调整的长期平均短期利率；詹森不等式或凸性，它是负的，并且随着期限 n 的变长而增加；当前短期利率相对于其长期风险调整平均值的偏离的影响。最后一项是正还是负，取决于短期利率的当前值，所以远期利率的期限结构可以是向上倾斜的，也可以是向下倾斜的，或呈驼峰形状。

随着 n 的增加，远期利率趋向于极限：

$$f_{\infty t} = \frac{\mu - \lambda}{1-\phi} - \left(\frac{1}{1-\phi}\right)^2 \frac{\sigma^2}{2}. \tag{8.44}$$

极限远期利率是恒定的，除非 $\phi = 1$，在这种情况下，极限远期利率不存在，但远期利率随着期限 n 变长而变成越来越大的负数。远期利率是常量或发散到负无穷大的属性是具有一般性的，Dybvig、Ingersoll 和 Ross（1996）强调过这一点。这是实证建模的难点，因为尽管观察到的长期远期利率随着时间的推移而变化，但随着期限的增加（尽管我们在实践中没有观察到到期期限超过 30 年的样本），似乎并不会趋向于负无穷大。

在极限远期利率恒定的稳定情况下，极限是由长期平均短期利率 $\mu/(1-\phi)$、长期风险调整 $-\lambda/(1-\phi)$ 和詹森不等式或凸性项 $-(1/(1-$

$\phi))^2\sigma^2/2$ 决定的。最后一项是负的，因为长债券具有凸性，正如第 8.1.3 节中所讨论的：当利率下降时，它们的价值上升幅度大于当利率上升时价值下降的幅度。投资者们理解这一点，愿意持有高价格的长期债券，它们相应地具有低收益率和低远期利率。当期限增加时，凸效应变得更加强大，因为长期债券收益率比短的债券收益波动幅度更大，但在 $\phi<1$ 的稳定情况下，债券波动性趋于恒定，因此凸效应收敛到有限常数。在 $\phi=1$ 的非平稳的情况下，随着期限的增加，债券的波动性和凸效应变得越来越强大，从而使得长期远期利率无法收敛到任何有限的极限。

8.3.2 完全仿射异方差单因子模型

上述讨论的模型有恒定的债券风险溢价。鉴于第 6.2 节中提出的时变风险溢价的证据，寻找能够描绘数据特征的模型是很自然的。Cox、Ingersoll 和 Ross（CIR，1985）提出了一个特别知名的单因素模型，在连续时间内，状态变量和对数 SDF 具有时变的波动性，其中状态变量会控制波动的水平。为了保证仿射结构，需要冲击的标准偏差与状态变量的平方根成正比，因此冲击的方差和协方差保持与状态变量的线性关系。

具体地说，我们将式（8.32）变形为：

$$x_{t+1}=\mu+\phi x_t+\sigma x_t^{1/2}\varepsilon_{t+1}. \tag{8.45}$$

此过程具有如下属性：只要 $\mu>0$，x_t 在连续时间内就始终保持非负，因为当 x_t 下降到零时冲击的波动消失，并且过程向它的正面均值接近。因此，在这个模型的连续时间版本中，x_t 的平方根始终是实数。

另外，我们将式（8.33）变形为：

$$m_{t+1}=-x_t-\frac{1}{2}\left(\frac{\lambda}{\sigma}\right)^2 x_t-\left(\frac{\lambda}{\sigma}\right) x_t^{1/2}\varepsilon_{t+1}. \tag{8.46}$$

式（8.46）的第二项是詹森不等式的校正，现在它不是常数，而是必须与状态变量成正比。

与以前的模型一样，CIR 模型意味着一期对数债券收益率等于状态变量 x_t，在期限为 n 时，长期债券的价格与状态变量呈线性关系，线性关系的截距为 A_n，斜率为 B_n。然而，A_n 和 B_n 的递归与以前不同。我们有：

$$\begin{aligned} B_n &= -1 + \phi B_{n-1} + \frac{B_{n-1}^2}{2} - B_{n-1}\lambda \\ &= -1 + (\phi - \lambda) B_{n-1} + \frac{B_{n-1}^2}{2}. \end{aligned} \tag{8.47}$$

这不再是线性递归，而是直接求解。请注意，通过参数 λ 进行的风险调整现在将影响 B_n 的解，它等效于改变状态变量的持久性。

而由于冲击的方差和协方差与 x_t 成正比，B_n 解决方案变得更为复杂。出于相同的原因，给定 B_n，A_n的解也变得更简单：

$$A_n = A_{n-1} + B_{n-1}\mu. \tag{8.48}$$

债券风险溢价

在 CIR 模型中，长期债券的风险溢价与状态变量 x_t 成正比。因此，短期利率：

$$\mathrm{E}_t r_{n,t+1} - y_{1t} + \frac{\mathrm{Var}_t r_{n,t+1}}{2} = -\mathrm{Cov}_t(p_{n-1,t+1}, m_{t+1}) = B_{n-1}\lambda x_t. \tag{8.49}$$

长期债券的夏普比率与利率的平方根成正比：

$$S_n = \frac{B_{n-1}\lambda x_t}{-B_{n-1}\sigma x_t^{1/2}} = -\left(\frac{\lambda}{\sigma}\right) x_t^{1/2}. \tag{8.50}$$

然而，在这个模型中，收益率的平均值与方差的比值是恒定的。

尽管 CIR 模型中长期债券产生了时变风险溢价，但它无法解释收益率差异产生的超额债券收益的可预测性。在 CIR 模型中，如果风险溢价平均为正值，那么风险溢价随着状态变量 x_t 增加而增加。然而，从经验上来说，收益率差异与短期利率呈负相关，因此与状态变量 x_t 负相关。因此，CIR 模型预测，低收益率利差预示着长期债券的高收益，与表 8.2 中报告的经验证据相反。

利率波动率与利率平方根成正比的假设在理论上是方便的，但不能很好地适应美国历史数据。从20世纪60年代到20世纪80年代的数据显示，波动性增加的速度与短期利率关系较其平方根更高，而最近的数据显示，市场的短期利率非常低，利率持续波动，出现了相反的情况。这表明，我们需要一种更灵活的波动模型，其中利率波动不与短期利率水平紧密挂钩。

8.3.3 基本仿射模型

在CIR模型中，债券风险溢价与利率方差成比例变化。然而，Duffee（2002）指出，有可能写出一个仿射期限结构模型，其中风险溢价不依赖于利率波动而变化。这样做牺牲了对数SDF的平均值和方差间的线性关系，但对数债券价格仍然可以与状态变量具有线性关系，这是一个仿射期限结构模型的本质属性。（因此，Duffee称这类更广泛的仿射模型为基本仿射模型，之前讨论的模型为完全仿射模型。）

同方差债券收益率的单因素仿射模型

最简单的基本仿射模型保留一个单一的同方差状态变量，如第8.3.1节所述，但状态变量将创新加入SDF中。我们有 $x_{t+1}=\mu+\phi x_t+\sigma\varepsilon_{t+1}$，如式（8.32）所示，但SDF有一个新的特别的表达式：

$$m_{t+1}=-x_t-\frac{1}{2}\left(\frac{\lambda}{\sigma}\right)^2x_t^2-\left(\frac{\lambda}{\sigma}\right)x_t\varepsilon_{t+1}. \tag{8.51}$$

在此特殊表达式下，短利率再次等于状态变量 x_t，长期债券价格再次服从线性递归。即使对数SDF现在是异方差的，债券收益率也是同方差的。B_n 的解变为：

$$B_n=-1+(\phi-\lambda)B_{n-1}=-\frac{1-(\phi-\lambda)^n}{1-(\phi-\lambda)}. \tag{8.52}$$

这是风险根据短期利率的持续性进行调整后完全同方差模型的解。A_n的解变为：

$$A_n = A_{n-1} + B_{n-1}\mu + \frac{B_{n-1}^2}{2}. \tag{8.53}$$

在这个模型中，长期债券的风险溢价是 $B_{n-1}\lambda x_t$，正如 CIR 模型［式（8.49）］所示，但债券有恒定的收益率波动，因此长期债券的夏普比率和平均方差比与利率水平呈正比。夏普比率为：

$$S_n = \frac{B_{n-1}\lambda x_t}{-B_{n-1}\sigma} = -\left(\frac{\lambda}{\sigma}\right)x_t. \tag{8.54}$$

更普遍地说，基本仿射模型从短期利率水平或波动性的时间变化中解耦债券风险溢价的时间变化。简单地写下一个双因素模型，其中第一个因素是短期利率，而第二个因素则控制了对 SDF 的冲击的波动性，从而决定了债券风险溢价的水平，但不需要对利率的冲击的波动性产生任何影响。本章延伸练习中的一道习题要求分析这样的模型。在这里，我们讨论具有任意数量的因素的基本仿射期限结构模型的一般形式。

同方差债券收益率的多变量基本仿射模型

单因素模型意味着所有的债券收益都是完全相关的，因为期限结构是由单一的冲击驱动的。因此，最近的文献集中在多因素模型上。当状态变量、债券收益率是同方差时，扩展尤其简单。

一个具有同方差的状态变量和异方差的 SDF 的多因素版本的基本仿射模型可以写成：

$$x_{t+1} = \mu + \Phi x_t + \Sigma\varepsilon_{t+1}. \tag{8.55}$$

其中，x_{t+1}、μ 和 ε_{t+1}是向量（ε_{t+1}的方差 - 协方差矩阵与标识矩阵相同），Φ 和 Σ 是矩阵。对数 SDF 的随机过程是：

$$m_{t+1} = -(\delta_0 + \delta_1' x_t) - \frac{1}{2}\Lambda_t'\Lambda_t - \Lambda_t'\varepsilon_{t+1}. \tag{8.56}$$

其中，δ_0 是一个标量，δ_1 和 Λ_t 是向量。最后，我们将 Λ_t 参数化为：

$$\Lambda_t = \Sigma^{-1}(\lambda_0 + \lambda_1' x_t). \tag{8.57}$$

其中，λ_0 是一个向量，λ_1 是一个矩阵。

为了给债券定价，我们遵循与以前相同的程序，猜测线性解：

$$p_{nt} = A_n + B_n' x_t. \tag{8.58}$$

其中，B_n 现在是一个向量。将它替换进定价递归（8.31），并使得状态向量的系数相等，我们发现：

$$\begin{aligned} B_n' &= B_{n-1}'(\Phi - \lambda_1) - \delta_1' \\ &= -\delta_1'(I - (\Phi - \lambda_1))^{-1}(I - (\Phi - \lambda_1)^n). \end{aligned} \tag{8.59}$$

同样，我们发现：

$$A_n = A_{n-1} + B_{n-1}'(\mu - \lambda_0) - \delta_0 + \frac{B_{n-1}' \Sigma \Sigma' B_{n-1}}{2}. \tag{8.60}$$

式（8.59）和式（8.60）可以通过使用 $A_1 = -\delta_0$ 和 $B_1 = -\delta_1$ 而递归地解决。这些方程是同方差单因子模型和本质仿射单因子模型解的多元推广，上述解可以通过令矩阵等于标量 σ 解出，我们设定 $\delta_0 = 0$ 和 $\delta_1 = 1$，并同方差模型下设定 $\lambda_0 = \lambda$ 和 $\lambda_1 = 0$，或在基本仿射单因素模型下设定 $\lambda_0 = 0$ 和 $\lambda_1 = \lambda$。

这些方程再次说明了风险系数 λ_0 的向量会移动状态向量的平均值，而风险系数 λ_1 矩阵会移动描述状态向量动态的过渡矩阵。该模型中的债券价格满足：

$$P_{nt} = \exp(-y_{1t}) \mathrm{E}_t^Q P_{n-1,t+1}, \tag{8.61}$$

其中，风险中性期望 E_t^Q 使用状态向量的风险调整的动态来计算：

$$x_{t+1} = (\mu - \lambda_0) + (\Phi - \lambda_1) x_t + \Sigma \varepsilon_{t+1}^Q. \tag{8.62}$$

换言之，今天任何债券的价格都是以无风险利率折现的未来价格的风险中性期望。

具有异方差债券收益率的多变量基本仿射模型

当状态变量、债券收益率是异方差时，多变量仿射模型更难以处理。在式（8.55）的自然扩展中，异方差模型可以写成：

$$x_{t+1} = \mu + \Phi x_t + \Sigma S(t)\varepsilon_{t+1}. \tag{8.63}$$

在这里，矩阵 $S(t)$ 描绘了状态变量的异方差性，和以前一样，向量 ε_{t+1}的方差－协方差矩阵是标识矩阵。固定矩阵重新正态化状态变量，并且在状态变量仅能够通过债券收益间接观察的情况下，可以设置为标识矩阵。

这个模型要求 $s(t)s(t)'$ 是正定的，在此前提下状态变量的创新才具有一个良好定义的方差－协方差矩阵。我们还要求：

$$S(t)S(t)' = \Theta_0 + \Theta_1 x_t \tag{8.64}$$

以保存模型的仿射结构。最后，与 SDF 的协方差必须是仿射的。

这些要求对异方差的形式施加了许多限制，在 Dai 和 Singleton（2000）之后的大量文献都对其进行了探索。标准方法是确定控制异方差性的多个平方根（CIR）过程。每个平方根过程独立于模型中的所有其他过程。每个平方根过程也会出现在 SDF 中（乘以一个控制该过程风险价格的常数）。模型中还可以有多个同方差因素，它们可以任意相互关联。[①]

这个框架是具有一般性的，足以容纳起初似乎是在仿射类别之外的情形。习题 8.2 要求用离散状态分析一个简单的例子。如另一个例子所示，假设我们有一个标量变量 y_t 遵循 AR（1）过程，我们令 y_t 和 y_t^2 为状态变量。因为在连续时间内，$d(y_t^2) = 2y_t dy_t = 2(y_t^2)^{1/2} dy_t$，我们可以将 y_t^2 作为一个平方根过程纳入模型中。[②] dy_t 的条件方差是常数，dy_t^2 的条件方差与 y_t^2 是线性关系，dy_t 和 dy_t^2 的条件协方差和 y_t 是线性关系。通过对 SDF 加以适当的限制，我们可以保留模型的仿射结构。Duffie 和 Kan（1996），后来的 Cheng 和 Scaillet（2007）等其他学者，研究了扩展状态向量以与仿射模型中的非线性保持一致的策略。他们的工作大大

① 这个方法的一个简单情景下是因子间互相独立。在这种情况下，我们就可以简单地把多个因子的期限结构“相加”。

② 这里，dy_t代表变量 y_t 在无限小的时间区间 dt 内的变化。

增加了这类模型的灵活性和实用性。

8.3.4 强制约和隐藏因素

尽管它们具有明显的通用性，但具有 K 个因子的多变量仿射模型具有强烈影响。最明显的是，由于有 K 个因子，所有债券收益的方差 - 协方差矩阵的秩都为 K。从经验上来说，这种限制总是可以被拒绝的，标准的方法是在债券价格中假设小的测量误差，以避免这种影响。在国债定价中，测量误差很可能是很小的，因此仿射模型中假设的误差应该被解释为交易摩擦可能导致的债券价格未纳入模型的小的变化。

同样重要的是，在一般的 K 因素仿射模型中，任何 K 债券收益都能描绘对未来债券收益率和收益的预测，因此没有其他当前或滞后变量可以增加这些债券收益率的预测能力。与此相关的是，如果模型将宏观经济变量纳入作为因素（这是希望将债券定价与宏观经济挂钩），K 债券收益率也能够描绘这些变量的所有预测，所以同样没有其他当前或滞后变量可以提高其预测能力。

问题是这些推断是反事实的。Cochrane 和 Piazzesi（2005）发现远期利率的额外滞后有助于预测债券收益率。有证据表明，滞后的宏观变量和调查可以预测宏观变量，甚至可以预测条件债券收益率［Ang、Bekaert 和 Wei（2007），Ludvigson 和 Ng（2009）］。

Duffee（2011）以及 Joslin、Priebsch 和 Singleton（2014）提出了一个可能的解决方案，在不影响当前期限结构的基础上，强加一个“隐藏因素”使风险溢价和预期未来利率向相反方向移动，而对当前期限结构没有影响的刀边参数限制。想要了解这是如何工作的，请回看多元同方差仿射模型以及债券使用状态向量的动态风险调整的定价：$x_{t+1}=(\mu-\lambda_0)+(\Phi-\lambda_1)x_t+\Sigma\varepsilon_{t+1}^{Q}$

如果风险调整消除了某一状态变量预测短期利率的能力，短期利率的预测是由所有其他状态变量完成的，那么这个状态变量与债券定价无关，不影响当前利率的期限结构。然而，在实际物理动态中，它可能仍然是相关的，在这种情况下，当它与一个债券利率的向量一起时，它们将能够预测未来的利率和超额债券收益。习题 8. 3 要求找出一个两因素模型的具体例子，并要求其中一个因素是隐藏的。

其他机制也可能导致隐藏因素。如果债券市场效率低下，利率和超额债券收益率的可预见性相互抵销，那么投资者可获得的未来利率的一些信息不会被纳入当前期限结构的定价中。同样，经济计量问题或数据挖掘问题会产生虚假的利率预测，因为虚假信息没有被纳入目前的期限结构定价中，它将再次出现在超额债券收益率和利率的变动中。Bauer 和 Hamilton（2016）强调了这种可能性。

8. 4　债券定价与动态消费增长和通货膨胀

8. 4. 1　实际债券与消费动态

前一节讨论的仿射模型的 SDF 动态特性各不相同，但在所有这些模型中，债券风险溢价与 SDF 当前水平的创新和其预期未来价值的创新之间的协方差具有相反的符号。原因是利率与 SDF 的期望负相关，所以 $\mathrm{Cov}_t(m_{t+1},\mathrm{E}_{t+1}m_{t+2})$ 和 $\mathrm{Cov}_t(m_{t+1},y_{1,t+1})$ 符号相反。当目前的 SDF 创新与预期未来的 SDF 的创新负相关时，利率往往会上升，在具有高 SDF 的糟糕的时期，债券价格往往会下跌；在这种情况下，债券是具有正风险溢价的风险资产。反之，当目前的 SDF 创新与预期未来的 SDF 创新正相关时，债券往往在糟糕的时候表现良好，并呈现负风险溢价。这些对风险溢价的影响也影响了期限结构的平均斜率，除非债券风险溢价为正且足够大，足以克服债券凸性导致的下行斜率，否则期限结构的平均斜率为负。

将这些属性与第 6 章中讨论的基于消费的模型联系起来是有启发性的。在本章中，我们假设零通胀，或者说，债券是经过通胀指数调整的；在第 8. 4. 3 节中，我们考虑随机通胀对名义债券的影响。

幂效用

在以幂效用和同方差消费增长为基础的最简单的基于消费的资产定价模型中，第 6.1 节提出了短期利率 y_{1t} 与预期消费增长呈线性关系增长［式（6.6）］，对 SDF 的创新等于 $-\gamma$ 乘以实现消费增长的创新［式（6.4）］。如果预期的消费增长遵循 AR（1）过程，这就相当于式（8.32）和式（8.33）的同方差单因素仿射期限结构模型，其中 $x_t = y_{1t}$。如果 $\lambda < 0$，那么期望消费增长创新与当前的消费创新完全负相关；如果 $\lambda > 0$，那么期望消费增长创新与当前的消费创新完全正相关。

在 $\lambda < 0$ 的情况下，消费意味着恢复：今天的正向冲击预计将伴随着异常缓慢的消费增长，从而推动利率下降和债券价格上涨。在这种情况下，当正向冲击发生时，债券表现很好；当负向冲击发生时，债券表现差。因此它们是具有正风险溢价的风险资产。

在 $\lambda > 0$ 的情况下，消费增长是持续的：今天的积极冲击预计将进一步加快消费增长。未来快速消费增长的预期将推动利率上升和债券价格下跌，使债券在发生正向震荡时表现不佳。反之，当发生负向震荡时，债券表现好。它们有负风险溢价，为消费冲击提供保险。

消费增长持续性与债券风险溢价之间的负向关系在基于消费的幂效用模型中更普遍。例如，Campbell（1986）假设效用形式，并且考虑一个描述消费增长的任意单变量随机过程。在这种情况下，某些期限的债券的风险溢价可能是正的，其他期限的债券的风险溢价则是负的。风险溢价的符号取决于在给定期限下，消费创新后的消费水平的脉冲响应函数是高于 1 还是低于 1（紧跟在创新后消费正态化水平），如图 8.4 所示。

爱泼斯坦 – 兹恩偏好

如果投资者的爱泼斯坦 – 兹恩偏好与第 6.4 节中描述的一样，分析就会变得更加复杂，因为对 SDF 的创新不仅反映了对当前消费的创新，而且体现了对预期未来消费增长的创新。当风险规避水平超过 EIS 的倒

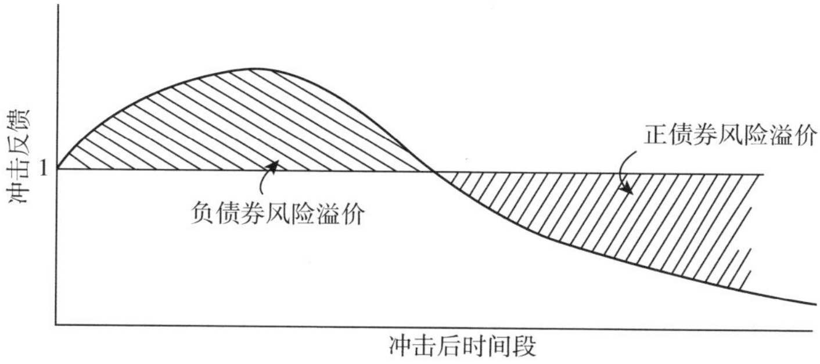

图 8.4　消费冲击反应函数和债券风险溢价

资料来源：Campbell, John Y., 1986, "Bond and Stock Returns in a Simple Exchange Model," *Quarterly Journal of Economics* 101, 785 - 804, 获得牛津大学出版社授权。

数（$\gamma > 1/\psi$）时，式（6.49）表明，对预期未来消费增长的正向创新将直接降低 SDF。由于预期的未来消费增长将提高利率并降低债券价格，这就造成了债券收益与 SDF 之间的正协方差，即使期望未来消费增长的创新与对当前消费增长的创新无关。具有负风险溢价的债券具有对冲效果，因为它们在消费预期迅速增长的时候表现不佳；即使当前消费不变，对于爱泼斯坦 - 兹恩偏好的投资者而言，也是具有 $\gamma > 1/\psi$ 的市场表现良好的阶段。

随机波动与罕见灾害

第 6.5 节讨论的长期风险文献加入了波动性对消费增长的随机过程的持续变化。这往往会产生负的债券风险溢价，因为波动的增加刺激预防性储蓄，推动了实际利率下降和实际债券价格上涨。由于波动性的增加对保守派投资者来说是个坏消息，债券对冲了波动震荡的风险，因此也补偿了负风险溢价。类似的效果对于具有时变概率的罕见灾难的模型产生了负的债券风险溢价（第 6.3.1 节），其中增加的灾难概率与增加消费波动效果类似①。

① 参阅 Wachter（2013）的脚注 10 和附录 B。

习惯形成

第 6.7 节讨论的 CC 习惯形成模型，抵销了消费对利率的影响。一方面，当消费下降到习惯水平，边际效用暂时是高的，并通过习惯调整期望恢复到正常水平；这往往也会提高均衡实际利率。另一方面，当消费接近习惯水平时，边际效用是波动的，这会刺激预防性储蓄，降低均衡实际利率。Campbell 和 Cochrane（1999）令这些效果完全取消，从而使得实际利率是恒定的。然而，简单地概括模型，模型中的实际利率要么是周期性的（暗示负债券风险溢价），要么是反周期的（暗示正债券风险溢价），如 Campbell 和 Cochrane（1995），Wachter（2006），Verdelhan（2010）。我们在 8.5.2 节讨论 Verdelhan（2010）的模型，它假设利率是周期性的，因此模型具有负的债券风险溢价。

8.4.2 对边际效用的永久性和暂时冲击

Alvarez 和 Jermann（AJ，2005）开发了一个更通用的框架，它阐明了对边际效用（或基于消费模型的特定情况下的消费）的暂时和永久性冲击，可以通过查看利率的期限结构的行为来区分。AJ 使用累计的 SDF 或定价核：

$$Q_t = M_1 M_2 \ldots M_t, \tag{8.65}$$

可以解释为代表投资者的边际效用，折现到固定的初始日期。在某个时间点的 SDF 是由定价核的增长率给出的：

$$M_{t+1} = \frac{Q_{t+1}}{Q_t}. \tag{8.66}$$

使用这种表示方法，n 期债券的标准定价方程可以写成：

$$Q_t P_{nt} = \mathrm{E}_t[Q_{t+n}]. \tag{8.67}$$

AJ 考虑随着债券期限的增长而发生的情况。随着 $n \to \infty$，标准折现和消费增长的模型意味着 P_{nt} 和 $\mathrm{E}_t[Q_{t+n}]$ 趋近于零。然而，通常情况下（如前面所考虑的仿射模型）存在一些 β，使得 P_{nt}/β^n 和 E_t

[Q_{t+n}] $/\beta^n$ 接近一个有限的非零极限，AJ 就做了这样的假设。式（8.67）除以 β^{t+n}，得到

$$Q_t \frac{P_{nt}}{\beta^{t+n}} = \mathrm{E}_t\left[\frac{Q_{t+n}}{\beta^{t+n}}\right]. \tag{8.68}$$

AJ 定义了定价核的永久性组件，Q_t^P，随着 n 增加，式（8.69）右边的极限为：

$$Q_t^P = \lim_{n\to\infty} \mathrm{E}_t\left[\frac{Q_{t+n}}{\beta^{t+n}}\right]. \tag{8.69}$$

从长远来看，Q_t^P 是相对于长期漂移 β^{t+n} 的定价核的预期价值。Q_t^P 不受 t 期的新信息的影响，从而不会导致从长远来看定价核的预期值的改变，在这个意义上它是定价核的永久性组件。

定价核的过渡部分 Q_t^T 被定义为 $Q_t = Q_t^P Q_t^T$，或者：

$$Q_t^T = \frac{Q_t}{Q_t^P} = \lim_{n\to\infty} \frac{\beta^{t+n}}{P_{nt}}. \tag{8.70}$$

其中，第二个等式来自式（8.68）。因为这种永久性的定价核分解是乘性质的，这意味着对 SDF 来说也有相似的分解。使用式（8.66）：

$$M_{t+1} = \frac{Q_{t+1}^P}{Q_t^P}\frac{Q_{t+1}^T}{Q_t^T} = M_{t+1}^P M_{t+1}^T. \tag{8.71}$$

定价核和 SDF 的永久和暂时的组成部分有几个有趣的属性。第一，因为式（8.69）中的 Q_t^P 是一个随机变量在无限远的未来的条件期望，人们会期望它遵循鞅过程，AJ 就做出了这样的技术假设，[①] 这意味着 $\mathrm{E}_t M_{t+1}^P = 1$。

第二，在式（8.70）中 Q_t^T 的定义表明，无限期限债券的价格只取决于 Q_t^T 而不取决于 Q_t^P。债券的总收益满足：

---

① 迭代期望法则意味着一个随机变量在未来固定日期的条件期望值是鞅过程。这里存在一个技术问题，就是在式（8.69）中条件期望值中的未来日期并不是固定不变的，而是在无限远的未来。

$$1+R_{\infty,t+1}=\lim_{n\to\infty}\frac{P_{n-1,t+1}}{P_{nt}}=\frac{1}{M_{t+1}^{T}}. \tag{8.72}$$

紧接着，在定价核的永久成分没有时间变化的模型中，$Q_t^P=Q_{t+1}^P$，暗示着对于所有 t，$M_t^P=1$（例如，基于消费的模型，消费水平是固定的），无限期债券的总收益是 SDF 的倒数，因此是增长最优投资组合。一般情况下，无限期债券收益的性质揭示了 SDF 暂时性要素的对应性质。

第三，AJ 利用这些结果来推导出 SDF 的条件熵 M_{t+1} 与其永久成分 M_{t+1}^P 之间的关系。我们得到：

$$\begin{aligned}L_t(M_{t+1})&=\log \mathrm{E}_t M_{t+1}-\mathrm{E}_t\log\left(M_{t+1}^{P}M_{t+1}^{T}\right)\\&=-r_{f,t+1}-\mathrm{E}_t\log\left(M_{t+1}^{P}\right)-\mathrm{E}_t\log\left(M_{t+1}^{T}\right)\\&=-r_{f,t+1}+L_t\left(M_{t+1}^{P}\right)+\mathrm{E}_t r_{\infty,t+1}.\end{aligned} \tag{8.73}$$

其中，第三行使用了 $\mathrm{E}_t M_{t+1}^P$ 的事实，并且使用了式（8.72）描绘的 SDF 临时组成部分和无限期债券收益之间的关系。重新排列上述式子可得：

$$L_t\left(M_{t+1}^{P}\right)=L_t(M_{t+1})-\left(\mathrm{E}_t r_{\infty,t+1}-r_{f,t+1}\right). \tag{8.74}$$

当无限期限债券具有正风险溢价时，SDF 永久成分的条件熵小于 SDF 本身的条件熵；在无限期债券具有负风险溢价的情况下，SDF 永久成分的条件熵大于 SDF 本身的条件熵。前者对应于 SDF 中显著的负自相关，或定价核中的均值回归，后者对应于 SDF 中显著的正自相关，或定价核中的持久性。这一结果概括了前文中基于消费的模型的讨论，特别是在图 8.4 中所示的单变量同方差消耗过程中的发现。

第四，式（8.74）可以与式（4.67）中所述的 SDF 的熵的下限结合在一起，$L_t(M_{t+1})\geqslant \mathrm{E}_t r_{j,t+1}-r_{f,t+1}$ 对于任何资产 j 成立，推导 SDF 的永久组件的条件熵的下界：

$$L_t\left(M_{t+1}^{P}\right)\geq E_t r_{j,t+1}-\mathrm{E}_t r_{\infty,t+1}. \tag{8.75}$$

这个下界越紧，增长－最优投资组合和无限界债券之间的平均对数收益率差越大。正如已经指出的，在一个只有短暂冲击的模型中，无限期债券是增长最优的组合，而在 L_t（M_{t+1}^P）上的下界是零。虽然我们没有直接观察到无限期债券，但长期债券的平均收益率要比股票和其他风险资产低得多，这表明长期冲击是导致 SDF 的总体波动的一个重要因素，因此对金融市场的风险溢价也有影响。

这里所述的熵界都是用于条件熵的，除非计量经济学家具有与投资者相同的信息，否则条件熵不能被直接观察到。AJ 也推导了无条件熵的界限，但我们不在这里展示这些更复杂的状态。将定价核分解为永久性和暂时的冲击是当前学术界非常感兴趣的一个领域，Hansen、Heaton 和 Li（2008），以及 Hansen 和 Scheinkman（2009）都在此领域做出了重要贡献。

8.4.3　实际债券、名义债券和通货膨胀

第 8.4.1 节所讨论的基于消费的模型将债券视为对固定数量的消费的债权，因此适用于实际（通胀指数调整后的）债券或经济中没有通胀的名义债券。在本节中，我们比较了通胀指数和名义债券的程式化事实，并讨论了允许随机通胀的基于消费的债券定价模型。

通胀指数债券是按照通胀调整的名义息票和名义本金支付。这些债券在许多国家发行，美国自 1997 年以来发行此类债券，它们被称为 TIPS，英国自 1982 年起发行与指数挂钩的金边债券。通胀指数债券占美国市场上的公共债务比例的小部分（不到 10%），而在英国市场上的份额更大一些（约为 25%）。这些债券的到期期限很长，因此它们能够直接衡量长期实际利率。

随着时间的推移，通胀指数债券收益率并不一直稳定，自 20 世纪 90 年代以来利率持续下降，美国和英国的平均利率为 3.5% 左右。近年来，10 年期 TIPS 收益率在 0% 和 1% 之间变动。名义债券和通胀指数调整债券的收益率（也称为盈亏平衡通胀率）之间的差别随着时间的推移也随之变化，在全球金融危机时差异趋近于 0，而自 2009 年以来，

差异在1.5% ~2.5% 间波动。名义债券收益率通常比通胀指数调整债券收益率波动更大，两类债券收益呈正向关系，但不完全相关［Campbell、Shiller和Viceira（2009）］。

由于没有短期的通胀指数指标，难以衡量通胀指数调整收益曲线的斜率。然而，我们可以通过从名义国库券利率中减去预期通胀（从调查或预测回归中计算得来）计算出短期实际利率。Pflueger和Viceira（2011）报告说，长期通胀指数调整债券收益率与短期实际利率中的利差在美国是正的（它与名义收益率利差可以相比），而在英国略微偏负。通胀指数调整债券的超额收益率平均为正，但在通胀指数化债券发行的相对较短时期内，实际利率的下降可能会使这些收益率出现向上偏差。通胀指数收益率价差预测通胀指数债券的超额收益，其方式类似于第8.2.2节中描述的名义债券的方式。

这些经验模式为金融经济学家提供了一些教训。第一，前一章所讨论的实际债券定价模型必须产生实际利率的持续变化和真实债券风险溢价的随时间的变化。第二，这些模型并不意味着一个陡峭的向下倾斜的实际收益率曲线。第三，名义债券的定价模型不能忽视通胀的随机时间变化。

名义SDF

定价名义债券的一种方法是使用以名义单位表示的“名义SDF”。要理解这种方法，请考虑一个n期零息名义国债。债券的名义价格可以写作$P_{nt}^{\$}$，以表示它是以当前美元计价的。这里债券的实际价格是$P_{nt}^{\$}/CPI_t$，$CPI_t$是$t$时刻的价格指数。$t$时刻到$t+1$时刻的通货膨胀率是$\Pi_{t+1}=CPI_{t+1}/CPI_t$。任何资产实际收益的标准定价公式都表明了这一点：

$$1=\mathrm{E}_t\left[M_{t+1}\frac{P_{n-1,t+1}^{\$}/CPI_{t+1}}{P_{nt}^{\$}/CPI_t}\right]=\mathrm{E}_t\left[\frac{M_{t+1}}{\Pi_{t+1}}\frac{P_{n-1,t+1}^{\$}}{P_{nt}^{\$}}\right]=\mathrm{E}_t\left[M_{t+1}^{\$}\frac{P_{n-1,t+1}^{\$}}{P_{nt}^{\$}}\right].\tag{8.76}$$

其中，M_{t+1}是实际 SDF，$M_{t+1}^{\$}=M_{t+1}/\ \Pi_{t+1}$是名义 SDF。

名义债券名义价格立即满足递归：

$$P_{nt}^{\$}=\mathrm{E}_t\left[P_{n-1,t+1}^{\$}M_{t+1}^{\$}\right]=\mathrm{E}_t\left[M_{t+1}^{\$}M_{t+2}^{\$}\ldots M_{t+n}^{\$}\right]=\mathrm{E}_t\left[M_{t,t+n}^{\$}\right]. \qquad (8.77)$$

这个等式是使用终端条件对式（8.30）的实际债券的名义模拟，名义国库券的终端具有为 1 的名义值（其中一个实际债券将有一个为 1 的终端实际价值和等于债券期限内的累计通胀的名义终端名义价值）。

式（8.77）表明，任何使用关于实际 SDF 的时间序列性质的假设来为实际债券定价的模型，都可以重新使用名义 SDF 的时间序列性质的相同假设来为名义债券定价。的确，我们在第 8.3 节中讨论过的一些仿射期限结构模型更自然地描述了名义 SDF，而不是实际 SDF。例如，平方根单因素模型表明，在连续时间的极限下，短期利率总是为正的。考虑到支付零名义利率的货币的存在，它们限制了投资者接受其他安全的资产名义负利率的程度，因此这样一个零下限对于名义利率来说是合理的。然而，实际利率的下限为零与实际情况完全相反。20 世纪 70 年代，实际利率整体为负，而自 2009 年以来实际利率一直为负。

通货膨胀和消费增长

对名义债券定价的另一种方法是从对通胀、实际利率和真正 SDF 的假设中获得真正的收益。例如，Campbell 和 Viceira（2001）估计了一个双因素仿射模型，将预期通胀的同方差 AR（1）过程添加到第 8.3.1 节的单因素模型所假定的实际利率的 AR（1）过程中。我们将在第 9.2.2 节讨论这个模型。Gabaix（2012）提出了一种罕见的灾难模型，在灾难发生时，通胀率会上升，这意味着名义债券是具有正风险溢价和向上倾斜的名义收益率曲线的风险资产。

Piazzesi 和 Schneider（PS，2006）认为，预期的通胀与预期的消费增长呈负相关，这表明即使实际收益率曲线向下倾斜，名义收益曲线也会向上倾斜。他们假设爱泼斯坦 - 兹恩偏好，并假设风险厌恶 γ 超过 EIS $1/\psi$

的倒数。随着同方差消费的增长，任何资产的风险溢价都是由式（6.50）中 γ 乘以与当前消费增长创新的协方差 $\Delta \tilde{c}_{t+1}$，加上（$\gamma - 1/\psi$）乘以与预期未来消费增长 $\tilde{g}_{t+1}$ 的协方差给定的。

为了理解 PS 模型对债券定价的影响，我们可以将通胀指数永续年金与名义永续年金进行比较。当预期实际消费增长增加 1 个百分点时，均衡实际利率增加了 $1/\psi$ 百分点，从而导致意外的通胀指数永久收益[①]：

$$\tilde{r}_{IIP,t+1} = -\frac{1}{\psi}\tilde{g}_{t+1}. \tag{8.78}$$

名义上的永续年金的收益也直接受到实际利率的影响，但它也会对预期的通胀做出反应。PS 假设预期通胀与预期消费增长负相关。如果预期实际消费增长增加了 1%，通胀预期下降了 ϕ 个百分点，那么名义永续年金的非预期实际收益为：

$$\tilde{r}_{NOMP,t+1} = \left(\phi - \frac{1}{\psi}\right)\tilde{g}_{t+1}. \tag{8.79}$$

我们也可以允许对通胀的冲击与消费增长无关，但这不会影响名义债券的风险溢价，因此我们不予考虑。

将式（6.50）与式（8.78）相结合，通胀指数化的永续年金相对于短期无风险实际利率的风险溢价是：

$$RP_{IIP} = \gamma\left(-\frac{1}{\psi}\right)\sigma_{cg} + \left(\gamma - \frac{1}{\psi}\right)\left(-\frac{1}{\psi}\right)\sigma_g^2. \tag{8.80}$$

使用幂效用，只有第一项是非零的。如前节所述，持续消费增长意味着当前消费增长震荡与预期的未来消费增长之间存在正向协方差，因此具有负的实际溢价。当 $\gamma > 1/\psi$，第二项也是负的，其符号不依赖于持续的消费过程。因此，这个模型得到了一个很强的预测，即实际溢价是负数。

① 这个是式（6.106）的特殊情形，在习题 6.3 中需要你的推导。

结合式（6.50）与式（8.79），名义永续年金的风险溢价是：

$$RP_{NOMP}=\gamma\left(\phi-\frac{1}{\psi}\right)\sigma_{cg}+\left(\gamma-\frac{1}{\psi}\right)\left(\phi-\frac{1}{\psi}\right)\sigma_g^2. \qquad (8.81)$$

如果通胀效应足够大，$\phi>1/\psi$，即使实际债券有负溢价，名义债券也可以有正风险溢价。原因在于，预期未来消费的好消息会降低预期的通胀率，从而导致名义利率下降，名义债券价格上升。名义债券成为周期性风险资产，尽管实际债券能够对冲疲软的经济增长的反周期资产。

概括地说，PS 认为通货膨胀与长期的消费增长预期是负相关的。因此，名义债券的实际收益与通胀负相关，它与股票更类似，其股息对消费的反应要比对通胀指数化债券的收益的反应更积极。通胀与消费增长之间的负相关关系也意味着股票收益与通胀之间存在负相关关系，尽管股票是实际资产。① 在第 9.4 节中，我们将更详细地讨论同时定价债券和股票的期限结构的模型。

8.5　利率和汇率

在本节中，我们回顾了比较不同货币计价债券收益的文献。为了简单起见，我们使用短期利率，使用下标表示债券期限。因而对数短期利率用国内货币计量（我们指美元）写作 y_t。我们使用星号表示外国变量，所以用外币计量（我们指欧元）的短期利率写作 y_t^*。以美元/欧元表示的外汇汇率写作 Q_t，它的对数写作 q_t，q_t 的增加对应于欧元兑美元的升值。

与在单一国家债券分析中的一样，这些变量可以用名义上的或实际

① Fama 和 Schwert（1977）以及其他作者在 20 世纪 70 年代后期注意到通胀和股票收益的负相关关系。Geske 和 Roll（1983）把这个归功于通胀对真正经济增长的负面作用。PS 模型内涵和此类似。

的（经通胀调整的）术语来定义。大多数实证文献都使用名义利率和汇率，尽管一些理论模型是以实际的方式来定义的。近年来，名义利率和实际汇率在很大程度上相互关联，至少在发达国家是如此。

8.5.1 利率平价与套利交易

远期交易合约要求投资者将一欧元兑换为 F_t 美元，其中 F_t 在时间 t 确定，但金钱直到时间 $t+1$ 才进行交易。有两种方法可以让投资者在时间 $t+1$ 无风险地获得美元。一是投资国内无风险资产，赚取对数收益 y_t。二是今天将美元兑换成欧元，投资于外国无风险资产，并使用远期合约将收益兑换成美元。此“远期欧元”投资的对数收益是 $y_t^* + f_t - q_t$，其中 $f_t = \log(F_t)$。

抛补利率平价（CIP）是这两种无风险投资策略必须提供相同收益的定理，因此：

$$y_t^* - y_t = -(f_t - q_t). \tag{8.82}$$

这一无套利条件一直以来保持高度的准确性，尽管自全球金融危机以来，它的偏离程度有所增加［Du、Tepper 和 Verdelhan（2016）］。尽管存在偏差，我们将在本节余下的时间内假设抛补利率平价成立。

在时间 t 投资美元于货币市场，并在时间 $t+1$ 收回美元的另一种方式是，今天将美元转换为欧元，投资于外国无风险资产，并在 $t+1$ 时将收益重新转换为美元，汇率对应时间为 $t+1$。此“现货欧元”或外汇投资的对数收益是 $y_t^* + q_{t+1} - q_t$，给定 t 时刻的信息，这是随机的。相对国内无风险利率的现货欧元投资的超额对数收益是 $y_t^* - y_t + q_{t+1} - q_t = q_{t+1} - f_t$，此处的相等关系来自 CIP。

无抛补利率平价（UIP）的说法是，现货欧元相对于国内无风险利率的超额对数收益率是不可预知的，即预期的外汇超额对数收益为零：

$$\mathrm{E}_t q_{t+1} - f_t = 0. \tag{8.83}$$

这意味着对数远期汇率等于预期的未来对数现货汇率：

$$f_t = \mathrm{E}_t q_{t+1}. \tag{8.84}$$

UIP 要求欧元与美元之间的利息差额完全抵销，如果欧元的预期贬值，那么对数汇率也要负向变化：

$$y_t^* - y_t = -(\mathrm{E}_t q_{t+1} - q_t). \tag{8.85}$$

UIP 可以与期限结构的期望假说相比，因为它是关于另类固定收益投资策略的预期收益的一项特别定理。和期望假说一样，它通常用对数形式表示，以避免詹森不等式的问题。① 和期望假说一样，常量项经常被添加到式（8.85）或式（8.84）中，以适应一种货币相对于另一种货币的持续风险溢价。

发现无抛补利率平价的测试

测试 UIP 的一种自然方法是将现货欧元投资中已实现的超额对数收益 $y_t^* - y_t + q_{t+1} - q_t = q_{t+1} - f_t$，对利息差异 $y_t^* - y_t$ 做回归：

$$y_t^* - y_t + q_{t+1} - q_t = \mu + \beta(y_t^* - y_t) + \varepsilon_{t+1}. \tag{8.86}$$

UIP 原假设（允许一个自由常量 μ 的存在）是斜率系数 $\beta = 0$。备择假设是，如果对数即期汇率符合一个随机游走过程，其变化是不可预测的，那么 $\beta = 1$。

同样，我们可以将实现的即期汇率的变化，$q_{t+1} - q_t$，对远期汇率差异 $f_t - q_t$ 进行回归：

$$q_{t+1} - q_t = \theta + \gamma(f_t - q_t) + \varepsilon_{t+1}. \tag{8.87}$$

UIP 原假设再次允许一个自由常量 μ 的存在，斜率系数 $\gamma = 1$。备择假设是，如果对数即期汇率的变化是不可预测的，那么 $\gamma = 0$。

法马（1984）在数据中发现，式（8.86）中的估计系数 $\widehat{\beta} > 1$，这意味着高欧元利率与欧元升值有关，而不是 UIP 要求的贬值。同样，在数据中，式（8.87）中的估计系数 $\widehat{\gamma} < 0$，这意味着一个高远期汇率预

---

① 如果进一步讨论，当即期汇率是随机时，公式 $F_t = \mathrm{E}_t Q_{t+1}$ 不可能在美元/欧元和欧元/美元汇率下都成立。这个詹森不等式的后果就是西格尔悖论［Siegel（1972）］。

示着汇率呈相反符号变化。这一发现意味着欧元相对于美元有一个时变的风险溢价，它必须有足够的变数，并与现货汇率的可预测增长（欧元的可预测升值）存在正向的关联。

为了理解法马（1984）的回归结果的含义，需要注意，远期即期汇率的差值总是可以分解为即期汇率的预期波动，而不是外汇的对数风险溢价：

$$f_t - q_t = (\mathrm{E}_t q_{t+1} - q_t) - (\mathrm{E}_t q_{t+1} - f_t). \tag{8.88}$$

因此，式（8.87）中的估计回归系数 γ 只能是负的，如果：

$$\mathrm{Cov}((\mathrm{E}_t q_{t+1} - q_t), (\mathrm{E}_t q_{t+1} - q_t) - (\mathrm{E}_t q_{t+1} - f_t)) < 0, \tag{8.89}$$

这需要 $\mathrm{Cov}((\mathrm{E}_t q_{t+1} - q_t), (\mathrm{E}_t q_{t+1} - f_t)) > \mathrm{Var}((\mathrm{E}_t q_{t+1} - q_t))$。可预测汇率增长与风险溢价之间的正协方差必须超过可预测汇率变动的方差。一个必要但不充分的条件是风险溢价的方差超过可预测汇率变动的幅度：$\mathrm{Var}(\mathrm{E}_t q_{t+1} - f_t) > \mathrm{Var}(\mathrm{E}_t q_{t+1} - q_t)$。

Engel（2014）随后的研究并不总能发现 $\widehat{\beta} > 1$ 并且 $\widehat{\gamma} < 0$ 的很强的结果。尽管如此，$\widehat{\beta} > 0$ 且 $\widehat{\gamma} < 1$ 是可靠的，这意味着存在一个时变的外汇风险溢价。

套利交易

到目前为止，我们已经讨论了一对货币的情况，具体为美元和欧元。另一种研究方法是同时考虑多种货币。外汇套利交易是一种投资策略，它做多短期利率高的货币，做空（借用）低利率的货币。套利交易可以以美元中性的方式实施，在这种情况下，长期和短期货币组合中只有美元以外的货币。另外，套利交易允许持有美元头寸，在这种情况下，美元在策略的空方内往往是一种“融资货币”，因为美元利率通常低于全球平均利率。

如果 UIP 持有的所有货币对常数项都等于零，则套利交易将不会盈利，但上述经验上 UIP 的不成立在套利交易中意味着正的历史平均收益率。Lustig 和 Verdelhan（2007）发表了关于套利交易的学术文献，他们研究了按利率水平排序的货币组合的平均收益率。这种方法类似于按照账面价值/市场价值比率等特点来构建股票组合，这就把最近的学术工作的重点从特定货币对的时间序列回归转移到横截面货币收益分析中去了。

由于各国的利率差异数据表现极为持久，套利交易组合包含做多和做空头寸。例如，自 20 世纪 90 年代以来，日本的利率一直很低，而澳大利亚的利率很高，因此，套利交易一直是做空日本头寸并且做多澳大利亚头寸。Hassan 和 Mano（2015）表明，持续的头寸是对套利交易整体盈利能力的重要贡献者。这对于美元中性的套利交易尤其如此，因为当美元是货币对中的货币之一时，UIP（在允许自由常数条件的测试中）的不成立是最强的。

套利交易对短期利率的跨货币差异做出反应。还有可能投资于以收益曲线陡峭的货币计价的较长期债券，但 Lustig、Stathopoulos 和 Verdelhan（2016）发现，这种策略不会带来高于平均的收益率。习题 8.4 要求分析这个事实的影响。

8.5.2　本国和外国 SDF

上述分析可以用随机折现因子［Backus、Foresi 和 Telmer（2001）］的语言来重述。对于任何以美元计价的资产的收益率，资产定价的基本方程式是：

$$1 = \mathrm{E}_t[M_{t+1}(1+R_{t+1})].$$

其中，M_{t+1}通常是以美元计价的 SDF。同样，对于以欧元计价的任意资产收益率，基本等式都描述了欧元的随机折现因子。

用星号表示欧元收益率和欧元 SDF，我们得到：

$$1 = \mathrm{E}_t[M^*_{t+1}(1+R^*_{t+1})]. \tag{8.90}$$

欧元计价的资产也可以用来获得以美元计价的收益率，方法是在时间 t 按即期汇率 Q_t 将美元兑换成欧元，在时间 $t+1$ 收到欧元的收益，并在时间 $t+1$ 按即期汇率 Q_{t+1}将欧元换回美元。这意味着：

$$1 = \mathrm{E}_t\left[M_{t+1}\left(\frac{Q_{t+1}}{Q_t}\right)(1+R^*_{t+1})\right]. \tag{8.91}$$

式（8.90）和式（8.91）链接美元和欧元计价的随机折现因子。在完全市场中，任何货币单位计价的 SDF 是独一无二的，所以我们有更强的陈述：

$$M^*_{t+1} = M_{t+1}\left(\frac{Q_{t+1}}{Q_t}\right), \tag{8.92}$$

或以对数形式：

$$m^*_{t+1} - m_{t+1} = q_{t+1} - q_t. \tag{8.93}$$

对数汇率的变动，相当于以不同货币计价的对数 SDF 的相对变动。

在远期市场上买入欧元并在现货市场上销售，是一种零成本的投资策略，每欧元购买都实现了（$Q_{t+1} - F_t$）的美元收益。因此，资产定价的基本方程式意味着：

$$0 = \mathrm{E}_t[M_{t+1}(Q_{t+1} - F_t)] = \mathrm{E}_t\left[M_{t+1}\left(\frac{Q_{t+1}}{Q_t} - \frac{F_t}{Q_t}\right)\right]. \tag{8.94}$$

如果第二个等式成立，我们可以将式（8.94）中的零成本收益率除以 t 时刻已知的任何变量（有效地重新制定投资策略），而不改变等式。

重新排列并使用完全市场条件式（8.92）：

$$\left(\frac{F_t}{Q_t}\right)\mathrm{E}_t[M_{t+1}] = \mathrm{E}_t\left[M_{t+1}\left(\frac{Q_{t+1}}{Q_t}\right)\right] = \mathrm{E}_t[M^*_{t+1}]. \tag{8.95}$$

对等式取对数并且假设条件对数正态：

$$\begin{aligned} f_t - q_t &= \log \mathrm{E}_t[M^*_{t+1}] - \log \mathrm{E}_t[M_{t+1}] \\ &= (\mathrm{E}_t m^*_{t+1} - \mathrm{E}_t m_{t+1}) + L_t(M^*_{t+1}) - L_t(M_{t+1}) \\ &= (\mathrm{E}_t m^*_{t+1} - \mathrm{E}_t m_{t+1}) + (\sigma^{*2}_{mt} - \sigma^2_{mt})/2. \end{aligned} \tag{8.96}$$

其中第二行使用了式（4.58）的熵的定义，第三行使用了熵等于对数正态分布随机变量的一半方差这一事实。

式（8.96）在对数 SDF 的条件均值和方差下将对数远期即期差异与跨国家差异联系起来。式（8.96）右边的第一项由式（9.93）可知，是对数即期汇率的期望变化量。第二项根据式（8.88），必须是外汇的对数风险溢价的负值。

法马的条件现在可以用 SDF 来重新表述。为了解释对无抛补利率平价的偏离，条件对数 SDF 方差的跨国差异必须有足够大的变动，而且这些变动必须与条件对数 SDF 的跨国差异充分相关。最近的平衡汇率模型，如 Farhi 和 Gabaix（2016）使用的罕见的灾害框架，故意校准以满足这些条件。

多国禀赋模型

一类均衡模型假设每个国家有代表性的参与主体，其标准效用函数定义在一个消费的禀赋上。金融市场是完全的，但两国没有机会进行商品贸易（或者说，禀赋过程是已经进行过的贸易的结果）。国内货币的 SDF 被解释为国内代理的 SDF（单位为国内产品），国外货币的 SDF 被解释为国外代理的 SDF（单位为国外产品）。这种类型的模型是按实际值指定的，并假定在这两个国家都没有通货膨胀。

Verdelhan（2010）提出了法马的假设成立的一个平衡模型。Verdelhan 运用了第 6 章讨论的 CC 习惯形成模型，该模型根据 Campbell 和 Cochrane（1995）的建议，修改为允许实际利率变化。在修正模型中，稳态剩余消费比率满足：

$$\overline{S} = \sigma_c \sqrt{\frac{\gamma}{1 - \phi - B/\gamma}}. \tag{8.97}$$

其中，σ_c 是消费增长的标准偏差，ϕ 是对数剩余消费率的持久性，γ 是效用函数的曲率，B 是一个自由参数，它在 CC 模型中设置为零。模型的所有其他等式不变。短期国内实际利率等于：

$$y_t = \overline{y} - B(s_t - \overline{s}). \tag{8.98}$$

它与对数剩余消费比率呈线性关系，在国外也有类似的方程式。在每个国家，对数 SDF 的条件方差与该国家的原 CC 模型中的对数剩余消费比率呈线性关系。①

---

① 对式（6.94）进行平方可得到 Log SDF 的条件方差和剩余消费比率对数的线性关系。

Verdelhan 假设两个对称的国家有相同的偏好参数和相同的禀赋过程动态。在这些假设下，对数利息差异是：

$$y_t^* - y_t = -B(s_t^* - s_t) \tag{8.99}$$

（或者说，对数远期即期汇率差 $f_t - q_t = B\ (s_t^* - s_t)$），以及外汇的风险溢价为：

$$\mathrm{E}_t q_{t+1} - f_t = \frac{\gamma^2 \sigma_c^2}{\overline{S}^2}(s_t^* - s_t). \tag{8.100}$$

式（8.86）是 UIP 的回归试验的第一个问题，是外汇上已实现的超额对数收益对利率差异的回归。回归系数为 $-\gamma^2\sigma_c^2/B\overline{S}^2 = 1 - \gamma\ (1 - \phi)\ /B$。当 $B < 0$ 时，它将超过 1，这与经验证据相匹配。直觉上，在式（8.99）中，由于 B 是负的，一个国家的经济衰退降低了该国的利率，高息差往往与国内经济衰退有关。国内经济衰退通过使得在国内的对数 SDF 比国外的对数 SDF 波动更大，也增加了外汇的风险溢价，从而使对数汇率与本国边际效用的相关性比与外国边际效用的相关性更高。因此，高息差与高外汇风险溢价有关。①

尽管多国的禀赋模型中市场是完全的，它们仍面临着一些挑战。对风险资产的夏普比率和第 4 章中所探讨的波动性的界限意味着，无论计量的货币是什么，对数 SDF 每年都有 0.5 的标准偏差。Brandt、Cochrane 和 Santa-Clara（2006）观察到，在这种波动性的对数 SDF 中，除非对数 SDF 在各国之间高度相关，否则实际汇率将非常不稳定。式（8.93）意味着对数汇率的条件方差是以欧元和美元计价的对数 SDF 的方差的总和，而不是它们之间的协方差的两倍。同样，两个对数 SDFs 的方差相等，则对数汇率的条件方差是 $2\sigma_m^2\ (1 - \mathrm{Corr}\ (m,\ m^*))$。获取对数汇率的实际条件标准偏差，例如 0.1，对数汇率的条件方差必须

① 如果系数 B 是正，则它必须足够小，使得式（8.97）中的稳态剩余消费比率能够被定义。这就要求 $\gamma\ (1 - \phi)\ /B > 1$，使得法马的回归测试（8.86）的系数为负。这样，Verdelhan 模型就不会产生式（8.86）中 0 和 1 之间的回归系数。

为 0.01。对于每个对数 SDF 有 0.5 标准偏差的情况，它们之间的相关性必须是 0.98。这样一个高跨国相关性的对数 SDF 似乎很难与消费增长和宏观经济条件之间的相当低的相关性相协调，虽然 Colacito 和 Croce（2011）争辩说，在长期风险模型中这是可以实现的，这个模型下，每个国家的投资者都有爱泼斯坦 - 兹恩偏好，而长期预期的消费增长在各国之间有着高度的相关性。

一个相关的观点是，这些模型对限制国家间贸易的力量保持沉默。如果本国禀赋相对于其他国家下降，同时金融市场是完全的，那为什么货物不从国外流向本国？为了解决这些问题，我们需要探讨具有不可贸易商品或可贸易商品的运输成本的更丰富的国际经济模型。在合理的运输成本下，货物的流动倾向于增加国内外对数 SDF 之间的相关性，从而有助于解释汇率的相对稳定性。①

最后，多国禀赋模型并不能描绘真实与名义汇率行为之间的相互作用。Mussa（1986）指出，固定名义汇率制度与稳定的实际汇率有关，而灵活的名义汇率制度则与波动的实际汇率有关。建立一个与此模式相一致的方式解释货币风险溢价的资产定价模型，仍然是一个悬而未决的挑战。

由国内 SDF 定价外币

了解外汇风险定价的另一种方法是利用国内投资者的 SDF 和汇率协方差的经验。虽然这将如何在一般均衡中确定实际汇率和名义汇率的问

① Brandt、Cochrane 和 Santa-Clara（2006）描述此问题：“风险分担要求没有摩擦成本的商品市场。集装箱货轮和 24 小时交易一样是风险分担创新。设想地球和火星在完全和无成本资本市场通过无线电进行交易，如果火星享受正冲击，在地球的火星资产拥有者会高兴地期待其收益。但是地球和火星间的交易还是不可能，所以实际火星和地球的汇率必须精确调整到抵销这个净收益。最后，地球的边际效用增长必须反应地球资源，火星也是一样。” Ready、Roussanov 和 Ward（2016）为运输费用建立模型。Powers（2015）以及 Farhi 和 Gabaix（2016）为非交易产品生产和套息交易的关系建立模型。

题放在一边暂不考虑，但它可以提供有用的见解。例如，Lustig 和 Verdelhan（2007）使用在第 6.8 节讨论的 Yogo（2006）的耐用商品的消费 CAPM 模型，并表明在这个模型中，SDF 根据利率对货币投资组合进行定价。类似地，Campbell、Serfaty-de Medeiros 和 Viceira（2010）表明，像澳元这样具有高平均利率的货币，也往往与全球股票市场有较高相关性。按利率组合的货币组合，已成为越来越受欢迎的测试资产，它们可用于评估本书中讨论的任何资产定价模型的性能。

8.6 延伸练习

本章提出了一个非正式问题：要求解释在对数 EH 下，即使该模型指出高收益率差异预示着长期债券收益率上升［式（8.23）］，一个异常高的收益率差异如何回归到正常水平？答案是，根据对数 EH 的第二个含义，式(8.25)，短期利率上升会更快，所以收益率差异会恢复到其平均值。

习题 8.1 收益率曲线的 NS 模型

收益率曲线的前三个主要组成部分在经验上被认为可以解释债券收益率的几乎所有横截面变化。这些主要成分近似地对应于收益率曲线的平均水平、斜率和曲率。Nelson 和 Siegel（NS，1987）提出以下函数形式作为收益曲线的近似：①

$$y_{nt} = x_{1t} + x_{2t}\frac{1}{\lambda n}(1-(1-\lambda)^n) + x_{3t}\left(\frac{1}{\lambda n}(1-(1-\lambda)^n)-(1-\lambda)^{n-1}\right). \tag{8.101}$$

① Nelson 和 Siegel（1987）最初提供了静态的，连续收益率曲线模型。Diebold、Li 和 Yue（2008）指出 x_{1t}、x_{2t} 和 x_{3t} 可以按滞后动态因子解释。

收益率曲线的 NS 规范是收益曲线的一种简单近似，它具有足够的灵活性，足以捕捉到收益曲线的各种观测形状。同时它非常适合许多国家的收益率截面。因此，它在金融从业人员和中央银行中得到广泛应用。

（1）绘制因素 x_{1t}、x_{2t}和 x_{3t}作为期限 n（以月为单位）的函数，$n \geqslant 1$，$\lambda = 0.06$。描述它们的形状和它们在 $n = 1$ 和 $n \to \infty$ 时的价值。短期利率 y_{1t}和无限期债券的利率 $\lim_{n \to \infty} y_{nt}$的值是？

（2）对于每个因素，解释它主要影响收益率曲线的短期、中期还是长期成分。解释为什么 x_{1t}、x_{2t}和 x_{3t}分别被称为收益率曲线的水平、斜率和曲率因子。参数 λ 如何影响每个因素的作用？

（3）即使原始 NS 规范（8.101）不强加套利不存在的条件，Christensen、Diebold 和 Rudebusch（2011）表明，在小的调整下，NS 收益率曲线对应于一类无套利基本仿射三因子模型。假设状态向量 $x_t = [x_{1t}, x_{2t}, x_{3t}]'$基于风险中性测度的进化：

$$x_{t+1} = \mu^* + \begin{bmatrix} 1 & 0 & 0 \\ 0 & 1-\lambda & \lambda \\ 0 & 0 & 1-\lambda \end{bmatrix} x_t + \Sigma \varepsilon_{t+1}^{Q}. \tag{8.102}$$

其中，μ^* 和 Σ 是无限制的。此外，$y_{1t} = x_{1t} + x_{2t}$。第 8.3.3 节的结果表明，在这些假设下，收益率曲线由 NS 曲线［式（8.101）的右端］加上一个特定期限的常数 C_n 给出。

提示：利用式（8.102）中的 x_{1t}符合随机游走过程，而 x_{2t}和 x_{3t}的演变不依赖于 x_{1t}的水平这一事实。

习题 8.2　一种体制转换的期限结构模型

考虑以下模型的对数随机折现因子：

$$m_{t+1} = -x_t - \beta \xi_{t+1}. \tag{8.103}$$

$$x_{t+1} = \phi x_t + \xi_{t+1}. \tag{8.104}$$

（1）在时间 t 时的已知信息的条件下，随机折现因子 M_{t+1}服从对数正态分布吗？在时间 t 时的已知信息以及在时间 $t+1$ 时可能发生的状态（1 或 2）的信息的条件下，它服从对数正态分布吗？

（2）求解一期零息票债券收益率，$1+Y_{1t}$。证明对数短期收益率 $y_{1t} \equiv \log(1+Y_{1t})$，是状态变量 x_t 的线性函数。

（3）使用递归定价方程（8.29），请表明所有的对数债券收益率是 x_t 的线性函数。推导如式（8.36）中将对数 n 期债券价格与状态变量 x_t 关联起来的斜率系数 B_n 的表达式。与状态变量呈线性关系的对数债券收益率的模型的标准名称是什么？是什么使此模型的属性与其他模型不同？

（4）以下哪种现象是由这个模型显示的？并解释原因。

①利率期限结构中的时变风险溢价。

②改变利率的波动性。

③利率变动的超额峰值。

④不同期限债券收益的不完全条件关联。

习题 8.3　隐藏因子

考虑以下两因子基本仿射期限结构模型：

$$m_{t+1} = -x_t - \frac{1}{2}\left(\alpha^2 + \beta^2\right) z_t^2 - \alpha z_t \varepsilon_{t+1} - \beta z_t \eta_{t+1}. \tag{8.105}$$

$$x_{t+1} = \mu_x + \varphi_{xx} x_t + \varphi_{xz} z_t + \sigma_x \varepsilon_{t+1}. \tag{8.106}$$

$$z_{t+1} = \mu_z + \varphi_{zx} x_t + \varphi_{zz} z_t + \sigma_{z\varepsilon} \varepsilon_{t+1} + \sigma_{z\eta} \eta_{t+1}. \tag{8.107}$$

其中，ε_{t+1} 和 η_{t+1} 是独立的标准正态随机变量。假设 σ_x，$\sigma_{z\varepsilon}$，$\sigma_{z\eta} > 0$，x_{t+1} 和 z_{t+1} 服从稳定的过程。

（1）我们为什么称这种模型为“基本仿射”？计算短期利率 y_{1t}，以及对数 SDF 的条件方差 $\mathrm{var}_t(m_{t+1})$。解释为什么 z_t 可以理解为市场整体风险的价格。期望假说在这个模型中成立吗？

（2）猜想对数债券价格与状态变量呈仿射关系：

$$p_{nt} = A_n + B_{x,n}x_t + B_{z,n}z_t. \tag{8.108}$$

推导出基于风险中性测度 Q 的状态变量运动定律（等价鞅测度）。

（3）直观地解释为什么当且仅当因素 z_t 在风险中性测度下不影响 x_t 的动态时，它从当前期限结构中被隐藏。使得因素 z_t 从期限结构中被隐藏的对式（8.105）到式（8.107）的参数的限制是什么？如果 z_t 被隐藏，当前期限结构是否有可能预测 z_t 的未来值？在这个习题的其余部分中，假设 z_t 是隐藏的。

（4）使用债券的递归定价方程（8.29）来求解价格函数（8.108）中的系数。

（5）计算超额收益 $r_{n,t+1} - r_{1,t+1}$。证明条件期限溢价 $E_t[r_{n,t+1} - r_{1,t+1}] + (1/2)\,Var_t(r_{n,t+1})$，与 z_t 成正比。解释期限溢价表达式中的术语和符号。为什么 σ_{ze} 和 $\sigma_{z\eta}$ 不影响期限溢价？最后，请解释在第（3）题中推导出的参数限制的直觉。

习题 8.4　套利交易风险溢价的期限结构

Lustig、Stathopoulos 和 Verdelhan（2016）研究了长期限债券的套利交易策略的盈利能力。其中一项策略涉及利用高（低）本币期限溢价［即陡峭（扁平）收益曲线］的货币长期（短期）期限的政府债券。他们发现，在 G10 国家，这些策略的平均收益率接近于零，这与传统套利交易在收益率曲线的短尾（期限短的债券）的高风险溢价形成鲜明对比。[①] 同样地，他们发现，用同样的货币表示的长期政府债券风险溢价的差异是不显著的。

在这个练习中，我们探讨这一发现对各国的边际效用递减的影响，

① 这个结果对其他货币组合一样成立，例如，在投融资货币组合是基于短期利率来选择的情形下。

我们假设是国际金融市场是完全的。

（1）证明外国长期到期债券的以本国货币表示的无风险利率（美元）的对数风险溢价（提前一期预期超额对数收益），可以写成以当地（外国）货币计算的债券的对数风险溢价加上外汇对数风险溢价：

$$\mathrm{E}_t\left[r_{n,t+1}^{*\$} - r_{f,t+1}\right] = \mathrm{E}_t\left[r_{n,t+1}^{*} - r_{f,t+1}^{*}\right] + \mathrm{E}_t\left[q_{t+1} - f_t\right]. \qquad (8.109)$$

（2）证明当金融市场是完全的时，无限期（零息票）外国债券的美元对数风险溢价与无限期国内债券的对数风险溢价之间的差额由下式给定：

$$E_t\left[r_{\infty,t+1}^{*\$} - r_{f,t+1}\right] - E_t\left[r_{\infty,t+1} - r_{f,t+1}\right] = L_t\left(M_{t+1}^{P}\right) - L_t\left(M_{t+1}^{*P}\right). \quad (8.110)$$

我们得出结论，对 SDF 的暂时冲击与具有很长期限债券的套利交易的对数风险溢价无关。

（3）考虑到世界上没有一个国家的定价核存在永久性创新，解释这一结果背后的经济直觉。如果一个国家相对于其他国家的边际效用增长出人意料地高，那么汇率和无限期债券的收益率会如何反应呢？

（4）假设所有国家的 SDF 都暴露在同一组全球危险因素中，且如第 8.3 节所示，这种暴露可以由仿射多因素模型描述。然而，各国可能对这些因素有不对称的接触（而且没有针对具体国家的因素）。其中一些因素只影响 SDF 的永久性部分，其余部分只影响 SDF 的临时部分。实证发现，在收益率曲线的短期内，套利交易风险溢价较高，但随着债券期限的增加，套利交易风险溢价变小，那么各国对这些风险来源的敞口的哪些假设与实证发现相一致？

第 9 章　跨期风险

本章探讨了长期投资者的投资组合选择模型，并讨论其在均衡情况下对资产定价的影响。第 9.1 节提出“在何种情况下投资组合的选择不取决于投资期限”，答案是当它是短视的时候。我们采用与规模无关的爱泼斯坦 - 兹恩偏好假设，该假设要求相对风险厌恶情况与财富情况是独立的。为了排除投资期限的影响，需要不考虑财富变化过程中随着时间的推移产生的再投资行为。在此假设之下，如果相对风险厌恶系数等于 1 或者投资回报是随时间独立分布的，则组合选择是短视的。在效用理论案例中，这些结论自萨缪尔森（1969）时期就为人所熟知。我们直观地选择一种特定情景，假设投资者希望期末效用最大化，投资两期，投资收益符合对数正态分布。

第 9.2 节刻画了一个风险规避系数不等于 1 的永生投资者，如何在利率和风险溢价均随时间变化的情况下进行投资组合选择。该投资者具有爱泼斯坦 - 兹恩消费偏好。本节假定资产回报符合条件对数和同方差假设，该分析延续了 Campbell 和 Viceira（2002）的观点。

第 9.3 节讨论了具有爱泼斯坦 - 兹恩偏好的永生投资者的一阶条件如何用于跨类别进行资产定价。本节发展了 Merton（1973）跨期资本资产定价模型（ICAPM）的近似封闭式离散时间版本。此模型延续了 Campbell（1993）以及 Campbell 和 Vuolteenaho（2004）的近似离散时间模型。该模型首先在同方差的假设条件下开发，然后推广到处理特定类型的异方差情况，在 Campbell 等人（2017）的文章中有记载。

第 9.4 节将第 6 章和第 8 章的观点与本章观点结合起来。该节介绍了风险资产收益率的期限结构概念，并与第 8 章中定义的固定收益证券的收益率做了类比。有证据表明，风险收益率的期限结构呈下降趋势，正如 Lettau 和 Wachter（2007）指出的，这些证据对我们在本书前面所发展的许多资产定价模型提出了挑战。本节还讨论了股票和债券收益率的协同建模方法，特别强调了这些资产类别之间的协方差。

第 9.5 节研究了对长期投资组合选择和跨期资产定价的影响，提及了 Pástor 和 Stambaugh（2012）以及 Cillin-Dufresne、Johannes 和 Lochstoer（2016）的工作成果。

9.1 短视组合选择

如果在某一特定的时间点，投资者无论任何投资期限，均与最优投资组合拥有相同的偏好，则投资组合的选择被认为是短视的。这在概念上不同于恒定的投资组合选择，恒定的投资组合选择是指给定偏好和投资期限的投资者在每个时期持有相同的最优投资组合。组合选择可能是短视的，即使它随着时间的推移不是恒定的。

对数效用和单位风险规避

投资者希望期末财富最大化且具有对数效用可以有短视的投资组合选择。假设投资者具有两个阶段的对数效用曲线，投资者希望最大化投资组合的两期预期对数回报，我们将其写为 $\mathrm{E}_t[r_{p,2,t+2}]$，表示它是从现在起两期对数回报，是连续两个一期的对数回报的加和：

$$\max \mathrm{E}_t[r_{p,2,t+2}] = \mathrm{E}_t r_{p,t+1} + \mathrm{E}_t r_{p,t+2}. \tag{9.1}$$

时间 t 的投资组合权重只影响该表达式中的第一项，而时间 $t+1$ 的组合权重只影响第二项。因此，投资者在时间上最大化第 1 期的收益，与单一周期效用最大化具有相同的目标函数。换言之，投资组合选择是短视的。由于投资机会是随时间变化的，它就不需要是恒定的。

这个结果直接推广到每个时期具有消费对数效用的投资者的情况，以及具有单位相对风险厌恶或者跨期替代弹性的爱泼斯坦 - 兹恩投资者。

随时间推移的独立回报

随着时间的推移，收益分配是独立的，具有收益最大化对数效用曲线的投资者有短视的投资组合选择。此论点是后向归纳法之一。在 T 期投资问题的最后一期，投资者做出了一个单一时期的最优投资组合选择。周期 $T-1$ 结束时的结果值函数是财富的效用函数，具有相同曲率参数和取决于投资机会的比例因子。该值函数可用于求解周期 $T-1$ 的投资组合选择问题，而比例因子不影响求解，因为在独立回报的假设下，比例因子独立于 $t-1$ 的决策。因此，投资者在这一时期也将做出一个单一时期的最佳选择。随着时间的推移，投资组合选择在每个时期都是短视的。

这个结果直接推广到每一期具有效用函数和爱泼斯坦 - 兹恩偏好的投资者的情况。它要求回报随着时间的推移是独立的，但不一定是独立同分布的。如果回报是随时间独立同分布的，那么投资组合的选择随着时间的推移是恒定且短视的。

为了构建具有独立同分布回报的投资组合选择的方案，考虑一个期末财富效用最大化的投资者，面临独立对数同分布的回报。我们将使用第 2 章中开发的投资组合收益近似公式（2.24），使投资组合收益和单个资产收益均为对数。具有效用曲线的投资者需要解决两阶段的均值方差问题：

$$\max \mathrm{E}_t[r_{p,2,t+2}] + \frac{1}{2}\mathrm{Var}_t(r_{p,2,t+2}) - \frac{\gamma}{2}\mathrm{Var}_t(r_{p,2,t+2}). \qquad (9.2)$$

前两项等于投资组合的对数平均总简单回报，第三项是风险修正项。

有了效用函数，投资组合的选择不依赖于财富的多少，所以过去的回报是不相关的。此外，独立同分布的假设意味着没有与预测未来回报相关的状态变量。因此，在不丧失普适性的情况下，我们可以把注意力放在事先选择投资组合各部分的占比上。我们希望表明，这些确定性的组合比例选择是最优恒定的选择。

思考一个简单的例子，投资者在无风险资产和单一风险资产之间分配财富，其风险资产在时间 t 的占比记作 α_t。两阶段投资组合相对于无风险资产的超额对数收益是两个连续的一期超额组合对数收益的和：

$$\begin{aligned} r_{p2,t+2} - 2r_f &= (r_{p,t+1} - r_f) + (r_{p,t+2} - r_f) \\ &= \alpha_t(r_{t+1} - r_f) + \frac{1}{2}\alpha_t(1-\alpha_t)\sigma^2 + \alpha_{t+1}(r_{t+2} - r_f) + \frac{1}{2}\alpha_{t+1}(1-\alpha_{t+1})\sigma^2. \end{aligned} \tag{9.3}$$

其中，第二个等式使用组合回报近似（2.24）。然后在式（9.2）中的两阶段方差是：

$$\text{Var}_t(r_{p,2,t+2}) = \left(\alpha_t^2 + \alpha_{t+1}^2\right)\sigma^2. \tag{9.4}$$

平均对数简单总收益是：

$$\text{E}_t[r_{p,2,t+2}] + \frac{1}{2}\text{Var}_t(r_{p,2,t+2}) = 2r_f + (\alpha_t + \alpha_{t+1})(\text{E}r - r_f + \sigma^2/2). \tag{9.5}$$

式（9.5）表明，对数平均总收益只取决于风险资产的总和（$\alpha_t + \alpha_{t+1}$）。固定这个比例，式（9.4）的方差最小化时 $\alpha_t = \alpha_{t+1}$，一个恒定的投资组合规则。在一个恒定的组合规则中，两阶段问题的平均值和方差都是一阶段问题的两倍，所以 α_t 的最佳选择与一阶段问题相同。

Kritzman（2000）在一篇题为《所有时间投一半股票或所有股票只投一半时间》的文章中提出上述观点。他指出，两种策略的预期回报率都相同，但前者更安全。

不考虑再平衡的短视投资

到目前为止，我们所考虑的模型允许投资者在每一个时期重新平衡自己的投资组合。虽然这是一个现实的假设，但值得推敲一下，如果不允许资产的重新配置，会发生什么。在这种情况下，随着时间的推移，投资机会的变化将导致长期投资者选择与短期投资者不同的初始投资组合权重，即使短期投资者拥有对数效用函数。因为长期投资者必须选择整个投资周期中能够提供最好平均回报的投资组合，不一定是那些最初阶段的最优回报组合。

即使单周期的回报是独立同分布的，随着时间的推移，任何投资策略的回报分布都会随着投资期间的不同而变化，回报会增加。而这又会在投资组合选择上产生期间效应。如果我们假设投资者有爱泼斯坦－兹恩偏好，那么上述影响会消失，单个资产的收益服从对数正态分布，并且我们可以使用第 2 章中提出的组合回报率的近似公式（2. 24）。根据这些假设，所有单个资产收益和任意投资组合的收益都服从对数正态分布。随着期限的增加，对数回报的平均值和方差都随期限呈比例增加，这对爱泼斯坦－兹恩投资者的最优投资组合规则没有影响，这取决于对数正态分布时的平均值与方差的比值。因此，投资组合选择与投资期限无关，即短视。

不幸的是，在上述论点中使用的组合近似是准确的，在短时间间隔时较为准确，在长投资期间过程中的效果会下降。然而，从经验上来说，Barberis（2000）提出，不能重新调整组合的投资者非常接近短视的情况，具有独立同分布回报的现实例子。

9. 2　跨期对冲

9. 2. 1　一个简单的例子

为了弄明白投资组合选择受到长期期限影响的原因，我们首先考虑一个 K 期投资者的投资组合选择问题。投资者的效用函数为对数正态分布。

将此重写为：

$$\max_{\alpha_t}\ E_t[r_{p,t+1}]-\frac{\gamma-1}{2}\mathrm{Var}_t(r_{p_{t+1}})$$

$$+\left\{E_t[r_{p,K,t+K}]-E_t[r_{p,t+1}]\right\}-\frac{\gamma-1}{2}\left\{\mathrm{Var}_t(r_{p,K,t+K})-\mathrm{Var}_t(r_{p,t+1})\right\}. \tag{9.6}$$

最大化的项只是短期投资组合选择，α_t，因为我们作为给定（通常是特定条件下的）投资组合选择规则 $\alpha_{t+j-1},j=2,\cdots,K$，即组合的选择是纯前瞻性的，与规模无关，独立于过去的回报。如果 $K=2$，α_{t+1} 由式（2.28）中的短期投资组合选择规则给出。如果 $K>2$，我们可以使用反向的递推来计算未来的投资组合选择规则。

从式（9.6）中可以很清楚地看出，α_t 的最佳选择仍由最优规则（2.28）的一阶段问题给出。除非 α_t 影响括号中的条件。在大括号中的第一项是 K 阶段和一阶段预期投资组合收益之间的差额，实际上不受 α_t 的影响。这是由于投资组合选择与以往的收益率不相关，并且和预期收益线性有关。然而，短期投资组合选择 α_t，总体而言，对投资组合的长期风险收益的影响，超出了其对下一周期收益方差的影响，即大括号中的第二项。这是最佳长期投资规则背离短视规则（2.28）的来源。

我们可以重写长期和短期投资方差之间的差异，使用 $r_{p,K,t+K}=r_{p,t+1}+r_{p,K-1,t+K}$，得到 Var_t（$r_{p,K-1,t+K}$）$+2\mathrm{Cov}_t$（$r_{p,t+1}$，$r_{p,K-1,t+K}$）。

注意 Var_t（$r_{p,K-1,t+K}$）不受 α_t 影响，由于投资组合选择与以往收益相独立，我们可以基于求最大问题的一阶条件（9.6）得出最优投资组合规则：

$$\alpha_t=\frac{\mathrm{E}_t r_{t+1}-r_{f,t+1}+\sigma_t^2/2}{\gamma\sigma_t^2}-\frac{\gamma-1}{\gamma\sigma_t^2}\frac{d\mathrm{Cov}_t(r_{p,t+1},r_{p,K-1,t+1})}{d\alpha_t}. \tag{9.7}$$

式（9.7）的第一项由第2章短期投资组合选择规则式（2.28）得出。第二项被称为“跨期对冲”，是投资组合规则的组成部分。其标志是相对风险厌恶系数高于或低于1，基于第2.1.4节中讨论过的原因：

在我们的假设下，投资者在 K 期交易收益的算术平均值与 K 期收益的方差之间进行抉择。更高的投资组合风险被风险厌恶的代理惩罚，但更高的收益方差也会导致给定预期算术平均回报率较高。更高的组合方差对 $\gamma<1$ 是正向的影响，对于 $\gamma>1$ 是负向的影响。组合规则会相应调整。

为了进一步了解跨期对冲项，请考虑一个简单的两个周期设置，它具有恒定的对数风险溢价和稳定的第2期变化。不确定性的唯一来源是，第2期风险资产收益预期取决于第1期风险资产收益的实现：$E_{t+1}[r_{t+2}]=\bar{r}+\varphi(r_{t+1}-\bar{r})$，其中 $\bar{r}$ 是无条件的平均风险资产回报，$r_{f,t+2}$ 以与 r_{t+1} 同样的规律变化使风险溢价保持恒定。在这样的设置条件下，$Cov_t(r_{p,t+1}, r_{p,t+2})=\alpha_t\varphi\sigma^2$，因此组合需求中的跨期对冲项简单地写作 $-(\gamma-1)\varphi/\gamma$。直观来说，如果 $\varphi>0$，风险资产的第1期收益与未来投资机会的质量正相关。因此，投资于 t 时间的风险资产将增加投资组合的两期波动，当投资机会好时，因为投资者在第2期开始时将有更多的财富投资，在投资机会不好的时候投资，则会获得更少的财富。这对波动性的影响在 $\gamma<1$ 时增加了风险资产的初始投资，如果 $\gamma>1$ 时，会减少风险资产的初始投资。

9.2.2　对冲利率

我们现在研究跨期对冲在更复杂的环境中的影响。假设一个投资者拥有无限的投资期限和爱泼斯坦－兹恩偏好，消费流完全从投资财富和投资资产回报中产生。这个分析与第6.4节中讨论的基于消费的资产定价类似（定价是对具有无限生命周期的爱泼斯坦－慈恩效用的代表消费者和一个来自外部消费的进程），但这里观点略有不同。在第6章中，我们将消费视为给定的，并从中推导出对资产收益的影响；在这里，我们把资产收益作为给定的，并从中推导出对消费的影响，特别是对于投资组合选择。

继 Campbell 和 Viceira（2001）的观点之后，我们首先考虑的是利率变化的环境，具有持续的风险溢价和第二次收益。坎贝尔－希勒对投资者预算约束的对数线性近似表明：

$$\begin{aligned}\tilde{c}_{t+1} &= c_{t+1} - \mathrm{E}_t c_{t+1} \\ &= (\mathrm{E}_{t+1} - \mathrm{E}_t)\sum_{j=0}^{\infty}\rho^j r_{p,t+1+j} - (\mathrm{E}_{t+1} - \mathrm{E}_t)\sum_{j=1}^{\infty}\rho^j \Delta c_{t+1+j}.\end{aligned} \tag{9.8}$$

与前文一样，波浪号表示对随机变量的创新。ρ 是一个对数线性系数，这里等于 $1-\exp(\mathrm{E}(c_t - w_t))$。在跨期替代弹性等于 1 的特殊情况下，消费－财富比是恒定的，等于 $(1-\delta)$，对数线性系数 $\rho=\delta$，δ 是投资者的时间折扣因子。

由于资产回报率的方差和协方差是恒定的，预期的消费增长满足：

$$\mathrm{E}_t[\Delta c_{t+1}] = \mu + \psi \mathrm{E}_t r_{p,t+1}. \tag{9.9}$$

其中，截距项 μ 代表所有预防性储蓄效果。然后预算约束可以重写为：

$$\tilde{c}_{t+1} = \tilde{r}_{p,t+1} + (1-\psi)(\mathrm{E}_{t+1} - \mathrm{E}_t)\sum_{j=1}^{\infty}\rho^j r_{p,t+1+j}. \tag{9.10}$$

拥有爱泼斯坦－兹恩偏好的一阶投资组合选择条件，式（6.46），是：

$$\mathrm{E}_t r_{i,t+1} - r_{f,t+1} + \frac{\sigma_t^2}{2} = \theta\frac{\mathrm{Cov}_t(r_{i,t+1}, c_{t+1})}{\psi} + (1-\theta)\mathrm{Cov}_t(r_{i,t+1}, r_{p,t+1}). \tag{9.11}$$

用式（9.10）替换消费和简化使用 $\theta = (1-\gamma)/(1-1/\psi)$，我们发现：

$$\mathrm{E}_t r_{i,t+1} - r_{f,t+1} + \frac{\sigma_t^2}{2} = \gamma\,\mathrm{Cov}_t(r_{i,t+1}, r_{p,t+1}) + (\gamma-1)\mathrm{Cov}_t\left(r_{i,t+1}, (\mathrm{E}_{t+1} - \mathrm{E}_t)\sum_{j=1}^{\infty}\rho^j r_{p,t+1+j}\right). \tag{9.12}$$

第一项将任何资产所需的风险溢价和资产收益的协方差与整个投资组合的收益进行关联，像静态均值方差分析中一样。第二项表示跨期对冲效应，这是本章的重点。它的标志是风险厌恶 γ 是否大于或小于1，具体原因在前文中已经讨论过。

式（9.12）有一个重要的属性，将在本章中反复提到。所需的风险溢价取决于投资者的相对风险厌恶系数 γ，但并不直接依赖于跨期替代弹性 ψ。[①] 在风险由消费的协方差度量时，ψ 直接影响风险价格，就像在式（9.11）中一样。当消费被替换出模型时，此参数会被去除。

我们假设风险溢价是恒定的，因此所有资产的回报率与无风险利率一起平移。因此：

$$(\mathrm{E}_{t+1}-\mathrm{E}_t)\sum_{j=1}^{\infty}\rho^j r_{p,t+1+j}=(\mathrm{E}_{t+1}-\mathrm{E}_t)\sum_{j=1}^{\infty}\rho^j r_{f,t+1+j}. \tag{9.13}$$

此模型中的跨期对冲需求取决于资产收益的协方差与预期未来无风险利率的修正。

在一个简单的投资组合选择问题中假设与一个风险资产的回报 r_{t+1} 和组合权重 α_t：

$$\mathrm{Cov}_t(r_{t+1},r_{p,t+1})=\alpha_t\sigma_t^2. \tag{9.14}$$

将式（9.13）和式（9.14）代入式（9.12），我们发现：

$$\alpha_t=\frac{1}{\gamma}\frac{\mathrm{E}_t r_{t+1}-r_{f,t+1}+\sigma_t^2/2}{\sigma_t^2}+\left(1-\frac{1}{\gamma}\right)\frac{\mathrm{Cov}_t\left(r_{t+1},-(\mathrm{E}_{t+1}-\mathrm{E}_t)\sum_{j=1}^{\infty}\rho^j r_{f,t+1+j}\right)}{\sigma_t^2}. \tag{9.15}$$

式（9.15）的第一项是短视组合的权重，由式（2.28）得出，第二项是利率对冲项。如上所述，这两项都涉及风险规避参数 γ，但不是跨期替代 ψ 的弹性。第二项在风险规避 $\gamma=1$ 时为零，随着风险规避值的增加而逐步增加。换言之，保守投资者承担的风险主要由跨期对冲来决定，而不是由投机欲赚取风险溢价的需求决定。

---

① 因为一般来说线性对数系数 ρ 依赖于 ψ，所以对 ψ 有一个间接效应。Campbell 和 Viceira（1999）在下一个部分讨论的相关模型中用数值方法证明这个间接影响很小。

长期投资者的无风险资产是什么

一个关心单期收益的投资者在风险规避系数增加的时候，会将其单期在风险资产中的投资权重降低到零。然而，通常不在这里考虑无限投资期限的投资者的情况。在限制无限风险规避参数的情况下，无限地期限投资者在单期风险资产中风险资产的投资权重不是零，而是：

$$\alpha_t = \frac{\mathrm{Cov}_t(r_{t+1}, -(\mathrm{E}_{t+1}-\mathrm{E}_t)\sum_{j=1}^{\infty}\rho^j r_{f,t+1+j})}{\sigma_t^2}. \tag{9.16}$$

我们可以用对数线性的价格公式来解释这一结果，这是基于第8.1.3节中的永续年金（考虑通胀率）的息票债券的分析结果得到的。当风险溢价保持不变时，考虑通胀率的永续年金的实际收益率，简写为IIP，与预期未来无风险实际利率有关，如下式：

$$y_{IIP,t} = \mu_{IIP} + (1-\rho_{IIP})\mathrm{E}_t\sum_{j=0}^{\infty}\rho_{IIP}^j r_{f,t+1+j}. \tag{9.17}$$

永续年金的收益率为：

$$\begin{aligned} r_{IIP,t+1} &= \frac{1}{1-\rho_{IIP}}y_{IIP,t} - \frac{\rho_{IIP}}{1-\rho_{IIP}}y_{IIP,t+1} \\ &= r_{f,t+1} + \mu_{IIP} - (\mathrm{E}_{t+1}-\mathrm{E}_t)\sum_{j=1}^{\infty}\rho_{IIP}^j r_{f,t+1+j}. \end{aligned} \tag{9.18}$$

其中，μ_{IIP}代表恒定的风险溢价，同时$\rho_{IIP} \equiv 1-\exp\{\mathrm{E}(-p_{IIP,t})\}$，$p_{IIP,t}$是永续年金对数“股息”的价格，包括其当前的利息。式（9.18）的第一个等式等价于式（8.16），当永续年金的久期等于1/（$1-\rho_{IIP}$）时。

因此，如果从单一周期角度看，风险资产是考虑通胀率的永续年金，如果$\rho=\rho_{IIP}$，我们得到无限风险规避的投资者具有$\alpha=1$的特性。我们可以证明当$\psi=0$时，$\rho=\rho_{IIP}$，同时无限风险规避投资者有为零的跨期替代的弹性（与具有效用函数的情况一样）。在这种情况下，投资者需要一个无风险且平坦的消费路径，这由一个固定利息的永续年金提供。这表明，一个无限期生存的投资者对风险的看法与只投资单一时期的投资者截然不同。一个无限期生存投资者的无风险资产不是国债，而是真正的永续年金。

多项风险资产

简要地概括上述分析，以处理具有多个风险资产且不存在完全安全的短期资产的投资组合选择问题。在这种情况下，我们可以将任意资产定义为基准资产，并将其回报写为 $r_{0,t+1}$。基准资产的常规选择是国债，它没有名义上的短期风险，只有适度的短期风险。其他资产的组合权重 α_t 由下式得到：

$$\alpha_t = \frac{1}{\gamma}\Sigma_t^{-1}(\mathrm{E}_t r_{t+1} - r_{0,t+1}\iota + \sigma_t^2/2) + \left(1 - \frac{1}{\gamma}\right)\Sigma_t^{-1}(\sigma_{ht} - \sigma_{0t}). \quad (9.19)$$

其中，$\sum_t$ 是在基准资产上对风险资产超额收益的方差－协方差矩阵，δ_t^2 是这些超额收益的方差向量（$\sum_t$ 的主对角线），σ_{0t}是每一个风险资产的超额收益与基准回报率的方差的向量，δ_{ht}是当预期的未来基准回报修正之后，风险资产回报的方差向量：

$$\sigma_{ht} \equiv \mathrm{Cov}_t\left(r_{t+1}, -(\mathrm{E}_{t+1} - \mathrm{E}_t)\sum_{j=1}^{\infty}\rho^j r_{0,t+1+j}\right). \quad (9.20)$$

我们可以进一步允许借贷和短期卖出限制，减少可用资产。由于投资组合权重是恒定的，因此在允许借贷和短期卖出的情况下，问题的答案与无约束条件时一致，差异只是可用资产有所减少。

在资产分配难题中的应用

Campbell 和 Viceira（2001）将上述分析应用于 Canner、Mankiw 和 Weil（1997）的资产分配难题。回顾表 2.1 的内容，财务顾问倾向于向更保守的投资者推荐更高的债券投资以替换股票投资。在单周期模型中，这违反了托宾（1958）的共同基金理论。然而，在一个无限投资期限的模型中，它或许反映了长期债券对冲实际利率的下降的能力，这意味着长期债券能够提供稳定的长期收入。

为了刻画名义和实际利率、通货膨胀和股票收益的真实动态情况，Campbell 和 Viceira 设计了第 8 章中讨论的一种简单的仿射期限结构模型。该模型具有恒定的风险溢价，但为多因子模型。在第 8.3.2 节的单因素同方差模型中，对数随机折现系数的条件期望是由 AR(1) 状态变量 x_t 决定的。x_t 等于对数无风险实际利率。同样，预期的对数通货膨胀率是由 AR (1) 状态变量 z_t 决定的。对对数 SDF、对数实际利率，以及实际和预期的对数通货膨胀率的冲击都可以相互关联。以简化的形式建立模型，股票的回报率与对对数 SDF 和对数实际利率的冲击呈线性相关。

Campbell 和 Viceira 假定这个模型使用两个样本期间的季度数据，长期样本区间是 1952 年第 1 季度到 1999 年第 2 季度，短期样本区间是 1983 年第 1 季度到 1999 年第 2 季度。在长期样本区间抽样中，包括 20 世纪 70 年代的通货膨胀和 20 世纪 80 年代的通货紧缩，预计的通货膨胀比率是高度持续的，而实际利率的波动相对短暂。在短期样本中，仅在任命保罗·沃尔克为美联储主席之后，才包含强烈的反通胀货币政策时期，实际利率估计高度连续，预期通胀率相对短暂。这两个样本期的对比说明了对长期投资组合选择的影响。

表 9.1 报告了 Campbell 和 Viceira 使用长期样本和短期样本模型计算出的最佳投资组合权重，并假设了短期卖出和借款的限制。在每种情况下，投资者可获得的资产类别为股票、长期名义债券和国债（类“现金”）。在两种模式下，追求效用最大化的投资者投资了股票，但随着风险规避要求的增加，这类相对风险较高的资产变得不那么有吸引力。这两种模式的不同之处在于，保守的长期投资者转向投资其他资产。在长期样本模型中，未来实际利率的不确定性相当有限，而持续的通货膨胀使得长期债券在各期限都有风险，因此保守的长期投资者大多持有现金。在短期样本模型中，实际利率的持续变化使得长期投资者的现金风险很大，而通货膨胀大多是暂时的，因此名义债券是通胀指数债券的很好的替代品；因

表 9. 1　Campbell 和 Viceira（2001）的长期资产配置模型

γ	长期样本		短期样本	
	股票	债券	股票	债券
1	100	0	100	0
2	100	0	87	13
5	73	6	36	64
10	35	8	19	81
5000	0	10	1	98

此，保守的长期投资者持有一份几乎完全投资于长期债券的投资组合。Campbell 和 Viceira 还表示，如果提供了通胀指数债券，如 1997 年首次发行的 TIPS，保守的长期投资者不管通货膨胀或实际利率如何，都会持有此资产。因此，如果两个债券，一个受到通货膨胀的影响，另一个处于通货膨胀能够被金融管理局控制得比较好的环境中，长期投资组合选择理论有可能解释资产配置难题。

9. 2. 3　对冲风险溢价

一般而言，长期投资者可能希望对冲风险溢价的时间变化以及无风险实际利率的时间变化。在本节中，我们首先用一个简单的例子来说明这一点。基于 Kim 和 Omberg（1996）以及 Campbell 和 Viceira（1999）的论述，假设无风险利率是恒定的，但单一风险资产的风险溢价是时变的。然后，我们概括地考虑了多风险资产预期收益的时间变化，并简要讨论了长期投资组合选择问题的替代方法。

具有 AR（1）风险溢价的单一风险资产

我们假设一个恒定的对数无风险率 r_f，一个具有对数回报 r_{t+1} 的风险资产。意外的非预期的风险回报被写成：

$$r_{t+1} - \mathrm{E}_t r_{t+1} = u_{t+1}. \tag{9.21}$$

我们将风险溢价写为 x_t，并假定它遵循 AR（1）过程：

$$E_t r_{t+1} - r_f + \frac{\sigma_u^2}{2} = x_t. \tag{9.22}$$

$$x_{t+1} = \mu + \phi(x_t - \mu) + \eta_{t+1}. \tag{9.23}$$

我们允许冲击 u_{t+1} 和 η_{t+1} 相关。如果 $\sigma_{\eta u} < 0$，然后股票收益显示出均值回归——负向自相关和一个长期的无条件方差小于 1 的特性，如第 5.1.1 节的讨论。

风险与投资期限

Pastor 和 Stambaugh（2012）指出，即使在均值回归的情况下，即使所有模型参数都是已知的，风险资产收益的年条件方差也不需要随投资期限单调下降。期限效应对条件方差和无条件方差的差异来自随时间变化的条件平均值。因此，我们有（$r_{t+1} - Er_{t+1}$）=（$r_{t+1} - E_t r_{t+1}$）+（$E_t r_{t+1} - Er_{t+1}$），这些组件非条件不相关，得到：

$$\mathrm{Var}(r_{t+1} - Er_{t+1}) = \mathrm{Var}(r_{t+1} - E_t r_{t+1}) + \mathrm{Var}(E_t r_{t+1} - Er_{t+1}), \tag{9.24}$$

缩写为：

$$\sigma_1^2 = \sigma_{u1}^2 + \sigma_{e1}^2. \tag{9.25}$$

同样，在 K 期投资的问题上，我们可以得到：

$$\frac{\mathrm{Var}(r_{t,t+K} - Er_{t,t+K})}{K} = \frac{\mathrm{Var}(r_{t,t+K} - E_t r_{t,t+K})}{K} + \frac{\mathrm{Var}(E_t r_{t,t+K} - Er_{t,t+K})}{K}, \tag{9.26}$$

或者写为：

$$\sigma_K^2 = \sigma_{u,K}^2 + \sigma_{eK}^2. \tag{9.27}$$

我们从式（5.3）中知道，在均值回归现象存在的情况下，非条件方差比 σ_K^2/σ_1^2 小于 1：

$$\frac{\sigma_K^2}{\sigma_1^2} = V(K) < 1. \tag{9.28}$$

对于长期投资者来说，一个更相关的问题是多周期风险比率 $\sigma_{u,K}^2/$

$\sigma_{u,1}^2$如何变化，这个参数代表着投资者在做出投资决策时的风险与市场信息的情况，这个比率可以写成：

$$\frac{\sigma_{u,K}^2}{\sigma_{u,1}^2}=V(K)\frac{(1-R^2(K))}{(1-R^2(1))}. \tag{9.29}$$

第 5.3.2 节的分析表明，多周期 R^2 在 AR（1）预测模型中的统计数据为驼峰形状，一开始增加，然后在很长一段时间内向零方向下降。由此得到（$1-R^2$（K））一开始下降，然后最终上升到 1。因此，多周期风险比率先下降，然后增加，最终上升到高于 1，此时需满足 V（K）的极限值不太低，且单周期解释 $R^2(1)$ 足够高。

多周期风险率是否单调是一个实证问题。Campbell 和 Viceira（2002）以及 Campbell、Chan 和 Viceira（2003）的观点如下：目前估计多周期风险比率在总体股票市场是单调下降的，但 Pástor 和 Stambaugh（2012）使用了一个模型，其中单周期的 R^2 比较高，多周期风险比率先下降，然后增加，并高于其初始水平。

我们现在表明，无论多周期风险比率是否单调，AR(1) 模型中的均值回归意味着保守的长期投资者对风险资产具有正向跨期对冲需求。

投资组合选择的解决方案

为了解决一个无限投资期限的爱泼斯坦 - 兹恩投资者的投资组合选择问题，我们猜测解决方案的形式和等式项来求解隐含系数并验证解的形式。我们猜想组合规则在状态变量中是线性的，而消费规则和对数效用函数是二次方的：

$$\alpha_t=a_0+a_1x_t, \tag{9.30}$$

$$c_t-w_t=b_0+b_1x_t+b_2x_t^2. \tag{9.31}$$

把以上猜想写作一个二次函数：

$$V_t=\exp\left[b_0^*+b_1^*x_t+b_2^*x_t^2\right]. \tag{9.32}$$

作为一项非正式的练习，思考为什么在线性组合规则的条件下，效用函数的二次形式是合理的。

系数 $b_0=(1-\psi)\ b_0^*+\psi\log(1-\delta)$。当 ψ 接近于1时，b_0接近于 $\log(1-\delta)$。系数 $b_1=(1-\psi)\ b_1^*$，$b_2=(1-\psi)\ b_2^*$，b_1^* 和 b_2^* 不直接依赖于 ψ。① 因此，当 ψ 接近于1时，系数 b_1 和 b_2接近于0，意味着有恒定的消费－财富比率。

效用函数的系数 b_1^* 和 b_2^* 确定了投资组合的选择解决方案。可以看出，$b_2^*>0$ 且不依赖 μ，而当 $\mu=0$ 时，$b_1^*=0$，并且通常有与 μ 相同的符号。② 要理解这些结果，首先要考虑 $\mu=0$ 的情况。效用函数为对称二次函数，当 x_t 等于非条件平均值取零时，效用函数取最小值。在状态空间的这一点上，风险溢价为零，因此没有任何预期的利润可以通过买卖风险资产来进行。此外，风险溢价预计不会上升和下降。因此，当 x_t 为零时，投资于风险资产的机会是最不值钱的，因此效用函数是最低的。

现在考虑 $\mu>0$ 的情况。然后在效用函数中有一个正线性项，这意味着当 $x_t<0$ 时，可以取到最低值。因为 x_t 预计将回归到其正均值，因此，当它从负值开始比从零开始预计会在未来花费更多的时间接近零。这意味着效用函数的最小值，在这一点投资风险资产的机会是最不值钱的，会发生在轻微的负风险溢价，而不是零风险溢价。

求解投资组合规则中的系数，Campbell 和 Viceira（1999，2002）得到如下结果：

---

① 它们确实依赖于对数线性系数 ρ，这反过来取决于 ψ，但 Campbell 和 Viceira（1999）表明，ψ 的间接效应在现实例子中很小。

② 特性 b_1^* 与 μ 有相同的符号，这一点被 Campbell 和 Viceira（1999）用数值方法验证，但没有被解析方式证明。Kim 和 Omberg（1996）使用一个简单的终端财富幂效用的有限投资期限模型证明了类似的结果。

$$a_0 = \left(1 - \frac{1}{\gamma}\right)(b_1^* + 2\mu(1-\phi)b_2^*)\left(-\frac{\sigma_{\eta u}}{\sigma_u^2}\right), \tag{9.33}$$

$$a_1 = \frac{1}{\gamma\sigma_u^2} + \left(1 - \frac{1}{\gamma}\right)(2\phi b_2^*)\left(-\frac{\sigma_{\eta u}}{\sigma_u^2}\right). \tag{9.34}$$

短视组合规则是 $a_0 = 0$ 和 $a_1 = 1/\gamma\delta_u^2$。式（9.33）和式（9.34）只有在 $\gamma \neq 1$（所以投资者渴望跨期对冲）和 $\sigma_{\eta u} \neq 0$ 时（因此风险资产在跨期对冲中很有用）才会有所不同。

跨期对冲需求一般影响组合规则的截距和斜率。首先考虑截距项，当 $\mu = 0$ 时，$a_0 = 0$。但是，当 $\gamma > 1$，$\mu > 0$ 并且 $\sigma_{\eta u} < 0$ 时，$a_0 > 0$。正截距 a_0 意味着，即使风险溢价为零，投资者也持有风险资产，这在静态模型中永远不会发生，如第 2.1.1 节所述。

这是由于当 $\mu = 0$ 时，效用函数在 $x_t = 0$ 时的斜率为零。投资者对风险溢价的边际变化不关心，因此没有理由增加或减少对冲。从另一方面来说，当 $\mu > 0$ 时，效用函数在 $x_t = 0$ 时是增加的。一个保守的投资者在 $\gamma > 1$ 时，将会通过持有与 x_t 下降反向的价值增加的资产，尝试对冲 x_t 下跌的风险。在均值回归假设下，$\sigma_{\eta u} < 0$ 时，风险资产正好具有此属性。因此跨期对冲可能导致风险规避投资者持有风险资产，此时具有零风险溢价。

继续讨论投资组合规则的斜率，当 $\gamma > 1$ 和 $\sigma_{\eta u} < 0$ 时，a_1 超过短视组合值 $1/\gamma\sigma_u^2$［式（9.34）中的第一项）。这意味着，长期投资者应该比短期投资者更积极地去衡量市场。其原因是，跨期对冲需求的规模随着效用函数斜率的增大而增加，此时 x_t 是增加的。将截距和斜率结果结合在一起，意味着均值回归会增加保守的长期投资者对股票的平均需求，相对于风险厌恶程度相同的短期投资者来说。

西格尔在他的知名著作《股市长线法宝》（1994）中写到：

> 众所周知，从长远来看，股票回报率平均超过债券。但很少有人知道，从长远来看，股票的风险低于债券甚至票据。在短期内，

> 实际股票收益比债券和票据的回报率波动大得多。但随着投资期限的增加，股票回报率的范围比固定收益资产收益区间要窄得多……
>
> 与债券或票据相比，股票从未向投资者提供过超过 20 年或更久的负向实际持有期收益率。虽然持有股票比债券看起来风险更大，但恰恰相反：最安全的长期投资显然是股票，而不是债券。

西格尔从这一点得出结论，即长期投资者应该买入并持有股票，将其不断增加的投资组合分配给股票，分配量应该比短期投资者的分配量更多。作为一项非正式练习，请对这个结论发表评论。

具有向量自回归风险溢价的多风险资产

本节的结果可以推广到多元模型［Campbell、Chan 和 Viceira（2003）］。我们可以定义一个包含收益 $r_{0,t+1}$（不一定是无风险的）的状态向量 z_{t+1}、一个其他资产超过基本资产的超额收益的向量，以及其他状态变量 s_{t+1}，用于预测相关收益：

$$z_{t+1} \equiv \begin{bmatrix} r_{0,t+1} \\ r_{t+1} - r_{0,t+1}\iota \\ s_{t+1} \end{bmatrix}. \tag{9.35}$$

我们假设状态向量遵循 VAR（1）过程：

$$z_{t+1} = \Phi_0 + \Phi_1 z_t + v_{t+1}. \tag{9.36}$$

然后，前面的示例概括如下：

$$\alpha_t = a_0 + A_1 z_t, \tag{9.37}$$

$$c_t - w_t = b_0 + b_1' z_t + z_t' B_2 z_t. \tag{9.38}$$

其中，α_t 是一个组合权重的向量，a_0 和 b_1 是向量，A_1 和 B_2 是矩阵。用数值方法求解非线性方程组，得到这些向量和矩阵系数。

Campbell、Chan 和 Viceira（2003）为股票、名义国债和国库券等资产设计了类似的模型。根据 1953 年第 2 季度到 1999 年第 4 季度的美国季度数据，发现债券和股票的收益率均有均值回归的现象，但由于财政部的利率不确定，美国国债投资的风险随着投资期限的增长而增加。隐含的投资组合规则的特点是，对于股票的平均跨期对冲需求随着风险规避情绪呈驼峰形。对数效用投资者没有跨期对冲需求，而极端保守的投资者在任何情况下都不投资于股票，因此股权溢价的变化与其投资机会不相关，不必跨期对冲。

反之，对债券的跨期对冲需求是 U 形的。在中等风险规避的情况下，股票的对冲需求很大，债券需求被挤出，因为在 1953 年第 2 季度到 1999 年第 4 季度这段样本期，债券和股票是正相关的。在高风险规避的情况下，股票需求消失，债券被视为跨期对冲的适当品种。这意味着对债券的总需求在不同的风险规避情境下非单调。

图 9. 1 显示了这些效果。上图说明了股票需求的情况，下图说明了债券需求的情况。每幅图都绘制了投资品的组合权重，计算了所有状态变量均值的条件、相对风险容忍度、相对风险厌恶的互惠性。所显示的最高风险容忍度是 1，意味着风险厌恶值为 1，并且风险容忍度下降（风险规避情绪增加时）随曲线从图的左边移动到右边。虚线展示了单一时期投资者的短视需求，这在风险容忍度和债券、股票的跌幅上是线性的。在风险容忍度为零（无限风险厌恶）时，短视的需求对于债券和股票都几乎完全为零。如果国库券是无风险资产，股票和债券的需求将确定为零。实线表示总需求，因此两条线之间的差距是跨期对冲需求。

对冲波动性

这里讨论的模型可以进一步扩展到允许随机波动存在的情况。在对数正态分布的框架中，投资机会集合由风险资产最大的夏普比率汇总得出。因此，如果最大的夏普比率波动，则与跨期对冲需求相关联的波动率也是变动的。但如果它随着时间的推移不发生变化——就像是单个风险资产的条件风险溢价和条件标准偏差等比例移动，则情况就会与之前相反。对于具有恒定的夏普比率和时变的波动性的单一风险资产，风险资产的最优组合权重是时变的，但是在单周期投资组合选择模型中是不变的。

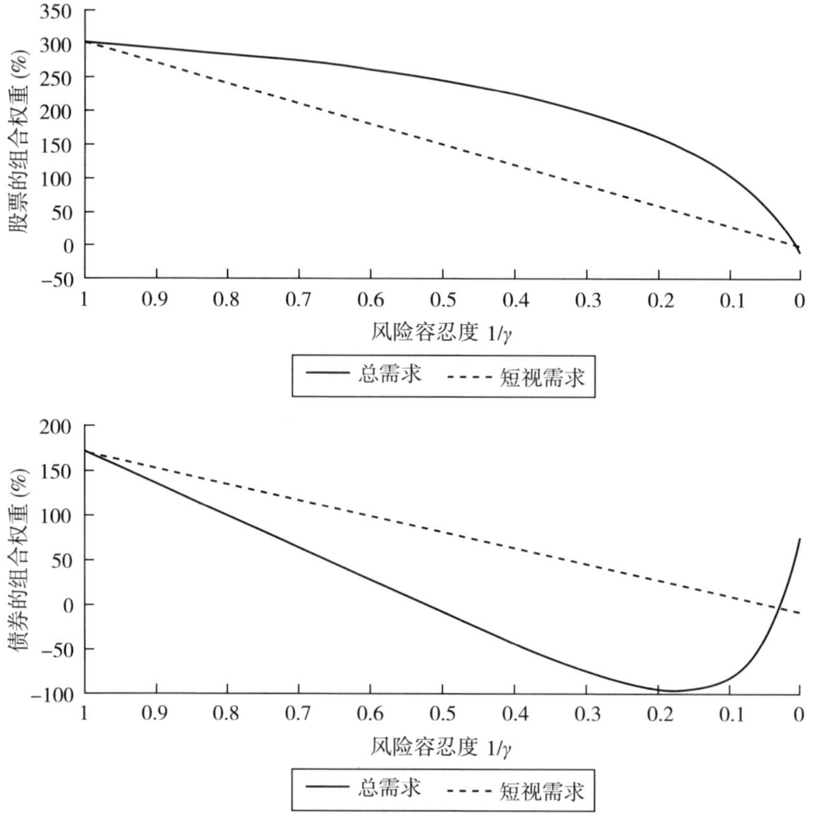

图 9.1　股票和债券的平均估计最优投资组合权重

资料来源：Campbell，John Y.，Y. Lewis Chan，Luis M. Viceira，2003，“A Multivariate Model of Stratgeic Asset Allocation，” *Journal of Financial Economics* 67（1），41－80；获得 Elsevier 授权。

Chacko 和 Viceira（2005）假设了一个单变量 AR(1) 的波动过程，用于在连续时间的对数框架中探索波动性对冲。他们发现考虑到他们估计的波动过程，这个波动较快地衰减，因此与长期投资者的相关性有限，出现了相对温和的跨期对冲需求。我们在后文再对第 9.3.2 节的波动性对冲进行全面讨论，在第 9.3.2 节我们总结了 ICAPM 的实施结果，其中包含了波动性持续变动的多变量波动过程。

9.2.4　替代方案

关于跨期投资组合选择的线性二次方法的一个要点是，它依赖于离散时间内的组合收益的对数假设。在风险资产的组合权重为负值或超过1时，该规则也成立，组合不会破产。在现实中，卖出和杠杆创造了在离散时间（或在连续的时间内资产价格可能出现跳升时）破产的可能性。在只有利率是时变的情况下，修改线性二次方法来附加卖出和杠杆约束是很简单的，最佳组合权重是恒定的，在一般情况下，这个结论是不对的，实际上风险溢价和最优投资组合权重是时变的。

由 Brandt（1999）以及 Aït-Sahalia 和 Brandt（2001）开发的跨期投资组合选择的另一种方法是使用欧拉方程进行最佳组合选择，假定的公式形式用于组合规则（可以包括卖出和杠杆约束）。利用广义矩估计法，数据可以用来估计最小化欧拉方程误差的组合规则参数。这种方法非常灵活和简单，可以实现，尽管它不提供解析解或对从数据生成过程中获取资产回报到投资组合决策的映射观点。

Cochrane（2014）则假设消耗的时间可分二次效用，并推导出与随机折现因子有关的最优收益流的命题。这里的想法是将静态平均方差优化的直觉带到一个动态环境中。习题9.1基于 Cochrane（2014）提出。

9.3　跨期 CAPM

9.3.1　双贝塔模型

跨期投资组合选择理论可以用来研究股票收益的横截面。考虑一个模型，其中市场投资组合的预期回报率会有所不同。个别股票的平均回报率，或按价值等特征排序的股票组合，是否会使长期投资者倾向于持有市场组合，而非增持高预期回报率的股票？

对短期投资者或具有对数效用的长期投资者来说，这一答案是由

CAPM 模型提供的：在无风险利率下的平均超额股票回报率必须与市场组合的股票贝塔成正比。Merton（1973）首先将 CAPM 扩展到具有跨期对冲需求的设置，从而制定出跨期 CAPM，又称 ICAPM。他认为，对预测市场回报率的变量的创新是风险因素定价，风险价格由投资者价值函数的衍生品所固定。在这里，我们遵循 Campbell（1993）以及 Campbell 和 Vuolteenaho（CV，2004）的结论，并开发一个离散的时间近似版本的 ICAPM，其中风险价格可以得到封闭解。

我们首先使用对数线性回归分解式（5.51）来分解在市场上的非预期收益，$\tilde{r}_{m,t+1}=r_{m,t+1}-\mathrm{E}_t r_{m,t+1}$，分为两个部分：改写的预期未来红利（“新现金流”或 N_{CF}）和改写的折扣率（“新折扣率”或 N_{DR}）：

$$\begin{aligned}\tilde{r}_{m,t+1}&=(\mathrm{E}_{t+1}-\mathrm{E}_t)\sum_{j=0}^{\infty}\rho^j\Delta d_{t+1+j}-(\mathrm{E}_{t+1}-\mathrm{E}_t)\sum_{j=1}^{\infty}\rho^j r_{m,t+1+j}\\&=N_{CF,t+1}-N_{DR,t+1}.\end{aligned}\tag{9.39}$$

如果一个具有爱泼斯坦－兹恩偏好的投资者持有市场投资组合，市场组合的收益是同方差的，可以将式（9.12）重新写为：

$$\begin{aligned}\mathrm{E}_t[r_{i,t+1}]-r_{f,t+1}+\frac{\sigma_{i,t}^2}{2}&=\gamma\,\mathrm{Cov}_t(r_{i,t+1},r_{m,t+1})+(1-\gamma)\mathrm{Cov}_t(r_{i,t+1},-N_{DR,t+1})\\&=\gamma\,\mathrm{Cov}_t(r_{i,t+1},N_{CF,t+1})+\mathrm{Cov}_t(r_{i,t+1},-N_{DR,t+1}).\end{aligned}\tag{9.40}$$

其中，第一个等式将同期收益协方差放在第一项，将跨期对冲效应放在第二项，而第二个等式则展示了同期收益的两个要素，对于长期投资者来说现金流更重要（因为它是永久性的），因此第二个等式带着更高的风险价格。

CV 用市场收益的方差乘以和除以式（9.40）右侧的各项，$\sigma_{mt}^2=\mathrm{Var}_t r_{t+1}$，并用新现金流定义 β，得出：

$$\beta_{i,CF,t}=\mathrm{Cov}_t(r_{i,t+1},N_{CF,t+1})/\sigma_{mt}^2.\tag{9.41}$$

然后用新折现率定义 β 为：

$$\beta_{i,DR,t} = \mathrm{Cov}_t(r_{i,t+1}, -N_{DR,t+1}) / \sigma_{mt}^2. \tag{9.42}$$

通过这样的定义，两个 β 相加可以得到传统 CAPM 模型的 β ，然而，在跨期理论中，它们有不同的风险价格，因为式（9.40）显示出：

$$\mathrm{E}_t[r_{i,t+1}] - r_{f,t+1} + \frac{\sigma_{i,t}^2}{2} = \gamma\, \sigma_{mt}^2 \beta_{i,CF,t} + \sigma_{mt}^2 \beta_{i,DR,t}. \tag{9.43}$$

现金流 β 的风险价格比折现率 β 高 γ 倍，因为保守的长期投资者担心现金流带来的财富永久性下跌，而不太担心由于折现率的增加导致的财富暂时下降。因此 CV 把现金流 β 称作“坏 β ”，把折扣率 β 称作“好 β ”。[①]

实证实施

CV 测试了这个模型在不施加约束条件下的影响，使用测试资产的简单平均超额收益然后和两个 β 联系起来。折现率 β 的风险价格是由理论确定，现金流 β 的风险价格与折现率 β 的风险价格的比值则识别出投资者相对风险厌恶系数。

CV 使用 VAR 方法，如第 5 章所推导的，来估计两个部分的市场回报。他们假设了状态向量 z_{t+1}，其中第一个要素是市场回报，遵循 VAR（1）过程：

$$z_{t+1} = a + \Gamma z_t + u_{t+1}. \tag{9.44}$$

然后两个新项目给定如下：

$$N_{CF,t+1} = (e1' + e1'\lambda)\, u_{t+1} \tag{9.45}$$

$$N_{DR,t+1} = e1'\lambda u_{t+1}. \tag{9.46}$$

① 这与胆固醇有相似之处。数十年前，胆固醇被用作衡量心血管风险的指标。今天，两种胆固醇被分别测量，LDL（“坏的”）和 HDL（“好的”）。它们对心血管风险有不同的影响。但这种类比是不完善的，因为 HDL 实际上降低了风险，而“好 β ”对长期投资者仍然具有风险，虽然低于“坏 β ”的影响。

其中，$\lambda \equiv \rho\Gamma\ (I-\rho\Gamma)^{-1}$。$e1'\lambda$ 代表了每一个 VAR 冲击对折现率预期的长期影响。在回归预测方程中，变量系数的绝对值越大（Γ 的最高行），在新折扣率公式中变量接收的权重就越大。更长期的变量应该得到更多的权重，由（$I-\rho\Gamma$）$^{-1}$项得出。

CV 设计了一个 VAR 体系，包括平滑的市盈率、期限价差和小的股票价差。这个体系包括股票价差的原因是由 ICAPM 的逻辑推导的，适用于解释价格异常的情况。ICAPM 理论解释成长股的低回报率问题，成长股的高 CAPM β 与折扣率 β 不成比例，即当市场预期回报率下降时，成长股必须表现得很好。这反过来又意味着昂贵的成长股（高价差）应该能够推测出总股票市场的低回报率。CV 报告了这个结论的证据，与 Eleswarapu 和 Reinganum（2004）的实证结果一致。假设的 VAR 体系表明了价值股比成长股有更高的坏 β，尽管在过去的 50 年里，成长股有更高的好 β 和更高的总 CAPM β。这使得跨期模型能够通过选择一个较大的相对风险厌恶系数（约 24）来解释价值效应。习题 9.2 要求重新复制部分实证工作。

附加说明和解释

这一分析有几个附加说明。第一，坏 β 和好 β 的横截面数据对 VAR 体系中包含的变量很敏感，如 Chen 和 Zhao（2009）所指出的。一些其他的说明颠覆了这一结果，暗示成长股有更高的坏 β。从某种意义上说，这不应该令人惊讶，因为成长股的总体 β 更高，因此任何市场回报的分解都意味着，市场收益将持续地按比例分裂为现金流 β 和折扣率 β，这意味着成长股的两个 β 都比较高。

然而，能够得到一个比较坚实的结果，价值股的坏 β 和好 β 的比率是更高的；这足以确保跨期模型为价值股生成一个正的 CAPM α，即使不是更高的绝对收益。此外，Campbell、Polk 和 Vuolteenaho（2010）直接使用长期现金流量进行测量，重现了类似的结果，价值股比成长股有更高的现金流 β。

第二个问题是理论上的。CV 只测试了非条件约束下的模型。如果总股票市场的预期回报率是时变的和同方差的，那么一个具有爱泼斯坦－兹恩偏好和持续风险规避偏好的投资者只有当无风险利率和期望的市场回报保持平行移动，股权溢价随着时间的推移恒定时，才更有利于持有市场组合。但这是与事实相违背的，因为 VAR 体系中的预测变量预测了无风险利率之上的超额回报率，这与第 5 章中讨论的时变的股权溢价的证据一致。CV 模型不能解释为什么投资者不跟随市场的择时战略；相应地，市场择时组合的平均回报率高于基于现金流 β 和折现率 β 得出的预测值。尽管如此，贝塔模型确实解释了为什么一个保守的长期股权投资者（其持有股本的意向没有被建模）可能会避免在他的股票投资组合中出现价值倾斜。

第三，双贝塔模型无助于解释股权溢价谜题。第 5 章讨论的对总市场回报的均值回归的证据意味着，股票收益波动的很大一部分是由新折现率而不是新现金流引起的。换言之，总体股票市场的单位 β 包括折现率 β，其价格被限制为等于市场回报的方差。市场的现金流 β 只是整个 β 中的一小部分，只有这个部分的价格随着风险规避情绪而增加。因此，需要更大的相对风险厌恶系数来解释股权溢价，而不是如传统的静态模型一样，所有市场风险都来自现金流风险的情况。这是结论的另一种表达方式，在本章前面说过，一个保守的长期投资者面临均值回归股票回报率时，愿意比同样保守的短期投资者持有更多的股票头寸。CV 需要一个相对风险厌恶系数超过 20，以匹配平均股权溢价和价值股票的超额收益。

本节提出的跨期模型与第 6 章讨论的基于爱泼斯坦－兹恩效用的消费模型之间存在着密切的联系。两个模型都描述了一个无限生存的投资者具有恒定相对风险厌恶。跨期模型假设投资者持有市场投资组合，并利用市场回报的变动解释风险溢价，但并不假设投资者是一个具有代表性的消费者，代表性消费者的消费等于总消费。两种模型都需要相对较大的相对风险厌恶系数来拟合股权溢价：跨期模型，因为股票收益是均值回归的；消费模型，因为总体消费增长是平稳的。[①]

9.3.2 对冲波动：一个三贝塔模型

CV 模型中的一个难点是，它假设市场回报的方差是恒定的。这是和事实相违背的并且是一个潜在的重要事项。波动性随时间变化将影响投资机会的质量，并影响跨期对冲需求。

Campbell 等人（CGPT，2017）解决了这个问题。他们表明，随着时间变化的二阶距，创新的对数随机折现因子（从一个无限生存和有爱泼斯坦－兹恩偏好的投资者的边际效用的计算得出，如前一节所述），可以写成如下形式：

$$\widetilde{m}_{t+1} = -\gamma N_{CF,t+1} + N_{DR,t+1} + \frac{1}{2} N_{RISK,t+1}. \tag{9.47}$$

其中，“风险消息”$N_{RISK,t+1}$被定义为：

$$N_{RISK,t+1} = (\mathbf{E}_{t+1} - \mathbf{E}_t) \sum_{j=1}^{\infty} \rho^j \mathrm{Var}_{t+j}[m_{t+1+j} + r_{t+1+j}]. \tag{9.48}$$

式（9.48）中的风险消息定义包含对数随机折现因子本身，因此式（9.47）不表示与可测量的外生变量相关的风险。为了实现这一点，CGPT 提出了一个新的假设，即市场收益和它们的条件方差由一阶 VAR 体系描述。

$$z_{t+1} = \bar{z} + \Gamma(z_t - \bar{z}) + \sigma_{mt} u_{t+1}. \tag{9.49}$$

其中，z_{t+1}是状态变量的向量，$r_{m,t+1}$作为它的第一个组成，$\sigma^2_{m,t+1}$作为它的第二个组成。冲击向量u_{t+1}有恒定的方差－协方差矩阵Σ，使其

① 考虑到均值回归的市场回报率，如果跨期替代弹性较低，投资者将选择平稳的消费路径，如式（6.51）所示，Campbell（1996）讨论过。跨期模型调和了 Friend 和 Blume（1975）计算的风险规避的低估计值 2，采用了一个静态模型，其中最优投资组合权重是由风险规避市场回报方差除以股权溢价，从基于消费的模型中产生的风险规避的估计值更高。跨期模型通过调整 Friend 和 Blume 的估计来达到这一目的，以解释股票收益的均值回归问题。

第一个对角线元素统一为 1。在式（9.49）中，一个标量随机变量 σ_{mt}^2，等于市场回报的条件方差，控制了整个体系的所有时变性冲击。市场回报和状态变量，包括方差本身，都有创新，因为它们的方差以一定的比例相互变动。这种假设使随机波动过程能够仿射，如 Heston（1993）中的结论。它还意味着收益的条件方差加上随机折现因子与收益本身的条件方差成正比。①

在这个体系中，新现金流项和新折扣率项可以用类似式（9.45）和式（9.46）的表达式计算。更重要的是，关于风险的信息项与未来市场回报率变化的信息项成正比，在无限的投资期限折现：

$$N_{RISK,t+1} = \omega(\mathrm{E}_{t+1} - \mathrm{E}_t)\sum_{j=1}^{\infty}\rho^j\sigma_{m,t+j}^2 = \omega N_{V,t+1}. \qquad (9.50)$$

方差信息项可以直接从 VAR 体系计算出来，系数 ω 可以通过求解 γ 二次方程和信息项的二阶矩得到。当 γ = 1 时，ω = 0，ω 的平方与 γ 同时增加。在 γ 上有一个上确界，超过此界限之后 ω 不再有一个真正的解，同时代理价值函数是无法定义的。这是具有随机波动性的无限投资模型的共同性质，如式（9.49），波动性本身在其水平增加时变得更不稳定。②

将这些结果放在一起，任意资产的预期超额收益将由下式给出：

$$\mathrm{E}_t[r_{i,t+1}] - r_{f,t+1} + \frac{\sigma_{i,t}^2}{2} = \gamma\,\sigma_{mt}^2\beta_{i,CF,t} + \sigma_{mt}^2\beta_{i,DR,t} - \frac{\omega\sigma_{mt}^2}{2}\beta_{i,V,t}. \quad (9.51)$$

根据现金流 β 和折现率 β 的类比，方差 β 定义为 $\beta_{i,v,t} = \mathrm{Cov}_t$（$r_{i,t+1}$，

---

① VAR 体系（9.49）是第 8.3.3 节中讨论的平方根单因子仿射模型的多元推广。在连续时间指定的情况下，单因素平方根过程被保持非负的（如果满足了该条件，则绝对是正数）；遗憾的是，对于多变量过程来说此规则不适用。因为尽管在接近零边界的过程中，多变量过程变得确定，但波动性的漂移取决于所有状态变量，在边界上可能是负值。然而，多变量仿射过程的离散时间模拟表明，它比同方差波动性的相似过程更不容易产生负值。同方差波动过程经常被用于长期的风险文献中。

② CGPT 的在线附录给出了一个简单的例子，它可以用来更详细地研究这个问题。

$N_{V,t+1}$）$/\sigma_{mt}^2$。该模型将任意资产的风险溢价与三项独立的 β 关联起来，重要的是模型中只有一个自由参数，即相对风险厌恶系数 γ，因为方差风险价格 ω 被 VAR 和 γ 决定。

实证实施

为了实施三贝塔模型，CGPT 设计了一个 VAR，其中包括来自双贝塔模型的解释性变量，以及风险公司债券相对于高评级公司债券的违约价差。违约价差是长期波动性的自然预测变量，因为公司债券的到期期限很长，而且更容易受到负面冲击，较少受到正面冲击。因此它们的价格会下降，而且当长期波动性预期较高的时候收益率会比较高。CGPT 发现，违约价差确实在预测总体市场低频波动的方面起着重要作用。

CGPT 研究测试了包括按价值和预估的 β 等特征排序的股票组合，以及根据波动性的变化而改变风险暴露的管理的投资组合。他们发现，当长期波动率预期增长时（如 20 世纪 90 年代末的技术繁荣和 21 世纪初的全球金融危机），成长股往往会优于价值股。这意味着成长股有正方差 β——它们保护长期投资者应对市场风险的增加，这有助于解释成长股较低的平均股息回报率。三贝塔模型在分析股票回报率的价值溢价和其他横截面模式时，比双贝塔模型所要求的相对风险厌恶系数要低，三贝塔模型只需要约为 7 的系数。

在 CGPT 的实证研究中，股票市场在过去 50 年中有一个正方差 β（尽管在早期的采样期，包括大萧条时期，它有一个负方差 β）。这意味着三贝塔模型需要一个大的风险规避系数，以适应股权溢价，因为股票市场是一个方差对冲的市场，这使得股票更吸引保守的长期投资者。这种模式与 Bansal 等人（BKSY，2014）在方差风险的另一个经验模型中所得到的结论相反。在 BKSY 模型中，当波动性增加时，总市场下跌，因此方差风险有助于解释股权溢价，但价值股比成长股有更高的方差

β，因此方差风险效应无法解释价值溢价。[①] 结果的差异可能会引起进一步的辩论和更深入的实证研究。

作为本节讨论的模型的小结，图 9.2 绘制了 SDF 冲击的历史数据 $m_{t+1}-\mathrm{E}_t m_{t+1}$，这是影响投资者的边际效用函数，分别由单贝塔 CAPM、

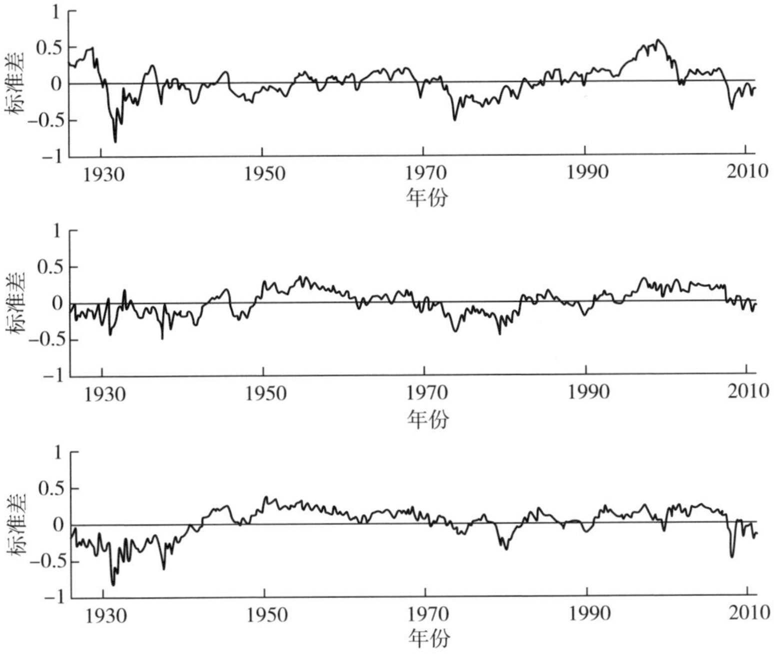

图 9.2　使用 CAPM、双贝塔 ICAPM 和三贝塔 ICAPM 模型生成的 SDF 冲击历史数据

资料来源：Campbell，John Y，Stefano Giglio，Christopher Polk，Robert Turley，2017，"An Inertemporal CAPM with Stochastic Volatility，" 发表于 *Journal of Financial Economics*。

---

① 与此相关的是，在 BKSY 中，股权溢价被定为与方差成正比，而在 CGPT 中，这不是强加的，这意味着 CGPT 无法解释为什么一个不断规避风险的投资者不会因股权溢价和市场回报率差异的变化而在市场上择时。Merton（1980）提出了股权溢价与方差成正比的假说，后来被 Campbell（1987）、Harvey（1989）、Ang 和 Timmermann（2012）、Moreira 和 Muir（2017）等人的实证结果否定。

双贝塔 ICAPM 和三贝塔 ICAPM 模型得出。为了提高直观性并突出较长期的变化情况，这些冲击以指数进行平滑，每季度的衰变系数为 0.08，相当于以两年为一个半衰期。顶部图片展示了 CAPM 冲击 $\tilde{r}_{m,t+1}=N_{CF,t+1}-N_{DR,t+1}$的历史趋势。这也追溯了股票市场波动的熟悉历史，包括 20 世纪 30 年代初和 20 世纪 70 年代末的较低的回报率情况，20 世纪 90 年代期间的牛市，以及 21 世纪头 10 年的两次衰退。中间图片显示了双贝塔 ICAPM 冲击 $\gamma N_{CF,t+1}-N_{DR,t+1}$的历史趋势，γ 估计为 16.5。现金流信息项的权重增加突显了 20 世纪 30 年代的糟糕时期和 20 世纪 50 年代的繁盛时期，并抑制了 20 世纪 90 年代的爬高，这更归因于折现率的下降，而非预期现金流的增加。底部图片显示了三贝塔 ICAPM 冲击 $\gamma N_{CF,t+1}-N_{DR,t+1}-(\omega/2)N_{V,t+1}$ 的历史趋势，γ 估计值为 7.2，$\omega=24.9$。该模型中包含的波动率的冲击加剧了动荡的大萧条时期的糟糕时期，延长了第二次世界大战后稳定期的繁盛时期，并突显了 2008 年全球金融危机期间传来的坏消息。

9.4 风险资产的期限结构

9.4.1 典型事实

前一节讨论了现金流、折现率和方差的 β 定价，并强调了实证发现：成长股具有相应适度的风险溢价的高折现率 β。对成长股的高折现率 β 的一个合理解释是，这些股票的现金流不断增加，因此它们的价值中很大一部分来自在遥远的将来支付的股息。用第 8 章固定收益的话来说，成长股有相对较长的久期。如第 8.1.3 节所讨论的，久期是市场估值在收益率方面的弹性，因此成长股的长期回报率对折扣率持续波动特别敏感，除非在现金流方面存在某些抵销方式。

最近的一份实证文献试图通过计算在未来特定日期支付的零息票债权的价格来更直接地衡量风险价格的期限结构。例如，短期权益资产是指股票红利的前几年。Van Binsbergen、Brandt 和 Koijen（BBK，2012）展示了如何用标普 500 指数期权来定价，以创建合成指数期货，然后比较期货价格（没有早期股息的收入）和现货指数价格（有早期股息的收入）。他们计算了短期标普 500 股息要求的月度回报率，每月买入和卖出，以维持 1996—2010 年期间一至两年的股息到期期限。他们发现，这些回报有惊人的波动，标准差超出标普 500 指数的约 2/3。短期股息要求同时有相当于指数的两倍高的夏普比率，因此预期回报率将高出三倍以上。

短期股息要求回报的高波动性首先令人惊讶，因为标普 500 指数股息非常平滑和可预测，而且只有在 2008 年全球金融危机等极端情况下才大幅调整。然而，重要的是，要注意到，BBK 不计算在固定的时间间隔内支付股息的买入和持有的要求，而是计算一个月回报率，其波动性因短期要求价格本身的波动而增加。在这些波动是均值回归的程度上，就像在一个流动性不佳的市场上的情况一样，平均月回报率会因这种影响而上升［Blume 和 Stambaugh（1983），Boguth 等人（2011）］。尽管有这种担忧，BBK 的结果还是引人注目的，并暗示短期的要求会受到来源于高价格的风险的威胁。

Van Binsbergen 等人（2013）以及 Van Binsbergen 和 Koijen（2015）提出了股息期货合约的可比较的结果，从 21 世纪初以来已在若干全球股票指数交易的短期股息要求。这些合约有基本指数的平均回报率，而夏普比率却高出几倍，尽管由于股息期货到期日一至七年不等，回报率或夏普比率也没有一致的下降趋势。

在风险期限结构的长尾，Giglio、Maggiori 和 Stroebel（GMS，2015）计算了一项对极其遥远的现金流的要求的价值。GMS 判断住宅房地产——一种风险程度不及股票的资产类别——风险足够高，通常定价能够达到租售比（股息/价格比率的模拟）大约 5%［Davis、Lehnert 和 Martin（2008）］。在英国和新加坡，可比较的房地产都是永久产权，传递永久所有权，作为租赁权，它传递的所有权很长，即使是有限的时间，往往也超过100年。GMS发现，在这两个国家，100年租赁权相对于永久产权有10% ~15%的折现。在第5章所述的戈登增长模型中，永久产权的租售比是（$r-g$），而T年租赁的折现将是 - exp（ -（$r-g$）T），其中r是连续复合的真实折现率，g是实际的租金增长率。要获得15% 的折现，在$T=100$时要求（$r-g$）$=1.9\%$，但这与永久产权的更高的租售比是不一致的。要同时匹配永久产权和租赁权价格，则需要一种不同的模式，即房地产折现率的期限结构不平坦，如戈登增长模型，是向下倾斜。

通过将这些结果结合起来，有几个证据来源表明，在遥远的未来，如成长股，对风险支付的要求有相对较低的折现率，而短期风险支付（如价值股）的要求则有较高的折扣率。换言之，风险期限结构是向下倾斜的，至少在最初几年之后的期限较长。

9.4.2 资产定价理论与风险期限结构

最近的一篇文章提出了如何用资产定价理论来调和一个向下倾斜的风险期限结构。以独立同分布的消费增长为标准的能量效用模型对风险期限结构做出了微不足道的预测。设V_{nt}表示在时间$t+n$（一个具有到期日n的分离消费）的要求的时间t的价格，我们可以计算其一期前的回报为：

$$\frac{V_{n-1,t+1}}{V_{n,t}}=\frac{\mathrm{E}_{t+1}[M_{t+1,t+n}C_{t+n}]}{\mathrm{E}_t[M_{t,t+n}C_{t+n}]}=\frac{\mathrm{E}_{t+1}\left[(C_{t+n}/C_{t+1})^{1-\gamma}C_{t+1}\right]}{\mathrm{E}_t\left[\beta(C_{t+n}/C_t)^{1-\gamma}C_t\right]}$$
$$=\frac{C_{t+1}/C_t}{\mathrm{E}_t\left[\beta(C_{t+1}/C_t)^{1-\gamma}\right]}. \tag{9.52}$$

最后一个等式服从这样的事实，即一期前的消费增长在一段时期内是独立同分布的。由于该表达式与n无关，因此标准模型预测了消费需求的风险溢价$\mathrm{E}_t[R_{n,t+1}-R_{f,t+1}]$的一个平期限结构。从直觉上来说，由于股权溢价和无风险利率在这个模型中持续一段时间，所有的价格消耗比率$V_{n,t}/C_t$随时间而恒定。这意味着所有分离消费的价格都以实现的消费为一体，因此它们的预期和实现收益是相等的。即使在这种情况下分离消费价格的极限行为有一些有趣的性质，在依据 Martin（2012）的成果提出的习题 9. 3 中再进一步探讨。

考虑到本书前面讨论过的主要资产定价模型，很难获得向下倾斜的风险期限结构。最明显的是，长期风险模型对实际固定收益证券有一个向下倾斜的期限结构，但对高风险证券是向上倾斜的期限结构。在这个模型中，减少预期未来消费增长的冲击会增加边际效用，降低利率，推动债券价格上涨，并减少未来的股息，驱动股价下跌。同样，冲击加剧了消费增长的波动性，增加了边际效用，降低了利率，并通过预防性储蓄效应提高了债券价格，但降低了风险股息要求的价格。因此，长期风险模型债券是跨期对冲的，而股票存在跨期的风险，两个资产类别是负相关的。这两种效应对长期要求的影响更大，因此无风险和风险期限结构有相反的斜率。

CC 模型的外部习惯形成也具有向上倾斜的期限结构的风险折现率。其原因是，如今消费的负面冲击不仅增加了目前的边际效用，而且在未来还将使整个未来消费流的水平接近习惯，尽管消费增长是独立同分布的。这意味着，由于消费风险持续上涨的累积效应，在对负面消费冲击的反应中，长期限分离股息的价格将比短期限的上涨幅度更小。因此，长期限的分离风险更高，并具有较高的风险溢价。

加贝克斯（2012）的稀有灾害模型，通过引入灾害概率和震级的时间变化，符合总存量收益的行为，在两种假设下有较好的效果：参与主体有能量效用，而不是爱泼斯坦 - 兹恩偏好，使灾害概率和震级的时间变化不直接定价；而对于未来灾害的概率和规模的随机过程则不受今天发生灾难的影响。这些假设确保了所有到期日的消费分离在灾难期间以相同的比例下降，从而导致相同的事前风险溢价。同时，如果这些是持久的，较长到期期限的分离价格将对无法估计的冲击的灾难概率和规模更敏感，所以模型能够产生一个向下倾斜的期限结构的夏普比率。然而，即使在这个模型中，风险溢价的期限结构是扁平的，而不是随着到期临近而下降。

Lettau 和 Wachter（LW，2007，2011）提出并校准缩减格式的资产定价模型，以解决这一难题。这些模型本质上是在第 8. 3. 3 节中谈论的仿射期限结构模型，是 Brennan、Wang 和 Xia（2004）的价格风险需求的延伸。LW（2007）模型具有恒定的无风险利率额，因此无风险期限结构是扁平的，但风险期限结构呈向下倾斜。模型由两个同方差 AR（1）过程驱动，一个反映预期股息增长，一个反映随机折现因子（或风险价格）的波动性。

股息增长是由下式给出：

$$\Delta d_{t+1} = z_t + \sigma_d \varepsilon_{d,t+1}. \tag{9.53}$$

其中，预计股息增长率 z_t 遵循 AR(1) 过程：

$$z_{t+1} = (1-\phi_z)\bar{z} + \phi_z z_t + \sigma_z \varepsilon_{z,t+1}. \tag{9.54}$$

第二个 AR（1）变量 x_t 控制随机折现因子的波动性：

$$x_{t+1} = (1-\phi_x)\bar{x} + \phi_x x_t + \sigma_x \varepsilon_{x,t+1}. \tag{9.55}$$

$$m_{t+1} = -r_f - \frac{x_t^2}{2} - x_t \varepsilon_{d,t+1}. \tag{9.56}$$

冲击 $\varepsilon_{d,t+1}$、$\varepsilon_{z,t+1}$ 和 $\varepsilon_{x,t+1}$ 服从标准正态分布。无风险利率的对数是一个常量 r_f，经济体系中的最大夏普比率是随时间变化的，近似等于 $|x_t|$。因为 $\varepsilon_{d,t+1}$ 是式（9. 56）中唯一的冲击，只有同期股息风险直接定价。其他冲击只能在与当前股息的冲击相关的程度上承担风险溢价。

LW（2007）在预期股息增长和风险价格都有持续冲击（$\phi_z = 0.91$ 和 $\phi_x = 0.87$ 每年）情况下改进了此模型。冲击 $\varepsilon_{d,t+1}$ 和 $\varepsilon_{z,t+1}$ 有强的负相关，相关系数为 -0. 83，意味着股息增长符合均值回归过程①。然而，对风险价格的冲击 $\varepsilon_{x,t+1}$ 与其他冲击无关，因此本身就无法估计价格。冲击的年化标准差是 $\varepsilon_{d,t+1}$ 为 14. 5%，$\varepsilon_{z,t+1}$ 为 0. 32%，$\varepsilon_{x,t+1}$ 为 24%。

---

① Belo、Collin-Dufresne 和 Goldstein（2015）提出在无杠杆公司现金流的基础过程中，该模式可以由维持固定杠杆比率的公司财务政策产生。

股息增长的持续性 z_{t+1} 意味着对未来股息的长期要求的价格对股息增长冲击更为敏感，而非短期股息要求的价格。由于股息增长冲击与目前的股息冲击 $\varepsilon_{d,t+1}$ 负相关，长期股息要求比短期要求相对安全。此外，对风险价格的冲击 $\varepsilon_{x,t+1}$ 对长期的，特别是中期股息要求的影响更大，而不是短期要求。[①] 由于这些冲击是无法估价的，它们助长了波动性，但不增加风险溢价，降低了中期和长期股息要求的夏普比率。这与 Campbell 和 Cochrane（1999）以及 Menzly、Santos 和 Veronesi（2004）的习惯模型以及长期风险模型形成对比，在这种模式下，风险价格的冲击就会被自身定价，并增加长期风险要求的风险溢价。习题 9.4 要求更详细地分析 LW（2007）模型。

债券和股票的综合定价

LW（2011）丰富了这个框架来对债券进行实际定价和名义定价。他们保留式（9.53）到式（9.55），但改变式（9.56），使其有一个随时间变化的无风险实际利率也跟随同方差 AR（1）过程：

$$m_{t+1} = -r_{f,t+1} - \frac{x_t^2}{2} - x_t\varepsilon_{d,t+1}, \tag{9.57}$$

$$r_{f,t+1} = (1-\phi_r)\overline{r}_f + \phi_r r_{f,t} + \sigma_r\varepsilon_{r,t+1}. \tag{9.58}$$

此外，价格名义债券 LW（2011）假设预期通货膨胀是由第四个 AR(1) 过程驱动：

$$\pi_{t+1} = q_t + \sigma_\pi \varepsilon_{\pi,t+1}, \tag{9.59}$$

$$q_{t+1} = (1-\phi_q)\overline{q} + \phi_q q_t + \sigma_q\varepsilon_{q,t+1}, \tag{9.60}$$

其中，π_{t+1} 是实际通货膨胀，q_t 是预期的通货膨胀。

这个模型的校准使冲击 $\varepsilon_{\pi,t+1}$ 和 $\varepsilon_{q,t+1}$ 完全相关，降低模型的维数，

---

① 对 $\varepsilon_{x,t+1}$ 的反应是正常的，因为虽然长期要求的久期较长，而对持续折现率冲击的敏感性更高，但它们的现金流风险也比短期要求低。随着风险期限结构的到期日临近，久期效应最初占据主导地位，但最终会被现金流风险效应完全抵销。

并暗示现实的通货膨胀是一个 ARMA（1，1）过程。此外，在这个模型中的三个新的冲击 $\varepsilon_{r,t+1}$、$\varepsilon_{\pi,t+1}$ 和 $\varepsilon_{q,t+1}$，都与被风险定价的股息冲击有 -0.3的相关性。这意味着实际利率和预期的通货膨胀率在负面的股息冲击发生时，往往会上升。这在糟糕的时期推高了实际和名义利率，使债券有风险，并导致了实际和名义利率的向上倾斜的期限结构。

这一模型中风险的可变价格意味着，价格的上涨预示着股票和实际与名义债券的超额收益。该模型近似地捕获了前面章节中讨论的几种可预测性模式，包括股息-价格比的对数预测超额股票收益的能力，以及收益率扩散能力和 Cochrane-Piazzesi 因子对预测超额债券收益的能力。同时，它还具有将价值和增长股票的回报模式分别解释为短期和长期股息要求的能力。

尽管取得了这些成功，LW 框架也存在一些弱点。从理论上讲，它使用的是一个简化形式的随机折现因子的代表，而且目前还不清楚经济结构模式与这种简化形式是否一致。风险价格的无法估计的变化特别难以从基础偏好和技术中推衍出来，尽管折现率冲击的低价格与上一节所讨论的跨期 CAPM 的逻辑是一致的。

债券与股票收益的时变相关性

从经验上来说，LW（2011）模型意味着股票和名义债券收益之间存在相关系数为0.83 的强正相关，而1952 年至2004 年的月度数据的平均相关系数仅为0.15。事实上，美国历史数据中股票和名义债券收益的条件相关性是随时间变化的，如 Campbell、Sunderam 和 Viceira（CSV，2017）所强调的，以及图9.3 所示的。这个数字根据每个季度的每日数据估计出股票和名义债券之间的相关性，该系列包含短期噪声，但也有在较低频率下系统性地移动。20 世纪 60 年代和 20 世纪 70 年代的相关性一般，在20 世纪80 年代和20 世纪90 年代是显著的，自2000 年以来一直呈负值，这意味着美国国债在现代条件下与股市是风险对冲关系。Campbell、Shiller 和 Viceira（CSV，2009）报告称，自 1997 年首次发布

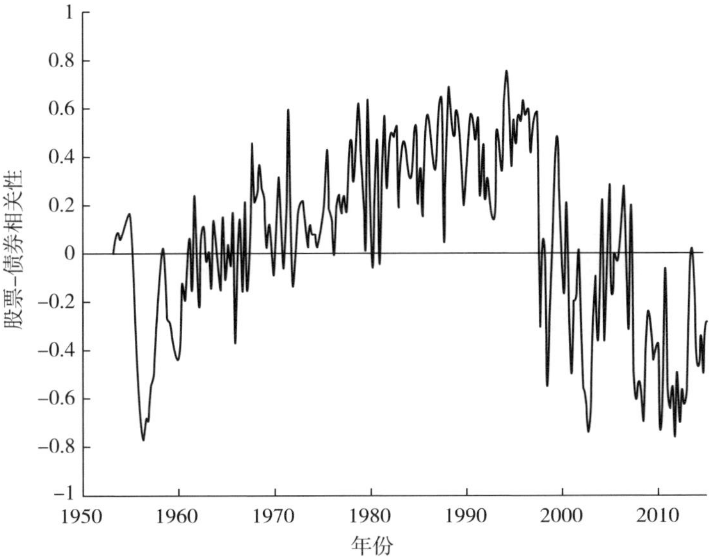

图 9.3　美国股票与债券的历史关联

TIPS 以来，股票与 TIPS 之间存在类似的负协方差。

CSV 设计了一个具有附加状态变量的期限结构模型，来模拟债券股票协方差并可以切换符号。他们的模型有一个恒定的随机折现因子波动性，但名义和实际债券回报的随机波动性和一个随时间变化的名义和实际债券回报与随机折现因子的协方差，都由单一的状态变量驱动。CSV 发现，这种时变债券风险的模型意味着债券风险溢价在 20 世纪 80 年代初非常高，当时债券与股票的变化一致性非常高，21 世纪，当债券与股票反向变化时，则是负数。然而，他们的模型没有一个随时间变化的风险价格，也没有模拟出 LW（2011）模型涉及的其他的资产定价现象。这是一个活跃的领域，最新的研究成果由 Adrian、Crump 和 Moench（2015）以及 Koijen、Lustig 和 Van Niewerburgh（2017）提出，但即使在外源性的随机折现因子的简化模型中，文献还没有达成共识，而这从经济基本面中推衍随机折现因子的过程还没构成一个结构化的模型。

9.5 学习

迄今为止所描述的模型假设投资者知道改变资产回报率的过程的参数，尽管经济学家观察市场时可能需要估计它们。如果情况并非如此，投资者必须了解资产回报率，这可能导致新的跨期效应。基本的直觉是，如果投资者正在研究资产回报的平均值，那么一旦实际收益升高，条件预期回报率就会得到积极的更新。这往往会使长期回报率比短期收益风险更高，并使保守的长期投资者产生对风险资产的负的跨期对冲需求。同样地，如果投资者从实际的消费增长中研究消费增长的平均值，消费增长将与预期的未来消费增长的修正呈正相关，就像长期风险模型一样，即使随着时间的推移，真实的消费增长是独立同分布的。

理解这些效应的最简单的框架有一个独立同分布的正态分布过程中生成的一个随机变量 y_{t+1}：

$$y_{t+1} = \mu + \sigma \varepsilon_{t+1}. \tag{9.61}$$

其中，ε_{t+1}符合 N（0，1）分布。我们假设一个投资者知道标准差 σ，但不知道均值 μ。投资者以前述的分布开始，μ 服从均值为 μ_0 和方差为 $A_0\sigma_2$ 的正态分布过程：

$$p_0(\mu) = N(\mu_0, A_0\sigma^2). \tag{9.62}$$

在观察到 y 的实际值后，使用贝叶斯定律更新此信息。所产生的分布可写成：

$$p_t(\mu) = p(\mu \mid y_1, \ldots, y_t) = N(\mu_t, A_t\sigma^2). \tag{9.63}$$

因为投资者不知道真正的均值 μ，投资者不认为真正的过程 y_{t+1} 符合式（9.61），而认为 y_{t+1}符合下式：

$$y_{t+1} = \mu_t + \sigma\sqrt{1 + A_t}\tilde{\varepsilon}_{t+1}. \tag{9.64}$$

其中，感知到的冲击 $\tilde{\varepsilon}_{t+1}$ 符合以投资者的信息为变量的标准正态分布。

当有两个对观测变量 x 服从正态分布的信号（或者有对 x 的先验分布和 x 的信号），贝叶斯给出的 x 的后向分布服从一种特别易于处理的形式。设 $s_1 = x + u_1$ 和 $s_2 = x + u_2$ 表示这两个信号，这里 $u_1 \sim N(0, \tau_1^{-1})$ 和 $u_2 \sim N(0, \tau_2^{-1})$，同时 u_1 和 u_2是独立同分布的，x 的后向分布呈正态，且平均值和方差分别如下：

$$E[x|s_1, s_2] = \frac{\tau_1 s_1 + \tau_2 s_2}{\tau_1 + \tau_2}. \tag{9.65}$$

$$\text{Var}(x|s_1, s_2) = (\tau_1 + \tau_2)^{-1}. \tag{9.66}$$

这里的符号 τ_i 用于表示 s_i 的条件方差的倒数，也被称为 s_i 的精度。

作为一项非正式的练习，请解释两个符合正态分布的独立信号的贝叶斯更新公式，如式（9.65），与具有两个不相关风险资产的全局最小方差组合的公式，如式（2.35），是什么关系。答案在本章末尾。

在我们的模型中，每个观测值 y_{t+1} 是 μ 的精确度为 $1/\sigma^2$ 的新的信号，前一期限的条件均值为μ_t，精度为 $1/(A)_t\sigma^2)$。根据式（9.65）和式（9.66），后条件分布 $p_{t+1}(\mu)$ 的平均值和方差为：

$$\mu_{t+1} = \frac{\frac{\mu_t}{A_t\sigma^2} + \frac{y_{t+1}}{\sigma^2}}{\frac{1}{A_t\sigma^2} + \frac{1}{\sigma^2}} = \frac{\mu_t + A_t y_{t+1}}{1 + A_t} = \mu_t + \frac{\sigma A_t}{\sqrt{1 + A_t}}\tilde{\varepsilon}_{t+1} \tag{9.67}$$

$$A_{t+1} = \left(\frac{1}{A_t} + 1\right)^{-1}. \tag{9.68}$$

条件方差的更新规则精度是线性的。如果初始先验非常扩散（A_0很大），那么 $1/A_0$ 非常接近于零，我们有 $1/A_t \approx t$ 或 $A_t \approx 1/t$。[①] 因此，投资者的后向分布对参数μ 的方差随着时间的推移而下降，下降方式符合双曲线规律，一开始迅速下降，然后变得缓慢。

在向后平均的更新规则中，实现 y_{t+1} 对投资者是惊喜，$\tilde{\varepsilon}_{t+1}$ 对向后平

① 这个结果也使我们能够解释 $1/A_0$ 与投资者在其先前的数据中产生相同精确度所需的观察数量相同。

均的影响随时间的推移逐渐下降，最终下降的程度与 A_t 成比例，过程符合双曲线规律。

了解投资组合回报

这个框架对长期投资者有什么影响？首先设 y_{t+1} 作为资产回报的对数，并考虑 K 期间回报的对数 $y_{t,t+K} = y_{t+1} + \cdots + y_{t+K}$。设在不同投资者信息集的条件下的回报的条件方差为 $Var_t^*(y_{t,t+K})$，我们得到：

$$\begin{aligned}\mathrm{Var}_t^*(y_{t,t+K}) &= \mathrm{E}_t^*\mathrm{Var}(y_{t,t+K} \mid \mu) + \mathrm{Var}_t^*(\mathrm{E}(y_{t,t+K} \mid \mu)) \\ &= K\sigma^2 + K^2\mathrm{Var}_t^*(\mu) \\ &= K\sigma^2(1 + KA_t).\end{aligned} \tag{9.69}$$

其中，E_t^* 表示投资者信息集的平均条件。

式（9.69）中的第一个等式是通常的语句，即在较少的信息上有条件方差（在本例中，进程的历史记录直到时间 t）等于对更多信息的条件方差的平均值（在本例中为真实参数 μ）加上更多信息的平均条件的方差。第二个等式中的第一项是已知 μ，K 期间回报的方差与 K 呈线性增长，而第二项表示 K 期间回报的条件平均值的方差，即 K^2 乘以单个期间回报的条件平均值的方差。第二项中的比例因子是 K^2 而不是 K，因为条件平均值以相同的方式影响单个期间回报的总和。第三个等式的前提是，单个期间回报的条件平均值的方差根据式（9.63）是 $A_t\sigma^2$。

K 期间回报的年化条件方差为 $Var_t^*(y_{t,t+k})/K$。在一个具有独立同分布的回报和无参数不确定性的模型中，正如我们在第 5.1.1 节中讨论过的，是独立于 K 的，但式（9.69）表明，平均回报的不确定性导致了年化的条件方差增加随 K 增长。换言之，投资前沿的风险是增加的，而非不变，即使在独立同分布的模型中通常是后者的情形。虽然这一效果随着获得信息的过程而减少，但减少会非常慢，是随着 A_t 以双曲线的形式下降。

更重要的是，对于长期的投资组合选择，现在的意外回报与预期的未来回报的修正之间的条件协方差在这个模型中是大于零的。式（9.64）和式（9.67）意味着：

$$\mathrm{Cov}_t^*\left(y_{t+1},(\mathrm{E}_{t+1}^*-\mathrm{E}_t^*)\sum_{j=1}^{\infty}\rho^j y_{t+1+j}\right)=\mathrm{Cov}_t^*\left(\sigma\sqrt{1+A_t}\widetilde{\varepsilon}_{t+1},\left(\frac{\rho}{1-\rho}\right)\frac{\sigma A_t}{\sqrt{1+A_t}}\widetilde{\varepsilon}_{t+1}\right)$$
$$=\left(\frac{\rho}{1-\rho}\right)\sigma^2 A_t>0. \tag{9.70}$$

如果 y_{t+1} 是投资者投资组合的回报的对数，式（9.70）中的协方差决定了投资者在投资组合中所需的风险溢价的跨期分量，如式（9.12）。当协方差为正数且投资者的风险规避大于 1 时，所需的风险溢价就更大，因此这种类型的学习使得解释股权溢价谜题更容易。同样，学习风险资产的平均回报率会产生对资产的负的跨期对冲需求。

这里所介绍的简单的分析模型在投资机会以外没有随时间变化，除非是获取得来的。在更丰富的资产回报动态模型中，重要的学习是如何与在本章前面强调的均值回归相联系，这是一个经验的问题。Stambaugh（1999）和 Barberis（2000）分析了这个问题。使用观测到的预测值的变量可以完美契合预期回报的变化的模型，他们发现参数不确定度对感知的短期和长期方差的相对大小的影响相对较小。尽管如此，Pástor 和 Stambaugh（2009，2012）使用了一个"可预测系统"，其中预期的回报是持久的和随时间变化的，但与观察变量不是完美契合。这个系统允许更大的学习角色，Pástor 和 Stambaugh（2012）认为投资者的感知差异随着投资前沿而增加。他们的模型还显示了多周期风险比率的非单调行为，在第 9.2.3 节已讨论了这个与学习无关的问题。

所有这些理性学习模型都具有这样的特性，随着时间的推移，随着投资者的后验分配精度的提高，对固定模型参数的学习的重要性逐渐减弱。在持久未观测状态变量影响回报的模型中，了解这些状态变量可以无限期地保持重要地位；但是，状态变量的持久性在了解模型的基本参数的前提下产生正的回报自动关联条件，这使得这些模型难以匹配在美国历史数据中观测到的，并在第5章中讨论过的均值回归，投资者还可能形成他们对未来资产回报的看法，例如，戈登增长模型结合了关于股息增长率的信息，如第5.5.2节所示。这将削弱回报对预期未来回报的学习效果。

学习消费增长

Collin-Dufresne、Johannes 和 Lochstoer（CJL，2016）使用相同的学习模型，但应用于消费增长。y_{t+1} 过程被重新解释为消费增长而不是资产回报，现在的非预期消费与式（9.70）中的预期未来消费增长的修正之间的正的协方差意味着不了解平均消费增长的投资者将消费增长看成是持续的，即使真正的消费增长是独立同分布的。

回顾式（6.49），在爱泼斯坦－兹恩偏好下的随机折现因子对数可以写成 $\widetilde{m}_{t+1} = -\gamma \widetilde{c}_{t+1} - (\gamma - 1/\psi)\widetilde{g}_{t+1}$，其中 $\widetilde{c}_{t+1}$ 是现在消费增长的创新，而 $\widetilde{g}_{t+1}$ 是对未来预期消费增长的现在折现值的修正。在学习的模型中，这些创新是完全相关的，所以我们有：

$$\widetilde{m}_{t+1} = \left(-\gamma \sigma \sqrt{1 + A_t} - \left(\gamma - \frac{1}{\psi}\right)\left(\frac{\rho}{1-\rho}\right)\frac{\sigma A_t}{\sqrt{1 + A_t}}\right)\widetilde{\varepsilon}_{t+1}. \quad (9.71)$$

这里的随机折现因子对数比具有已知平均消耗量增长的随机折现因子对数（$A_t = 0$）更易改变，原因有两个。第一，投资者认为单一期间的消费增长比平均数已知条件下的风险更高。第二，现在的正的非预期消费将增加投资者预期的未来消费增长，当风险回避 γ 超过 EIS 的倒数 $1/\psi$ 时，这就放大了随机折现因子对数的反应。后者的效果非常大，因为预期未来消费增长的修订是永久性的，所以它们的折现总和是 $\rho/(1-\rho)$ 乘以单个期间效应。CJL 表明，在具有实际参数不确定性的模型中，这种效应在定量上是非常重要的。

CJL 模型与第6.5.3节中的 Bansal 和 Yaron（2004）的长期风险模型相关，但在几个重要方面有所不同。第一，对长期预期消费增长的冲击是由学习推动的，因此随着时间的推移，它们随着所有理性学习模式的推移而减少。第二，这些冲击与当前的消费增长完全相关；对长期风险文献中假定的排序的预期增长率没有独立的冲击。第三，均衡实际利率随 CJL 模型的预期消费增长和主观消费波动而变化，但随着学习过程，伴随时间的推移，实际利率也随之上升，因为学习减少预防性储蓄。第四，由于真正的消费增长在 CJL 模型中是独立同分布的，事后的计量经济学分析将发现，风险资产价格不会预测消费增长，实际利率随消费增长的不可预测而变化，从而解决两个长期风险模型的经验矛盾。

9.6　延伸练习

在第 9.2.3 节中提出的非正式练习中，请说明为什么给定组合规则的线性形式，效用函数的二次形式是合理的。答案是，股权溢价的增加有两个效应。第一，它增加了对风险资产的任意给定投资的预期投资组合回报率。第二，它增加了风险资产的最优投资组合权重。这两个效应的相互作用是二次的。

在第 9.2.3 节中提出的另一项非正式练习中，请评价西格尔的长期买入和持有股票的投资组合建议，根据他的观点，从长远来看，股票相对较安全。这一建议在内部是不一致的，因为在股票回报率有均值回归的情况下，股票才能更安全，这意味着一个随时间变化的预期股票回报率，在分配到股票时会发生变化。事实上，最优的长期投资组合规则比短期投资组合规则更能积极地回应股权溢价的变化。然而，如果长期投资者的风险规避相对较低，并且面临约束性杠杆约束，那么在这种情况下，有限的解决方案可能是所有（或至少大部分）时间的 100% 股权投资，那么西格尔的规则可能是合理的。

在第 9.5 节中提出的非正式练习中，请解释两个服从正态分布的独立信号的贝叶斯更新公式，如式（9.65），与具有两个不相关风险资产的全局最小方差组合的公式，如式（2.35），是什么关系。这些公式是等价的，这可以通过利用精度是方差的倒数这一事实来重写式（9.65）在方差来看到。等价性的结果是，与服从正态分布的信号，贝叶斯公式选择不相关的信号的平均值以尽量减少误差方差，这与式（2.35）解决的是相同的问题。

习题 9.1　跨期投资组合选择的收益方法

在习题 4.1 中，我们表明，在二次效用的特殊假设下，组合选择的鞅方法可以应用于静态不完全市场设置。Cochrane（2014）通过对称地处理自然的日期和状态，将该方法扩展到不完全市场下的跨期投资组合选择。这种方法与跨期投资组合选择的标准方法形成对比，因为它描绘了投资者最优化的最终收益流，即投资者从金融市场获得的最终股息流，而不指定在特定市场结构中支持这些收益的动态投资组合策略。

请考虑以下对习题 4.1 设置的概括。回报 $X = \{X_t\}_{t=1}^{\infty} \in \Xi$ 现在表示在时间为 0 和价格 $P(X) = P(\{X\}_t)$ 时购买的股息流。收益回报的跨期模拟是收益率 $Y = X/P(X)$，股息收益率或与收益 X 对应的息票率的流。

根据 Hansen（1987），定义一个普遍的“长期期望”运算符 $\widetilde{E}[\cdot]$，表示对跨期及超过自然状态的求和，分别以 $\beta<1$ 和以概率作为权重：[1]

$$\tilde{\mathrm{E}}[X] \equiv \frac{1-\beta}{\beta} E\left[\sum_{t=1}^{\infty} \beta^t X_t\right]. \tag{9.72}$$

然后，定价方程 $P_t = \mathrm{E}[M_{t+1} X_{t+1}]$ 的跨期模拟是：

---

① 其他“长期运行”的时刻是以同样的方式定义的。例如，X 的长期方差：

$$\widetilde{\sigma}^2(X) \equiv \widetilde{\mathrm{E}}[X^2] - (\widetilde{\mathrm{E}}[X]^2)$$

跨越时间以及自然状态下都能保持稳定。

$$P(X) = \mathrm{E}\left[\sum_{t=1}^{\infty}\beta^t M_t X_t\right] = k\tilde{\mathrm{E}}[MX]. \tag{9.73}$$

这里 $k \equiv \beta/(1-\beta)$。在期望算子的广义概念下，为习题 4.1 的静态框架推导出的所有结果都直接推广到相应的无前沿框架，同时不依赖于特定的收益分布。

（1）将无风险收益率定义为 $Y_f = 1/P(1)$。与此定义相对应的无风险资产是什么？

（2）重新解释习题 4.1 的结果，得出结论认为，只有金融财富的无前沿二级投资者的最佳回报收益是两种收益率的线性和时间不变的组合：无风险收益率和长期平均方差有效收益率。此外，无论代理的风险规避程度如何，这两种收益率都是相同的。为什么对冲需求和影响投资机会的状态变量没有出现在这个特征中？

（3）Cochrane（2014）认为，将重点放在资产管理的最终收益上可以改善福利，因为这有助于将投资者的风险与金融工程中的决策相分离，以实现给定的市场结构下的最佳投资组合。个人投资者会得到更好的服务，如果他们专注于指定最适合他们的支出流，而将这些收益的动态组合实施留给专业资产管理机构。评估此建议。

习题 9.2　双贝塔跨期资本资产定价模型的高斯混合模型分析

此习题要求使用第 4.4 节中介绍的高斯混合模型框架来分析 Campbell 和 Vuolteenaho（CV，2004）的双贝塔资产定价模型。此习题的数据可在本书网站[①]上的 Excel 表格中找到，并附有一份说明性文件。这些

① http：//press. princeton. edu/titles/11177. html.

数据包括市场超额回报连同预期超额回报以及预期外超额回报的两个部分，现金流的消息 $N_{CF,t}$ 和折现率的消息 $-N_{DR,t}$。消息项在 CV 的文章中用 VAR 来估计。数据还包括利用一系列测试资产得出的无风险利率 R_{ft} 和回报 R_{it}，测试资产包括 9 个按规模和账面－市值比率排序从 25 个法马－弗伦奇投资组合选出的组合。

我们建议使用 MATLAB 或类似的允许编写灵活代码的软件。对于每道题，请详细记录每个步骤中使用的第 4.4 节的结果和公式。

（1）估计线性随机折现因子模型的参数

$$M_t = a + b(-N_{DR,t}) + cN_{CF,t}. \tag{9.74}$$

使用 10 个动态条件（1 个用于无风险资产，9 个用于股票投资组合）的形式 $0 = \mathrm{E}[M_t(1+R_{it})-1]$ 和单位加权矩阵 $W_T = I_{10}$。

（2）估计在同时出现以下两种模型无效下的动态长期运行的协方差矩阵，定价错误是连续不相关的，并使用 Newey-West HAC 协方差矩阵估计。在长期运行的协方差矩阵的两种估计下估计参数估计的协方差矩阵。你的结果是否表明定价错误是连续相关的？对于其余部分，使用 Newey-West 估计。

（3）对于每个参数，报告假设参数为零时的 t 统计和 p 值。

（4）假定以下的一阶条件（9.40）的近似和无条件版本：

$$\mathrm{E}[R_{it}-R_{ft}] = \gamma\,\mathrm{Cov}((R_{it}-R_{ft}), N_{CF,t}) + \mathrm{Cov}((R_{it}-R_{ft}), -N_{DR,t}). \tag{9.75}$$

①这种条件对随机折现因子规范（9.74）的参数施加了哪些限制？

②使用沃尔德（Wald）检验来检验此限制。它会被拒绝吗？

③提供对 γ 的估计和估计的标准差。提示：使用 delta 方法。

（5）返回一般模型，计算式（9.74）中参数的第二阶段估计数。用第二阶段估计重复第（3）题、第（4）题的第②题和第（4）题的第③题部分。你的答案有何不同？

（6）最后，使用第二阶段估计进行过度识别限制的 χ^2 检验。测试的 p 值是多少？评论模型的经验成功的地方。

习题 9.3　长期风险资产的估值[①]

设 Y_1，Y_2，…是独立同分布的非负随机变量，且平均值为 1。对于 t 大于或等于 1，定义 $X_t = Y_1 Y_2 \cdots Y_t$。

（1）对于所有 t，$\mathrm{E}X_t = 1$ 成立。

（2）设 $a = \mathrm{E}\sqrt{Y_t}$。满足 $0 < a \leqslant 1$。在什么条件下 $a = 1$？

（3）X_t 是一个非负的鞅，所以当 t 增加时，它的极限存在并且几乎肯定是有限的。设极限为 X_∞。角谷静夫（Kakutani）的成果被 Martin（2012）用于金融领域，可以陈述在以下这个例子中。如果 $a = 1$，则 $X_\infty = 1$。否则，$X_\infty = 0$。直观地解释如何有可能对任意 t，$\mathrm{E}X_t = 1$ 和 $X_\infty = 0$ 同时成立。

（4）考虑具有独立同分布的总收益的资产 $(1+R_1)$，$(1+R_2)$，…和独立同分布的随机折现因子 M_1，M_2，…定义时间 t 的资产的风险调整值，为 $V_t = M_1 M_2 \cdots M_t (1+R_1)(1+R_2)\cdots(1+R_t)$。在无限的将来定义极限风险调整的价值为 V_∞。存在一个独特的资产和随机折现因子使 $V_\infty = 1$。否则，$V_\infty = 0$。在资产和随机折现因子为多少时，满足 $V_\infty = 1$？

（5）对于任何其他资产，直观地解释即使 $V_\infty = 0$，为何可能有 $\mathrm{E}V_t = 1$ 对所有 t 成立。通过参考总收益系列的属性，然后参照随机折现因子系列的属性，说明你的机制。讨论这两种情况的经济学差异。

习题 9.4　风险期限结构

考虑 Lettau 和 Wachter（2007）中由式（9.53）到式（9.56）给出

① 本题基于 Martin（2012）提出。

的风险期限结构模型。该模型与第 8. 3. 3 节中研究的同方差债券收益率的基本仿射期限结构模型有密切关系。设 $\sigma_{dz} \equiv \mathrm{Cov}_t(d_{t+1}, z_{t+1})$，并同样表示其他协方差。

（1）股息分离的价格（零息票权益）V_{nt}，与债券价格 P_{nt} 一样，遵循相同的递归，(8. 29)，但受不同的终端条件约束：$V_{0t} = D_t$，而不是 $P_{0t} = 1$。假设股息分离的价格 - 当前股息比的对数是下面状态变量的仿射：

$$v_{nt} - d_t = A_n + B_{x,n}x_t + B_{z,n}z_t, \tag{9.76}$$

和式（8. 58）相仿。推导出定义价格系数 A_n、$B_{x,n}$、$B_{z,n}$ 的递归方程。

（2）以零息票权益作为价格系数的函数求解风险溢价，$\mathrm{E}_t[r_{n,t+1}] - r_f + \sigma_n^2/2$，和收益对数的波动性，$\sigma_n^2$。

（3）假设风险价格和预期股息增长与一期前股息增长的同期协方差为 0，$\sigma_{dx} = \sigma_{dz} = 0$。零息票权益的风险溢价和夏普比率的期限结构是向上倾斜的、持平的，还是向下倾斜的？请给出解释。

（4）LW 通过假设风险价格与一期前的股息增长同时不相关，而股息增长遵循均值回归过程 $\sigma_{dz} < 0$，得出与短期股本相比，长期股本风险溢价较低。如果我们假设 $\sigma_{dz} = 0$，如何才能在 LW 模型中获得零息票股权风险溢价的向下倾斜期限结构？请给出解释。

第三部分

异质投资者

第 10 章　家庭金融

本书前面部分介绍的资产定价模型是从金融市场参与者在目标、资源、约束和信念方面的差异中抽象出来的。在本书的最后部分，我们将关注这些差异，并在本章开始研究家庭的金融决策。

近年来，关于家庭金融的研究大量涌现。这一领域的发展受多种因素推动，其中包括对劳动收入在决定最佳投资策略方面的重要性的认识上升，强调衡量和模拟个人决策的行为金融学的成熟，以及大型行政数据集在家庭资产和负债方面的实用性。

我们从第 10. 1 节开始讨论劳动收入对最优投资组合选择的影响。我们提出可以通过解析求解的程式化模型，并讨论数值求解的生命周期模型的标准特征。本节还介绍了与收入相关的家庭投资行为的经验证据，并讨论了包含收入风险的资产定价模型。虽然我们关注劳动收入符合本章关于家庭的重点，但这些理论解释也可以应用于其他形式的非财务收入以及其他行为者（如公司和金融中介机构）的政策。

许多家庭在本书前面提出的理性优化模型的基础上做出难以合理化的财务决策。本章的其余部分讨论了这些重要行为及其对资产定价的潜在影响。在第 10. 2 节中，我们考虑不参与（避免所有风险资产）；在第 10. 3 节中，考虑分散化不足（持有面临非系统性风险的集中的投资组合）；在第 10. 4 节中讨论对不断变化的市场条件的反应，包括投资组合惯性、个人经验推断、房屋抵押再融资惯性和处置效应（投资者实现收益而非损失的倾向）。本节可以理解为行为金融学文献的简介，尽管它不能对这一重要领域做出全面介绍。行为金融学是指参与主体可能具有异质信念并相互猜测，我们将在第 11 章讨论这个主题。正如本章前面部分所述，这里提出的一些想法，例如市场细分的含义，在金融的其他领域也非常重要，而不仅仅是家庭。

10.1 劳动收入与投资组合选择

第 9 章考虑了时变投资机会对长期投资者最优投资组合选择的影响。另一个完全独立的即期效应的来源与劳动收入有关。长期投资者通常对收入流有求偿权，这会改变他们的投资组合决策。在本节中，我们将探讨这些影响。虽然这种分析可以在一个具有代表性主体的模型中完成，该参与主体获得总劳动收入［Campbell（1996），Lustig、Van Nieuwerburgh 和 Verdelhan（2013）］，但当我们允许异质参与主体时，就会出现关于劳动收入的有趣问题。出于这个原因，我们直至本章才讨论劳动收入。

10.1.1 静态投资组合选择模型

我们通过考虑一系列程式化的静态模型来培养直觉，其中投资者获得随机的未来收入并在无风险资产和风险资产之间分配财富。这些模型使我们能够理解平均劳动收入的单独投资组合选择效应，与资产收益不相关的劳动收入风险无法对冲，与资产收益相关的劳动收入风险可以对冲。

恒定绝对风险厌恶型

含劳动收入的投资组合选择模型有时会为了方便而采用恒定绝对风险厌恶（CARA）效用函数。然而，这一假设消除了所有平均劳动收入和不可对冲的收入风险对持有风险资产的影响。原因在于，正如我们展示的CARA模型，财富和不相关的附加背景的风险仅影响无风险资产持有，而不影响风险资产持有。

第2.1.3节中对投资组合分析的微小修改表明CARA投资者的投资组合选择问题为：

$$\max -\log \mathrm{E}\left[\exp(-A(W(1+R_f)+\widetilde{Y}+\theta(\widetilde{R}-R_f))\right]$$
$$=AW(1+R_f+\overline{Y}+\theta(\overline{R}-R_f)-\frac{1}{2}A^2\sigma_Y^2-\frac{1}{2}A^2\theta^2\sigma_R^2-A\theta\sigma_{YR}. \tag{10.1}$$

其中，A是绝对风险厌恶型效用函数的系数，W是初始财富，R_f是无风险利率，$\widetilde{Y}$是均值为$\overline{Y}$、方差为σ_Y^2的风险劳动收入，θ是风险资产的投资，$\widetilde{R}$是均值为$\overline{R}$、方差为σ_R^2的风险资产收益，σ_{YR}是风险收入和超额风险回报的协方差。

这一方程的解是：

$$\theta^*=\frac{(\overline{R}-R_f)-\sigma_{YR}}{A\sigma_R^2}=\left(\frac{1}{A}\right)\left(\frac{(\overline{R}-R_f)}{\sigma_R^2}-\beta_{YR}\right). \tag{10.2}$$

该公式中不存在劳动收入均值$\overline{Y}$和方差σ_Y^2，仅受协方差σ_{YR}的影响，即超额风险资产收益的劳动收入回归系数$\beta_{YR}=\sigma_{YR}/\sigma_R^2$。CARA投资者改变风险资产的持有以对冲劳动收入风险，而不是出于任何其他原因。

恒定相对风险厌恶型和无风险劳动收入

当投资者具有恒定相对风险厌恶（CRRA）效用函数，在经验上更相关的情况下，事情变得更加复杂。在这种情况下，即使是无风险劳动收入也会改变投资组合选择。要看到这一点，将无风险劳动收入的折现值写为H，称作人力财富。持有人力财富是隐性持有安全资产。金融财富包括安全债券B和风险股票S。债券有无风险回报率R_f，而股票带来风险回报$\widetilde{R}$。总财富（包括金融和人力财富）的风险占比是：

$$\alpha^* = \frac{S}{S+B+H}. \tag{10.3}$$

如果金融回报是对数正态且随着时间的推移而独立分布的，那么如第9.1节所述，通常静态投资组合的解为：

$$\alpha^* = \frac{\overline{R}-R_f}{\gamma\sigma_R^2}. \tag{10.4}$$

尽管这个公式是标准的，但对金融财富中股票份额的影响却并非如此。式（10.3）和式（10.4）意味着金融财富中风险资产的份额由下式给出：

$$\alpha = \frac{S}{S+B} = (1+h)\alpha^* = (1+h)\left(\frac{\overline{R}-R_f}{\gamma\sigma_R^2}\right). \tag{10.5}$$

其中，h 是人力财富和金融财富的比：

$$h = \frac{H}{S+B}. \tag{10.6}$$

拥有相对于金融财富的高人力财富的投资者应该在股票中投入更多的金融财富，因为人力财富是无风险资产的隐性投资。这可以解释财务规划中的标准经验法则，年轻投资者可以承受比年长的投资者更大的财务风险，特别是那些已经退休并因此没有剩余人力财富的投资者。①

虽然式（10.5）是标准投资组合选择规则的一个非常简单的修改，但它有一些惊人的含义。首先，投资者应该降低风险投资组合份额，以应对降低 h 的正股票收益率。也就是说，尽管投资者具有与规模无关的偏好，但实现的回报现在会影响未来的投资组合选择。其次，由于年轻投资者的 h 可能很大，投资组合的解（10.5）意味着风险投资组合的份额大于1，这需要使用杠杆。如果排除了为风险投资提供资金的借款，那么高劳动收入的投资者应将所有金融财富投资于风险资产，但不能承

① 经验法则特别适用于有定额缴款养老金的老年投资者。具有固定收益养老金的退休投资者有一个安全的收入来源，应被视为人力资本的另一种形式。

担与无约束的解中所含的相同的风险。

常相对风险厌恶型和风险劳动收入

在 CRRA 中，风险劳动收入的分析更加困难，因为收入风险是可加的，但 CRRA 效用函数对于乘法风险是易处理的。处理此问题的一种方法是使用本书前面讨论的类型的对数线性近似。在 Viceira（1998）以及 Campbell 和 Viceira（2002）之后，考虑投资者在时间 t 选择投资组合来解决以下问题：

$$\max \mathrm{E}_t\left[\delta\frac{C_{t+1}^{1-\gamma}}{1-\gamma}\right] \tag{10.7}$$

满足

$$C_{t+1}=W_t(1+R_{p,t+1})+Y_{t+1}. \tag{10.8}$$

为简单起见，投资者在时间 t 不消耗任何东西，而只是决定投资组合的构成，它将与收入一起确定时间 $t+1$ 的消费量。

我们通过除以未来收入来重写预算约束：

$$\frac{C_{t+1}}{Y_{t+1}}=\frac{W_t}{Y_{t+1}}(1+R_{p,t+1})+1, \tag{10.9}$$

并且假定（$1+R_{p,t+1}$）和 Y_{t+1} 是对数正态分布。

接下来我们对数线性化（10.9）得到：

$$c_{t+1}-y_{t+1}\approx k+\rho[w_t+r_{p,t+1}-y_{t+1}]. \tag{10.10}$$

其中：

$$\rho\equiv\frac{\exp\{\bar{r}_p+w_t-\bar{y}\}}{1+\exp\{\bar{r}_p+w_t-\bar{y}\}}<1. \tag{10.11}$$

这可以重写为：

$$c_{t+1}\approx k+\rho(w_t+r_{p,t+1})+(1-\rho)y_{t+1}. \tag{10.12}$$

在对数财富和对数收入下，对数消费近似为线性，对数线性化参数 ρ 是相对于金融财富的消费弹性。随着金融财富相对于劳动收入的增加，参数 ρ 增加到其上限 1。

现在考虑投资者在安全资产和单一风险资产之间的投资组合选择问题。如果 α_t 是风险资产中的份额，则通常的投资组合收益近似为：

$$r_{p,t+1} - \mathrm{E}_t r_{p,t+1} \approx \alpha_t (r_{t+1} - \mathrm{E}_t r_{t+1}). \tag{10.13}$$

幂效用的横截面欧拉方程为：

$$\begin{aligned}\mathrm{E}_t[r_{t+1} - r_f] + \frac{1}{2}\sigma_r^2 &= \gamma\ \mathrm{Cov}_t(c_{t+1}, r_{t+1}) \\ &= \gamma\ \mathrm{Cov}_t(\rho r_{p,t+1} + (1-\rho) y_{t+1}, r_{t+1}) \\ &= \gamma \rho \alpha_t \sigma_r^2 + \gamma (1-\rho) \sigma_{yr}.\end{aligned} \tag{10.14}$$

其中，σ_r^2 为对数风险资产收益的方差，σ_{yr} 为对数收入和对数风险回报的协方差。可改写为：

$$\alpha_t = \frac{1}{\rho} \frac{\mathrm{E}_t[r_{t+1} - r_f] + \frac{1}{2}\sigma_r^2}{\gamma \sigma_r^2} + \left(1 - \frac{1}{\rho}\right) \beta_{yr}. \tag{10.15}$$

其中，$\beta_{yr} = \sigma_{yr} / \sigma_r^2$。式（10.15）右侧的第二项是对风险资产对冲劳动收入风险的能力所引起的投资组合权重的调整。这类似于式（10.2）中所示的 CARA 效用的收入对冲效应。

然而，在 CRRA 中，即使 $\sigma_{yr} = \beta_{yr} = 0$，投资组合权重也受到劳动收入的影响。没有收入对冲效应时，由于 $\rho < 1$，解简化为：

$$\alpha_t = \frac{1}{\rho} \frac{\mathrm{E}_t[r_{t+1} - r_f] + \frac{1}{2}\sigma_r^2}{\gamma \sigma_r^2} > \frac{\mathrm{E}_t[r_{t+1} - r_f] + \frac{1}{2}\sigma_r^2}{\gamma \sigma_r^2}. \tag{10.16}$$

相对于没有劳动收入的投资者（“退休”投资者），具有风险但不相关的劳动收入的投资者总是将他的金融财富中的大部分投资于风险资产。

要理解 CRRA 中劳动收入风险的影响，考虑劳动收入的一个均值保留展开式，在保持均值不变的同时增加收入方差。由于：

$$\overline{Y} = \exp\left(\overline{y} + \frac{1}{2}\sigma_y^2\right), \tag{10.17}$$

当收入风险 σ_y^2 增加，为了保持收入均值 $\overline{Y}$ 固定，对数收入的平均值 $\overline{y}$ 必须下降。这增加了式（10.11）中的 ρ，从而减少了 α，使风险份额更接近没有劳动收入的情况。[1] 对此结果的解释是，不相关的劳动收入风险降低了投资者对劳动收入相对于金融财富的估值，减少了劳动收入对承担金融风险意愿的积极影响。

这些结果的总结是，在 CRRA 下，无风险的劳动收入挤出了无风险的金融资产，并将投资组合倾向于风险资产。不相关的劳动收入风险降低，但不会逆转这种影响。充分相关的劳动收入风险可以扭转影响并将投资组合倾向于无风险资产。

生存需求

最后，我们考虑当消费者具有如 CC 模型中的习惯水平时如何改变这些结果。将目标函数写为：

$$U(C_{t+1}, X_{t+1}) = \frac{(C_{t+1} - X_{t+1})^{1-\gamma}}{1-\gamma} = \frac{S_{t+1}^{1-\gamma}}{1-\gamma}. \tag{10.18}$$

其中，X_{t+1} 为习惯，剩余消费为 $S = C_{t+1} - X_{t+1}$。预算约束为：

$$C_{t+1} = W_{t+1} = (1 + R_{p,t+1}) W_t, \tag{10.19}$$

可以改写为：

$$S_{t+1} = (1 + R_{p,t+1}) W_t - X_{t+1}. \tag{10.20}$$

式（10.18）和式（10.20）表明，生存需求就像负劳动收入。它们对最优投资组合选择也有我们刚刚讨论的劳动收入产生的所有影响，但符号相反。如果我们假设生存需求是提前一个时期知道的，那么使用标准的幂效用公式，最优投资组合选择是在无风险资产中投资 $X_{t+1}/(1 + R_f)$，并投资剩余财富 $W_t - X_{t+1}/(1 + R_f)$。金融财富的风险份额总是小于没有生存需求的风险份额，并且风险份额随财富增加而增加。这些结果与劳动收入的结果相反。

---

① 一个小小的警告是，ρ 还取决于平均对数投资组合回报，因此取决于 α。Viceira（1998）进行了全面的分析，发现如果 γ 非常低，可以逆转上述对 α 的影响。然而，典型的结果是，劳动收入风险的增加降低了工作投资者比退休投资者承担更多股权风险的倾向。

作为一项非正式练习，请将此分析与20世纪末和21世纪初期哈佛大学和其他富裕大学所面临的问题联系起来。在那个时期的长期的股市繁荣期间，大学捐赠的增长速度超过其他收入来源。20世纪90年代初，哈佛大学预算的捐赠份额约为15%，但这一比例在2005年左右翻了一番。与此同时，该大学在2005年左右对教师和校园扩展做出了大量固定承诺。这如何影响大学的捐赠投资策略？这一问题将在本章末尾讨论。

10.1.2 多期投资组合选择模型

上一节中讨论的静态模型不包括当前消费与未来消费之间的跨期权衡。多期模型使消费决策内生化，这对投资组合选择产生了有趣的新影响。虽然关于消费函数的现代文献的完整描述超出了本书的范围，但在本节中我们将简要回顾一下这些文献。我们假设幂效用或爱泼斯坦－兹恩效用，尽管许多结果适用于具有预防性储蓄动机的其他效用函数。①

为简单起见，首先考虑无风险借贷，无风险劳动收入和不变的无风险利率的情况。在这种情况下，长寿的消费者服从永久收入假设，如果时间偏好率等于利率，则选择平坦的消费路径，并且随着两个参数之间的任何差异，消费路径向上或向下倾斜。如第6章所述，跨期替代的弹性决定了任何此类倾斜的幅度。除非消费者极度不耐烦，否则该模型中当前收入的边际消费倾向较低。例如，当时间偏好等于利率并且时间无限期，边际消费倾向等于无风险利率。

如果给这个模型增加借贷约束，除非借贷约束具有约束力，否则收

① 如果参与者为了应对未来消费的不确定性而减少当前消费以增加储蓄（指预防性储蓄），他就会进行预防性储蓄。使用詹森不等式，我们可以从标准的欧拉方程（假设一个凹的周期消费效用函数）看到当前消费 $C_t = u'^{-1}(\delta(1+R_{f,t+1})E[u'(C_{t+1})])$ 在其他条件不变的情况下随未来消费的波动而下降，当且仅当效用函数的三阶导数为正，即边际效用函数是凸函数时。

入消费的边际倾向仍然很低，在这种情况下，所有当前收入都用于消费，边际消费倾向等于 1。

如 Zeldes（1989）、Kimball（1990）、Deaton（1991）和 Carroll（1997）所强调的，如果劳动收入存在风险，这些性质就会发生变化。当存在风险劳动收入以及任何时期的借贷约束或正概率的零收益时，消费者在所有时期都维持正的金融资产，并将其用作“缓冲库存”以平稳劳动收入的波动。较低的缓冲库存意味着消费更加不稳定，因此计划的消费路径更加陡峭，预防性储蓄更多。在这样一个模型中，消费函数在金融财富方面是凹的［Carroll 和 Kimball（1996）］，在持有少量金融资产时，边际消费倾向较高（接近但低于 1），在持有较高水平的金融资产时，边际消费倾向较低。收入风险的增加刺激了预防性储蓄并减少了今天的消费，当金融资产的缓冲库存较低时，这种影响更为强烈。

如果在此模型中加入投资组合的选择，则除了上一节讨论的，劳动收入风险还具有两种效果。第一，收入风险刺激预防性储蓄，并随着时间的推移导致财富积累。对于相应比例劳动收入冲击，这增加了金融回报冲击的重要性，通过上一节讨论的机制，降低了风险资产中的投资组合份额［式（10.16）中参数 ρ 的增加］。Viceira（2001）在没有固定范围但具有恒定退休概率的静态模型中探索了这种效应。

第二，如果劳动收入的方差本身是一个随机变量，收入风险的意外增加会刺激预防性储蓄，导致当前消费意外下降，预期未来消费增长意外增加。如果消费者具有幂效用，则当期消费的减少会增加当前的边际效用；因此，如果风险收益与劳动收入风险的冲击呈负相关，消费者将提前降低风险资产持有量。[①] Storesletten、Telmer 和 Yaron（STY，2004，2007）在长期的投资组合选择强调了“收入风险协方差”效应。

多期投资组合选择模型也可以允许内生的劳动力供给。Bodie、Mer-

① 然而，如果风险厌恶的消费者的爱泼斯坦－兹恩偏好大于跨期替代弹性的倒数，那么预期未来消费增长的增加可能会对当前边际效用产生负的抵销效应。

ton 和 Samuelson（1992）强调，通过增加劳动力供给来应对负财务回报的能力使得家庭更愿意投资于风险资产，这与第 7.2.2 节中讨论的 Swanson（2012）的一般均衡分析一致。Farhi 和 Panageas（2007）通过允许工作家庭继续工作或退休，以不同的方式模拟内生劳动力供给。他们认为退休是一个不可逆转的决定，并且是由充足的财富积累引发的。随着退休的临近，储蓄增加的动力和承担金融风险的意愿也可能增加。

生命周期模型

最近的一些实证文献在消费和投资组合选择的生命周期模型的背景下探讨了这些影响。权威的生命周期模型将工作生活中的对数收入指定为具有年龄驼峰形状的确定性成分、随机游走的永久随机成分和暂时性白噪声成分的总和：

$$y_t = f(Z_t) + v_t + \varepsilon_t. \tag{10.21}$$

其中，Z_t 描述年龄和其他家庭特征，$v_t = v_{t-1} + u_t$，而 u_t 和 ε_t 分别是对对数收入具有永久和暂时影响的白噪声冲击。在该模型的某些版本中［Zeldes（1989），Carroll（1997）］，收入水平可以暂时等于零，这需要一定概率下 $\exp(\varepsilon_t) = 0$ 。这种分布式假设确保了具有幂效用的消费者不借钱用于今天的消费，或者可以外生地施加借贷约束。冲击 u_t 和 ε_t 可以进一步分解为所有家庭共有的总成分，以及家庭之间不相关的非系统性成分。

Gourinchas 和 Parker（2002）在假设只有无风险资产可用于储蓄的情况下校准和求解该模型。由于收入的确定性成分在年龄上呈现驼峰状态，年轻消费者只持有少量缓冲资产，但中年消费者在预期退休时会积累金融财富。因此，年轻人的消费波动和预防性储蓄较高，而中年退休储蓄者的收入风险相对不重要。

Angeletos 等人（2001）、Kaplan 和 Violante（2014）通过扩充模型包含两个无风险资产，一个流动资产和一个非流动资产，从而避免了这一结论。非流动资产获得较高的回报，但是从该资产中存入或取出会产生固定成本。这种非流动性资产对于退休储蓄具有吸引力，因为它的回报率很高，而且它帮助家庭抵制过早消耗积蓄的诱惑［Angeletos 等人（2001）］，但面对临时收入冲击时，它不太适合用于平滑消费的缓冲库存。这意味着家庭将退休储蓄作为非流动资产，即使在中年累积了大量财富的情况下，也可能只有少量流动的缓冲库存。这些"富裕的勉强糊口的"消费者也有很高的边际消费倾向，即使他们的总财富很高。

Cocco、Gomes 和 Maenhout（2005）扩展了生命周期模型，在两种流动资产——安全资产和风险资产——之间做投资组合选择。他们的模型不包括杠杆，因此最大可行风险投资组合份额为1。他们估计收入冲击与风险资产收益之间的相关性相对较低，从而发现风险资产的份额只在工作生活的早期应该为1，并且应该只在中年时随着金融财富的增加而下降，剩余的未来收入的价值随着退休的临近而下降。

Ameriks 和 Zeldes（2004）使用美国教师退休基金会的贡献者样本，Fagereng、Gottlieb 和 Guiso（2017）使用挪威的行政记录，将这些预测与生命周期中的风险投资的面板数据进行了比较。Guiso 和 Sodini（2013）总结了这些结果。这项实证研究面临着一些困难，特别是需要以某种方式限制年龄、群体和时间效应以确定模型。[1] 然而，数据看起来确实与预测一致：年轻的股票市场参与者有相对较高的风险份额（尽管远小于1），45 岁及以上的参与者的风险份额下降。这也符合近年来美国越来越受欢迎的退休储蓄工具，目标日期基金的资产配置规则。然而，许多家庭根本没有任何风险资产，也就是说，股市参与是有限的。我们将在下一节讨论这一点。

① 不受限制的年龄、群体和时间效应无法识别，因为年龄等于当前年份减去出生年份，所以年龄、群体和时间虚拟变量之间存在完美的共线性。最近普遍的方法是通过将群体效应与群组的终生经历联系起来限制群组效应，如 Malmendier 和 Nagel（2011，2016）。

到目前为止所讨论的所有生命周期模型都假设收入冲击具有不变的方差，方差可能在不同的家庭群体之间变化，但随着时间的推移不会随机演变。STY（2004）对这一假设提出质疑。他们提出间接证据表明，非系统性收入冲击的方差本身是随机的，并且在经济衰退期间会增加。证据是间接的，因为收入的面板数据仅在20世纪60年代后期才有，很多经济衰退没有包含进去。然而，年龄较大的群体经历了更多、更严重的经济衰退；而STY表明，除非非系统性的收入差异是反周期的，否则这些群体的收入横截面分散度更大，难以解释。股票收益与非系统性收入风险之间的这种负协方差可能会阻止年轻家庭持股。

借款约束和风险认知

具有风险收入和借贷约束的模型对标准金融合约的风险评估具有重要意义。一个重要的例子是浮动利率抵押贷款（ARM）和固定利率抵押贷款（FRM）之间的选择。ARM是一种浮动利率工具，其利率根据短期利率的变动而重新设定，因此它的久期很短，其市场价值总是接近其面值。FRM是一种长期固定利率工具，具有预先规定的名义支付水平。像长期债券一样，它具有较长的久期和不稳定的市值。虽然美国FRM可以在不受惩罚的情况下再融资，其也会限制利率下降导致市场价值的增长，但如果利率上升，市值可能会大幅下降。因此，短期视角的传统风险分析将FRM描述为风险抵押贷款，将ARM描述为安全抵押贷款。即使是第9章讨论的长期前景的风险分析，如果实际利率保持不变，而通货膨胀随时间变化，也会产生相同的结论。①

正如Campbell和Cocco（2003）强调的，受借贷约束的家庭看待抵

① 当然，通货膨胀导致的FRM价值下降对抵押贷款借款人有利。然而，这种收益是事先定价的，因此抵押贷款风险很大，因为它的实际成本对随机通货膨胀非常敏感。

押贷款风险可能会非常不同。为简单起见，继续假设一个不变的实际利率和随机的通货膨胀率。通货膨胀的增加以及短期名义利率的相应增加，增加了 ARM 所需的实际支付，以抵销抵押贷款实际本金的通货膨胀侵蚀。如果家庭能够在其他地方借款以抵销所需抵押贷款支付的增加，则家庭的实际预算不受影响，家庭可以使用 ARM 完全平滑其实际消费。但是，如果这是不可能的，那么通货膨胀的增加会迫使 ARM 借款人减少消费。因此，考虑 ARM 的家庭应考虑到未来加息将与未来借贷约束相互作用而破坏消费稳定的风险。习题 10. 1 要求制定一个这种效果的简单分析模型。

10. 1. 3　劳动收入和资产定价

相对于投资者仅靠金融财富生存的模型，具有劳动收入的模型通常预测投资者在任何风险厌恶程度上都更愿意承担金融风险。因此，劳动收入的一阶效应使股权溢价难以解释。换句话说，对于任何给定的投资组合分配，具有劳动收入的模型意味着消费波动性更小，这与平滑消费导致股权溢价之谜的基于消费的模型一致。

然而，家庭间收入的分配可能会影响这一结果。上一节讨论的生命周期模型意味着人力财富与金融财富比例高的年轻投资者应该持有具有杠杆的风险投资组合。如果排除杠杆作用，年轻投资者可以承担相对较小的财务风险，因为他们积累了少量财富，所以即使他们根本没有无风险资产，他们也买不了很多股票。这迫使中年投资者承担经济中几乎所有的金融风险。老年投资者的消费对总体风险高度敏感，隐含的股权溢价很高。Constantinides、Donaldson 和 Mehra（2002）在代际交叠模型中模拟了这种效应，并认为这种影响是实质性的。

谁去承担风险

收入风险模型对金融行为的横截面模式具有重要影响。其中一个影响是，如果具有相同的风险偏好，那么劳动收入风险较高的家庭应该承担较少的金融风险。Guiso、Jappelli 和 Terlizzese（1996）从意大利调查数据中得出收入风险与金融风险之间的负无条件相关性，但 Ranish（2013）发现，在美国的消费者信贷调查中，有风险收入的家庭也倾向于承担更大的金融风险，这可能是由于风险承受能力强的个人选择危险的职业产业的效应。

对冲非系统性收入风险

无论风险偏好如何，家庭都应增加对风险资产的需求，以控制其非金融收入风险，并减少对与这些风险正相关的资产的需求。与此形成对比的是，许多美国家庭持有大量的雇主股票，特别是在其 401（k）退休储蓄账户中［Mitchell 和 Utkus（2003）］。虽然其中一些资产是由于雇主的政策，但 Benartzi（2001）表明，很大一部分无限制的员工资产投资于雇主股票而非分散化的其他投资。① 此外，Massa 和 Simonov（2006）以及 Døskeland 和 Hvide（2011）都报告个别斯堪的纳维亚投资者增持其所在行业的其他股票。Massa 和 Simonov（2006）发现在所在行业的投资有正的超额回报，并将其归因于所在行业投资的信息优势，但 Døskeland 和 Hvide（2011）报告称这些投资表现不佳，并认为投资者“反对冲”的倾向是由于对熟悉的公司的行为偏好。

个人投资者偏好本国和本地区的本地公司，这也是一种反对冲形式，从而本地冲击会影响本地股票收益和本地收入增长。在这方面也存在关于信息优势与行为偏差的争论［Lewis（1999），Grinblatt 和 Keloharju（2001），Huberman（2001），Ivković 和 Weisbenner（2005），Bekaert 等人（2015）］。② 我们将在第 12. 1. 4 节讨论信息优势模型。

---

① 当雇主股票在过去 10 年中表现良好时尤其如此，这表明家庭推断了雇主的过往表现。

② 在当地情况下，出现了另一种可能性：如果投资者的效用来源于相对消费或消费固定供应的当地商品，其价格因此取决于当地投资者的财富，那么投资者模仿其他本地投资者的投资组合可能是合理的［DeMarzo、Kaniel 和 Kremer（2004）］。

对冲总体收入风险

即使投资者不选择对冲其特定职业的风险的资产，他们也可能更愿意持有对冲总收益风险的资产。这可能会导致一个此类资产的回报更低，与收入相关的资产回报更高的均衡。依据 Mayers（1972），理解这一点的一种方法是对 CAPM 进行修改，将人力资本和金融财富纳入市场投资组合。

多年来，许多学者都在探索这个想法。例如，Liew 和 Vassalou（2000）表明，特定国家投资组合（做多小型股和价值型，做空大型股和成长股）的回报率，可以预测 10 个发达市场的 GDP 增长率，甚至可以控制国家总体回报。这一发现使得这些投资组合与每个国家的人力资本价值相关，从而有助于解释其高回报。同样，Koijen、Lustig 和 Van Niewerburgh（2017）表明，Cochrane-Piazzesi 的远期利率组合预测了美国 GDP 的增长，并且该价值股与该变量的创新相关。

Betermier、Calvet 和 Sodini（2017）最近的一篇论文证明，如果投资者使用这些股票来对冲总收益风险，与人们所预期的一样，投资者对成长股的需求会有所不同。瑞典的行政数据表明，人力财富多于金融财富的年轻投资者，以及在受经济周期影响更大的行业工作的投资者，往往持有更多成长股；而价值股更适合拥有更多金融财富并在更稳定的行业工作的老年投资者。

Gârleanu、Kogan 和 Panageas（GKP，2012）依据基于生产的资产定价，对成长股的收益对冲属性进行结构性解释。在他们的代际交叠模型中，技术进步增加了产出，但降低了现有工人的人力资本价值（而不是进入经济的新工人）。在技术进步迅速的时期，成长型企业表现良好，此时新进入的群体以牺牲目前活跃的群体为代价。因此，成长股是对这种“替代风险”的有价值的对冲。GKP 表明，在其模型的基本版本中，CAPM 在市场投资组合中包含风险人力资本时是成立的。

10.2 有限程度参与

10.2.1 财富，参与和风险承担

家庭金融的一个重要的典型事实是，许多家庭没有参与风险资产市场，因此违反了第 2.1.1 节中讨论的参与原则。我们使用 Campbell (2006) 的 2001 年消费者财务状况调查来说明这种行为在整个财富分布中的普遍程度。

图 10.1 显示了美国家庭财富的分布。该图中的横轴表示总资产分布的百分位数，包括金融资产和非金融资产（耐用品、房地产和非上市企业股权，但未包括固定收益养老金计划或人力资本）。竖轴表示美元的对数刻度。图中的三条线分别显示了总资产、金融资产和净值（总资产减去债务，包括抵押贷款、房屋净值贷款、信用卡债务和其他债务）在不同总资产分配的平均水平。从图中可以清楚地看出，许多家庭的金融资产可以忽略不计。即使是中等家庭的金融资产也只有35 000美元，净资产为86 000美元，总资产为135 000美元。

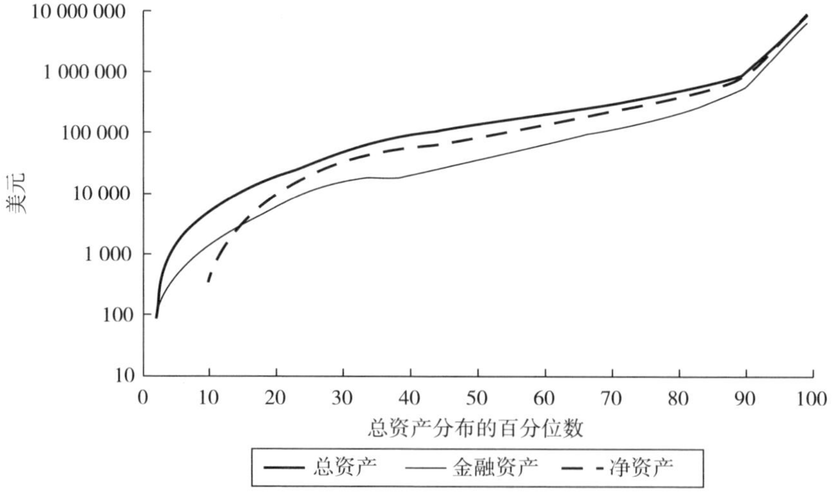

图 10.1　2001 年美国家庭财富分布

资料来源：Campbell, John Y., 2006, "Household Finance," Presidential Address, *Journal of Finance* 61, 1553-1604；获得 John Wiley & Sons, Inc. 授权。

图 10.1 还显示了财富分配的极端偏度。图中右侧的富裕家庭对总体统计数据产生了压倒性的影响。由于这些家庭的行为与财富分配中间的家庭不同，从而总体数据无法告诉我们典型家庭的财务决策。

图 10.2 说明了具有不同财富水平的家庭的参与决策。横轴与图 10.1 中的相同，但纵轴表示参与特定资产类别的家庭比例。该数字将 SCF 资产数据汇总为几大类，即安全资产、车辆、房地产、上市股票和非上市企业资产。①

鉴于该图左侧的家庭持有的金融资产微不足道，财富分配最底层 1/4 的家庭只持有安全资产和车辆，少数人通过房屋所有权参与房地产

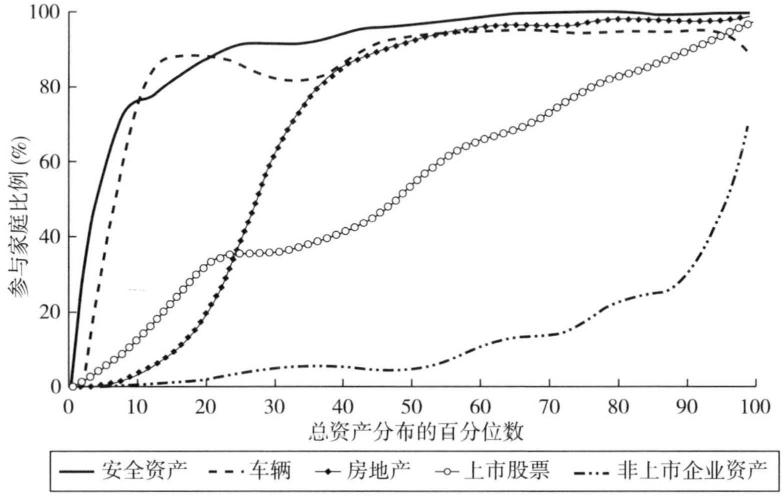

图 10.2 按资产类别划分的参与家庭比例

资料来源：Campbell，John Y.，2006，"Household Finance，" Presidential Address，*Journal of Finance* 61，1553 – 1604；获得 John Wiley & Sons，Inc. 授权。

① 安全资产包括支票、储蓄、货币市场，以及活期账户、定期存单和美国储蓄债券。上市股票包括在应税、退休账户或信托中持有的股票和共同基金。债券在图中省略：包括除美国储蓄债券的长期国库券、市政债券、公司债券、外国债券和抵押贷款支持债券、现金价值人寿保险，以及共同基金、退休账户、信托和其他管理资产中没有投资股票的部分。

业，这一点不足为奇。当我们看向图中右侧，我们看到越来越多的家庭参与股票市场。然而，即使在相当富裕的家庭中，参与也远非普遍。富人的有限参与对金融理论构成了重大挑战，这是家庭金融的主要典型事实之一。例如，在财富分配的80%，一个典型的家庭拥有大约20万美元的金融资产，但这些家庭中几乎有20%没有上市股票。

许多富裕家庭拥有很多的非上市企业资产。图10.2显示，企业所有者的比例从财富分配的80%处的22%增加到分布的右尾部的70%。Heaton和Lucas（2000）强调非上市企业资产可以替代一些富裕家庭的投资组合中的上市股票。处于财富分配80%处的家庭中，既没有非上市企业资产，也没有上市股票的家庭比例，略低于10%。因此，非上市企业资产可以解释富裕家庭对上市股票市场的非参与情况，但仍有相当数量的家庭没有任何类型的股权风险。

图10.3说明了具有不同财富水平的家庭的资产配置决策。横轴与前两幅图相同，但纵轴描绘了每个财富水平的总体家庭组合中资产类别的权重（在一个给定的财富范围内，这几乎与家庭的平均份额相同）。该图说明了流动资产和车辆对贫困家庭的主导作用，以及房地产（主要是自住房）对中产阶级的主导作用。对于中产阶级而言，股权具有一定的重要性，但仅代表该图右侧较富裕家庭的最大投资组合份额。

图10.3显示富裕家庭愿意在其投资组合中承担更大的风险。这部分是由于更多地参与风险资产投资，但也有部分原因是在给定参与下，投资组合份额更多。Carroll（2002）强调了这一现象，并表明在几个欧洲国家也有类似的模式。

解释

我们如何理解上述实证结果？第2.1.1节中总结的教科书金融理论意味着，只要股权溢价为正，所有家庭，无论多么厌恶风险，都应持有一些股票。因此，股票市场的有限参与必然是由于其中一个标准假设的不成立。

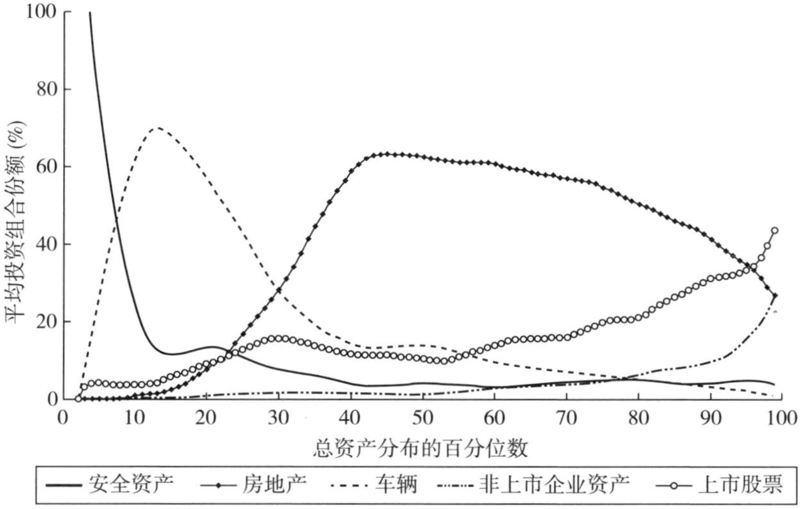

图10.3　家庭投资组合中的各类资产份额

资料来源：Campbell，John Y.，2006，“Household Finance，”Presidential Address，*Journal of Finance* 61，1553 - 1604；获得 John Wiley & Sons，Inc. 授权。

一种可能性是家庭有非标准偏好。例如，如果对风险的奖励足够小，那么在财富的参考水平上具有拐点的效用函数的模型意味着不参与［Epstein 和 Zin（1990），Segal 和 Spivak（1990）］。同样，Gilboa 和 Schmeidler（1989）以及 Epstein 和 Wang（1994）的不确定性厌恶模型指出，对股权溢价的真实价值不确定的投资者可能假设最坏情况，即股权溢价为零，在这种情况下，他们将理性地选择不参与股票市场。这些模型可以解释所有财富水平的不参与，并且没有预测参与率会随着财富增加而增加。

另一种可能性是家庭面临固定成本，例如，一次性进入成本或持续参与成本。固定成本可以解释为什么参与率随着财富增加而增加，因为支付固定成本时，更大的投资组合更有可能增加收益。一次性进入费用意味着强烈的正的年龄效应，因为一旦支付了固定的入门费用，家庭将继续参与；持续的参与成本导致有限的参与，年龄影响较弱。Haliassos 和 Bertaut（1995）以及 Vissing-Jørgensen（2003）表明，适度的持续参与成本可以解释许多美国家庭的不参与，尽管无法解释最富裕的家庭。

固定参与成本可以从不同方面解释。其中之一是将固定成本视为为了投资股市而必须花费的时间和金钱。或者，固定成本可能是经济学家对心理因素的描述，这些因素会使一些家庭不愿意持有股权。[①] 与此观点一致，在控制年龄、收入和财富后，教育对股市参与具有强烈的积极影响［Campbell（2006），Calvet、Campbell 和 Sodini（2007）］。更令人惊讶的是，Grinblatt、Keloharju 和 Linnainmaa（2011）发现，对于进入军队服役的芬兰男性来说，早期测试的 IQ 值会对参与产生类似的积极影响。根据这种解释，不参与可被视为投资错误，认知能力较低、受教育程度较低的家庭更有可能犯错。

一个有趣的问题是，股票市场参与者是否比非参与者更具有风险承受能力。如果非参与者相对规避风险，那么小的固定成本就足以阻止他们参与。Carroll（2002）提出了一个模型，其中所有参与者都具有相同的效用函数，相对风险厌恶逐渐下降，并认为该模型解释了富裕家庭的高参与率和更积极的资产配置。然而，Gomes 和 Michaelides（2005，2008）认为，更加厌恶风险的家庭有更强的预防性储蓄动机，这会导致他们积累更多财富。如果风险厌恶存在外生的横截面变化并且预防性储蓄效应足够强，那些能支付参与股票市场的固定成本的富裕家庭，实际上可能比非参与家庭更加厌恶风险。

数据的其他特征可以通过背景风险对投资组合选择的影响来解释。个体户和拥有大量非上市企业资产的家庭面临私人业务风险，如第 10.1 节所述，即使与公开交易股票的回报不相关，这也会增加其有效的风险厌恶。如果私人企业风险与上市股票风险正相关，有可能其对持有股票

① 例如，Hong、Kubik 和 Stein（2004）发现，与社区中其他家庭互动较少的家庭拥有股票的可能性较小，这表明家庭更愿意参与那些他们知道且与其他人一致的金融活动。同样，Guiso、Sapienza 和 Zingales（2008）发现，不愿信任他人的家庭拥有股票的可能性较小。

的抑制效应甚至更强。健康状况不佳也预示着保守的资产配置。这也可以理解为背景风险效应；在这种情况下，风险是支出需求而不是收入。

最后，年龄对参与有着有趣的影响。Ameriks 和 Zeldes（2004）以及 Fagereng、Gottlieb 和 Guiso（2017）等通过生命周期研究发现，参与率随年龄变化的曲线有一个驼峰，风险占比随着参与者年龄的增长而下降。这可以通过金融财富的生命周期驼峰，一次性进入成本和小的持续参与成本，随着年龄增加的风险厌恶，以及可能在财务能力方面的生命周期驼峰的某种组合来解释［Agarwal 等人（2009）］。

10.2.2　有限参与的资产定价影响

有限参与的资产定价的结果是什么？为了理解这个问题，我们先考虑具有单一风险资产和独立同分布回报的参与者模型。在常相对风险厌恶和对数正态分布收益的标准假设下，最优风险份额是式（10.4）中给出的通式，$\alpha = (R - R_f)/\gamma\sigma_R^2$。在完全参与和无风险资产的零净供应的情况下，均衡需要 $\alpha = 1$。因此：

$$\overline{R} - R_f = \gamma\sigma_R^2. \tag{10.22}$$

此外，在消费－财富比率为常数，所有财富都投资于风险资产的情况下，消费增长的条件方差等于风险收益的方差：

$$\sigma_c^2 = \sigma_R^2. \tag{10.23}$$

现在假设只有财富中的 k 部分属于可持有股票的投资者（参与者用 P 表示）。剩余的财富属于非参与者（用 NP 表示），他们只能持有安全资产。非参与者以无风险利率向参与者提供贷款。现在均衡要求参与者 $\alpha P = 1/k$。因此：

$$\overline{R} - R_f = \frac{\gamma\sigma_R^2}{k}. \tag{10.24}$$

由于参与者持有了含杠杆的风险组合，他们的消费增长更具波动性。其消费增长的方差 σ_{CP}^2 为：

$$\sigma_{cP}^2 = \frac{\sigma_R^2}{k^2}. \tag{10.25}$$

因为总体消费增长 $\Delta c = k\Delta c_P + (1-k)\Delta c_{NP}$（这一关系在水平下是精确的，在对数上是近似的），非参与者具有零方差的确定性消费增长，总消费增长的方差与之前相同：

$$\sigma_c^2 = k^2\sigma_{cP}^2 = \sigma_R^2. \tag{10.26}$$

因此，有限的参与会使股权溢价增加 $1/k$ 而不会增加总风险。有限的参与相当于总体风险承受能力的下降。

投资于股票市场的家庭比例在过去 100 年中有所增加，这诱使人们将其与第 5 章讨论的 20 世纪后期的股权溢价下降联系起来。这样做的一个难点是有限参与的影响对于低 k 值更有效，而 k 是参与者的财富份额，而不是参与者的份额。由于财富加权参与率常高于等权重参与率，这使得通过扩大参与产生影响具有挑战性。然而，人力财富占总财富的较大比重的模型，如 Constantinides、Donaldson 和 Mehra（2002）所提出的，使得有限参与更容易对股权溢价产生重要影响。

上述静态模型的极端之处在于非参与者实现无风险消费，但非参与者面临一定风险的多期模型中也有类似效果。例如，Guvenen（2009）建立了一个模型，其中包含两个无限生命的参与者，一个允许参与，一个外生限制参与。非参与者具有较低的跨期替代弹性（EIS），而参与者具有较高的 EIS［与 Vissing-Jørgensen（2002）中的经验证据一致］。经济受影响劳动收入和资本收入的技术冲击。非参与者使用债券市场来平滑其收入，因此即使非参与者的财富份额平均较小，参与者的消费也是顺周期的。最后，在经济衰退期间，非参与者更加渴望平滑收入，因为他们更穷（当市场不完整时，关于财富的价值函数是凹的），因此股东的消费波动性上升，增加了股权溢价。在 Guvenen 的模型中，非参与者的消费在 CC 模型中就像习惯一样，这意味着当总消费量较低时，随机折现因子更加不稳定。

在参与决策是内生的模型中，获得非参与对资产回报的重大影响更具挑战性。Gomes 和 Michaelides（2008）建立了一个生命周期模型，其中包含两组参与者，各组都有非系统性收入风险以及固定的参与成本。在他们的模型中，股权溢价主要是由参与者之间的非系统性风险来解释的，这种风险降低了承担金融风险的意愿，其次是有限参与本身。

内生参与可以影响股票市场波动与股权溢价之间的关系。在持续参与的情况下，式（10.24）显示在通常情况下，股权溢价与方差成正比，市场的夏普比率与标准差成正比；但如果夏普比率的增加导致更多的投资者支付固定的参与成本，那么风险承受能力的扩大将抑制股权溢价的增加，这是 Hirshleifer（1988）提出的在商品期货交易中的一种效应。

10.3　分散化不足

家庭理财的一个主要问题是家庭在每个资产类别中如何使其投资组合多样化。在这种情况下，精确测量更具挑战性，因为它需要每个单独资产的持有量，而调查数据通常不会提供这么多细节。自 Blume 和 Friend（1975）以来，调查和纳税申报表已经被用来表明许多家庭拥有相对较少的个人股票（在消费者金融调查中，持有股票的中位数在有些年份只有 2 或 3 个）。然而，许多家庭通过共同基金或退休账户间接拥有股票，而这些间接持股往往更加多元化。因此，目前尚不清楚集中的个人持股对家庭投资组合风险是否有很大影响。

10.3.1　经验证据

Calvet、Campbell 和 Sodini（CCS，2007）使用了瑞典行政数据，该数据报告了固定收益养老金账户以外所有资产持有的完整细分，从而能更直接地了解投资组合多样化。CCS 构建了 10 万户家庭的样本，并在 2002 年年底衡量其投资组合的构成，细分至个股和共同基金的水平。

他们通过估算瑞典家庭持有的所有股票和共同基金的回报的方差–协方差矩阵来计算这些投资组合的风险属性。然后，如果家庭 h 在风险资产中具有投资组合权重向量 w_h，则其投资组合回报的方差估计为$w_h' \Sigma w_h$。该过程衡量了某个时间点家庭投资组合的风险，但并不追踪一年内家庭的交易决策。

CCS 样本中的家庭风险组合的标准差的中位数为 21%。这种标准差部分来自全球股票市场的系统性风险，部分来自非系统性风险。作为系统性风险的度量，CCS 计算了每个家庭的投资组合回报对 MSCI 全球指数的美元超额收益回归的拟合值的标准差。对于中位数的家庭，该系统性风险的标准差为 14%。残差（非系统风险的衡量标准）的标准差为 16%，这意味着瑞典中位数家庭的投资组合方差的大部分是非系统性的。

尽管瑞典家庭通过在国际投资时对冲其货币风险可以获得国际股票的超额美元回报，但由于在瑞典广泛上市的国际股票基金并非货币对冲，这可能是一个不切实际的基准。当 CCS 用 MSCI 指数上的瑞典克朗超额回报重复上述步骤时，他们发现中位数家庭的投资组合的方差中接近一半是非系统性的。

虽然家庭的风险投资组合收益标准差的中位数为 21%，但这个数字在各个家庭中存在很大差异。一些家庭承担低风险并主要持有债券基金，其他家庭则冒了很高的风险。风险投资组合标准差的第 95 百分位数为 51%。具有这种风险水平的投资组合往往具有高于 1 的 β，但它们也具有极高的非系统性风险，而不是系统性风险。

在瑞典数据中，具有高的非系统性风险的投资组合倾向于直接持有较高份额的股票，直接持有的投资组合往往集中在一两只不稳定的股票中。然而，集中持有可能是误导性的统计数据；许多具有低非系统性风险的投资组合也包含一两只直接拥有的股票，但这些投资组合由共同基金主导，只包含一小部分直接持有的股票。这种模式说明了在不考虑持有这些股票的更广泛背景的情况下，只关注投资组合中直接持有股票数量的危险。投资组合中各股票的相关性对瑞典投资组合的横截面风险模式贡献很小。

国际 CAPM 下的投资组合效率

为了评估分散化不足对家庭福利的影响，CCS 假设股票和共同基金的平均回报服从国际 CAPM。① 这一假设避免了从短历史时间序列中估算个股和共同基金平均回报的艰巨任务，同时使 CCS 能够在平均标准差图上绘制瑞典家庭投资组合。假设所有投资组合必须低于有效前沿，在国际 CAPM 的情况下，这是一条将无风险利率与 MSCI 世界指数的货币对冲收益率连起来的直线。

图 10.4 说明了 10 000 个瑞典投资组合的随机子样本的分散化。上图仅关注直接持有的股票，而下图也包括共同基金。② 很明显，共同基金可以大大改善分散化。下图中的许多家庭投资组合接近未对冲全球指数的夏普比率（估计为 35%），尽管几乎没有一个达到货币对冲全球指数的有效夏普比率（估计为 45%）。瑞典国内股票指数的夏普比率估计为 27%，与许多家庭投资组合相当。

在这个框架内，有几种方法可以衡量投资组合的低效率。一种是计算家庭投资组合的夏普比率 S_h 与基准指数的夏普比率 S_B 之间的百分比差异 $1-S_h/S_B$。另一种方法是根据投资组合给定的标准差，通过家庭投资组合的较低夏普比率计算回报损失。该回报损失 RL_h 由下式给出：

$$RL_h=\alpha_h(S_B\sigma_h-\mu_h)=\alpha_h\beta_h\left(\frac{S_B}{S_h}-1\right)\mathrm{E}R_m^e. \qquad (10.27)$$

---

① CCS 没有从共同基金回报中减去费用部分，因此他们隐含地假设资金可以获得足以支付其费用的付费前 α。否则，相对于基准的回报损失会因共同基金中持有的投资组合部分的费用与 α 之间的差异而增加。

② 在上图中可以看到双股票投资组合的双曲线。这是因为普遍倾向于只持有爱立信公司（Ericsson）和桑内拉电信公司（TeliaSonera）的股票，但通常这两只股票与共同基金一起持有，因此双曲线不会出现在下图中。

其中，α_h 是投资组合在风险资产中的权重，σ_h 是家庭风险投资组合收益的标准差，μ_h 是该收益的均值。式（10. 27）中的第二个等号将回报损失与家庭投资的激进性联系起来，正如风险份额和家庭资产的 β 值，以及相对夏普比率的变形式的乘积所反映的。

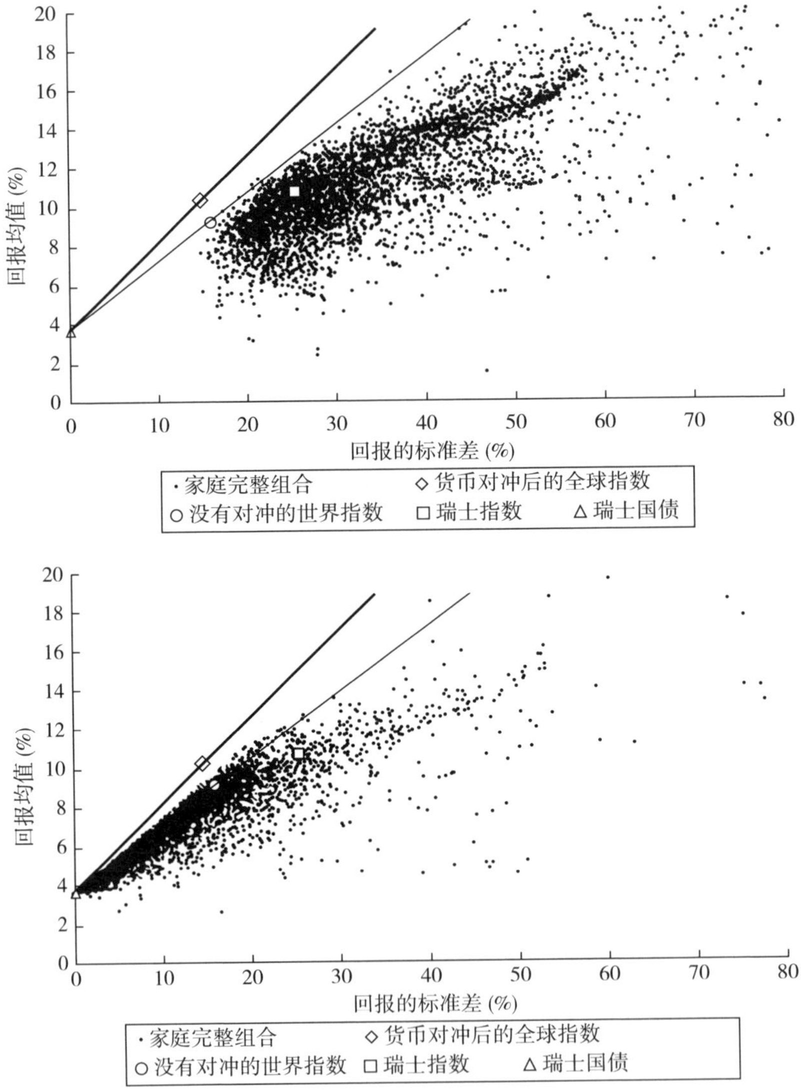

图 10. 4　瑞士家庭投资组合的分散化

CCS 发现瑞典的中位数家庭放弃了最大夏普比率的1/3 左右。如果使用瑞典克朗的全球指数而不是货币对冲后的全球指数作为基准，夏普比率损失将减少一半以上。瑞典的中位数家庭投资组合的夏普比率高于瑞典股票指数，这反映了许多瑞典家庭持有全球股票共同基金的事实。

如果家庭投资保守，夏普比率的降低对投资组合收益几乎没有影响。回报损失是投资组合效率低下的第二个衡量标准，它更加重视伴随着激进投资策略的低夏普比率。相对于 CAPM 下的货币对冲全球指数，瑞典的中位数家庭每年损失近 1. 2% 或约 130 美元。相对于未对冲的全球指数，中位数家庭只损失了 1/4。显然，投资组合的分散化对瑞典中位数家庭的福利仅产生一定影响。

然而，家庭间这些数据的差异很大。在回报损失分配的右尾，这些损失是巨大的。相对于对冲全球指数，回报损失的第 95 百分位数为 5. 0%；相对于未对冲指数约为一半。以美元为单位，相对于对冲全球指数，回报损失的第95 百分位数每年超过2 200 美元，相对于未对冲指数，每年近850 美元。

这些数字表明，只有对于少数家庭才存在分散化不足的问题。自然而然，下一个问题是哪些家庭通过低效投资损失最多。为了对此进行研究，CCS 对式（10. 27）取对数，然后将对数回报损失及其三种特定家庭的组成部分对家庭的人口统计特征回归。他们发现了对回报损失的抵销效应。一方面，具有高可支配收入、财富、受教育程度、私人养老金储蓄和金融负债的经济复杂的家庭往往更积极地投资。他们会将更多的财富投资于风险资产，而这些资产的β值更高。另一方面，这些家庭也倾向于更有效地投资，这与 Goetzmann 和 Kumar（2008）报告的美国经纪账户数据以及 Grinblatt、Keloharju 和 Linnainmaa（2011）报告的芬兰数据结果一致。在瑞典数据中，第一个效应占主导地位，因此财务上复杂的家庭实际上具有更高的总体回报损失。

一个重要的问题是，这些结果对家庭行为的描述能否应用于其他国家。虽然斯堪的纳维亚投资组合数据比其他地方的数据更完整，但在第

10.1.3 节中的证据表明，投资者往往倾向于持有他们所在公司的股票，同一行业的其他公司以及本地其他公司的股票，表明分散化不足至少在世界其他地方是一个很大的问题。人们可以预期，斯堪的纳维亚投资者的分散化程度会相对较高，因为这些国家的平均受教育水平较高，而且国际化的共同基金行业发展较完善。

分散化和参与

投资组合效率低下的人口统计预测因子与非参与和谨慎投资的人口统计预测因子相似。这表明一些家庭可能无法投资股票，或者可能只谨慎投资股票，部分原因是他们意识到他们缺乏有效投资的技能。他们可能根据他们的投资技能正确计算出参与的福利较低，或者他们可能只是对参加准备不足的活动感到不适（这可以被解释为更高的心理的固定参与成本）。为了证明第一个渠道的相关性，CCS 假设家庭的投资效率为基于人口统计回归的预测值，基于此计算参与股票市场可以为具有典型人口统计特征的非参与者的家庭提供额外回报。投资组合收益的隐含增长略低于瑞典家庭平均投资效率的家庭的增幅，而且仅为最高投资效率的家庭的一半左右。换句话说，如果家庭正确地预测他们自己的投资组合分散化能力有限，那么阻止参与所需的固定成本会更小。

10.3.2 财富分配的影响

最近的研究旨在了解低分散化对财富分配的影响。Venti 和 Wise（2001）提出，家庭的低分散化可以帮助解释美国数据中退休时财富差距的谜题。Venti 和 Wise 认为，终身收入或资产配置的差异并不能解释这些差异，并得出结论：这必须由储蓄倾向的差异引起。然而，股票投资分散化不足也可以解释大幅的差异。如 Piketty（2014）所述，如果富裕的人更有效地实现分散化或者出于其他原因获得更高的回报，情况尤其如此。

Campbell（2016）提出了一个可以量化这些影响的框架。考虑一组投资策略不同的家庭，下标为 i。在不考虑收入和消费的情况下（因此没有储蓄），家庭财富的演变由 $W_{i,t+1} = W_{it}(1 + R_{i,t+1})$ 给出，其中 $(1 + R_{i,t+1})$ 是家庭 i 投资组合的总收益。取对数可得：

$$\begin{aligned} w_{i,t+1} &= w_{it} + r_{i,t+1} \\ &= w_{it} + \mathrm{E}_t r_{i,t+1} + \widetilde{r}_{i,t+1}. \end{aligned} \tag{10.28}$$

其中，$E_t r_{i,t+1}$ 是家庭 i 的对数投资收益的理性（经济学家的）预期，$\widetilde{r}_{i,t+1} = r_{i,t+1} - \mathrm{E}_t r_{i,t+1}$ 是对数投资收益未预期的部分。

我们用 Var^* 和 Cov^* 表示在某个时间点观察的横截面方差和协方差。式（10.28）意味着将从一个时期到下一个时期的对数财富的横截面方差的时间序列平均——财富不平等的平均变化——分解为三个部分：

$$\begin{aligned} \mathrm{E}[\mathrm{Var}^*(w_{i,t+1}) - \mathrm{Var}^*(w_{it})] &= \mathrm{E}[\mathrm{Var}^*(\mathrm{E}_t r_{i,t+1})] + \mathrm{E}[\mathrm{Var}^*(\widetilde{r}_{i,t+1})] \\ &\quad + 2\mathrm{E}[\mathrm{Cov}^*(w_{it}, \mathrm{E}_t r_{i,t+1})]. \end{aligned} \tag{10.29}$$

式（10.29）右侧出现的所有回报都是对数回报，而不是简单回报。预期对数收益的横截面变化导致财富的横截面分散增加，这与第 2.1.5 节中讨论的一致，即在没有消费的经济体中，最大化预期的对数收益并持有增长最优投资组合的投资者控制的财富份额不断增加。这是很重要的，因为未补偿的风险对预期的简单回报没有影响，但它会降低投资组合层面的预期对数收益率。[①] 因此，投资者分散化的差异可能会通过这个渠道增加财富差异。

式（10.29）右侧的第一项是预期对数收益的横截面方差，第三项是对数财富与预期对数收益之间的横截面协方差。这些源于家庭的未补偿风险分散化的差异，他们承担补偿风险的意愿或投资技能方面的差

---

① 回想一下，当回报为条件对数正态分布时，$\mathrm{E}_t r_{i,t+1} = \log(\mathrm{E}_t(1 + R_{i,t+1})) - (1/2)\mathrm{Var}_t r_{i,t+1}$。因此，保持平均简单回报不变，投资组合方差的无补偿增加会降低平均对数回报。

异。第二项是非预期的对数收益的横截面方差，即面临非系统性风险或横截面变化的共同冲击的结果。第三项是 Piketty（2014）强调的协方差，尽管 Piketty 没有对平均收益和平均对数收益进行重要区分。

在任何一个时期，财富不平等的演变也受到对数财富和非预期的对数收益之间的横截面协方差，以及预期和非预期的对数收益之间的横截面协方差的影响。然而，这些协方差是由对富裕人士的资产或具有高预期回报的资产的非预期共同冲击所驱动的，因此随着时间推移，它们的平均值为零。该框架可以扩展到包括储蓄，其对财富不平等变化产生额外影响：这增加了新的三项，反映了储蓄率的横截面方差、财富与储蓄之间的横截面协方差，以及储蓄与预期投资回报的协方差。

Bach，Calvet，Sodini（BCS，2016）研究了财富不平等，并使用 2000—2008 年期间的瑞典行政数据实现了这一架构。它们假设一年内没有再平衡调整，并强加一个简单的因子模型，以及所有财富的阿尔法平均为零的假设，从而衡量了每年年初持有的股票的实际和预期回报。

BCS 指出式（10.29）中三项的和每年为 0.059，其中不到 1% 来自预期对数收益的横截面方差，25% 来自非预期的对数收益的横截面方差，75% 来自对数财富与预期对数收益之间的横截面协方差。[①] 尽管 CCS 记录的风险投资组合的分散化相对较好，而富裕的瑞典家庭通过有效的分散化倾向于承担更大的风险并获得更高的夏普比率，从而增加了财富和预期对数回报的协方差，但非预期对数收益的横截面方差仍然是有意义的。预期对数收益的横截面标准差足够小，方差相对不重要，只有通过与对数财富的联系才能发挥作用，而对数财富的差异则更大。

平均对数回报横截面方差本身并不能证明家庭会选择次优投资策

① 在瑞典数据中，对数金融财富的横截面方差的年均变化为 0.037，比式（10.29）右侧三项的总和小近 40%。因此，在瑞典，未建模的储蓄流减少了这一时期金融财富的不平等（可能被房价上涨期间住房财富的不平等加剧所抵销）。这些统计数据和本书中的统计数据披露在 BCS（2016）的在线附录中。

略，因为最大化平均对数回报只是具有对数效用的投资者的投资目标。然而，采取无补偿的非系统性风险是不合理的，而这种无补偿的风险会导致瑞典数据中财富不平等的变化。

10.3.3 低分散化对资金定价的影响

如 Merton（1987）、Allen 和 Gale（1994）、Duffie（2010）所强调的，低分散化投资对资产定价，以及包含只能被一小部分投资者理解和投资的某些资产或资产类别的模型具有重要意义。虽然这些模型可能会变得复杂，但是我们可以通过一个非常简单的例子来理解其本质影响。

考虑一个风险资产 j，它只被一群拥有财富 W_j 的同质投资者持有。这些投资者只持有资产 j 和无风险资产，他们有单期幂效用，风险规避因子为 γ_j 。资产 j 具有期末（下期）支付 X_j，其满足 $\text{Var}(\log X_j) = \sigma_j^2$ 的对数正态分布。设 V_j 表示资产的市场价值，$1 + R_j = X_j / V_j$，其对数收益的方差也是 σ_j^2 。那么满足幂效用选择投资组合的通常公式是：

$$\alpha_j = \frac{\overline{R}_j - R_f}{\gamma_j \sigma_j^2}. \tag{10.30}$$

均衡要求对资产的需求必须等于其市场价值，而市场价值又必须等于其预期收益除以其预期收益总额：

$$\alpha_j W_j = V_j = \frac{\overline{X}_j}{1 + \overline{R}_j}. \tag{10.31}$$

结合式（10.30）和式（10.31），资产的预期收益必须满足：

$$(1 + \overline{R}_j)(\overline{R}_j - R_f) = \frac{\gamma_j \sigma_j^2 \overline{X}_j}{W_j}. \tag{10.32}$$

式（10.32）的左侧是 $\overline{R}_j$ 的二次递增函数。因此，式（10.32）告诉我们，资产 j 的预期收益率随着投资者的风险规避因子 γ_j、资产的对数收益的总方差 σ_j^2、资产 X_j 的预期总收益（决定了资产必须的持有量或资产的“供应量”），以及投资者基础财富 W_j 的倒数而增加。预期收益的增长小于这些因素的线性增长，因为随着预期收益增加，所需的投资组合份额增加，此外，由于资产价值下降，供需平衡所要求的投资组合份额减少。①

式（10.32）将分散化投资者的财富视为外生的。在动态模型的背景下，另一种观点是这些投资者已经投资于资产 j，因此他们的财富取决于资产的价值。一个特别简单的特殊情况是，由于假设非分散化投资者完全投资于该资产，$\alpha_j = 1$，且 $W_j = V_j$。在这种情况下，可以求解式（10.30），得出：

$$\overline{R}_j - R_f = \gamma_j \sigma_j^2. \tag{10.33}$$

这个简单的例子演示了三个重要的属性，它们也适用于更复杂的模型。第一，由于非分散化投资者关心资产收益的总方差，而不仅仅关注其与更广泛指数的协方差，特质性波动率与预期收益正相关。Merton（1987）表明，即使投资者也可以持有分散化指数以及可获得的风险资产的子集，情况也是如此。虽然这种房产似乎适用于房屋抵押证券等资产类别［Gabaix、Krishnamurthy 和 Vigneron（2007）］，但它似乎并不适用于个股的水平。Ang 等人（2006）发现特质性波动的股票往往具有异常低的回报。这种现象可能如第 11.4.2 节中讨论的 Harrison 和 Kreps（1978）模型，与分歧和卖空约束有关。

第二，资产的期望收益取决于与财富相关的资产供应和投资者基础的风险规避。当供给增加时，资产价格下跌，期望收益增加。② 换句话说，非分散化投资者持有的资产和资产类别的需求曲线向下倾斜。该属性已通过研究个股对指数的反应进行了验证，这些指数由指数基金等专

---

① 在此分析中，重要的是对数收益的方差进入投资组合选择公式（10.30）。资产价值的下降，以及保持最终收益的方差不变，导致简单收益的方差增加，但使对数收益的方差保持不变。这使得可以假设外生方差 σ_j^2。

② 在多元化模型中也可能如此，即单个资产的供应增加会改变市场组合的构成，从而改变资产与市场组合的协方差。然而，在具有分散化投资者的模型中，价格效应要强得多，特别是如果投资者基础的财富随着资产价格的增加而增加，如式（10.33）的特殊情况。在第 12.3.4 节讨论流动性螺旋时，我们将回到这一点。

业投资者持有［Harris 和 Gurel（1986），Shleifer（1986）］。Krishnamurthy 和 Vissing-Jørgensen（2011，2012）以及 Greenwood 和 Vayanos（2014）最近都认为它也适用于美国国债市场。Duffie（2010）建立了一个“缓慢流动的资本”的动态模型，其中对供给冲击的短期价格反应受到资本流入预期的抑制，即预期未来专业投资者财富的增加。

第三，投资组合分散化的增加可以降低预期回报，并提高所有风险资产的价格。考虑第 2.2.4 节中讨论的模型，其中大量相同的资产具有相等的方差 σ^2，并且与所有其他资产具有相等的相关系数 ρ。然后，从单一投资向完全分散化投资的转变，将投资组合层面的总风险从 σ^2 降低到 $\rho\sigma^2$。在一个所有财富最初都投资于风险资产，并且所有投资者都具有相同的风险规避因子 γ 的模型中，式（10.33）意味着所有资产的预期收益率下降了 $(1-\rho)\gamma\sigma^2$。这推高了风险资产的价值，如式（10.31）所示。随着指数基金和其他低成本分散化投资工具的引入和普及，这种影响可能导致 20 世纪股权溢价下降。

10.4　对不断变化的市场条件的回应

我们在第 10.2 节和第 10.3 节中讨论的行为是静态的，可以使用简单的单期模型来描述。然而，有关家庭金融的文献也发现了许多动态行为。我们在本节中简要总结了一些更重要的内容，并总结出其对资产定价产生的影响。

投资组合惯性和收益外推

投资组合惯性是允许投资组合权重随回报漂移的趋势，而不是主动地重新平衡所需的资产配置。这似乎在退休储蓄账户中尤为重要，因为许多参与者接受默认的缴费分配，很少改变或重新平衡其累积的资产［Madrian 和 Shea（2001），Agnew，Balduzzi，Sunden（2003）］。当初始风险份额既不为0也不为1时，投资组合惯性允许风险资产的实际回报影响资产配置。当风险资产投资为0时，风险回报既不会影响财富，也不会影响风险份额；当全部投资于风险资产时，风险回报对财富产生很大影响，但对风险份额没有影响；当初始风险份额在0和1之间时，风险回报使风险份额向同一方向移动。因此，在存在惯性的情况下，当风险回报超过无风险利率时，风险份额的变化在初始风险份额中趋于峰形，否则呈U形。

如果期望的风险份额随着实际风险回报变化，则不能重新平衡并不表明投资组合惯性。作为一个特别重要的例子，在与参与者和风险资产的外生禀赋的一般均衡中，风险份额必须始终等于作为总财富一部分的风险资产的市场价值：价格调整到参与者愿意持有这种风险分担。为了解决这个问题，Calvet、Campbell和Sodini（CCS，2009）利用了上一节讨论的瑞典投资者的低分散化。他们表明，经历高特质性回报的投资者倾向于抛售风险资产，将其风险份额推回到初始水平的一半，而投资经历低特质性回报的投资者则相反。他们还表明，拥有更多财富、收入和更高教育水平的经济复杂的家庭往往更积极地进行再平衡。

无法再平衡也可能是由于基于过去收益的非理性推断。使用所有可用的历史数据得到期望收益是合理的。然而，似乎在许多情况下，人们都是依靠自己更有限的个别经验来形成自己的信念。有一种证据表明，人们会对其群体中共享的经历做出反应，例如股票收益和通货膨胀［Malmendier和Nagel（2011，2016）］。另一种类型的证据着眼于在群组中横截面变化的特殊经历。例如，Choi等人（2009）表明，家庭为了回应401（k）账户中的高特质性回报而储蓄更多，这与他们用这些回报推测未来的想法一致，Anagol、Balasubramaniam和Ramadorai（2016）指出随机分配新发行的印度股票对投资者随后持有股票的意愿有积极影响，即使是经常交易股票的人。相关的行为金融学文献，例如Barberis等人（2015）认为，投资者倾向于推断最近已经实现的总回报。

惯性和回归推断可以放大上一节讨论的投资组合低分散化的资产定

价效应。如果分散化的投资者具有惯性或会推测收益，那么增加那些降低其价格并增加其合理期望收益的风险资产的供应，将导致购买量低于理性投资者的情况，因此供给对价格和期望收益的影响将更大。

房屋抵押贷款再融资的惯性

一些金融工具如果运用得当，可以为家庭提供能增加可观价值的选择。最主要的例子是标准的美国固定利率房屋抵押贷款，它可以以相对较低的成本进行再融资，在利率下降时能节省很多成本。Campbell（2006）观察到即使储蓄利率在远远超过学者计算的最佳门槛［Agarwal、Driscoll 和 Laibson（2013）］以及财务顾问常用的经验法则的情况下，许多美国家庭也未能再融资。在美国，这种行为中的一些可以通过未测量的约束来解释，但 Andersen 等人（2015）表明在丹麦也是如此，在丹麦，即使是房屋净值为负或信用评分较差的家庭，也可以进行再融资。同样，Johnson、Meier 和 Toubia（2015）以及 Keys 等人（2016）也指出了家庭未能对资格预审的再融资提议做出回应。

这种“再融资惯性”具有资产定价的影响，因为在竞争性房屋抵押贷款市场中，未能再融资的家庭的额外付款将以较低的前期抵押贷款利率的形式转嫁给消费者。这也意味着在均衡中，非再融资者会对再融资者提供补贴，而再融资者往往是受教育程度更高、更有经验的家庭。

Gabaix 和 Laibson（2006）认为，这种交叉补贴会阻止具有社会价值的金融创新。为了理解这种可能性，思考一个简单的例子：一个市场中占比 λ 的人口是单纯的（用 N 表示），其余的是富有经验的（S）。现有的房屋抵押贷款合同可以按每个用户平均成本为 C_0 提供，但是富有经验的家庭支付的成本低于单纯的家庭，因为只有富有经验的家庭才能进行再融资选择。在两个群体充分参与的竞争均衡中，他们的成本必须满足：

$$\lambda C_{0N} + (1-\lambda) C_{0S} = C_0. \tag{10.34}$$

将单纯家庭到富有经验的家庭的交叉补贴记为 $x = C_{0N} - C_{0S}$。那么：

$$C_{0S} = C_0 - \lambda x. \tag{10.35}$$

富有经验的家庭的抵押贷款成本随着单纯家庭的比例和交叉补贴的规模的上升而下降。

现在假设发明了一种新的房屋抵押贷款合同，对两种家庭都以较低的成本提供相同的利益 $C_1 = C_0 - g$。例如，新合同可能是自动再融资抵押贷款，可降低再融资成本或通胀指数化房屋抵押贷款，从而减少再融资需求。假设新合同最初仅提供给极小一部分人，因此其引入不会扰乱现有合同的定价。在最简单的环境中，只有富有经验的家庭才能理解这个新产品，但所有家庭都可以无成本地获得。选择新产品的富有经验的家庭直接从较低的成本中获益，但通过放弃交叉补贴而间接遭受损失。因此，只有当新产品提供社会利得——节省的成本——大于使用现有合同的单纯家庭的人均交叉补贴时，他们才会转用新产品：

$$g > \lambda x. \tag{10.36}$$

产生更小的社会利得的新产品将不会被采用。

Gabaix 和 Laibson 还认为，即使单纯家庭可以接受有关新产品的好处的教育，但对新产品的竞争性提供者而言，为这种教育支付适度的费用也可能是不值得的。作为一项非正式练习，请列出这个论点背后的原因。

频繁交易和处置效应

与退休账户中投资组合惯性的证据相比，美国折扣经纪公司的数据表明，拥有经纪账户的个人投资者往往交易频繁，但总体表现较差［Odean（1999），Barber 和 Odean（2000）］。Grinblatt 和 Keloharju（2000）以及 Barber 等人（2009）得出了芬兰和中国台湾的个人投资者的类似结果。最近的文献探讨了交易强度和投资表现的横截面变化。男性比女性交易得更为频繁，这对他们的投资表现产生负面影响［Barber

和 Odean（2001）］。过度自信和寻求刺激的芬兰投资者往往会频繁交易［Grinblatt 和 Keloharju（2009）］，而那些智商较高的人往往表现更好［Grinblatt、Keloharju 和 Linnainmaa（2012）］。Seru、Shumway 和 Stoffman（2010）以及 Linnainmaa（2011）发现，良好的业绩可以预测后续的交易强度，结果与多种解释相符：投资者理性地学习交易技巧，他们推断他们的个人交易经验，或者他们在表现良好后会变得过于自信。

Shefrin 和 Statman（1985）首先描述了“处置效应”，即投资者卖出盈利头寸并持有亏损头寸的倾向。Odean（1998）使用折扣经纪客户的行政数据表明，实现收益的倾向远大于遭受损失的倾向，除非在 12 月税损卖盘扭转了这种关系。卖出盈利头寸可以是一种将过度集中的投资组合恢复分散化的方法，但是持有亏损头寸的趋势难以合理解释，既因为它节税是低效的，也因为它将税前收益降低到股票呈现惯性效应的程度［Odean（1998），Grinblatt 和 Keloharju（2000）］。

随后的研究丰富了我们对这种效应的理解。Ben-David 和 Hirshleifer（2012）发现出售股票的概率随销售价格中相对于购买价格呈不对称的 V 形，股票以原始购买价格交易的概率最低，卖出大幅收益的股票的概率比卖出大幅损失股票的概率更高。专业的金融投资者［Dhar 和 Zhu（2006），CCS（2009）］和智商较高的人［Grinblatt、Keloharju 和 Linnainmaa（2012）］的处置效应较弱。重要的是，共同基金似乎存在相反的处置效应［CCS（2009），Chang、Solomon 和 Westerfield（2016）］，这与投资者对基金经理的表现进行判断并在基金业绩不佳时卖出的观点一致。

对处置效应的一个主要解释是，投资者具有卡尼曼和特沃斯基（1979）的前景理论偏好，使他们在盈利时规避风险，但在损失时寻求风险，并且他们对收益和损失进行狭隘的构建，基于每只股票而不是投资组合。Barberis 和 Xiong（2009）对这一解释进行了仔细的理论分析。

Grinblatt 和 Han（2005）以及 Frazzini（2006）认为，处置效应对资产定价有影响。具体而言，关于股票的好消息导致价格向上移动，但这会导致卖出，从而减缓价格上调的速度。相反，坏消息会导致价格下跌，抑制卖出并减缓价格下调。因此，如果处置效应足够普遍，它可以帮助解释个别股票收益的惯性效应。习题 10. 2 要求探索 Grinblatt 和 Han 提出的这个想法。

10. 5 政策回应

本章讨论的许多行为 ——非参与、低分散化、持有与劳动收入高度相关的股票、投资组合和再融资惯性，以及处置效应——很难与理性优化模型相协调。即使考虑到劳动收入风险、借贷约束和税收等家庭金融问题的实际特征，情况也是如此。这些行为似乎在专业技能较低且缺乏认知能力的投资者中更为常见。由于这两个原因，家庭金融文献越来越多地将其视为可能证明公共政策反应合理的错误 [Campbell (2006)]。

关于消费者金融监管的文献相当多，并且大大超出了本书的范围。最近的观点包括 Campbell 等人（2011） 和 Campbell（2016）。投资错误的存在为市场干预提供了一套新的理由，与第 11 章讨论的外部性等经典理由有所不同。政策可能包括金融教育 [Hastings、Madrian 和 Skimmyhorn（2013），Lusardi 和 Mitchell（2014）]、披露、影响行为主体的决定同时对理性行为者几乎不产生影响的“助推” [Thaler 和 Sunstein (2008)]，以及对经常被错误使用的金融产品施加成本的规定。这些减少了行为主体的错误，但增加了理性参与者的成本。习题 10. 3 要求分析最后一种金融监管的程式化模型。

10. 6 延伸练习

在第 10. 1. 1 节中提出的非正式练习中，要求将收入分析和固定承诺与哈佛大学的投资问题联系起来。在 20 世纪 90 年代后期，与学费或赞助的研究经费不同，哈佛大学捐赠的预算大幅增加，而在 2005 年左右，大学做出了大量的固定支出承诺。因此，在净额基础上，哈佛大学的非捐赠收入相对于其捐赠收入下降。假设非捐赠收入比捐赠收入更安全，这应该意味着对捐赠采取更为保守的投资策略。然而，哈佛大学和其他富裕的私立大学没有做出这样的调整，并且在 2008—2009 年的市场低迷期间面临了巨大的投资风险。

在第 10.4 节中提出的非正式练习中，要求解释为什么在 Gabaix 和 Laibson（2006）的笼罩均衡模型中，对创新金融产品的竞争供应商而言，教育那些能从这个产品中受益的单纯的消费者是不值得的。原因是，一旦单纯的消费者受到教育，他们可能会理解现有产品中可用的交叉补贴。他们可能会通过更好地管理现有产品来降低成本，而不是购买新产品。只有当存在足够多的单纯的消费者通过接受教育可以减少均衡交叉补贴的情况下，教育对于新产品才是有效的，而这相对于市场规模需要在教育上付出大量努力。

习题 10.1　浮动利率和固定利率的房屋抵押贷款的风险[①]

考虑一个简化的有 0、1、2 三个日期的房屋抵押贷款选择模型。在第 0 天，一个家庭以等值的房屋抵押贷款购买一个价值为 M 的房子（因此贷款价值比为 100%）。在第 1 天，家庭支付抵押贷款的利息。在第 2 天，家庭出售房屋并偿还抵押贷款及利息。家庭也获得固定收入 Y 并在每天有非住房消费 C。

抵押合同以名义价格指定，因此债务 M 是名义上的。然而，这所房子是一种真正的资产，其名义价值随着通货膨胀而增长。实际无风险利率恒为 r，但通货膨胀有两个取值，低或高，并且通货膨胀在第 0 天

① 本题基于 Campbell（2006）提出。

和第1天之间确定。因此，第0天和第1天之间的总通货膨胀是 $(1+\pi_L)$ 或 $(1+\pi_H)$，第0天至第2天的累积总通货膨胀是 $(1+\pi_L)^2$ 或 $(1+\pi_H)^2$。这种结构反映了通货膨胀运动具有较高的持续性的历史趋势。

家庭可以选择两种标准抵押贷款合同。浮动利率抵押贷款（ARM）要求，如果通货膨胀高，则第1天的名义支付为 $R_{AH}M$，第2天的名义支付为 $(1+R_{AH})M$；如果通货膨胀较低，则需要在第1天支付 $R_{AL}M$，在第2天支付 $(1+R_{AL})M$。固定利率抵押贷款（FRM）要求第1天的名义支付为 R_FM，第2天的名义支付为 $(1+R_F)M$。固定抵押贷款利率 R_F 设定在第0天，在观察到通货膨胀之前。①

为简单起见，我们假设不存在违约的可能性，并且贷方是风险中性的，因此两种类型的抵押贷款的利率都使得实际支付的预期现值等于抵押贷款本金 M。

（1）ARM性质。

①求利率 R_{AH} 和 R_{AL}。

②将ARM的第1期实际要求支付写成 M、r 和 π_i 的方程。证明支付随着通货膨胀率 π_i 的增加而增加。

③将ARM的第2期实际要求支付写成 M、r 和 π_i 的方程。证明支付随着通货膨胀率 π_i 的增加而下降。

④证明这些支付以 r 的折现和与通货膨胀率无关，并恒等于 M。

（2）FRM性质。

①给定固定利率 R_F，将FRM的第1期实际要求支付写成 M、π_i

---

① 这些房屋抵押贷款并不完全符合现实世界的房屋抵押贷款，因为它们在到期时一次性偿还本金（如国债），而不是摊销债务使得在抵押贷款的整个生命周期内的平均支付。然而，平均支付的抵押贷款首先缓慢偿还本金，后来加速，模型在简化的两期结构中假设了这种模式。

和R_F 的方程。证明支付随着通货膨胀率 π_i 的增加而下降。

②将 FRM 的第 2 期实际要求支付写成 M、π_i 和R_F 的方程。证明支付随着通货膨胀率的增加而下降。因此，这些支付以实际利率 r 的折现和随着通货膨胀率的增加而下降。

（3）无约束家庭的抵押贷款选择。利用你从第（1）题和第（2）题得到的结果证明，在第 1 期和第 2 期可以自由借贷的风险厌恶的家庭偏好 ARM，除非 FRM 利率低于使得 ARM 和 FRM 的抵押贷款支付预期现值相等的利率。解释这一结论。

（4）有约束家庭的抵押贷款选择。现在考虑一个在第 1 期和第 2 期有借贷约束的风险厌恶的家庭。每一期家庭的消费等于收入减去要求抵押贷款支付。

①如果家庭有 ARM 和 FRM 时，分别写出第 1 期和第 2 期消费的表达式。

②使用平均通货膨胀率附近的泰勒近似证明，对于小的通货膨胀波动率 σ_π，第 1 期 ARM 家庭的消费标准差是 $M\sigma_\pi/(1+\pi)^2$，是 FRM 的家庭消费标准差的 R_F 倍。解释这个结果。

③在第 2 期重复上述消费标准差的计算。哪一种房屋抵押贷款在第 2 期的消费波动更大？解释原因。

④利用上述结果，解释为什么有借贷约束的风险厌恶家庭相对于 ARM 更偏好 FRM。

（5）FRM 再融资。美国的 FRM 是可再融资的。现在我们允许在此模型中使用 FRM 的家庭在第 1 期以名义面值偿还抵押贷款，并在第 1 期和第 2 期之间取出 ARM。考虑这一模型的影响。

①给定再融资 FRM 利率 R_{RF}，对于具有可再融资 FRM 的家庭，如果通货膨胀率较低或较高，则第 1 期和第 2 期的所需付款是多少？

②证明如果贷方是风险中性并且各类型抵押贷款的所有支付现值的期望相等，则相对于 ARM，可再融资 FRM 在第 1 期的

预期支付较高，并且在第 2 期的预期支付较低。

③使用上述结果证明，在第 1 期中受借款约束的风险中性家庭更倾向于使用 ARM，但是足够风险厌恶的受借款约束家庭会更偏好 FRM。

（6）替代抵押。讨论相对于标准的 ARM 或 FRM，规避风险的借款人更偏好的房屋抵押贷款合同的其他形式。

习题 10.2　处置效应和惯性[①]

在个股市场中，占比为 μ 的投资者中受到处置效应，而其余投资者是理性的。理性投资者对股票数量的需求呈线性形式：

$$D_t^{RAT} = 1 + b(F_t - P_t). \tag{10.37}$$

其中，F_t 是股票的基础价值，P_t 是股票的价格。受处置效应的投资者的股票需求为：

$$D_t^{DISP} = 1 + b[(F_t - P_t) + \lambda(R_t - P_t)]. \tag{10.38}$$

其中，R_t 为参考价值，λ 大于零。式（10.38）表达的处置效应减少了价格高于参考价格的“赢家”的需求，并增加了价格低于参考价格的“输家”的需求。

（1）假设股票的供给恒为 1 个单位。利用供需平衡证明，对固定的参数 ω，均衡价格必须满足：

$$P_t = wF_t + (1 - w)R_t. \tag{10.39}$$

证明 ω 与 b 无关，并给出直觉解释。写出 ω 关于 μ、λ 的表达式，并给出直观解释。

（2）假设基础价值服从随机游走：

$$F_{t+1} = F_t + \varepsilon_{t+1}. \tag{10.40}$$

① 本题基于 Grinblatt 和 Han（2005）提出。

参考价格逐渐调整到实际价格：

$$R_{t+1}=vP_t+(1-v)R_t. \tag{10.41}$$

鉴于微观经济研究表明个人投资者的购买价格似乎是投资者的参考价格，参数 v 如何与股票的交易量相关？

（3）推导股票价格的变化关于基础价值 ε_{t+1} 的当前和滞后创新的表达式。证明只要 ω 小于 1，滞后创新就会对价格变化产生积极影响。讨论 v 对价格动态的影响。相对于股票收益惯性的其他可能解释，这种模型有什么可检验的影响？

习题 10.3　消费者金融监管[①]

本题要求你分析一个简单的模型，该模型将消费者金融监管的案例形式化。该模型假设消费者的一小部分 b 是“行为”参与者，他们在使用金融产品时会犯错，而剩下的消费者是理性的。如果监管者不能在不扭曲理性参与者选择的情况下影响行为主体的选择，则监管包含了行为参与者的利益与理性参与者的成本之间的权衡。

具体来说，有两种金融产品 A 和 B。产品 A 为所有消费者提供的效用标准化为零：$U_A=0$。产品 B 被部分消费者正确地选择，但被其他消费者错误地选择。

总数归一化的连续的参与者，认为他们从产品 B 获得非负效用 $U_B=u$。[②] 参与者的 u 满足 0 到 h 的均匀分布，并且每个参与者知道自己的 u 值。对于每个 u，参与者的一小部分 b 为行为参与者，他们从产品中实际获得较低的效用，$U_B=u-1$。剩余占比为（$1-b$）的参与者是理性的，并且获得期望效用 u。

① 本题基于 Campbell（2016）提出。

② 在没有监管的情况下，也可能有参与者更喜欢产品 A，但这些参与者不受监管影响，可以不用进一步考虑。

（1）监管费用。假设一个家长式监管机构对产品 B 征收费用 c，使得所有 $u\leqslant c$ 的参与者转换为产品 A。收费的收入一次性退还给参与者。监管机构最大化所有参与者的真实总效用（而不是自我感知效用）。不妨假设 $c\leqslant h$。

①证明社会福利可以写为：

$$W(c)=\left(1-\frac{c}{h}\right)\left[\left(\frac{h+c}{2}\right)-b\right].$$

②利用这个证明，除非所有参与者都是理性的，否则收费为 0 永远不是最佳的。

③最优收费 c 是多少？它会使得产品 B 的市场收缩多少？直观地解释最优收费和市场的收缩如何取决于参数 b 和 h。

（2）存在无谓成本的监管费用。现在假设监管费用对金融系统造成了无谓成本。监管费用的一小部分 α 不能退还。

①证明社会福利可以写为：

$$W(c)=\left(1-\frac{c}{h}\right)\left[\left(\frac{h+c}{2}\right)-b-\alpha c\right]$$

②陈述本题为凸性的条件（提示：观察社会福利函数的二阶导数）。在这些条件下，最优收费 c 是多少？它如何依赖于参数 b、h 和 α？什么参数值大于或小于（1）中的对应值？解释这一结果。

③如果本题非凸，讨论最优政策。

（3）能减轻错误的监管收费。现在假设产品 B 本身并不适合行为消费者，并且监管费用可以将这些消费者的效用损失从 1 减少到 $1-\theta c$，其中 $c\leqslant 1/\theta$。

①证明社会福利函数采用与第（2）题相同的形式，但用 $\alpha^{*}=\alpha-b\theta$ 代替参数 α。

②在这种情况下，α^{*} 可以为负。当 $\alpha^{*}<0$，证明 h 对最优监管费用的影响与第（2）题得出的影响相反。解释这一结论。

第 11 章　风险分担与投机

正如在第 4.1.6 节中所讨论的，完全的风险分担，即不同投资者的边际效用完全相关的假设，是不成立的。虽然较大程度的风险分担确实存在，特别是在外部冲击较小同时投资人较少的情况下，但是风险分担还远远不够完全。那么限制风险分担的摩擦因素有哪些呢？对资产价格表现和市场参与者福利有什么影响？

我们已经讨论了这些问题的几个可能答案。在第 8.4.2 节的模型中，各国间的贸易成本高昂，因此实际汇率（一国对另一国的商品相对价格）根据当地商品供应的波动情况进行调整。在这种模型中，即使金融市场是完全的，资源分配也不能完全消除局部风险。第 10 章讨论了一种可能性，即潜在市场参与者被排除在资产市场之外，选择不参与或不充分利用他们所拥有的风险分担的机会。在本章中，我们将研究风险分担的其他限制，这些限制促进了资产定价的研究。

第 11.1 节中讨论的第一种可能性是，市场是外生的、不完整的，因此并非所有的风险都可以交易，但人们在现有的、存在限制的资产中仍然采用无限制时的最佳头寸。未评级风险的存在既影响了现有资产的定价，也影响了竞争市场的均衡福利。第 11.1.1 节基于 Grossman 和 Shiller（1982）、Constantinides 和 Duffie（1996）的经典著作讨论了未评级风险对资产定价的影响。第 11.1.2 节讨论了不完全均衡市场的福利性质。在具有单一消费品的简单模型中，竞争均衡是帕累托最优条件，但不同的交易资产集意味着不同的社会福利水平［Athanasoulis 和 Shiller（2000）］。第 11. 1. 3 节研究在不完全市场和多种商品的模型中，竞争均衡不一定是帕累托最优条件，最近的研究试图以更具体的方式表现该观点。

风险分担的第二个限制是当经济市场参与者存在个人倾向或个人能力时，保险的潜在作用受到了限制。这是“新动态公共财政”研究的主题，第 11. 2 节基于 Rogerson（1985）、Golosov、Kocherlakota 和 Tsyvinski（2003），以及 Kocherlakota 和 Pistaferri（2009）的研究，简要介绍了该限制对资产定价的影响。

11. 1 不完全市场

11. 1. 1 非可保收入风险的资产定价

非可保风险不影响风险溢价

Grossman 和 Shiller（1982）认为，虽然非可保收入风险会导致投资者消费的非系统性变化，但是它不影响风险溢价。Grossman 和 Shiller（1982）假设一个投资者 k 在两个替代资产（收益率分别为 $R_{i,t+1}$ 和 $R_{j,t+1}$）中进行选择，一阶条件需满足：

$$\begin{aligned} 0 &= \mathrm{E}_t\left[(R_{i,t+1}-R_{j,t+1})\frac{u'(C_{k,t+1})}{u'(C_{kt})}\right] \\ &\approx \mathrm{E}_t\left[(R_{i,t+1}-R_{j,t+1})\frac{u'(C_{k,t})+(C_{k,t+1}-C_{kt})u''(C_{kt})}{u'(C_{kt})}\right] \\ &= \mathrm{E}_t\left[(R_{i,t+1}-R_{j,t+1})(1-A_{kt}\Delta C_{k,t+1}\right]. \end{aligned} \tag{11. 1}$$

其中，A_{kt} 是投资者 k 的绝对风险厌恶，并且随着时间和状态变量（如投资者的财富）的变化而变化。当消费和资产价格在连续时间上遵循扩散过程时，这个表达式正好适用。

重新排列式（11.1），可以得到：

$$\frac{1}{A_{kt}}\mathrm{E}_t(R_{i,t+1}-R_{j,t+1})=\mathrm{E}_t\left[(R_{i,t+1}-R_{j,t+1})\Delta C_{k,t+1}\right]. \qquad (11.2)$$

对市场上的投资者进行加总，得到：

$$\mathrm{E}_t(R_{i,t+1}-R_{j,t+1})=\left(\sum_k\frac{1}{A_{kt}}\right)^{-1}\mathrm{E}_t\left[(R_{i,t+1}-R_{j,t+1})\Delta C_{t+1}\right]. \qquad (11.3)$$

其中，$\Delta C_{t+1}=\sum_k \Delta C_{k,t+1}$。这是一个基于总消费的资产定价模型，使用时间 t 时每个投资者绝对风险厌恶系数的调和平均值。只有总消费的协方差影响资产定价，当消费者无差异时出现相同的情况。

这一结果显示，非可保收入风险对风险溢价不存在影响（尽管它允许非可保风险通过无风险利率影响所有回报的水平）。

非可保风险影响风险溢价

Constantinides 和 Duffie（1996）得到了不同的结论。他们认为在经济中，投资者 k 有不同的消费水平 C_{kt}。个人消费的横截面分布是对数正态分布，同时，个人消费的对数值从时间 t 到 $t+1$ 的增量与该值在时间 t 的值是无关的。这说明经济情况没有稳定的横截面分布，因为市场冲击持续增加消费对数值的横截面方差。所有投资者有同样的效用函数，其中时间折现因子为 δ，相对风险厌恶系数为 γ。

在这个经济体系中，每个投资者的跨期边际替代率是一个有效的随机折现因子。因此，投资者的跨期边际替代率的横截面平均值是一个有效的随机折现因子，公式如下：

$$M_{t+1}^{*}\equiv\delta\mathrm{E}_{t+1}^{*}\left[\left(\frac{C_{k,t+1}}{C_{kt}}\right)^{-\gamma}\right]. \qquad (11.4)$$

其中，E_t^* 代表对任意 X_{kt} 的横截面期望：

$$\mathrm{E}_t^{*}X_{kt}=\lim_{K\to\infty}(1/K)\sum_{k=1}^{K}X_{kt}. \qquad (11.5)$$

$E_t^* X_{kt}$ 可以随时间变化，而且不需要其条件分布为对数正态分布（基于过去的信息）。

消费增长的纵截面对数正态性质说明随机折现因子的对数值，$m_{t+1}^* = \log(M_{t+1}^*)$ 满足：

$$m_{t+1}^* = \log(\delta) - \gamma \mathrm{E}_{t+1}^* \Delta c_{k,t+1} + \left(\frac{\gamma^2}{2}\right) \mathrm{Var}_{t+1}^* \Delta c_{k,t+1}. \tag{11.6}$$

其中，Var_t^* 为：

$$\mathrm{Var}_t^* X_{kt} = \lim_{K\to\infty} (1/K) \sum_{k=1}^{K} (X_{kt} - \mathrm{E}_t^* X_{kt})^2. \tag{11.7}$$

一个了解投资者潜在偏好，但不了解这种经济的异质性的经济学家，可能会试图利用总消费构建一个代表性主体随机折现因子 M_{t+1}^{RA}，就像第 6 章模型中显示的：

$$M_{t+1}^{RA} \equiv \delta \left(\frac{\mathrm{E}_{t+1}^*[C_{k,t+1}]}{\mathrm{E}_t^*[C_{kt}]}\right)^{-\gamma}. \tag{11.8}$$

这个错误的随机折现因子的指数值满足：

$$\begin{aligned} m_{t+1}^{RA} &= \log(\delta) - \gamma \mathrm{E}_{t+1}^* \Delta c_{k,t+1} - \left(\frac{\gamma}{2}\right) [\mathrm{Var}_{t+1}^* c_{k,t+1} - \mathrm{Var}_t^* c_{kt}] \\ &= \log(\delta) - \gamma \mathrm{E}_{t+1}^* \Delta c_{k,t+1} - \left(\frac{\gamma}{2}\right) [\mathrm{Var}_{t+1}^* \Delta c_{k,t+1}]. \end{aligned} \tag{11.9}$$

其中，第二个等式由 $C_{k,t+1} = C_{kt} + \Delta C_{k,t+1}$ 以及 $\Delta C_{k,t+1}$ 与 C_{kt} 无关这一事实得到。

正确和错误的随机折现因子的差别为：

$$m_{t+1}^* - m_{t+1}^{RA} = \frac{\gamma(\gamma+1)}{2} \mathrm{Var}_{t+1}^* \Delta c_{k,t+1}. \tag{11.10}$$

这个差异的时间序列可以具有非零均值，有助于解释无风险利率和非零方差，从而解释股权溢价之谜。具体而言，如果对数消费增长值的横截面方差与总消费水平呈负相关，那么当经济下滑时，非系统性风险就会增加，然后正确的随机折现因子 m_{t+1}^* 会比使用相同偏好参数构建的代表性主体随机折现因子具有更强的反周期性。这意味着即使代表性主体资产定价模型正确地设定了风险厌恶程度，也将会低估股票等周期性资产的风险溢价。习题 11.1 要求在基于 Mankiw（1986）的简单例子中探索这种效应。

这影响实证结果吗

一个重要的未解决的问题是，我们可以衡量的异质性是否能够帮助解决资产定价问题。在 Constantinides-Duffie 模型中，异质性必须很大，才能对随机折现因子产生重要影响。例如，消费对数值增长的横截面标准差为 20%，此时横截面方差仅为 0.04，而要解释股权溢价问题，需要的是方差而非标准差。另外，在风险厌恶时，异质性的影响将大大增加。因为在式（11.10）中，$\mathrm{Var}_{t+1}^{*}\ \Delta C_{k,t+1}$ 乘以 $\frac{\gamma(\gamma+1)}{2}$，这意味着异质性是对较高风险厌恶的补充，可以用来解释股权溢价谜题。

个人消费随时间逐渐变化的任何模型都倾向于显示特殊风险影响较小。要理解这一点，可以回顾 Grossman 和 Shiller（1982）的结果，即不可保险风险对连续时间扩散模型中的风险溢价没有影响。为了使 Grossman-Shiller 与 Constantinides-Duffie 相协调，请注意在扩散模型中（或在 Grossman-Shiller 的近似中），消费的横截面方差是局部确定的——式（11.10）中的 $\mathrm{Var}_{t+1}^{*}\ \Delta C_{k,t+1}$ 在时间 t 已知——因此错误的随机微分因子 M_{t+1}^{RA} 正确地定价了风险溢价。在像 Constantinides 和 Duffie 所考虑的离散时间模型中，消费的横截面方差从一个时期到下一个时期可以随机变化，但随着个体消费的逐渐变化，横截面方差的变化可能很小，这限制了不可保险风险对风险溢价的影响。

为了解决这个问题，Schmidt（2016）以及 Constantinides 和 Ghosh（2017）最近发表的论文强调了特殊的罕见灾难，这些灾难使个人收入和消费的分布具有了肥尾效应和负倾斜性，并且更有可能发生在总经济处于较差状态时。与 Heaton 和 Lucas（1996）以及 Lettau（2002）早期的贡献相比，这些论文对非系统性风险的研究产生了更大影响。

如果存在其他市场摩擦限制了借入资金或参与风险资产市场，则异质性的影响会增加。Heaton 和 Lucas（1996）以及 Krusell 和 Smith（1997）发现要解释股权溢价，需要考虑借入约束或交易股票的巨大成本。Constantinides、Donaldson 和 Mehra（2002）研究了跨世代的异质性。在第 10. 1. 3 节讨论的程式化重叠世代模型中，年轻市场参与者最渴望持有股票，因为他们拥有最高的劳动收入与金融财富之比。如果这些市场参与者无法借入资金从而购买股票，那么均衡股权溢价可能会很大。如 Brav、Constantinides 和 Geczy（2007）所强调的，一些市场参与者无法参与风险资产市场，如第 10. 2 节所述，也可以加强不可保险的特殊风险对风险溢价的影响。

11. 1. 2　不完全市场的市场设计

即使市场不完全对资产定价没有影响，也会影响社会福利。Athanasoulis 和 Shiller（AS，2000）考虑设计有限数量的金融资产来最大化社会福利的问题，其中可以创造的资产总数有一定限制。在他们的模型中，有一种消费商品可以忽略竞争均衡最优化失灵，这种失灵可能出现在市场不完整的多重商品模型中（在第 11. 1. 3 节中讨论）。

AS 经济体有 J 个市场参与者，每个市场参与者收到随机外部禀赋 x_j，以及净供应为 0 的 N（$N \leq J$）种金融资产。这些资产采取期货合约的形式，多头的支付可以取决于随机禀赋的向量 x，空头的支付独立于不同状态。在不失一般性的情况下，将多头的支付标准化，使其具有零均值和单位方差。

AS 假设市场参与者具有均值 - 方差效用函数，可能具有不同的绝对风险厌恶性 γ_j。每个市场参与者的最优资产头寸由两部分组成，一个是与除以风险和风险规避的预期收益相关的投机组成部分，另一个是与所获禀赋收益率的协方差相关的对冲成分。均值 - 方差效用函数的假设意味着 CAPM 在这个经济体中成立，因此所有资产都可以通过它们与市场投资组合或所有禀赋总和的“世界份额”的协方差来定价。无论世界份额是否确实存在于经济中，情况都是如此。

AS 的创新之处在于将社会福利定义为所有市场参与者效用的等权重加权总和，并解决社会规划者设计资产以最大化社会福利的问题，此时资产数量的限制可以存在。结果体现了两个目标之间的权衡。一方面，如果所有市场参与者都具有相同的风险规避，那么最优资产使市场参与者能够相互保证不会出现非系统性的财产波动。在这种情况下，最优资产对个体市场参与者的禀赋载荷与世界份额的载荷正交（由于世界份额支付所有财产的总和，因此全部等于 1）。① 另一方面，如果市场参与者具有不同的风险规避，那么与世界份额相关的资产成为风险偏好市场参与者确保风险规避市场参与者抵御总体波动的有效手段。习题 11.2 要求在一个简单示例中研究这种权衡。

Athanasoulis 和 Shiller（2001）提出了这个模型的实证实现。他们认为，通过使用 GDP 互换可以改善国际风险分担，特别是在 GDP 相关性较低的国家，如日本和美国。

AS 假设所有市场参与者都有相同的市场看法。Simsek（2013b）指出，如果市场参与者对资产收益有不同的看法，那么他们将使用新的市场来进行投机以及对冲。如果投机动机强于对冲动机，那么引入新市场将会增加消费的横截面波动而非减少。这与第 10.1.3 节中讨论的结果一致，即家庭通常持有他们所工作的行业的股票，从而增加他们的整体风险暴露。

11.1.3　不完全风险分担下的总体均衡

风险分担不完全时，一般均衡可能具有不熟悉的特性。对于两种或两种以上的商品，竞争均衡可能不会受到帕累托最优约束，也就是说，社会规划者具有充分的关于市场参与者禀赋和偏好的信息时可以重新分配资源，使得即使缺少市场、默认约束和私人信息等条件使得风险分担

① 这是资产载荷向量的相关系数，而不是这些资产回报的时间序列相关系数。根据个别财产的方差 - 协方差结构，即使最优资产的载荷与世界份额的载荷不相关，最优资产的回报也可能与世界份额的回报相关。

受到约束时，仍然可以使所有市场参与者变得更好。

Hart（1975）在具有外生缺失市场的模型中提出了一个简单的例子。[1] Geanakoplos 和 Polemarchakis（1986）表明，竞争均衡失灵，但存在受限制的帕累托最优，是这种模型的一般情况，Greenwald 和 Stiglitz（1986）在研究存在个人信息的模型时得出了类似的结果。直觉是现货市场的相对商品价格起着两个作用。它在某个时间点使得商品市场出清，但它也在市场参与者拥有不同商品禀赋时确定了市场参与者的相对资源。在完全的金融市场下，资源可以在不同时间和状态之间自由交换，因此第二个作用并不重要。但是，在不完全的市场中，两种作用之间可能存在冲突。

理解这个结果的另一个途径是使用金融外部性。在任何一般均衡模型中，市场参与者对商品的需求会改变其价格，从而影响购买或出售这些商品的其他市场参与者的福利。在不受约束的完全市场均衡中，金融外部性对边际效用没有影响，因为所有市场参与者的边际效用在不同日期和状态之间是等同的（每个市场参与者的拉格朗日乘数），因此边际价格增加给卖家带来的效用被买家增加成本减少的效用完全抵销了（但福利经济学指出价格的大幅度变化会降低福利）。然而，金融外部性在不完全市场模型中会对边际效用产生影响，均衡的限制条件很可能无效。也就是说，计划者可以改变资源配置以诱导价格变化，从而改善具有较高边际效用的市场参与者的贸易条件。

一个相关的现象是，除非增加足够多的市场从而达到完全市场最优化，否则增加市场并不总能改善福利。如果每个竞争均衡都是受限制的帕累托最优，那么通过增加市场来放松约束只能提供帕累托改进。

---

① Hart 的例子是一个有两种商品的经济体，在两个时期内交易，但没有跨期市场（没有借贷的机会）。经济可能在每个时期都有两个竞争均衡，在这种情况下，两个时期有四组均衡。如果市场参与者具有不同的时间偏好，则这些均衡集可以是帕累托排名。例如，在第一个时期有利于不耐心的市场参与者，而在第二个时期有利于耐心的市场参与者的均衡组，是反向均衡组的帕累托改进。

在财务约束取决于资产价格水平，也就是存在违约可能从而设置约束的模型中，还存在另一种影响因素。此时，市场参与者对资产的需求会影响价格，这决定了抵押品的价值，从而影响了其他市场参与者财务约束的紧张程度。这是第二种金融外部性［被 Dávila 和 Korinek（2017）称为抵押外部性，以区别于前面讨论的分配外部性］，这再次显示竞争均衡一般不是受约束的帕累托最优，如 Kehoe 和 Levine（1993）所示。

最近的宏观金融和公共财政研究提出了更具体的例子。为了指导公共政策，人们需要清楚地了解竞争市场失灵的方向，但这需要严格限制环境，因为没有一般均衡结果。例如，Lorenzoni（2008）提出了一个模型，其中包含两种商品（资本和消费品）和两种财产受限的市场参与者（企业家和消费者）。企业家可能不得不在世界各地“甩卖”不良资产。竞争均衡出现过度借贷，因为企业家的借贷降低了甩卖价格并恶化了不良状态下的财务约束，从而导致了分配金钱外部性，这是个体借款人和贷方没有考虑到的。Farhi 和 Werning（2016）将这里讨论的两种类型的金融外部性与总需求外部性相结合，并提出了一系列相关的例子。习题11.3要求分析 Lorenzoni（2015）的示例。

11.2 私人信息

在具有私人信息的简单模型中，受约束的帕累托最优分配与不完全市场的竞争均衡之间的对比也出现了，而且非常引人注目。

考虑具有一个消费品的经济体，消费和休闲之间具有累加可分性（因此消费的边际效用不依赖于劳动力供给），并且没有总体不确定性。市场参与者具有只有自己知道的技能，并随着时间推移随机发展，同时具有公开知道的收入。社会规划者寻求最大化个体效用的加权总和，受制于激励兼容性约束，必须诱导市场参与者如实地揭示他们的技能。这种约束是风险分担可能不完善的第二个原因。

Golosov、Kocherlakota 和 Tsyvinski（2003）在 Rogerson（1985）的基础上，表明在受约束的帕累托最优中，"逆欧拉方程"描述了每个市场参与者 k 的消费：

$$\frac{1}{u'(C_{kt})} = \frac{1}{\beta(1+R_{f,t+1})} \mathrm{E}_t \frac{1}{u'(C_{k,t+1})}. \tag{11.11}$$

只有当风险分担完成时，市场参与者 k 的边际效用才是确定的，从而使得最优私人投资与一般的欧拉方程一致。

为了理解逆欧拉方程，思考市场参与者 k 在任何可能状态下，在连续时期 t 和 $t+1$ 中的消费计划的扰动项：

$$C_{kt}^{new} = C_{kt} - \frac{\varepsilon}{u'(C_{kt})}, \tag{11.12}$$

$$C_{k,t+1}^{new} = C_{k,t+1} + \frac{\varepsilon}{\beta u'(C_{k,t+1})}. \tag{11.13}$$

这个扰动项不影响市场参与者 k 在 t 时的期望效用，因为：

$$\Delta u_{kt} = -\frac{\varepsilon}{u'(C_{kt})} u'(C_{kt}) + \beta \frac{\varepsilon}{\beta u'(C_{k,t+1})} u'(C_{k,t+1}) = 0. \tag{11.14}$$

这有两个重要的意义。首先，如果原始分配是激励相容的，那么新的分配也将是。其次，扰动不会改变社会规划者与市场参与者 k 相关的目标函数的组成部分。

这告诉我们，如果扰动改变了规划者的资源，那么规划者可以在不降低市场参与者 k 的福利的情况下改善其他市场参与者的福利，这与原始消费计划是受约束的帕累托最优的假设相反。因此，扰动不能改变规划者的资源，因此式（11.15）是逆欧拉方程：

$$\frac{\varepsilon}{u'(C_{kt})}(1+R_{f,t+1}) = \mathrm{E}_t \frac{\varepsilon}{\beta u'(C_{k,t+1})}. \tag{11.15}$$

Kocherlakota 和 Pistaferri（KP，2009）讨论了这种方法的资产定价影响。他们允许总体不确定性，假设效用形式为指数，并假设资产由社会规划者而非个体市场参与者进行交易（相当于社会规划者可以对资本收入征税，或进行资产或有保险支付，以诱使市场参与者持有资产头寸以实施社会计划)。

KP 使用逆欧拉方程表明在私人信息帕累托最优（PIPO）中，随机折现因子可以写成：

$$M_{t+1}^{PIPO} = \beta \frac{E_t^*(C_{kt}^{\gamma})}{E_{t+1}^*(C_{k,t+1}^{\gamma})}. \tag{11.16}$$

其中，E^* 代表第 10.1.1 节中的横截面均值。每当风险分担不完全时，这个随机折现因子都不同于市场参与者的随机折现因子［式(11.17)］，和在不受约束的资产市场交易的不完全市场模型中的随机折现因子［式（11.18)］。

$$M_{t+1}^{RA} = \beta \frac{\left(E_{t+1}^* C_{k,t+1}\right)^{-\gamma}}{(E_t^* C_{kt})^{-\gamma}}, \tag{11.17}$$

$$M_{t+1}^{INC} = \beta \frac{E_{t+1}^*\left(C_{k,t+1}^{-\gamma}\right)}{E_t^*\left(C_{kt}^{-\gamma}\right)}. \tag{11.18}$$

式（11.18）中的随机折现因子与 Constantinides 和 Duffie 所考虑的略有不同，但两者同样有效。

KP 使用消费者支出调查中的微观数据构建了这些随机折现因子的实证指标，并认为 PIPO 随机折现因子并不比其他随机折现因子差。这些随机折现因子的实证比较非常具有挑战性，特别是对于较高的风险规避系数，因为测量的个人消费的高估值对式（11.16）的性质有很大影响，而测得的个人消费的偏低值则对式（11.18）的性质有较大影响。在横截面消费分布的两个极端处控制测量误差的影响是一个难题。

另一个问题是 PIPO 随机折现因子与金融资产中不受约束的私人交易不一致，并且实际上似乎并不存在可以实行私人信息的帕累托最优机制。

11.3　违约

风险分担的第三个限制是违约的可能性。投资者自然期望他们对其他市场参与者的债务与他们将获得的支付相平衡。这取决于投资者对违约者的惩罚。惩罚力度越大，违约风险越小，资产持仓量越大，可以维持平衡。我们讨论了两种不同类型的处罚：未来禁止参与金融市场和扣押抵押品。

11.3.1 禁止参与市场

Kehoe 和 Levine（1993）假设对违约的处罚是永久禁止进入该市场，迫使违约者“自给自足”。这种惩罚使得在具有无限期的模型中风险分担可能存在，尽管在有限的范围内风险分担将瓦解，因为惩罚在最后一段时期是无效的，这也将使得前期的风险分担瓦解。

Alvarez 和 Jermann（AJ，2000）提出了一个规范的模型，通过这种禁止参与市场的惩罚，结合了有限风险分担的现实性与完全市场模型的易处理性。AJ 考虑一个社会规划者在拥有完全市场和参与约束的社会中进行优化的问题，以确保经济中的每个市场参与者相较于自给自足都稍微更加喜欢参与市场。他们发现这与竞争均衡一样，只是其中偿付能力约束尽可能地弱，同时仍然防止违约。

偿付能力约束限制了市场参与者可以发行的未定权益，可以防止市场参与者需要对其发行的权益付款时，在较好的财务状态下违约。因此，这里所关注的违约与现实世界的破产完全不同，现实中的破产发生在财务不良状态下，可以被认为是将固定债务合同转换为未定权益。

社会规划者问题

在 AJ 模型中，有多个市场参与者 $i=1 \cdots I$，以及单个消费商品。用马尔可夫过程 z_t 描述经济状况（表示所有个体禀赋，而不仅仅是总禀赋）。该过程的转移矩阵是 ε 。

我们用 z_t 表示时间 t 的经济状况（z_0，z_1，…，z_t），$c_{i,t}$ 和 $e_{i,t}$ 表示市场参与者 i 在时间 t 的个人消费和禀赋，c_i 和 e_i 表示相应的消费和禀赋变动过程。在 z^t 时市场参与者 i 的效用是：

$$U(c_i)(z^t)=\sum_{s=t}^{\infty}\sum_{z^s}\beta^{s-t}u(c_{i,s}(z^s))\pi(z^s|z^t).\tag{11.19}$$

这里的折现因子 β^{s-t} 可以推广到允许总体增长的形式。

对于所有的 t 和 z^t，对社会规划者的限制是资源的可行性问题：

$$\sum_{i=1}^{I}c_{i,t}(z^t)=\sum_{i=1}^{I}e_{i,t}(z^t),\tag{11.20}$$

对于所有的 i、t 和 z^t，参与约束为：

$$U(c_i(z^t))\geqslant U(e_i(z^t)).\tag{11.21}$$

可行性要求满足两组约束。

显然，只有在无限的时期下该问题才有意义。否则在最后阶段可能没有风险分担，从而之前的所有阶段风险分担也将不存在。因此，横截面条件就非常重要。

“约束有效”分配是可行的，并且不是其他可行分配导致的帕累托解。如果“自给自足”被有效地限制了，那么正如我们在下文讨论的，它是唯一受约束的有效的分配，但我们对“自给自足”不受约束的情况更感兴趣。

AJ 的研究证明了以下重要结果，它阐明了约束对市场参与者的边际效用的影响。

设 $\{c_i\}_{i=1,\cdots,n}$ 是有效约束，那么如果 $U(c_i)(z^t,z_{t+1})>U(e_i)(z^t,z_{t+1})$（参与者 J 的交易在 t 到 $t+1$ 时间段内没有受到约束），则：

$$\frac{u'(c_{j,t+1}(z^t,z_{t+1}))}{u'(c_{j,t}(z^t))}=\max_i\frac{u'(c_{i,t+1}(z^t,z_{t+1}))}{u'(c_{i,t}(z^t))}.\tag{11.22}$$

换句话说，无约束的市场参与者在 t 时刻和状态 z_{t+1} 之间具有最高的跨期边际替代率（IMRS），而且对于所有不受约束的参与者一定是相同的。

该命题证明如下。假设命题不成立，某些市场参与者 $i\neq j$ 具有更高的 IMRS，那么此时社会规划者可以增加当前的 $c_{j,t}$，并减少 $c_{j,t+1}$（在参与者 j 被约束的条件下是可行的），其中 $U(c_i(z^t))$ 不变。规划者通过在 t

时刻从参与者 i 处获取资金，并在 $t+1$ 时刻还给 i 来完成上面的操作，同时 $c_{i,t}$ 减少，$c_{i,t+1}$ 增加。这一定是帕累托改进，因为市场参与者 i 有更高的 IMRS，但此时原来的分配不是约束有效的。

直觉理解是受到约束的市场参与者在 $t+1$ 时刻具有消费过高，并且只有诱导它们更偏好“自给自足”的情况下才能降低这个消费。因此，它们在 $t+1$ 时刻的边际效用过低。

竞争均衡

为了分析竞争均衡，AJ 定义每单位消费品在 t 时刻的未定权益价格为 q（z^t，z^j），并在 $t+1$ 时刻，状态 z^j时交付。市场参与者 i 在时间 t 持有该证券的 $a_{i,t+1}$（z^t,z^j），并且面临“偿付能力约束”使得其持有的证券拥有下限 $B_{i,t+1}$（z^t,z^j）。当市场参与者在状态 z^j 时不能满足这些消费品交付，那么这个市场参与者就“破产”了（偿债能力由约束条件定义）。

均衡由贝尔曼方程、预算约束、每个市场参与者的偿付能力约束和市场清算（总消费等于总禀赋，所有未定权益需求的总和为零，因为这些索赔为零净供应）定义。

当偿付能力约束“不是很紧”时，均衡状态使得每个市场参与者的延续效用恰好等于“自给自足”的效用。这种约束是可以防止违约和暗示的最弱约束。

$$U(c_i)(z^t) \geqslant U(e_i)(z^t), \tag{11.23}$$

当 $a_{i,t+1}$（z^t,z^j）$=B_{i,t+1}$（z^t,z^j）时取等号。当然，要构建这样的约束，需要有关市场参与者偏好和禀赋过程的完整信息。

对于任何偿付能力约束，最大值的充分条件是欧拉方程。

$$-u'(c_{i,t}(z^t))q_t(z^t,z') + \beta\pi(z'|z)u'(c_{i,t+1}(z^t,z')) \leqslant 0, \tag{11.24}$$

当 $a_{z'}=B_{i,t+1}$（z^t,z'）时取等号，同时横截条件是：

$$\lim_{t\to\infty}\sum_{z^t}\beta^t u'(c_{i,t}(z^t))[a_{i,t}(z^t)-B_{i,t}(z^t)]\pi(z^t|z_0)=0. \tag{11.25}$$

福利定理

“高隐含利率”（或者低未定权益价格）是一系列分配的财产 $\{c_i^*\}_{i=1,\cdots,n}$，定义任意市场参与者的最高未定权益估价为：

$$q_t^*(z^t,z') = \max_i \left\{ \beta \frac{u'(c_{i,t+1}^*(z^t,z'))}{u'(c_{i,t}^*(z^t))} \pi(z'|z^t) \right\}. \qquad (11.26)$$

这一价格必须与上面定义的不受约束的市场参与者的定价相同。从直观上看，它限制了证券的发行，而不是证券的购买，因此它们对证券估值较低，而不是证券估值较高的市场参与者具有约束力。

在各时期，我们可以定义 t 时刻 z^t 状态一单位消费品价值为 0 时的相应日期如下：

$$Q_0^*(z^t|z_0) = q_0^*(z_0,z_1)\,q_1^*(z^1,z_2)\ldots q_{t-1}^*(z^{t-1},z_t). \qquad (11.27)$$

其中，Q_0^* 通过对每个相邻期间不受约束的市场参与者的一系列一期估值构建，并且可能与任何单一市场参与者的估值不对应。

高隐含利率定义如下：

$$\sum_t \sum_{z^t} Q_0^*(z^t|z_0)\left(\sum_i c_{i,t}^*(z^t)\right) < \infty. \qquad (11.28)$$

也就是说，最大未定权益价格足够低，以使用最大未定权益价格评估的总消费的折现值是有限的。

AJ 使用这些想法来展示微观经济学第二福利定理的另一种版本：任何具有高隐含利率的约束有效分配都可以分散为具有不太严格的偿付能力约束的竞争均衡。

简单证明如下。给定分配，定义价格 $q_t^*(z^t,z^j)$。然后通过个人预算约束求解未定权益持有数以使分配可行。对于具有最高跨期边际替代率的市场参与者将是最优的，因为 q^* 满足具有最高 IMRS 市场参与者的一阶条件。对于其他市场参与者，设置其偿付能力约束等于所拥有证券。最后检查横截条件，如果隐含利率很高，则证明成立（技术问题是为最高 IMRS 市场参与者设置偿付能力限制）。

AJ 也证明了第一福利定理的另一种版本：在消费和效用的技术条件下，具有偿付能力约束的竞争均衡不是太紧，而且当隐含利率很高时，均衡受到有效限制。

表征均衡

AJ 模型有几个有趣的应用。

第一，它提供了一种检查是否有可能进行风险分担的简单方法。如果自给自足的隐含利率（$c_i = e_i$）很高，那么自给自足就是有效的，这意味着自给自足是唯一可行的分配。在这种情况下，不存在风险分担。

为了理解这个结果，设对于所有 z_t和 i，$a_{i,0} = 0$，$B_{i,t} = 0$。然后很容易发现自给自足是竞争均衡，而偿付能力约束并不是太紧。当隐含利率很高时，第一福利定理适用，因此自给自足是受约束均衡，并且没有其他均衡可行，因为参与约束要求一个可行分配，使得帕累托解为自给自足。

AJ 为自给自足情况下的高隐含利率提供了充分条件，如下所述。如果时间折现因子足够小（$\beta \to 0$），即市场参与者不耐烦，那么自给自足的隐含利率将会很高。对于极度缺乏耐心的市场参与者，违约惩罚相对无效，因为未来的状况影响很小。如果风险厌恶程度足够小或市场参与者可以通过彼此交易资产来保证自己免受差异的影响，自给自足的隐含利率也将很高。在这两种情况下，违约处罚相对无效，因为仅在具有较低的超额收入和较高的边际效用时，未来无法交易未定权益的成本较为高昂。最后，如果收入的转移矩阵足够接近身份矩阵 I，即特殊收入冲击几乎具有永久效力，那么自给自足的隐含利率将会很高。在这种情况下，正收入冲击不会被未来收益较低的预期所抵销，从而增加了此类冲击发生时违约的动机。

第二，在 AJ 模型中，横截面收益风险的增加实际上可以降低横截面消费风险，因为市场参与者通过更有效地分担风险来做出反应。

第三，AJ 显示了一个直观的结果，在高隐含利率的均衡中，$B_{i,t+1} < 0$，说明约束限制了或有借贷。

第四，鉴于偿付能力约束限制了未定权益发行，我们可以假设它们会提高证券价格，从而增加其总和并降低利率。AJ 证明，在没有总体风险、恒定相对风险厌恶或二次效用的特殊情况下成立。结果与二次效用一致的事实表明它不依赖于预防性储蓄动机。

习题 11.4 要求只使用两个市场参与者和二次效用来计算简化的 AJ 模型。

11.3.2　扣押抵押品惩罚

Chien 和 Lustig（2010）区分了可抵押财富和非抵押劳动收入。Chien 和 Lustig 认为，对违约行为采取更为现实的惩罚是扣押抵押品，而不是被市场排除在外。在这种情况下，市场参与者无法发行超过其抵押品价值的或有债权。Rampini 和 Viswanathan（2010）在企业融资的背景下表达了同样的想法。

Chien 和 Lustig 的模型相比禁入市场的模型具有一些优势。首先，只有市场参与者的资产保留信息时仍然可以计算约束，而禁入市场的约束还需要知道市场参与者的偏好和禀赋过程。其次，抵押品价值成为经济中的重要状态变量。当抵押品稀缺时，风险分担效果较差。这可以按照 Constantinides 和 Duffie（1996）描述的方式改变资产价格。例如，如果特殊的劳动收入在不良状态下波动较大，则不完美的风险分担会增加股权溢价，因此当抵押品价值下降时，股权溢价应该会增加。

Lustig 和 Van Nieuwerburgh（2005）认为，住房价值是抵押品价值的一个有意义的替代。家庭房地产价值相对于劳动收入的长期波动确实可以预测模型隐含的总体股票收益率。这是一个有趣的观察结果，尽管通过 20 世纪美国股票数据的研究已经发现，Lustig-Van Nieuwerburgh 的状态变量与股票市场的整体水平高度相关。因此任何使得房地产价格变动和股市价格变动的机制都可以解释这一发现。

完全市场模型违约的根本难题在于它们意味着资产交易的反事实模式。在 Chien 和 Lustig 的模型中，当劳动收入高时，家庭发行需要大额支付的或有债权。当出现与约束相应的良好状态时，家庭会用尽抵押品。因此，劳动收入和可抵押财富之间的横截面相关性是负的，与家庭层面数据中看到的模式相反。以另一种方式表达这个问题，该模型中的违约发生（或者被严格防止发生）在高收入国家，而不是在低收入国家。因此，该模型中破产的理论概念与经验观察到的破产有很大不同。

与此相关，违约的可能性明确地降低了完全市场模型中的福利，并且对违约的无限期惩罚将恢复第一最佳均衡。Zame（1993）以及 Dubey、Geanakoplos 和 Shubik（2005）表明，在不完全市场的模型中该理论已不再适用：违约的可能性或许会使得或有支付不会直接减少，这可能会增加福利。

11.4 异质信念

风险分担不完美的另一个原因是市场参与者对经济状况的可能性有不同的看法。在本节中，我们将思考具有异质信念的金融市场均衡模型。我们假设市场参与者进入具有不同前提背景的市场，并且不相信其他市场参与者具有相关信息，因此，他们可以在不受其他市场参与者看法影响的提前下保持自己的看法，从而做出“同意或不同意”的决定。我们将在第 12 章思考市场参与者拥有私人信息并相互学习的模型。

在完全市场模型中，信念异质性使得式（4.19）中不同状态和时间下边际效用率不再保持相等，但类似式（4.32），当我们加入不同市场参与者使用的不同状态概率后，边际效用率可以恢复平等。当我们对可交易的资产进行限制后，信念异质性会对结果产生更有趣的影响。在本节中，我们首先考虑 Shiller（1984）和 De Long 等人（1990a）的噪声交易者模型；随后考虑 Harrison 和 Kreps（1978）的限制卖空的模型；

最后考虑 Geanakoplos（2009）和 Simsek（2013a）的限制国家或有借款的模型。

11.4.1 噪声交易者

Shiller（1984）发表了一篇长篇论文，主要考虑当一些市场参与者由于不合理的信念导致外部变化需求，而其他市场参与者针对这一情况进行投机时达成的市场均衡。在 Shiller（1984）的模型中，存在一个外生供应，标准化为一个单一风险资产，价格为 P_t。该资产可以被解释为股票市场。理性的市场参与者具有线性需求函数，可以从无限期的恒定绝对风险厌恶效用中导出，如 Campbell 和 Kyle（1993）展示的。需求公式如下：

$$Q_t = \frac{\mathrm{E}_t R_{t+1} - \rho}{\phi}. \tag{11.29}$$

其中，Q_t 是所需股票数量，ρ 是导致需求为零的预期回报率，ϕ 是需求对预期回报率的反应。当 $E_t R_{t+1} = \rho + \phi$ 时，理性的市场参与者持有全部风险资产，因此我们可以将 $\rho + \phi$ 解释为完全理性市场中股利的折现率。

在 Shiller（1984）的模型中还有“噪声交易者”，他们的需求为 Y_t 价值的股票，Y_t 遵循一个外生过程。在均衡状态下，理性交易者和噪声交易者对股票的总需求相加必须与单位供应量相等：

$$Q_t + \frac{Y_t}{P_t} = 1. \tag{11.30}$$

将式（11.29）带入式（11.30），利用 $R_{t+1} = (P_{t+1} + D_{t+1})/P_t$ 并向前求解，得到股票价格如下：

$$P_t = \mathrm{E}_t \sum_{k=0}^{\infty} \frac{D_{t+1+k} + \phi Y_{t+k}}{(1 + \rho + \phi)^{k+1}}. \tag{11.31}$$

随着系数 ϕ 逐渐减小为零，理性交易者相对噪声交易者交易更为积极，因此噪声交易者的需求 Y_{t+k} 对均衡价格的影响较小。相反，随着系

数 ϕ 的增加，噪声交易者的需求对股价的影响更大，当 ϕ 变大时，股价接近 Y_t 。

从理性交易者的角度来理解股票价格是较为容易的。从他们的角度来看，在噪声交易者较少时，他们的风险暴露较大，并因此需要更高的预期回报；而噪声交易者较多时，理性投资者会降低他们的风险暴露，因为预期回报较低。理性投资组合选择的一般一阶条件描述了理性交易者的行为，需要注意的是，这里的投资组合是反应未被噪声交易者吸收的剩余供给，会随着时间变化而变化，而不是反应恒定总供给。

De Long 等人（1990a）指出，如果理性交易者关注短期，他们就不太愿意针对噪声交易者的行为进行投机。在 Shiller（1984）的模型中，必须有一些基础风险使得 ϕ 非零。然而，在具有两代交易者且世代重叠的模型中，固定供给的风险资产不能无限期地持有，而是必须出售给下一代，如果其中一些交易者具有不稳定的非理性预期，即使资产支付确定的股息，出售的收益仍然存在风险。因此，噪声交易者可能限制套利，并使得噪声交易者的需求影响价格。De Long 等人的模型为第 4.5 节讨论的套利限制提供了理论基础。

一个重要的问题是噪声交易者是否会随着时间的推移而逐渐丧失财富，在这种情况下，长远来看他们对资产价格的影响可能会逐渐减弱，这被称为“市场选择假说”。De Long 等人（1990a）指出，如果噪声交易者总体来说看涨股市，那么他们将比理性投资者承担更多的风险。如果理性投资者持有资产高于单位风险规避，从而使得他们的投资组合相比发展最好的投资组合更为保守，那么噪声投资者的高风险溢价有助于抵销他们高买入低卖出而带来的亏损。从长远来看，持有非理性信念的投资者决定价格的能力是一个微妙的问题，De Long 等人（1991）、Kogan 等人（2006）以及 Yan 等人（2008）在后续工作中对这个问题进行了探讨。当然，如果投资者随着时间推移随机退出市场并被具有外生偏好和市场看法的新投资者所取代，那么就有可能简化这个问题。习题 11.5 要求在简单的部分均衡背景下检验市场选择假说。

最近的研究工作试图通过模拟投资者看法随着市场条件改变的动态演变来打开“噪声交易”的黑匣子。例如，如果投资者看好股市，对过去股息或股票价格上涨的反应变得更加乐观，那么他们可能会创造短期动能和股票收益的长期逆转［De Long 等人（1990b），Barberis、Shleifer 和 Vishny（1998），Barberis 等人（2015）］。第 10.4 节讨论的来自家庭融资的证据表明，投资者对市场的看法很可能是不同的，因为他们依赖于个人的投资回报经验而不是完整的市场回报。

11.4.2　Harrison-Kreps 模型

对卖空的限制和市场信念相互作用，会使资产价格高于如果只存在其中一种因素的情况。Miller（1977）强调的基本机制是：如果禁止卖空，悲观的投资者会卖给乐观的投资者，但不能通过做空向乐观的投资者提供额外的资产。因此，在均衡状态下，最乐观的投资者的资产和资产价格等于边际乐观投资者。

当信念随着时间的推移而变化，以使得不同的投资者在不同的时期最乐观时，会对市场产生额外的影响，使得资产价格提高到市场每个投资者认为的资产价值之上。Harrison 和 Kreps（HK，1978）提供了一个例子来阐述这种可能性：经济遵循离散状态的马尔可夫过程。风险资产在时期 0 支付股息 $d_t - 0$，在时期 1 支付股息 $d_t - 1$ 。有两个市场参与者，用 a 标记，他们对各状态的转移概率的看法不同。

我们用 $q^a(d,d') = Pr^a(d_{t+1} = d' \mid d_t = d)$ 来代表投资者 a 认为的在当前状态为 d 时，明天状态变为 d' 的概率，这些概率可以用矩阵 Q^a 表示：

$$Q^a = \begin{bmatrix} q^a(0,0) & q^a(0,1) \\ q^a(1,0) & q^a(1,1) \end{bmatrix}. \tag{11.32}$$

HK 模型中的两个投资者都是风险中性的，具有共同的时间折现因子 δ，这意味着他们通过折现预期的未来股息来估计资产的基础价值。给定模型的马尔可夫结构，投资者 a 计算预期未来 i 期的股息如下：

$$E_t d_{t+i} = (Q^a)^i \begin{bmatrix} 0 \\ 1 \end{bmatrix}. \tag{11.33}$$

资产基础价值为：

$$F_t^a = E_t^a \sum_{i=1}^{\infty} \delta^i d_{t+i} = \delta Q^a [I - \delta Q^a]^{-1} \begin{bmatrix} 0 \\ 1 \end{bmatrix}. \tag{11.34}$$

为了尽可能简单地理解 HK 的观点，我们考虑一个对称的例子，其中交易者都认为这些状态具有相同的无条件概率，但在每个状态持续时间的看法上存在差异。这导致交易商对公共信息（当前股息）持不同意见，因为他们使用不同的经济模型，如 Harris 和 Raviv（1993）以及 Kandel 和 Pearson（1995）。

明确来讲，假设交易者 1 的看法表示如下：

$$Q^1 = \begin{bmatrix} \phi & 1-\phi \\ 1-\phi & \phi \end{bmatrix}. \tag{11.35}$$

交易者 2 的看法表示如下：

$$Q^2 = \begin{bmatrix} 1-\phi & \phi \\ \phi & 1-\phi \end{bmatrix}. \tag{11.36}$$

在不失一般性的情况下，我们假设 $\frac{1}{2} \leqslant \phi < 1$，因此交易者 1 认为好的和坏的状态是持续的，而交易者 2 认为好的和坏的状态倾向于交替。

在该示例中，交易者 1 认为的基础价值是：

$$F_t^1 = \frac{\delta}{(1-\delta)(1+\delta-2\delta\phi)} \begin{bmatrix} 1-\phi \\ \phi+\delta-2\delta\phi \end{bmatrix}. \tag{11.37}$$

给定 $\phi \geqslant \frac{1}{2}, \phi + \delta - 2\delta\phi = \delta(1-\phi) + \phi(1-\delta) \geqslant 1-\phi$。因此交易者 1 认为时期 1 时资产的价值比时期 0 时高，因为他认为本期支付高股息意味着下一期仍会支付高股息。交易者 2 的看法则相反，他认为本期的高股息意味着下一期为低股息，因此他认为时期 1 时资产的价值比时期 0 时低。

因为交易者 1 在时期 1 时更乐观，而交易者 2 在时期 0 时更乐观，在卖空限制下，交易者 1 会在时期 1 时持有风险资产，而交易者 2 会在时期 0 时持有风险资产从而达到均衡。均衡资产价格满足：

$$p(d_t)=\delta\max_{a=1,2}\{E^a[d_{t+1}+p(d_{t+1})\mid d_t]\}. \tag{11.38}$$

从而得出 $p(0)$ 和 $p(1)$ 为：

$$p(0)=\delta\max\{\phi p(0)+(1-\phi)(1+p(1)),(1-\phi)p(0)+\phi(1+p(1))\}, \tag{11.39}$$

$$p(1)=\delta\max\{(1-\phi)p(0)+\phi(1+p(1)),\phi p(0)+(1-\phi)(1+p(1))\}. \tag{11.40}$$

交易者期望的对称性意味着这两个方程具有相同的解 p，即均衡市场价格在两个时期之间不变化，用 p 代替。利用 $\phi\geqslant\frac{1}{2}$，我们得到：

$$p=\max\{\delta(1-\phi)+\delta p,\delta\phi+\delta p\}=\delta\phi+\delta p=\frac{\delta\phi}{1-\delta}. \tag{11.41}$$

我们计算交易者 1 认为的基础资产价格与均衡价格的比值为：

$$\frac{F_t^1}{p}=\frac{1}{\phi(1+\delta-2\delta\phi)}\begin{bmatrix}1-\phi\\ \phi+\delta-2\delta\phi\end{bmatrix}. \tag{11.42}$$

当 $\phi=1/2$ 时，该比率等于 1，即交易者具有相同市场看法的情况。随着 ϕ 接近 1，该比率随着 ϕ 增加而下降并接近于 0。当交易者持有不同看法时，市场价格总是高于基础价值。

价格超过交易者 1 在时期 0 时认为的基础价值并不奇怪，此时交易者 1 相比交易者 2 更悲观。令人惊讶的是，价格也超过了交易者 1 在时期 1 时认为的基础价值，此时交易者 1 相比交易者 2 更乐观，并持有风险资产。这意味着价格始终高于两个交易者认为的基础价值，并且尽管交易者认为价格过高，他们仍然愿意持有资产。这一现象的解释是，每个交易者都认为另一个交易者对市场的信念是错误的，因此他可以从中获利。在交易对手较为乐观的状态下，将资产转售给持不同信念的交易对手是有价值的，并且会增加每个交易者愿意持有资产的价格。

为了理解这一点，我们可以再次从交易者 1 的角度计算资产的预期收益率，为：

$$\frac{E_t^1 d_{t+1}+p}{p}=\frac{1}{\delta}\left(1-\begin{bmatrix}(2\phi-1)(1-\delta)/\phi\\0\end{bmatrix}\right). \qquad (11.43)$$

该预期收益率等于时期 1 所需的回报率，此时交易者 1 持有资产，其在时期 0 时所需的回报率低于该预期回报率。由于交易者 1 无法在时期 0 卖空资产，因此该预期回报率与均衡一致。交易者 2 具有对称预期，期望资产在时期 0 时提供所需回报率，在时期 1 时回报率相对较低。两个交易者都认为资产的无条件预期回报低于无风险利率，但两者都认为自己可以避免在资产表现较差的时期持有资产。

沃伦·巴菲特在伯克希尔 – 哈撒韦公司的 1987 年年度报告［Buffett (1988)］中写过一封著名的致股东的信，表达了 HK 模型的逻辑：

> 本杰明·格雷厄姆是我的老师，也是我的朋友。很久以前，他讲过一段有关对于市场波动心态的谈话，是我认为对于投资获利最有帮助的一席话。他说，投资人可以试着将股票市场的波动当作一位市场先生每天给你的报价，他就像是一家私人企业的合伙人，不管怎样，市场先生每天都会报个价格，要买下你的股份或是将手中的股份卖给你。
>
> 即使是你们所共同拥有的合伙企业经营稳定、变化不大，市场先生每天还是会固定提出报价。市场先生有一个毛病，那就是他的情绪很不稳定，当他高兴时，往往只看到合伙企业好的一面，所以为了避免手中的股份被你买走，他会提出一个很高的价格，甚至想要从你手中买下你拥有的股份；但当他觉得沮丧时，眼中看到的只是这家企业的一大堆问题，这时他会提出一个非常低的报价要把股份卖给你，因为他很怕你会将手中的股份塞给他。
>
> 不过，市场先生还有一个很可爱的特点，那就是他不在乎受到冷落，若今天他提出的报价不被接受，隔天他还是会上门重新报价，

要不要交易完全由你。所以在这种情况下，他越是狂躁和抑郁，就越是对你有利。

虽然巴菲特强调了市场先生对资产所有者福利的影响，但 HK 模型下一步得出的结论是，如果所有投资者都认为他们是市场先生的合伙人，均衡价格会更高。

HK 模型的一个有趣发现是，当利率较低时，相对于资产持有者认为的基础价值，他们愿意支付更高的价格。式（11.42）表明，当交易者 1 是资产持有者时，交易者 1 的基础价值与价格的比率相对于时间折现因子 δ 的导数在时期 1 是负的。直观理解是资产的转售发生在未来，因此低利率增加了转售期权的现值。相比之下，理性泡沫以利率增长，因此当利率较低时它们的增长速度较慢（尽管低利率可能使理性泡沫更容易存在，如第 5.2.3 节所述）。

最近的研究已经将 HK 模型发展成可用于产生合理预测的定量实证模型。例如，Scheinkman 和 Xiong（2003）在个人信号精度的过度自信中产生了分歧，并表明股票的高估程度与市场价格，波动性和交易量正相关，与自由浮动（可用股票数量）负相关，因为当自由浮动较低时，卖空限制更具约束力。作为一项非正式的练习，将他们的结果与第 10.3.3 节中讨论的欠多元化的资产定价模型联系起来。

11.4.3　内生保证金要求

在第 4.5 节中讨论的关于套利限制的问题，最初假设套利者借入资金进行投资时其保证金保持不变。当错误定价恶化时，套利者会失去其资金并且必须减少头寸［Shleifer 和 Vishny（1997）］。

一个值得思考的问题是，是什么决定了保证金谁水平。如果放贷人与套利者一样认为这个盈利机会无风险，他们应该愿意将他们的保证金要求减少到零，提供 100% 的融资。在这种情况下，其与套利资金无关。更现实地说，对于正的但可变的保证金要求，保证金的增加与套利资本的减少具有类似的影响，因此了解在什么情况下保证金要求会增加是很重要的。在20世纪末全球金融危机期间，保证金要求急剧增加，使得可以针对这一问题进行实证研究。

Geanakoplos（2009）提出了一个确定保证金均衡（等价，杠杆）的简单模型。该模型不允许卖空，只允许支付确定的无追索权抵押借款。这些市场限制是核心，因为Geanakoplos模型是完全资产市场中阿罗－德布鲁模型的分散化。

Geanakoplos假设一个风险中性投资者的连续体，其时间偏好率为0，对市场的不同看法由 $h \in (0,1)$ 表示。这些看法涉及两个未来状态的概率，即好（“上”）和坏（“下”）。投资者 h 认为好的状态的概率 $\pi_U^h = h$，坏的状态的概率 $\pi_D^h = 1 - h$。经济中存在一个风险资产 Y，它在好的状态下支付1单位的消费，在坏的状态下支付 $d < 1$ 单位的消费。所有投资者在最初0时刻持有1单位 Y 和1单位消费品（禀赋）。

在这个模型中，乐观的投资者从悲观的投资者那里购买资产，资产价格自动调整使得市场出清。一般来说，乐观的投资者也可以从悲观的投资者那里借钱，但我们首先考虑如果借款被禁止会发生什么。禁止借款的模型是Miller（1977）的口头模型的形式化。

禁止借款

由于投资者是风险中性的，并且时间偏好率为零，资产价格必须等于边际买方的预期支付。如果边际买方是 b（认为好的状态的概率为 b），则资产价格为：

$$p = b + (1 - b)d. \tag{11.44}$$

这种情况决定了边际买家的乐观程度与资产价格之间的向上倾斜关系，如图11.1所示。

比边缘买家更乐观的投资者将所有资源都用于购买股票，而比边缘买家更悲观的投资者则抛售股票。平衡需求（如果买方提供所有消费品，他们可负担的股份数量）和供应（出售的股份数量），$(1 - b)/p = b$，所

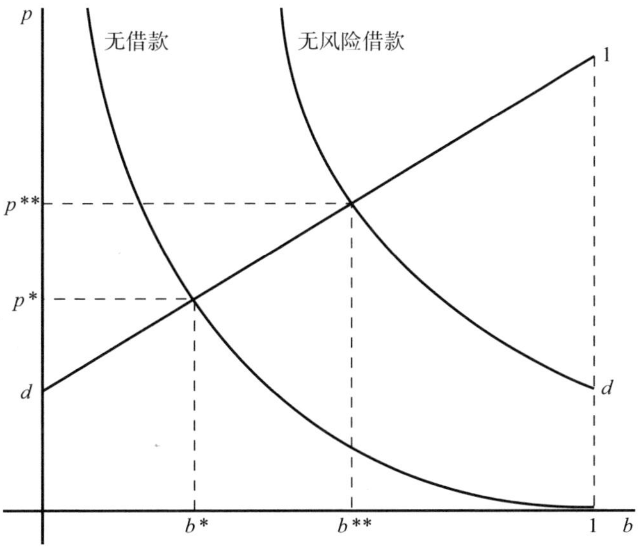

图 11.1　Geanakoplos（2009）模型的平衡态

以有：

$$p = (1 - b)/b. \tag{11.45}$$

这个条件决定了边际买家的乐观程度与资产价格之间的向下倾斜关系，如图 11.1 所示。

式（11.44）和式（11.45）可以求解均衡价格和买卖双方的身份。例如，如果 $d = 0.2$，用星号表示均衡价格，我们可以得到 $b^{*} = 0.6$ 和 $p^{*} = 0.68$。

无风险借款

现在考虑如果我们允许借贷（但必须是固定支付的，无追索权抵押借款），会发生什么。一笔贷款由承诺支付的金额和支持该承诺的抵押品决定。在不丧失一般性的情况下，我们将抵押品标准化为风险资产的一部分，并记每个阶段承诺的支付金额为 ϕ。在违约情况下，贷款人可以扣押抵押物并出售，但对借款人没有其他追索权。贷款实际支付的金

额在 U 状态下满足 $Min(\phi,1)$ ，在 D 状态下满足 $Min(\phi,d)$ 。

首先，我们假设一个外生约束 $\phi \leqslant d$，使得债务风险为零，因为 $Min(\phi,1)=Min(\phi,d)=\phi$ 。在这种情况下，债务的利率为 0，因为时间偏好净利率为 0。通过承诺明天支付 ϕ，在今天可以得到的金额仍然等于 ϕ 。

在均衡时，乐观投资者持有所有的股票，并尽可能多地利用它们来借款。由于股票总供给标准化为 1，乐观投资者能借到的最多资金是 d，而这种借债使他们用来购买股票的资金增加了 d。新的需求曲线是 $(1-b+d)/p=b$，或：

$$p=(1-b+d)/b. \tag{11.46}$$

这条需求曲线相比无借款时上移，如图 11.1 所示。

在新的均衡下，有数量更少且更加乐观的投资者持有股票并为其支付更高的价格。仍采用 $d=0.2$ 的例子，我们用双星来表示新的平衡值，$b^{**}=0.69$，$p^{**}=0.75$，都高于无借款情况下的均衡值。

风险资产投资者的保证金要求为 $(p-d)/p$，杠杆率为 $p/(p-d)$ 。在上述例子中，保证金要求为 0.73，杠杆率为 1.36。

有风险借款的概率

我们现在考虑风险借贷的概率，即承诺的支付 $\phi>d$ 。可以借入的金额取决于承诺的金额，可以写成 $\pi(\phi)$ 。风险借贷的规定收益率为：

$$1+r(\phi)=\frac{\phi}{\pi(\phi)}. \tag{11.47}$$

对 $\phi>d$，$r(\phi)>0$ 来补偿借款人在违约时的损失。

Geanakoplos 表明，在均衡状态下，即使乐观投资者可以通过风险借贷来提高其杠杆率，也只会发生无风险借贷。这意味着风险贷款的价格与无风险贷款的价格一样，都被边际买方 b 决定。这个边际借款人的市场看法被用于风险债务定价，从而有：

$$\pi(\phi)=b\phi+(1-b)d. \tag{11.48}$$

仍采用上面的例子，此时，$b^{**}=0.69$，$\pi(0.3)=0.69\times0.3+0.31\times0.2=0.269$，并且 $r(0.3)=0.3\div0.269-1=12\%$。由一股股票抵押的风险承诺为 0.3，利率为 12%，而不是零无风险利率。

为什么乐观投资者不会用更少抵押品的风险贷款来增加他们的杠杆？答案是风险贷款将支付转移到好的状态。相比放贷人，投资者认为好的状态更有可能发生，所以他们并不认为这种支付的转变具有吸引力。在均衡状态下只发生无风险借贷，然而这个结果取决于模型的几个特征：事件树的每个节点处有两个状态，而且投资者都是风险中性的，具有相同的折现率和不同的信念。

导致崩溃

随着时间的推移，Geanakoplos 模型可以产生有趣的价格模式，并与投资者的信念相关。特别是它可以导致资产价格下跌幅度超过任何投资者对于市场下跌幅度的看法。要理解这一点，可以考虑一个两阶段事件树，每个时期都有上（U）和下（D）两个状态。风险资产在 UU、UD 和 DU 状态下支付 1，在 DD 状态下，向下移动两次获得 0.2 的收益。对这个两阶段模型进行求解，初始日期的均衡价格为 0.95，第一阶段结束时在 U 状态下为 1，在 D 状态下为 0.69。价格从 0.95 下降到 0.69，超过了所有认为坏的状态会出现的概率为 h 的投资者所认为的可能下降幅度。

出现这种情况的原因是有两种机制放大了 Geanakoplos 模型第一阶段坏消息的影响。首先，价格下跌使得财富从使用杠杆的乐观投资者手中转移到了悲观的放贷者手中，必须使用新的财富分配情况来计算第二阶段的资产价格，正如 Chan 和 Kogan（2002）中存在风险厌恶差异的动态模型的情况。其次，均衡的杠杆率从第一阶段的 $0.95\div(0.95-0.69)=3.6$，下降到第二阶段的 $0.69\div(0.69-0.2)=1.4$。在这个例子中，第一阶段的坏消息增加了不确定性，导致了乐观投资者（借款人）和悲观投资者（债权人）之间的分歧。

Simsek 模型

Simsek（2013a）通过建立一个只有两种类型的投资者（悲观投资者 P 和乐观投资者 O）和更多状态［一般而言是连续的（相邻两状态相似但第一个状态与最后一个状态截然不同）］的模型扩展了 Geanakoplos 模型。他指出，一旦有两个以上的状态，就可能发生风险借贷，而且不同投资者之间的分歧性质变得很重要。为了直观地理解这一模型，考虑一个拥有三个状态（好、中性和坏）的例子。一方面，如果乐观投资者和悲观投资者在坏状态出现的可能性上存在分歧（乐观投资者认为不太可能），那么悲观投资者会为风险贷款设定高利率，而乐观投资者认为具有高利率的风险贷款没有吸引力，在这种情况下，乐观投资者将不愿意通过购买风险贷款来增加杠杆率。另一方面，如果乐观投资者和悲观投资者对出现坏状态的可能性达成一致，但对出现好状态的可能性存在分歧（乐观投资者认为这种可能性更大），那么风险贷款的利率对乐观投资者来说似乎是公平的，他们将积极借用风险债务。在前一种情况下，风险资产的价格将更接近悲观投资者的估值，而在后一种情况下，它将更接近乐观投资者的估值。允许风险借贷的关键因素是，乐观投资者和悲观投资者可能会就违约发生的概率达成一致，但对于未发生违约的其他状态的概率存在分歧。

Simsek 模型对资产价格定价的影响可归纳为以下等式。如果 $\overline{v}$ 是资产未来价值的阈值水平，任何风险贷款违约都满足 $v < \overline{v}$（换句话说，如果由一单位的风险资产作为抵押的贷款承诺在均衡状态支付 $\overline{v}$），那么风险资产的价格在当期的价格为：

$$\{\pi_P[v < \overline{v}]\mathrm{E}_P[v \mid v < \overline{v}] + \pi_P[v \geq \overline{v}]\mathrm{E}_O[v \mid v \geq \overline{v}]\}. \quad (11.49)$$

其中，$\pi_P[v < \overline{v}]$ 是悲观投资者认为的违约概率，$E_P[v \mid v < \overline{v}]$ 是悲观投资者在违约条件下对资产价值的预期，$\pi_P[v \geqslant \overline{v}] = 1 - \pi_P[v < \overline{v}]$ 是悲观投资者认为不违约、全额偿还的概率，$\mathrm{E}_O[v \mid v \geqslant \overline{v}]$ 是乐观

投资者在不违约条件下对资产价值的预期。乐观投资者的市场看法只体现在这个等式的最后一项，这表明乐观投资者针对好状态的市场看法对资产价格的影响大于其针对坏状态的市场看法。当然，阈值 $\overline{v}$ 是内生的，所以上面的方程只是 Simsek 模型中资产价格定价的一部分描述。

11.5　延伸练习

本章提出了一个非正式练习，将 Scheinkman 和 Xiong（2003）扩展的 Harrison 和 Kreps（1978）模型与第 10.3.3 节中讨论的关于资产定价的实证论文联系起来进行思考。我们发现，波动的个股具有令人惊讶的低平均回报率［Ang 等人（2006）］。在投资者之间存在不同看法，且交易受到卖空限制的情况下，Harrison 和 Kreps 模型可以解释这一问题：高波动率是高度分歧的信号，这就导致资产出现定价过高的情况，如 Scheinkman 和 Xiong（2003）所示。

习题 11.1　特殊收入风险与股权溢价①

考虑一个两期（$t=1$，2）的经济体和一个消费者的连续体。每个消费者在 $t=2$ 时收到随机禀赋并且仅在此时消费。在 $t=1$ 时，证券进行交易，但在 $t=2$ 之前没有资源易手。所有消费者都具有基于终端消费的对数效用。

（1）假设所有消费者的禀赋都是相同的，其为 $(1-a)m$ 的概率为 1/2，为 m 的概率也为 1/2，其中 $0<a<1$ 。假设第 2 期的总禀赋的所有权是可交易的，在两个禀赋状态下都需要支付 p，

① 本题基于 Mankiw（1986）以及 Campbell、Lo 和 MacKinlay（1997）提出。

在 $t=2$ 支付。计算均衡价格 p 和所有权的预期回报。

（2）假设在第 2 期，有 1/2 的概率下，所有消费者都获得 m；在剩余 1/2 的概率下，$(1-b)$ 比率的消费者获得 m，b 比率的消费者获得 $(1-a/b)m$，其中 $b>a$。在第 1 期，所有消费者都有同样的概率被分为后一组，但没有保险可以使他们对冲这种风险。计算第（1）题定义的所有权的预期回报。它比以前更高还是更低？它如何依赖于 a、b 和 m？

（3）模型中的哪些假设对于第（2）题的结果有较大影响，结果在多大程度上更为普遍？

习题 11.2　市场涉及和风险分担[①]

考虑两期 $(t=1,2)$ 和两个交易者的模型。交易者仅在第 2 期获得收入和进行消费。交易者 1 的收入为 $x_1=c+v+\varepsilon$，交易者 2 的收入为 $x_2=c+v-\varepsilon$，其中 c 是确定项，而 v 和 ε 是独立的，零均值、正态分布的冲击。共同的收入冲击 v 的方差为 1，而相对收入冲击 ε 的方差为 a。交易者 1 的绝对风险厌恶系数为常数 γ_1，而交易者 2 的绝对风险厌恶系数为常数 γ_2。

这个经济体中存在一个期货合约。合约的收益为 $\theta_1 v+\theta_2\varepsilon$，成本为 p，在第 2 期支付。将收益的方差标准化为 1（注意：这对 θ_1 和 θ_2 施加了限制），合约的净供应为零。

（1）给定价格 p，求解每个交易者希望持有的期货合约 q_1 和 q_2 的数量。

（2）在期货合约为零净供应的情况下，求解均衡时的期货价格 p。

（3）写下每个交易者效用最大的表达式。将交易者 1 的最大化效用和交易者 2 的最大化效用相加，得到社会福利的表达式。

① 本题基于 Athanasoulis 和 Shiller（2000）提出。

（4）现在假设 $\gamma_1 = \gamma_2$。那么期望最大化社会福利的期货合约设计者将设定 $\theta_1 = 0$。解释这个结果。

（5）现在假设 $\gamma_1 = 0$ 而 $\gamma_2 > 0$。那么期望最大化社会福利的期货合约设计者将设定 $\theta_2 = -\theta_1$。解释这个结果。

（6）现在假设 $\gamma_2 = 0$ 而 $\gamma_1 > 0$。那么期望最大化社会福利的期货合约设计者将设定 $\theta_2 = \theta_1$。解释这个结果。

（7）如果要使得社会福利最大化的期货合约满足 $\theta_2 = 0$，那么需要做出哪些假设？

习题 11.3　财富分布的外部性和资本流入的突然停止[①]

在本题中，我们将研究第 11.1.3 节中讨论的财富分配外部性对福利的影响，在这种情况下，各国在进入国际金融市场时会遭遇“突然停止”。

考虑一个三期模型，$t = 0,1,2$，模型中存在两个国家，国内和国外，每个国家都由同样的交易者的连续体组成，两国的交易没有摩擦。在每一期，国内（国外）交易者都会恒定禀赋 $Y(Y^*)$ 单位的国内（国外）商品。

国内的交易者具有指数跨期偏好，而国内的消费集是满足柯布－道格拉斯函数的两种商品之和：

$$\max \mathrm{E}_0 \sum_{t=0}^{2} \beta^t \log C_t. \tag{11.50}$$

其中，$C_t = \zeta C_{ht}^{\alpha} C_{ft}^{1-\alpha}$，$\zeta \equiv \alpha^{-\alpha}(1-\alpha)^{-(1-\alpha)}$。国外的消费者有线性的跨期偏好，且国外的消费集在拟线性的国外商品之和：

① 本题基于 Lorenzoni（2015）提出。

$$\max \mathrm{E}_0 \sum_{t=0}^{2} \beta^t C_t^*，\text{其中}\ C_t^* = \xi \log C_{ht}^* + C_{ft}^*. \tag{11.51}$$

假设始终存在一个内部平衡，也就是说，C_{ht}、C_{ft}、C_{ht}^*、C_{ft}^* 在所有时期都是正数。通过市场出清，对所有 t 都有 $Y = C_{ht} + C_{ht}^*$ 和 $Y^* = C_{ft} + C_{ft}^*$。将以外币计价的国外商品价格标准化为 1，$p_{ft}^* \equiv 1$。在贸易条件方面，通常定义出口价格与进口价格的比率等于以外币计价的本国商品价格，$p_{ht}^* = p_{ht}/\varepsilon_t$，其中 ε_t 表示名义汇率（每一单位本国货币对应的外币）。用 p_t 表示国内消费价格指数（CPI，以本国货币表示），有 $p_t C_t = p_{ht} C_{ht} + \varepsilon_t C_{ft}$。

经济中存在一个一期名义债券，净供给为 0，以外币支付，名义利率为 $1 + i_{t+1}^*$。国内在时期 0 进入，拥有在时期 0 到期的债务存量 $D_0 > 0$，[1] 并最优地选择了其在时期 1 到期的债务水平 D_1。在有限期的情况下，国内和国外都受终端条件 $D_3 = 0$ 的限制。

国内和国外都受各自预算约束限制（均以外币单位表示）：

$$\frac{p_t}{\varepsilon_t} C_t = p_{ht}^* Y - TB_t, \tag{11.52}$$

$$p_{ht}^* C_{ht}^* + C_{ft}^* = Y^* + TB_t. \tag{11.53}$$

其中，$TB_t = D_t - D_{t+1}/(1 + i_{t+1}^*)$ 是国内的贸易均衡。

交易者知道，在第 1 期市场可能会出现突然停止，其概率为 π，且 $0 < \pi \leqslant 1$：外国投资者可能出于某些模型未说明的原因，开始关注国内的市场参与者在第 2 期偿还所有债务的能力或意愿，并且想仅在第 1 期为最大债务存量 $\overline{D}$ 提供资金。[2] 也就是说，国内必须选择 $D_2 \leqslant \overline{D}$，并因此在第 1 期将其贸易平衡急剧增加到 $D_1 - \overline{D}/(1 + i_2^*)$ 来为后期减少的贷款融资。我们假设在突然停止期间，国内的借贷约束 $D_2 \leqslant \overline{D}$ 具有约束力。

---

① 也就是说，鉴于该债券的净供应量为零，国内在时期 0 时的净外国资产（NFA）头寸为 $-D_0$，国外的 NFA 为 D_0。

② 此模型中不允许违约，只是为资本外逃的非正式动机提供一个解释。

（1）推导出以下用贸易条件 p_{ht}^* 和 C_t 表示的均衡数量关系，这将用于后面的分析：$p_t/\varepsilon_t = p_{ht}^{*\,\alpha}$，$C_{ht} = \alpha p_{ht}^{*\,-(1-\alpha)} C_t$，$C_{ft} = (1-\alpha) p_{ht}^{*\,\alpha} C_t$，$C_{ht}^* = \xi p_{ht}^{*\,-1}$，$C_{ft}^* = Y^* - (1-\alpha) p_{ht}^{*\,\alpha} C_t$。

（2）我们假设突然停止期间的融资约束仅适用于国内交易者。因此，国外交易者的欧拉方程在所有时期和状态下都成立。证明 $1 + i_{t+1}^* = \dfrac{1}{\beta}, t = 1,2$。

（3）考虑 $\pi = 1$ 的情况。我们向后求解完全均衡。

①解释在其他所有条件不变时，国内商品相对价格的下降如何影响国内的第1期消费 C_1。计算第1期的平衡贸易条件 p_{h1}^*，写成 D_1 的函数，证明：

$$\frac{dp_{h1}^*}{dD_1} = -\frac{\alpha}{(1-\alpha)Y} < 0. \tag{11.54}$$

解释为什么国内商品的相对价格随 D_1 下降。

②令 $V_1(D_1、p_{h1}^*)$，$V_1^*(D_1, p_{h1}^*)$ 分别为国内和国外的第1期连续价值函数。解释为什么国内交易者在突然停止状态下到期的高负债的私人（内在）边际成本是 $\partial V_1/\partial D_1$（的绝对值），而国内投资者的高负债的社会边际成本是 $dV_1/dD_1 \equiv \partial V_1/\partial D_1 + (\partial V_1/\partial p_{h1}^*)(dp_{h1}^*/dD_1)$（的绝对值）。证明：

$$\frac{\partial V_1}{\partial p_{h1}^*} = -\frac{\partial V_1}{\partial D_1} C_{h1}^*,$$

$$\frac{\partial V_1^*}{\partial p_{h1}^*} = -\frac{\partial V_1^*}{\partial D_1} C_{h1}^* = -C_{h1}^*. \tag{11.55}$$

为什么贸易条件变化对福利的影响与 C_{h1}^* 成比例？

③我们现在回到第0期。设 $V_0(D_0)$ 和 $V_0^*(D_0)$ 分别表示国内和国外的事前（第0期）的价值函数。证明在竞争均衡时，有：

$$\left|\frac{dV_0}{dD_1}\right| = \frac{dV_0^*}{dD_1}C_0^{-1}\frac{\varepsilon_0}{p_0}. \tag{11.56}$$

使用这个结果说明 $\pi = 1$“净输出”时这个模型中的财富外部性以及竞争均衡是受到限制的帕累托有效。[①]

（4）现在考虑 $\pi < 1$ 的情况，也就是突然停止可能发生也可能不发生，国内投资者可以随意选择 D_2 的大小。[②] 用 $s(ns)$ 表示突然停止状态（非突然停止状态），我们再一次向后求解。

①考虑国内在第 1 和第 2 期之间非突然停止状态的跨期消费，证明并解释 $D_2(ns) = D_1/(1+\beta)$，$p_{h1}^*(ns) = p_{h2}^*(ns)$，$C_1(ns) = C_2(ns)$。

②证明并解释 $dp_{h1}^*(s)/dD_1 = (1+\beta)dp_{h1}^*(ns)/dD_1$，$p_{h1}^*(s) < p_{h1}^*(ns)$，$C_1(s) < C_1(ns)$。

③证明下面两个式子等价。

$$\left|\frac{dV_0}{dD_1}\right| > \frac{dV_0^*}{dD_1}C_0^{-1}\frac{\varepsilon_0}{p_0}, \tag{11.57}$$

$$\mathrm{Cov}\left(IMRS_{0,1}, C_{h,1}^*\left|\frac{dp_{h1}^*}{dD_1}\right|\right) > \mathrm{Cov}\left(IMRS_{0,1}^*, C_{h,1}^*\left|\frac{dp_{h1}^*}{dD_1}\right|\right). \tag{11.58}$$

其中，$IMRS_{0,1}$ 和 $IMRS_{0,1}^*$ 表示用外币单位表示的国内和国外交易者在第 0 期和第 1 期之间的跨期边际替代率。

说明这种不平等在模型的竞争均衡中存在，因此竞争均衡是受限制的帕累托无效。

---

① 也就是说，社会规划者受到与个人投资者面临相同的约束（无法规避第 1 期的财务摩擦），但可以协调降低 D_1。以及在第 0 期从国内到国外的补偿转移（使得外国投资者在新旧均衡间没有差异）将无法增加国内投资者的福利。

② 回想一下，我们假设 $\overline{D}$ 足够小，从而融资约束在突然停止阶段中收到严格约束。也就是说，我们默认国内将选择 $D_2(ns) > \overline{D} = D_2(s)$。可以很容易地证明这对于足够小的 $\overline{D}$（例如 $\overline{D} = 0$）来说是正确的。

（5）解释第（3）题和第（4）题不同结论背后的经济学直觉。如果除了外国真实债券，还有第二种资产，那么在 $\pi < 1$ 的情况下结果会有何不同?

习题 11.4　偿付能力约束与风险分担限制

考虑两个无限期市场参与者的风险分担问题，他们分得固定禀赋 e 的随机份额，每一期都有两种经济状态。在状态 1 中，交易者 1 收到 $e/2+k$，交易者 2 收到 $e/2-k$，而在状态 2 中，交易者 1 收到 $e/2-k$，交易者 2 收到 $e/2+k$。两个状态的条件概率是恒定且相等的。每个交易者使用折现因子 δ 最大化预期期间效用的折现总和。期间效用为二次：

$$u(c)=\tilde{c}-\theta\tilde{c}^{2}. \tag{11.59}$$

其中，$\tilde{c}\equiv c-e/2$，c 是这个期间的消费水平。

基于 AJ（2000），假设违约的唯一惩罚是被永久驱逐出金融市场。

（1）计算交易者在完全风险分担下的期望效用。

（2）计算在自给自足条件下，第 1 期为好状态或第 1 期为坏状态时的交易者期望效用。

（3）得出风险分担不可能存在的条件。

（4）证明这种情况相当于 AJ 所定义的自给自足中的“高隐含利率”。

（5）描述可能存在部分风险分担但不存在完全风险分担的条件。

习题 11.5　市场选择假说

在第 11.4.1 节中我们提到，有大量文献研究了从长远来看理性市场参与者将对基本面有错误看法的参与者驱逐出市场的条件。在本题中，我们在局部均衡环境中探索一些使得具有错误看法的市场参与者能够长期存在于市场中的因素。

考虑两个投资者 A 和 B，他们分别拥有财富 W_t^A 和 W_t^B，并都投资于具有完全弹性供给的两种资产，一种是获得对数回报率 r_{t+1} 的风险资产，一种是获得无风险收益 $r_{f,t+1}$ 的无风险资产。两种资产的回报随时间独立同分布，对所有 t，$r_{t+1} \sim \mathcal{N}(\mu, \sigma^2)$ 和 $r_{f,t+1} = r_f$。这两位投资者对对数回报的均值有不同的看法，具体而言，他们认为 $r_{t+1} \sim^i \mathcal{N}(\mu^i, \sigma^2)$，其中 μ^i 可能与真实均值 μ 不一样。两个投资者具有式（6.34）给出的常见爱泼斯坦－兹恩偏好，没有外部收入。

如果 $\lim_{t\to\infty} W_t^A / W_t^B \to 0$，那么概率为 1 时投资者 A 已经“死亡”（相对于投资者 B），否则认为 A 在长期得以生存下来（对投资者 B 类似）。长期生存取决于投资者财富的对数增长率，与第 2.1.5 节和第 10.3.2 节的讨论一致；特别是，在这个独立同分布的设定中，我们可以证明当且仅当 $\mathrm{E}[\log(W_{t+1}^A / W_t^A)] \geq \mathrm{E}[\log(W_{t+1}^B / W_t^B)]$ 时，投资者 A 幸存。

（1）说明投资者 $i, i = \{A, B\}$ 的财富的几何平均增长率为：

$$\mathrm{E}\left[w_{t+1}^i - w_t^i\right] = \mathrm{E}\left[r_{p,t+1}^i\right] + \log(1 - cw^i). \tag{11.60}$$

其中，$\omega_{t+1}^i = \log W_{t+1}^i$，$r_{p,t+1}^i$ 是投资者 i 金融资产的对数回报率，$c\omega^i$ 是消费财富比。

（2）利用投资组合近似（2.24），证明：

$$\mathrm{E}\left[r_{p,t+1}^i\right] = r_f + \frac{RP^i RP}{\gamma\sigma^2} - \frac{(RP^i)^2}{2\gamma^2\sigma^2}. \tag{11.61}$$

其中，$RP = \mu - r_f + \sigma^2/2$，$RP^i = \mu^i - r_f + \sigma^2/2$，解释这两个表达式中第二项和第三项背后的经济学直觉。

假设 B 是理性的（$\mu^B = \mu$），而 A 不是，在什么情况下 A 会选择平均回报率高于 B 的投资组合？

（3）说明投资者 i 的消费财富比满足：

$$\log(1 - cw^i) = -\rho\psi + (\psi - 1)\left[r_f + \frac{(RP^i)^2}{2\gamma\sigma^2}\right]. \tag{11.62}$$

主观看法会如何影响投资者的储蓄率？

提示：为了得到该表达式，猜想对于某些常数 v，有 $U_t = vW_t$，并使用包络定理和式（6.34）。

（4）证明投资者 i 当且仅当有（稍微）更低的生存指数 I^i 时幸存，表达式为：

$$I^i = (RP^i - RP)^2 - \left(\psi - \frac{1}{\gamma}\right)(RP^i)^2. \qquad (11.63)$$

得出结论，在共同的指数效用偏好下，非理性投资者无法在存在理性投资者时生存。解释为什么这个结论可以推翻一般爱泼斯坦－兹恩偏好。

（5）如果我们允许偏好的任意异质性，这些结论将如何改变？市场选择假说认为非理性投资者最终会被理性投资者赶出金融市场。在前面的分析的基础上，评估市场选择假说的理论稳健性。

第 12 章　信息不对称与流动性

在本书的最后一章，我们探讨信息不对称模型。信息不对称意味着市场中一些投资者缺乏其他投资者所拥有的收益信息，并试图通过观察资产价格来了解这些信息。我们还讨论了交易成本模型，这些模型试图解释，为什么平均来看，购买资产然后再次出售它的成本很高——这一事实在本书前面的所有章节中都被忽略了。信息不对称是交易成本的一个重要原因，因此这两个模型密切相关。

“流动的”一词通常用于描述交易成本较低的市场，但也可以用于描述能用保证金形式购买资产的市场。本章的最后一部分将这两种意义上的流动性与资产价格联系起来考虑。

第 12.1 节讨论了理性预期均衡的重要概念。理性预期均衡是指信息不对称的投资者从市场价格中理性地学习，并在考虑到他们的私人信息和他们对其他人信息的推断的情况下，以最佳方式进行交易。① 我们对完全公开的均衡和部分公开的均衡进行了区分，在前者中，所有私人信息可以通过观察市场价格得到，而在后者中，即使价格已经提供了很多信息，私人信息仍然有价值。我们还考虑了投资者可以选择是否付费

① 在金融学和信息经济学中，理性预期这一术语是有特定含义的。它不同于宏观经济学中的用法，在宏观经济学中，理性预期被用来表示模型中的个体具有与该模型一致的期望，而不意味个体具有私有信息。

获取信息的模型。

本节还介绍了“高阶期望”的概念，即对他人期望的期望。当投资者信息不对称时，他们的不同期望的横截面平均值不需要遵循期望的迭代原则。这可能会对短期投资模型中的资产定价产生影响，因为每个投资者计划在未来向其他投资者出售，因此必须预测出售时市场的平均预期。

第12.2节介绍了从大量市场微观结构的文献中总结出的交易成本简单模型。这些模型有助于解释买卖差价（少量股票的买入与卖出的价差）的经济影响因素以及市场影响（增加资产价格的交易规模）。本节还简要讨论了基于类似想法的主动资产管理模型。

第12.3节探讨了交易成本和以保证金形式购买资产的能力对资产价格的影响，并探讨了交易成本和保证金如何相互作用。

12.1 理性预期均衡

在信息不对称的金融市场模型中，投资者根据自身信念来调节资产需求，这些信念是通过观察市场价格并结合自己的私人信号形成的。经典理论假定个人理性地形成他们的信念，而最近的研究在投资者信念形成过程中还考虑了行为偏差。不同投资者在市场信念和资产需求上的差异增加了价格决定的复杂性，因此这些模型只能在简单的情况下使用。该类文献几乎只考虑投资者具有恒定绝对风险厌恶（CARA）且风险呈正态分布的情况。在这种情况下，资产需求是线性的，不依赖于财富分配，并且通常可以汇总以获得资产价格的解析解。

这里的讨论将做出这些标准假设，并将投资者之间的所有非本质差异提取出来，也就是说，投资者将具有相同的风险规避系数、相同质量的私人信号等。

12.1.1　完全公开均衡

在深入了解之前，我们先跟随 Grossman（1976），展示价格在向投资者传达信息方面的重要性。为此，我们对比两种均衡，在第一种情况下，投资者忽视价格中的信息；而在第二种情况下，投资者会从价格信息中获取所有可获得的市场参与者群体的相关信息。我们考虑一个两期的，具有 n 个不同投资者的模型，由 i 指代投资者，他们在第 1 期选择他们的投资组合，以在第 2 期最大化预期 CARA 财富效用。所有投资者都有相同的绝对风险厌恶 A。

无风险资产具有弹性供给，总回报率为 $1+R_f$，而单一风险资产供应固定为 Z。资产的初始价格每股为 P，随机收益（最终价格）每股为 v。v 的无条件分布是均值为 μ_0、方差为 σ_0^2 的正态分布。下标为 0 表示初始情况，此时投资者没有通过观察私人信号或市场价格得到特殊信息。所有投资者都知道这些无条件清况，这意味着所有投资者在观察私人信号之前都有相同的先验信念。

在第 1 期开始时，投资者 i 观察到的信号 s_i 等于最终收益加上噪声：

$$s_i = v + \varepsilon_i. \tag{12.1}$$

其中，ε_i 呈现均值为 0，方差为 σ_s^2 的正态分布，且与 v 无关。

令 X_i 为第 i 个投资者的需求，I_i 为在期初投资者可以获得的信息，那么投资者最大化问题等价于：

$$\max\left\{X_i(\mathrm{E}[v \mid I_i]-(1+R_f)P)-\frac{1}{2}AX_i^2\mathrm{Var}(v \mid I_i)\right\}. \tag{12.2}$$

其解为：

$$X_i=\frac{\mathrm{E}[v \mid I_i]-(1+R_f)P}{A\mathrm{Var}(v \mid I_i)}. \tag{12.3}$$

这与我们在第 2 章得到的 CARA 效用的解［式（2.17）］相似。

竞争均衡

在传统“竞争均衡”中，投资者忽视价格中所含信息，每个投资者的信息集是他自己的私人信号（和模型的已知参数），因此 $I_i = \{s_i\}$ 。然后使用式（9.65）和式（9.66），并考虑到 $\tau_0 = 1/\sigma_0^2, \tau_s = 1/\sigma_s^2$，我们得到：

$$\mathrm{E}[v \mid I_i] = \mu_0 + \beta(s_i - \mu_0), \tag{12.4}$$

$$\mathrm{Var}(v \mid I_i) = \sigma_0^2(1-\beta), \tag{12.5}$$

$$\beta = \frac{\sigma_0^2}{\sigma_0^2 + \sigma_s^2} = \frac{\tau_s}{\tau_0 + \tau_s}. \tag{12.6}$$

其中，β 是 v 对 s_i 的回归系数。注意，随着信号方差的增加，β 接近于0，当信号方差减小到0或信号精度增加时，β 接近于1。

将式（12.4）和式（12.5）代入风险资产的需求函数，我们得到：

$$X_i = \frac{\mu_0 + \beta(s_i - \mu_0) - (1+R_f)P}{A\sigma_0^2(1-\beta)}. \tag{12.7}$$

投资者的风险资产需求对其私人信号的斜率为 β，并且对于给定的价格水平，当风险规避 A 较低时，β 更大，基础风险 σ_0^2 更低，且信号更精确（β 更接近于1）。

加总所有投资者，在股票供求相等时，有：

$$Z = \sum_{i=1}^{n} X_i = \sum_{i=1}^{n} \frac{\mu_0 + \beta(s_i - \mu_0) - (1+R_f)P}{A\sigma_0^2(1-\beta)}. \tag{12.8}$$

这意味着：

$$P = \left(\frac{1}{1+R_f}\right)\left[\mu_0 + \beta(\bar{s} - \mu_0) - \left(\frac{A}{n}\right)\sigma_0^2(1-\beta)Z\right]. \tag{12.9}$$

其中，平均信号为：

$$\bar{s} = \left(\frac{1}{n}\right)\sum_{i=1}^{n} s_i. \tag{12.10}$$

在这种均衡下，价格随着平均信号升高，当投资者收到相对精确的信号（β 接近于1）时，平均信号对价格的影响更大。同时，价格随着总供给降低，当经济中的总体风险承受能力较低（A 较高或投资者数量 n 较小）以及信号相对不精确（β 接近于 0）时，总供给对价格影响较大。

竞争均衡的问题在于模型中唯一的随机冲击是投资者收到的信号，因此式（12.9）中的价格揭示了所有这些信号的总和。这些信息对于预测最终收益 v 是有用的，但竞争均衡假设每个投资者都忽略了它。

理性预期均衡

作为替代，Grossman 提出了理性预期均衡，$I_i = \{s_i, P^*(s)\}$，其中 s 是所有信号 s_1, s_2, s_3 的向量，P^* 是理性期望价格函数。在这种情况下，有：

$$P^*(s) = \left(\frac{1}{1+R_f}\right)\left[\mu_0 + \beta^*(\bar{s} - \mu_0) - \left(\frac{A}{n}\right)\sigma_0^2(1-\beta^*)Z\right], \quad (12.11)$$

$$\beta^* = \frac{\sigma_0^2}{\sigma_0^2 + (\sigma_s^2/n)}. \quad (12.12)$$

其中，β^* 是 v 对平均信号 $\bar{s}$ 的回归系数。

我们有 $\beta^* > \beta$，因为平均信号比任何单个信号更准确。随着投资者数量 n 的增加，平均信号成为最终收益的近乎完美的指标，β^* 接近于 1。相对于竞争均衡价格，理性预期价格平均较高（因为投资者之间共享信息后风险较小），并且对平均信号更敏感。

为了理解定价方程（12.11），请注意均衡价格揭示了平均信号 $\bar{s}$，因为价格函数中的所有其他参数都是已知的。由于我们假设各个信号是独立的且拥有相等的方差，平均信号对于包含在所有信号中的信息是足够充分的统计量。平均信号在真实收益附近具有方差 σ_s^2/n，因此已知该信息的投资者 i 的最优股票需求为：

$$X_i = \frac{\mu_0 + \beta^*(\bar{s} - \mu_0) - (1+R_f)P}{A\sigma_0^2(1-\beta^*)}, \quad (12.13)$$

该需求并不会因投资者变化而变化。综合这些相等的需求，在供需相等时，均衡价格是上面给出的 $P^*(s)$。

式（12.13）表明，所有投资者都拥有相同的资产需求，因此只有当他们拥有不同的初始资产禀赋时才会相互交易。纯粹源于信息差异的交易是不存在的，因为任何此类交易都会表明买卖双方基于他们的信号对市场产生了不同的事后信念；考虑到投资者在收到信号之前具有相同的事前信念，事后产生不同的信念是不合理的。这是 Milgrom 和 Stokey（1982）提出的"无交易"理论，它建立在 Aumann（1976）的基础上，后者指出，如果人们的事后信念是众所周知的话，拥有相同事前信念的人一定会拥有相同的事后信念，换句话说，他们不能"同意不同意"。①

式（12.11）中的理性预期价格是完全公开的。如果所有投资者都收到与平均信号相同的信号，或者他们在交易前共享信息，则资产价格将保持不变。在第 5.1 节中，市场是强有效的。均衡的充分公开性质为该模型带来了两个问题。第一，目前还不清楚是什么机制向市场揭示投资者的信息，因为投资者的资产需求不会对他们自己的私人信号做出回应。② 第二，投资者不会从他们的私人信息中获益，因此不论获得这些信息的代价有多小，这些代价都会阻止投资者收集信息，并将导致均衡崩溃。

12.1.2 部分公开均衡

为了解决这些问题，我们需要在模型中增加一些不确定性或"噪声"，使得价格只是部分公开。继 Hellwig（1980）以及 Diamond 和 Verrecchia（DV，1981）之后，信息不对称的资产定价模型几乎总是包含这样的噪声，形式包括对资产供应的冲击，噪声交易者或流动交易者（因为他们

---

① "1 和 2 两个人如果都知道事件 E，则他们对它会有共同的认知，1 知道 2 知道它，2 知道 1 知道它，1 知道 2 知道 1 知道它，以此类推"［Aumann（1976）］。

② 作为该问题的一个例子，可以证明，如果投资者的风险规避不同，那么在竞争均衡中，风险承受更高的投资者所接受的信号对价格的影响更大，因为这些投资者对其信息的交易更为积极。然而在完全公开的理性预期均衡中并非如此，这意味着信息揭示机制在某种程度上独立于偏好运作。

有未建模的现金需求）对资产需求的外来冲击。这些冲击打破了无交易定理，因为交易不再必然揭示在事后具有众所周知的差异的两个交易者在市场中的存在。

在本节中，我们将介绍 DV 模型，它具有可解释的解析解。该模型具有与上一节中相同的基本结构。有一个风险资产，其价格为 P，随机收益为 v，呈现均值为 μ_0、精度为 $\tau_0 = 1/\sigma_0^2$ 的正态分布。投资者收到这种收益的噪声信号，精度为 $\tau_s = 1/\sigma_s^2$，如式（12.1）。此外，投资者被赋予随机数量的资产，这会在总供给中产生随机性，投资者已经分散了关于总供给的信息，因为他们知道自己的禀赋而不知道其他人的禀赋。投资者 i 收到均值为 0、方差为 σ_z^2 的禀赋 z_i，总供给量为：

$$Z = \sum_{i=1}^{n} z_i, \tag{12.14}$$

总供给量均值为 0，方差为 $n\sigma_z^2$，我们记 $\bar{z} = Z/n$ 为每个投资者的平均禀赋。

为了简化符号并关注模型的关键问题，DV 假设绝对风险厌恶系数为 1，净无风险利率为 0，因此无风险利率总额为 1。

求解模型

与其他信息不对称的模型一样，DV 模型分五步进行求解。第一，推测资产价格在统计数据足够时呈线性。第二，基于这种价格函数和私人信号，形成每个投资者的信念。第三，鉴于投资者的信念，求解他们的资产需求。第四，进行市场清算。第五，求解价格函数中的参数，并验证价格函数的线性假设。

对于 DV 模型，第一步中猜想的价格函数采用该形式：

$$P = p_0\mu_0 + p_s\bar{s} - p_z\bar{z}. \tag{12.15}$$

其中，P_0、P_s 和 P_z 是必须加上模型限制条件才能求解的系数。模型的对称性确保价格只取决于信号的横截面平均值和供应冲击。

在第二步，给定每个投资者的信息，资产收益 v 的条件均值和方差

为 $\mu_i(s_i, z_i, P)$ 和 $\sigma_i^2(s_i, z_i, P)$ 。每个投资者的条件方差是相等的，我们将它的倒数，也就是每个投资者的信息精度，记为 $\tau = 1/\sigma_i^2$ 。

在第三步，单位绝对风险厌恶，正态分布的随机事件和无风险利率总额为 1 的假设意味着每个投资者的资产需求是：

$$X_i = \frac{\mu_i - P}{\sigma_i^2} = \tau(\mu_i - P). \tag{12.16}$$

在第四步，市场出清要求资产总需求等于总供给，因此有：

$$\bar{z} = \left(\frac{1}{n}\right)\sum_{i=1}^{n} X_i = \tau(\bar{\mu} - P). \tag{12.17}$$

其中，$\bar{\mu} = \sum_{i=1}^{n} \mu_i/n$，求解均衡资产价格，我们得到：

$$P = \bar{\mu} - \frac{\bar{z}}{\tau}. \tag{12.18}$$

在第五步，DV 模型求解投资者的信息精度为：

$$\tau = \tau_0 + \frac{\tau_s(n\tau_s + \sigma_z^2)}{\tau_s + \sigma_z^2}. \tag{12.19}$$

该式表明，随着市场供应噪声的方差 σ_z^2 增加，τ 接近 $\tau_0 + \tau_s$，这是观察一个私有信号可获得的精度。换句话说，足够多的供应噪声会使价格无法提供信息，因此投资者无法从中学到任何东西，必须完全依赖自己的私人信号。在相反的极端情况下，当供给噪声的方差 σ_z^2 接近 0 时，τ 接近 $\tau_0 + n\tau_s$，这是通过观察所有私人信号的平均值得到的精度。因此，Grossman（1976）的完全公开均衡是 DV 模型的一个极限情况。通常而言，τ 是 σ_z^2 的递减凸函数。[①]

① 我们还可以考虑当代理数量 n 增加时会发生什么。在这种情况下，τ 会无限制地增加，因为投资者共同获得的信号消除了所有基础风险。同理，τ 会因为每个单独信号的精度 τ_s 的增加而无限制地增加。相反，当 τ_s 减小，单个信号变得无信息时，τ 会接近于无条件精度 τ_0 。

分析的第五步还提供了系数 P_s 和 P_z 在式（12.15）中的解析解：

$$p_z = \frac{n\tau_s + \sigma_z^2}{\tau(\tau_s + \sigma_z^2)}, \tag{12.20}$$

$$p_s = \tau_s p_z. \tag{12.21}$$

考虑到与之前相同的限制情况，随着市场供应噪声的方差 σ_z^2 增加，P_z 接近 $1/\tau = 1/(\tau_0 + \tau_s)$，$P_s$ 接近 $\tau_s/\tau_0 + \tau_s)$。这些是在传统竞争均衡中得到的系数，投资者不会从价格中了解到任何东西。在相反的极端情况下，市场供应噪声的方差 σ_z^2 接近于 0，P_z 接近于 $n/\tau = n/(\tau_0 + n\tau_s)$，$P_s$ 接近于 $n\tau_s/(\tau_0 + n\tau_s)$。$P_z$ 在没有供应噪声的极限中无关紧要，但 P_s 的极限值是完全公开均衡中平均信号对资产价格的影响。在第二个极限情况下，供应噪声非常小，P_z 更大，因为从价格中学习的投资者会误解供应冲击，认为它部分地反映信息，投资者会相应地改变他们的资产需求和最终的均衡价格，我们将在第 12.2 节进一步研究这个问题。

最后，我们可以求解 μ_i，即基于每个投资者信息的资产收益预期价值：

$$\mu_i = \mu_0 + \frac{\tau_s(z_i + \sigma_z^2(s_i - \mu_0))}{\tau(\tau_s + \sigma_z^2)} + \frac{n\tau_s}{n\tau_s + \sigma_z^2}(P - \mu_0). \tag{12.22}$$

式（12.22）右侧的第一项是收益的无条件均值，第二项是投资者的两个私人信息（初始禀赋和个人信号）对条件期望的影响，第三项表示资产市场价格传达的信息对条件期望的影响。在两个极限情况下，随着供给噪声 σ_z^2 的方差增加，μ_i 接近于 $\mu_0 + (\tau_s/(\tau_0 + \tau_s))(s_i - \mu_0)$，这是竞争均衡中的值，投资者不能从价格中获取任何信息。而随着供给噪声的方差减小到 0，μ_i 接近于 P，也就是说，我们接近完全公开均衡，投资者不会从他们的私人信息中获益。

总之，DV 模型显示了金融市场如何部分、不完全地汇总私人信息，允许投资者从私人信息中获益，并通过他们的交易将其传输到市场。市场可以任意接近信息的完全公开，而不会遇到完全公开均衡的悖论。[①]

12.1.3 新闻、交易量和收益

部分信息公开的理性预期模型允许在私人信息的基础上进行交易并消化供应冲击（可以来自一类投资者，或者如DV模型那样来自接收私人信号的相同投资者）。但是如上所述，供应冲击对于基于信息的贸易来说是必不可少的。这限制了可归因于信息的交易量比例，使得在没有假设外生的、无法解释的且高度波动的供给冲击时，这些模型很难有与现实相当的交易量。

这类模型还具有一定的回报可预测性，这源于投资者的风险承担能力与他们必须持有的资产供应之间的相互作用，如第11.4.1节中讨论的噪声交易的行为模型。当供应增加时，价格下降，预期回报增加；如果供给冲击是暂时的，这会在股票收益中产生短期的负自相关。Campbell、Grossman和Wang（1993）提出了一个模型，其中的供给冲击既来自单独一类投资者，也来自有关于基本面的公开信号。他们认为，供给冲击会产生交易量，而公开信号则不然，因此如果供给冲击是暂时的，那么股票收益在交易量较高时比较低时反转程度更大。[②] 他们在美国的总体股票数据中发现了一些证据支持这种预测。然而，隐含的收益可预测性较为有限，不应影响个股收益的特质成分，这些特质成分的风险可以分散。

理性预期模型的这些局限性引起了学界对投资者拥有私人信息但不以完全理性的方式处理私人信息的模型的兴趣。例如，Daniel、Hirshleifer和Subrahmanyam（DHS，1998）提出了一种模型，投资者对其私人

① 在关于拍卖的研究中，也存在类似的信息汇集的观点［Wilson（1977），Kremer（2002），Cripps和Swinkels（2005），Reny和Perry（2006）］。

② 事实上，围绕公开信息发布（如盈利公告）的交易量确实在增加。Harris和Raviv（1993）以及Kandel和Pearson（1995）将这归因于投资者使用异质模型来解释公开信息。

信息的准确性过于自信，但同时也正确地判断了公开信息的准确性。这导致投资者对私人信号反应过度，他们的交易比理性投资者更为积极，同时对公共信号反应不足。在过度反应逐渐纠正的过程中，对私人信号的过度反应会增加交易量并导致股票收益产生负自相关。[①]

为了产生正的中短期自相关，DHS 用一个过度自信的动态过程来增强模型。他们假设在收到一个确认的公共信号后，过度自信会增强，但当收到相反的公共信号时，过度自信不会减弱。这种“有偏见的自我归因”意味着在一个积极的私人信号到来之后，随后的正面公共信号会增加私人信号的权重并大幅提高股票价格，而随后的负面公共信号会使私人信号的权重保持不变，因此对股价的负面影响较小。在负的私人信号到来之后发生相反的情况，这意味着短期的正自相关。但从长期来看，负自相关仍然存在。

Eyster、Rabin 和 Vayanos（ERV，2015）提出了一种非理性信息处理的替代模型。ERV 认为，投资者未能完全推断出市场价格中隐含的信息和其他投资者拥有的信息。他们把这种失败称为“诅咒”，这源于拍卖理论中的赢家诅咒。受诅咒的投资者和过度自信的投资者在许多情况下表现类似，因为相对于其他人的信息，他们都过分重视自己的私人信息。然而，在其他人拥有大量信息的环境中，诅咒具有更强大的作用，并且在单个投资者是唯一私人信号拥有者的环境中变得无关紧要，如第 12.2.2 节中讨论的凯尔（1985）模型所述。

“被压抑的”信息的披露

有时在没有任何可以解释该波动的公开信息公告的情况下，股价会大幅变化。一个众所周知的例子是 1987 年 10 月 19 日美国股市下跌

---

① 当所有投资者都像 DHS（1998）那样过于自信时，股票的特质回报率是可以预测的；随后的一篇论文［DHS（2001）］展示了在一个包括风险厌恶的不知情套利者的模型中，一组相关股票的回报率可预测性如何始终保持［Kruger（2015）］。

20%。如果投资者在波动出现当天收到极端的私人信号，那么拥有私人信息的模型可以直接解释这一波动，但即使是事后，也很难观察到引发如此大变动的信号。一篇有趣的文献扩展了私人信息模型，允许在一天内揭露早先收到但隐藏的“被压抑”的信息。这降低了触发大规模市场变动所需信号的幅度。

罗默（Romer，1993）建立了一个模型，其中资产市场中的所有投资者都是理性的，但存在额外的不确定性。在模型的所有阶段中，第一组投资者接收中等精度的共同私人信号，但第二组投资者在某些阶段接收高度精确的共同信号，在其他阶段接收相对不精确的信号。投资者知道自己信号的精确度，但不了解其他人信号的精确度。他们不仅要推断其他投资者拥有的信息，还要推断信息的准确性。在这个模型中，所有投资者都知道的供给冲击揭示了资产总需求曲线的斜率，从而揭示了信息的精确度。例如，如果第一组投资者收到了负面信息，而第二组投资者收到了不准确的正面信息，那么当第一组投资者意识到以前被认为合理的信息①不精确时，市场价格就会下降。在这种情况下，揭示了“被压抑的信息”的小的供应冲击可以引发大幅度的价格下跌。

罗默模型是对称的，并不能显示大型下跌比大幅上涨更常见（而现实中似乎是这种情况，至少从短期总体股票指数上来看是这样）。Hong和Stein（2003）建立了一个模型，在这个模型中，知情的交易者过于自信并且短期销售受到限制。理性但不知情的风险中性套利者与这些交易者互动并试图推断他们的信息。如果信息被按照顺序接收并且第一个知情交易者收到负面信号，则该交易者将卖出全部股票，并且隐藏其负面信息的确切程度。如果第二个知情的交易者随后收到负面信号，价格将随着该交易者的卖出而下降，并且第一个交易者的反应（重新进入市场以支持价格或继续旁观）可能会向套利者透露关于第一个和第二个信号的情况。重要的是，该模型会由负面信号导致崩溃，但不能由相同程

① 这可以被称为“皇帝的新衣”的崩溃，源自安徒生于1837年创作的寓言故事。

度的正面信号引发股价的持续上升，因为卖空限制只会在下行方向上产生约束。

12.1.4　付费信息的均衡

在迄今为止讨论的模型中，投资者具有信息禀赋，并且没有为获得信息付出任何代价。在信息需要付费的环境中，我们需要了解为获取信息而付费的投资者如何获得回报。Grossman 和 Stiglitz（GS，1980）提出了在信息付费情况下理论预期均衡的经典模型。这个模型采用与 CARA 效用相同的结构，具有相同的风险规避和正态分布的风险；但该模型下不再是每个投资者都可以免费获得特质信号，而是有一个共同的信号，任何投资者都可以付费获得。风险资产具有每股收益：

$$v = s + \varepsilon. \tag{12.23}$$

其中，s 信息可以用费用 c 获得，s 和 ε 互不相关，且均值为 0，方差分别为 σ_s^2 和 σ_ε^2 。[①]

风险资产的供应是 Z，这必须是随机的，以防止不知情的投资者可以完全推断出这一信息。知情投资者可以从均衡资产价格中推断 Z，因为他们知道 s，但不知情的投资者无法判断资产价格高是因为 s 很高，还是因为 Z 很低。

风险资产的价格为 P，知情投资者的需求为：

$$X_I(P, s) = \frac{s - (1 + R_f)P}{A\sigma_\varepsilon^2}. \tag{12.24}$$

不知情投资者的需求为：

$$X_U(P) = \frac{\mathrm{E}[v \mid P] - (1 + R_f)P}{A\mathrm{Var}(v \mid P)}. \tag{12.25}$$

---

① 这里假设收益等于信号加噪声与本章前面的假设不同，即投资者收到的信号等于收益加噪声。但是这一差异仅仅是模型的重新整理。在第 12.1.1 节和第 12.1.2 节中假设的收到噪声信号的投资者可以计算给定信号的收益的条件期望。式（12.23）中的变量 s 正是这种条件期望。

ϕ 比例的投资者决定付费从而变得知情，在均衡条件下我们有：

$$\phi X_I + (1-\phi) X_U = Z. \tag{12.26}$$

这定义了在给定 ϕ 时，使得市场出清的价格函数 $P(\phi;s,Z)$，价格函数可以根据如下步骤得出，定义：

$$w(\phi; s, Z) = s - \frac{A\sigma_\varepsilon^2}{\phi}(Z - \mathrm{E}Z). \tag{12.27}$$

其中，$\omega(\phi;s,Z)$ 是 s 和 Z 的加权组合，在知情投资者的比例 ϕ 上升时，信号 s 的权重相比资产供应 Z 的权重上升，这可以显示如下：

$$P(\phi; s, Z) = \alpha_1(\phi) + \alpha_2(\phi) w(\phi; s, Z). \tag{12.28}$$

其中，$a_1(\phi)$ 和 $a_2(\phi)$ 表示这些系数取决于 ϕ，并且对于所有 ϕ，$a_2(\phi) > 0$。式（12.28）表明价格 $\omega(\phi;s,Z)$ 受到 s 和 Z 的组合影响，而不是单独受 s 和 Z 的影响。

下一步是确定知情的投资者比例。假设存在 $0 < \phi < 1$ 的内部解决方案，知情和不知情的投资者在事先观察到 s 或 P 之前，其预期效用必须等于 ϕ 的均衡值。

要理解预期效用的决定因素，请注意具有初始财富 W_0 的知情投资者的最终财富为：

$$W_I(\phi; s, Z, \varepsilon) = (1 + R_f)(W_0 - c) + (v - (1 + R_f)P) X_I(P, s), \tag{12.29}$$

而具有相同初始财富的不知情投资者的最终财富为：

$$W_U(\phi; s, Z, \varepsilon) = (1 + R_f) W_0 + (v - (1 + R_f)P) X_U(P). \tag{12.30}$$

这些财富水平取决于 ϕ，因为价格函数 P 取决于 ϕ，知情与不知情投资者的最终财富的期望差异为：

$$\begin{aligned}\mathrm{E}[W_I - W_U] &= -c(1 + R_f) + \mathrm{E}[(v - (1 + R_f)P)(X_I(P, s) - X_U(P))] \\ &= -c(1 + R_f) + \mathrm{E}[(v - (1 + R_f)P)]\mathrm{E}(X_I(P, s) - X_U(P))] \\ &\quad + \mathrm{Cov}((v - (1 + R_f)P), (X_I(P, s) - X_U(P)).\end{aligned} \tag{12.31}$$

知情投资者由于获得信号支付了一定成本而降低了预期终端财富，但由于他们持有的风险资产平均更多（因为他们认为该资产的风险较小)，并且与风险回报正相关，预期终端财富更高。

预期效用不仅取决于预期财富，还取决于财富的变化。GS 将知情投资者的预期效用与不知情投资者的预期效用的效用之比定义为：

$$UR(\phi)=\frac{\mathrm{E}U(W_I(\phi;s,Z,\varepsilon))}{\mathrm{E}U(W_U(\phi;s,Z,\varepsilon))}.$$

由于指数效用为负，当 $UR(\phi)<1$ 时，知情投资者情况更好；当 $UR(\phi)>1$ 时，不知情投资者情况更好；当 $UR(\phi)=1$ 时，两组投资者情况相同。GS 模型得到：

$$UR(\phi)=\exp(Ac)\frac{\sigma_\varepsilon}{\sigma(v\mid w(\phi;s,Z))}.\tag{12.32}$$

低信息成本、低风险规避和高精度的非公开信息降低了 $UR(\phi)$，从而提高了知情投资者对给定 ϕ 的相对效用。比率 $UR(\phi)$ 在 ϕ 中单调递增，因为较高的 ϕ 减小了供给冲击的影响并使股票价格更具信息性，从而降低 $\sigma(v\mid\omega(\phi;s,Z))$，并增加 $UR(\phi)$。因此，存在满足内部解的条件的唯一 ϕ，$UR(\phi)=1$。

价格系统的信息量可以通过均衡价格 $P(\phi;s,Z)$ 与信号 s 之间的平方相关系数来衡量。GS 模型表明在内部均衡中，有：

$$[\mathrm{Corr}(P(\phi;s,Z),s)]^2=1-\frac{\exp(2Ac)-1}{(\sigma_s^2/\sigma_\varepsilon^2)}.\tag{12.33}$$

因此，当获取信息的成本 c 下降，风险规避 A 下降，以及非公开信息的价值（$\sigma_s^2/\sigma_\varepsilon^2$）上升时，价格系统变得更具信息性。没有其他因素影响价格体系的信息量。特别是供给冲击的方差 σ_Z^2 不会，因为 σ_Z^2 的增加会引起 ϕ 的增加，这抵销了它对信息量的直接负面影响。在下一节中，我们将看到单一知情交易者的凯尔（1985）战略交易模型具有相同的属性。

最后，GS 模型表明，在信息被完全公开，或者信息成本为正时，均衡不可能存在。这种均衡不能让投资者从付费成本中获利。在没有噪声的情况下获取信息的投资者将无法获利，因为他们无法找到愿意与之交易的交易对手［Milgrom 和 Stokey（1982）］。这种不存在的结果有时被称为 GS 悖论。

GS 模型的扩展

在 GS 模型中，所有投资者都有相同的收集和处理信息的成本，考虑这种成本的异质性是很自然的。在异质成本模型中，边际投资者对变得知情或不知情无差异，但所有成本低于边际的投资者都倾向于获得信息，并从他们低成本获取信息的能力中获得租金。这是了解成功的活跃投资者能够获利的一种方式。

GS 模型具有单一资产，但可以扩展为许多资产，投资者可以选择要了解哪些资产［Hirshleifer、Subrahmanyam 和 Titman（1994）］。Van Nieuwerburgh 和 Veldkamp（2009）使用这种模型并且认为如果投资者在本地股票方面具有小的初始信息优势，他们将以最佳方式获取更多本地信息，以便和其他投资者收到的信号尽可能不同。通过这种方式，投资者可能会对本地股票特别了解。由于知情投资者的风险更小，他们平均持有较大的头寸，这种模型可以帮助解释当地偏差，即增持本地股票的倾向。这种模型存在的一个问题是信息也会增加投资者头寸的波动性，因为他们根据信号进行交易，同时本地偏向性的投资组合也不一定能足够活跃以与信息保持一致。习题 12.1 要求根据 O'Hara（2003）分析局部偏差的信息模型。

GS 模型假定投资者都是理性的，但过度自信等行为可以很容易地纳入这个框架。在其他条件相同时，高估私人信息精确度的投资者更倾向于投资此类信息，因此过度自信的效果和降低信息成本类似，其使得价格更具信息性，Rubinstein（2001）强调了这一点。

12.1.5 高阶期望

在投资者拥有不同信息的模型中，每个投资者可能希望预测其他投资者的信念。当投资者计划在不确定事件确定之前将资产出售给其他投资者时，这种情况尤其如此。对他人信念的信念有时被称为高阶信念或期望。凯恩斯（1936，第 156 页）的文章描述了高阶期望在资产定价中的重要性：

> 专业投资可以比作报纸举办的比赛，参赛者必须从一百张照片中挑选出六张最漂亮的面孔，奖品将颁发给选择最接近于整个参赛者平均偏好的参赛者；因此每个参赛者必须挑选他认为最有可能吸引其他竞争者的喜爱的面孔，而不是那些他自己觉得最漂亮的面孔，其他参赛者也正以同样的方式考虑这个问题。现在要选的不是根据个人最佳判断确定的真正最漂亮的面孔，也不是一般舆论认为的真正最漂亮的面孔。我们必须做出第三层次的思考，即去预测一般舆论对于一般舆论的预期。我相信还有一些人在练习第四层、第五层和更高的层次。

Allen、Morris 和 Shin（AMS，2006）观察到，与个人或公众期望不同，这种期望的横截面平均值无法满足期望的迭代原则。当交易者的交易期有限，迫使他们在不确定性解决之前出售给其他投资者时，这对资产定价有着有趣的影响。

对于一个随机变量 v（可能是风险资产的最终回报，如本节其他部分所述），记 $\mathrm{E}_{it}[v]$ 是投资者 i 在时间 t 时对 v 的期望值，记 $\overline{\mathrm{E}}_t(v)$ 是投资者 i 在时间 t 时的横截面平均期望值，记 $\mathrm{E}_t^*[v]$ 是只基于公开信息在时间 t 时对 v 的期望值。众所周知：

$$\mathrm{E}_{it}[\mathrm{E}_{i,t+1}[v]] = \mathrm{E}_{it}[v], \tag{12.34}$$

$$\mathrm{E}_t^*[\mathrm{E}_{t+1}^*[v]] = \mathrm{E}_t^*[v]. \tag{12.35}$$

也就是说，迭代期望定律适用于仅以公开信息为条件的个人期望和期望。

然而，迭代期望定律不适用于个体期望的横截面平均值：

$$\overline{\mathrm{E}}_t[\overline{\mathrm{E}}_{t+1}[v]] \neq \overline{\mathrm{E}}_t[v]. \tag{12.36}$$

今天对于明天的平均预期的平均预期不一定等于今天的平均预期。

举一个具体的例子，假设 v 呈均值为 μ_0、精度为 τ_0 的正态分布，并且连续体中的每个投资者接收平均值为 v、精度为 τ_s 的单个私有信号 s_i，则有：

$$\mathrm{E}_i[v]=\frac{\tau_0\mu_0+\tau_s s_i}{\tau_0+\tau_s}=(1-\beta)\mu_0+\beta s_i. \tag{12.37}$$

其中，如式（12.6），$\beta=\tau_s/(\tau_0+\tau_s)$，并且：

$$\overline{\mathrm{E}}[v]=(1-\beta)\mu_0+\beta v, \tag{12.38}$$

因为投资者是连续体，所以平均信号恰好为 v 。

计算投资者 i 对这个平均期望的期望，得到：

$$\begin{aligned}\mathrm{E}_i[\overline{\mathrm{E}}[v]]&=(1-\beta)\mu_0+\beta\mathrm{E}_i[v]\\&=(1-\beta^2)\mu_0+\beta^2 s_i\,.\end{aligned} \tag{12.39}$$

将第二行代入式（12.37）并简化，得到平均期望的期望为：

$$\overline{\mathrm{E}}[\overline{\mathrm{E}}[v]]=\overline{\mathrm{E}}^2[v]=(1-\beta^2)\mu_0+\beta^2 v. \tag{12.40}$$

重复这一计算，我们得到：

$$\overline{\mathrm{E}}^k[v]=(1-\beta^k)\mu_0+\beta^k v. \tag{12.41}$$

可以发现，更高阶的期望偏向于公开信息 μ_0（事实上，当 $k\to\infty$，$\overline{\mathrm{E}}^k(v)\to\mu_0$）。因此如果存在一个资产，其在时间 T 的终端价值 v 依据凯恩斯的逻辑，在连续时期定价为 $p_t=\overline{\mathrm{E}}_t(p_{t+1})$，那么它的价格将偏向公共信号而远离基本面。

AMS 建立了一个形成凯恩斯定价的模型。单一风险资产在 $T+1$ 期清算，而在第 1 期到第 T 期每期进行一次交易，每个交易商进入市场购买资产，然后必须在下一个时期再次出售。由于交易者不能持有至清算日，他们需要通过预测短期价格变动来确定其需求，相当于预测未来交易者的平均信念。AMS 模型中的资产价格路径偏离清算价值的平均预期路径——具体而言，它偏向于公开信息——而且价格对基本面的变化反应缓慢。

12.2　市场微观结构

市场微观结构研究金融资产的交易机制和交易成本。本书前面讨论的资产定价模型忽略了交易安排的细节，对交易成本基本没有考虑。

从概念上讲，资产的交易成本可以被定义为购买资产然后再次出售的交易过程中损失的美元。该成本可以用比例表示，除以资产的购买或销售价格。交易成本通常随交易规模和完成所需的时间长短而变化。如果可以以低成本进行交易，则该资产被称为流动资产。

衡量交易成本并不简单，因为它们可能以多种形式支付，其重要性因市场而异。对于诸如住宅房地产之类的异质、非流动资产，经纪人匹配买家和卖家，并帮助他们就价格达成协议以换取佣金。佣金很容易衡量，但在更具流动性的市场中变得相对不重要。

当资产足够同质化且交易足够频繁时，交易商市场就出现了。在这些市场中，专业交易商或做市商随时准备与外部投资者进行交易，并且通常在每笔交易中作为交易的其中一方。做市商发布买卖要约（报价），如果投资者愿意以做市商的卖价高买低卖，他们可以立刻进行交易。这两种价格之间的差异是买卖差价，这是第二种交易成本形式，可以通过观察做市商的报价来衡量。

在许多现代金融市场中，外部投资者可以通过发布限价订单与做市商竞争：以最高价格或低于最高价格购买，或以最低价格或高于最低价格出售。在此类市场中，有效买卖价差被定义为卖出限价订单中指定的最低价格与买入限价订单中指定的最高价格之间的差额。

公布的报价仅适用于较小规模的交易。当做市商调整报价，或执行越来越不利的限价指令时，较大的交易会使价格对他们不利。这种市场影响会在较大的交易规模下增加交易成本，并且非常难以衡量，因为这会取决于做市商的动态反应以及限制订单对一笔交易或一系列交易的影响。

美国股市近期的发展使得这些市场的交易成本更难以衡量。股票交易发生在许多不同的场所，交易机制也存在众多差别，这些交易依靠电子方式连接。其中一些场所向提交市场订单（流动性接受者）或限制订单（流动性制造者）的经纪人支付费用。此类制造商收取的费用可能会以更低的佣金形式返还给投资者，也可能不会。除了简单的市场订单和限价订单，市场还存在新的订单类型，支持各种复杂的交易事件。报价可以以极高的频率发布和撤销，从而使得市场看上去富有流动性，但事实上可能并不是这样。

关于市场微观结构的学术文献远远超出了本书的范围。然而，市场微观结构的基本理论模型对资产定价很重要，并且与本章前面讨论的信息不对称理论密切相关。这些模型研究交易成本高低的影响因素，特别关注买卖差价和市场影响。目标是解释不同类型资产和（在某些模型中）不同类型交易者的交易成本变化。

12.2.1 信息与买卖差价

罗尔（1984）为不依赖任何信息不对称的买卖价差的存在提供了一个简单的解释。在罗尔模型中，价差补偿了做市商进行交易的固定成本和持有资产库存的成本，以缓冲买卖订单的不同期到达。换言之，这种价差类似于杂货店零售价高于批发价的溢价。这一理论解释了为什么交易量较低的资产的价差往往更高，就像小型便利店的加价往往高于大型超市一样。在这两种情况下，交易量较低，因而要求较高的每笔交易利润。罗尔模型还预测，如果做市商没有多样性，不愿意承担库存风险，波动性资产的利差还应该更高。

在罗尔模型中，询价和报价围绕一个中点对称，该中点代表无摩擦资产市场中普遍存在的假设价格。中点本身遵循随机游走，其变化是由公开信息的到来驱动的。因此，中点的变化是连续不相关的，但是中点附近的价格变化必须是负相关的，因为从买入价到卖出价的增加（代表卖单之后的买单的到达）只能在另一个买单到达，以不变价格进行第二次交易时发生，或者如果另一个卖单到达则价格降低到买入价，但价格不能再次实现第二次价格上涨。这种价格行为有时被称为买卖反弹。罗尔模型中的价格序列如图 12.1 所示。

罗尔指出，如果中点不变，那么等可能买卖的随机序列会使得价格变化产生负的自方差 $-(SPR/2)^2$，其中 SPR 是以美元表示的买卖价差。价格变动的方差为 $SPR^2/2$ 。在存在不可预测的中点变化时，价格变化的方差增加，但自方差保持不变。因此，罗尔提出短期自协方差是有效买卖价差的经验测量方法。当没有报价，或由于外部投资者使用限价指令与做市商竞争，有效买卖价差小于报价买卖价差时，罗尔的度量方法很有用。

利用收益而不是价格的美元变化来表示差价占价格的比例，罗尔对比例差价 SPR 的度量为：

$$spr = 2\sqrt{-\mathrm{Cov}(R_t, R_{t-1})}. \tag{12.42}$$

其中，t 代表交易而不是时间。当股票具有正的短期自方差时，这一测度在实证上会出现问题，但其基本概念得到了广泛的应用。例如，Pástor 和 Stambaugh（2003）以及 Nagel（2012）使用个股收益的负的每日自方差来衡量做市利润和股票市场的整体非流动性。

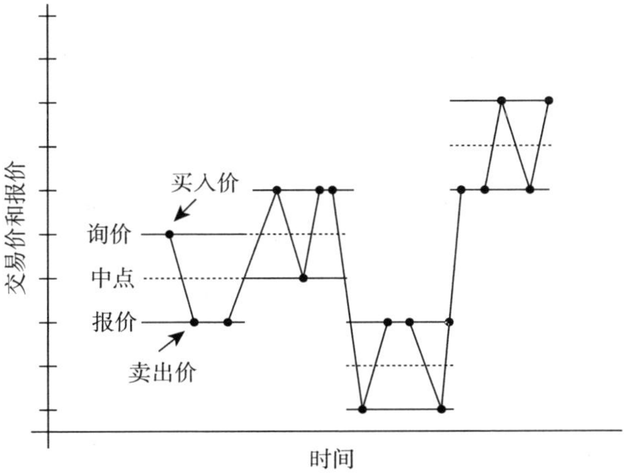

图 12.1　罗尔（1984）模型的交易价和报价

用交易价格衡量，相对于无摩擦资产回报的真实潜在波动性，买卖反弹增加了高频回报的波动性。随着回报水平的增加，两者之间的差异也会减小。这也会影响平均回报的衡量标准。给定样本期内某项资产的几何平均回报率仅取决于该期间的累积回报率，后者几乎不受买卖反弹影响。然而，算术平均收益大约是几何平均收益加上方差的一半，因此买卖反弹增加了在短时间间隔内测量收益的算术平均值。正如 Blume 和 Stambaugh（1983）指出的，这种影响对于非流动性股票很重要，大约为 $SPR^2/4$ 。

基于信息传播的 GM 模型

Glosten 和 Milgrom（GM，1985）对买卖价差的存在给出了不同的解释。他们考虑到不知情的做市商和外部投资者之间的互动，后者中一部分拥有有关资产价值的私人信息。他们假设外部订单随机到达，订单大小固定为一个单位，并将按照做市商公布的卖价或买价执行。做市商是风险中性的，没有固定成本。

在这些假设下，做市商根据其当前信息以及下一位投资者想要购买一单位或出售一单位的情况，将买入价和卖出价设定为其基本价值的预期值。如果买单和卖单的概率相等，那么报价的中点就是基本价值的期望值，因此它遵循随机游走。也就是说，在任何时间 t，中点是：

$$\mathbf{Mid}_t = \mathbf{E}[V_t \mid I_t]. \tag{12.43}$$

其中，V_t 是资产的基本价值（未来股息的预期现值，使用随机折现因子折现），它是做市商的信息集。卖出价为：

$$\mathbf{Ask}_t = \mathbf{E}[V_t \mid I_t \text{和买单}], \tag{12.44}$$

买入价为：

$$\mathbf{Bid}_t = \mathbf{E}[V_t|I_t \text{ 和卖单}]. \tag{12.45}$$

如果下订单的投资者有关于基本面的私人信息，那么买单意味着比卖单更高的预期基本面价值，卖出价超过买入价，买入价差为正。

当一个买（卖）单到达时，它在询价（报价）处完成，然后成为新报价的中点。由于所有交易都发生在中点，这本身就是对基本面的理性预期，因此交易价格的变化是连续不相关的。因此，在 GM 模型中没有买卖反弹，交易价格变化的自协方差也不能再用来衡量买卖价差。相反，价差必须根据交易对后续报价的影响来衡量［Hasbrouck（1991）］。GM 模型中的价格动态如图 12.2 所示。

不对称信息减少流动性的观点非常重要。它可以用来解释不同资产和一段时间内交易成本的变化。外汇和国债等资产的交易成本非常低，这些资产的收益很少有不对称信息。在股票市场中，小型股票的交易成本高于大型股票，同时，在小型股票的交易中，知情交易相对于不知情交易可能更为普遍。在信息不对称被关注时，例如收益公告前几天，差价往往会扩大。最后，这个观点可以用来理解为什么某些资产特别容易受到流动性降低的影响。Dang、Gorton 和 Holmström（2012）认为，在正常情况下，债务工具流动性较强，因为违约的可能性很小，债权人没有动力获取私人信息。而在经济不景气时，有关借款人还款能力的信息变得很有价值，债权人会收集这些信息，债务的潜在买家对此存在预期，市场的流动性枯竭。

Easley 等人（EKOP，1996）假设信息事件发生的交易日内买单和

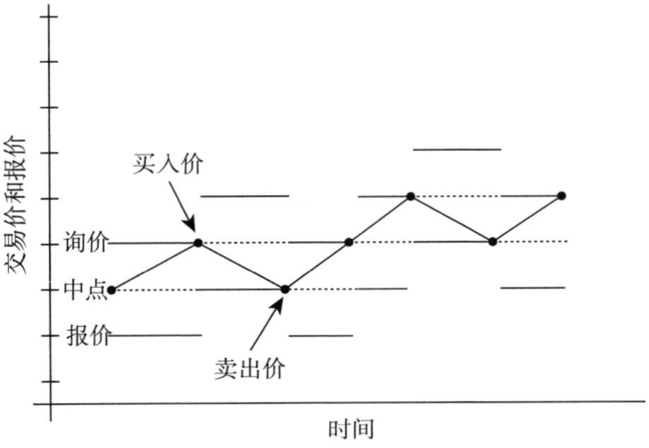

图 12.2　GM（1985）模型的交易价和报价

卖单是持续的，来对 GM 模型进行更为细致的阐述。信息事件发生的概率为 α，其为负面消息的概率是 δ，为正面消息的概率是 $1-\delta$。如果是负面消息，卖单到达率为 $\varepsilon+\mu$，而买单到达率为 ε。如果是正面消息，买入和卖出的到达率将相反。没有信息事件发生的概率为 $1-\alpha$，买单和卖单以相同的概率 ε 发生。EKOP 使用跨日买卖总数的分布来估算这些参数。相对于 ε，α 和 μ 较高的股票在跨日具有肥尾分布。在该模型中，特定交易被得知的概率是 $\alpha\mu/(\alpha\mu+2\varepsilon)$，该概率更高的股票具有更高的平均价差。EKOP 发现，通常具有较高价差的较小股票也具有较高的交易知情概率。

对 GM 模型的最后一个解读是，如果交易者可以证明他没有私人信息，他将支付较低的价差。但是，虽然国有公司的私有化通常以较低的交易成本完成，指数基金通常也确实能够以低成本进行交易，有利于此的经验证据还比较少。Duffie、Gârleanu 和 Pedersen（2005）使用搜索模型来证明做市商对有搜索成本的投资者具有一定的垄断权。精于市场的投资者支付较低的价差，因为他们的搜索成本较低，因此不太容易被做市商利用。由于精明的投资者也可能拥有更多的私人信息，这抵销了 GM 模型的影响。

12.2.2 信息与市场影响

在 GM 模型中，买卖订单具有固定的交易规模，而在现实中，交易规模各不相同，较大的交易，执行成本更高，因为它们具有市场影响，使得价格朝不利的方向变动。我们现在讨论凯尔（1985）模型，该模型分析了这种效应并解释了它的大小。

第 12.1 节讨论的竞争理性预期均衡模型假设完全竞争并使用风险规避来限制试图利用其信息的交易者的积极性。在只有任何单一股票的特殊风险背景下，风险规避只会产生微弱的影响，因此凯尔（1985）和许多其他研究市场微观结构的文献一样假设投资者风险中性。交易的积极性不仅受风险规避的限制，而且受到单一知情投资者对其交易的市场影响力的理解。投资者不再是价格接受者，而是进行战略性的交易。投资者与风险中性的不知情的做市商和噪声交易者进行交易，其中噪声交易者阻止信息的完全公开并允许有利可图的信息交易。凯尔还假设知情投资者提交市场订单而不是限价订单时间表。

在凯尔模型中，资产具有事后价值 v，并呈均值为 μ_0、方差为 σ_0^2 的正态分布。噪声交易者具有需求 z，呈均值为0、方差为 σ_z^2 的正态分布。单个内部人员观察 v 并选择资产需求 x，x 为 v 的函数：

$$x = X(v). \tag{12.46}$$

风险中性的竞争性做市商观察 $x+z$，并设定他们愿意买入或卖出这一数量的价格：

$$p = P(x+z) = \mathrm{E}[v \mid x+z]. \tag{12.47}$$

知情的投资者获得收益如下：

$$\pi = (v-p)x. \tag{12.48}$$

在给定内部信息 $\mathrm{E}[\pi \mid v]$ 时，投资者选择他的需求 x 以最大化预期收益。

凯尔模型表明存在一个线性均衡，在该均衡下，知情投资者和做市商都遵循线性策略。知情投资者以 β 的积极性进行交易：

$$X(v) = \beta(v-\mu_0). \tag{12.49}$$

做市商将价格设为订单总数的线性函数，其中截距为 μ，斜率为 λ：

$$P(x+z) = \mu + \lambda(x+z). \tag{12.50}$$

在均衡情况下，截距 μ 等于支付的无条件均值 μ_0，而式（12.49）和式（12.50）中的斜率为：

$$\beta = \frac{\sigma_z}{\sigma_0}. \tag{12.51}$$

$$\lambda = \frac{1}{2}\frac{\sigma_0}{\sigma_z}. \tag{12.52}$$

因此 $\beta = 1/2\lambda$。

为了得到这些结果，采用给定的线性定价规则并求解知情投资者问题：

$$\max \mathrm{E}[\pi \mid v] = \mathrm{E}[(v-\mu-\lambda(x+z))x] = (v-\mu-\lambda x)x. \quad (12.53)$$

这个二次优化问题的解为：

$$x = \alpha + \beta v. \quad (12.54)$$

其中，$\alpha = -\mu/2\lambda$，$\beta = 1/2\lambda$。

现在考虑做市商的问题。利用冲击的正态分布和知情投资者的线性策略，做市商选择定价函数以最小化定价误差的方差：

$$\begin{aligned}\min \mathrm{E}\left[(v-P(x+z))^2\right] &= \mathrm{E}\left[(v-\mu-\lambda(x+z))^2\right] \\ &= \mathrm{E}\left[(v-\mu-\lambda(\alpha+\beta v+z))^2\right].\end{aligned} \quad (12.55)$$

这个问题的解为：

$$\lambda = \frac{\beta\sigma_0^2}{\beta^2\sigma_0^2+\sigma_z^2}. \quad (12.56)$$

代入 $\beta = 1/2\lambda$，我们得到所需的解。

这种均衡具有一些有趣的特性。β 的解表明，噪声交易波动性越大，内部人员的积极性越高（正如它增加了选择在 GS 模型中获得信息的投资者的比例）。如果我们用均衡价格函数代替内部交易，就会得到：

$$p = \mu + \lambda(x+z) = \mu + \lambda(\alpha+\beta v+z) = \frac{1}{2}(\mu_0+v) + \lambda z. \quad (12.57)$$

因此，一半的内部信息进入了价格。与 GS 模型一样，该模型中价格的信息量与噪声交易的波动性无关。

在知道 v 的条件下，内部交易的预期利润是：

$$\mathrm{E}[\pi \mid v] = \frac{\beta}{2}(v-\mu_0)^2 = \frac{1}{2}\left(\frac{\sigma_z}{\sigma_0}\right)(v-\mu_0)^2. \quad (12.58)$$

随着 v 与其无条件均值的距离增加，该有条件预期利润增加。

无条件时，内部人的预期利润是：

$$\mathrm{E}[\pi] = \frac{1}{2}\left(\frac{\sigma_z}{\sigma_0}\right)\sigma_0^2 = \frac{1}{2}\sigma_z\sigma_0. \quad (12.59)$$

该无条件预期利润与噪声交易和内部信息的标准差成正比。由于做市商设定价格以避免平均出现亏损，内部人的预期利润也是噪声交易者的预期总损失。

λ的倒数可以解释为市场“深度”，即将市场价格提高一美元所需的订单流量。有：

$$\frac{1}{\lambda} = 2\frac{\sigma_z}{\sigma_0}. \tag{12.60}$$

因此，当有更多噪声交易和更少内幕消息时，市场深度会增加。

作为一项非正式的练习，根据上面给出的公式，思考噪声交易者是否在其他噪声交易者的交易中受益，即在噪声交易的标准差 σ_z 较高的时候。答案在本章末尾给出。

凯尔（1985）也提出了该模型的连续时间版本，并表明随着时间的推移，λ 保持不变，而随着信息的逐渐公开，β 逐渐增加至无限。因此，所有私人信息最终都会进入价格，而当短期内可以利用信息优势时，个人交易会更加积极。

Koudijs（2015）使用18世纪英国阿姆斯特丹的证券交易历史数据提供了支持这一观点的证据。在此期间，有关伦敦基本面和证券价格的信息通过邮件船只到达阿姆斯特丹，该船既载有公开信号（报纸），也载有私人信号（私人信件），并且每周航行两次。Koudijs表示，在一艘船抵达阿姆斯特丹后，阿姆斯特丹的价格与该船离开后的伦敦价格走势相同，尽管没有新的同期信息可以通过其他方式到达这两个城市。Koudijs认为这是伦敦和阿姆斯特丹的商业伙伴进行知情交易的结果，他们通过从伦敦到阿姆斯特丹的私人信件进行沟通。引人注意的是，当天气状况显示随后的船（可能载有报纸报道当时在伦敦公开的私人信息）很快就会到达并消除信息优势时，最初的共同运动似乎更加强大。习题12.2要求分析Koudijs模型。

尽管凯尔（1985）模型假设知情交易者是风险中性的，但当多个交易者得到信号且所有交易者都是风险厌恶时，对市场影响的担忧也会影响最优交易策略。凯尔（1989）对知情和不知情的交易建立了一个更为一般的不完全竞争的理性预期均衡模型。

学界对于价格影响的形式存在争议。凯尔（1985）认为价格影响是线性的，但 Hasbrouck 和 Seppi（2001）、Gabaix 等人（2006），以及 Chacko、Jurek 和 Stafford（2008）认为，价格影响对交易规模是凹函数并且接近平方根函数。然而，在随机买单和卖单没有受控的情况下，很难获得确定的实证结果。

12.2.3 主动资产管理中的收益递减

凯尔模型区分了从交易中获利的知情投资者、收支平衡的做市商，以及亏本交易的噪声交易者。这种区分与其他金融文献相似，例如 Berk 和 Green（2004）的专业资产管理模型。他们的模型拥有熟练的（知情的）基金管理人，收支平衡的共同基金投资者以及其他输钱给基金经理的活跃股票交易者。基金经理向投资者收取管理资产的一定比例作为费用。共同基金投资者通过过去的表现判断管理者的技能，并理性地更新他们的市场信念。成功的基金吸引了资金流入，但资金流入降低了任何给定技能水平的业绩，因为规模收益递减（可能是因为市场影响）。在均衡状态下，基金投资者理性追逐业绩，但由于所有基金的预期收取费用后的回报相等，过去的业绩并不能预测未来的业绩。基金经理会以牺牲其他活跃股票交易者为代价获得奖励，而共同基金投资者则在支付经理费用后收支平衡。Stambaugh（2014）考虑了这种模型的变形，其中基金投资者必须为他们偏离被动市场指数时所承担的风险得到补偿。

关于专业资产管理的内容很大程度上超出了本书的范围。然而，一些实证研究结果与这些观点大体一致。第一，有证据表明，在收取费用之前，共同基金持有股票的表现优于可比基准［Daniel 等人（1997），Wermers（2000）］。第二，大量的资产管理费［French（2008）］降低了主动资产管理的收益，特别是对散户投资者而言。Del Guercio 和 Reuter（2014）认为，购买直接销售的共同基金的散户投资者在收取费用后大致收支平衡，而那些购买经纪人销售的基金份额的投资者表现不佳（可能是因为间接地收取了财务建议费用以及投资费用等）。第三，过去的业绩预测了共同基金和对冲基金的资金流入，这削弱了过去业绩与未来业绩之间的关系，同时加强了过去业绩与未来基金规模和总费用之间的关系［Chevalier 和 Ellison（1997），Fung 等人（2008），Berk 和 van Binsbergen（2015）］。在这些论文中有许多没有解决的问题，包括对不同资产类别的专业技能的报酬、管理者与其客户之间的报酬分配（机构客户可能与零售客户不同）、对于基金管理者或者对于整个主动资产管理行业而言、收益递减的程度，以及替代费用结构的影响。

12.3　流动性与资产定价

在本章的最后一节，我们回顾流动性和资产定价方面的内容。流动性主要有两个概念：第一，交易成本低，这是市场微观结构研究的一个关注点；第二，如 Holmström 和 Tirole（2001）强调的，利用资产借贷（将其用作贷款的抵押品）的能力。Brunnermeier 和 Pedersen（2009）将第一个概念称为“市场流动性”，将第二个概念称为“融资流动性”。最近的研究探讨了每种类型的流动性如何影响资产价格，以及它们是如何由更深层的基本面因素确定和平衡的。Vayanos 和 Wang（2013）提供了最近的一项全面调查。

我们首先考虑交易成本如何影响资产价格。我们将使用 Amihud 和 Mendelson（1986）的模型考虑常数交易成本的情况，用 Acharya 和 Pedersen（2005）以及 Pastor 和 Stambaugh（2003）的模型考虑随机的、随时间变化的交易成本的情况。

接下来，我们考虑借入资产的能力如何影响其价格。我们将讨论 Gârleanu 和 Pedersen（2011）基于保证金的资产定价模型。虽然第 11 章已经讨论过投资者信念的差异如何影响均衡中保证金的确定，但我们认为保证金是外生的。

最后，我们考虑这两个流动性概念是如何相关的。我们将总结

Brunnermeier 和 Pedersen（2009）关于市场流动性和融资流动性之间相互作用的研究。

12.3.1 常数交易成本和资产价格

根据 Amihud、Mendelson 和 Pedersen（2005）的研究，我们考虑一个重叠的世代模型（从而强制交易）与两期的风险中性的投资者。无风险利率是 R_f，并且无风险的借贷不会产生交易成本。有风险资产 $i = 1 \cdots I$，每个资产支付股息 D_{it}，价格为 P_{it}，并且可以以 C_i 的成本进行交易，该成本由卖方支付。我们假设股息随着时间变化是独立同分布的，均值为 $\overline{D}_i$，并且在常数价格 P_i 下有稳定均衡。

由于风险中性且没有投资组合限制，我们有：

$$P_i = \frac{\overline{D}_i + P_i - C^i}{1 + R_f} = \frac{\overline{D}_i - C^i}{R_f}, \tag{12.61}$$

或者写成：

$$\mathrm{E}[R_i] = R_f + \frac{C_i}{P_i}. \tag{12.62}$$

这表示每种资产的总回报期望是无风险利率加上每期支付的交易成本比例。换句话说，交易成本的预期回报净额等于无风险利率。

处理风险中性投资者具有更长持有期的情况很容易。我们假设每期在 $\theta_1 \leqslant 1$ 的常数概率下，投资者退出市场并被迫出售风险资产。退出可以解释为投资者突然需要现金从而不得不出售资产，尽管为了维持这种解释，必须排除现有投资者可以向仍在市场中的其他投资者借款的可能性。然后平衡条件变为：

$$P_i = \frac{\overline{D}_i + \theta(P_i - C_i)}{R_f + \theta} = \frac{\overline{D}_i - \theta C_i}{R_f}, \tag{12.63}$$

以及：

$$\mathrm{E}[R_i] = R_f + \theta\frac{C_i}{P_i}. \tag{12.64}$$

此时，交易成本对资产价格和所需总回报影响较小，因为它们的支付频率变低了（平均每 $1/\theta$ 期支付一次）。

Amihud 和 Mendelson（AM，1986）考虑了当市场上存在异质投资者 j 时会发生的情况。一些投资者具有较短的时间周期（高 θ_j），另一些则具有较长的时间周期（低 θ_j）。我们排除了借贷的可能性，以便在财富约束下达到风险中性平衡。在平衡状态下，高 θ_j 投资者持有流动性最高的证券，低 θ_j 投资者持有非流动性证券。我们对投资者进行排序，使得 θ_j 随 j 下降，并对资产进行排序，使 $C_i/\overline{D}_i$ 随 i 增加，然后均衡状态下低 j 投资者将持有低 i 资产。

如果投资者 j 是证券 i 的边际投资者，AM 模型表明：

$$\mathrm{E}[R_i] = R_j^* + \theta_j \frac{C_i}{P_i}. \tag{12.65}$$

其中，R_j^* 是投资者 $j-1$ 持有的最不具有流动性的资产的回报率，并且该值根据投资者 j 的交易成本进行了调整。R_j^* 和 R_f 之间的差异可以解释为具有较低成交额的投资者因愿意持有更多非流动资产而赚取的租金。

每个资产的回报也可以写为：

$$\mathrm{E}[R_i] = \min_j \left(R_j^* + \theta_j \frac{C_i}{P_i} \right). \tag{12.66}$$

这是交易成本的增函数和凹函数，意味着总回报随着交易成本的增加而增加，且增加速度逐渐降低。因为持有更多非流动资产的投资者持有期更长，因此他们对交易成本的关注会变低。

图 12.3 举例说明了三类投资者的 AM 均衡。每一条线的斜率是该类投资者的退出概率：持有最具流动性资产的第一类投资者的退出概率最高，其次为第二类投资者，第三类投资者的退出概率最低。观察到的预期回报由三条线的下包络线的分段线性函数给出。将代表第二类和第三类投资者的线延伸到纵轴，就得到了第二类和第三类投资者因为较低退出概率和较长平均持有期而获得的租金（$R_2^* - R_f$）和（$R_3^* - R_f$）。具

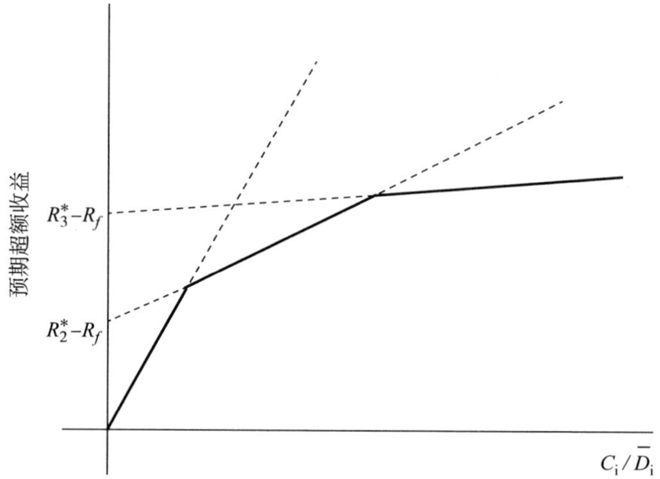

图 12.3　AM（1986）模型的期望收益和交易成本

有最高退出概率的第一类投资者在均衡时没有获得租金。

有证据支持 AM 模型的经验预测，即流动性资产的预期收益随交易成本的增长速度较非流动性资产更快。交易成本的微小差异对国债等流动性证券的价格会产生相对较大的影响，而对小型股票或公司债券等流动性证券较低的证券的价格影响要小得多。该框架的一个问题在于它假设了交易动机外生，并且很难在投资组合选择的标准经济模型中合理解释高交易频率（持有期较短）。

12.3.2　随机交易成本和资产价格

Acharya 和 Pedersen（2005）考虑当交易成本不是恒定而是随机时会发生什么。他们得出了一个流动性调整后的 CAPM，该模型考虑了一项资产未来将变为非流动性资产的风险。他们建立了一个带有 CARA 效用和正态分布的静态模型。交易成本也是正态分布，并且可能随着时间的推移持续变化。

我们定义一项资产的交易成本比例为：

$$c_{it} = \frac{C_{it}}{P_{it}}. \tag{12.67}$$

这可以汇总到市场水平，以衡量整个市场的交易成本或流动性不足：

$$c_{Mt} = \frac{\sum S_{it} C_{it}}{\sum S_{it} P_{it}}. \tag{12.68}$$

其中，S_{it} 代表证券 i 在时间 t 的供应量。

流动性调整后的 CAPM 为：

$$\mathrm{E}_t[R_{i,t+1} - c_{i,t+1}] = R_f + \lambda_t \frac{\mathrm{Cov}_t(R_{i,t+1} - c_{i,t+1}, R_{M,t+1} - c_{M,t+1})}{\mathrm{Var}_t(R_{M,t+1} - c_{M,t+1})}. \tag{12.69}$$

其中，$\lambda_t = \mathrm{E}_t[R_{M,t+1} - c_{M,t+1} - R_f]$ 是市场根据交易成本调整的预期回报。

式（12.69）意味着可以用 4 个 β 来表示任何资产的风险溢价：资产回报与市场收益的 β（传统的 CAPM β），资产回报与市场非流动性的 β（具有负值），资产非流动性与市场收益的 β（也具有负值），以及资产非流动性与市场非流动性的 β。

要使得针对传统 CAPM 的流动性调整确实有意义，交易成本必须很大。Pástor 和 Stambaugh（2003）认为资产收益与市场非流动性的 β 值很重要。他们根据交易量（买卖反弹）采用价格反转来衡量每只股票的非流动性。市场的非流动性是股票非流动性的平均值。从横截面来看，股票收益与市场非流动性的 β 值与平均收益相关，但 Pástor 和 Stambaugh（2003）不控制股票的非流动性水平，这可能与股票和市场非流动性的 β 横截面相关。

即使非流动性水平比股票市场中非流动性水平的随机波动更重要，但是对于经历非流动性的极端波动的其他资产类别可能并非如此，例如全球金融危机期间的抵押贷款支持证券。

12.3.3 收益率与资产价格

Gârleanu 和 Pedersen（GP，2011）提出了保证金对资产价格影响的模型，该模型将保证金视为外生因素。模型是连续时间的，我们这里只是给出它的关键结果，没有进行推导。

GP 模型考虑具有 i 个证券的市场，该市场具有外生保证金水平 m_{it}。不同的证券拥有相同的现金流，但保证金不同。投资者通过分配财富分别投资于证券头寸 θ_i、无抵押贷款/借款 η_u，以及抵押无风险贷款（回购）$1-\sum_i \theta_i-\eta_u$，从而最大化它们的效用。这些选择受到保证金限制：

$$\sum_i m_{it}|\theta_i|+\eta_u \leqslant 1. \tag{12.70}$$

式（12.70）采用 θ_i 的绝对值，是因为风险证券的空头和多头都需要提供保证金，空头不会因为多头需要就提供保证金。这是现实情况的关键因素，利用该式我们可以得出论文的结果，但该事实在早期的研究中有时会被忽略。另一方面，无抵押贷款 η_u 出现在式（12.70）中是因为无抵押放款需要资本，而无抵押借款增加资本并放宽了保证金约束。抵押借款不会出现在保证金约束中，因此抵押和无抵押的利率差异是此约束的拉格朗日乘数的自然代替。

GP 模型提出了一个例子，其中有两个具有指数效用的交易者，一个较为保守，相对风险厌恶大于 1，另一个较为激进，风险规避等于 1。两种代理都有保证金约束，这种约束更有可能影响激进型投资者，但保守投资者也可能受限于衍生证券交易。

在保证金约束不影响保守代理的特殊情况下，资产定价的均衡条件可写为：

$$\mathrm{E}[R_i-R_f]=\gamma_t\beta_{C,it}+\lambda_t m_{it}. \tag{12.71}$$

式（12.71）右侧的第一项是基于消费的资产定价模型的标准预测。$\beta_{C,it}$ 是资产与总消费增长的瞬时协方差，γ_t（“协方差风险溢价”）是两个交易者风险规避的加权调和平均数，其中权重是交易者的消费份额。式（12.71）右侧的第二项说明了保证金限制的重要性。系数 λ_t（“保证金溢价”）由下式得出：

$$\lambda_t = x_t \psi_t y_{it}. \tag{12.72}$$

其中，x_t 是激进投资者提供的经济风险承受能力的部分，ψ_t 是激进投资者保证金约束的拉格朗日乘数，y_{it} 是虚拟变量，如果激进投资者是多头，则为 +1，如果是空头，则为 −1，如果该投资者没有头寸，则可以取任何中间值。式（12.71）和式（12.72）意味着当保证金约束具有约束力时，如果保证金受限的套利者希望获得多头头寸，但受到较高的资产保证金的阻碍，则风险资产会具有更高的预期回报。

GP 模型旨在提供理论上的见解而不是经验上的现实描述，但在该模型的预测上，我们可以使用抵押和无抵押借款之间的利率差来评估拉格朗日乘数 ψ_t，也可以使用消费模拟投资组合的斜方差而不是总消费的协方差来重写 CAPM 形式的均衡条件。

当两种资产具有相同的现金流但保证金不同时，这种模型也可以解释一价定律（明显的套利机会）的偏差。一个有趣的例子是公司债券的信用违约互换（CDS），公司债券和国债之间的价格偏差以及具有相同风险的 CDS 空头头寸。从历史上看，CDS 的保证金低于公司债券，因此 GP 模型可以解释基差的存在和其时间变化。在模型中，这要求两个投资者都面临有效约束，最可能的情况是激进投资者面临保证金约束，保守投资者面临衍生交易约束。

假设激进投资者在证券 i 和相关衍生品 k 中具有多头头寸，其中 k 具有与 i 相同的现金流，但保证金更低，则有：

$$E[R_i - R_k] = \psi_t(m_{it} - m_{kt}) + (\beta_{Ait} - \beta_{Akt}). \tag{12.73}$$

其中，β_A 表示资产与激进投资者消费的协方差。由于高低不同保证金要求的证券具有不同的均衡风险特征，导致消费协方差也不同，这可以放大基差，并且即使在保证金约束目前没有约束力的情况下，基差也非零，这是一个有趣的可能性。

12.3.4 保证金与交易成本

Brunnermeier 和 Pedersen（BP，2009）在 Shleifer 和 Vishny（1997）的基础上，将关于交易成本和保证金的研究联系起来。如果保证金限制的交易者是做市商，则保证金会影响交易成本。如果资本提供者设定与价格的短期波动相关的保证金（而不是基本面的长期波动性或当前价格与基本面的偏差），则交易成本会影响保证金。这些影响共同造成了“流动性螺旋”的可能性，即套利者的融资问题扰乱了市场并增加了交易成本，使得价格偏离基本面，又反过来恶化了融资条件。图 12.4 说明了这种可能性。

为了说明 BP 模型的机制，我们考虑一个时期 $t=0,1,2$ 的模型，其中包括单一风险资产，其净供应为 0，第 2 期的收益为 v_2，还包含一个抵押贷款和借贷（回购市场）的市场，其利率标准化为 0。$\Lambda_1 \equiv v_1 - p_1$

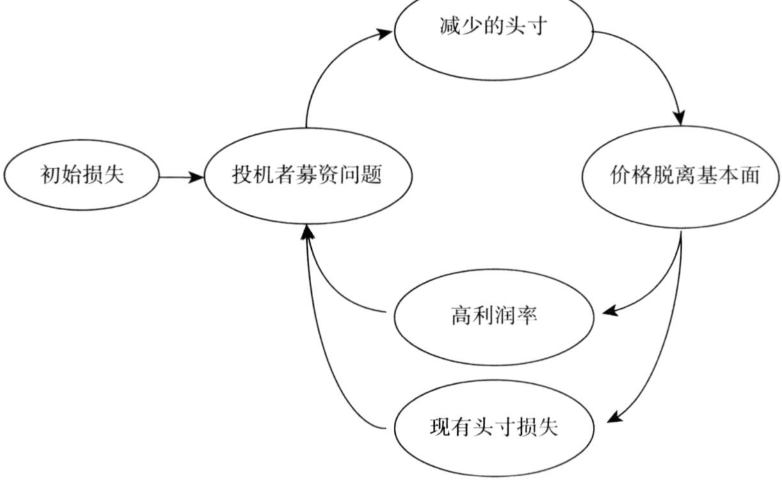

图 12.4 流动性危机自增强示意图

资料来源：Brunnermeier，Markus K.，Lasse Heje Pedersen，2009，“Market Liquidity and Funding Liquidity,” *Review of Financial Studies* 22，2201 - 2238；获得牛津大学出版社授权。

是第 1 期中价格与基本价值 $v_1 \equiv E_1[v_2]$ 的偏差。Λ_1 的绝对值是 BP 模型对市场非流动性的衡量。

模型中有两个投资者：投机者（流动性提供者）和客户（噪声交易者）。投机者是风险中性的，并选择持有资产 x_t，从而在受到预算约束的条件下，最大化第 2 期的财富水平：

$$W_t = W_{t-1} + (p_t - p_{t-1})x_{t-1} + \eta_t. \tag{12.74}$$

其中，η_t 是财富冲击，给定 W_0 和 x_0，投机者面临的保证金约束为：

$$m_t p_t |x_t| \leq W_t. \tag{12.75}$$

我们用 $\widetilde{m}_t \equiv m_t p_t$ 来表示每单位资产的保证金要求。

消费者对风险资产的需求用 $D_t(\Lambda_t, Z_t)$ 来表示，其中 Z_t 是需求冲击，D_t 随着 Λ_t 和Z_t 的增大而增大，市场出清时有：

$$x_t + D_t = 0. \tag{12.76}$$

我们关注的是投机者受资本约束时在第 1 期的均衡，特别是他们在资产中有多头头寸的情况，$p_1 < v_1$。结合保证金约束［式（12.75）］和市场出清［式（12.76）］，我们得到：

$$-\widetilde{m}_1 D(v_1 - p_1, Z_1) = b_0 + p_1 x_0 + \eta_1. \tag{12.77}$$

其中，左侧是投机者必须提供的保证金来保留客户提供的资产，而右侧是投机者的财富。这里 b_0 是回购市场中投机者在第 0 期的头寸。

我们可以对该式求导，得到价格对财富冲击的敏感性：

$$\frac{\partial p_1}{\partial \eta_1} = \frac{1}{\widetilde{m}_1 \frac{\partial D_1}{\partial \Lambda_1} - \left[x_0 - \frac{\partial \widetilde{m}_1}{\partial p_1} x_1\right]}. \tag{12.78}$$

式（12.78）很好地表达了图 12.4 损失和保证金螺旋背后的直觉。首先考虑在第 0 期持有 0 头寸，$x_0 = 0$，且保证金要求为常数，$\partial \widetilde{m}_1 / p_1 = 0$ 时，出现 1 美元的负向财富冲击的影响。给定有约束力的保证金约束，投机者必须减少 $1/\widetilde{m}_1$ 美元 的头寸，从而使得价格低于均衡值 $1/k$ 美元，$k \equiv \widetilde{m}_1(\partial D_1/\partial \Lambda_1)$，激励客户增加他们的投资并使市场出清。这个效果与图 12.4 中两个向上的箭头相对应。

如果投机者在第 0 期持有正头寸，$x_0 > 0$，他们的财富将进一步受到价格内生下跌的打击。同样，如果价格下跌导致保证金要求增加，$\partial\widetilde{m}_1/p_1 < 0$（保证金“不稳定”），使得保证金约束进一步收紧。Shleifer 和 Vishny（1997）最先强调了这两种效应，而它们将导致每美元初始价格下跌额外造成 $l \equiv x_0 - (\partial\widetilde{m}_1/\partial p_1)x_1$ 美元的资本短缺，与图 12.4 向下的箭头相对应。在无限循环之后，由于最初的财富冲击导致的整体价格下降等于 $\frac{1}{k} + \frac{1}{k^2} + \frac{1}{k^3} + \cdots = 1/(k - l)$（假设 $|l| < k$），这正是上面得出的价格敏感性公式。该公式还表明，两个流动性螺旋的联合放大效应大于每个螺旋分别运行的效应之和，因为 $l_1/(k - l_1) + l_2/(k - l_2) < l/(k - l)$，其中 $l_1 = x_0$，$l_2 = -\partial\widetilde{m}_1/p_1 x_1$。

在解释这些结果时，重要的是要记住，BP 模型得到的市场流动性低于市场微观结构研究中的流动性指标。BP 模型中的投机者将价格与基本面区分开来，以补偿资产需求中的低频外生变动，如第 11 章讨论的噪声交易者模型中的理性投资者，而不是连接流动性市场中极短时间间隔中收到的买卖订单。

习题 12.3 要求在具有多个风险资产的环境中进行进一步分析。

保证金风险

当 BP 模型中的保证金约束随着时间的推移而变得不可预测时，它会使风险中性的投机者表现得好像他们厌恶风险一样。Adrian、Etula 和 Muir（AEM，2014）强调了这一点。在 BP 模型中，风险中性投机者在第 t 期最大化 $E_t[\varphi_{t+1} W_{t+1}]$，其中 φ_{t+1} 表示投机者的资本影子成本，它随着第 $t+1$ 期保证金约束的拉格朗日乘数的增加而增加。因此，φ_{t+1} 表现得像凹效用最大化的标准模型中的边际效用一样。习题 12.3 描述了 ϕ_{t+1} 和随机折现因子之间的联系。

AEM 表明资本影子成本的自然经验模型是：

$$\varphi_{t+1} = a - b\log(\text{leverage}_{t+1}). \tag{12.79}$$

其中杠杆（保证金的倒数）随保证金限制的紧张程度而变化。AEM 用证券经纪交易商持有的金融资产总额与这些中介机构账面净值的比率来衡量杠杆，和美国的资金流动账户一样。正如该理论所预测的，经纪人 - 交易商杠杆因子的协方差与股票和债券投资组合的横截面平均回报率很好地吻合。

在关注特定类型投资者的一阶条件时，AEM 经验模型类似于本书最后部分探讨的其他模型，这些模型识别投资者的异质性，并尝试从某些特定投资者的角度来理解市场价格。这种方法越来越普遍，也是本书强调投资组合选择理论作为金融市场均衡理论补充的一个原因。但是，重要的是要记住，我们最终不仅要了解资产定价与风险因素的协方差，还要了解这些协方差本身的决定因素。如在 AEM 的实证分析中，对保证金风险充分理解，应该可以解释为什么有些资产相比其他资产与证券经纪交易商的杠杆的协方差更大。

12.4　延伸练习

本章提出了一个非正式问题，思考凯尔（1985）模型中的噪声交易者是否受益于其他噪声交易者的存在，即噪声交易具有较高的标准差 σ_z。答案是，如果噪声交易者可以选择交易时间，如 Admati 和 Pfleiderer（1988）的模型，他们会选择在其他噪声交易者交易时进行交易，因为他们受益于市场深度，而市场深度会随着 σ_z 的增加而增加，如式（12.60）所显示的。尽管噪声交易者的总损失会随着噪声交易量的增加而增加，但是每个噪声交易者的损失会减少。我们可以用捕食者和猎物进行类比，斑马群的形成是因为任何个体斑马在群体中都更安全，尽管大多数捕食者都寻找群体进行捕食。

习题 12.1 信息不对称和本土偏好①

考虑一个静态模型，其中连续的单位投资者具有指数（CARA）效用和绝对风险厌恶系数 A，他们将其财富投资于两个风险资产（股票）和无风险资产。股票 1 和 2 具有不相关的最终收益 v_j，但 v_j 具有共同的无条件（先验）分布 $\mathcal{N}(\mu_0, 1/\tau_0)$。在初始时这两只股票的供应数量 $Z_j(j = 1,2)$ 也是随机（观察不完全）且不相关的，Z_j 具有共同分布 $\mathcal{N}(\mu_Z, 1/\tau_Z)$。回报为 R_f 的无风险资产具有完全弹性的供应。

所有投资者都观察到股票 1 的支付信号 $s_1 \backsim \mathcal{N}(v_1, 1/\tau_s)$，与公开信息对应。只有一小部分投资者观察到股票 2 的支付信号 $s_2 \backsim \mathcal{N}(v_2, 1/\tau_s)$，与私人信息对应。信号的分布独立于供应数量。

（1）证明一只投资者对于每只股票 $X_j(j = 1,2)$ 的需求不依赖于其他股票收益的条件分布。

（2）我们首先求解股票 1 的均衡价格和收益。

①投资者对于股票 1 的条件收益分布和需求 $X_1(P_1, s_1)$ 是多少？

②计算均衡价格 $P_1(s_1, Z_1)$ 和无条件预期超额收益 $\mathrm{E}[v_1 - (1 + R_f)P_1]$。

（3）求解股票 2 的均衡情况。遵循第 12.1.2 节中讨论的解决非对称信息模型的五个步骤，推测定价规则：

$$P_2(s_2, Z_2) = p_0\mu_0 + p_s s_2 - p_z(Z_2 - \mu_Z).$$

①求出知情投资者对股票 2 的条件收益分布和需求 $X_2^I(P_2, s_2)$。

②求出不知情投资者对股票 2 的条件收益分布和需求 $X_2^U(P_2)$。

---

① 本题基于 O'Hara（2003）提出。

他们对 v_2 的条件方差是怎样依赖于 τ_s、τ_Z、ϕ 和 A 的？请解释。

③假设市场出清，计算均衡价格 $P_2(s_2, Z_2)$ 和无条件预期超额收益 $E[v_2 - (1+R_f)P_2]$。

（4）哪只股票的风险溢价 $E[v_j - (1+R_f)P_j]$ 更高？股票2的风险溢价如何取决于知情交易者的比例 ϕ？请解释。

（5）知情和不知情交易者，谁平均持有更多的股票2？请解释。

（6）基于该模型，对投资组合选择中的本土偏好进行解释。你将如何使用国内外投资者的投资组合数据以及不同国家的股权溢价数据来测试模型的预测结果？

习题12.2　时间推移下的市场影响[①]

考虑具有两个交易期的凯尔（1985）模型的扩展。资产的基本价值是 v，它呈现均值为 μ_0、方差为 σ_0^2 的正态分布，所有投资者都知道该信息。噪声交易者有需求 z，它每期都是均值为0、方差为 σ_z^2 的正态分布 。单个风险中性的内部人员观察 v，并在每个时期选择资产需求 x 作为 v 的函数，以最大化预期的两期利润。为简单起见，利润不进行折现。

交易在两期都发生的概率为 π ；仅发生在第1期的概率为 $1-\pi$，之后基本价值就被揭示了。

在第1期的交易中，风险中性的竞争性做市商根据他们对 $x_1 + z_1$ 的观察来设定价格：

$$p_1 = E\left[v \mid x_1 + z_1; \mu_0, \sigma_0^2\right]. \tag{12.80}$$

同样，在第2期，做市商设定价格为：

$$p_2 = E\left[v \mid x_2 + z_2; \mu_1, \sigma_1^2\right]. \tag{12.81}$$

① 本题基于 Koudijs（2015）提出。

其中，μ_1 和 σ_1^2 是对第 1 期的订单流进行观察后得到的 v 的事后均值和方差。

猜测内部人员服从交易原则，有线性均衡：

$$x_t = \beta_t(v - \mu_{t-1}). \tag{12.82}$$

而做市商服从定价原则：

$$p_t = \mu_{t-1} + \lambda_t(x_t + z_t). \tag{12.83}$$

其中，$t = 1,2$。

（1）求出对于任意（不一定是最优的）β_t，交易原则参数 λ_t 与方差 σ_{t-1}^2、σ_z^2、内部人员的交易参数 β_t 的关系式。

（2）证明 $\mu_1 = p_1$，并解释。

（3）求出方差 σ_1^2 与方差 σ_0^2、σ_z^2、内部人员第 1 期交易参数 β_1 的关系式。

（4）在第 2 交易期，视 μ_1 和 σ_1^2 为条件，均衡可以用单期凯尔模型描述。证明如果内幕交易在第 1 期更积极，则市场在第 2 期更深（λ_2 更低）。直观地解释这个事实。

（5）如果在第 1 交易期，内部人员认为 $\pi = 0$，则单期凯尔模型也描述该期间的交易。对于这种情况，求出第 2 期的市场深度与第 1 期的市场深度之比 λ_1/λ_2，说明第 2 期的市场深度更深。

（6）现在考虑当内部人员认为 $\pi > 0$ 时会发生什么。解释为什么内部人员在第两期的交易中会相对不积极，直观地讨论这会如何影响两个时期的市场相对深度。

习题 12.3　融资流动性和 SDF[①]

考虑第 12.3.4 节的设定，但现在有多个风险资产，$j = 1,\cdots,J$。

① 本题基于 Brunnermeier 和 Pedersen（2009）提出。

投机者的预算约束和保证金约束为 $W_t = W_{t-1} + \sum_{j=1}^{J}(p_t^j - p_{t-1}^j)x_{t-1}^j + \eta_t$，$\sum_{j=1}^{J} \tilde{m}_t^j |x_t^j| \leqslant W_t$。客户在时期 1 对资产 j 的需求数量是 $D_1^j(\Lambda_1^j, Z_1^j)$，其中 $\Lambda_1^j \equiv v_1^j - p_1^j$。投机者的第 1 期财富冲击 η_1 均值为 0，并且与需求冲击 Z_1^j 无关。

假设对于至少一个 j 有 $p_1^j \neq v_1^j$，因此投机者在第 1 期是资本约束的 $(W_1 > 0)$。

（1）求出投机者对每项资产的需求 x_1^j，解释为什么投机者只会交易具有最高 $|\Lambda_1^j| / \tilde{m}_t^j$ 的资产。

（2）记投机者第 1 期的价值函数为 $J_1(W_1) = \mathrm{E}_1[W_2]$。他们第 1 期的资产影子成本 φ_1 是融资非流动性的一种衡量，由 $\varphi_1 W_1 = J_1(W_1)$ 给出。用 Λ_1^j 和 $\tilde{m}_1^j$ 表示 φ_1，$j = 1, 2, \cdots, J$。

（3）用 φ_1、$\tilde{m}_1^j$ 和模型的各种参数表示每项资产的市场非流动性 $|\Lambda_1^j|$。

（4）现在考虑一个额外的初始时期 $t = 0$，此时投机者收到保证金约束 $\sum_{j=1}^{J} \tilde{m}_0^j |x_0^j| \leqslant W_0$。假设投机者具有无限责任，特别是对于 W_1 的所有值（包括负值），$\varphi_1 W_1 = J_1(W_1)$ 都成立，其中 φ_1 来自第（2）题。如果他们的财富足够多，这种假设就会增加投机者在第 0 天不会交易至受到约束的可能性。

假设投机者在 $t = 0$ 时不受约束，证明 $\varphi_1 / \mathrm{E}_0[\varphi_1]$ 在经济中起到 SDF 的作用。直观地解释为什么即使投机者是风险中性的，他们也不选择交易至受到约束。证明由 $\varphi_0 W_0 = J_0(W_0) = \mathrm{E}_0[W_2]$ 定义的投机者的第 0 期资本成本等于 $\mathrm{E}_0[\varphi_1]$。

（5）现在假设投机者的财富 W_0 足够少，使得投机者在第 0 期受到约束，求出他们第 0 期的资本成本 φ_0。

参考文献

Abel, Andrew B., 1990, "Asset Pricing under Habit Formation and Catching Up with the Joneses," *American Economic Review Papers and Proceedings* 80, 38–42.

———, 1999, "Risk Premia and Term Premia in General Equilibrium," *Journal of Monetary Economics* 43, 3–33.

Abel, Andrew B., and Janice Eberly, 1994, "A Unified Model of Investment under Uncertainty," *American Economic Review* 84, 1369–1384.

Abel, Andrew B., N. Gregory Mankiw, Lawrence H. Summers, and Richard J. Zeckhauser, 1989, "Assessing Dynamic Efficiency: Theory and Evidence," *Review of Economic Studies* 56, 1–19.

Acharya, Viral V., and Lasse Heje Pedersen, 2005, "Asset Pricing with Liquidity Risk," *Journal of Financial Economics* 77, 375–410.

Admati, Anat R., and Paul Pfleiderer, 1988, "A Theory of Intraday Patterns: Volume and Price Variability," *Review of Financial Studies* 1, 3–40.

Adrian, Tobias, Richard K. Crump, and Emanuel Moench, 2015, "Regression-Based Estimation of Dynamic Asset Pricing Models," *Journal of Financial Economics* 118, 211–244.

Adrian, Tobias, Erkko Etula, and Tyler Muir, 2014, "Financial Intermediaries and the Cross-Section of Asset Returns," *Journal of Finance* 69, 2557–2596.

Agarwal, Sumit, John Driscoll, Xavier Gabaix, and David Laibson, 2009, "The Age of Reason: Financial Decisions over the Life Cycle and Implications for Regulation," *Brookings Papers on Economic Activity* 2, 51–117.

Agarwal, Sumit, John Driscoll, and David Laibson, 2013, "Optimal Mortgage Refinancing: A Closed-Form Solution," *Journal of Money, Credit and Banking* 45, 591–622.

Agnew, Julie, Pierluigi Balduzzi, and Annika Sunden, 2003, "Portfolio Choice and Trading in a Large 401(k) Plan," *American Economic Review* 93, 193–215.

Aït-Sahalia, Yacine, and Michael W. Brandt, 2001, "Variable Selection for Portfolio Choice," *Journal of Finance* 56, 1297–1351.

Allais, Maurice, 1953, "Le comportement de l'homme rationnel devant le risque: Critique des postulats et axiomes de l'école Américaine," *Econometrica* 21, 503–546.

Allen, Franklin, and Douglas Gale, 1994, "Limited Market Participation and Volatility of Asset Prices," *American Economic Review* 84, 933–955.

Allen, Franklin, Stephen Morris, and Hyun Song Shin, 2006, "Beauty Contests, Bubbles, and Iterated Expectations in Financial Markets," *Review of Financial Studies* 19, 719–752.

Alvarez, Fernando, and Urban Jermann, 2000, "Efficiency, Equilibrium, and Asset Pricing with Risk of Default," *Econometrica* 68, 775–797.

———, 2005, "Using Asset Prices to Measure the Persistence of the Marginal Utility of Wealth," *Econometrica* 73, 1977–2016.

Ameriks, John, and Stephen Zeldes, 2004, "How Do Household Portfolio Shares Vary with Age?," unpublished paper, Columbia University.

Amihud, Yakov, and Haim Mendelson, 1986, "Asset Pricing and the Bid–Ask Spread," *Journal of Financial Economics* 17, 223–249.

Amihud, Yakov, Haim Mendelson, and Lasse Heje Pedersen, 2005, "Liquidity and Asset Prices," *Foundations and Trends in Finance* 1, 269–364.

Anagol, Santosh, Vimal Balasubramaniam, and Tarun Ramadorai, 2016, "Endowment Effects in the Field: Evidence from India's IPO Lotteries," unpublished paper.

Andersen, Steffen, John Y. Campbell, Kasper Meisner Nielsen, and Tarun Ramadorai, 2015, "Inattention and Inertia in Household Finance: Evidence from the Danish Mortgage Market," NBER Working Paper No. 21386.

Andrews, Donald W. K., 1999, "Consistent Moment Selection Procedures for Generalized Method of Moments Estimation," *Econometrica* 67, 543–563.

Ang, Andrew, Geert Bekaert, and Min Wei, 2007, "Do Macro Variables, Asset Markets, or Surveys Forecast Inflation Better?," *Journal of Monetary Economics* 54, 1163–1212.

Ang, Andrew, Robert Hodrick, Yuhang Xing, and Xiaoyan Zhang, 2006, "The Cross-Section of Volatility and Expected Returns," *Journal of Finance* 61, 259–299.

Ang, Andrew, Jun Liu, and Krista Schwarz, 2016, "Using Stocks or Portfolios in Tests of Factor Models," unpublished paper.

Ang, Andrew, and Allan Timmermann, 2012, "Regime Changes and Financial Markets," *Annual Review of Financial Economics* 4, 313–337.

Angeletos, George-Marios, David Laibson, Andrea Repetto, Jeremy Tobacman, and Stephen Weinberg, 2001, "The Hyperbolic Consumption Model: Calibration, Simulation, and Empirical Evaluation," *Journal of Economic Perspectives* 15(3), 47–68.

Arrow, Kenneth J., 1971, "The Theory of Risk Aversion," in *Essays in the Theory of Risk Bearing*, Markham, Chicago, IL, 90–120.

Asness, Clifford S., 2003, "Fight the Fed Model: The Relationship between Future Returns and Stock and Bond Market Yields," *Journal of Portfolio Management* 30(1), 11–24.

Asness, Clifford S., Andrea Frazzini, and Lasse Heje Pedersen, 2013, "Quality Minus Junk," unpublished paper.

Athanasoulis, Stefano G., and Robert J. Shiller, 2000, "The Significance of the Market Portfolio," *Review of Financial Studies* 13, 301–329.

———, 2001, "World Income Components: Measuring and Exploiting Risk-Sharing Opportunities," *American Economic Review* 91, 1031–1054.

Aumann, Robert J., 1976, "Agreeing to Disagree," *Annals of Statistics* 4, 1236–1239.

Aumann, Robert J., and Roberto Serrano, 2008, "An Economic Index of Riskiness," *Journal of Political Economy* 116, 810–836.

Avdis, Efstathios, and Jessica A. Wachter, 2017, "Maximum Likelihood Estimation of the Equity Premium," forthcoming *Journal of Financial Economics*.

Bach, Laurent, Laurent Calvet, and Paolo Sodini, 2016, "Rich Pickings? Risk and Return in the Financial Portfolios of the Wealthy," unpublished paper.

Back, Kerry, 2010, *Asset Pricing and Portfolio Choice Theory*, Oxford University Press, New York.

Backus, David K., Mikhail Chernov, and Ian Martin, 2011, "Disasters Implied by Equity Index Options," *Journal of Finance* 66, 1969–2012.

参考文献

Backus, David K., Silverio Foresi, and Chris I. Telmer, 2001, "Affine Term Structure Models and the Forward Premium Anomaly," *Journal of Finance* 56, 279–304.

Backus, David K., Bryan R. Routledge, and Stanley E. Zin, 2004, "Exotic Preferences for Macroeconomists," *NBER Macroeconomics Annual* 19, 319–390.

Baker, Malcolm, and Jeffrey Wurgler, 2000, "The Equity Share in New Issues and Aggregate Stock Returns," *Journal of Finance* 55, 2219–2257.

Bali, Turan G., Robert F. Engle, and Scott Murray, 2016, *Empirical Asset Pricing: The Cross Section of Stock Returns*, Wiley, Hoboken, NJ.

Ball, R., and P. Brown, 1968, "An Empirical Evaluation of Accounting Income Numbers," *Journal of Accounting Research* 6, 159–178.

Bandarchuk, Pavel, and Jens Hilscher, 2013, "Sources of Momentum Profits: Evidence on the Irrelevance of Characteristics," *Review of Finance* 17, 809–845.

Bansal, Ravi, Robert Dittmar, and Dana Kiku, 2009, "Co-integration and Consumption Risks in Asset Returns," *Review of Financial Studies* 22, 1343–1375.

Bansal, Ravi, Dana Kiku, Ivan Shaliastovich, and Amir Yaron, 2014, "Volatility, the Macroeconomy, and Asset Prices," *Journal of Finance* 69, 2471–2511.

Bansal, Ravi, Dana Kiku, and Amir Yaron, 2012, "An Empirical Evaluation of the Long-Run Risks Model for Asset Prices," *Critical Finance Review* 1, 183–221.

Bansal, Ravi, and Bruce N. Lehmann, 1997, "Growth-Optimal Portfolio Restrictions on Asset Pricing Models," *Macroeconomic Dynamics* 1, 333–354.

Bansal, Ravi, and Amir Yaron, 2004, "Risks for the Long Run: A Potential Resolution of Asset Pricing Puzzles," *Journal of Finance* 59, 1481–1509.

Banz, Rolf, 1981, "The Relationship between Return and Market Value of Common Stocks," *Journal of Financial Economics* 9, 3–18.

Barber, Brad M., Yi-Tsung Lee, Yu-Jane Liu, and Terrance Odean, 2009, "Just How Much Do Individual Investors Lose by Trading?," *Review of Financial Studies* 22, 609–632.

Barber, Brad M., and Terrance Odean, 2000, "Trading Is Hazardous to Your Wealth: The Common Stock Investment Performance of Individual Investors," *Journal of Finance* 55, 773–806.

———, 2001, "Boys Will Be Boys: Gender, Overconfidence, and Common Stock Investment," *Quarterly Journal of Economics* 116, 261–292.

Barberis, Nicholas, 2000, "Investing for the Long Run when Returns Are Predictable," *Journal of Finance* 55, 225–264.

Barberis, Nicholas, Robin Greenwood, Lawrence Jin, and Andrei Shleifer, 2015, "X-CAPM: An Extrapolative Capital Asset Pricing Model," *Journal of Financial Economics* 115, 1–24.

Barberis, Nicholas, Ming Huang, and Tano Santos, 2001, "Prospect Theory and Asset Prices," *Quarterly Journal of Economics* 116, 1–53.

Barberis, Nicholas, Ming Huang, and Richard H. Thaler, 2006, "Individual Preferences, Monetary Gambles, and Stock Market Participation: A Case for Narrow Framing," *American Economic Review* 96, 1069–1090.

Barberis, Nicholas, Andrei Shleifer, and Robert Vishny, 1998, "A Model of Investor Sentiment," *Journal of Financial Economics* 49, 307–343.

Barberis, Nicholas, and Wei Xiong, 2009, "What Drives the Disposition Effect? An Analysis of a Long-Standing Preference-Based Explanation," *Journal of Finance* 64, 751–784.

Barro, Robert, 2006, "Rare Disasters and Asset Markets in the Twentieth Century," *Quarterly Journal of Economics* 121, 823–866.

———, 2009, "Rare Disasters, Asset Prices, and Welfare Costs," *American Economic Review* 99, 243–264.

Barro, Robert, and Jose Ursua, 2008, "Macroeconomic Crises since 1870," *Brookings Papers on Economic Activity* 1, 255–350.

Basu, Sanjoy, 1977, "Investment Performance of Common Stocks in Relation to their Price-Earnings Ratios: A Test of the Efficient Market Hypothesis," *Journal of Finance* 32, 663–682.

———, 1983, "The Relation between Earnings Yield, Market Value, and Return for NYSE Common Stocks: Further Evidence," *Journal of Financial Economics* 12, 129–156.

Bauer, Michael D., and James D. Hamilton, 2016, "Robust Bond Risk Premia," unpublished paper, Federal Reserve Bank of San Francisco and UC San Diego.

Bazdresch, Santiago, Frederico Belo, and Xiaoji Lin, 2013, "Labor Hiring, Investment, and Stock Return Predictability in the Cross Section," *Journal of Political Economy* 122, 129–177.

Beaudry, Paul, and Franck Portier, 2006, "News, Stock Prices, and Economic Fluctuations," *American Economic Review* 96, 1293–1307.

Beeler, Jason, and John Y. Campbell, 2012, "The Long-Run Risks Model and Aggregate Asset Prices: An Empirical Assessment," *Critical Finance Review* 1, 141–182.

Bekaert, Geert, Eric Engstrom, and Steven R. Grenadier, 2010, "Stock and Bond Returns with Moody Investors," *Journal of Empirical Finance* 17, 867–894.

Bekaert, Geert, Robert J. Hodrick, and David A. Marshall, 1997, "On Biases in Tests of the Expectations Hypothesis of the Term Structure of Interest Rates," *Journal of Financial Economics* 44, 309–348.

Bekaert, Geert, Kenton Hoyem, Wei-Yin Hu, and Enrichetta Ravina, 2015, "Who Is Internationally Diversified? Evidence from 296 401(k)," NBER Working Paper No. 21236.

Belo, Frederico, 2010, "Production-Based Measures of Risk for Asset Pricing," *Journal of Monetary Economics* 57, 146–163.

Belo, Frederico, Pierre Collin-Dufresne, and Robert S. Goldstein, 2015, "Dividend Dynamics and the Term Structure of Dividend Strips," *Journal of Finance* 70, 1115–1160.

Benartzi, Shlomo, 2001, "Excessive Extrapolation and the Allocation of 401(k) Accounts to Company Stock," *Journal of Finance* 56, 1747–1764.

Ben-David, Itzhak, and David Hirshleifer, 2012, "Are Investors Really Reluctant to Realize Their Losses? Trading Responses to Past Returns and the Disposition Effect," *Review of Financial Studies* 25, 2485–2532.

Berk, Jonathan, and Richard Green, 2004, "Mutual Fund Flows and Performance in Rational Markets," *Journal of Political Economy* 112, 1269–1295.

Berk, Jonathan B., and Jules H. van Binsbergen, 2015, "Measuring Skill in the Mutual Fund Industry," *Journal of Financial Economics* 118, 1–20.

Bernard, Victor L., and Jacob K. Thomas, 1989, "Post-Earnings-Announcement Drift: Delayed Price Response or Risk Premium?," *Journal of Accounting Research* 27, 1–36.

Bernstein, Peter, 1991, *Capital Ideas*, Wiley, New York.

Betermier, Sebastien, Laurent E. Calvet, and Paolo Sodini, 2017, "Who Are the Value and Growth Investors?," *Journal of Finance* 72, 5–46.

Bidder, Rhys, and Ian Dew-Becker, 2016, "Long-Run Risk Is the Worst-Case Scenario," *American Economic Review* 106, 2494–2527.

Binsbergen, Jules van, Michael Brandt, and Ralph Koijen, 2012, "On the Timing and Pricing of Dividends," *American Economic Review* 102, 1596–1618.

Binsbergen, Jules van, Wouter Hueskes, Ralph Koijen, and Evert Vrugt, 2013, "Equity Yields," *Journal of Financial Economics* 110, 503–519.

Binsbergen, Jules van, and Ralph Koijen, 2017, "The Term Structure of Returns: Facts and Theory," *Journal of Financial Economics* 124, 1–21.

Black, Fischer, 1972, "Capital Market Equilibrium with Restricted Borrowing," *Journal of Business* 45, 444–454.

Black, Fischer, Michael Jensen, and Myron Scholes, 1972, "The Capital Asset Pricing Model: Some Empirical Tests," in Michael Jensen ed. *Studies in the Theory of Capital Markets*, Praeger, New York, 79–121.

Black, Fischer, and Robert Litterman, 1992, "Global Portfolio Optimization," *Financial Analysts Journal* 48, 28–43.

Blanchard, Olivier, and Mark Watson, 1982, "Bubbles, Rational Expectations, and Financial Markets," in Paul Wachtel ed. *Crises in the Economic and Financial Structure*, Lexington, Lexington, MA, 295–315.

Blume, Marshall E., and Irwin Friend, 1975, "The Asset Structure of Individual Portfolios and Some Implications for Utility Functions," *Journal of Finance* 30, 585–603.

Blume, Marshall E., and Robert F. Stambaugh, 1983, "Biases in Computed Returns: An Application to the Size Effect," *Journal of Financial Economics* 12, 387–404.

Bodie, Zvi, Robert C. Merton, and William F. Samuelson, 1992, "Labor Supply Flexibility and Portfolio Choice in a Life Cycle Model," *Journal of Economic Dynamics and Control* 16, 427–449.

Boguth, Oliver, Murray Carlson, Adlai Fisher, and Mikhail Simutin, 2011, "Conditional Risk and Performance Evaluation: Volatility Timing, Overconditioning, and New Estimates of Momentum Alphas," *Journal of Financial Economics* 102, 363–389.

Boldrin, Michele, Lawrence J. Christiano, and Jonas D. M. Fisher, 2001, "Habit Persistence, Asset Returns, and the Business Cycle," *American Economic Review* 91, 149–166.

Bollerslev, Tim, George Tauchen, and Hao Zhou, 2009, "Expected Stock Returns and Variance Risk Premia," *Review of Financial Studies* 22, 4463–4492.

Borovička, Jaroslav, Lars Peter Hansen, and José A. Scheinkman, 2016, "Misspecified Recovery," *Journal of Finance* 71, 2493–2544.

Boudoukh, Jacob, Roni Michaely, Matthew Richardson, and Michael Roberts, 2007, "On the Importance of Measuring Payout Yield: Implications for Empirical Asset Pricing," *Journal of Finance* 62, 877–916.

Box, G., and D. Pierce, 1970, "Distribution of Residual Autocorrelations in Autoregressive-Integrated Moving Average Time Series Models," *Journal of the American Statistical Association* 65, 1509–1526.

Brandt, Michael W., 1999, "Estimating Portfolio and Consumption Choice: A Conditional Euler Equations Approach," *Journal of Finance* 54, 1609–1645.

Brandt, Michael W., John H. Cochrane, and Pedro Santa-Clara, 2006, "International Risk Sharing Is Better Than You Think, or Exchange Rates Are Too Smooth," *Journal of Monetary Economics* 53, 671–698.

Brav, Alon, George M. Constantinides, and Christopher C. Geczy, 2007, "Asset Pricing with Heterogeneous Consumers and Limited Participation: Empirical Evidence," *Journal of Political Economy* 110, 793–824.

Breeden, Douglas T., Michael R. Gibbons, and Robert H. Litzenberger, 1989, "Empirical Tests of the Consumption-Oriented CAPM," *Journal of Finance* 44, 231–262.

Breeden, Douglas T., and Robert H. Litzenberger, 1978, "Prices of State-Contingent Claims Implicit in Option Prices," *Journal of Business* 51, 621–651.

Brennan, Michael J., Tarun Chordia, and Avanidhar Subrahmanyam, 1998, "Alternative Factor Specifications, Security Characteristics, and the Cross-Section of Expected Stock Returns," *Journal of Financial Economics* 49, 345–373.

Brennan, Michael J., Ashley W. Wang, and Yihong Xia, 2004, "Estimation and Test of a Simple Model of Intertemporal Asset Pricing," *Journal of Finance* 59, 1743–1775.

Brunnermeier, Markus K., and Lasse Heje Pedersen, 2009, "Market Liquidity and Funding Liquidity," *Review of Financial Studies* 22, 2201–2238.

Buffett, Warren E., 1988. Letter to the shareholders of Berkshire Hathaway Inc., February 29. http://www.berkshirehathaway.com/letters/1987.html.

Cagetti, Marco, Lars Peter Hansen, Thomas J. Sargent, and Noah Williams, 2002, "Robustness and Pricing with Uncertain Growth," *Review of Financial Studies* 15, 363–404.

Calvet, Laurent, John Y. Campbell, and Paolo Sodini, 2007, "Down or Out: Assessing the Welfare Costs of Household Investment Mistakes," *Journal of Political Economy* 115, 707–747.

———, 2009, "Fight or Flight? Portfolio Rebalancing by Individual Investors," *Quarterly Journal of Economics* 124, 301–348.

Campbell, John Y., 1986, "Bond and Stock Returns in a Simple Exchange Model," *Quarterly Journal of Economics* 101, 785–804.

———, 1987, "Stock Returns and the Term Structure," *Journal of Financial Economics* 18, 373–399.

———, 1991, "A Variance Decomposition for Stock Returns," *Economic Journal* 101, 157–179.

———, 1993, "Intertemporal Asset Pricing without Consumption Data," *American Economic Review* 83, 487–512.

———, 1994, "Inspecting the Mechanism: An Analytical Approach to the Stochastic Growth Model," *Journal of Monetary Economics* 33, 463–506.

———, 1996, "Understanding Risk and Return," *Journal of Political Economy* 104, 298–345.

———, 2000, "Asset Pricing at the Millennium," *Journal of Finance* 55, 1515–1567.

———, 2003, "Consumption-Based Asset Pricing," in George Constantinides, Milton Harris, and Rene Stulz eds. *Handbook of the Economics of Finance Vol. IB*, North-Holland, Amsterdam, 803–887.

———, 2006, "Household Finance," Presidential Address, *Journal of Finance* 61, 1553–1604.

———, 2008, "Estimating the Equity Premium," *Canadian Journal of Economics* 41, 1–21.

———, 2014, "Empirical Asset Pricing: Eugene Fama, Lars Peter Hansen, and Robert Shiller," *Scandinavian Journal of Economics* 116, 593–634.

———, 2016, "Restoring Rational Choice: The Challenge of Consumer Financial Regulation," Ely Lecture, *American Economic Review: Papers and Proceedings* 106, 1–30.

Campbell, John Y., Y. Lewis Chan, and Luis M. Viceira, 2003, "A Multivariate Model of Strategic Asset Allocation," *Journal of Financial Economics* 67, 41–80.

Campbell, John Y., and João F. Cocco, 2003, "Household Risk Management and Optimal Mortgage Choice," *Quarterly Journal of Economics* 118, 1449–1494.

Campbell, John Y., and John H. Cochrane, 1995, "By Force of Habit: A Consumption-Based Explanation of Aggregate Stock Market Behavior," NBER Working Paper No. 4995.

———, 1999, "By Force of Habit: A Consumption-Based Explanation of Aggregate Stock Market Behavior," *Journal of Political Economy* 107, 205–251.

———, 2015, "The Fragile Benefits of Endowment Destruction," *Journal of Political Economy* 123, 1214–1226.

Campbell, John Y., Stefano Giglio, Christopher Polk, and Robert Turley, 2017, "An Intertemporal CAPM with Stochastic Volatility," forthcoming *Journal of Financial Economics.*

Campbell, John Y., Sanford J. Grossman, and Jiang Wang, 1993, "Trading Volume and Serial Correlation in Stock Returns," *Quarterly Journal of Economics* 108, 905–939.

Campbell, John Y., Jens Hilscher, and Jan Szilagyi, 2008, "In Search of Distress Risk," *Journal of Finance* 63, 2899–2939.

Campbell, John Y., Howell Jackson, Brigitte Madrian, and Peter Tufano, 2011, "Consumer Financial Protection," *Journal of Economic Perspectives* 25(1), 91–114.

Campbell, John Y., and Albert S. Kyle, 1993, "Smart Money, Noise Trading and Stock Price Behaviour," *Review of Economic Studies* 60, 1–34.

Campbell, John Y., Martin Lettau, Burton Malkiel, and Yexiao Xu, 2001, "Have Individual Stocks Become More Volatile? An Empirical Exploration of Idiosyncratic Risk," *Journal of Finance* 56, 1–43.

Campbell, John Y., Andrew W. Lo, and A. Craig MacKinlay, 1997, *The Econometrics of Financial Markets,* Princeton University Press, Princeton, NJ.

Campbell, John Y., and N. Gregory Mankiw, 1989, "Consumption, Income, and Interest Rates: Reinterpreting the Time Series Evidence," *NBER Macroeconomics Annual* 4, 185–216.

Campbell, John Y., Christopher Polk, and Tuomo Vuolteenaho, 2010, "Growth or Glamour? Fundamentals and Systematic Risk in Stock Returns," *Review of Financial Studies* 23, 305–344.

Campbell, John Y., Karine Serfaty-de Medeiros, and Luis M. Viceira, 2010, "Global Currency Hedging," *Journal of Finance* 65, 87–121.

Campbell, John Y., and Robert J. Shiller, 1987, "Cointegration and Tests of Present Value Models," *Journal of Political Economy* 95, 1062–1088.

———, 1988a, "The Dividend-Price Ratio and Expectations of Future Dividends and Discount Factors," *Review of Financial Studies* 1, 195–228.

———, 1988b, "Stock Prices, Earnings, and Expected Dividends," *Journal of Finance* 43, 661–676.

———, 1991, "Yield Spreads and Interest Rate Movements: A Bird's Eye View," *Review of Economic Studies* 58, 495–514.

———, 2005, "Valuation Ratios and the Long-Run Stock Market Outlook: An Update," in Richard H. Thaler ed. *Advances in Behavioral Finance Vol. II,* Princeton University Press, Princeton, NJ, 173–201.

Campbell, John Y., Robert J. Shiller, and Luis M. Viceira, 2009, "Understanding Inflation-Indexed Bond Markets," *Brookings Papers on Economic Activity* 1, 79–120.

Campbell, John Y., Adi Sunderam, and Luis M. Viceira, 2017, "Inflation Bets or Deflation Hedges? Understanding the Risks of Nominal Bonds," forthcoming *Critical Finance Review.*

Campbell, John Y., and Samuel B. Thompson, 2008, "Predicting Excess Stock Returns Out of Sample: Can Anything Beat the Historical Average?," *Review of Financial Studies* 21, 1509–1531.

Campbell, John Y., and Argyris Tsiaras, 2017, *Financial Decisions and Markets: Problems and Solutions,* forthcoming Princeton University Press.

Campbell, John Y., and Luis M. Viceira, 1999, "Consumption and Portfolio Decisions When Expected Returns Are Time Varying," *Quarterly Journal of Economics* 114, 433–495.

———, 2001, "Who Should Buy Long-Term Bonds?," *American Economic Review* 91, 99–127.

———, 2002, *Strategic Asset Allocation: Portfolio Choice for Long-Term Investors,* Oxford University Press, New York.

Campbell, John Y., and Tuomo Vuolteenaho, 2004, "Bad Beta, Good Beta," *American Economic Review* 94, 1249–1275.

Campbell, John Y., and Motohiro Yogo, 2006, "Efficient Tests of Stock Return Predictability," *Journal of Financial Economics* 81, 27–60.

Canner, Niko, N. Gregory Mankiw, and David N. Weil, 1997, "An Asset Allocation Puzzle," *American Economic Review* 87, 181–191.

Carhart, Mark M., 1997, "On Persistence in Mutual Fund Performance," *Journal of Finance* 52, 57–82.

Carroll, Christopher D., 1997, "Buffer-Stock Saving and the Life Cycle/Permanent Income Hypothesis," *Quarterly Journal of Economics* 112, 1–55.

———, 2002, "Portfolios of the Rich," in Luigi Guiso, Michael Haliassos, and Tullio Jappelli eds. *Household Portfolios*, MIT Press, Cambridge, MA, 389–430.

Carroll, Christopher D., and Miles Kimball, 1996, "On the Concavity of the Consumption Function," *Econometrica* 64, 981–992.

Carter, R. B., F. H. Dark, and A. K. Singh, 1998, "Underwriter Reputation, Initial Returns, and the Long-Run Performance of IPO Stocks," *Journal of Finance* 53, 285–311.

Cavanagh, Christopher L., Graham Elliott, and James H. Stock, 1995, "Inference in Models with Nearly Integrated Regressors," *Econometric Theory* 11, 1131–1147.

Cederburg, Scott, and Michael S. O'Doherty, 2016, "Does It Pay to Bet Against Beta? On the Conditional Performance of the Beta Anomaly," *Journal of Finance* 71, 737–774.

Chacko, George C., Jakub W. Jurek, and Erik Stafford, 2008, "The Price of Immediacy," *Journal of Finance* 63, 1253–1290.

Chacko, George, and Luis M. Viceira, 2005, "Dynamic Consumption and Portfolio Choice with Stochastic Volatility in Incomplete Markets," *Review of Financial Studies* 18, 1369–1402.

Chan, Yeung Lewis, and Leonid Kogan, 2002, "Catching Up with the Joneses: Heterogeneous Preferences and the Dynamics of Asset Prices," *Journal of Political Economy* 110, 1255–1285.

Chang, Tom Y., David H. Solomon, and Mark M. Westerfield, 2016, "Looking for Someone to Blame: Delegation, Cognitive Dissonance, and the Disposition Effect," *Journal of Finance* 71, 267–302.

Chen, Long and Xinlei Zhao, 2009, "Return Decomposition," *Review of Financial Studies* 22, 5213–5249.

Chen, Nai-Fu, Richard Roll, and Stephen A. Ross, 1986, "Economic Forces and the Stock Market," *Journal of Business* 59, 383–403.

Cheng, Peng, and Olivier Scaillet, 2007, "Linear-Quadratic Jump-Diffusion Modeling," *Mathematical Finance* 17, 575–598.

Chetty, Raj, and Adam Szeidl, 2007, "Consumption Commitments and Risk Preferences," *Quarterly Journal of Economics* 122, 831–877.

Chevalier, Judith, and Glenn Ellison, 1997, "Risk Taking by Mutual Funds as a Response to Incentives," *Journal of Political Economy* 105, 1167–1200.

Chew, Soo Hong, 1983, "A Generalization of the Quasilinear Mean with Applications to the Measurement of Income Inequality and Decision Theory Resolving the Allais Paradox," *Econometrica* 51, 1065–1092.

Chien, YiLi, and Hanno Lustig, 2010, "The Market Price of Aggregate Risk and the Wealth Distribution," *Review of Financial Studies* 23, 1596–1650.

Chirinko, Robert S., 1993, "Business Fixed Investment Spending: Modeling Strategies, Empirical Results, and Policy Implications," *Journal of Economic Literature* 31, 1875–1911.

Choi, James J., David Laibson, Brigitte C. Madrian, and Andrew Metrick, 2009, "Reinforcement Learning and Savings Behavior," *Journal of Finance* 64, 2515–2534.

Christensen, Jens H. E., Francis X. Diebold, and Glenn D. Rudebusch, 2011, "The Affine Arbitrage-Free Class of Nelson-Siegel Term Structure Models," *Journal of Econometrics* 164, 4–20.

Christiano, Lawrence J., Roberto Motto, and Massimo Rostagno, 2014, "Risk Shocks," *American Economic Review* 104, 27–65.

Cocco, João F., Francisco J. Gomes, and Pascal J. Maenhout, 2005, "Consumption and Portfolio Choice over the Life Cycle," *Review of Financial Studies* 18, 491–533.

Cochrane, John H., 1988a, "How Big Is the Random Walk in GNP?," *Journal of Political Economy* 96, 893–920.

———, 1988b, "Production-Based Asset Pricing," NBER Working Paper No. 2776.

———, 1991a, "A Simple Test of Consumption Insurance," *Journal of Political Economy* 99, 957–976.

———, 1991b, "Production-Based Asset Pricing and the Link between Stock Returns and Economic Fluctuations," *Journal of Finance* 46, 209–237.

———, 1994, "Permanent and Transitory Components of GNP and Stock Prices," *Quarterly Journal of Economics* 109, 241–265.

———, 1996, "A Cross-Sectional Test of an Investment-Based Asset Pricing Model," *Journal of Political Economy* 104, 572–621.

———, 2005, *Asset Pricing*, revised ed., Princeton University Press, Princeton, NJ.

———, 2008, "The Dog That Did Not Bark: A Defense of Return Predictability," *Review of Financial Studies* 21, 1533–1575.

———, 2011, "Presidential Address: Discount Rates," *Journal of Finance* 66, 1047–1108.

———, 2014, "A Mean-Variance Benchmark for Intertemporal Portfolio Theory," *Journal of Finance* 69, 1–49.

Cochrane, John H., and Monika Piazzesi, 2005, "Bond Risk Premia," *American Economic Review* 95, 138–160.

Cochrane, John H., and Jesús Saá-Requejo, 2000, "Beyond Arbitrage: Good-Deal Asset Price Bounds in Incomplete Markets," *Journal of Political Economy* 108, 79–119.

Cohen, Lauren, Christopher Malloy, and Lukasz Pomorski, 2012, "Decoding Inside Information," *Journal of Finance* 57, 1009–1043.

Cohen, Randolph B., Paul A. Gompers, and Tuomo Vuolteenaho, 2002, "Who Underreacts to Cash-Flow News? Evidence from Trading between Individuals and Institutions," *Journal of Financial Economics* 66, 409–462.

Cohen, Randolph B., Christopher Polk, and Tuomo Vuolteenaho, 2005, "Money Illusion in the Stock Market: The Modigliani-Cohn Hypothesis," *Quarterly Journal of Economics* 120, 639–668.

———, 2009, "The Price Is (Almost) Right," *Journal of Finance* 64, 2739–2782.

Colacito, Riccardo, and Mariano M. Croce, 2011, "Risks for the Long Run and the Real Exchange Rate," *Journal of Political Economy* 119, 153–182.

Collin-Dufresne, Pierre, Michael Johannes, and Lars A. Lochstoer, 2016, "Parameter Learning in General Equilibrium: The Asset Pricing Implications," *American Economic Review* 106, 664–698.

Constantinides, George, 1982, "Intertemporal Asset Pricing with Heterogeneous Consumers and without Demand Aggregation," *Journal of Business* 55, 253–267.

———, 1990, "Habit Formation: A Resolution of the Equity Premium Puzzle," *Journal of Political Economy* 98, 519–543.

Constantinides, George M., John B. Donaldson, and Rajnish Mehra, 2002, "Junior Can't Borrow: A New Perspective on the Equity Premium Puzzle," *Quarterly Journal of Economics* 117, 269–296.

Constantinides, George M., and Darrell Duffie, 1996, "Asset Pricing with Heterogeneous Consumers," *Journal of Political Economy* 104, 219–240.

Constantinides, George M., and Anisha Ghosh, 2017, "Asset Pricing with Countercyclical Household Consumption Risk," *Journal of Finance* 72, 415–459.

Cooper, Michael, Huseyin Gulen, and Michael Schill, 2008, "Asset Growth and the Cross-Section of Stock Returns," *Journal of Finance* 63, 1609–1651.

Cox, John C., and Chi-fu Huang, 1989, "Optimal Consumption and Portfolio Policies When Asset Prices Follow a Diffusion Process," *Journal of Economic Theory* 49, 33–83.

Cox, John C., Jonathan E. Ingersoll, and Stephen A. Ross, 1985, "An Intertemporal General Equilibrium Model of Asset Prices," *Econometrica* 53, 363–384.

Cripps, Martin W., and Jeroen M. Swinkels, 2005, "Efficiency of Large Double Auctions," *Econometrica* 74, 47–92.

Cusatis, P., J. Miles, and J. Woolridge, 1993, "Restructuring Through Spinoffs," *Journal of Financial Economics* 33, 293–311.

Dai, Qiang. and Kenneth J. Singleton, 2000, "Specification Analysis of Affine Term Structure Models," *Journal of Finance* 55, 1943–1978.

Dang, Tri Vi, Gary Gorton, and Bengt Holmström, 2012, "Ignorance, Debt, and Financial Crises," unpublished paper.

Daniel, Kent D., Mark Grinblatt, Sheridan Titman, and Russ Wermers, 1997, "Measuring Mutual Fund Performance with Characteristic-Based Benchmarks," *Journal of Finance* 52, 1035–1058.

Daniel, Kent D., David Hirshleifer, and Avanidhar Subrahmanyam, 1998, "Investor Psychology and Security Market Under- and Overreactions," *Journal of Finance* 53, 1839–1886.

———, 2001, "Overconfidence, Arbitrage, and Equilibrium Asset Pricing," *Journal of Finance* 56, 921–965.

Daniel, Kent D., and David Marshall, 1997, "Equity-Premium and Risk-free-Rate Puzzles at Long Horizons," *Macroeconomic Dynamics* 1, 452–484.

Daniel, Kent D., and Sheridan Titman, 2006, "Market Reactions to Tangible and Intangible Information," *Journal of Finance* 61, 1609–1651.

Daniel, Kent D., and Sheridan Titman, 2012, "Testing Factor-Model Explanations of Market Anomalies," *Critical Finance Review* 1, 103–139.

Dávila, Eduardo, and Anton Korinek, 2017, "Pecuniary Externalities in Economies with Financial Frictions," forthcoming *Review of Economic Studies.*

Davis, Morris A., Andreas Lehnert, and Robert F. Martin, 2008, "The Rent-Price Ratio for the Aggregate Stock of Owner-Occupied Housing," *Review of Income and Wealth* 54, 279–284.

Deaton, Angus, 1991, "Saving and Liquidity Constraints," *Econometrica* 59, 1221–1248.

Deaton, Angus, and John Muellbauer, 1980, "An Almost Ideal Demand System," *American Economic Review* 70, 312–326.

DeBondt, Werner, and Richard Thaler, 1985, "Does the Stock Market Overreact?," *Journal of Finance* 40, 793–808.

Dechow, P., R. Sloan, and A. Sweeney, 1995, "Detecting Earnings Management," *Accounting Review* 70, 3–42.

Dekel, Eddie, 1986, "An Axiomatic Characterization of Preferences under Uncertainty: Weakening the Independence Axiom," *Journal of Economic Theory* 40, 304–318.

Del Guercio, Diane, and Jonathan Reuter, 2014, "Mutual Fund Performance and the Incentive to Generate Alpha," *Journal of Finance* 69, 1673–1704.

De Long, J. Bradford, Andrei Shleifer, Lawrence H. Summers, and Robert J. Waldmann, 1990a, "Noise Trader Risk in Financial Markets," *Journal of Political Economy* 98, 703–738.

———, 1990b, "Positive Feedback Investment Strategies and Destabilizing Rational Speculation," *Journal of Finance* 45, 379–395.

———, 1991, "The Survival of Noise Traders in Financial Markets," *Journal of Business* 64, 1–19.

DeMiguel, Victor, Lorenzo Garlappi, and Raman Uppal, 2009, "Optimal versus Naive Diversification: How Inefficient Is the 1/N Portfolio Strategy?," *Review of Financial Studies* 22, 1915–1953.

Desai, H., and P. Jain, 1997, "Long-Run Common Stock Returns Following Splits and Reverse Splits," *Journal of Business* 70, 409–433.

DeMarzo, Peter M., Ron Kaniel, and Ilan Kremer, 2004, "Diversification as a Public Good: Community Effects in Portfolio Choice," *Journal of Finance* 59, 1677–1716.

Dew-Becker, Ian, 2012, "A Model of Time-Varying Risk Premia with Habits and Production," unpublished paper, Federal Reserve Bank of San Francisco.

Dhar, Ravi, and Ning Zhu, 2006, "Up Close and Personal: Investor Sophistication and the Disposition Effect," *Management Science* 52, 726–740.

Dhume, Deepa, 2010, "Using Durable Consumption Risk to Explain Commodities Returns," unpublished paper, Harvard University.

Diamond, Douglas W., and Robert E. Verrecchia, 1981, "Information Aggregation in a Noisy Rational Expectations Economy," *Journal of Financial Economics* 9, 221–235.

Diba, Behzad T., and Herschel I. Grossman, 1987, "On the Inception of Rational Bubbles," *Quarterly Journal of Economics* 102, 697–700.

———, 1988, "Explosive Rational Bubbles in Stock Prices?," *American Economic Review* 78, 520–530.

Diebold, Francis X., Canlin Li, and Vivian Z. Yue, 2008, "Global Yield Curve Dynamics and Interactions: A Dynamic Nelson-Siegel Approach," *Journal of Econometrics* 146, 351–363.

Diether, Karl B., Christopher J. Malloy, and Anna Scherbina, 2002, "Differences of Opinion and the Cross Section of Stock Returns," *Journal of Finance* 57, 2113–2141.

Dimson, Elroy, Paul Marsh, and Mike Staunton, 2002, *Triumph of the Optimists: 101 Years of Global Investment Returns*, Princeton University Press, Princeton, NJ.

Døskeland, Trond M., and Hans K. Hvide, 2011, "Do Individual Investors Have Asymmetric Information Based on Work Experience?," *Journal of Finance* 66, 1011–1041.

Drechsler, Itamar, and Amir Yaron, 2011, "What's Vol Got to Do with It," *Review of Financial Studies* 24, 1–45.

Du, Wenxin, Alexander Tepper, and Adrien Verdelhan, 2016, "Deviations from Covered Interest Parity," unpublished paper.

Dubey, Pradeep, John Geanakoplos, and Martin Shubik, 2005, "Default and Punishment in General Equilibrium," *Econometrica* 73, 1–37.

Duffee, Gregory R., 2002, "Term Premia and Interest Rate Forecasts in Affine Models," *Journal of Finance* 57, 405–443.

———, 2011, "Information in (and not in) the Term Structure," *Review of Financial Studies* 24, 2895–2934.

———, 2013, "Bond Pricing and the Macroeconomy," in George Constantinides, Milton Harris, and René Stulz eds. *Handbook of the Economics of Finance Vol. 2B*, North-Holland, Amsterdam, 907–968.

Duffie, Darrell, 2001, *Dynamic Asset Pricing Theory*, 3rd ed., Princeton University Press, Princeton, NJ.

———, 2010, "Presidential Address: Asset Price Dynamics with Slow-Moving Capital," *Journal of Finance* 65, 1237–1267.

Duffie, Darrell, Nicolae Gârleanu, and Lasse Pedersen, 2005, "Over-The-Counter Markets," *Econometrica* 73, 1815–1847.

Duffie, Darrell, and Rui Kan, 1996, "A Yield-Factor Model of Interest Rates," *Mathematical Finance* 6, 379–406.

Dunn, Kenneth B., and Kenneth J. Singleton, 1986, "Modeling the Term Structure of Interest Rates under Non-Separable Utility and Durability of Goods," *Journal of Financial Economics* 17, 27–55.

Dybvig, Philip H., Jonathan E. Ingersoll Jr., and Stephen A. Ross, 1996, "Long Forward and Zero-Coupon Rates Can Never Fall," *Journal of Business* 69, 1–25.

Easley, David, Nicholas M. Kiefer, Maureen O'Hara, and Joseph B. Paperman, 1996, "Liquidity, Information, and Infrequently Traded Stocks," *Journal of Finance* 51, 1405–1436.

Eichenbaum, Martin, and Lars Peter Hansen, 1990, "Estimating Models with Intertemporal Substitution Using Aggregate Time Series Data," *Journal of Business and Economic Statistics* 8, 53–69.

Eisfeldt, Andrea L., and Dimitris Papanikolaou, 2013, "Organization Capital and the Cross-Section of Expected Returns," *Journal of Finance* 68, 1365–1406.

Eleswarapu, Venkat R., and Marc R. Reinganum, 2004, "The Predictability of Aggregate Stock Market Returns: Evidence Based on Glamour Stocks," *Journal of Business* 77, 275–294.

Ellsberg, Daniel, 1961, "Risk, Ambiguity, and the Savage Axioms," *Quarterly Journal of Economics* 75, 643–669.

Engel, Charles, 2014, "Exchange Rates and Interest Parity," in Gita Gopinath, Elhanan Helpman, and Kenneth Rogoff eds. *Handbook of International Economics Vol. 4*, North-Holland, Amsterdam, 453–522.

Engle, Robert F., and Clive W. J. Granger, 1987, "Co-Integration and Error Correction: Representation, Estimation, and Testing," *Econometrica* 55, 251–276.

Engsted, Tom, Thomas Q. Pedersen, and Carsten Tanggaard, 2012, "Pitfalls in VAR Based Return Decompositions: A Clarification," *Journal of Banking and Finance* 36, 1255–1265.

Epstein, Larry G., Emmanuel Farhi, and Tomasz Strzalecki, 2014, "How Much Would You Pay to Resolve Long-Run Risk?," *American Economic Review* 104, 2680–2697.

Epstein, Larry G., and Martin Schneider, 2010, "Ambiguity and Asset Markets," *Annual Review of Financial Economics* 2, 315–346.

Epstein, Larry G., and Tan Wang, 1994, "Intertemporal Asset Pricing under Knightian Uncertainty," *Econometrica* 62, 283–322.

Epstein, Larry G., and Stanley E. Zin, 1989, "Substitution, Risk Aversion, and the Temporal Behavior of Consumption and Asset Returns: A Theoretical Framework," *Econometrica* 57, 937–969.

———, 1990, "'First-Order' Risk Aversion and the Equity Premium Puzzle," *Journal of Monetary Economics* 26, 387–407.

———, "Substitution, Risk Aversion, and the Temporal Behavior of Consumption and Asset Returns: An Empirical Analysis," *Journal of Political Economy* 99, 263–286.

Erickson, Timothy, and Toni M. Whited, 2000, "Measurement Error and the Relationship between Investment and *q*," *Journal of Political Economy* 108, 1027–1057.

Evans, George W., 1991, "Pitfalls in Testing for Explosive Bubbles in Asset Prices," *American Economic Review* 81, 922–930.

Eyster, Erik, Matthew Rabin, and Dimitri Vayanos, 2015, "Financial Markets Where Traders Neglect the Informational Content of Prices," NBER Working Paper No. 21224.

Fagereng, Andreas, Charles Gottlieb, and Luigi Guiso, 2017, "Asset Market Participation and Portfolio Choice over the Life-Cycle," *Journal of Finance* 72, 705–750.

Fama, Eugene F., 1970, "Efficient Capital Markets: A Review of Theory and Empirical Work," *Journal of Finance* 25, 383–417.

———, 1984, "Forward and Spot Exchange Rates," *Journal of Monetary Economics* 14, 319–338.

———, 1998, "Market Efficiency, Long-Term Returns, and Behavioral Finance," *Journal of Financial Economics* 49, 283–306.

Fama, Eugene F., and Robert R. Bliss, 1987, "The Information in Long-Maturity Forward Rates," *American Economic Review* 77, 680–692.

Fama, Eugene F., and Kenneth R. French, 1988a, "Dividend Yields and Expected Stock Returns," *Journal of Financial Economics* 22, 3–25.

———, 1988b, "Permanent and Temporary Components of Stock Prices," *Journal of Political Economy* 96, 246–273.

———, 1989, "Business Conditions and Expected Returns on Stocks and Bonds," *Journal of Financial Economics* 25, 23–50.

———, 1992, "The Cross-Section of Expected Stock Returns," *Journal of Finance* 47, 427–465.

———, 1993, "Common Risk Factors in the Returns on Stocks and Bonds," *Journal of Financial Economics* 33, 3–56.

———, 1996, "Multifactor Explanations of Asset Pricing Anomalies," *Journal of Finance* 51, 55–84.

———, 2002, "The Equity Premium," *Journal of Finance* 57, 637–659.

———, 2004, "The Capital Asset Pricing Model: Theory and Evidence," *Journal of Economic Perspectives* 18(3), 25–46.

———, 2015, "A Five-Factor Asset Pricing Model," *Journal of Financial Economics* 116, 1–22.

Fama, Eugene F., and James D. MacBeth, 1973, "Risk, Return, and Equilibrium: Empirical Tests," *Journal of Political Economy* 81, 607–636.

Fama, Eugene F., and G. William Schwert, 1977, "Asset Returns and Inflation," *Journal of Financial Economics* 5, 115–146.

Farhi, Emmanuel, and Xavier Gabaix, 2016, "Rare Disasters and Exchange Rates," *Quarterly Journal of Economics* 131, 1–52.

Farhi, Emmanuel, and Stavros Panageas, 2007, "Saving and Investing for Early Retirement: A Theoretical Analysis," *Journal of Financial Economics* 83, 87–121.

Farhi, Emmanuel, and Jean Tirole, 2012, "Bubbly Liquidity," *Review of Economic Studies* 79, 678–706.

Farhi, Emmanuel, and Iván Werning, 2016, "A Theory of Macroprudential Policies in the Presence of Nominal Rigidities," *Econometrica* 84, 1645–1704.

Fazzari, Steven M., R. Glenn Hubbard, and Bruce C. Petersen, 1988, "Financing Constraints and Corporate Investment," *Brookings Papers on Economic Activity* 1, 141–195.

Foster, Dean P., and Sergiu Hart, 2009, "An Operational Measure of Riskiness," *Journal of Political Economy* 117, 785–814.

Foster, George, Chris Olsen, and Terry Shevlin, 1984, "Earnings Releases, Anomalies, and the Behavior of Security Returns," *Accounting Review* 59, 574–603.

Frazzini, Andrea, 2006, "The Disposition Effect and Underreaction to News," *Journal of Finance* 61, 2017–2046.

Frazzini, Andrea, and Owen Lamont, 2006, "The Earnings Announcement Premium and Trading Volume," unpublished paper.

French, Kenneth R., 2008, "The Cost of Active Investing," Presidential Address, *Journal of Finance* 63, 1537–1573.

Friend, Irwin, and Marshall E. Blume, 1975, "The Demand for Risky Assets," *American Economic Review* 65, 900–922.

Froot, Kenneth A., and Emil M. Dabora, 1999, "How Are Stock Prices Affected by the Location of Trade?," *Journal of Financial Economics* 53, 189–216.

Froot, Kenneth A., and André F. Perold, 1995, "New Trading Practices and Short-Run Market Efficiency," *Journal of Futures Markets* 15, 731–765.

Fung, William, David A. Hsieh, Narayan Y. Naik, and Tarun Ramadorai, 2008, "Hedge Funds: Performance, Risk, and Capital Formation," *Journal of Finance* 63, 1777–1803.

Gabaix, Xavier, 2009, "Linearity-Generating Processes: A Modelling Tool Yielding Closed Forms for Asset Prices," unpublished paper, New York University.

———, 2012, "Variable Rare Disasters: An Exactly Solved Framework for Ten Puzzles in Macro-Finance," *Quarterly Journal of Economics* 127, 645–700.

Gabaix, Xavier, Parameswaran Gopikrishnan, Vasiliki Plerou, and H. Eugene Stanley, 2006, "Institutional Investors and Stock Market Volatility," *Quarterly Journal of Economics* 121, 461–504.

Gabaix, Xavier, Arvind Krishnamurthy, and Olivier Vigneron, 2007, "Limits of Arbitrage: Theory and Evidence from the Mortgage-Backed Securities Market," *Journal of Finance* 62, 557–595.

Gabaix, Xavier, and David Laibson, 2001, "The 6D Bias and the Equity-Premium Puzzle," *NBER Macroeconomics Annual* 16, 257–330.

———, 2006, "Shrouded Attributes, Consumer Myopia, and Information Suppression in Competitive Markets," *Quarterly Journal of Economics* 121, 505–540.

Garcia, Rene, Eric Renault, and A. Semenov, 2006, "Disentangling Risk Aversion and Intertemporal Substitution through a Reference Level," *Finance Research Letters* 3, 181–193.

Gârleanu, Nicolae, Leonid Kogan, and Stavros Panageas, 2012, "Displacement Risk and Asset Returns," *Journal of Financial Economics* 105, 491–510.

Gârleanu, Nicolae, and Lasse Heje Pedersen, 2011, "Margin-Based Asset Pricing and Deviations from the Law of One Price," *Review of Financial Studies* 24, 1980–2022.

Geanakoplos, John, 2009, "The Leverage Cycle," *NBER Macroeconomics Annual* 24, 1–66.

Geanakoplos, John, and Heraklis M. Polemarchakis, 1986, "Existence, Regularity and Constrained Suboptimality of Competitive Allocations When the Asset Market Is Incomplete," in Walter P. Heller, Ross M. Starr, and David A. Starrett eds. *Uncertainty, Information and Communication: Essays in Honor of K. J. Arrow Vol. 3*, Cambridge University Press, Cambridge, UK, 65–96.

Geerolf, François, 2013, "Reassessing Dynamic Efficiency," unpublished paper.

George, Thomas J., and Chuan-Yang Hwang, 2010, "A Resolution of the Distress Risk and Leverage Puzzles in the Cross-Section of Stock Returns," *Journal of Financial Economics* 96, 56–79.

Geske, Robert, and Richard Roll, 1983, "The Fiscal and Monetary Linkage between Stock Returns and Inflation," *Journal of Finance* 38, 1–33.

Gibbons, Michael, Stephen Ross, and Jay Shanken, 1989, "A Test of the Efficiency of a Given Portfolio," *Econometrica* 57, 1121–1152.

Giglio, Stefano, Matteo Maggiori, and Johannes Stroebel, 2015, "Very Long-Run Discount Rates," *Quarterly Journal of Economics* 130, 1–53.

———, 2016, "No-Bubble Condition: Model-Free Tests in Housing Markets," *Econometrica* 84, 1047–1091.

Gilboa, Itzhak, and David Schmeidler, 1989, "Maxmin Expected Utility with Non-Unique Prior," *Journal of Mathematical Economics* 18, 141–153.

Gleason, Cristi A., and Charles M. C. Lee, 2003, "Analyst Forecast Revisions and Market Price Discovery," *Accounting Review* 78, 193–225.

Glosten, Lawrence, and Paul Milgrom, 1985, "Bid, Ask, and Transaction Prices in a Specialist Market with Heterogeneously Informed Traders," *Journal of Financial Economics* 14, 71–100.

Goetzmann, William N., and Alok Kumar, 2008, "Equity Portfolio Diversification," *Review of Finance* 12, 433–463.

Gollier, Christian, 2001, *The Economics of Risk and Time*, MIT Press, Cambridge, MA.

Golosov, Mikhail, Narayana Kocherlakota, and Aleh Tsyvinski, 2003, "Optimal Indirect and Capital Taxation," *Review of Economic Studies* 70, 569–587.

Gomes, Francisco, and Alexander Michaelides, 2005, "Optimal Life-Cycle Asset Allocation: Understanding the Empirical Evidence," *Journal of Finance* 60, 869–904.

———, 2008, "Asset Pricing with Limited Risk Sharing and Heterogeneous Agents," *Review of Financial Studies* 21, 415–448.

Gomes, João F., Leonid Kogan, and Motohiro Yogo, 2009, "Durability of Output and Expected Stock Returns," *Journal of Political Economy* 117, 941–986.

Gordon, Myron J., and Eli Shapiro, 1956, "Capital Equipment Analysis: The Required Rate of Profit," *Management Science* 3, 102–110.

Gourinchas, Pierre-Olivier, and Jonathan Parker, 2002, "Consumption over the Life Cycle," *Econometrica* 70, 47–89.

Gourio, François, 2012, "Disaster Risk and Business Cycles," *American Economic Review* 102, 2734–2766.

Graham, Benjamin, David Le Fevre Dodd, and Sidney Cottle, 1934, *Security Analysis*, McGraw-Hill, New York.

Greenwald, Bruce C., and Joseph E. Stiglitz, 1986, "Externalities in Economies with Imperfect Information and Incomplete Markets," *Quarterly Journal of Economics* 101, 229–264.

Greenwood, Robin, and Dimitri Vayanos, 2014, "Bond Supply and Excess Bond Returns," *Review of Financial Studies* 27, 663–713.

Grinblatt, Mark, and Bing Han, 2005, "Prospect Theory, Mental Accounting, and Momentum," *Journal of Financial Economics* 78, 311–339.

Grinblatt, Mark, and Matti Keloharju, 2000, "The Investment Behavior and Performance of Various Investor Types: A Study of Finland's Unique Data Set," *Journal of Financial Economics* 55, 43–67.

———, 2001, "How Distance, Language, and Culture Influence Stockholdings and Trades," *Journal of Finance* 56, 1053–1073.

———, 2009, "Sensation Seeking, Overconfidence, and Trading Activity," *Journal of Finance* 64, 549–578.

Grinblatt, Mark, Matti Keloharju, and Juhani Linnainmaa, 2011, "IQ and Stock Market Participation," *Journal of Finance* 66, 2121–2164.

———, 2012, "IQ, Trading Behavior, and Performance," *Journal of Financial Economics* 104, 339–362.

Grossman, Sanford J., 1976, "On the Efficiency of Competitive Stock Markets Where Trades Have Diverse Information," *Journal of Finance* 31, 573–585.

Grossman, Sanford J., and Robert J. Shiller, 1982, "Consumption Correlatedness and Risk Measurement in Economies with Non-Traded Assets and Heterogeneous Information," *Journal of Financial Economics* 10, 195–210.

Grossman, Sanford J., and Joseph E. Stiglitz, 1980, "On the Impossibility of Informationally Efficient Markets," *American Economic Review* 70, 393–408.

Guiso, Luigi, Tullio Jappelli, and Daniele Terlizzese, 1996, "Income Risk, Borrowing Constraints, and Portfolio Choice," *American Economic Review* 86, 158–172.

Guiso, Luigi, Paola Sapienza, and Luigi Zingales, 2008, "Trusting the Stock Market," *Journal of Finance* 63, 2557–2600.

Guiso, Luigi, and Paolo Sodini, 2013, "Household Finance: An Emerging Field," in George M. Constantinides, Milton Harris, and Rene M. Stulz eds. *Handbook of the Economics of Finance Vol. 2B*, North-Holland, Amsterdam, 1397–1531.

Gul, Faruk, 1991, "A Theory of Disappointment Aversion," *Econometrica* 59, 667–686.

Gürkaynak, Refet S., and Jonathan H. Wright, 2012, "Macroeconomics and the Term Structure," *Journal of Economic Literature* 50, 331–367.

Guvenen, Fatih, 2009, "A Parsimonious Macroeconomic Model for Asset Pricing," *Econometrica* 77, 1711–1750.

———, 2011, "Macroeconomics with Heterogeneity: A Practical Guide," *Federal Reserve Bank of Richmond Economic Quarterly* 97, 255–326.

Haliassos, Michael, and Carol Bertaut, 1995, "Why Do So Few Hold Stocks?," *Economic Journal* 105, 1110–1129.

Hall, Alastair R., 2005, *Generalized Method of Moments*, Oxford University Press, New York.

Hall, Robert E., 1988, "Intertemporal Substitution in Consumption," *Journal of Political Economy* 96, 221–273.

Hansen, Lars Peter, 1982a, "Consumption, Asset Markets, and Macroeconomic Fluctuations: A Comment," *Carnegie-Rochester Conference Series on Public Policy* 17, 239–250.

———, 1982b, "Large Sample Properties of Generalized Method of Moments Estimators," *Econometrica* 50, 1029–1054.

———, 1987, "Calculating Asset Prices in Three Example Economies," in Truman F. Bewley ed. *Advances in Econometrics, Fifth World Congress*, Cambridge University Press, Cambridge, UK, 207–243.

Hansen, Lars Peter, John C. Heaton, J. Lee, and Nicholas Roussanov, 2007, "Intertemporal Substitution and Risk Aversion," in J. J. Heckman and E. E. Leamer eds. *Handbook of Econometrics Vol. 6A*, North-Holland, Amsterdam, 3967–4056.

Hansen, Lars Peter, John C. Heaton, and Nan Li, 2008, "Consumption Strikes Back? Measuring Long-Run Risk," *Journal of Political Economy* 116, 260–302.

Hansen, Lars Peter, John C. Heaton, and Amir Yaron, 1996, "Finite-Sample Properties of Some Alternative GMM Estimators," *Journal of Business and Economic Statistics* 14, 262–280.

Hansen, Lars Peter, and Ravi Jagannathan, 1991, "Implications of Security Market Data for Models of Dynamic Economies," *Journal of Political Economy* 99, 225–262.

———, 1997, "Assessing Specification Errors in Stochastic Discount Factor Models," *Journal of Finance* 52, 557–590.

Hansen, Lars Peter, and Scott F. Richard, 1987, "The Role of Conditioning Information in Deducing Testable Restrictions Implied by Dynamic Asset Pricing Models," *Econometrica* 55, 587–613.

Hansen, Lars Peter, and Thomas J. Sargent, 2008, "Risk Sensitivity, Model Uncertainty, and Asset Pricing," in *Robustness*, Princeton University Press, Princeton, NJ, 307–325.

Hansen, Lars Peter, and José A. Scheinkman, 2009, "Long-Term Risk: An Operator Approach," *Econometrica* 77, 177–234.

Hansen Lars Peter, and Kenneth J. Singleton, 1982, "Generalized Instrumental Variables Estimation of Nonlinear Rational Expectations Models," *Econometrica* 50, 1269–1286.

———, 1983, "Stochastic Consumption, Risk Aversion, and the Temporal Behavior of Asset Returns," *Journal of Political Economy* 91, 249–265.

Harris, Lawrence, and Eitan Gurel, 1986, "Price and Volume Effects Associated with Changes in the S&P 500 List: New Evidence for the Existence of Price Pressures," *Journal of Finance* 41, 815–829.

Harris, Milton, and Artur Raviv, 1993, "Differences of Opinion Make a Horse Race," *Review of Financial Studies* 6, 473–506.

Harrison, J. Michael, and David M. Kreps, 1978, "Speculative Investor Behavior in a Stock Market with Heterogeneous Expectations," *Quarterly Journal of Economics* 92, 323–336.

———, 1979, "Martingales and Arbitrage in Multiperiod Securities Markets," *Journal of Economic Theory* 20, 381–408.

Hart, Oliver D., 1975, "On the Optimality of Equilibrium When the Market Structure Is Incomplete," *Journal of Economic Theory* 11, 418–443.

Harvey, Campbell R., 1989, "Time-Varying Conditional Covariances in Tests of Asset Pricing Models," *Journal of Financial Economics* 24, 289–317.

Hasbrouck, Joel, 1991, "Measuring the Information Content of Stock Trades," *Journal of Finance* 46, 179–207.

Hasbrouck, Joel, and Duane J. Seppi, 2001, "Common Factors in Prices, Order Flows, and Liquidity," *Journal of Financial Economics* 59, 383–411.

Hassan, Tarek A., and Rui C. Mano, 2015, "Forward and Spot Exchange Rates in a Multi-currency World," unpublished paper, University of Chicago and International Monetary Fund.

Hastings, Justine S., Brigitte C. Madrian, and William L. Skimmyhorn, 2013, "Financial Literacy, Financial Education, and Economic Outcomes," *Annual Review of Economics* 5, 347–373.

Hayashi, Fumio, 1982, "Tobin's Marginal *q* and Average *q*: A Neoclassical Interpretation," *Econometrica* 50, 213–224.

Heaton, John, and Deborah Lucas, 1996, "Evaluating the Effects of Incomplete Markets on Risk Sharing and Asset Pricing," *Journal of Political Economy* 104, 668–712.

———, 2000, "Portfolio Choice and Asset Prices: The Importance of Entrepreneurial Risk," *Journal of Finance* 55, 1163–1198.

Hellwig, Martin F., 1980, "On the Aggregation of Information in Competitive Markets," *Journal of Economic Theory* 22, 477–498.

Heston, Steven L., 1993, "A Closed-Form Solution for Options with Stochastic Volatility with Applications to Bond and Currency Options," *Review of Financial Studies* 6, 327–343.

Heston, Steven L., and Ronnie Sadka, 2008, "Seasonality in the Cross-Section of Stock Returns," *Journal of Financial Economics* 87, 418–445.

Hirshleifer, David, 1988, "Residual Risk, Trading Costs, and Commodity Futures Risk Premia," *Review of Financial Studies* 1, 173–193.

Hirshleifer, David, Kewei Hou, and Siew Hong Teoh, 2009, "Accruals, Cash Flows, and Aggregate Stock Returns," *Journal of Financial Economics* 91, 389–406.

Hirshleifer, David, Kewei Hou, Siew Hong Teoh, and Yinglei Zhang, 2004, "Do Investors Overvalue Firms with Bloated Balance Sheets?," *Journal of Accounting and Economics* 38, 297–331.

Hirshleifer, David, Jun Li, and Jianfeng Yu, 2015, "Asset Pricing in Production Economies with Extrapolative Expectations," *Journal of Monetary Economics* 76, 87–106.

Hirshleifer, David, Avanidhar Subrahmanyam, and Sheridan Titman, 1994, "Security Analysis and Trading Patterns When Some Investors Receive Information Before Others," *Journal of Finance* 49, 1665–1698.

Hodrick, Robert J., 1992, "Dividend Yields and Expected Stock Returns: Alternative Procedures for Inference and Measurement," *Review of Financial Studies* 5, 257–286.

Holmström, Bengt, and Jean Tirole, 2001, "LAPM: A Liquidity-Based Asset Pricing Model," *Journal of Finance* 56, 1837–1867.

Hong, Harrison, Jeffrey D. Kubik, and Jeremy C. Stein, 2004, "Social Interaction and Stock-Market Participation," *Journal of Finance* 59, 137–163.

Hong, Harrison, and Jeremy C. Stein, 2003, "Differences of Opinion, Short-Sales Constraints, and Market Crashes," *Review of Financial Studies* 16, 487–525.

Hou, Kewei, Chen Xue, and Lu Zhang, 2015, "Digesting Anomalies: An Investment Approach," *Review of Financial Studies* 28, 650–705.

Huang, Chi-fu, and Robert H. Litzenberger, 1998, *Foundations for Financial Economics*, North-Holland, Amsterdam.

Huberman, Gur, 2001, "Familiarity Breeds Investment," *Review of Financial Studies* 14, 659–680.

Ikenberry, D., J. Lakonishok, and T. Vermaelen, 1995, "Market Underreaction to Open Market Share Repurchases," *Journal of Financial Economics* 39, 181–208.

Ikenberry, D., G. Rankine, and E. Stice, 1996, "What Do Stock Splits Really Signal?," *Journal of Financial and Quantitative Analysis* 31, 357–377.

Ilmanen, Antti, 2011, *Expected Returns: An Investor's Guide to Harvesting Market Rewards*, Wiley, Chichester, UK.

Ingersoll, Jonathan E., Jr., 1987, *Theory of Financial Decision Making*, Rowman and Littlefield, Totowa, NJ.

Ivković, Zoran, and Scott Weisbenner, 2005, "Local Does as Local Is: Information Content of the Geography of Individual Investors' Common Stock Investments," *Journal of Finance* 60, 267–306.

Jagannathan, Ravi, and Yong Wang, 2007, "Lazy Investors, Discretionary Consumption, and the Cross-Section of Stock Returns," *Journal of Finance* 62, 1623–1661.

Jansson, Michael, and Marcelo J. Moreira, 2006, "Optimal Inference in Regression Models with Nearly Integrated Regressors," *Econometrica* 74, 681–714.

Jegadeesh, Narasimhan, and Sheridan Titman, 1993, "Returns to Buying Winners and Selling Losers: Implications for Stock Market Efficiency," *Journal of Finance* 48, 65–92.

Jeng, Leslie, Andrew Metrick, and Richard Zeckhauser, 2003, "Estimating the Returns to Insider Trading: A Performance-Evaluation Perspective," *Review of Economics and Statistics* 85, 453–471.

Jensen, Michael C., 1978, "Some Anomalous Evidence Regarding Market Efficiency," *Journal of Financial Economics* 6, 95–101.

Jermann, Urban J., 1998, "Asset Pricing in Production Economies," *Journal of Monetary Economics* 41, 257–275.

Johnson, Eric, Stephan Meier, and Olivier Toubia, 2015, "Leaving Money on the Kitchen Table: Exploring Sluggish Mortgage Refinancing Using Administrative Data, Surveys, and Field Experiments," unpublished paper.

Johnson, Norman L., Samuel Kotz, and N. Balakrishnan, 1994, *Continuous Univariate Distributions Vol. 1,* 2nd ed., Wiley, New York.

Jorion, Philippe, 1986, "Bayes-Stein Estimation for Portfolio Analysis," *Journal of Financial and Quantitative Analysis* 21, 279–292.

Joslin, Scott, Marcel Priebsch, and Kenneth J. Singleton, 2014, "Risk Premiums in Dynamic Term Structure Models with Unspanned Macro Risks," *Journal of Finance* 69, 1197–1233.

Jung, Jeeman, and Robert J. Shiller, 2005, "Samuelson's Dictum and the Stock Market," *Economic Inquiry* 43, 221–228.

Justiniano, Alejandro, Giorgio E. Primiceri, and Andrea Tambalotti, 2010, "Investment Shocks and Business Cycles," *Journal of Monetary Economics* 57, 132–145.

Kahneman, Daniel, and Amos Tversky, 1979, "Prospect Theory: An Analysis of Decision under Risk," *Econometrica* 47, 263–291.

Kandel, Eugene, and Neil D. Pearson, 1995, "Differential Interpretation of Public Signals and Trade in Speculative Markets," *Journal of Political Economy* 103, 831–872.

Kandel, Shmuel, and Robert F. Stambaugh, 1987, "On Correlations and Inferences About Mean-Variance Efficiency," *Journal of Financial Economics* 18, 61–90.

———, 1991, "Asset Returns and Intertemporal Preferences," *Journal of Monetary Economics* 27, 39–71.

Kaltenbrunner, Georg, and Lars A. Lochstoer, 2010, "Long-Run Risk through Consumption Smoothing," *Review of Financial Studies* 23, 3190–3224.

Kang, Johnny, Tapio Pekkala, Christopher Polk, and Ruy Ribeiro, 2015, "Stock Prices under Pressure: How Tax and Interest Rates Drive Returns at the Turn of the Tax Year," unpublished paper, London School of Economics.

Kaplan, Greg, and Giovanni L. Violante, 2014, "A Model of the Consumption Response to Fiscal Stimulus Payments," *Econometrica* 82, 1199–1239.

Kehoe, Timothy J., and David K. Levine, 1993, "Debt-Constrained Asset Markets," *Review of Economic Studies* 60, 865–888.

Keim, Donald B., 1983, "Size-Related Anomalies and Stock Return Seasonality: Further Empirical Evidence," *Journal of Financial Economics* 12, 13–32.

Keim, Donald B., and Robert F. Stambaugh, 1986, "Predicting Returns in the Stock and Bond Markets," *Journal of Financial Economics* 17, 357–390.

Kelly, Bryan T., and Seth Pruitt, 2013, "Market Expectations in the Cross-Section of Present Values," *Journal of Finance* 68, 1721–1756.

Keloharju, Matti, Juhani T. Linnainmaa, and Peter Nyberg, 2016, "Return Seasonalities," *Journal of Finance* 71, 1557–1590.

Kendall, Maurice G., 1954, "Note on Bias in the Estimation of Autocorrelation," *Biometrika* 41, 403–404.

Keynes, John M., 1936, *The General Theory of Employment, Interest, and Money*, Harcourt Brace, New York.

Keys, Benjamin C., Devin G. Pope, and Jared C. Pope, 2016, "Failure to Refinance," *Journal of Financial Economics* 122, 482–499.

Kim, Tong Suk, and Edward Omberg, 1996, "Dynamic Nonmyopic Portfolio Behavior," *Review of Financial Studies* 9, 141–161.

Kimball, Miles, 1990, "Precautionary Saving in the Small and in the Large," *Econometrica* 58, 53–73.

King, Robert G., Charles I. Plosser, and Sergio T. Rebelo, 1987, "Production, Growth, and Business Cycles: Technical Appendix," unpublished paper.

Kirby, Chris, and Barbara Ostdiek, 2012, "It's All in the Timing: Simple Active Portfolio Strategies That Outperform Naive Diversification," *Journal of Financial and Quantitative Analysis* 47, 437–467.

Kleidon, Allan W., 1986, "Variance Bounds Tests and Stock Price Valuation Models," *Journal of Political Economy* 94, 953–1001.

Klibanoff, Peter, Massimo Marinacci, and Sujoy Mukerji, 2005, "A Smooth Model of Decision Making under Ambiguity," *Econometrica* 73, 1849–1892.

Knight, Frank H., 1921, *Risk, Uncertainty, and Profit*, Houghton Mifflin, Boston.

Kocherlakota, Narayana, and Luigi Pistaferri, 2009, "Asset Pricing Implications of Pareto Optimality with Private Information," *Journal of Political Economy* 117, 555–590.

Kogan, Leonid, and Dimitris Papanikolaou, 2012, "Economic Activity of Firms and Asset Prices," *Annual Review of Financial Economics* 4, 361–384.

———, 2014, "Growth Opportunities, Technology Shocks, and Asset Prices," *Journal of Finance* 69, 675–718.

Kogan, Leonid, Stephen A. Ross, Jiang Wang, and Mark M. Westerfield, 2006, "The Price Impact and Survival of Irrational Traders," *Journal of Finance* 61, 195–229.

Koijen, Ralph S. J., Hanno Lustig, and Stijn Van Niewerburgh, 2017, "The Cross-Section and Time-Series of Stock and Bond Returns," forthcoming *Journal of Monetary Economics.*

Kothari, S. P., and Jay Shanken, 1997, "Book-to-Market, Dividend Yield, and Expected Market Returns: A Time-Series Analysis," *Journal of Financial Economics* 44, 169–203.

Koudijs, Peter, 2015, "Those Who Know Most: Insider Trading in Eighteenth-Century Amsterdam," *Journal of Political Economy* 123, 1356–1409.

Kraus, Alan, and Robert H. Litzenberger, 1976, "Skewness Preference and the Valuation of Risk Assets," *Journal of Finance* 31, 1085–1100.

Kremer, Ilan, 2002, "Information Aggregation in Common Value Auctions," *Econometrica* 70, 1675–1682.

Kreps, David M., and Evan L. Porteus, 1978, "Temporal Resolution of Uncertainty and Dynamic Choice Theory," *Econometrica* 46, 185–200.

Krishnamurthy, Arvind, and Annette Vissing-Jørgensen, 2011, "The Effects of Quantitative Easing on Interest Rates: Channels and Implications for Policy," *Brookings Papers on Economic Activity* 2, 215–265.

———, 2012, "The Aggregate Demand for Treasury Debt," *Journal of Political Economy* 120, 233–267.

Kritzman, Mark, 2000, *Puzzles of Finance: Six Practical Problems and Their Remarkable Solutions*, Wiley, New York.

Kritzman, Mark, Sebastien Page, and David Turkington, 2010, "In Defense of Optimization: The Fallacy of 1/N," *Financial Analysts Journal* 66(2), 31–39.

Kroencke, Tim A., 2017, "Asset Pricing without Garbage," *Journal of Finance* 72, 47–98.

Kruger, Samuel, 2015, "Disagreement and Liquidity," unpublished paper.

Krusell, Per, and Anthony A. Smith, 1997, "Income and Wealth Heterogeneity, Portfolio Selection, and Equilibrium Asset Returns," *Macroeconomic Dynamics* 1, 387–422.

Kyle, Albert S., 1985, "Continuous Auctions and Insider Trading," *Econometrica* 53, 1315–1335.

———, 1989, "Informed Speculation with Imperfect Competition," *Review of Economic Studies* 56, 317–355.

Lamont, Owen A., 2000, "Investment Plans and Stock Returns," *Journal of Finance* 55, 2719–2745.

Lamont, Owen A., and Richard H. Thaler, 2003, "Anomalies: The Law of One Price in Financial Markets," *Journal of Economic Perspectives* 17(4), 191–202.

Ledoit, Olivier, and Michael Wolf, 2003, "Improved Estimation of the Covariance Matrix of Stock Returns with an Application to Portfolio Selection," *Journal of Empirical Finance* 10, 603–621.

Lee, Charles M. C., and Bhaskaran Swaminathan, 2000, "Price Momentum and Trading Volume," *Journal of Finance* 55, 2017–2069.

LeRoy, Stephen F., and Richard D. Porter, 1981, "The Present-Value Relation: Tests Based on Implied Variance Bounds," *Econometrica* 49, 555–574.

Lettau, Martin, 2002, "Idiosyncratic Risk and Volatility Bounds, or, Can Models with Idiosyncratic Risk Solve the Equity Premium Puzzle?," *Review of Economics and Statistics* 84, 376–380.

Lettau, Martin, and Sydney C. Ludvigson, 2001a, "Consumption, Aggregate Wealth, and Expected Stock Returns," *Journal of Finance* 56, 815–849.

———, 2001b, "Resurrecting the (C)CAPM: A Cross-Sectional Test When Risk Premia Are Time-Varying," *Journal of Political Economy* 109, 1238–1287.

———, 2013, "Shocks and Crashes," *NBER Macroeconomics Annual* 28, 293–354.

Lettau, Martin, Sydney C. Ludvigson, and Jessica A. Wachter, 2008, "The Declining Equity Premium: What Role Does Macroeconomic Risk Play?," *Review of Financial Studies* 21, 1653–1687.

Lettau, Martin, and Harald Uhlig, 2000, "Can Habit Formation Be Reconciled with Business Cycle Facts?," *Review of Economic Dynamics* 3, 79–99.

Lettau, Martin, and Jessica A. Wachter, 2007, "Why Is Long-Horizon Equity Less Risky? A Duration-Based Explanation of the Value Premium," *Journal of Finance* 62, 55–92.

———, 2011, "The Term Structures of Equity and Interest Rates," *Journal of Financial Economics* 101, 90–113.

Lewellen, Jonathan, 2004, "Predicting Returns with Financial Ratios," *Journal of Financial Economics* 74, 209–235.

———, 2015, "The Cross Section of Expected Stock Returns," *Critical Finance Review* 4, 1–44.

Lewellen, Jonathan, and Stefan Nagel, 2006, "The Conditional CAPM Does Not Explain Asset-Pricing Anomalies," *Journal of Financial Economics* 82, 289–314.

Lewellen, Jonathan, Stefan Nagel, and Jay Shanken, 2010, "A Skeptical Appraisal of Asset Pricing Tests," *Journal of Financial Economics* 96, 175–194.

Lewis, Karen, 1999, "Trying to Explain Home Bias in Equities and Consumption," *Journal of Economic Literature* 37, 571–608.

Liang, J. Nellie, and Steven A. Sharpe, 1999, "Share Repurchases and Employee Stock Options and their Implications for S&P 500 Share Retirements and Expected Returns," Finance and Economics Discussion Series 1999-59, Board of Governors of the Federal Reserve System.

Liew, Jimmy, and Maria Vassalou, 2000, "Can Book-to-Market, Size and Momentum Be Risk Factors That Predict Economic Growth?," *Journal of Financial Economics* 57, 221–245.

Linnainmaa, Juhani, 2011, "Why Do (Some) Households Trade So Much?," *Review of Financial Studies* 24, 1630–1666.

Lintner, John, 1956, "Distribution of Incomes of Corporations Among Dividends, Retained Earnings, and Taxes," *American Economic Review Papers and Proceedings* 46, 97–113.

———, 1965, "The Valuation of Risk Assets and the Selection of Risky Investments in Stock Portfolios and Capital Budgets," *Review of Economics and Statistics* 47,13–37.

Litzenberger, Robert, and Krishna Ramaswamy, 1982, "The Effects of Dividends on Common Stock Prices: Tax Effects or Information Effects?," *Journal of Finance* 37, 429–443.

Litzenberger, Robert, and Mark Rubinstein, 1976, "The Strong Case for the Generalized Log Utility Model as the Premier Model of Financial Markets," *Journal of Finance* 31, 551–571.

Liu, Laura Xiaolei, Toni M. Whited, and Lu Zhang, 2009, "Investment-Based Expected Stock Returns," *Journal of Political Economy* 117, 1105–1139.

Ljungqvist, Lars, and Harald Uhlig, 2015, "Comment on the Campbell-Cochrane Habit Model," *Journal of Political Economy* 123, 1201–1213.

Lo, Andrew W., and A. Craig MacKinlay, 1988, "Stock Market Prices Do Not Follow Random Walks: Evidence from a Simple Specification Test," *Review of Financial Studies* 1, 41–66.

———, 1990a, "Data-Snooping Biases in Tests of Financial Asset Pricing Models," *Review of Financial Studies* 3, 431–468.

———, 1990b, "When Are Contrarian Profits Due to Stock Market Overreaction?." *Review of Financial Studies* 3, 172–205.

Long, John B., Jr., 1990, "The Numeraire Portfolio," *Journal of Financial Economics* 26, 29–69.

Lorenzoni, Guido, 2008, "Inefficient Credit Booms," *Review of Economic Studies* 75, 809–833.

Lorenzoni, Guido, 2015, "International Financial Crises," in Kenneth Rogoff, Elhanan Helpman, and Gita Gopinath eds. *Handbook of International Economics Vol. 4*, North-Holland, Amsterdam, 689–740.

Lucas, Robert E., Jr., 1967, "Adjustment Costs and the Theory of Supply," *Journal of Political Economy* 75, 321–334.

Ludvigson, Sydney C., and Serena Ng, 2009, "Macro Factors in Bond Risk Premia," *Review of Financial Studies* 22, 5027–5067.

Lusardi, Annamaria, and Olivia S. Mitchell, 2014, "The Economic Importance of Financial Literacy: Theory and Evidence," *Journal of Economic Literature* 52, 5–44.

Lustig, Hanno, and Stijn Van Nieuwerburgh, 2005, "Housing Collateral, Consumption Insurance, and Risk Premia: An Empirical Perspective," *Journal of Finance* 60, 1167–1219.

Lustig, Hanno, Stijn Van Nieuwerburgh, and Adrien Verdelhan, 2013, "The Wealth-Consumption Ratio," *Review of Asset Pricing Studies* 3, 38–94.

Lustig, Hanno, Andreas Stathopoulos, and Adrien Verdelhan, 2016, "Nominal Exchange Rate Stationarity and Long-Term Bond Returns," unpublished paper.

Lustig, Hanno, and Adrien Verdelhan, 2007, "The Cross Section of Foreign Currency Risk Premia and Consumption Growth Risk," *American Economic Review* 97, 89–117.

Mace, Barbara J., 1991, "Full Insurance in the Presence of Aggregate Uncertainty," *Journal of Political Economy* 99, 928–956.

Machina, Mark J., 1982, "'Expected Utility' Analysis without the Independence Axiom," *Econometrica* 50, 277–323.

MacKinlay, A. Craig, 1995, "Multifactor Models Do Not Explain Deviations from the CAPM," *Journal of Financial Economics* 38, 3–28.

Madrian, Brigitte, and Dennis Shea, 2001, "The Power of Suggestion: Inertia in 401(k) Participation and Savings Behavior," *Quarterly Journal of Economics* 116, 1149–1188.

Maenhout, Pascal J., 2004, "Robust Portfolio Rules and Asset Pricing," *Review of Financial Studies* 17, 951–983.

Malkiel, Burton, 1989, "Efficient Market Hypothesis," in Peter Newman, Murray Milgate, and John Eatwell eds. *The New Palgrave: Finance*, Macmillan, London, 127–134.

Malmendier, Ulrike, and Stefan Nagel, 2011, "Depression Babies: Do Macroeconomic Experiences Affect Risk-Taking?," *Quarterly Journal of Economics* 126, 373–416.

———, 2016, "Learning from Inflation Experiences," *Quarterly Journal of Economics* 131, 53–87.

Mankiw, N. Gregory, 1986, "The Equity Premium and the Concentration of Aggregate Shocks," *Journal of Financial Economics* 17, 211–219.

Markowitz, Harry M., 1952, "Portfolio Selection," *Journal of Finance* 7, 77–91.

———, 1976, "Investment for the Long Run: New Evidence for an Old Rule," *Journal of Finance* 31, 1273–1286.

Marsh, Terry A., and Robert C. Merton, 1986, "Dividend Variability and Variance Bound Tests for the Rationality of Stock Market Prices," *American Economic Review* 76, 483–498.

Martin, Ian W. R., 2012, "On the Valuation of Long-Dated Assets," *Journal of Political Economy* 120, 346–358.

———, 2013, "Consumption-Based Asset Pricing with Higher Cumulants," *Review of Economic Studies* 80, 745–773.

———, 2017, "What Is the Expected Return on the Market?," *Quarterly Journal of Economics* 132, 367–433.

Mas-Colell, Andreu, Michael Whinston, and Jerry Green, 1995, *Microeconomic Theory*, Oxford University Press, New York.

Massa, Massimo, and Andrei Simonov, 2006, "Hedging, Familiarity, and Portfolio Choice," *Review of Financial Studies* 19, 633–685.

Mayers, David, 1972, "Nonmarketable Assets and Capital Market Equilibrium under Uncertainty," in Michael Jensen ed. *Studies in the Theory of Capital Markets*, Praeger, New York 223–248.

McGrattan, Ellen R., and Edward C. Prescott, 2003, "Average Debt and Equity Returns: Puzzling?," *American Economic Review Papers and Proceedings* 93, 392–397.

———, 2005, "Taxes, Regulations, and the Value of US and UK Corporations," *Review of Economic Studies* 72, 767–796.

McLean, R. David, and Jeffrey Pontiff, 2016, "Does Academic Research Destroy Stock Return Predictability?," *Journal of Finance* 71, 5–32.

McQuade, Timothy, 2013, "Stochastic Volatility and Asset Pricing Puzzles," unpublished paper, Stanford University.

Mehra, Rajnish, and Edward Prescott, 1985, "The Equity Premium: A Puzzle," *Journal of Monetary Economics* 15:145–161.

Melino, Angelo, and Alan X. Yang, 2003, "State-Dependent Preferences Can Explain the Equity Premium Puzzle," *Review of Economic Dynamics* 6, 806–830.

Menzly, Lior, Tano Santos, and Pietro Veronesi, 2004, "Understanding Predictability," *Journal of Political Economy* 112, 1–47.

Merton, Robert C., 1973, "An Intertemporal Capital Asset Pricing Model," *Econometrica* 41, 867–887.

———, 1980, "On Estimating the Expected Return on the Market: An Exploratory Investigation," *Journal of Financial Economics* 8, 323–361.

———, 1987, "A Simple Model of Capital Market Equilibrium with Incomplete Information," *Journal of Finance* 42, 483–510.

Merz, Monika, and Eran Yashiv, 2007, "Labor and the Market Value of the Firm," *American Economic Review* 97, 1419–1431.

Michaely, Roni, Richard H. Thaler, and Kent L. Womack, 1995, "Price Reactions to Dividend Initiations and Omissions: Overreaction or Drift?," *Journal of Finance* 50, 573–608.

Milgrom, Paul, and Nancy Stokey, 1982, "Information, Trade, and Common Knowledge," *Journal of Economic Theory* 26, 17–27.

Miller, Edward M., 1977, "Risk, Uncertainty, and Divergence of Opinion," *Journal of Finance* 32, 1151–1168.

Miller, Merton, and Myron Scholes, 1982, "Dividends and Taxes: Some Empirical Evidence," *Journal of Political Economy* 90, 1118–1141.

Mitchell, Mark, Todd Pulvino, and Erik Stafford, 2002, "Limited Arbitrage in Equity Markets," *Journal of Finance* 57, 551–584.

Mitchell, Olivia S., and Stephen P. Utkus, 2003, "The Role of Company Stock in Defined Contribution Plans," in Olivia S. Mitchell and Kent Smetters eds. *The Pension Challenge: Risk Transfers and Retirement Income Security*, Oxford University Press, Oxford, UK, 33–70.

Modigliani, Franco, and Richard A. Cohn, 1979, "Inflation, Rational Valuation and the Market," *Financial Analysts Journal* 35(2), 24–44.

Moreira, Alan, and Tyler Muir, 2017, "Volatility Managed Portfolios," forthcoming *Journal of Finance*.

Munk, Claus, 2013, *Financial Asset Pricing Theory*, Oxford University Press, Oxford, UK.

Mussa, Michael, 1986, "Nominal Exchange Rate Regimes and the Behavior of Real Exchange Rates: Evidence and Implications," *Carnegie-Rochester Conference Series on Public Policy* 25, 117–214.

Nagel, Stefan, 2012, "Evaporating Liquidity," *Review of Financial Studies* 25, 2005–2039.

Nakamura, Emi, Jón Steinsson, Robert Barro, and José Ursúa, 2013, "Crises and Recoveries in an Empirical Model of Consumption Disasters," *American Economic Journal: Macroeconomics* 5, 35–74.

Nelson, Charles R., and Andrew F. Siegel, 1987, "Parsimonious Modeling of Yield Curves," *Journal of Business* 60, 473–489.

Newey, Whitney K., and Richard J. Smith, 2004, "Higher-Order Properties of GMM and Generalized Empirical Likelihood Estimators," *Econometrica* 72, 219–255.

Newey, Whitney K., and Kenneth D. West, 1987, "A Simple, Positive Semi-definite, Heteroskedasticity and Autocorrelation Consistent Covariance Matrix," *Econometrica* 55, 703–708.

Novy-Marx, Robert, 2013, "The Other Side of Value: The Gross Profitability Premium," *Journal of Financial Economics* 108, 1–28.

Odean, Terrance, 1998, "Are Investors Reluctant to Realize Their Losses?," *Journal of Finance* 53, 1775–1798.

———, 1999, "Do Investors Trade Too Much?," *American Economic Review* 89, 1279–1298.

Ogaki, Masao, and Qiang Zhang, 2001, "Decreasing Relative Risk Aversion and Tests of Risk Sharing," *Econometrica* 69, 515–526.

O'Hara, Maureen, 2003, "Presidential Address: Liquidity and Price Discovery," *Journal of Finance* 58, 1335–1354.

Papanikolaou, Dimitris, 2011, "Investment Shocks and Asset Prices," *Journal of Political Economy* 119, 639–685.

Parker, Jonathan, and Christian Julliard, 2005, "Consumption Risk and Cross-Sectional Returns," *Journal of Political Economy* 113, 185–222.

Pástor, Luboš, and Robert F. Stambaugh, 2003, "Liquidity Risk and Expected Stock Returns," *Journal of Political Economy* 111, 642–685.

———, 2009, "Predictive Systems: Living with Imperfect Predictors," *Journal of Finance* 64, 1583–1628.

———, 2012, "Are Stocks Really Less Volatile in the Long Run?," *Journal of Finance* 67, 431–478.

Pástor, Luboš, and Pietro Veronesi, 2003, "Stock Valuation and Learning About Profitability," *Journal of Finance* 58, 1749–1789.

———, 2006, "Was There a Nasdaq Bubble in the Late 1990s?," *Journal of Financial Economics* 81, 61–100.

Pennacchi, George, 2007, *Theory of Asset Pricing*, Pearson, Boston, MA.

Pflueger, Carolin E., and Luis M. Viceira, 2011, "Inflation-Indexed Bonds and the Expectations Hypothesis," *Annual Review of Financial Economics* 3, 139–158.

Phillips, Peter C. B., Yangru Wu, and Jun Yu, 2011, "Explosive Behavior in the 1990s Nasdaq: When Did Exuberance Escalate Asset Values?," *International Economic Review* 52, 201–226.

Piazzesi, Monika, 2010,"Affine Term Structure Models," in Yacine Aït-Sahalia and Lars Peter Hansen eds. *Handbook of Financial Econometrics Vol. 1*, North-Holland, Amsterdam, 699–766.

Piazzesi, Monika, and Martin Schneider, 2006, "Equilibrium Yield Curves," *NBER Macroeconomics Annual* 21, 389–472.

Piketty, Thomas, 2014, *Capital in the Twenty-First Century*. Harvard University Press, Cambridge, MA.

Polk, Christopher, Samuel Thompson, and Tuomo Vuolteenaho, 2006, "Cross-Sectional Forecasts of the Equity Premium," *Journal of Financial Economics* 81, 101–141.

Pontiff, Jeffrey, and Lawrence D. Schall, 1998, "Book-to-Market Ratios as Predictors of Market Returns," *Journal of Financial Economics* 49, 141–160.

Poterba, James M., and Lawrence H. Summers, 1988, "Mean Reversion in Stock Prices: Evidence and Implications," *Journal of Financial Economics* 22, 27–59.

Powers, Thomas Y., 2015, "The Commodity Currency Puzzle," unpublished paper, Harvard University.

Pratt, John W., 1964, "Risk Aversion in the Small and in the Large," *Econometrica* 32, 122–136.

Priestley, Maurice B., 1981, *Spectral Analysis and Time Series*, Academic Press, New York.

Rabin, Matthew, 2000, "Risk Aversion and Expected-Utility Theory: A Calibration Theorem," *Econometrica* 68, 1281–1292.

Rampini, Adriano A., and S. Viswanathan, 2010, "Collateral, Risk Management, and the Distribution of Debt Capacity," *Journal of Finance* 65, 2293–2322.

Ranish, Benjamin, 2013, "Why Do Households with Risky Labor Income Take Greater Financial Risks?," unpublished paper, Federal Reserve Board.

Ready, Robert C., Nikolai L. Roussanov, and Colin Ward, 2016, "Commodity Trade and the Carry Trade: A Tale of Two Countries," forthcoming *Journal of Finance*.

Reinganum, Marc R., 1983, "The Anomalous Stock Market Behavior of Small Firms in January: Empirical Tests for Tax-Loss Selling Effects," *Journal of Financial Economics* 12, 89–104.

Reny, Philip J., and Motty Perry, 2006, "Toward a Strategic Foundation for Rational Expectations Equilibrium," *Econometrica* 74, 1231–1269.

Restoy, Fernando, and Philippe Weil, 2011, "Approximate Equilibrium Asset Prices," *Review of Finance* 15, 1–28.

Richardson, Matthew, and James H. Stock, 1989, "Drawing Inferences from Statistics Based on Multiyear Asset Returns," *Journal of Financial Economics* 25, 323–348.

Rietz, Thomas, 1988, "The Equity Risk Premium: A Solution," *Journal of Monetary Economics* 22, 117–131.

Ritter, Jay R., and Ivo Welch, 2002, "A Review of IPO Activity, Pricing, and Allocations," *Journal of Finance* 57, 1795–1828.

Robertson, Donald, and Stephen Wright, 2006, "Dividends, Total Cash Flow to Shareholders, and Predictive Return Regressions," *Review of Economics and Statistics* 88, 91–99.

Rogerson, William P., 1985, "Repeated Moral Hazard," *Econometrica* 53, 69–76.

Roll, Richard, 1977, "A Critique of the Asset Pricing Theory's Tests: Part I," *Journal of Financial Economics* 4, 129–176.

———, 1984, "A Simple Implicit Measure of the Effective Bid-Ask Spread in an Efficient Market," *Journal of Finance* 39, 1127–1139.

Romer, David, 1993, "Rational Asset Price Movements without News," *American Economic Review* 83, 1112–1130.

Rosenberg, Barr, Kenneth Reid, and Ronald Lanstein, 1985, "Persuasive Evidence of Market Inefficiency," *Journal of Portfolio Management* 11, 9–17.

Ross, Stephen A., 1976, "The Arbitrage Theory of Capital Asset Pricing," *Journal of Economic Theory* 13, 341–360.

———, 1978, "A Simple Approach to the Valuation of Risky Streams," *Journal of Business* 51, 453–475.

———, 2015, "The Recovery Theorem," *Journal of Finance* 70, 615–648.

Rothschild, Michael, and Joseph E. Stiglitz, 1970, "Increasing Risk I: A Definition," *Journal of Economic Theory* 2, 225–243.

Rubinstein, Mark, 2001, "Rational Markets: Yes or No? The Affirmative Case," *Financial Analysts Journal* 57(3), 15–29.

Rudebusch, Glenn D., and Eric T. Swanson, 2008, "Examining the Bond Premium Puzzle with a DSGE Model," *Journal of Monetary Economics* 55, S111–S126.

Russett, Bruce, and Joel Slemrod, 1993, "Diminished Expectations of Nuclear War and Increased Personal Savings: Evidence from Individual Survey Data," *American Economic Review* 83,1022–1033.

Samuelson, Paul A., 1969, "Lifetime Portfolio Selection by Dynamic Stochastic Programming," *Review of Economics and Statistics* 51, 239–246.

———, 1979, "Why We Should Not Make Mean Log of Wealth Big Though Years to Act Are Long," *Journal of Banking and Finance* 3, 305–307.

Savov, Alexi, 2011, "Asset Pricing with Garbage," *Journal of Finance* 66, 177–201.

Scheinkman, Jose, and Wei Xiong, 2003, "Overconfidence and Speculative Bubbles," *Journal of Political Economy* 111, 1183–1219.

Schmidt, Lawrence, 2016, "Climbing and Falling Off the Ladder: Asset Pricing Implications of Labor Market Event Risk," unpublished paper.

Segal, Uzi, and Avia Spivak, 1990, "First Order Versus Second Order Risk Aversion," *Journal of Economic Theory* 51, 111–125.

Seo, Sang Byung, and Jessica Wachter, 2016, "Option Prices in a Model with Stochastic Disaster Risk," unpublished paper.

Seru, Amit, Tyler Shumway, and Noah Stoffman, 2010, "Learning by Trading," *Review of Financial Studies* 23, 705–739.

Seyhun, H. Nejat, 1988, "The Information Content of Aggregate Insider Trading," *Journal of Business* 61, 1–24.

Shanken, Jay, 1987, "Multivariate Proxies and Asset Pricing Relations: Living with the Roll Critique," *Journal of Financial Economics* 18, 91–110.

Sharpe, William F., 1964, "Capital Asset Prices: A Theory of Market Equilibrium under Conditions of Risk," *Journal of Finance* 19, 425–442.

Shefrin, Hersh, and Meir Statman, 1985, "The Disposition to Sell Winners Too Early and Ride Losers Too Long: Theory and Evidence," *Journal of Finance* 40, 777–790.

Shiller, Robert J., 1979, "The Volatility of Long-Term Interest Rates and Expectations Models of the Term Structure," *Journal of Political Economy* 87, 1190–1219.

———, 1981, "Do Stock Prices Move Too Much to Be Justified by Subsequent Changes in Dividends?," *American Economic Review* 71, 421–436.

———, 1982, "Consumption, Asset Markets and Macroeconomic Fluctuations," *Carnegie-Rochester Conference Series on Public Policy* 17, 203–238.

———, 1984, "Stock Prices and Social Dynamics," *Brookings Papers on Economic Activity* 2, 457–510.

———, 2000, *Irrational Exuberance*, Princeton University Press, Princeton, NJ.

———, 2014, "Speculative Asset Prices," *American Economic Review* 104, 1486–1517.

Shiller, Robert J., John Y. Campbell, and Kermit L. Schoenholtz, 1983, "Forward Rates and Future Policy: Interpreting the Term Structure of Interest Rates," *Brookings Papers on Economic Activity* 1, 173–217.

Shleifer, Andrei, 1986, "Do Demand Curves for Stocks Slope Down?," *Journal of Finance* 41, 579–590.

Shleifer, Andrei, and Robert Vishny, 1997, "The Limits of Arbitrage," *Journal of Finance* 52, 35–55.

Siegel, Jeremy J., 1972, "Risk, Interest Rates and the Forward Exchange," *Quarterly Journal of Economics* 86, 303–309.

———, 1994, *Stocks for the Long Run*, 1st ed., McGraw-Hill, New York.

———, 2007, *Stocks for the Long Run*, 4th ed., McGraw-Hill, New York.

Simsek, Alp, 2013a, "Belief Disagreements and Collateral Constraints," *Econometrica* 81, 1–53.

———, 2013b, "Speculation and Risk Sharing with New Financial Assets," *Quarterly Journal of Economics* 128, 1365–1396.

Singleton, Kenneth J., 2006, *Empirical Dynamic Asset Pricing: Model Specification and Econometric Assessment*, Princeton University Press, Princeton, NJ.

Skiadas, Costis, 2009, *Asset Pricing Theory*, Princeton University Press, Princeton, NJ.

Sloan, Richard G., 1996, "Do Stock Prices Fully Reflect Information in Accruals and Cash Flows About Future Earnings?," *Accounting Review* 71, 289–315.

Spiess, D. Katherine, and John Affleck-Graves, 1995, "Underperformance in Long-Run Stock Returns Following Seasoned Equity Offerings," *Journal of Financial Economics* 38, 243–267.

———, 1999, "The Long-Run Performance of Stock Returns Following Debt Offerings," *Journal of Financial Economics* 54, 45–73.

Staiger, Douglas, and James H. Stock, 1997, "Instrumental Variables Regression with Weak Instruments," *Econometrica* 65, 557–586.

Stambaugh, Robert F., 1982, "On the Exclusion of Assets from Tests of the Two Parameter Model," *Journal of Financial Economics* 10, 235–268.

———, 1999, "Predictive Regressions," *Journal of Financial Economics* 54, 375–421.

———, 2014, "Presidential Address: Investment Noise and Trends," *Journal of Finance* 69, 1415–1453.

Stattman, Dennis, 1980, "Book Values and Stock Returns," *The Chicago MBA: A Journal of Selected Papers* 4, 25–45.

Storesletten, Kjetil, Christopher I. Telmer, and Amir Yaron, 2004, "Cyclical Dynamics in Idiosyncratic Labor Income Risk," *Journal of Political Economy* 112, 695–717.

———, 2007, "Asset Pricing with Idiosyncratic Risk and Overlapping Generations," *Review of Economic Dynamics* 10, 519–548.

Strzalecki, Tomasz, 2011, "Axiomatic Foundations of Multiplier Preferences," *Econometrica* 79, 47–73.

Stutzer, Michael, 1995, "A Bayesian Approach to Diagnosis of Asset Pricing Models," *Journal of Econometrics* 68, 367–397.

Swanson, Eric T., 2012, "Risk Aversion and the Labor Margin in Dynamic Equilibrium Models," *American Economic Review* 102, 1663–1691.

Tallarini, Thomas, 2000, "Risk-Sensitive Real Business Cycles," *Journal of Monetary Economics* 45, 507–532.

Thaler, Richard H., and Eric J. Johnson, 1990, "Gambling with the House Money and Trying to Break Even: The Effects of Prior Outcomes on Risky Choice," *Management Science* 36, 643–660.

Thaler, Richard H., and Cass R. Sunstein, 2008, *Nudge: Improving Decisions About Health, Wealth, and Happiness*, Yale University Press, New Haven, CT.

Tirole, Jean, 1985, "Asset Bubbles and Overlapping Generations," *Econometrica* 53, 1499–1528.

Titman, Sheridan, K. C. John Wei, and Feixue Xie, 2004, "Capital Investments and Stock Returns," *Journal of Financial and Quantitative Analysis* 39, 677–700.

Tobin, James, 1958, "Liquidity Preference as Behavior Towards Risk," *Review of Economic Studies* 25, 65–86.

———, 1969, "A General Equilibrium Approach to Monetary Theory," *Journal of Money, Credit and Banking* 1, 15–29.

Townsend, Robert M., 1994, "Risk and Insurance in Village India," *Econometrica* 62, 539–591.

Treynor, Jack L., and Fischer Black, 1973, "How to Use Security Analysis to Improve Portfolio Selection," *Journal of Business* 46, 66–86.

Tsai, Jerry, and Jessica A. Wachter, 2015, "Disaster Risk and its Implications for Asset Pricing," *Annual Review of Financial Economics* 7, 219–252.

Uhlig, Harald, 1999, "A Toolkit for Analysing Nonlinear Dynamic Stochastic Models Easily," in Ramon Marimon and Andrew Scott eds. *Computational Methods for the Study of Dynamic Economies*, Oxford University Press, Oxford, UK, 30–61.

Van Nieuwerburgh, Stijn, and Laura Veldkamp, 2009, "Information Immobility and the Home Bias Puzzle," *Journal of Finance* 64, 1187–1215.

Vasicek, Oldrich, 1977, "An Equilibrium Characterization of the Term Structure," *Journal of Financial Economics* 5, 177–188.

Vayanos, Dimitri, and Jiang Wang, 2013, "Market Liquidity–Theory and Empirical Evidence," in George M. Constantinides, Milton Harris, and Rene M. Stulz eds. *Handbook of the Economics of Finance Vol. 2B*, North-Holland, Amsterdam, 1289–1361.

Venti, Steven F., and David A. Wise, 2001, "Choice, Chance, and Wealth Dispersion at Retirement," in Seiritsu Ogura, Toshiaki Tachibanaki, and David A. Wise eds. *Aging Issues in the United States and Japan*, University of Chicago Press, Chicago, IL, 25–64.

Verdelhan, Adrien, 2010, "A Habit-Based Explanation of the Exchange Rate Risk Premium," *Journal of Finance* 65, 123–146.

Viceira, Luis M., 1998, *Optimal Consumption and Portfolio Choice for Long-Horizon Investors*, PhD dissertation, Harvard University.

———, 2001, "Optimal Portfolio Choice for Long-Horizon Investors with Nontradable Labor Income," *Journal of Finance* 56, 433–470.

Vissing-Jørgensen, Annette, 2002, "Limited Asset Market Participation and the Elasticity of Intertemporal Substitution," *Journal of Political Economy* 110, 825–853.

———, 2003, "Perspectives on Behavioral Finance: Does 'Irrationality' Disappear with Wealth? Evidence from Expectations and Actions," *NBER Macroeconomics Annual* 18, 139–194.

Vuolteenaho, Tuomo, 2002, "What Drives Firm-Level Stock Returns?," *Journal of Finance* 57, 233–264.

Wachter, Jessica A., 2006, "A Consumption-Based Model of the Term Structure of Interest Rates," *Journal of Financial Economics* 79, 365–399.

Wachter, Jessica, 2013, "Can Time-Varying Risk of Rare Disasters Explain Aggregate Stock Market Volatility?," *Journal of Finance* 68, 987–1035.

Weil, Philippe, 1989, "The Equity Premium Puzzle and the Risk-free Rate Puzzle," *Journal of Monetary Economics* 24, 401–421.

Weitzman, Martin L., 2007, "Subjective Expectations and Asset-Return Puzzles," *American Economic Review* 97, 1102–1130.

Welch, Ivo, and Amit Goyal, 2008, "A Comprehensive Look at the Empirical Performance of Equity Premium Prediction," *Review of Financial Studies* 21, 1455–1508.

Wermers, Russ, 2000, "Mutual Fund Performance: An Empirical Decomposition into Stock-Picking Talent, Style, Transactions Costs, and Expenses," *Journal of Finance* 55, 1655–1695.

West, Kenneth D., 1988, "Dividend Innovations and Stock Price Volatility," *Econometrica* 56, 37–61.

Williams, John B., 1938, *The Theory of Investment Value*, Harvard University Press, Cambridge, MA.

Wilson, Robert, 1977, "A Bidding Model of Perfect Competition," *Review of Economic Studies* 44, 511–518.

Womack, Kent L., 1996, "Do Brokerage Analysts' Recommendations Have Investment Value?," *Journal of Finance* 51, 137–167.

Yan, Hongjun, 2008, "Natural Selection in Financial Markets: Does It Work?," *Management Science* 54, 1935–1950.

Yogo, Motohiro, 2006, "A Consumption-Based Explanation of Expected Stock Returns," *Journal of Finance* 61, 539–580.

Zame, William R., 1993, "Efficiency and the Role of Default When Security Markets Are Incomplete," *American Economic Review* 83,1142–1164.

Zeldes, Stephen P., 1989, "Optimal Consumption with Stochastic Income: Deviations from Certainty Equivalence," *Quarterly Journal of Economics* 104, 275–298.

Zhang, Lu, 2005, "The Value Premium," *Journal of Finance* 60, 67–103.